> "주님께서 그대에게 복을 내리시고
> 그대를 지켜 주시리라.
> 주님께서 그대에게 당신 얼굴을 비추시고
> 그대에게 은혜를 베푸시리라.
> 주님께서 그대에게 당신 얼굴을 들어 보이시고
> 그대에게 평화를 베푸시리라."
> (민수기 6, 24-26)

_____ 님께

_____ 드림

천지 창조의 첫 날
하느님께서 말씀하시기를 "빛이 생겨라." 하시자 빛이 생겼다. (창세 1,3)

시노달리타스(Synodalitas)의 정신에 따라 평신도가 평신도의 눈높이에서 평신도를 위해 엮은 문답시리즈!

가톨릭교회 평신도를 위한 신앙생활 길잡이 ① ~ ⑦

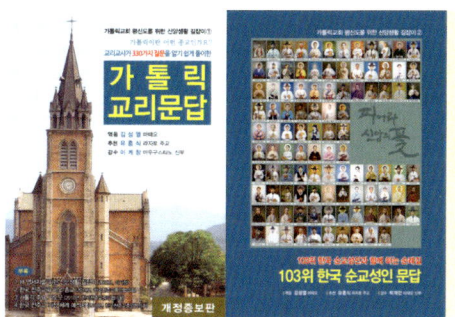

① 가톨릭 교리문답　② 103위 한국 순교성인 문답　③ 가톨릭교회의 미사와 전례 문답

④ 가톨릭교회 사회교리 문답　⑤ 가톨릭교회의 구약성경 문답　⑥ 가톨릭교회의 신약성경 문답　⑦ 최양업 신부의 신앙과 영성 문답

교리교사가 330가지 질문을 알기 쉽게 풀이한
① 가톨릭 교리문답

103위 한국 순교성인과 함께 하는 순례길
② 103위 한국 순교성인 문답

가톨릭교회의 미사와 전례란 무엇인가요?
③ 가톨릭교회의 미사와 전례 문답

가톨릭교회의 사회교리란 무엇인가요?
④ 가톨릭교회 사회교리 문답

하느님의 말씀과 자비와 사랑을 전하는
⑤ 가톨릭교회의 구약성경 문답

하느님의 말씀과 자비와 사랑을 전하는
⑥ 가톨릭교회의 신약성경 문답

신간 땀의 순교자의 시복과 시성의 염원을 담은
⑦ 최양업 신부의 신앙과 영성 문답

Matthaios Books
마태오서적

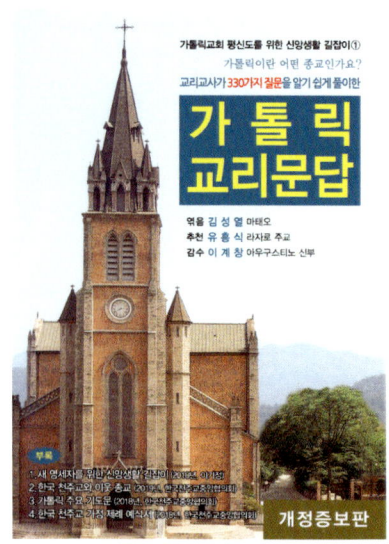

가톨릭교회 평신도를 위한 신앙생활 길잡이①

가톨릭 교리문답

엮음_ 김성열 마태오

「가톨릭 교리문답」은 일선 교리교사가 성경, 교회법전, 가톨릭교회 교리서, 교회 문헌 등을 참조하여 직접 가톨릭교회 교리를 알기 쉽게 풀어 설명한 책. 가톨릭에 입문하고자 하는 예비 신자는 물론 쉬는 교우나 신앙생활을 하는 신자들에게 교리교육을 위해 330가지의 문답으로 구성하였다.

추천 | 유흥식 라자로 추기경
감수 | 이계창 아우구스티노 신부
정가 | 15,000원

가톨릭교회 평신도를 위한 신앙생활 길잡이②

103위 한국 순교성인 문답

엮음_ 김성열 마태오

「103위 한국 순교성인 문답」은 한국 초기교회 박해시대의 역사, 103위 한국 순교성인들의 삶과 신앙의 증거, 순교성인들과 연관된 교구별 성지를 자세히 안내할 뿐만 아니라 순교성인들의 후손인 우리의 신앙 여정길을 제시하고 있다.

추천 | 유흥식 라자로 추기경
감수 | 박재만 타대오 신부
정가 | 20,000원

가톨릭교회 평신도를 위한 신앙생활 길잡이③

가톨릭교회의 미사와 전례 문답

엮음_ 김성열 마태오

「가톨릭교회의 미사와 전례 문답」은 가톨릭교회에서 그리스도교 생활 전체의 원천이요 정점이며, 우리 신앙의 요약이고 집약이라고 가르치고 있는 성체성사인 미사(Missa)와 전례에 대해 그 중요성과 의미를 쉽게 깨달을 수 있도록 문답 형식으로 구성되어 있다.

감수 | 박재만 타대오 신부
정가 | 20,000원

가톨릭교회 평신도를 위한 신앙생활 길잡이④
가톨릭교회 사회교리 문답
엮음_ 김성열 마태오

「가톨릭교회 사회교리 문답」은 우리 가톨릭교회 평신도가 반드시 사회교리를 배우고 익혀서 이를 실천하여 세상의 빛이 되길 권고하고 있다. 사회교리는 인간의 생활 전반에 관한 가톨릭교회 가르침을 말한다. 따라서 우리 평신도들이 사회생활의 중심에서 실천하는 참된 신앙인으로 살아가는데 많은 도움을 주고자 한다.

감수 | 박재만 타대오 신부
정가 | 20,000원

가톨릭교회 평신도를 위한 신앙생활 길잡이⑤
가톨릭교회의 구약성경 문답
엮음_ 김성열 마태오

「가톨릭교회의 구약성경 문답」은 '평신도가 평신도의 눈높이에 맞추어' 구약 성경의 전반적 주요 내용을 쉽게 이해할 수 있도록 요약 정리하였다. 구약의 역사 이야기와 거기에 등장하는 인물들의 행적에서 그들이 때론 하느님께 배신 행위를 할지라도 하느님은 인내로이 지속적인 자비와 사랑을 베풀어 주심을 강조하고 있다. 그것이 예수 그리스도를 정점으로 하는 구원사 안에서 오늘 우리에게 어떠한 의미를 지니고 어떠한 교훈을 주는지 성찰하고 묵상하도록 안내해 준다.

감수 | 박재만 타대오 신부
정가 | 25,000원

가톨릭교회 평신도를 위한 신앙생활 길잡이⑥
가톨릭교회의 신약성경 문답
엮음_ 김성열 마태오

「가톨릭교회의 신약성경 문답」은 신약성경의 말씀과 사건들 그리고 주요 인물들의 소명과 사명 등 전반에 관한 윤곽을 파악하게 하고 성경 말씀에 대한 많은 궁금증과 오해들을 풀어주고 있어, 성경에 접근하는 것을 망설이는 신자들에게도 신약성경에 대해 새로운 인식을 갖도록 돕는 유익한 입문서 역할을 한다. 또한 이 책은 간단한 문답형식으로 흥미롭게 편집되어 있어 독자로 하여금 신약성경에 친근감을 갖게 해주므로 본격적으로 성경을 정독(精讀)하고 싶은 마음이 들도록 고무시킬 것이다. 따라서 이 책은 지금 우리 교회 안에서 적극 권장하고 있는 성경통독과 필사 운동 그리고 성경공부와 말씀묵상 나누기에 더 많은 신자들이 적극 참여하도록 촉진하는 데에도 기여할 것으로 기대된다.

감수 | 박재만 타대오 신부
정가 | 25,000원

가톨릭교회 평신도를 위한 신앙생활 길잡이⑦
최양업 신부의 신앙과 영성 문답
엮음_ 김성열 마태오

최양업 신부님은 서양 학문을 정식으로 익힌 첫 조선인으로서 최고의 지성인답게 그 당시 조선의 국가 정세와 교회 사정 및 민생 상태에 관하여 예리하게 관찰하셨음을 알 수 있습니다. 이는 1842년부터 1860년까지 스승 신부님들에게 보낸 서한에서 알 수가 있습니다. 최양업 신부님의 서한 속 글들은 너무나도 감동적이고 교훈적이며 한편으로는 충격적입니다. 이 책에서 소개하는 21편의 서한은 최양업 신부님의 선교 열정과 굳건한 믿음과 온전한 헌신의 정신을 다시금 느끼게 하며 땀으로 가득 채운 신앙 여정의 감동을 전해줍니다.

감수 | 박재만 타대오 신부
정가 | 18,000원

엮은이

김 성 열 마태오

- 1983년　　　　세례(천주교 대전교구 홍성성당)
- 1987년　　　　천주교 대전교구 꾸르실료 남성 제54차 수료
- 1995년　　　　천주교 서울대교구 제555차 ME교육 수료
- 2005-2007년　천주교 대전교구 월평동성당 사목회장 역임(2년)
- 2006-2008년　천주교 대전교구 재무평의회 위원 역임(2년)
- 2012년　　　　대전 가톨릭대학교 교리신학원 졸업(2년)
- 2014-2016년　천주교 대전교구 반석동성당 사목회장 역임(2년)
- 2017년　　　　대전 가톨릭대학교 교리신학원심화과정 졸업(1년)
- 2018-2021년　천주교 대전교구 반석동성당 예비신자 교리교사 활동
- 2019-2023년　천주교 대전교구 반석동성당 비정규 성체분배자 활동

- 편저 : 「가톨릭 교리문답」
　　　　「103위 한국 순교성인 문답」
　　　　「가톨릭교회의 미사와 전례 문답」
　　　　「가톨릭교회 사회교리 문답」
　　　　「가톨릭교회의 구약성경 문답」
　　　　「가톨릭교회의 신약성경 문답」
　　　　「최양업 신부의 신앙과 영성 문답」

- 세무법인 큐택스 둔산법원점(대표 세무사 김성열)

도서 구입 문의

사 업 자 상 호 : 마태오서적
사업자등록번호 : 359 - 99 - 00508
이　　메　　일 : semu8272@hanmail.net
입금 계좌 번호 : 740901 - 01 - 594252 (국민은행, 마태오서적 김성열)

엮은이(김성열 마태오/010.5457.9390)
인터넷 서점(교보문고/가톨릭출판사/성바오로서원)
인터텟 쇼핑몰(G마켓/11번가/옥션/신세계)

가톨릭교회 평신도를 위한 신앙생활 길잡이 ④

가톨릭교회의 사회교리란 무엇인가요?

가톨릭교회 사회교리 문답

엮음 ∣ **김 성 열** 마태오

감수 ∣ **박 재 만** 타대오 신부

도서출판 프린트샵

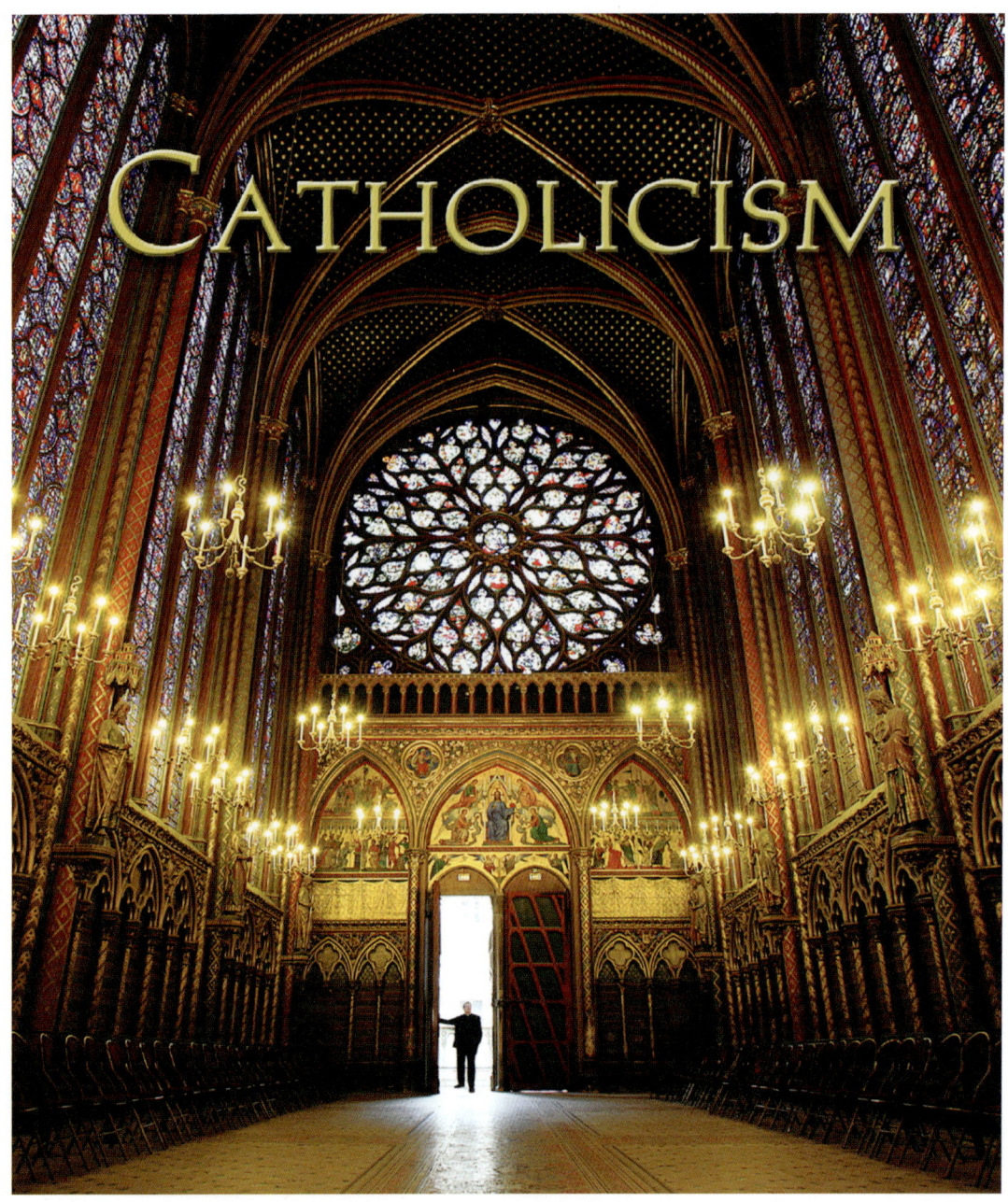

가톨릭 (Catholic)
가톨릭이란 말은 전체성 또는 온전성, 보편성이라는 뜻으로 모든 사람들이 다 믿을 수 있는 종교를 의미합니다.

| 머리말 |

『가톨릭교회 사회교리 문답』을 펴내며

김성열 마태오

1. 우리 한국 천주교회는 236년 전에 서학을 연구하던 **평신도 학자들**을 중심으로 예수 그리스도를 믿는 **자생적 모임**이 생겨났습니다. 그러다가 1784년 평신도인 이승훈이 북경에서 베드로라는 세례명을 받고 돌아오면서 신자들의 **신앙 공동체**가 형성되었습니다. **평신도**가 중심이 되어 그리스도의 제자로서 사회 전체를 바꾸는 모습에서 우리는 **하느님의 역사하심**을 느끼게 됩니다. 세상의 새로운 복음화는 교회를 구성하는 모든 사람들의 의무이자 권리이지만, 현실 세계 안에서 복음화의 첫 번째 책임은 평신도에게 있습니다. 이러한 현실 세계질서에 그리스도교적 활기를 불어넣는 것은 평신도들의 고유하고 대체할 수 없는 의무에 속하는 것입니다.(「평신도 그리스도인」 17항 참조)

2. 2004년 교황청은 「간추린 사회교리」를 발행하면서 그 목적을 다음과 같이 설명하고 있습니다. 그리스도교 제삼천년기를 시작하는 오늘날에도 **예수 그리스도의 충실한 제자들이 증언하는 복음의 힘**으로 사회적 실재를 변화시키는 일은 여전히 남아 있습니다. 예수 그리스도께서 선포하신 **구원**과 **사랑**과 **정의**와 **평화의 기쁜 소식**은 **전쟁**과 **가난**과 **불의**로 황폐해진 **현대 세계**에서 쉽게 받아들여지지 않고 있습니다. 하지만, 바로 이러한 연유에서 우리 시대의 사람들은 구원에 대한 **믿음과 빛의 희망, 애덕의 사랑**을 제시하는 복음을 그 어느 때보다 더욱 필요로 하고 있습니다. 그 무엇보다도 사회 영역 안에서 그리스도인들의 활동, 특히 이 영역 안에서 살아가는 **평신도들의 활동을 지지하고 육성하려는** 목적에서 이 책을 읽어 보라고 교황청에서는 권유하고 있습니다.(「간추린 사회교리」 소개 글 참조)

3. 2011년부터 한국천주교주교회의는 평신도들이 사회생활의 지침인 가톨릭교회의 사회교리에 더 관심을 가져, 적극적으로 교회 가르침을 알고 사회생활에서 실천하도록 **사회교리주간**을 제정했습니다. 사회교리라는 용어가 주는 낯섦과 선입견으로 인해 적지 않은 그리스도인이 사회교리를 신앙교리와 무관한 것으로 잘못 이해하고 있습니다. 그러나 십계명에 바탕을 둔 사회교리는 그 자체로 **모든 그리스도인이 예외 없이 실천해야 하는 가톨릭 교회 교리**입니다. 이와 같은 사회교리는 역대 교황의 문헌과 회칙, 교서, 권고 등을 담은 것으로 **교회의 공식 가르침**인 것입니다. 이 가르침을 통해 정치와 경제·인권·노동·평화·환경·생명 등 사회생활의 각 영역에서 일어나는 문제들을 **복음적 시각**으로 성찰하도록 돕고 있습니다. 그래서 교회는 모든 평신도가 반드시 사회교리를 배우고 익혀서 실천해야 한다고 권고하고 있는 것입니다. 특히 2014년에 방한하신 프란치스코 교황님은 한국 주교들과 만난 자리에서 "가난한 사람들과 함께하는 연대는, 교회의 풍부한 유산인 사회교리를 바탕으로 한 강론과 교리교육을 통하여 **신자(평신도)**들의 정신과 마음에 스며들어야 하며, 교회 생활의 모든 측면에 반영되어야 한다."고 말씀하셨습니다. 이와 같은 맥락에서 볼 때 **한국천주교주교회의 정의평화위원회**에서 가르치는 **교회의 가르침**은 어느 특정 개인이 옳고 그름을 판단하는 것이 아닙니다. 우리 신앙인은 이런 교회의 가르침이 **사회교리와 교회 교도권(敎導權)**에 바탕을 두고 전체 주교회의에서 판단한 것임을 올바르게 이해해야 합니다.

4. 2019년 한국천주교주교회의 산하 한국가톨릭사목연구소에서 「**더 나은 세상을 위하여**」라는 주교회의 대(對) 사회 문헌집(1948-2018년)을 발간하였습니다. 한국사회의 역사적 변화 속에서 특수하고 다양한 상황에 놓일 때마다 한국천주교주교회의는 시대의 징표를 탐구하고 이를 복음의 빛으로 해석하여야 할 의무를 식별하였습니다(「사목헌장」 4항 참조). 우리나라와 시대의 필요에 응답하고자 **교회의 입장과 가르침**을 세상에 알렸습니다. 그동안 한국천주교주교회의가 발표한 문헌들을 보면, 시국 문제와 노동자 문제, 농민 문제, 인간 생명과 인권 문제, 언론의 자유, 인류의 화해와 평화, 평화 선거, 환경 문제 등 사회 전반에 걸쳐 매우 다양한 주제를 다루었습니다. 이러한 노력들은 한국사회에 실질적 변화를 일으키기도 했는데, 여기에는 **신자(평신도)들과 사제, 수도자**들도 함께 하였습니다. 이 문헌집을 통하여 한국사회의 역사적 흐름 안에서 **교회의 활동과 역할, 관심사**를 알 수 있습니다.

더 나아가 이 문헌집은 대한민국과 한국 천주교회의 참다운 진보를 위한 열쇠가 되고, 하느님 나라와 그분의 정의를 실현하는 밑거름이 될 것입니다.(「더 나은 세상을 위하여」 발간사 참조)

5. 「가톨릭교회 사회교리 문답」을 엮어 발간하는 저도 평신도로서 조그만 밑거름이 되고자 합니다. 지금껏 몰랐던 사회교리에 대해 공부하면서, 저와 같은 평신도들이 사회교리를 배우고 신앙생활에 이를 실천하는 그리스도인으로 살아가면 좋겠다는 바람으로 부족하지만 이 책을 펴내게 되었습니다. 참고한 문헌은 한국천주교주교회의에서 발간한 「성경」, 「교회법전」, 「간추린 사회교리」, 「제2차 바티칸공의회 문헌」, 「돈과 권력」, 「더 나은 세상을 위하여」, 「한국 천주교 사목지침서」, 「가톨릭교회 교리서」와 「한국가톨릭대사전」, 「유캣(YOUCAT)」, 「두캣(DOCAT)」, 「역대 교황 사회교리문헌 해설」, 「가톨릭 사회교리 101문 101답」, 「이주형신부외 다수 사회교리 기고문」 등입니다. 이 책이 민들레 홀씨처럼 세상 곳곳에 퍼져 나가 하느님 말씀과 진리와 사랑을 바탕으로 하는 사회교리가 **평신도의 신앙생활**에 지침이 되기를 바라는 마음입니다. 우리의 도움이신 성모님께 보호와 전구를 청하오며, 책으로 나올 수 있도록 허락해 주신 대전교구장 김종수 아우구스티노 주교님과 미흡한 저의 원고를 여러 차례 꼼꼼히 감수해 주신 박재만 타대오 신부님께도 깊은 감사의 인사를 드립니다. 아울러 원고를 교정해 주신 김영석 멜키올 형제님과 출판에 수고해 주신 도서출판 프린트샵 이재승 사장님 그리고 편집 관계자께도 감사드립니다.

"나에게 힘을 주시는 분 안에서 나는 모든 것을 할 수 있습니다."(필리 4,13)

천주교 대전교구 반석동성당 / 김성열 마태오

| 감수사 |

세상에서 빛, 소금, 누룩의 사명을 널리 깨닫게 하는 길잡이가 되길 바라며

박재만 타대오 신부

〈가톨릭교회 사회교리 문답〉이 출간된 것을 환영하며 이 책을 쓰신 김성열 마태오 회장님의 사도적 열정과 노고에 격려와 감사를 드립니다.

사회교리는 그 분야가 광범위하고 내용이 난해할 뿐만 아니라 민감한 사항들이 많아 접근하기 어려움에도 불구하고 김 회장님은 큰 관심을 가지고 사회교리와 관련하여 많은 공부와 연구를 해왔습니다. 이 과정에서 평신도로서 사회교리 이해의 필요성과 중요성을 절감하게 되었고, 더 나아가 자신이 이해하고 깨달은 것을 다른 형제자매들과도 나누어야겠다는 사명감으로 이 책을 쓸 용기를 갖게 되었다고 말합니다.

사실 오래전부터 한국 천주교회는 사회교리에 관련된 교회의 문헌과 책자들을 번역하여 발간해 왔습니다. 사회교리에 관한 교회의 문헌이란 교황님들의 사회교리에 관한 회칙들, 제2차 바티칸 공의회 일부 문헌들, 교황청 정의평화평의회의 〈간추린 사회교리〉, 세계주교대의원회의 문헌들 그리고 중남미 주교회의 문헌들입니다. 또한 국내에서도 몇몇 분들이 사회교리에 관련된 유익한 책들을 써서 출간하기도 하였습니다.

아울러 2011년에는 한국천주교 주교단에서 사회교리 주간을 제정하여 평신도들로 하여금 사회교리를 배우고 이를 생활에서 실천하도록 촉구하였습니다.

그럼에도 불구하고 한국 천주교회에서 사회교리는 대부분의 신자들에게 여전히 낯설고 난해한 것으로 여겨질 뿐만 아니라, 관심도 낮고 배울 기회도 제대로 마련되어 있지 않은 실정입니다.

이런 상황을 안타깝게 여긴 김 회장님은 사회교리를 널리 알려야겠다는 사명감으로 평신도들이 접근하기 쉽고 흥미롭게 공부할 수 있도록 문답형식의 책을 정리하여 발간하게 된 것입니다. 이 책의 내용은 다채롭고 매우 풍성한데, 가정 공동체와 교회 공동체를 포함하여 정치, 경제, 사회, 국제사회 등 광범위한 분야에서 가톨릭교회 사회교리의 기초와 원리에 입각한 우리의 역할과 사명에 대해 상세하게 서술하고 있습니다. 가톨릭교회 사회교리는 넓은 의미에서 볼 때 사회생활과 관련한 문제에 대해 가톨릭교회가 역사 안에서 발전시켜 온 모든 이론과 가르침을 일컫습니다. 그러나 일반적으로 사회교리는 교황 레오 13세의 회칙 〈새로운 사태〉(Rerum Novarum)(1891)의 반포 이후 교회에서 발표한 일부 문헌들의 가르침을 지칭합니다. 그 문헌들은 근대와 현대에 나타난 다양한 정치, 경제, 노동, 인간생명과 인권, 인류의 평화, 환경 등에 관련된 현안에 대해 교황이나 여러 나라와 대륙의 주교회의가 응답한 내용들을 담고 있습니다.

사회교리의 공식 문헌들이 나오기 시작한 시기는 영국에서 시작된 산업혁명이 매우 빠른 속도로 퍼져나가면서 유럽 사회를 산업사회로 변모시켜가던 때였습니다. 이로 인해 기업인과 노동자의 관계에서 정의, 공동선, 인권 문제가 자연스럽게 대두되었습니다.

또한 그 시기에는 인간에 관한 학문과 사회과학 분야의 지식이 비약적으로 발전하던 때였습니다. 심리학, 사회학, 인간학 등 인간에 관한 학문들은 교회의 철학과 신학에서 독립을 선언하며 영혼의 개념과 초월적 문제를 추리와 인식의 분야에서 소외시켰습니다. 당시 그러한 학문들은 교회의 철학과 신학의 기초에 대해 부정적 자세로 출발하였던 것입니다. 이런 상황에서 교회는 새로이 등장한 학문들과 대화하며 그에 응답해야 했습니다.

한편 경제학, 정치학, 사회심리학 같은 학문들은 공공행정, 기업경영, 지도자훈련 영역과 그 체제의 변화를 이해하고 안내하기 위한 기법 개발에 기여했고, 사회 환경과 인간들에게 큰 영향을 미쳤습니다.

그러나 육화의 신학 및 영성의 보완이 필요했던 당시 교회는 교회 안에서의 신자의 본분, 성사와 기도생활, 예비신자 안내 등에 대해 강조한 것에 비해 사회의 정치, 경제, 노동, 문화, 가정생활에서 그리스도인들의 사명과 복음화에 대한 구체적인 가르침이 미흡했습니다.

그러한 상황에서 교회는 시대적 요구에 부응하여 쇄신되어야 했고, 다른 한편으로는 새로운 사상과 시대조류에 맞는 올바른 복음적 지침을 제시해야 할 필요성을 절감했습니다. 이같은 대처 방안의 일환으로 사회교리의 필요성이 부각되며 교회는 그에 상응하는 회칙들과 공식문헌들을 계속 발표하게 되었습니다.

교황 요한 바오로 2세 이후 교황들의 회칙이나 교회의 문헌들은 '새로운 복음화'를 자주 상소하고 있습니다.

교회 역사 안에서 오랫동안 이루어진 복음화 또는 선교란 비 그리스도인들이 일방적 구원의 진리를 수용하고 세례성사를 받도록 활동하는 것으로 이해되었습니다. 따라서 그 성공 여부는 입교자 수와 활동 신자의 수를 근거로 하는 양적 성장에 초점을 두었습니다. 그러나 오늘 새로운 복음화로서 선교는 그러한 일방적인 교회의 외적 확장이 아니라 복음의 진리의 선포와 대화 그리고 증거를 통한 인류와 세계의 변화 및 쇄신을 일차 목표로 삼고 있습니다. 즉 교회가 스스로 복음화 되면서 세계와 대화 및 협력을 통해 빛을 이루고 영향을 미쳐 세상을 복음의 정신으로 가득 차게 만드는 것입니다.

이처럼 '새로운 복음화'란 단순히 보다 넓은 지역에, 보다 많은 이들에게 하느님의 말씀을 선포하는 것만이 아니라 정치, 경제, 교육, 문화 등에서 그분의 말씀과 구원 계획에 위반되는 인간의 판단 기준, 가치관, 관심의 초점, 사상의 원천과 동향, 생활양식 등에 복음의 힘으로 영향을 주어 그것들을 변화시키고 바로 잡는 것입니다.

그러므로 새로운 복음화를 위해서는 사목자들이 사목 관할구역의 단체들이나 신자들을 효율적으로 보살피고 예비자 교리, 전례 및 성사를 집전하는 것만으로는 충분하지 않습니다. 사목자들은 시대적 표지를 민감하게 읽고, 세상 안에서 살아가는 평신도들로 하여금 그러한 복음화 활동에 협력자로서 공동 책임의식을 가지고 적극 참여하도록 교육하고 양성하며 기회를 주어야 합니다.

이와 같이 새로운 복음화의 사명을 긴급히 그리고 적극적으로 수행해야 하는 오늘날 사회교리에 대한 평신도들의 인식이 더욱 필요하고 중요하게 되었습니다. 사회교리는 새로운 복음화의 본질적 요소이며 새로운 복음화를 위한 유익한 수단이기 때문입니다.

이런 시점에 김 회장님이 평신도들이 쉽게 접근하고 이해하며 실행할 수 있는 지침으로 사회교리서를 출간한 것은 다행스럽고도 감사한 일이라 하겠습니다.

김 회장님은 대전가톨릭대학교 교리신학원을 졸업하고 심화과정을 수료한 후, 오랜 기간 교회의 문헌들과 서적들, 관련 논문들을 읽으면서 끊임없이 교회의 가르침을 탐구하여 왔습니다. 또 지금까지 여러 본당 공동체에서 사목위원, 사목회장 등을 역임했고, 지금은 예비신자 교리교사로 봉사하고 있습니다.

김 회장님은 이미 예비신자 교리교육과 신자 재교육을 하는 데에 유용한 〈가톨릭 교리 문답〉과 한국 순교성인들의 증거의 삶과 순례 여정을 잘 소개한 〈103위 한국 순교성인 문답〉과 가톨릭교회의 미사와 전례에 관한 〈가톨릭교회의 미사와 전례 문답〉을 출간하기도 하였습니다. 이 책들은 본당, 공소, 성지 등 국내 교회기관뿐만 아니라 해외의 여러 한인교회 공동체 신자들로부터도 많은 호응을 받고 있습니다.

김 회장님이 이번에 내는 〈가톨릭교회 사회교리 문답〉은 평신도뿐만 아니라 사제, 수도자들에게도 가톨릭교회 사회교리를 쉽게 읽고 이해하는데 유익한 안내서가 되리라 여겨집니다.

많은 분들이 이 책을 통해 새로운 복음화 사도직 수행과 영적 성숙에 큰 도움을 받으시길 기대합니다.

그리하여 우리 교회가 더욱 복음화 되고 사회를 더욱 복음화 시키면서 하느님께 더욱 큰 영광을 드리면 좋겠습니다.

대전교구 원로사제 / 박재만 타대오 신부

| 목 차 |

머리말 ·············· 5
감수사 ·············· 8

PART 1 가톨릭교회의 사회교리 기초(입문)

1. 가톨릭교회의 사회교리란 무엇인가요?(Ⅰ) ·············· 25
2. 가톨릭교회의 사회교리란 무엇인가요?(Ⅱ) ·············· 26
3. 가톨릭교회의 사회교리의 원천은 무엇인가요? ·············· 28
4. 가톨릭교회의 사회교리는 어떤 이유로 언제 탄생했나요? ·············· 29
5. 가톨릭교회는 사회교리란 용어를 언제부터 사용하고 발전해 왔나요? ·············· 30
6. 가톨릭교회의 사회교리의 원칙과 본질은 무엇인가요? ·············· 30
7. 가톨릭교회의 사회교리의 목적은 무엇인가요?(Ⅰ) ·············· 32
8. 가톨릭교회의 사회교리의 목적은 무엇인가요?(Ⅱ) ·············· 33
9. 교회의 가르침인 사회교리가 스스로 성찰하기 위한 지침은 무엇인가요?(Ⅰ) ·············· 34
10. 교회의 가르침인 사회교리가 스스로 성찰하기 위한 지침은 무엇인가요?(Ⅱ) ·············· 35
11. 가톨릭교회가 사회교리를 가르치고 실천하는 이유는 무엇인가요? ·············· 36
12. 시대와 상황에 따라서도 변하지 않는 사회교리의 기본원리는 무엇인가요? ·············· 38
13. 가톨릭교회의 믿을 교리와 사회교리의 차이점은 무엇인가요? ·············· 39
14. 가톨릭교회의 믿을 교리와 사회교리를 교회는 어떻게 가르치나요? ·············· 40
15. 사회교리(그리스도교 사회론)의 신학적인 토대는 어디에 두고 있나요? ·············· 41
16. 「새로운 사태」(Rerum Novarum)는 어떤 내용을 담고 있나요? ·············· 42
17. 역대 교황들이 반포한 사회교리 관련 회칙들은 무엇인가요?(Ⅰ) ·············· 44
18. 역대 교황들이 반포한 사회교리 관련 회칙들은 무엇인가요?(Ⅱ) ·············· 46
19. 한국천주교주교회의에서 발표한 대(對) 사회 문헌은 무엇을 말하나요? ·············· 48
20. 가톨릭교회의 사회교리는 사회주의와 비슷한 것인가요? ·············· 50
21. 사회교리 원리에 따른 실천에 대해 사회교리는 어떻게 말하고 있나요? ·············· 51
22. 사회교리가 가진 특성으로 인해 비판받는 점은 무엇인가요? ·············· 53
23. 사회교리가 좌파성향의 정치논리로 오해받는 것은 무엇인가요? ·············· 53

PART 2 삼위일체이신 하느님과 사회교리

24. 하느님께서는 인간의 고통을 그대로 내버려 두시나요? ········· 59
25. 하느님의 사랑을 가톨릭교회의 사회교리는 어떻게 말하나요?(Ⅰ) ········· 59
26. 하느님의 사랑을 가톨릭교회의 사회교리는 어떻게 말하나요?(Ⅱ) ········· 60
27. 예수 그리스도를 통한 하느님의 사랑을 사회교리는 어떻게 말하나요?(Ⅰ) ········· 61
28. 예수 그리스도를 통한 하느님의 사랑을 사회교리는 어떻게 말하나요?(Ⅱ) ········· 62
29. 예수 그리스도를 통한 하느님의 나라를 사회교리는 어떻게 말하나요? ········· 63
30. 예수 그리스도를 통한 사랑의 이중계명을 사회교리는 어떻게 말하나요? ········· 64
31. 이 세상에서 그리스도처럼 사는 길은 어떻게 사는 것인가요?(Ⅰ) ········· 65
32. 이 세상에서 그리스도처럼 사는 길은 어떻게 사는 것인가요?(Ⅱ) ········· 67
33. 세상과 역사 안에서의 성령의 역할과 우리의 신앙과는 어떤 관계인가요?(Ⅰ) ········· 69
34. 세상과 역사 안에서의 성령의 역할과 우리의 신앙과는 어떤 관계인가요?(Ⅱ) ········· 71
35. 물질 욕망으로 하느님과 멀어지는 이 시대를 교회는 어떻게 보고 있나요? ········· 73

PART 3 교회와 인간과 사회교리

36. 교회에 대한 사회교리 가르침은 무엇인가요?(Ⅰ) ········· 77
37. 교회에 대한 사회교리 가르침은 무엇인가요?(Ⅱ) ········· 78
38. 교회의 사명인 선교와 사회교리는 어떤 관계인가요? ········· 79
39. 교회의 본질적인 사명에서 사회교리는 무엇을 강조하나요? ········· 80
40. 세상 안에서 가톨릭교회를 교회답게 만드는 것은 무엇인가요?(Ⅰ) ········· 81
41. 세상 안에서 가톨릭교회를 교회답게 만드는 것은 무엇인가요?(Ⅱ) ········· 83
42. 세상 안에서 가톨릭교회를 교회답게 만드는 것은 무엇인가요?(Ⅲ) ········· 85
43. 양극화로 갈라진 세상에 대한 교회의 투신은 왜 필요한가요?(Ⅰ) ········· 86
44. 양극화로 갈라진 세상에 대한 교회의 투신은 왜 필요한가요?(Ⅱ) ········· 88
45. 물질주의와 세속화 도전 앞에 선 한국 천주교회의 선택은 무엇인가요? ········· 89
46. 교회의 가르침이 현실과 맞지 않는다는 말은 옳은 말인가요?(Ⅰ) ········· 91
47. 교회의 가르침이 현실과 맞지 않는다는 말은 옳은 말인가요?(Ⅱ) ········· 92
48. 사회교리에서 가장 중요하고 핵심적인 인간에 대한 가르침은 무엇인가요? ········· 94
49. 인격에 대한 가톨릭교회 사회교리의 가르침은 무엇인가요? ········· 95
50. 인권에 대한 가톨릭교회 사회교리의 가르침은 무엇인가요? ········· 96

51. 인종차별에 대한 가톨릭교회의 가르침은 무엇인가요? ········· 97
52. 인간의 삶과 과학 기술 발전에 대한 교회의 가르침은 무엇인가요? ········· 98
53. 인간이 진정한 행복을 찾기 위한 가톨릭교회의 가르침은 무엇인가요? ········· 99
54. 인간중심의 세상으로 바꾸기 위한 사회교리의 가르침은 무엇인가요? ········· 100
55. 인간의 삶 안에서 하느님의 모습을 바라본다는 것은 무슨 뜻인가요? ········· 102

PART 4 다양한 공동체생활과 사회교리

제1장 ● 가톨릭교회의 사회교리 원리들 ········· 105

56. 인간 존엄성의 원리에 대한 사회교리의 가르침은 무엇인가요?(Ⅰ) ········· 105
57. 인간 존엄성의 원리에 대한 사회교리의 가르침은 무엇인가요?(Ⅱ) ········· 107
58. 공동선의 원리에 대한 사회교리의 가르침은 무엇인가요?(Ⅰ) ········· 108
59. 공동선의 원리에 대한 사회교리의 가르침은 무엇인가요?(Ⅱ) ········· 110
60. 연대성의 원리에 대한 사회교리의 가르침은 무엇인가요?(Ⅰ) ········· 110
61. 연대성의 원리에 대한 사회교리의 가르침은 무엇인가요?(Ⅱ) ········· 112
62. 보조성의 원리에 대한 사회교리의 가르침은 무엇인가요?(Ⅰ) ········· 113
63. 보조성의 원리에 대한 사회교리의 가르침은 무엇인가요?(Ⅱ) ········· 115
64. 재화를 사용하는 보편적 목적을 사회교리는 무엇이라고 가르치나요?(Ⅰ) ········· 115
65. 재화를 사용하는 보편적 목적을 사회교리는 무엇이라고 가르치나요?(Ⅱ) ········· 116

제2장 ● 가정 공동체생활과 사회교리 ········· 119

66. 가정의 기본 토대인 혼인에 대한 사회교리의 가르침은 무엇인가요? ········· 119
67. 신앙의 요람인 가정에 대해 사회교리는 어떻게 가르치고 있나요? ········· 119
68. 사회교리의 출발점인 가정 공동체에 대한 사회교리의 가르침은 무엇인가요? ········· 121
69. 인간사회의 시작인 가정에 대해 사회교리는 어떻게 말하고 있나요? ········· 122
70. 사랑의 공동체인 가정에 대한 사회교리의 가르침은 무엇인가요? ········· 124
71. 오늘날 무너지고 있는 가정 공동체에 대한 교회의 가르침은 무엇인가요? ········· 125
72. 오늘날 젊은이들의 가정위기를 교회는 어떻게 보고 있나요? ········· 127
73. 어린이의 존엄과 권리에 대한 사회교리의 가르침은 무엇인가요?(Ⅰ) ········· 128
74. 어린이의 존엄과 권리에 대한 사회교리의 가르침은 무엇인가요?(Ⅱ) ········· 129

제3장 ● 정치 공동체생활과 사회교리 ········· 131

75. 정치 공동체의 토대와 목적을 사회교리는 무엇이라 말하나요?(I) ········· 131
76. 정치 공동체의 토대와 목적을 사회교리는 무엇이라 말하나요?(II) ········· 132
77. 정치 공동체와 올바른 민주주의에 대한 사회교리의 가르침은 무엇인가요?(I) ········· 133
78. 정치 공동체와 올바른 민주주의에 대한 사회교리의 가르침은 무엇인가요?(II) ········· 135
79. 가톨릭교회의 사회교리에서 말하는 참된 민주주의란 무엇인가요?(I) ········· 137
80. 가톨릭교회의 사회교리에서 말하는 참된 민주주의란 무엇인가요?(II) ········· 139
81. 참여 민주주의에 대한 사회교리의 가르침은 무엇인가요? ········· 140
82. 사회교리에서 말하는 참된 참여의 의미는 무엇인가요? ········· 141
83. 올바른 투표에 대한 신앙인의 자세를 교회는 어떻게 가르치고 있나요?(I) ········· 142
84. 올바른 투표에 대한 신앙인의 자세를 교회는 어떻게 가르치고 있나요?(II) ········· 143
85. 선거 투표에 불참하는 문제점을 사회교리는 어떻게 보고 있나요? ········· 144
86. 선거를 통한 사회 복음화의 사명을 사회교리는 어떻게 가르치고 있나요?(I) ········· 146
87. 선거를 통한 사회 복음화의 사명을 사회교리는 어떻게 가르치고 있나요?(II) ········· 147
88. 민주주의와 선거에 대한 가톨릭교회의 사회교리 가르침은 무엇인가요? ········· 149
89. 현재 한국의 정당의 문제를 가톨릭교회의 사회교리는 어떻게 보고 있나요? ········· 150
90. 정교분리의 원칙에 대해 가톨릭교회의 사회교리는 어떻게 설명하나요? ········· 151
91. 신앙인의 정치참여를 가톨릭교회의 사회교리는 어떻게 보고 있나요?(I) ········· 153
92. 신앙인의 정치참여를 가톨릭교회의 사회교리는 어떻게 보고 있나요?(II) ········· 155
93. 정치와 종교의 관계를 가톨릭교회의 사회교리는 어떻게 보고 있나요?(I) ········· 157
94. 정치와 종교의 관계를 가톨릭교회의 사회교리는 어떻게 보고 있나요?(II) ········· 158
95. 가톨릭교회는 어떤 국가의 형태가 가장 올바르다고 말하고 있나요? ········· 160
96. 국가의 통치를 위협하는 정치적 부패를 교회에서는 무엇이라 말하나요?(I) ········· 161
97. 국가의 통치를 위협하는 정치적 부패를 교회에서는 무엇이라 말하나요?(II) ········· 162
98. 사회적 불평등을 개선해야 할 국가 공권력의 의무는 무엇인가요?(I) ········· 163
99. 사회적 불평등을 개선해야 할 국가 공권력의 의무는 무엇인가요?(II) ········· 165
100. 진정한 평화에 대한 교회의 가르침은 무엇인가요?(I) ········· 166
101. 진정한 평화에 대한 교회의 가르침은 무엇인가요?(II) ········· 168
102. 진정한 평화에 대한 교회의 가르침은 무엇인가요?(III) ········· 169
103. 진정한 평화에 대해서 우리가 반성할 점은 무엇인가요? ········· 170
104. 우리 민족의 평화를 증진하려는 교회의 노력은 무엇인가요? ········· 171
105. 우리 민족의 화해와 일치를 위한 교회의 노력은 무엇인가요?(I) ········· 172
106. 우리 민족의 화해와 일치를 위한 교회의 노력은 무엇인가요?(II) ········· 174

107. 우리 민족의 화해와 일치를 위한 교회의 노력은 무엇인가요?(Ⅲ) ········· 175
108. 남과 북이 연대해야 하는 이유는 무엇인가요? ································· 176
109. 남과 북이 서로 합의한 최초의 통일방안은 어떻게 이행되고 있나요? ········· 177
110. 양심적 병역거부와 대체복무제에 관한 교회의 가르침은 무엇인가요?(Ⅰ) ········· 178
111. 양심적 병역거부와 대체복무제에 관한 교회의 가르침은 무엇인가요?(Ⅱ) ········· 179
112. 우리나라의 낙태죄 폐지와 관련하여 가톨릭교회의 입장은 무엇인가요? ········· 180
113. 우리나라 교육정책은 복음적인 정책을 펴고 있나요?(Ⅰ) ······················· 181
114. 우리나라 교육정책은 복음적인 정책을 펴고 있나요?(Ⅱ) ······················· 184
115. 부당한 명령을 거부할 수 있는 권리를 우리는 어디에서 찾을 수 있나요? ········· 184

제4장 ● 경제 공동체생활과 사회교리 ································· 186

116. 그리스도인의 경제생활은 어떤 모습이어야 하나요? ····························· 186
117. 경제에 대한 가톨릭교회 사회교리의 가르침은 무엇인가요? ····················· 187
118. 사회교리는 참다운 의미의 경제란 어떤 것이라고 가르치나요? ·················· 188
119. 도덕적 경제생활에 대한 사회교리의 가르침은 무엇인가요? ····················· 189
120. 경제와 기업의 역할에 대한 올바른 인식은 무엇인가요? ························· 190
121. 기업과 경영인의 소명에 대한 사회교리 가르침은 무엇인가요? ·················· 192
122. 인간에게 도움을 주는 경제제도에 대한 사회교리 가르침은 무엇인가요?(Ⅰ) ········· 193
123. 인간에게 도움을 주는 경제제도에 대한 사회교리 가르침은 무엇인가요?(Ⅱ) ········· 194
124. 4차 산업혁명과 우리 경제에 대한 가톨릭교회의 가르침은 무엇인가요? ········· 195
125. 다양한 빈곤에 대한 가톨릭교회의 가르침은 무엇인가요? ······················· 196
126. 빈곤이 만든 인간소외 현상에 대한 가톨릭교회의 가르침은 무엇인가요? ········· 198
127. 가난과 부에 대한 가톨릭교회의 가르침은 무엇인가요? ·························· 199
128. 가난과 부의 편중현상에 대한 사회교리의 가르침은 무엇인가요? ················ 200
129. 가난하고 약한 이들에게 진정한 환대와 연대란 무엇인가요?(Ⅰ) ················· 201
130. 가난하고 약한 이들에게 진정한 환대와 연대란 무엇인가요?(Ⅱ) ················· 203
131. 빈곤 퇴치에 대한 사랑의 의무를 교회는 무엇이라고 가르치나요? ·············· 204
132. 사회 경제적 불평등에 대한 사회교리의 가르침은 무엇인가요? ·················· 205
133. 많은 인류가 굶주림에 고통받고 있는 현실을 교회는 무엇이라 하나요? ········· 207
134. 인간의 노동에 대한 사회교리의 가르침은 무엇인가요?(Ⅰ) ······················· 208
135. 인간의 노동에 대한 사회교리의 가르침은 무엇인가요?(Ⅱ) ······················· 210
136. 노동개혁과 국가의 역할에 대한 사회교리의 가르침은 무엇인가요? ············ 211
137. 정의로운 임금(賃金)에 대한 교회의 가르침은 무엇인가요? ······················· 212

138. 최저임금제에 대한 교회의 가르침은 무엇인가요?(I) ·················· 214
139. 최저임금제에 대한 교회의 가르침은 무엇인가요?(II) ················· 215
140. 비정규직이 양산되는 이유와 이를 해결하기 위한 방법은 무엇인가요?(I) ········ 216
141. 비정규직이 양산되는 이유와 이를 해결하기 위한 방법은 무엇인가요?(II) ······· 218
142. 노동계의 새로운 변화에 대해서 사회교리는 어떻게 보고 있나요? ············ 219
143. 공익을 지향하는 노동조합에 대한 가톨릭 사회교리의 가르침은 무엇인가요? ······ 221
144. 개인의 사유재산권 폐지와 관련한 역대 교황들의 가르침은 무엇인가요? ········ 222
145. 시장의 실패(market failure)를 교회에서는 어떻게 바라보고 있나요? ··········· 225
146. 가톨릭교회의 사회교리에 바탕을 둔 사회적 기업이란 어떤 기업인가요? ········ 228
147. 기업이 잘돼야 서민이 잘 살 수 있다는 낙수효과는 맞는 말인가요? ··········· 229
148. 우리나라 경제와 재벌 문화에 대한 사회교리의 가르침은 무엇인가요? ········· 230
149. 장기간의 불경기(불황)를 이겨 내기 위한 사회교리의 가르침은 무엇인가요? ····· 232
150. 오늘날 풍요로운 소비사회를 바라보는 사회교리의 가르침은 무엇인가요? ······· 233
151. 정경유착에 대한 사회교리의 가르침은 무엇인가요?(I) ·················· 234
152. 정경유착에 대한 사회교리의 가르침은 무엇인가요?(II) ················· 235
153. 돈을 대하는 인간의 자세에 대해 사회교리는 어떻게 가르치고 있나요?(I) ······ 236
154. 돈을 대하는 인간의 자세에 대해 사회교리는 어떻게 가르치고 있나요?(II) ····· 238
155. 자유무역과 국제교역에 대한 가톨릭 사회교리의 가르침은 무엇인가요? ········ 239

제5장 ● 사회 공동체생활과 사회교리 ·················· 241

156. 사회생활의 근본가치와 사랑의 길에 대한 사회교리의 가르침은 무엇인가요? ····· 241
157. 사회 복음화를 위한 사회교리의 역할은 무엇인가요?(I) ················· 242
158. 사회 복음화를 위한 사회교리의 역할은 무엇인가요?(II) ················ 243
159. 그리스도인들의 사회생활에 대한 사회교리의 가르침은 무엇인가요? ·········· 245
160. 오늘날의 한국사회를 가톨릭교회의 사회교리는 어떻게 보고 있나요? ·········· 246
161. 그리스도인의 사회현실 참여에 대한 사회교리의 가르침은 무엇인가요? ········ 247
162. 사회구조의 개선과 쇄신에 관한 사회교리의 가르침은 무엇인가요? ············ 248
163. 시민사회와 국가에 대한 사회교리의 가르침은 무엇인가요? ················ 250
164. 사회문제에 대한 가톨릭교회의 역할은 무엇인가요?(I) ·················· 251
165. 사회문제에 대한 가톨릭교회의 역할은 무엇인가요?(II) ················· 253
166. 사회문제에 대한 가톨릭교회의 역할은 무엇인가요?(III) ················ 254
167. 언론의 공정성에 대해 사회교리는 무엇이라고 말하나요? ················· 255
168. 악의적인 보도와 악플에 대한 사회교리의 가르침은 무엇인가요? ············ 257

169. 언론자유의 올바른 의미에 대한 사회교리의 가르침은 무엇인가요? ·········· 258
170. 언론이 침묵하고 있는 현 시대의 상황을 교회는 어떻게 보고 있나요? ·········· 259
171. 언론에 대한 진실과 거짓을 가려내는 힘을 우리는 어디서 찾을 수 있나요? ·········· 260
172. 텔레비전을 포함한 대중매체에 대한 사회교리의 입장은 어떠한가요? ·········· 261
173. 대중매체를 이용한 정보전달의 중요성을 교회는 어떻게 말하나요? ·········· 262
174. 정부의 사회복지 정책과 관련한 가톨릭교회의 입장은 무엇인가요? ·········· 263
175. 노인을 위한 특별한 사랑과 관심을 사회교리는 무엇이라고 말하나요? ·········· 266
176. 건강한 그리스도인의 노년생활을 위한 교회의 가르침은 무엇인가요? ·········· 267
177. 국가의 성공을 위해 국민이 관심을 가져야 하는 이유는 무엇인가요? ·········· 268
178. 폭력에 익숙한 사회, 폭력을 용인하는 국가를 우리는 어떻게 보나요? ·········· 270
179. 어려운 현실을 외면하지 않기 위해서 우리들은 어떤 모습이어야 하나요? ·········· 271
180. 사회적 약자에 대한 가톨릭교회 사회교리의 가르침은 무엇인가요? ·········· 272
181. 진정한 명절을 보내는 그리스도인의 모습은 어떠해야 하나요? ·········· 273
182. 과학기술의 발전과 공공성에 대해 사회교리는 어떻게 가르치고 있나요? ·········· 274
183. 오늘날 4차 산업혁명을 바라보는 사회교리의 시각은 어떠한가요? ·········· 276
184. 우리 민족의 진정한 광복(光復)에 대한 사회교리 입장은 어떠한가요? ·········· 277
185. 장애인의 인권과 관련한 사회교리의 가르침은 무엇인가요?(Ⅰ) ·········· 279
186. 장애인의 인권과 관련한 사회교리의 가르침은 무엇인가요?(Ⅱ) ·········· 280
187. 오늘날 심각한 자살문제에 대한 가톨릭교회의 가르침은 무엇인가요?(Ⅰ) ·········· 281
188. 오늘날 심각한 자살문제에 대한 가톨릭교회의 가르침은 무엇인가요?(Ⅱ) ·········· 282
189. 혼전 성관계를 가톨릭교회에서는 어떻게 보고 있나요? ·········· 283
190. 미혼모 문제와 관련하여 가톨릭교회의 역할은 무엇인가요? ·········· 284
191. 오늘날 청년들의 희망에 대하여 사회교리 입장은 무엇인가요?(Ⅰ) ·········· 286
192. 오늘날 청년들의 희망에 대하여 사회교리 입장은 무엇인가요?(Ⅱ) ·········· 287
193. 오늘을 살아가는 청년 교사들에 대한 교회의 입장은 무엇인가요? ·········· 289
194. 청년 주거 빈곤을 마주하는 사회와 교회의 입장은 무엇인가요? ·········· 291
195. 청소년들의 노동 권리에 대해 사회교리는 어떻게 가르치고 있나요? ·········· 292
196. 인간생활을 향상시키는 문예창작활동을 사회교리는 어떻게 보고 있나요? ·········· 293
197. 생명과 생태적인 농어촌에 대해 사회교리는 무엇이라고 말하나요?(Ⅰ) ·········· 293
198. 생명과 생태적인 농어촌에 대해 사회교리는 무엇이라고 말하나요?(Ⅱ) ·········· 294
199. 인간의 생명을 살리는 농업에 대해 사회교리는 무엇을 말하나요?(Ⅲ) ·········· 296
200. 생명의 먹거리인 음식물에 대한 사회교리의 가르침은 무엇인가요? ·········· 297
201. 기후위기와 코로나19로 인한 식량위기에 대해 교회는 무엇을 말하나요? ·········· 298

202. 코로나19와 기후재난 시대에 어떤 그린 뉴딜이 필요한가요?(Ⅰ) ················ 299
203. 코로나19와 기후재난 시대에 어떤 그린 뉴딜이 필요한가요?(Ⅱ) ··············· 301

제6장 ● 국제 공동체생활과 사회교리 ·· 303

204. 군비 경쟁이 진정한 평화를 가져다 줄 수 있을까요?(Ⅰ) ························ 303
205. 군비 경쟁이 진정한 평화를 가져다 줄 수 있을까요?(Ⅱ) ······················· 304
206. 핵발전소에 대한 가톨릭교회의 사회교리 가르침은 무엇인가요?(Ⅰ) ········· 306
207. 핵발전소에 대한 가톨릭교회의 사회교리 가르침은 무엇인가요?(Ⅱ) ········ 308
208. 핵발전소에 대한 가톨릭교회의 사회교리 가르침은 무엇인가요?(Ⅲ) ········ 309
209. 핵발전소에 대한 가톨릭교회의 사회교리 가르침은 무엇인가요?(Ⅳ) ········ 311
210. 다문화 가족인 다른 민족들에게 왜 교회는 관심을 가져야 하나요? ········· 313
211. 다문화 가정에 대한 교회의 가르침은 무엇인가요? ······························· 315
212. 외국인 노동자에 대한 가톨릭교회의 가르침은 무엇인가요? ··················· 316
213. 외국인 노동자의 존엄성에 대한 교회의 가르침은 무엇인가요? ··············· 317
214. 외국인 노동자의 인권에 대한 교회의 가르침은 무엇인가요? ················· 319
215. 외국인 노동자의 임금에 대한 교회의 가르침은 무엇인가요? ················· 320
216. 외국인 노동자의 이주권에 대한 교회의 가르침은 무엇인가요?(Ⅰ) ·········· 321
217. 외국인 노동자의 이주권에 대한 교회의 가르침은 무엇인가요?(Ⅱ) ·········· 323
218. 외국인 노동자의 노동권 보장에 대한 교회의 가르침은 무엇인가요? ······· 324
219. 외국인 노동자의 가족권에 대한 교회의 가르침은 무엇인가요? ·············· 325
220. 국제공동체의 필요성과 가치에 대한 교회의 가르침은 무엇인가요? ········ 327
221. 국제공동체를 위한 국가 간의 공존에 대한 사회교리 가르침은 무엇인가요? ·· 329
222. 국제공동체의 바탕인 성숙한 인간상에 대한 교회의 가르침은 무엇인가요? ··· 331
223. 교황청의 국제적인 활동은 국제공동체의 필요성과 가치에 부합하나요? ··· 332
224. 침략 전쟁과 정의로운 전쟁을 교회에서는 어떻게 정의하고 있나요? ······· 334
225. 해외원조에 대한 가톨릭교회의 사회교리 가르침은 무엇인가요? ············ 335
226. 세계 난민들을 바라보는 가톨릭교회의 사회교리 시각은 어떠한가요? ····· 336
227. 정의를 위한 경제제재 조치에 대한 사회교리의 가르침은 무엇인가요? ···· 338
228. 전쟁을 평화와 정의의 도구로 사용할 수 있을까요? ···························· 339
229. 모든 인류의 진정한 세계화를 위한 사회교리 가르침은 무엇인가요? ······· 340
230. 동북아시아 평화를 위한 가톨릭교회의 역할은 무엇인가요? ·················· 342
231. 한반도 평화를 이루기 위한 가톨릭교회의 입장은 무엇인가요? ·············· 343
232. 하나 된 세계와 하나 된 인류에 대한 사회교리의 가르침은 무엇인가요? ·· 344

233. 사형제도에 대한 가톨릭교회의 가르침은 무엇인가요?(I) ······················ 345
234. 사형제도에 대한 가톨릭교회의 가르침은 무엇인가요?(II) ····················· 347
235. 일본군 위안부 문제에 대한 가톨릭교회의 역할은 무엇인가요?(I) ············ 348
236. 일본군 위안부 문제에 대한 가톨릭교회의 역할은 무엇인가요?(II) ············ 349
237. 동성애를 인류 역사 안에서 어떻게 설명할 수 있나요? ························ 351
238. 동성애에 대해 구약성경에는 어떻게 표현되어 있나요? ························ 353
239. 동성애에 대해 신약성경에는 어떻게 표현되어 있나요? ························ 355
240. 동성애에 대한 가톨릭교회의 입장은 무엇인가요? ······························· 357
241. 자연환경에 대해 사회교리에서는 어떻게 이해하고 있나요?(I) ················ 360
242. 자연환경에 대해 사회교리에서는 어떻게 이해하고 있나요?(II) ················ 360
243. 사회교리에서는 환경 문제의 근본적 원인이 무엇이라고 말하나요? ········· 362
244. 기후변화의 재앙에 대해서 사회교리에서는 어떻게 말하고 있나요? ·········· 363
245. 지구 환경을 위한 우선적 선택에 대한 사회교리의 가르침은 무엇인가요? ··· 365
246. 약자에게 더 가혹한 기후변화에 대해 사회교리는 어떻게 말하고 있나요? ·· 366
247. 무분별한 개발로 인한 지구 환경위기에 대한 교회의 가르침은 무엇인가요? ······ 367
248. 전 세계적 쓰레기 사태에 대하여 사회교리에서는 어떻게 말하고 있나요? ·· 369
249. 아시시의 프란치스코 성인이 우리에게 알려주는 소중한 가치란 무엇인가요? ········· 370
250. 체세포 복제배아 연구에 대한 가톨릭교회의 입장은 무엇인가요?(I) ········· 371
251. 체세포 복제배아 연구에 대한 가톨릭교회의 입장은 무엇인가요?(II) ········· 372
252. 인간복제의 위험성에 관한 가톨릭교회의 입장은 무엇인가요?(I) ·············· 374
253. 인간복제의 위험성에 관한 가톨릭교회의 입장은 무엇인가요?(II) ·············· 375
254. 무의미한 연명치료 중단에 대한 가톨릭교회의 입장은 무엇인가요? ········· 376
255. 아픈 환자들을 위해 가톨릭교회는 어떤 사목을 하나요? ······················· 378
256. 전염병으로 인한 미사 중단사태에 대한 가톨릭교회의 입장은 어떠한가요? ······ 379
257. 코로나19 전염병으로 인한 혐오의 시대를 어떻게 극복해야 하나요? ······· 382

제7장 ● 교회 공동체생활과 사회교리 ······················ 384

258. 하느님 나라를 선포하는 그리스도인은 과연 누구인가요? ······················ 384
259. 진정한 그리스도인의 자유에 대한 사회교리의 가르침은 무엇인가요?(I) ···· 385
260. 진정한 그리스도인의 자유에 대한 사회교리의 가르침은 무엇인가요?(II) ···· 386
261. 가장 우선시하는 사랑의 가치에 대해 사회교리는 무엇이라고 하나요? ····· 387
262. 나눔과 공존의 길에 대해 사회교리는 무엇이라고 말하나요? ·················· 389
263. 그리스도교 완덕에 이르는 길을 사회교리는 무엇이라고 말하나요?(I) ······ 390

264. 그리스도교 완덕에 이르는 길을 사회교리는 무엇이라고 말하나요?(II) ·········· 390
265. 우리 신앙인의 윤리적인 잣대에 대한 사회교리의 가르침은 무엇인가요? ·········· 392
266. 초대 교회 때부터 그리스도교 신앙인의 삶은 어떤 모습이었나요? ·········· 394
267. 십계명의 윤리적 보편성에 대해 사회교리는 어떻게 말하나요? ·········· 394
268. 한국 천주교회의 장하신 순교자들을 통해 우리가 배울 교훈은 무엇인가요? ·········· 396
269. 미사 중의 사제 강론에 대한 사회교리의 가르침은 무엇인가요?(I) ·········· 398
270. 미사 중의 사제 강론에 대한 사회교리의 가르침은 무엇인가요?(II) ·········· 399
271. 성체모독과 성체훼손 사건에 대한 가톨릭교회의 입장은 무엇인가요? ·········· 400
272. 가톨릭교회의 길거리 미사와 성체성사가 가지는 특별한 의미는 무엇인가요? ·········· 401
273. 이웃 종교에 대한 가톨릭교회의 가르침은 무엇인가요? ·········· 403
274. 신흥(유사) 영성운동의 현황과 이에 대한 교회의 가르침은 무엇인가요? ·········· 404
275. 신흥(유사) 종교와 그 폐해는 무엇인가요?(I) ·········· 406
276. 신흥(유사) 종교와 그 폐해는 무엇인가요?(II) ·········· 407
277. 요즘 젊은이들이 신흥(유사) 종교에 빠져드는 이유는 무엇인가요? ·········· 409
278. 우리 사회에서 건전한 신앙생활을 해치는 운동과 흐름은 무엇이 있나요? ·········· 410
279. 성경에 나오는 안식일·안식년·희년의 정신을 어떻게 이해해야 하나요? ·········· 412
280. 그리스도인의 휴식과 여가에 대해 사회교리에서는 어떻게 말하고 있나요? ·········· 413
281. 영성 소비주의에 빠진 신앙인들에 대한 교회의 가르침은 무엇인가요? ·········· 415
282. 참다운 기도와 자선과 금식에 대한 사회교리의 가르침은 무엇인가요? ·········· 417
283. 가톨릭교회는 다른 형제가 죄를 지을 때 어떻게 하도록 가르치나요? ·········· 418
284. 예수님이 탄생하신 소박한 구유가 우리에게 주는 의미는 무엇인가요? ·········· 419
285. 가톨릭교회의 성직자란 누구를 말하나요? ·········· 420
286. 한국사회에서 한국 천주교회 성직자의 위상은 어떠한가요? ·········· 421
287. 한국 천주교회 성직자의 권리와 의무는 무엇인가요? ·········· 422
288. 한국 천주교회 사제직의 본분을 사회교리에서는 무엇이라고 말하나요? ·········· 423
289. 프란치스코 교황님이 말씀하시는 가톨릭교회의 사제란 누구인가요? ·········· 425
290. 교회 안의 성차별에 대해 가톨릭교회는 무엇이라고 말하나요? ·········· 427
291. 오늘날 한국 천주교회의 가부장적 권위주의 문화로 인한 폐해는 무엇인가요? ·········· 428
292. 가톨릭교회 내의 수도자들의 위상과 역할은 무엇인가요?(I) ·········· 430
293. 가톨릭교회 내의 수도자들의 위상과 역할은 무엇인가요?(II) ·········· 431
294. 한국 천주교회사에서 차지하는 평신도의 위상과 역할은 무엇인가요? ·········· 433
295. 사회교리의 목적과 사회복음화를 위한 평신도의 역할은 무엇인가요?(I) ·········· 435
296. 사회교리의 목적과 사회복음화를 위한 평신도의 역할은 무엇인가요?(II) ·········· 436

297. 성직자의 직무 사제직과 평신도의 보편 사제직은 어떤 관계인가요? ·················· 438
298. 교회 내에서 평신도들과의 사목협력이 반드시 필요한 이유는 무엇일까요? ············ 440
299. 한국 교회 안에서 공동합의성의 의의와 가치는 무엇인가요?(Ⅰ) ························ 441
300. 한국 교회 안에서 공동합의성의 의의와 가치는 무엇인가요?(Ⅱ) ························ 443
301. 사랑의 문화를 건설하기 위한 새로운 복음화활동의 과제는 무엇인가요?(Ⅰ) ············ 446
302 사랑의 문화를 건설하기 위한 새로운 복음화활동의 과제는 무엇인가요?(Ⅱ) ············ 447
303. 사랑의 문화를 건설하기 위한 새로운 복음화활동의 과제는 무엇인가요?(Ⅲ) ············ 448
304. 사랑의 문화를 건설하기 위한 새로운 복음화활동의 과제는 무엇인가요?(Ⅳ) ············ 449
305. 사랑의 문화를 건설하기 위한 사회교리의 역할은 무엇인가요? ························ 451

부록 **한국 천주교와 이웃 종교** (2019년, 한국천주교중앙협의회) ············ 455

참고문헌·참고서적 ·· 478
엮은이 ··· 479

사마리아 여인과 이야기하시다

"그러나 내가 주는 물을 마시는 사람은 영원히 목마르지 않을 것이다. 내가 주는 물은 그 사람 안에서 물이 솟는 샘이 되어 영원한 생명을 누리게 할 것이다."(요한 4,14)

PART 1

가톨릭교회의 사회교리 기초(입문)

한 마리의 잃은 양을 더 소중히 여기시는 예수 그리스도

"내가 너희에게 말한다. 이와 같이 하늘에서는, 회개할 필요가 없는 의인 아흔아홉보다 회개하는 죄인 한 사람 때문에 더 기뻐할 것이다."(루카 15,7)

1. 가톨릭교회의 사회교리란 무엇인가요?(1)

1. 가톨릭교회의 사회교리란 **경제, 정치, 문화, 외교, 노동, 환경, 가정과 국가, 인권, 정의와 평화의 문제**에 대한 **가톨릭교회의 공식적인 가르침**입니다. 사회교리는 사회와 이웃이 겪는 불의한 일들에 대하여 관심을 갖고, 하느님의 구원과 사랑을 평화로운 방법을 통해서 우리의 이웃과 세상에 전하는 **구체적 행위**와 **봉사**입니다. 또한 가톨릭교회의 사회교리는 **제2의 교리서**로서 하느님의 모상인 인간의 존엄과 생명뿐만 아니라 환경과 피조물을 수호하며, 사랑의 문화를 건설하는 것입니다.(『한국가톨릭대사전』, 참조)

2. 어떤 신자들은 가톨릭교회가 하느님 말씀과 신앙생활에만 충실해야지 왜 정치, 경제, 사회적인 문제까지 개입하느냐고 묻습니다. 하지만 마태오 복음에 나오는 최후의 심판에서 예수님께서는 이렇게 말씀하십니다. "내가 진실로 너희에게 말한다. 너희가 내 형제들인 이 가장 작은이들 가운데 한 사람에게 해 준 것이 바로 나에게 해 준 것이다."(마태 25,40). 또한 성경에 기록된 착한 사마리아인의 비유를 비롯한 수많은 이야기들이 고통받는 이웃에게 관심을 가져야 한다고 강조하고 있습니다.

3. 계시의 원천인 성경을 통해서 강생하신 예수님은 약자에게 무관심하고 그들을 이기적으로 대하라고 하지 않으셨습니다. 오히려 적극적으로 이웃을 위한 사랑의 빵이 되라고 말씀하십니다. 그러므로 가톨릭교회도 힘없고 고통받는 이웃을 돕기 위해서 사회문제에 지속적인 관심을 갖습니다. 이는 결코 세속적인 의미에서 정치, 경제, 외교 활동을 하기 위해 세상에 끼어드는 것이 아닙니다.

4. 사회교리는 사회문제를 중요시합니다. 사회문제는 인간들의 범죄, 윤리적 타락, 폭력, 불의와 같은 비복음적 상황에 뿌리를 두고 있습니다. 그러므로 구원의 임무를 맡은 교회가 이를 해결하고자 하는 것은 당연한 것입니다. 생명과 인간에 대한 심각한 침해, 비인간적인 상황을 개선해 온전한 인간발전을 통해 그리스도교적인 이념을 구현하는 데에 사회교리의 중요성이 있습니다. 이는 세상 안에 있으면서도 세상의 것이 되지 말아야 하는 **교회의 정체성**을 상기하게 합니다.(성 바오로 6세 교황, 참조)

5. 이는 또한 세속적인 세상과 분명 달라야 하는 **교회의 성스러움**과 동시에 세상에 복음을 전해야 하는 **교회의 사명**을 뜻합니다. 세상에 대해 무관심과 이기주의로 일관하는 것이 아니라, 세상의 불의한 일들에 깊은 관심을 갖고 고통받

는 사회와 이웃들에게 **복음의 기쁜 소식**을 전하라는 것입니다. 온전하고 복음적인 세상을 지향하는 교회의 이상에 대해 사회교리는 '**사랑의 문명을 위하여**'라고 집약합니다. 사랑의 문화가 다스릴 때 비로소 인류는 참되고 지속적인 평화가 가능해집니다. 이를 위해 교회는 **공동선**을 보장하고 인간의 통합적 발전을 촉진할 수 있는 **연대**를 높이 권장합니다.

6. 한 개인에게 고통과 어려움이 있을 때 그것은 해결되어야 하는 문제이듯이, 사회도 마찬가지라고 말할 수 있습니다. 사회적 문제와 갈등이 있을 때 그것이 평화로운 방법으로 해결돼야 서로가 함께 살아가는 건강한 사회가 될 수 있습니다. 이를 위해서는 우리의 관심과 사랑 그리고 용감한 행동이 필요합니다. 그 첫걸음은 가까이 있는 내 이웃과 공동체에게 내가 먼저 작지만 따스한 사랑과 배려를 건네는 것에서 시작할 수 있습니다. 사회교리란 믿을 교리에 대한 구체적 **실천 방법**이자 **실천할 교리**입니다. 일부 특정한 사람에게만 해당되는 것이 아니라, 우리 모두가 실천해야 할 **하느님의 계명**인 것입니다.

2. 가톨릭교회의 사회교리란 무엇인가요?(II)

1. 2004년 교황청 정의평화평의회에서 「**간추린 사회교리**」를 출간하였습니다. 그 전까지는 대다수 사람들이 교회의 가르침 안에 사회적 문제에 대한 직접적인 **교도권의 가르침**이 있다는 사실을 잘 알지 못했습니다. 그 이유는 평신도들에게 가톨릭교회의 사회교리가 널리 알려지지 않았기 때문입니다. 그러나 이러한 사회교리는 노동 문제에 대한 레오 13세 교황의 회칙 「**새로운 사태**」(Rerum Novarum)가 1891년에 공식적으로 발표되기 이전부터 이미 존재해 왔습니다.

2. 교회는 다양한 경로를 통해 여러 가지 사회문제에 직간접적으로 가르침을 주어 왔습니다. 이러한 가르침들은 세상 안에서 살아가는 그리스도인들이 세상을 바라보는 **올바른 시각**을 갖도록 하는데 도움을 주었습니다. 이처럼 사회교리가 우리 신앙인들의 실생활과 직접적으로 연결된 **생활의 나침반**임에도 불구하고 아쉽게도 그동안 그리 많은 주목을 받지 못했습니다. 그 이유는 사회교리에 대한 **올바른 교육**이 제대로 이루어지지 못했기 때문입니다. 또한 교리라는 단어가 주는 딱딱한 어감으로 인해 사회교리는 **어렵고 따분한 것**으로 여겨졌기 때문입니다.

3. 사회교리는 이 세상 안에서 살아가는 우리의 삶과 직접 연결되어 있는 **가장 현**

실적이고 실천적인 가르침입니다. 그러기에 결코 추상적이거나 이론적일 수 없는 가르침입니다. 르네상스¹⁾ 시대 이후 정교분리의 원칙을 통해 교회가 사회문제에 대하여 윤리적인 가르침을 주는 것을 통념적으로 금기시하는 경향이 생겼습니다. 국가는 국가의 일을, 교회는 교회의 일을 하도록 요구되면서, 교회가 세상의 문제에 대해 언급하는 것이 다소 조심스럽고 어려운 것이 되었던 것 역시 사실입니다. 그러나 교회가 사회문제에 윤리적인 가르침을 주는 건 잘못된 것이라는 견해 역시 **배척해야 할 잘못된 견해**일 뿐입니다.

4. 교회는 세상의 문제에 대해 **예언자적 역할**을 수행해야 할 의무와 권리가 있습니다. 따라서 정교분리의 원칙을 내세우며 교회의 사회참여에 대하여 부정적인 의견을 내어 놓는 사람들은 그 주장의 본래 의도가 무엇인지 꼼꼼히 살펴볼 필요가 있습니다. 만일 그들의 주장이 교회의 예언자적인 사명까지도 거부하는 것이라면 교회가 이 세상에 존립할 근거 자체를 잃어버리게 됩니다. 교회가 세상 안에서 **소금과 빛의 역할**을 제대로 수행할 수 없다면, 그런 교회는 결국 빈껍데기에 불과한 것이 되고 말기 때문입니다.

5. 사회교리는 **사회·경제생활에 관한 가톨릭교회 가르침**을 말합니다. 인간은 하느님 모상대로 창조된 **존엄한 존재**임과 동시에 구체적 시공간 안에서 다른 사람들과 관계를 맺으며 살아가는 **사회적 존재**입니다. 다시 말해 사회교리란 사회에 대한 교회의 **도덕적 가르침**이라 할 수 있습니다. 또한 사회에서 발생하는 다양한 문제들에 대해서 교회 전통 안에서 성경을 바탕으로 제시된 **그리스도인의 생활지침**입니다. 그래서 교회는 모든 신자, 특히 평신도는 반드시 사회교리를 배우고 익혀서 이를 실천할 것을 권고하고 있습니다.

6. 특히 최근 전 세계를 뒤흔든 코로나19로 인해 모든 성당에서 미사가 중단되는

---

1) 르네상스(프랑스어: Renaissance, 영어: Renaissance, 이탈리아어: Rinascimento) 또는 문예 부흥(文藝復興), 학예 부흥(學藝復興)은 유럽 문명사에서 14세기부터 16세기 사이 일어난 문예 부흥 또는 문화 혁신 운동을 말한다. 과학 혁명의 토대가 만들어져 중세를 근세와 이어주는 시기가 되었다. 여기서 문예 부흥이란 구체적으로 14세기에서 시작하여 16세기 말에 유럽에서 일어난 문화, 예술 전반에 걸친 고대 그리스와 로마 문명의 재인식과 재수용을 의미한다. 옛 그리스와 로마의 문학, 사상, 예술을 본받아 인간 중심(人間中心)의 정신을 되살리려 하였다. 이 점에서 르네상스는 일종의 시대적 정신운동이라고 말할 수 있다.

사태가 발생한 것은 전례와 성사생활, 즉 신앙생활 전반에 걸쳐 근본적인 성찰을 요청합니다. 「가톨릭교회 교리서」에 따르면, 신앙생활의 요소는 크게 네 가지로 요약됩니다. **첫째**, 교리를 믿어 수용하고, **둘째**, 전례와 성사생활에 참여하며, **셋째**, 개인과 사회 윤리에 합당하게 살고, **넷째**, 기도생활에 충실하는 것입니다. 그런데 코로나19가 가져온 뉴 노멀(New Normal·새로운 일상) 시대에는 첫째와 둘째 즉, **교리와 전례 영역**으로부터 셋째와 넷째 즉, **윤리도덕의 실천**과 **기도생활**로 신앙생활의 중심이 이동할 것으로 예견하고 있습니다.

7. 이번 코로나19 사태로 인해 지금까지 성전과 그곳에서 이루어지는 전례에만 초점이 맞추어져 있던 신앙생활이 그 한계성이 드러났습니다. 미사를 할 수 없는 상황에서는 아무 것도 할 수 없는 것처럼 돼 버린 것입니다. 그러므로 이제는 **성전 중심**에서 벗어나 예수님께서 보여주신 참 신앙 곧, **인간·현장·삶 중심**으로 나가는 사목이 필요하다는 의견입니다. 따라서 그리스도인의 생활지침인 가톨릭교회의 사회교리를 몸소 익혀서 이를 생활에 실천하는 **참된 그리스도인**이 되는 것이 뉴 노멀 시대에 맞는 신앙생활입니다.

3. 가톨릭교회의 사회교리의 원천은 무엇인가요?

1. 가톨릭교회 사회교리란 인간의 삶에 대한 그리스도교적 인식에 있어서 필요 불가결한 부분으로(「어머니와 교사」, 231항 참조) ①**성경**, ②**성전과 교부들의 가르침**, ③**이성적 원리**를 바탕으로 하여 사회가 직면한 문제들을 **복음의 빛**으로 비추어 생각하고 판단하며 행동해야 하는 인간에게 **그 기준을 제공하는 것**입니다.

2. 사회교리는 사회 안에서 살아가는 인간이 현대 세계에서 어떻게 행동할 것인가를 가르치는 **사회 윤리적 행동기준**을 제시하는 것으로 하느님의 기쁜 소식, 곧 **복음**으로써 하느님을 사랑하고 이웃을 사랑하라는 **예수님의 새 계명**을 실천하는 것입니다.

3. 예수님께서는 "내가 너희에게 새 계명을 준다. 서로 사랑하여라. 내가 너희를 사랑한 것처럼 너희도 서로 사랑하여라. 너희가 서로 사랑하면, 모든 사람이 그것을 보고 너희가 내 제자라는 것을 알게 될 것이다."(요한 13,34-35)라고 말씀하셨습니다.

4. 가톨릭교회의 사회교리는 어떤 이유로 언제 탄생했나요?

1. 가톨릭교회의 사회교리는 사회에서 제기되는 다양한 문제에 대하여 해답을 제시하는 과정에서 형성되었습니다. 사회문제는 어느 시기, 어느 사회에나 있어 왔지만, 특히 **19세기 산업혁명 이후**에는 그 이전 사회에서 볼 수 없었던 다양한 형태의 사회문제가 발생하였습니다. 즉, 노동자 문제, 노동력 착취, 생계에 미치지 못하는 임금 문제, 빈익빈 부익부 현상 등 당시에는 많은 사회문제들이 있었는데, 이는 신앙에 대한 이성의 우위를 주장한 17세기의 프랑스 혁명[2]의 영향을 받았습니다. 따라서 정치, 경제, 문화에 있어서 반성직주의, 무신론, 종교적 무관심주의의 성격을 강하게 띠고 있었습니다.

2. 이러한 현상은 사회를 더욱 세속화하면서 사람들의 삶을 비그리스도교적인 방향으로 이끌었습니다. 이러한 사상과 문화에 대항하여 교회는 올바른 사상을 제시할 필요성을 느꼈습니다. 급속하게 변화하는 사회에 새로운 분위기를 불어넣어야 할 의무감이 생겼습니다. 또한, 사회문제의 해결에 있어서 가톨릭교회가 **선도적 역할을 수행하기 위해 기준을 제시할 필요성**을 느꼈습니다.

3. 이와 같은 교회의 자각은 사회교리의 탄생을 가져왔습니다. 결국 사회교리는 ① 사회 안에서 사회와 함께 존재하면서 가르친다는 교회의 당연한 권리와 의무에 대한 확신과, ②교회를 반대하는 시대조류와 사상에 의존하지 않으면서 사회에 대한 교회의 가르침을 완성할 수 있다는 확신, ③다양한 사회문제에 대한 가톨릭적 해결을 제시하려는 의도, ④참되고 고유한 가톨릭 사회학을 건설하려는 열망에서 탄생하게 되었습니다.(「사십주년」, 35-39항 참조)

---

2) 1789년 프랑스에서 부르봉 왕조를 무너뜨리고 국민 의회를 열어 공화 제도를 이룩한 시민 혁명. 사유, 평등, 박애를 3대 이념으로 했다. 1789 1799년 프랑스를 뒤흔들었던 대혁명. 미국 독립전쟁 지원으로 프랑스 재정이 악화되자 프랑스의 부르주아들이 봉건체제를 폐지하고 국민의회를 구성해 인간과 시민의 권리선언을 공표했다. 그리고 국민의회는 공화정을 선포했고, 프랑스 혁명의 전파를 우려한 주변 국가들은 프랑스를 상대로 전쟁을 시작했다. 이에 프랑스는 시민군을 결성해 주변국과 전쟁을 수행하면서 공포정치를 펼쳐갔다. 비록 나폴레옹의 쿠데타로 혁명은 일단락되었지만 프랑스 혁명은 봉건체제의 유럽 사회에 자유와 평등사상을 전파하는 계기가 되었다.

4. 이상과 같은 확신과 열망을 가진 사회교리의 기본 원칙들은 변하지 않습니다. 그렇지만 다양한 시대와 다양한 장소의 필요와 도전에 지속적으로 적용되어야 합니다. 따라서 사회교리는 하나의 불변하는 가르침의 체계가 아니라, 사회의 변화와 시대의 정신을 반영하기에 **역동적으로 발전하는 가르침**인 것입니다.

5. 가톨릭교회는 사회교리란 용어를 언제부터 사용하고 발전해 왔나요?

1. 가톨릭교회에 사회교리란 용어가 공식적으로 등장한 것은 **교황 비오 11세**가 **1931년**에 발표한 회칙 「**사십주년**」부터입니다. 비오 11세 교황은 「새로운 사태」(Rerum Novarum) 발표 사십주년을 기념해 발표한 문헌 「사십주년」에서 처음으로 사회교리란 용어를 사용했습니다. 그 이후 역대 교황들은 자신들의 문헌에 교회의 사회교리, 그리스도교 사회교리, 가톨릭 사회교리 등의 용어를 사용함으로써 사회교리가 교회 안에서 공식적인 용어가 되었습니다.

2. 사회교리란 말은 다양한 형태의 다른 말로도 표현되는데, 사회교리(Doctrina socialis), 사회적 가르침(Disciplina socialis), 사회적 교도권(Magisterium socialis) 등으로 표현되며, 지역에 따라 다른 이름으로 불리기도 합니다. 영어권에서는 사회적 가르침(Catholic Social Teaching)이라 부르며, 이태리, 스페인어권, 불어권에서는 사회교의(Dottrina sociale, Doctrina social, Doctrine sociale)로, 독일어권에서는 대개 가톨릭 사회론(soziallehre)으로 불립니다.

3. 가톨릭교회는 인간 발전에 도움이 되고 복음화에 기여하도록 사회·경제생활에서 지켜야 할 신앙인으로서의 기본 원칙과 실천 지침들을 복음의 빛에 비추어 제시해 왔습니다. **성경**과 **성전(사도전승)**에 바탕을 둔 이 가르침들은 이미 초기 교회부터 있었습니다. 특히 1891년 교황 레오 13세가 「노동헌장」이라고도 불리는 「새로운 사태」(Rerum Novarum)를 발표한 이후 역대 교황들과 교황과 일치를 이루는 주교들의 교도권을 통해 발전해 왔습니다.

6. 가톨릭교회의 사회교리의 원칙과 본질은 무엇인가요?

1. 우리 사회는 매년 최저임금에 대한 찬반 논란이 뜨겁습니다. 현실적 이해관계와

결부된 문제이기 때문에 첨예할 수밖에 없고, 최저임금 문제로 인해 어려움을 겪는 분들의 처지와 그들의 의견에 대해서도 이해와 존중이 필요합니다. 그러나 수 세기가 흘러도 인류에게 가장 중요한 판단 원칙은 바로 **인간 존엄**과 **상생**입니다. 콩 한쪽도 나누어 먹으라는 옛 격언처럼, 아무리 가난하고 어려워도 비용과 효율성이 결코 사람보다 우선될 수는 없습니다. 함께하고 서로 협력하며 지혜를 구해야 합니다.

2. 가톨릭교회의 사회교리 서문의 제목은 '**통합적이고 연대적인 인도주의**'입니다. 이 말에는 건강한 사회를 위한 덕목들, 즉 **배려, 협력, 소외시키지 않음, 형제적 사랑과 우정** 등의 의미가 들어 있습니다. 함께 살아가는 사회에 반드시 필요한 가치들입니다. 이러한 가치들은 차가운 경쟁과 매정한 각자도생이 아니라 함께 협력하고 배려함으로 이루는 **상생**과 **기쁨의 따뜻한 사회**를 지향합니다. 이것은 결국 **하느님**과 **이웃**을 사랑하라는 우리 신앙의 가르침입니다.(마태 22,37-39 참조)

3. 현대를 불확실성의 시대라고 말합니다. 세대 간의 불화, 복잡해져 가는 사회에 대한 염려, 기술발전에 반(反)하는 인간소외 현상, 경제성장의 둔화, 인구 감소와 고령화 등 불안이 가중되고 있기 때문입니다. 그런데 이런 모든 갈등과 불안의 중심에는 서로 협력하지 못함이 있고, 그것이 불안을 더욱 부추기고 있습니다. 그래서인지 언제부터인가 사람들 마음 안에는 이기심과 욕심, 경쟁심이 자꾸 커져만 갑니다. 하지만 개인과 사회의 증오와 미움, 소외와 고독, 어려움과 재난 등에 맞서는 방법은 오직 **협력**뿐입니다.

4. 그래서 「간추린 사회교리」는 "완전 조직되지 않은 형태라 하더라도 협력은 현대 사회에 팽배한 무한 경쟁과 대립적 사고에 맞설 가장 효과적인 대응책"이라고 강조합니다(「간추린 사회교리」, 420항). 현실적인 문제들이 우리를 괴롭히고 힘들게 만들지만, 근본적으로 우리를 더 짓누르는 것은 **하느님과 이웃으로부터 멀어짐**입니다. 인간은 함께 살 때 행복하기 때문입니다. 사회교리의 의의는 **사랑의 문명을 향해 세상과 이웃을 위해 봉사함**입니다. 이를 위해 교회는 끊임없이 복음을 선포합니다. 그리고 사회교리는 구체적으로 교회가 어떻게 세상과 이웃에게 이바지해야 할지를 제시해줍니다.

7. 가톨릭교회의 사회교리의 목적은 무엇인가요?(1)

1. 가톨릭교회의 사회교리의 목적은 **인간으로서 겪는 좌절과 고통으로부터 인간을 보호하는 것**이고, 교회는 **비인간적 현실과 부조리함을 적극적으로 개선해야 할 의무**가 있습니다(『간추린 사회교리』, 5항 참조). 우리가 살아가는 사회는 여러 가지 어려움과 갈등이 불가피한데, 이런 문제들은 **사회적 중재와 관심** 속에서 평화롭게 해결되어야 합니다. 문제 해결방법이 상대방에게 해악을 끼치고 상처와 고통을 주는 것이어서는 안 됩니다. **수단과 방법**을 가리지 않고 자신의 어려움을 해결하거나 더욱이 **불법과 위법**을 통해서 목적을 성취하는 것은 올바르지 않습니다. 또 목적이 훌륭하다고 해서 그 수단마저 정당화되는 것은 아닙니다. 사회교리는 이를 분명히 거부합니다. 공동선과 평화를 무시한 **폭력적인 방법과 수단**을 엄중히 단죄하며(『간추린 사회교리』, 304; 387; 513항 참조), **평화로운 방식**으로 문제를 해결하기를 촉구합니다.

2. 사회적 약자란 일차적으로 **물리적 생존**이나 **생활**이 궁핍한 이들, **불의함**에 고통을 겪는 이들을 뜻합니다. 그러나 사실 약자란 궁극적으로 **마음과 영혼**이 고통을 당하는 모든 이들을 말합니다. 우리는 주변에 나보다 재산이 많거나 지위가 높거나 권력을 가진 이웃에 대해 은연중에 그를 시기하고 단죄하기도 합니다. 하지만 이것은 결코 복음적이지 않습니다. 물론 성경에는 부자에 대한 심판 이야기가 나옵니다. 그러나 나눔이 부족한 부자의 욕심과 완고함이 문제인 것이지 부유함 자체를 단죄하는 것은 아닙니다. 우리 주변에는 부유하더라도 삶의 상처와 고단함 속에서 영혼이 괴로운 이웃들도 많이 있습니다.

3. 최근 우리 주위에는 정확한 사실도 제대로 파악하지 않고서 상대방을 일방적으로 비난하는 일들을 너무도 자주 보게 됩니다. 특히 스마트폰과 매스컴으로 인해 **거짓된 정보**와 **이에 따른 비난**이 순식간에 번지고, 이로 인해 또 다른 고통과 어려움이 양산되기도 합니다. 교회는 이 시대를 사는 우리들에게 사회교리를 제시합니다. 그 원천은 세상을 사랑하시는 **하느님의 사랑과**(요한 3,16 참조) 그리고 그리스도 안에서 우리를 **참 형제자매로 만드는 사랑**에서 흘러나오는 것입니다(『간추린 사회교리』, 3항 참조). 사회교리의 핵심은 결국 **하느님과 이웃을 사랑하는 것**입니다. 그러므로 신앙인은 **배려와 책임**, **존중과 이해** 그리고 **사랑과 화해**의 마음으로 **늘 신중하고 평화로운 자세**를 가져야 합니다.

8. 가톨릭교회의 사회교리의 목적은 무엇인가요?(II)

1. 많은 평신도들이 교회를 위해 헌신적인 희생과 봉사를 하고 있으며, 그로 인해 하느님 말씀이 우리 사회에 전해지고 있습니다. 고통받는 이들과 상처받은 영혼들을 주님께로 인도하는 것은 분명 어려운 일입니다. 하지만 **복음 선포**와 **영혼의 구원**은 우리에게 가장 중요한 것입니다. 평신도들은 **하느님의 구원 소식**을 온 세상에 알리고 받아들이게 할 의무와 권리가 있습니다. 더 나아가 정치, 경제, 사회, 문화 그리고 노동 분야의 실제적인 문제들에 복음이 스며들기 위해서 **평신도들의 고유하고 특별한 소명**이 있다고 교회는 가르칩니다(「가톨릭교회 교리서」, 899항 참조). 그리고 이런 평신도 소명의 핵심은 세상을 위해 목숨을 바치신 그리스도를 본받아 **복음을 증거하고 나와 이웃의 영혼구원을 위해 봉사하는 것**입니다.

2. 사회교리는 시대의 복합적인 사건들을 대함에 있어 함께 공감하고 냉정하게 식별할 수 있도록 하는 **기준이자 도구**입니다. 또한 역동적 힘과 실천으로서 세상에 대한 **교회의 구원활동**이며 **봉사행위**입니다. 더욱이 그것은 **하느님 나라와 진리, 인간에 대한 봉사**여야 합니다. 구체적으로 **역사와 세상, 사회의 모든 영역에 대한 실제적인 봉사**여야 합니다. "교회는 사회교리를 통하여 모든 사람들에게 하느님과 그리스도 안에서 이루어진 구원을 선포하며, 같은 이유로 인간을 인간 자신에게 드러내 보여준다."(「간추린 사회교리」, 67항)

3. 교회가 선포하는 궁극적인 가치는 **구원**입니다. 그리고 그것은 종국에 **하늘나라**에서 완성되는 것이지만, 이 지상에서도 선포되고 이룩돼야 하기에 인간이 속한 이 사회 또한 복음의 빛으로 쇄신되고 정화되며 성화되어야 합니다. 성령께서 함께하시는 교회는 세상과 사람들을 성화시키고 구원으로 초대하는 하느님 나라의 **누룩이자 밀알이며, 영적이고 가시적인 표징**입니다. 여기서 영적이고 가시적인 교회라는 표현은 제2차 바티칸 공의회 교회론의 핵심개념으로서(「교회헌장」, 8항 참조), **교회를 이루는 지체들이 증거를 통해 하느님의 구원과 은총이 드러난다는 뜻**입니다.

4. 예수님은 "너희는 인내로써 생명을 얻어라"(루카 21,19)라고 말씀하십니다. 세상 모든 일이 그렇듯이 소중하고 중요한 일은 그만큼의 **노력**과 **수고**를 수반합니다. 교회의 여러 직무와 소임, 봉사도 마찬가지입니다. 하지만 우리 모두가 인내를 갖고 힘써 노력할 때 고통받는 이웃들에게는 **도움**과 **온정**이, 사회에는 **희망**과 **사랑**이 가득할 것입니다. 그러므로 **끊임없는 기도**를 통해 용기와 확신을 얻

고 그 힘으로 우리에게 맡겨진 **거룩한 직무**를 성실하게 수행해야 합니다. 그리하여 우리 모두가 곧 **지나갈 현세**를 충실히 살아 마침내 하늘나라에서 **모든 성인들과** 함께 **큰 상급**을 받기를 소망합니다.

9. 교회의 가르침인 사회교리가 스스로 성찰하기 위한 지침은 무엇인가요?(1)

1. 교회의 가르침이 세상 사람들에게나 신자들에게도 언제나 환영받는 것은 아니지만, 유독 사회교리는 반대를 받는 일이 많습니다. 사회교리는 주로 **사회 정의의 문제**를 다루는데, 여기서 정의는 대개 **분배의 정의**를 말하기 때문입니다. 경제 결실을 누구에게 어떻게 배분할 것이냐의 문제는 '**밥그릇 싸움**'이라고 말할 수 있습니다. 인간사에 밥그릇 싸움은 언제나 치열합니다. 교회의 가르침인 사회교리가 그저 밥그릇 싸움으로 전락하지 않으려면, 교황님께서 지난 2014년 세계주교대의원회의 폐막 연설에서 언급하신 다섯 가지 유혹이 성찰을 위한 좋은 지침이 됩니다.

2. 교황님께서 말씀하시는 **첫 번째** 유혹은 **완고함(hostile inflexibility)에 빠지는 태도**입니다. 이미 정형화된 법이나 제도, 문자에 갇혀서 하느님의 놀라운 역사에 자기를 개방하지 못하는 태도를 말합니다. 이러한 유혹은 예수님 시대의 열혈당원, 율사와 법률가들이 빠져들었던 함정일 뿐만 아니라, 오늘날 전통주의자들과 지성인들도 겪는 일입니다. 이는 심리학의 용어인 확증편향(confirmation bias)의 위험과 맞닿아 있습니다. 쉽게 말해 '사람은 보고 싶은 것만 보고, 믿고 싶은 것만 믿는다.'는 것입니다. 이 유혹에 빠지면 신앙의 역동적이고 도전적인 면을 외면합니다. 자신이 배우고 익힌 것만을 토대로 판단하고 다른 가능성이나 타인의 목소리에 귀를 열지 못합니다. 새로운 시도와 쇄신의 길을 찾아보자고 할 때 장황한 언사와 복잡한 전문용어를 나열하면서 결과적으로 어떠한 변화도 불가능하다고 막아서는 태도를 말합니다.

3. **둘째** 유혹은 **상처를 치료하기도 전에 붕대를 감으려는 태도**입니다. 문제의 원인과 근본을 짚지 못하고, 대증요법과 표피적인 해결책에 매달리는 유혹을 말합니다. 교황님께서는 이를 "do-gooders"와 "소위 진보주의자들과 자유주의자들"이 겪는 유혹이라고 하셨습니다. dogooder는 스스로는 언제나 옳은 일을 한다고 믿지만 실제로는 딱히 도움이 되지 않는 사람, 오지랖이 넓은 사람을 뜻

합니다. 대개 사회문제들은 긴 시간동안 쌓여온 것이고, 수많은 사람들과 사정들이 얽혀 있습니다. 그런데 한 번의 투표, 하나의 법, 한 번의 조치 같은 것으로 그 문제들을 다 풀 수 있을 것처럼 해결책을 말하는 태도를 지적한 것입니다. 우리는 일체의 쇄신을 거부하는 완고한 태도나, 근본적인 성찰 없이 쉬 끓고 쉬 식는 태도를 멀리 할 수 있도록 성찰해야 합니다.

10. 교회의 가르침인 사회교리가 스스로 성찰하기 위한 지침은 무엇인가요?(II)

1. **셋째**는 **돌을 빵으로 만들려는 유혹**입니다. 오늘날 한국사회가 누리는 부(富)의 총량은 단군 이래 어느 시절보다 큽니다. 가까운 예로, 전화기 한 대를 몇 가구가 함께 쓰던 시대에서, 어린애들조차 핸드폰 하나씩 들고 다니는 시대로 옮겨 왔습니다. 그럼에도 불구하고 대화와 소통은 더 어려워지고, 고독한 개인은 점점 더 늘어나고 있습니다. 나 혼자 살아남기도 힘들고 우리 식구 먹고 살 것도 없는데, 다른 사람 돌볼 여유가 어디 있느냐는 **메마른 성정(性情)**이, 우리 사회의 **물질적 풍요**와 대비를 이루는 시대입니다. 물질과 자본의 증대가 인간의 모든 문제를 해결해 줄 수 없다는 반증인 셈입니다. 물질적으로 더 풍요로워졌는데 살기가 오히려 더 퍽퍽하다고 느끼게 되는 것은, 풍요의 열매가 제대로 나눠지지 않고 있기 때문입니다. 이런 상황에서 더 많은 부를 쌓아 올리는 데만 정신을 쏟고, 분배 정의나 나눔의 실천을 뒷전으로 미룬다면, 그것은 우리가 그리스도교적 형제애와 연대의 정신을 저버리고 있다는 뜻입니다. 세상의 가난과 고통은 하느님께서 우리에게 필요한 것을 주지 않으셔서가 아니라, 하느님께 받은 것을 우리가 서로 나누지 않기 때문에 생기는 것입니다.

2. **넷째**로 **십자가에서 내려오려는 유혹**이 있습니다. 특히 공동체나 단체의 책임을 맡은 분들이 피해야 할 유혹입니다. 십자가는 무겁지만 묵묵히 지고가야 할 **천국의 열쇠**입니다. 우리가 아파하는 이들, 가난한 이들의 절실한 목소리를 더 이상 들으려 하지 않을 때 우리는 십자가를 저버리게 됩니다. **다섯째**는 **교회의 유산을 포기하려는 유혹**입니다. 교회는 세상 끝 날까지 쇄신을 거듭하면서 지상의 순례길을 걸어야 하지만, 쇄신이 필요하다는 것이 곧 교회를 버리라는 뜻은 아닙니다. 특히 자신의 정치적 선호나 이해관계를 자신이 원하는 만큼 교회가 지지해주지 않는다고 해서 교회를 매도하거나 저버리는 것은, 교회

를 동원의 대상이나 쓰고 버릴 소모품으로 여기는 태도라 할 것입니다. 교회는 삼위일체의 신비에 따라 다양성 안의 일치를 이루려는 신앙인의 목표이자, 모든 이를 당신 품에 초대하시는 하느님의 부르심입니다. 교회는 이러한 근본 목적을 잊지 않으면서 온 세상의 복음화를 위해 사회교리를 연구하고 실천해야 합니다.

11. 가톨릭교회가 사회교리를 가르치고 실천하는 이유는 무엇인가요?

1. 신자들, 특히 평신도들은 가톨릭교회의 사회교리가 사회생활 가운데 신앙을 실천하는데 **필수적**인 것임에도 불구하고 그 **중요성**을 인식하지 못하고 있습니다. 더군다나 교회 내에서 잘 가르치고 있지도 않습니다. 이러한 상황을 직시한 한국 천주교회에서는 한국사회가 복음화되기 위하여, 또 평신도들이 사회교리를 알고 이것이 사회생활을 하는 데 기준이 되기를 간절히 바라는 마음에서 **사회교리주간**을 선포했습니다. 교황 요한 바오로 2세는 사회교리를 가르치고 실천해야 한다는 것을 30년 전에 이미 밝힌 바 있습니다. 1991년 최초의 사회회칙인 레오 13세의 「새로운 사태」(Rerum Novarum) 선포 100주년을 지내면서, 전 세계 교회를 향해 사회교리가 신학교뿐만 아니라 신자들에게도 가르쳐져야 한다고 선포하였습니다.

2. 우리나라는 특히 **보수적인 경향**이 강합니다. 인권, 정치, 경제, 노동, 환경 등과 관련하여 교회가 이야기를 하는 것을 크게 반기지 않는 사회적 분위기입니다. 이런 것이 사회교리에 대한 **배움과 실천**에 걸림돌이 된 것이 사실입니다. 실상 교우들은 신앙생활을 하는 다양한 이유 중 **"마음의 평화를 얻기 위하여"**를 첫 번째로 꼽고 있습니다. 이런 교우들이 사회적 갈등을 빚고 있는 각종 사안들에 대하여 **신앙적 판단**을 하고 이를 **실천한다는 것**은 거의 불가능한 일입니다. 왜냐하면 인권과 노동을 비롯한 각종 사회문제를 분석하고, 신앙적 결론을 내리고 실천하는 데에는 적잖은 **불편한 진실**에 접하게 되고 **마음의 평정**을 잃게 되기 때문입니다.

3. 교회의 사회교리는 그저 평온함을 추구하는 것이 아닙니다. 사회교리는 하느님께서 우리에게 주신 **진리, 자유, 정의**라는 가치를 추구합니다. 그렇다고 무덤덤하게 이 가치들을 추구하는 것이 아니라 그리스도께서 몸소 보여주신 **사랑의**

길을 통해서 추구하는 것입니다. 그러기에 사회교리의 근본은 **강자**와 **권력자**에 복종하는 것이 아닙니다. **약자**와 **가난한 이들**을 우선적으로 배려함으로써 자유와 정의를 실현하고, 모든 이들이 더욱 **인간다운 생활**을 누리고 **복음적 가치**가 실현되는 **사회 건설을 희망하는 것**입니다. 그렇다면 사회교리는 지상천국이나 유토피아(Utopia)를 꿈꾸고 있는가? 그것은 결코 아닙니다. 가톨릭교회의 고유한 사명은 **종교적인** 것이지, **정치적인** 것이나 **경제적인** 것이 아닙니다.

4. 그런데 종교적 사명은 인간 사회의 **세속적인 발전 과정**과 열정적으로 통교하지 않고서는 수행할 수도 없고 완성될 수도 없습니다. 그래서 공의회는 다음과 같이 선언하고 있습니다. "새로운 땅에 대한 기대가 현재의 이 땅을 개발하려는 노력을 약화시켜서는 안 될 것이고, 오히려 그런 의욕을 자극시켜야 할 것이다. 이 지상에 이미 새로운 세대를 어느 정도 암시해주는 새로운 인류 공동체가 자라고 있기 때문이다. 따라서 현세적 진보를 그리스도 왕국의 발전과 분명히 구별해야 하겠지만, 그것이 인간 사회의 질서를 개선하는 데에 이바지하고 있는 한, 하느님의 나라를 위해서도 중대한 의의를 가진다."(「사목헌장」, 22항)

5. 결국 교회가 사회교리를 가르치고 이를 실천하는 이유는, 인간 사회를 더욱 **하느님의 뜻에 맞는 공동체**로 성장 발전시키기 위해서입니다. 그리하여 마침내 하느님의 뜻이 인간 삶의 모든 분야에서 실현되기를 바라기 때문입니다. 인간 사회의 이러한 발전과 성장을 위해서 **하느님의 뜻**과 자연법에 기초한 **각종 사회제도**(정치, 경제, 문화, 언론, 노동, 환경 등)가 마련되고 실행되어야 합니다. 이를 위해 교회는 사회교리를 선포하는 것입니다. 그러므로 교회 구성원들은 선포된 사회교리를 익히고 실천해야 합니다. 특히 현실 세계를 복음화해야 할 의무가 있는 **평신도들**이 사회교리를 잘 알고 자신이 생활하는 삶의 현장에서 사회교리가 실천될 수 있도록 노력하여야 합니다. 이러한 노력이 구체화되기 위해서는 다

---

3) 이상적인 국가를 뜻하는 말. 토마스 모어의 동명의 소설 제목이기도 하다. 플라톤의 「국가」에서 최초로 유토피아의 개념이 제시된 이래, 여러 작가의 작품에 모델로 등장했으나 토마스 모어의 소설 〈유토피아〉 이후 '유토피아'라는 이름이 붙여졌다. '유토피아(utopia)'는 그리스어로 '없다'는 의미의 'ou'와 '장소'를 뜻하는 'topos'가 합쳐져 만들어진 합성어로, 어디에도 없는 곳을 의미한다. 15세기 이후 현대까지 여러 종교집단과 정치개혁가들이 유토피아를 모델로 한 이상적인 공동체의 건설을 꾀하였으나, 대개 오래가지 못했다.

음과 같은 세 단계를 거쳐야 합니다.

6. ①**시대의 징표 인식**: 시대의 징표를 올바로 읽어야 합니다. 예수님은 당시의 사람들이 구름이 서쪽에서 이는 것을 보면 비가 올 것을 알고, 바람이 남쪽에서 불어오면 날씨가 더워진다는 것을 알면서도 이 시대의 뜻은 왜 알지 못하느냐고 질책하셨습니다. 이러한 질책을 교훈삼아 우선 시대의 징표가 무엇인지 정확히 알아야 합니다. 이러한 징표를 정확히 알기 위해 교회는 과거를 돌아보고, 현실을 둘러보고, 미래를 바라보면서 시대의 특징을 파악하고 그 특징이 지니는 의미를 읽어야 합니다.

7. ②**해결책 모색**: 시대의 징표를 복음의 빛과 교회의 가르침에 비추어 해석하고 이에 따른 해결책을 찾아야 합니다. 시대의 징표를 읽는 것은 시대의 조류를 비난하고자 하는 것이 아닙니다. 세상의 복음화를 위한 해답을 찾기 위한 것입니다. 이 단계에서 그리스도인들은 자신이 처한 시대적 상황을 복음정신에 맞게 개선하기 위하여 구체적인 해답을 찾아야 합니다. ③**실천**: 구체적인 해답을 머리로 이해하고 마음으로 동의하는 것을 넘어 행동으로 실천하여야 합니다. 물론 실천에는 어려움이 따릅니다. 하지만 복음화를 위한 사도적 소명을 실천한다는 자부심과, 시대의 선구자로서 박해마저도 극복하려는 용기가 필요합니다. 왜냐하면 그리스도인들은 자신이 속한 사회를 복음화할 의무를 지니고 있기 때문입니다. 그리고 사회교리는 이러한 의무를 수행하기 위한 가장 강력한 무기입니다.

8. 사람들은 지식정보 시대, 탈공업화 시대 등 다양한 용어로 현 시대를 정의하고 있습니다. 이 시대에 대한 정의가 다양하다는 것은 그만큼 세상의 변화 속도가 빠르다는 것입니다. 이러한 시대에 교회는 "세상에 그리스도교 정신을 심어주고, 세상 구조를 현 시대의 요청에 응하도록 더 완전한 형태로 혁신하는 임무"(「팔십주년」, 50항)를 지니고 있습니다. 이러한 임무를 수행하기 위해 이 시대의 징표인 다문화에 대하여 사회교리를 기초로 하여 살펴보는 것이 시대의 소명입니다.

12. 시대와 상황에 따라서도 변하지 않는 사회교리의 기본원리는 무엇인가요?

1. 가톨릭교회의 사회교리는 교회가 **믿어야 할 교리**로 가르치는 교리들과는 차이가 있습니다. 사회교리는 구체적 환경에서 **판단 기준과 실천 지침**을 제시하는 것이기 때문에 시대와 상황의 변화에 따라 차이가 날수 밖에 없습니다. 그렇

다 하더라도 사회교리에는 변하지 않는 기본 원리들이 있습니다. 첫째, **인간 존엄성의 원리**로 가장 기본이 되고 바탕이 되는 원리입니다. 인간은 하느님 모습대로 창조된 가장 중요한 존재입니다. 인간이 하느님 모습대로 창조됐다는 것은 중요한 의미를 담고 있습니다.

2. 둘째, **공동선의 원리**는 사회생활의 모든 측면이 공동선을 지향해야 한다는 것입니다. 공동선은 개인의 선뿐만 아니라 동시에 공동체 전체의 선을 말합니다. 그렇다고 해서 개별 선의를 단순히 종합한 것이 아니고 공동체 전체의 선인 동시에 개개인의 선이라고 할 수 있습니다. 개인을 위해 공동체를 희생시키는 것이나, 공동체 전체를 위한답시고 개개인을 무조건 희생시키는 것도 아닙니다. 공동체의 선과 개인의 선은 함께 합니다. 이것이 공동선입니다.

3. 셋째, **보조성의 원리**는 상위 질서의 사회는 하위 질서의 사회들에 대해 도와주는 자세를 갖춰야 한다는 것입니다. 예를 들어 지방자치단체가 할 수 있는 것에 대해 중앙정부가 개입해서 간섭하는 것은, 보조성의 원리를 실천하는 것이 아닙니다. 중앙정부는 지자체가 그 일을 잘 할 수 있도록 보조하고 지원하는 자세를 지녀야 합니다. 가정에서 자녀가 할 수 있는 것을 부모가 나서서 전부 다 해준다거나, 반대로 자녀가 할 것을 부모에게 모두 미루는 것도, 어떻게 보면 보조성의 원리에 위배된다고 할 수 있습니다.

4. 넷째, **연대성의 원리**는 개인이 사회에 대해, 사회는 개인에 대해 서로 의존하며 서로 책임을 진다는 것입니다. 연대성의 원리는 개인과 사회의 관계에서 뿐만 아니라 집단과 집단의 관계에도 마찬가지로 적용됩니다. 이는 인간이 본성적으로 사회적 존재이며 또한 평등한 존엄과 권리를 지닌다는 데서 연유합니다. 나 자신은 물론, 내가 몸담고 있는 조직이나 단체의 삶을, 이 원리들에 비추어 점검해보고 이 원리들을 실천하는 방향으로 바로잡는 노력이 필요합니다. 한편, 사회교리의 기본원리에 대한 구체적인 내용은 PART 4 제1장 가톨릭교회의 사회교리 원리들에서 자세히 설명하고 있습니다.

13. 가톨릭교회의 믿을 교리와 사회교리의 차이점은 무엇인가요?

1. 가톨릭교회의 믿을 교리는 성부, 성자, 성령의 삼위일체이신 하느님에 대한 사랑으로 우리 **신앙인들의 신앙고백**입니다. 그러나 가톨릭교회의 사회교리는 삼위

일체이신 하느님을 믿는 **그리스도인의 생활지침**을 의미합니다. 즉, 신앙고백인 믿을 교리는 **하느님에 대한 사랑**이고, 그리스도인의 생활지침인 사회교리는 **이웃에 대한 사랑 실천**입니다.

2. 사회교리는 교회가 믿어야 할 신앙의 도리로 가르치는 믿을 교리와는 다릅니다. 믿어야 할 신앙 진리들은 사회 변천이나 시대적 상황에 관계없이 한결같이 믿음으로 고백해야 하지만, 사회교리는 **시대와 상황의 변화에 따라 다르게 적용**될 수밖에 없습니다. 이런 이유에서 일부에서는 사회교리란 말 대신에 **그리스도교 사회론** 혹은 **사회적 가르침**이라는 표현을 쓰기도 합니다.

14. 가톨릭교회의 믿을 교리와 사회교리를 교회는 어떻게 가르치나요?

1. 교리(敎理)라는 말은 라틴어로 카테키스무스(Catechismus)라고 하는데, 그 어원을 보면 '**메아리치다**'라는 뜻을 갖고 있습니다. 그렇다면 교리란 예수님께서 이 세상에 전해 주신 소식, 곧 **복음을 메아리치게 하는 일**이라 하겠습니다. 영혼의 목자들의 고유하고 중대한 직무는 신자들의 신앙이 교리 학습과 그리스도인 생활 체험을 통하여 활기차고 뚜렷하며 생산적인 것이 되도록 그리스도인들의 교리 교육에 힘쓰는 것입니다. 이를 위해 ①**교회의 모든 구성원들**은 합법적인 교회 권위의 지도 아래 각자 나름대로 교리 교육에 관심을 가져야 하고, ②**부모들**은 누구보다도 신앙 안에서 그리스도인 생활을 실천하는 가운데, 말과 모범으로 자녀들을 양육할 의무가 있으며, ③**교구장 주교**는 사도좌가 정한 규정들을 준수하면서, 교리 교육 문제에 관한 규범을 공포합니다. 또한 합당하다고 여기면 교리서도 마련하면서 교리 교육을 위한 적절한 도구들이 공급되도록 조치하며 아울러 교리 교육 계획을 장려하고 조정할 소임이 있습니다.

2. 또한 ④**주교회의**는 유익하다고 여기면 사도좌의 승인을 미리 받고 그 지역을 위한 교리서가 출판되도록 힘써야 할 소임이 있습니다. 주교회의 산하에 교리 교육 문제에 관하여 각 교구에 도움을 주는 일을 주 임무로 하는 교리 교육담당 부서를 둘 수가 있고, ⑤**본당 사목구 주임(본당 사제)**은 교구장 주교가 정한 규범에 유의하면서 다음의 것들에 특별히 힘써야 합니다. ⓐ성사 거행을 위하여 적합한 교리 교육이 실시되도록 할 것, ⓑ어린이들이 적절한 기간 실시되는 교리 교육을 통하여 고해성사와 성체성사의 첫 번 배령(첫 고해와 첫 영성체) 및

견진성사를 올바로 준비하도록 할 것, ⓒ어린이들이 첫 영성체 후 더 풍부하고 더 깊이 교리 교육을 받도록 할 것, ⓓ신체적 혹은 정신적 장애인들에게도 그들 조건이 허용하는 한도만큼 교리 교육을 실시하도록 할 것, ⓔ젊은이들과 어른들의 신앙이 여러 가지 형식과 계획으로써 강화되고 개화되며 발전되도록 할 것.

3. 한편, ⑥**수도회 장상들과 사도 생활단의 장상들**은 그들의 성당과 학교 그리고 어떤 형태로든지 그들에게 맡겨진 사업체에서 교리 교육이 성실히 실시되도록 보살펴야 하며, ⑦**교구 직권자**는 교리교사들이 그들의 임무를 올바로 수행하기 위하여 타당하게 준비되도록 해야 합니다. 그들에게 계속적 양성을 베풀어 그들이 교회의 교리를 합당하게 알며, 교육학의 고유한 원리 규범을 이론적으로도 실천적으로도 배우도록 보살펴야 하고, ⑧**교리 교육**은 신자들이 그들의 자질과 능력과 연령 및 생활 조건에 맞는 방법으로 가톨릭 교리를 더욱 깊이 배워야 합니다. 이를 더 적절하게 실천에 옮길 수 있도록 하는데 더욱 효과적인 것들로 여겨지는 모든 도움과 교육 보조 재료 및 사회 홍보 매체도 활용하면서 전수되어야 합니다.(「교회법」, 제773조-780조 참조)

4. 가톨릭 교리를 제대로 알면 알수록 그만큼 신앙이 **바르게 성숙**되어 하느님께 **더욱더 가까이** 다가가게 되므로, 「성경」과 「교회법전」, 「가톨릭교회 교리서」, 「간추린 사회교리」 등을 근거로 **가톨릭 신자들의 재교육**은 물론, **예비신자에 대한 교리 교육**도 철저히 해야 합니다. 특히 **성경말씀**을 근거로 한 교리 설명이 필요한데, 개신교 형제들과 대화를 하든지, 토론을 하든지, 그 어느 경우에도 성경말씀은 매우 힘이 있는 근거가 됩니다.

"사실 하느님의 말씀은 살아 있고 힘이 있으며, 어떤 쌍날칼보다도 날카롭습니다. 그래서 사람 속을 꿰찔러 혼과 영을 가르고 관절과 골수를 갈라, 마음의 생각과 속셈을 가려냅니다." (히브 4,12)

15. 사회교리(그리스도교 사회론)의 신학적인 토대는 어디에 두고 있나요?

1. 인간은 하느님의 모상으로서 그리스도의 피를 통해 구원되고, 하느님과의 영원한 공동체로 부르심을 받고 있습니다. 또한 하느님과 이웃에 대한 사랑은 신약의 큰 계명입니다. 그러므로 인간은 국가적·사회적·경제적인 처리과정의 대상과 수단으로 전락되어서는 안 됩니다. 사물의 질서는 인간의 질서에 종속되어야 하며, 그 반대가 되어서는 안 된다는 것입니다. 그리스도는 개별적 존재로서의

인간이 아니라 **전체로서의 인간**을 구원하였습니다. 그렇기 때문에 개별적인 영혼만을 구원의 대상으로 한정하는 것은 그리스도교적 인간관을 위축시키며 기형화하는 것입니다.

2. 가톨릭교회의 사회교리(그리스도교 사회론)는 공동생활에는 **하느님의 의지에 기인하는 사회적 질서**가 있다는 것을 강조합니다. 이 사회적 질서와 복음의 구원계획에 따른 그 **회복과 완성**(「노동헌장」, 참조), 그리고 그리스도교의 가르침에 의한 그 **구성**은 사회교리의 대상입니다(「어머니요 스승」, 참조). 인간이 그 속에 살고 있는 사회적인 관계는 인간을 자주 탈선시키고 악행으로 유인합니다. 또한 영원한 인간 구원의 실현을 곤란하게 만드는 상황에 대한 대처는, 단순한 **사회비판**이나 **자선의 형식**만으로는 안 됩니다. 사회교리의 제 원칙에 근거한 **새로운 사회 질서**를 확립하는 형식을 취해야만 합니다.

3. 사회교리는 **그리스도교 인간론**의 한 부분입니다. 이는 궁극적으로 **그리스도의 강생**에 근거합니다. 그리스도의 강생으로 인해 교회는 **인간사회의 생명원리**가 되었습니다. 따라서 교회와 세상은 분리된 것으로서가 아니라, 융합된 하나의 실체로서 이해되어야 합니다. 교회는 **구원의 힘**을 지닌 채 **누룩과 소금과 씨앗과 빛**으로서 세상 한 가운데 현존하는 것입니다. 이상과 같은 신학적 토대를 통해 볼 때, 사회교리는 **인간사회의 본질과 질서**, 그리고 거기에서 생겨 **각 시대의 사회적 관계에 적용될 규범과 질서의 과제**입니다. 이에 관해서 사회 철학적으로 그리고 사회 신학적으로 획득된 **지식의 총체**라고 정의될 수 있습니다. 따라서 사회교리의 대상은 그리스도교의 가르침에 비추어 **사회질서를 형성하고 쇄신**하는 것입니다.

16. 「새로운 사태」(Rerum Novarum)는 어떤 내용을 담고 있나요?

1. **1891년, 교황 레오 13세**는 교회사에서 기념비적인 회칙을 반포합니다. 「새로운 사태」(Rerum Novarum)라 명명된 이 회칙은, 교회 역사상 첫 번째로 **사회 문제**만을 다룬 사회 회칙입니다. 노동자의 비참한 현실을 주로 다루기에 「**노동헌장**」이라고도 불립니다. 당시 사람들의 고통을 보면서 레오 13세 교황은 개인이 어찌할 수 없는 사회 시스템의 부조리를 발견했습니다. 모세가 고통받는 동족들을 보고 하느님 부르심에 응답한 것처럼, 레오 13세 교황도 전 세계 신자들과

선한 지향을 가진 모든 이를 향해 회칙을 반포하기에 이릅니다. 「새로운 사태」는 당대 사회악에 대한 해결책으로 **노동자들을 비롯한 약자들의 권리와 존엄성을 강조**하며, **사랑을 통한 정의의 완성**을 내세웁니다. 이 과정에서 **사회주의를** 거부함은 물론입니다.

2. 「새로운 사태」는 시간과 장소의 한계를 벗어난 **보편적 진리의 성격**을 지니고 있습니다. 이 회칙으로 말미암아 이후 일련의 사회 회칙들이 반포될 수 있는 **기본 틀**이 마련되었고, 가톨릭교회 사회교리의 **기본골격**이 만들어지게 되었습니다. 회칙 「새로운 사태」는 가톨릭교회의 사회사상뿐만 아니라 선진 여러 나라의 **사회법 제정**, 특히 **노동 관계법과 관련 제도**에 지대한 영향을 주었으며 **사회의식을 형성**시키는 데에 크게 이바지 하였습니다. 레오 13세 교황이 회칙 「새로운 사태」를 통해 노동이라는 주제를 다룬 근본 취지는 노동자로 하여금 스스로의 처지를 개선하고, 더 나아가 공동선 증진에 이바지할 수 있도록 **노동자의 발언권**을 확보하고 신장하는 데에 있습니다. 「새로운 사태」는 우선 노동자의 비참한 현실이라는 바탕을 정리, 요약한 후 이 분석의 토대 위에서 해결책이라고 제시된 사회주의적 해결책이 지니고 있는 본질적 모순을 파헤쳤습니다. 그 대안으로서 노동 문제의 당사자인 **노동자**와 공익의 대표 기관으로서의 **정부**와 적임자인 **교회**가 함께 협력, 대처하는 길만이 진정한 해결책임을 강조하였습니다.

3. 아울러 급격한 산업화에 따른 문제점들을 지적하면서, ①회칙 32항에 노동자의 임금이 공정한 원칙 위에서 결정되어야 함을 전제한 후 그 적정선의 기준으로 **가족 임금**을 제시하고 있습니다. 노동이 살기 위한 필연적 과정이라면 임금 수준은 노동자와 그 가족의 생활을 유지할 수 있는 수준이어야 한다는 것입니다. 또한 **노동권**을 남에게 양도할 수 없는 기본 인권으로 인식하고 그 바탕으로 '인격성의 원리'를 18항과 30항에서 제시하고 있습니다. 3항과 23항, 35항과 39항에서는 '**연대성의 원리**'의 적용과 그 실천인 **노동조합 결성**을 장려하고 있습니다. 실제로 노동자에게 주어진 권리로는 **단체 행동권**을 들 수 있습니다. '**보조성의 원리**'는 26항과 38항에서 그 내용과 성격을 자세히 다루고 있습니다. 이와 함께 20항에서는 '**쇄신의 원리**'를 다루고 있는데 이 원리야말로 가장 정곡을 찌른 핵심이요, 모든 사회현상에 대한 적절한 강구책 마련에 가장 실용성 있는 조언이기도 합니다.

4. ②**국가의 역할의 중요성**을 강조한 회칙 「새로운 사태」가 발표될 무렵 유럽 사회의 사상적 조류는 정치, 경제적으로 자유방임주의의 물결이 휩쓸고 있던 시기였

습니다. 특히 자유주의 사조로 가급적 국가의 통제를 최소화하려는 경향을 보이던 당시의 시대 배경에 비추어 보아 회칙은 파격적이라 할 만큼 국가 공동체의 역할을 제대로 인식하고 있었습니다. 한마디로 '공동선의 원리'와 '보조성의 원리'에 바탕을 둔 **국가의 역할**에 정당성을 부여했으며, 이에 따라 국가는 개입할 권한만이 아니라 개입할 의무도 있다는 것입니다. ③**가정**이란 구성원 수로 볼 때는 아주 작은 사회이지만 실제로 하나의 **완전한 사회**입니다. 국가나 그 밖의 어떤 사회보다 먼저 생겨난 사회이므로, 가정은 완전한 별개의 독자적 권리와 의무를 가진다는 내용이 9항에서 자세히 논의되고 있습니다.

5. ④사회주의자들이 주장하는 **사유재산제도를 단호히 배격**하고, 사회주의자들에 의해 제기된 여러 문제들에 대한 해결책을 모색하였습니다. 사유재산권을 **자연권**으로 인정하는 고전적인 주장을 펴고 있으며, 사유재산의 존재 이유를 명확하게 열거하고 있습니다. ⑤**교회의 사회활동**에 대한 긍정적인 입장을 표명하고 있습니다. 즉 교회는 인간의 영혼뿐만 아니라 육체에도 관심을 가져야 하며, 가난은 선(善)이 아니고 인간을 인간답지 못하게 하기 때문에 교회는 **자선과 정의의 실현**을 통하여 가난을 구제해야 한다고 하였습니다. ⑥마지막으로 「노동헌장」은 노동조합이나 교회의 여러 법인체와 같은 **자발적인 조직의 자선 활동**이 중요함을 강조하고 있습니다.

17. 역대 교황들이 반포한 사회교리 관련 회칙들은 무엇인가요?(1)

1. 회칙(回勅, encyclical)은 교황이 사목적 차원에서 발표하는 문헌(회칙, 교서, 권고, 담화, 연설, 강론) 가운데 가장 중요한 위치에 있습니다. 회칙 「**사십주년**」(Quadragesimo Anno)은 **1931년 교황 비오 11세**께서 「새로운 사태」 반포 사십주년을 기념해 발표한 회칙입니다. 세계대전으로 사회적 불의의 문제가 대두되자 이에 대한 해결책을 「노동헌장」에서 찾았습니다. 그 연장선에서 작성된 「사십주년」은 새로운 사회질서의 재건을 요청하면서, 사회적인 반성을 야기시킨 촉매제가 되었습니다. 이 회칙으로 인해 교회 안에서는 보조성 원리와 같은 사회교리의 기초적 요소들이 대두될 수 있었습니다.

2. 회칙 「**하느님이신 구세주**」(Divini Redemptoris)는 **1937년 교황 비오 11세**께서 반포한 회칙입니다. 무신론적 공산주의에 대해 다룬 것으로 공산주의에 대한 교

회의 태도와 공산주의와는 다른 교회의 가르침을 제시하였습니다. 공산주의를 근본적으로 삐뚤어진 이념이라고 설명하면서 체계적으로 비판하였습니다. 그리고 공산주의가 저지른 악을 교정하는 으뜸 수단으로 그리스도교 생활의 쇄신, 복음적 사랑의 실천, 개인 간에 그리고 사회적 차원에서 공동선과 관련한 정의의 의무 이행, 전문 집단과 직종 간 제도화 등을 제시하였습니다.

3. 회칙 「**어머니요 스승**」(Mater et Magistra)은 **1961년 5월 15일 교황 요한 23세**께서 반포한 회칙입니다. 세계는 1939년에서 1945년까지 제2차 세계대전을 치렀습니다. 이 시기의 가장 큰 흐름은 제3세계의 등장이었습니다. 제3세계는 제1세계인 자본주의 진영, 제2세계인 사회주의 진영 어느 쪽에도 속하지 않으려 했던 나라들을 가리킵니다. 이 회칙의 첫 번째 주요 내용은 제1세계를 대상으로 하였습니다. 당시 선진국에서는 경제 분야에서 국가의 역할이 확대되고 있었고, 사회복지 제도 확충을 통해 사회관계를 안정시키고 있었습니다.

4. 회칙 「**지상의 평화**」(Pacem in Terris)는 **1963년 4월 11일** 반포된 회칙으로, **교황 요한 23세**께서는 교회가 바라는 평화의 모습을 이 회칙을 통해 밝혔습니다. 냉전의 한복판에서 평화를 실현할 수 있는 방법을 가르치신 것으로, 반세기가 지난 지금도 그분의 통찰은 예리하고 여전히 유효합니다. 이 회칙이 반포되던 시기는 전 세계가 핵전쟁의 공포에 사로잡혀 있을 때였습니다. 실제로 이 회칙을 반포하기 직전, 소련이 쿠바에 미사일을 배치하면서 전쟁 위기가 높아진 적도 있었습니다. 당시는 제2차 세계대전이 끝난 지 얼마 되지 않았고, 사실상 핵폭탄으로 전쟁을 마무리했던 터라 핵전쟁에 대한 공포가 매우 컸습니다. 이런 공포와 긴장이 지배하고 있을 때 이 회칙을 반포하였고, 이 회칙을 통해 동서 냉전을 해결할 수 있는 방법을 제시하고자 하였습니다. 이 회칙의 주요 내용은 첫 번째, 평화의 전제 조건으로서 인권을 제시한 것입니다. 두번째는 세계가 냉전을 탈피하기 위해 양 체제가 추구해야 하는 공동의 가치를 제안한 것입니다. 마지막으로, 교황의 관심은 세계 공동세에 있었는데, 공동선의 범위를 지구적으로 확장하며 '전 세계적으로 광범하게 활약할 수 있는 어떤 공권력이 필요하다'는 점을 강조하였습니다.

5. 회칙 「**민족들의 발전**」(Populorum Progressio)은 **1967년 교황 요한 바오로 6세**가 반포한 회칙입니다. 이전까지 나온 회칙들은 거의 대부분 유럽 각국에 존재하는 계층 간 빈부격차 문제를 중심적으로 다뤘습니다. 유럽 대륙 전체를 다루긴 했어도 아직 관심이 유럽 대륙을 벗어나질 못했습니다. 그런데 이 회칙은

전 세계로 관심을 확장하였습니다. 빈부격차 문제도 일국 차원이 아니라 나라와 나라, 대륙과 대륙 간 관계 차원에서 다뤘습니다. 이 회칙에서 가장 중요한 첫 번째 주제는 '발전'입니다. 교황이 말씀하신 발전은 인간 생활과 관련되는 모든 측면에서 '인간다운 삶을 촉진하고 보장하는 것'을 가리킵니다. 두 번째 주제는 후진국의 가난을 분석하는 이론입니다.

6. 회칙 「노동하는 인간」(Laborem Exercens)은 **교황 요한 바오로 2세**께서 **1981년 9월 14일**에 레오 13세의 「새로운 사태」 반포 90주년을 기념하여 반포하였습니다. 이 회칙에서 교황님은 당대의 여러 사회문제들 가운데서도 노동 문제에만 초점을 맞춥니다. 이 회칙의 주제는 '인간은 노동을 통해 자아를 실현하는 것이며, 세상의 발전과 하느님 나라를 건설하는 노동하는 인간'으로 요약할 수 있습니다. 이 회칙에서는 자본주의와 사회주의 모두에 대하여 고질적 병폐들을 지적하고 비판하면서도 두 체제를 지양하는 제3의 해결책을 제시하진 못하였습니다.

18. 역대 교황들이 반포한 사회교리 관련 회칙들은 무엇인가요?(II)

1. 회칙 「**사회적 관심**」(Sollicitudo Rei Socialis)은 **1987년 교황 요한 바오로 2세**께서 반포한 회칙입니다. 1967년에 교황 바오로 6세께서 반포하신 회칙 「민족들의 발전」 20주년을 기념하여 반포하였습니다. 당연히 '발전'이 주제입니다. 하지만 이 회칙은 「새로운 사태」와의 연속성도 강조합니다. 또한 이전 회칙들에 비해 정치인, 경제인에게 많은 분량을 할애하고 있습니다. 이들의 역할이 충분하지 않았으니 새삼 본연의 역할을 강조하겠다는 뜻입니다. 특히 「민족들의 발전」 반포 이후 20여 년 동안 세계 경제, 정치 현실이 연속성을 띠면서도 큰 변화를 이룩한 점에 관심을 갖습니다.

2. 회칙 「**백주년**」(Centesimus Annus)은 **1991년 교황 요한 바오로 2세**께서, 「새로운 사태」 반포 100주년을 기념해 내놓은 회칙입니다. 「새로운 사태」에 담겨있는 풍부한 기본 원리들을 재발견하고, 오늘날 우리를 둘러싸고 있으면서 새롭게 도전하는 새로운 것들을 둘러보며 현대사회의 문제를 인간 중심으로 해명하고 제삼천년기를 바라보도록 권고하였습니다. 1989년 소련 체제 붕괴에 주목하면서 연대성을 바탕으로 하는 민주주의와 자유경제를 높이 평가했습니다. 이 회칙은 과거를 돌아보았으나 미래로 향하고 있으며, 신세기의 초입에 와 있는 우리

가 하느님의 도움으로 그 도래의 길을 준비하도록 하였습니다.

3. 회칙 「생명의 복음」(Evangelium Vitae)은 **1995년 교황 요한 바오로 2세**께서 반포한 회칙으로 '인간의 생명의 가치와 불가침성에 관하여'라는 부제가 붙어있습니다. 이 회칙은 하느님의 이름으로 개개인과 모든 인간 생명을 존중하고, 보호하고, 사랑하고, 받들기를 촉구하는 교황의 절박한 호소입니다. 일종의 교과서라고 말할 수 있을 정도로 생명 윤리를 체계적, 함축적으로 설명하였습니다. 이 회칙이 반포된 시기는 생명에 관한 기본권이 짓밟히고 세계 곳곳에서 불의와 억압이 더욱 심화되고 있었습니다. 그 당시의 상황에 따라서 이 회칙은 인간 생명의 가치와 불가침성을 분명하고 단호하게 재천명하며, 이를 위해 인간 생명에 봉사하는 새로운 문화를 건설할 것을 촉구하였습니다.

4. 회칙 「진리안의 사랑」(Caritas in Veritate)은 전임 **교황 베네딕토 16세**께서, **2009년 6월 29일** 성 베드로와 성 바오로 사도 대축일에 회칙 「민족들의 발전」(1967년)을 기념하여 반포하신 회칙입니다. 「민족들의 발전」은 온전한 인간 발전의 의미를 밝히고자 한 회칙이었습니다. 교황은 서론에서 사랑이 어떻게 사회 교리의 핵심이 되는지 잘 보여주었으나 사랑이 잘못 해석되고 윤리적인 삶과 멀어질 위험을 지적하였습니다. 진리 없는 사랑의 그리스도교가 있다면, 그것이 사회적 결속에는 도움이 될 수 있으나 부차적인 좋은 감정들의 집합에 불과할 수도 있다는 점을 우려하였습니다. 교황은 발전에는 진리가 필요하다는 점을 밝히면서, 이 맥락에서 발전이 도덕적 행위를 규정하는 기준인 정의와 공동선 두 가지 원칙에 바탕을 두어야 한다고 가르쳤습니다.

5. 회칙 「찬미받으소서」(Laudato Si')는 **2015년 6월**에 **현 프란치스코 교황님**께서 반포하셨습니다. 「찬미받으소서」는 환경 문제로 인한 사회적 위기를 경고하며 이를 해결하기 위한 방안을 담고 있습니다. 인간은 물론 지구의 모든 생명체가 함께 살아가야 하는 공동체 구성원임을 일깨웠습니다. 교황님은 회칙을 발표한 해부터 매년 9월 1일을 '피조물 보호를 위한 기도의 날'로 제정하여 모든 그리스도인이 환경 보호를 위해 한마음으로 기도하며 지구를 살리는 실천에 동참해 주기를 호소했습니다. 교황님은 문제 해결을 위해 인류가 더불어 살아가는 존재임을 인식하고 새로운 생활양식을 통해 변화돼야 한다고 했습니다. 환경에 대한 책임 교육을 강조하면서 교육을 통해 작은 일상적 행동이 얼마나 고결한 일인지를 일깨워야 한다고 조언했습니다. 교황님이 제시한 작은 일상적 행동으로는 △플라스틱과 고무 사용 줄이기 △물 아끼기 △쓰레기 분리수거 하기 △먹을

만큼만 요리하기 △대중교통 이용하기 △불필요한 전등 끄기 등이 있습니다. 교황님은 눈에 띄지 않는 작은 노력이 가져오는 결실의 중요성을 놓쳐서는 안 된다고 거듭 강조했습니다. 그러면서도 지속 가능한 발전과 환경 보호를 위해 국가 간, 정부 간, 사회단체와 기업체들의 담론과 대화 역시 필요하다고 했습니다.

6. '공동의 집을 돌보는 것에 관한 회칙'이라는 부제를 단 회칙 「찬미받으소서」는 생태 문제를 중심으로 교회 밖의 사람들의 동참을 호소하고 모든 분야의 개선과 인식전환을 통한 변화를 찾는다는 점에서 큰 의의를 가집니다. 지금까지 살펴본 역대 교황님들의 회칙 외에 **「간추린 사회교리」가 2004년 교황청 정의평화평의회**에서 발간되었습니다. **「복음의 기쁨」**은 2013년 현 프란치스코 교황님이 권고문으로 내면서 사회교리 문헌이 아니라고 교황님이 밝힌 바 있습니다. 하지만 그 내용에 있어서 오늘날 세상의 도전들과 복음화의 사회적 차원은 사회교리로 보아도 충분하며, 부족한 부분은 「간추린 사회교리」를 통해 공부하도록 권유하고 있습니다.

19. 한국천주교주교회의에서 발표한 대(對) 사회 문헌은 무엇을 말하나요?

1. 2019년 한국천주교주교회의 산하 전문연구기관인 한국가톨릭사목연구소에서 **「더 나은 세상을 위하여」**라는 한국천주교주교회의 대(對) 사회 문헌집을 발간하였습니다(1948-2018년). 이 책의 발간사에서 한국천주교주교회의는 다음과 같이 밝혔습니다. "우리는 하느님의 나라가 하늘에서 이루어지는 것처럼, 이 땅에서도 이루어지기를 기도합니다. 우리가 추구하는 하느님 나라는 '**진리와 생명의 나라요, 거룩함과 은총의 나라이며, 정의와 평화의 나라**'(「교회헌장」, 36항)입니다."

2. 교회는 하느님 나라와 그분의 정의가 실현될 수 있도록 인간이 살아가는 터전인 사회문제에 관심을 가질 수밖에 없습니다. 인간의 존엄성과 권리를 수호하고 인간다운 사회 발전을 추구하는 것은 교회의 사명 가운데 하나입니다. 비록 교회가 직접적으로 정치활동에 개입하지는 않더라도 사회의 불의와 폭력을 고발할 의무가 있습니다. "인정받지 못하고 침해받는 권리들, 특히 가난하고 무관심의 대상이 되고 있는 약한 이들의 권리를 판별하고 수호"하여 사회 정의를 세울 사명이 있습니다.(「간추린 사회교리」, 81항)

3. 한국천주교주교회의는 박해시대인 1857년에 한국교회 시노드라는 이름으로 처음 열렸고, 1931년 제2차 회의에 이어 1933년에 두 번, 그 후에도 여러 차례 주교회의를 개최하였습니다. 한국 천주교는 제2차 바티칸 공의회 이후 공의회와 사회교리 문헌들의 영향을 받아 사회문제에 더욱 관심을 가지고 다양한 활동을 시작했습니다. 한국사회의 역사적 변화 속에서 특수하고 다양한 상황에 놓일 때마다 한국천주교주교회의는 "**시대의 징표를 탐구하고 이를 복음의 빛으로 해석하여야 할 의무**"를 식별하였습니다(「사목헌장」, 4항). 우리나라와 시대의 필요에 응답하고자 교회의 입장과 가르침을 세상에 알렸습니다.

4. 그동안 한국천주교주교회의가 발표한 문헌들은 **시국 문제와 노동자 문제, 농민 문제, 인간 생명과 인권 문제, 언론의 자유, 인류의 화해와 평화, 평화 선거, 환경 문제** 등 사회 전반에 걸쳐 매우 다양한 주제를 다루었습니다. 이러한 노력들은 한국사회에 **실질적으로 변화**를 일으키기도 했습니다. 이 문헌집을 통하여 한국

---

4) 시노드의 어원은 회의를 뜻하는 그리스어 'sinodos'이다. 일반적으로 시노드는 주교 관할권 하에 있는 교리, 규율, 전례 등의 문제를 토의하고 결정하기 위해 교회의 권위 아래 열리는 교회 회의를 말한다.

5) 제2차 바티칸 공의회(라틴어:Concilium Vaticanum Secundum)는 1962년부터 1965년까지 열린 로마 가톨릭교회의 공의회이다. 로마 가톨릭교회가 장차 앞으로 나아갈 길을 타진한 교회의 현대적 개혁이 이 공의회의 목적이었다. 현재 기독교 역사상 가장 최근에 이루어진 공의회이다. 바티칸 공의회의 결과는 트리엔트 공의회 이후 라틴어로 획일화되어 봉헌하던 미사가 각국의 언어로 봉헌되기 시작했다. 사제가 신자들과 함께 제단을 바라보며 미사를 올린 것을 신자들을 마주보며 미사를 올리게 되었다. 그러나 명시적으로 제단을 바라보는 자세가 금지된 것은 아니다. 소녀 복사가 최초로 인정되었다. 1517년 종교개혁 전통에 따라 분열된 개신교를 폄하하는 표현이었던 열교를 '분리된 형제'로 순화했다. 다만 여전히 독립적 지위는 인정하지 않았다. 1054년 동방교회와 서방교회의 교회 분열로 갈라진 동방교회(동방정교회)와 화해하였다. 다른 종교에도 배울 점이 있으나, 기독교적 복음을 전해야 한다는 종교관을 고백했다. 이와 관련해 전 세계 다른 종교인들이 상당히 고무되었다. 교회의 사회적 책임에 곧 사회적 불의에 하느님의 말씀으로 저항하는 예언자적인 책임에 더 많은 관심을 갖게 되었다. 저명한 로마 가톨릭교회 신학자이며, 제2차 바티칸 공의회 신학 자문으로도 활약한 칼 라너 사제가 제2차 세계대전 당시 가톨릭이 교회의 안위를 위해서라는 이유로 나치독일 등의 전체주의에 저항하지 않은 점에 대해 지적한 일이 영향을 준 것이다.

사회의 역사적 흐름 안에서 **교회의 활동**과 **역할**, **관심사**를 알 수 있습니다. 또한 수록된 문헌들의 **사료적 가치**를 되새기며, 사목계획 수립과 학문 연구를 위한 가장 중요한 **기초적인 자료**를 제공하고자 하였습니다. 문헌집 「더 나은 세상을 위하여」는 대한민국과 한국 천주교회의 참다운 진보를 위한 **열쇠**가 되고, 하느님 나라와 그분의 정의를 실현하는 **밑거름**이 될 것입니다.(「더 나은 세상을 위하여」, 참조)

20. 가톨릭교회의 사회교리는 사회주의와 비슷한가요?

1. 가톨릭교회의 사회교리가 사회주의와 조금이라도 비슷한 것이 아니냐는 의문을 가질 수 있는데 **사회주의적(socialistic)**과 **사회적(social)**이라는 말은 다릅니다. 우리 가톨릭교회의 가르침은 사회주의적(socialistic)인 것에 토대를 둔 것이 절대로 아니고, **사회적(social) 특성**을 지니고 있습니다. 인간은 본성적으로 **사회적(social) 존재**입니다. "인간은 아무것도 쓰여 있지 않은 백지가 아닙니다. 인간은 하느님이 당신의 피조물에 새겨 넣으신 **자연의 질서와 법칙**으로 빚어졌습니다."(「가톨릭 청년교리서 You Cat」, 45항)

2. 우리 인간 안에는 하느님께서 창조 때 새겨 넣으신 본성이 뚜렷하게 존재합니다. 자연의 질서와 법칙이라고도 할 수 있는 그 본성에 순응하고 조화하면, 우리는 참된 행복과 기쁨을 누리며 살 수 있고, 그 본성을 거스르면 죄를 짓게 됩니다. 하느님은 인간에게 무리를 지어 살게 하셨습니다. 창세기를 보면, 하느님께서 남자와 여자를 만드시어 가정이라는 가장 원초적 사회가 이루어짐으로써 창조가 완성되었음을 알 수 있습니다.

3. 사도신경을 바칠 때 우리는 "**성인들의 통공(通功)을 믿으며**"라고 고백합니다. 통공은 희생과 기도 등의 공(功)이 통(通)한다는 뜻입니다. 곧 천국에서 무리를 이루고 있는 죽은 사람들의 기도와 지상에서 살고 있는 우리들의 희생과 기도가 서로 통한다는 믿음입니다. 개인이 아니라 사회적으로 통한다는 믿음입니다. 죽은 사람들도 무리를 이루고 있고, 산 사람도 무리를 이루고 있어서 서로 격려하고 힘을 주는 관계라는 말입니다. 게다가 그런 기도와 희생으로써 죽음을 이기고 서로 이어져 있다는 것입니다.

4. 이렇게 "인간은 철저하게 사회적 존재입니다. 인간은 땅에서와 마찬가지로 하늘에서도 공동체를 지향하고 있습니다."(「가톨릭 사회교리서 Do Cat」, 22항). 인간을 사회

적 존재로 만드신 분은 하느님이시고, 그 창조질서는 너무도 크고 강력해서 죽어서도 그대로 이어집니다. 다시 말하면 죽음도 이기지 못하는 것이 바로 **인간의 사회적 본성**인 것입니다. 그러므로 사회적이라는 말은 **공동체적**이라는 말과 거의 같은 뜻이라고 할 수 있습니다. 창조계의 모든 것은 홀로 존재하지 않고 깊은 인연 속에서 서로 기대어 존재합니다.

5. 인간이 서로에 대한 의무와 권리를 충실히 수행하고, 더 나아가 약한 자를 돕고 돌보는 것은 공동체적 본성에 충실한 것이라고 할 수 있습니다. 또한 인간과 자연이 서로 조화롭게 사는 세상도 그렇다고 할 수 있습니다. 오랜 세월 그리스도교가 발전한 유럽의 언어에서는 비사회적(asocial)이라는 말이 **반사회적**(anti-social)이라는 말과 동의어로 쓰입니다. 때로는 누군가를 비하할 때 사용되기도 합니다. 그 반대말인 **친사회적**(pro-social)이라는 말은 대단히 훌륭하다는 칭찬의 의미로 사용되며, 유치원부터 중요하게 가르치는 덕목이기도 합니다.

6. 반사회적인 태도는 창조질서를 거스르는 것입니다. 가톨릭교회의 사회교리는 세상 사람들이 살아가는 인간 공동체 안에서 이루어지는 정치, 경제, 사회, 문화 등에서 벌어지고 있는 각종 현상들에 대하여 인간 중심의 잣대로 판단합니다. 인간 중심의 실천이 이루어지지 않을 때에는 반드시 이를 경계하고 지적하는 친사회적 실천이, 우리 인간 공동체를 본성적으로 이롭게 한다고 가르칩니다. 이와 같은 과정에서 현실에 대한 비판이나 지적 등을 **좌파니, 진보니 하는 이분법적인 정치이념**으로 바라보는 시각은, 사회교리의 본래의 **목적과 역할**에 대해 잘못 이해하고 있는 것입니다.

21. 사회교리 원리에 따른 실천에 대해 사회교리는 어떻게 말하고 있나요?

1. 가톨릭교회의 사회교리는 복음에 기조하여 **인간 존엄성의 원리, 공동선의 원리, 연대성의 원리, 보조성의 원리, 재화의 보편적 목적**과 같은 주요 원리들을 갖고 있습니다. ①**인간 존엄성**입니다. 인간이라면 누구나 하느님을 닮은 모습으로 창조되어 존엄하다는 데에 동의하지 않을 가톨릭 신자는 없을 것입니다. 그러나 우리가 실천에서도 모두가 똑같이 존엄하다고 생각하고 있는지 반성해야 합니다. ②**공동선**은 우리 사회와 정책들이 인간의 존엄성을 키우는 방향으로, 그래서 하느님이 우리에게 원하시는 소명을 실천하도록 돕는 방향으로 나아가

야 한다는 것입니다. 하지만 보다 많은 사람들, 특별히 소외된 이들이 하느님을 닮아 존엄하게 살도록 하는 정책보다는 자신의 이익과 욕심만 보장하는 정책을 따르는 모습을 흔히 볼 수 있습니다.

2. ③**연대성**은 공동선을 위해 투신하겠다는 강력한 의지입니다. 이 세상의 죄를 용서하고 구원을 주시기 위해 십자가에서 자신을 희생하신 그리스도와 일치하는 것입니다. 그러나 우리는 이 세상의 어둠을 바로잡기 위해 그리스도와 연대하고 힘을 모으기보다는 어둠을 키우고 있습니다. 나의 이익과 기득권을 지키려고 담합하기를 더 좋아하지 않는지 살펴봐야 합니다. ④**보조성**은 인간의 자율성과 자발성, 주체성을 중요시하는 원리입니다. 자기가 힘이 더 세고 더 잘 안다고 해서 다른 사람이 잡을 고기를 대신 잡아주면 안 되고, 스스로 고기를 잡을 수 있게 도와주어야 한다는 말입니다. 가정에서 부모들이 아이들의 자율성과 자발성, 주체성을 중시하고 있는지 살펴봐야 합니다. 또 국가가 각 지역의 고유성을 인정하고 그들이 주체적이고 자율적으로 공동체를 꾸려나가도록 지원해 주고 있는지 아니면 국익이라는 핑계로 소수 지역의 희생을 강요하고 있는지도 돌아봐야 합니다.

3. ⑤**재화의 보편성**은 우리가 소유한 돈, 재산, 재능이 나만의 것이 아니라, 모든 인류를 위해 선물로 주어진 것이라는 의미입니다. 더 많은 소득과 재산을 가진 사람이 더 많은 세금을 내는 것은 당연한 것입니다. 그러나 평등한 분배를 실천할 수 있는지에 대한 문제로 들어가면 우리는 어려움을 만납니다. 성 요한 바오로 2세 교황께서는 「사목헌장」 24항을 인용하시면서 이렇게 말씀하셨습니다. "인간은 자기 자신을 아낌없이 내어주지 않으면 자신을 완전히 발견할 수 없다." 혼자 성당에 앉아 기도하고 있으면, 자신이 더없이 훌륭한 신자가 된 것처럼 생각되고 하느님을 만나는 것처럼 느껴집니다. 하지만 우리가 자신을 내어주기 위해서는 실천이라는 것이 있어야 합니다. 가정에서는 부모와 배우자와 자녀들에게, 각자가 속한 단체와 사회에서는 이웃들에게 내가 어떻게 실천하고 있는지를 살펴봐야 합니다. 복음은 원리만이 아니라, 실천이라는 것을 복음의 빛과 기쁨으로 성찰하고 식별하도록 우리에게 요구합니다.

22. 사회교리가 가진 특성으로 인해 비판받는 점은 무엇인가요?

1. 가톨릭교회의 사회교리가 가지고 있는 특성상 비판의 여지가 네 가지가 있습니다. ①**첫 번째 비판**은 사회교리 안에서 **여성의 본성상의 역할**이 대부분 어머니와 전업주부로서의 역할로 주로 표현된다는 점입니다. 이는 사회교리가 빠질 수 있는 유혹의 좋은 사례입니다. 지금의 사회적 합의를 역사적인 흐름으로 보기보다는 하느님의 뜻이나 자연법을 반영한 것으로 보려는 유혹입니다. ②**두 번째 비판**은 사회교리가 갈등이라는 실재를 다루는 데 있어 **공동체주의적 지향**이 지나치게 강하다는 것입니다. 사회적 질병에 대한 해결책으로서의 조화로운 협력 말고는, 다른 요소들을 인정하지 않으려는 경향이 있습니다.

2. ③**세 번째 비판**은 사회교리에 대해 많은 사람이 제기하는 **재화의 정당한 분배를 지배하는 규범**에 대해서입니다. 일부에서는 사회교리가 재화 생산의 적합성을 담보하는 조건에 대해서는 정당하게 검토하지 않는다고 비판합니다. 사회교리는 경제 문제를 노동자들을 중심에 놓고 바라봅니다. 그렇기 때문에 경제 활동에 참여하는 투자자, 경영자, 다른 주체들의 역할을 언제나 충분히 이해하는 것은 아닙니다. ④**네 번째 비판**은 가장 무겁게 받아들여야 할 것으로, **가르침을 결정하는 과정**에 관한 것입니다. 사회교리는 교회 안에서 폭 넓은 자료 수집 없이, 교회 밖과는 그다지 대화하지 않으면서, 그리고 너무나 자주, 이름을 드러내지 않는 소수의 저술가 집단에 의해 그 저술이 이루어집니다. 또한 장문의 회칙들이 사회교리를 반포하는 가장 훌륭한 방법인지에 대해서도 의문을 제기할 수 있습니다.

23. 사회교리가 좌파성향의 정치논리로 오해받는 것은 무엇인가요?

1. 가톨릭교회의 사회교리는 사회에 관한 문제일까요? 시선을 오로지 사회로만 향한 채 자신과 교회의 실천은 돌아보지 않고 사회비판만 일삼는 사람들이 있습니다. 그와 반대로 사회교리를 이야기하는 사람더러 정치 이야기는 교회 안에서 하지 말고 사회에 나가서 하라는 이들도 있습니다. 그러나 교회의 길은 세상을 살아가는 **인간과 함께 하며**, 교회의 자리도 **그들이 살아가는 세상 안**에 있습니다. 사회교리는 사회에만 국한된 교리가 아닙니다. 혼자서는 살 수 없는 인간,

태초부터 남자와 여자라는 공동체 안에서 창조된 인간이 어떻게 **하느님과 함께 사는가에 관한 이야기**입니다. 사회교리는 알아도 그만, 몰라도 그만인 일종의 덤이 아닙니다. 신앙은 **믿을 교리와 지킬 계명**으로 이루어져 있습니다. 사회교리는 지킬 계명에 해당하며 덤이 아니라 필수입니다. **우리의 가정, 내가 속한 본당 단체나 구역, 반모임, 본당 사목협의회는 물론 교회 내 모든 교계제도와 나아가 직장과 지역사회, 개별국가에서 국제사회에 이르기까지 모든 공동체 안에서 지켜져야 하는 계명**입니다.

2. 어떤 이들은 **정교분리 원칙**을 내세워 사회교리 자체를 금기시합니다. 하지만 사회교리는 사회에만 국한된 교리가 아닙니다. 세속과 종교의 완전한 분리는 가능하지도 않을뿐더러 정교분리의 본래 의미와도 어긋납니다. 정교분리란 국가가 특정 종교의 이념을 절대화하여 **종교가 이데올로기화 되는 것을 막기 위한 것**[6]입니다. 다시 말해 종교가 본래의 고유한 기능을 잃고 하나의 **통치수단**으로 전락하는 것을 막기 위한 것입니다. 교회는 국가의 **고유영역**을 침해하는 것이 아닙니다. 하느님으로부터 받은 고유한 권한을 가지고 인간의 **구원을 위한 길**을 가르치는 것입니다. 많은 이들이 사회교리가 **진보성향의 정치논리**와 같다고 생각합니다. 하지만 **복지**나 **성윤리**와 관련해서는 오히려 진보진영의 논리와 정면으로 충돌할 때도 있습니다.

3. 반대로 **보수성향의 정책**이나 **노선**이 사회교리와 부합할 때도 많이 있습니다. 사회교리는 현상을 관찰하고 다양한 의견을 듣지만, 판단은 어디까지나 **복음**에 기초해서 이루어집니다. 겉보기에는 특정 집단의 목적이나 이해와 비슷해 보인다 해도, 그 뿌리는 복음이라는 점에서 분명한 차이가 있습니다. 사회교리는 우

---

6) 이데올로기는 세계를 설명하고 변화시키는 것을 뒷받침하는 관념체계이다. 이데올로기라는 말은 프랑스 혁명기에 철학자 데스튀트 드 트라시가 자신의 '관념의 과학'의 약칭으로 도입하면서 처음 등장했다. 광의의 이데올로기는 체계적인 관념의 인도를 받는 모든 종류의 행동지향적 이론이나 관념 체계에 비추어 정치에 접근하는 모든 시도를 뜻한다. 협의의 이데올로기는 다음과 같은 특징을 나타낸다. 즉 이데올로기는 인간경험과 외부세계에 관한 포괄적인 설명이론을 포함하고, 일반적·추상적 용어로 사회·정치를 조직하는 프로그램을 제시하며, 이 프로그램의 실현에는 투쟁이 뒤따를 것이라고 본다. 또한 때때로 서약을 요구하면서 충실한 지지자를 모으려 하고, 광범한 대중을 향하며 지식인에게 특별한 지도역할을 부여하는 경향을 띤다.

리 신앙의 수준을 보여주는 **신앙의 온도계**입니다. 우리는 **성경말씀** 안에서 하느님을 만나고 기도하면서 교회 가르침을 배웁니다. 또한 **미사** 안에서 예수님의 몸과 피를 함께 나누어야만 사회교리라는 **사랑의 열매**를 맺을 수가 있습니다. 사회교리는 신앙의 매우 중요한 부분입니다. 사회교리에 반감을 갖거나 오해하는 이들이 많다면, 교회의 신앙교육 자체에 문제가 있는 것입니다. "그러니 네 안에 있는 빛이 어둠이면 그 어둠이 얼마나 짙겠느냐?"(마태 6,23)

4. 프란치스코 현 교황님이 미국 의회에서 하신 연설에서 정치는 **인간과 사회 공동선**에 봉사하는 것이라고 밝히셨습니다. 경제적 기득권에 많은 영향을 받는 정치 현실을 염두에 두시고, 정치는 경제와 금융의 노예가 되어서는 안 된다고 강조하셨습니다. 교황님께서는 사회교리가 말하지 않는 것을 말한 적은 없다는 것을 확신한다고 말씀하셨습니다. 이러한 말씀과 행동들은 인간의 존엄을 천명하고, 가난한 사람들을 우선적으로 선택하는 교회의 사회교리에 기반을 둔 것입니다. 그럼에도 불구하고 소수의 기득권을 대변하는 미국의 극우방송과 극우성향의 정치인들은 교황이 정치에 개입하고 있다고 비판합니다. 또는 좌파 교황이라며 비난을 하고 있습니다. 복음을 읽다 보면 예수님도 그러한 처지에 몰렸던 것을 알 수 있습니다.

5. 마리아와 요셉이 아기 예수님을 성전에 봉헌했을 때, 여성 예언자 한나는 예수님이 반대를 받는 표징이 될 것이라 예언했습니다(루카 2,34 참조). 예수님은 공생활 내내 정치와 종교, 경제 영역의 기득권자들의 미움을 받았습니다. 실제로 기득권자들은 예수님을 어떤 식으로라도 죽일 음모를 꾸몄습니다(루카 22,1-2;요한 11,45-53 참조). 그리고 예수님은 황제에게 세금을 내지 못하게 막았고 백성을 선동했으며 자신이 임금이라고 참칭(僭稱)[7] 했다는 죄목으로 무고하게 기소 당했습니다(루카 23,1-5 참조). 예수님께서는 빌라도 앞에서 내 나라는 이 세상에 속하지 않는다고 밝히셨지만(요한 18,36 참조), 사람들은 자신들의 이해관계에 따라서 예수님을 오해하고, 예수님께 누명을 넘어씌운 것입니다.

6. 이러한 반대 받는 표징은 2,000년 전 예수님에게만 주어진 것이 아닙니다. 프란치스코 교황님에게도 주어졌으며, 지금 우리가 사는 사회도 크게 다를 바 없습니다. 그러나 **시대의 징표를 탐구하고 이를 복음의 빛으로 해석하여야 하는 것**

---

7) 분수(分數)에 맞지 않게 스스로 황제(皇帝)나 왕(王)이라고 일컬음. 또는 그 칭호.

이 교회의 사명입니다(사목헌장 4항 참조). 그리고 **인간의 존엄을 천명하고 인간 존엄성이 침해받는 것을 고발하는 것**도 사회교리의 사명입니다(「간추린 사회교리」 107항 참조). 이 같은 사회교리의 사명은 현실에서 종종 **정치 개입**이나 **좌파논리**라는 비난에 맞부딪치고 있습니다. 이는 예수님 시대에도 그랬듯이 자신들의 이해관계부터 따지는 사람들의 **오해와 편견**에서 비롯된 것이라 할 수 있습니다. 교회가 **가난한 이들과 연대하고 불의를 고발하는 것**은 교회 본연의 사명입니다. 어떤 경우에는 이런 선택이 반대 받는 표징으로 돌아오더라도 어쩔 수가 없습니다. **모든 예언자**들이 그랬고 **예수님**이 그랬듯이 그것이 **교회의 길**이기 때문입니다.

PART 2

삼위일체이신 하느님과 사회교리

사마리아 여인과 이야기하시다
"그러나 내가 주는 물을 마시는 사람은 영원히 목마르지 않을 것이다. 내가 주는 물은 그 사람 안에서 물이 솟는 샘이 되어 영원한 생명을 누리게 할 것이다."(요한 4,14)

24. 하느님께서는 인간의 고통을 그대로 내버려 두시나요?

1. 세상을 창조하신 하느님께서는 **인간의 고통**과 무관한 분이 아니십니다. 그렇지만 우리는 어째서 하느님께서 이 세상 고통을 내버려 두시는 것인가에 대한 **의문**을 품고 살아가고 있습니다. 사실 우리 인간의 일생은 다른 말로 **고통의 여정**이라고 말할 수 있습니다. 태어나서 성장하고, 나이가 들고, 결국에는 죽음으로 향하는 삶이라는 여정에서, 우리는 끊임없이 고통과 마주하게 됩니다. 그러는 가운데 우리는 "왜 하느님께서는 나에게 이런 고통을 주시는가?"하는 의문을 갖게 됩니다. 어려움을 딛고 열심히 기도하던 사람들도 힘든 상황이 닥치게 되면 하느님을 원망하기도 합니다. 한편 평소에 하느님을 믿지 않던 사람들조차도 고통스러운 상황을 마주하면, 하느님께 원망의 화살을 돌리는 경우가 종종 있습니다.

2. 결국 고통과 마주한 인간은 그 안에서 **고통의 원인**에 대해 질문하게 됩니다. 그러면서 하느님께 의지하거나 그와 반대로 하느님을 원망하기도 합니다. 결국 각자가 나름의 방식으로 고통이라는 매개를 통하여 하느님을 찾게 되는 것입니다. 가톨릭교회의 사회교리는 바로 이 **고통의 지점**에서부터 시작됩니다. 역사 안에서 사회교리는 교회가 **세상 고통**과 마주하며 정립되었습니다. 그것은 교회가 세상 고통을 보고 그 가운데 **하느님의 가르침**을 떠올리며 **고통의 현장에 동참하는 방법**입니다. 이를 통해서 교회는 하느님을 원망하는 사람들의 의문에 응답합니다. 하느님께서는 인간의 고통에 무관심한 분이 결코 아니라고 말입니다. 사회교리는 **인간의 고통스러운 현실과, 이를 방관하지 않으시는 하느님과, 그분을 믿는 신앙인들이 모인 교회의 역할**에 관해 함께 고민하는 것입니다.

25. 하느님의 사랑을 가톨릭교회의 사회교리는 어떻게 말하나요?(I)

1. 인류의 역사가 기록되기 시작하면서 오늘날에 이르기까지 인간은 **성스러운 것**과 **속된 것** 사이에서 **올바른 윤리적 판단**을 내리지 못하고 살아왔습니다. 외적으로는 **성스러움**을 찾는다고 하면서도 내면 깊숙한 곳에서는 **물적·육적 유혹**에 빠져 살아가는 존재가 바로 인간입니다. 그렇지만 인간은 **죄** 속에 살면서도, 또 **영원한 멸망의 고통**에 빠져도 절망하지 않고 살아가고 있습니다. 그것은 인

간의 역사 안에 현존하시는 하느님께서 **항상 우리 인간과 함께하시는 분**이시기 때문입니다.

2. 하느님의 존재를 거부하는 무신론적 세계관이 팽배한 오늘날입니다. 하지만 세상에는 아직도 많은 사람들이 **하느님께 희망**을 두고 있습니다. 그것은 자신의 개인적인 삶 안에서 **하느님을 체험**하고 **하느님을 직관**할 수 있기 때문입니다. 만일 하느님 체험이 자신의 신앙 안에 제대로 녹아 있지 않다면, 일상 속에서 우리가 겪게 되는 수많은 **하느님의 은총**을 제대로 알아차릴 수가 없습니다. 인류의 모든 문화 전통 안에서 느끼는 진정한 종교적 체험은, 인간으로 하여금 **하느님 존재**를 직관하도록 이끌어주고 있습니다. 때문에 인간은 하느님께서 모든 **피조물의 근원**이며, 우리 인간의 **역사 안에 함께 현존하시는 분**이심을 알 수 있는 존재입니다.

3. 인간 역사 안에 현존하시는 하느님 모습은 **이스라엘 역사** 안에 가장 잘 드러나 있습니다. 이스라엘 역사 안에서 하느님 모습은 우리 인류와 항상 함께 하시는 **임마누엘 하느님**이십니다. 인간에 대한 하느님의 사랑은 역사적으로도 놀랍고 예리한 방식으로 구현됩니다. 이는 이스라엘 백성에게 당신 자신을 계시하신 일 안에서 두드러지게 나타납니다. 하느님께서는 당신이 선택된 민족인 **이스라엘 백성**의 고통을 내버려 두지 않으시고, 당신의 **고유한 방법**을 통해 직접적으로 관여하시는 분이십니다.

26. 하느님의 사랑을 가톨릭교회의 사회교리는 어떻게 말하나요?(II)

1. **과학적이고 경험주의적인 세계관**이 팽배한 오늘날입니다. 이런 상황 안에서 눈에 보이지 않는 **하느님**에 대해서, **예수 그리스도의 사랑**에 대해서 경험적으로 증명한다는 것은 어쩌면 불가능할지도 모릅니다. 더군다나 하느님을 믿지 않는 사람들에게는 이러한 우리들의 노력이 어리석고 황당한 것으로 보일 수도 있을 것입니다. 그러나 이 세상에는 **과학적이고 경험적인 것**으로 해결할 수 없는 것이 존재합니다. 연말연시가 되면 가난한 이웃들을 위해 자신의 재산을 기부하는 **익명의 천사들**이 있습니다. 가장 힘들고 어려운 곳에서 자신의 전 존재를 걸고 **봉사하는 사람들**도 있습니다. 이들은 **더 나은 세상**을 위해서 자신의 **이익과 영광**을 버리고, **더 나은 가치**를 위해 힘겨운 싸움을 지속하는 사람들입니다.

2. 하느님의 인류에 대한 사랑은 당신의 외아들을 이 세상에 보내주시는 **강생구속 사건**에서 절정을 이룹니다. 구약의 이스라엘 백성은 직접 하느님을 만나 뵐 수도, 경험할 수도 없었습니다. 어찌 보면 이스라엘 백성에게 하느님은 멀리 동떨어진 천상세계에 계시는 분으로 여겨졌을지도 모릅니다. 그러나 하느님은 당신의 피조물인 인간을 지극히 사랑하셔서 예수 그리스도를 이 세상에 보내주셨습니다. 하느님께서는 인간의 모습으로 이 세상에 오셔서 우리 인류의 구원을 위한 대속의 삶을 직접 사셨습니다. 이 **구원사건**을 통해 우리 인간은 하느님께서 인간의 삶과 무관한 분이 아니라, 우리의 삶에 직접 관여하시는 분이심을 알게 되었습니다. 하느님은 우리 인간의 삶에 직접적으로 개입하며 함께 하시는 분이심을 깨닫게 된 것입니다.

3. 더 나아가 하느님은 인간 상호 간에도 당신의 사랑이 이루어지도록 요구하십니다. 그래서 새로운 하느님 백성인 우리 그리스도인에게 **서로 사랑하라**는 새 계명을 주신 것입니다. 이 계명은 모든 사람으로 하여금 세상 안에서 살아가는 기준을 마련해 주셨습니다. 또한 인간은 이러한 사랑의 실천을 통해 인간 상호 간의 **관계성을 정화**하고 **더 높은 차원**으로 오를 수 있게 하셨습니다. 결국 하느님께서는 예수 그리스도의 강생구속 사건을 통해 인류 전체에 대한 **보편적이고 완전한 구원**을 이루신 것입니다(「간추린 사회교리」, 33, 38항 참조). 우리 그리스도인들은 이러한 **하느님의 사랑을 체험하며 살아가는 사람들**이라고 말할 수 있습니다. 비록 인간의 한계성 때문에 세상 안에서 하느님의 모습을 찾기 어려울 수 있다 하더라도, 우리 신앙인들은 세상 안에서 하느님을 찾는 노력을 **포기**하지 말아야 합니다.

27. 예수 그리스도를 통한 하느님의 사랑을 사회교리는 어떻게 말하나요?(1)

1. 인간은 이제 예수 그리스도의 **지상 생활**을 통해 하느님을 직접적이고 경험적으로 알 수 있게 되었습니다. 그분은 **왕**이요, **구원자**로 오셨지만 가장 **비천한 인간의 모습**으로 우리 가운데 오셨습니다. 더군다나 십자가에 못 박히시고 부활하심으로써 우리 인간의 역사 안에 함께 하시는 당신의 모습을 직접 보여주셨습니다. 인간은 **예수 그리스도의 모습**을 통해 하느님이 진정으로 어떤 분이신지 알 수 있게 된 것입니다. 하느님께서는 당신 피조물인 우리 인간을 사랑하셔서

당신의 외아들 예수 그리스도를 이 세상에 보내주셨습니다. 예수님께서는 인류의 구원을 위해 우리를 대신하여 돌아가셨습니다. 그분의 죽음은 죽음으로 끝난 것이 아니라 **부활 사건**으로 완성되어, 인간의 역사 안에 구체적으로 **하느님 사랑의 모습이 실현된 것**입니다.

2. "구원 역사 안에서 점진적으로 계시되는 하느님의 모습은, 십자가에 못 박히시고 죽은 자들 가운데서 부활하신 예수 그리스도의 모습에서 완전하게 드러난다. (…) 예수님께서는 말씀과 행동으로, 그리고 완전하고 결정적으로는 당신 죽음과 부활로써 인류에게 하느님께서 아버지시고, 우리 모두 성령의 힘으로 은총을 통해 그분의 자녀가 되도록(로마 8,15; 갈라 4,6 참조), 우리 서로 형제자매가 되도록 부름 받았다는 것을 계시하신다."(「간추린 사회교리」, 31항)

3. 더군다나 하느님께서는 당신의 외아들 예수 그리스도를 이 세상에 보내주심으로써, 가난하고 억눌리고 굶주린 이들에게 **해방의 기쁜 소식**을 전해주셨습니다. 하느님의 구원 메시지는 이제 **모든 인류 공동체**에게도 그대로 적용됩니다. 인간의 역사 안에 함께하시는 하느님의 존재는 그만큼 우리 인간으로 하여금 세상의 일에 **무관심**할 수 없게 만드셨습니다. 세상의 고통을 대신 짊어지고 가시는 하느님이신 예수 그리스도의 모습에서, 우리는 바로 하느님께 대한 **믿음과 희망과 사랑**을 얻습니다.

28. 예수 그리스도를 통한 하느님의 사랑을 사회교리는 어떻게 말하나요?(II)

1. 구약의 하느님께서는 **모세와 예언자**를 통해 당신께서 인간 고통에 무관심한 분이 아니심을 보여주셨습니다. 그리고 이제 고통 중에 있는 인간들을 구원하시기 위하여 인류 역사에 결정적으로 개입하십니다. 성자 예수 그리스도께서 사람의 몸이 되시어 이 세상에 오신 것입니다. 예수님께서는 이 땅에 계시는 동안 인간의 언어와 행동으로 하느님께서 어떤 분이신지를 보여주셨습니다. 그러므로 우리는 고통과 마주한 예수님의 태도에 주목해야 합니다.

2. 마르타와 마리아의 오빠였던 라자로의 죽음 앞에서 예수님께서는 그들의 슬픔에 공감하시어 슬피 우셨습니다. 그뿐만 아니라 복음서 저자들은 예수님께서 사람들을 보실 때 '**가엾은 마음이 드셨다**'라고 여러 차례 기술하고 있습니다.(마태 9,36; 20,34; 마르 1,41; 루카 7,13 참조). 이처럼 예수님께서는 고통에 처한 사람

을 보실 때 **연민의 마음**을 지니셨음을 알 수 있습니다. 고통받는 이들에 대해 연민의 마음을 지니셨던 예수님께서는, 그 고통을 직접 기적을 통해서 해결해주시기도 합니다. 그러나 사실 근본적으로 예수님의 육화가 놀라운 까닭은 **하느님께서 우리 인간 고통에 직접 동참하셨기 때문**입니다. 예수 그리스도께서는 사람이 되시어 우리 인간의 굴레에 동참하셨습니다. 이에 그치지 않으시고 죄 없으신 분께서 육체적·정신적 고통을 감내하셨으며, 결국 **십자가상 죽음**을 맞이하셨습니다. 인간 고통의 한가운데에 직접 뛰어드시어 **인간과 연대**하셨던 것입니다.

3. 결국, 고통에 대한 하느님의 대답은 **예수 그리스도**이십니다. 그러니 예수 그리스도를 따르는 우리는 당연히 그분의 **모범**을 따라야 합니다. 그분의 마음이 우리의 마음이 되어, 고통받는 이들에 대해 연민을 지녀야 합니다. 죄 없으신 예수님께서 인간의 고통에 동참하셨던 것처럼, 우리도 마찬가지로 **타인의 고통에 동참**해야 합니다. 이런 방식으로 고통에 동참하는 사람들이 많아지면 **기적**이 일어납니다. **사람들의 마음이 열리고, 세상에 변화가 일어나는 것**이 바로 기적입니다. 기적을 일으키라고 하느님께서는 우리를 교회로 부르셨습니다. 고통에 대한 하느님의 대답은 바로 예수 그리스도이심을 알아보았습니다. 그분의 가르침을 보면 우리가 이 고통 가득한 세상에서 어떻게 살아야 하는지에 대한 해답도 있습니다.

29. 예수 그리스도를 통한 하느님의 나라를 사회교리는 어떻게 말하나요?

1. "때가 차서 하느님의 나라가 가까이 왔다. 회개하고 복음을 믿어라."(마르 1,15). 공생활을 시작하신 예수님께서 첫 번째로 선포하신 것은 바로 **하느님 나라**입니다. 그렇다면 하느님 나라는 무엇을 말하는 것일까요? 예수님께서는 나자렛 회당에서 이사야서의 한 부분을 봉독하시며 희년을 선포하셨습니다. "주님께서 나에게 기름을 부어 주시니 주님의 영이 내 위에 내리셨다. 주님께서 나를 보내시어 가난한 이들에게 기쁜 소식을 전하고 잡혀간 이들에게 해방을 선포하며 눈먼 이들을 다시 보게 하고 억압받는 이들을 해방시켜 내보내며 주님의 은혜로운 해를 선포하게 하셨다."(이사 61,1-2;루카 4,18-19)

2. 이어서 이렇게 덧붙이셨습니다. "오늘 이 성경말씀이 너희가 듣는 가운데에

서 이루어졌다."(루카 4,21). 이 말씀 안에 하느님 나라의 요체가 담겨 있습니다. 예수님의 공생활은 이 하느님 나라의 개념을 **현실화시키는 과정**이기도 했습니다. 그분께서는 **가난한 이들**과 함께하셨으며, **병자들**을 치유해주셨고, **죄인들**과 어울리셨으며, **마귀들**을 쫓아내셨습니다. 이러한 행위들의 공통점은 **인간 고통의 해소**에 있습니다. 따라서 하느님 나라가 확립되는 과정은 **인간 고통이 해결되는 과정**이기도 합니다.

3. 예수님께서 선포하신 하느님 나라는 **이미 시작되었지만 아직 완성되지 않았습니다**. 완성을 향해가는 여정 중에 있는 것입니다. 그 완성은 예수 그리스도를 따르는 사람들의 **투신**으로 이루어집니다. "누구든지 내 뒤를 따라오려면, 자신을 버리고 제 십자가를 지고 나를 따라야 한다."(마태 16,24). 예수님께서는 공생활 중에 고통받는 사람들과 함께 울고 웃으셨습니다. 이를 통해 신앙인들의 투신이 결코 **현실**과 무관하지 않음을, 오히려 구체적 현실 안에서 일어나야 함을 증거해 주셨습니다.

4. "복음이 제안하는 것은 바로 하느님 나라입니다(루카 4,43 참조). 이는 세상에서 다스리시는 **하느님을 사랑하라**는 것입니다. 하느님께서 우리 가운데에서 다스리시는 그만큼, 사회생활은 **보편적인 형제애, 정의, 평화, 존엄의 자리**가 될 것입니다. 따라서 그리스도인의 **선포와 삶**은 사회에 영향을 미쳐야 합니다."(「복음의 기쁨」, 180항)

30. 예수 그리스도를 통한 사랑의 이중계명을 사회교리는 어떻게 말하나요?

1. 예수님께서는 우리 믿음의 핵심을 두 가지로 정리해 주셨습니다. "'**네 마음을 다하고 네 목숨을 다하고 네 정신을 다하여 주 너의 하느님을 사랑해야 한다.**' 이것이 가장 크고 첫째가는 계명이다. 둘째도 이와 같다. '**네 이웃을 너 자신처럼 사랑해야 한다.**'는 것이다."(마태 22,37-39). 우리는 **하느님을 사랑하고 이웃을 사랑**해야 합니다. 온 율법과 예언서의 정신이 이 두 계명에 달려있기 때문입니다.

2. 사랑은 하느님께서 **인간과 관계 맺는 방식**을 말합니다. 사랑 그 자체이신 삼위일체 하느님께서는 당신의 그 사랑으로 우리 인간들을 초대하셨습니다. 따라서 하느님을 믿는다는 것은 **그분을 사랑한다**는 뜻입니다. 이는 예수 그리스도의 **삶과 죽음, 부활**을 통해서 온전히 계시되었습니다. 요한 사도는 예수 그리스도의 신비를 통해 이러한 결론에 도달합니다. "사랑하는 여러분, 하느님께서 우리를

이렇게 사랑하셨으니 우리도 서로 사랑해야 합니다."(1요한 4,11)

3. 하느님을 사랑하는 사람은 이웃도 사랑해야 합니다. 예수님께서는 착한 사마리아인의 비유(루카 10,29-37 참조)를 통해 이웃의 범위를 **생면부지의 사람**으로까지 확장하셨습니다. 착한 사마리아인은 강도를 당한 사람에게 자비를 베풀어 주었습니다. 생면부지의 사람이더라도 그가 고통을 받고 있다면, 이웃 사랑의 대상이 됩니다. 가톨릭교회의 사회교리는 이 이웃 사랑을 **사회적이고 구조적 차원**으로까지 확장합니다. "사회적 차원에서 이웃을 사랑한다는 것은, 상황에 따라 사회의 중개를 활용해 이웃의 삶을 개선하고 이웃의 가난을 초래하는 사회적 요인들을 제거하는 것을 말한다. 의심할 여지없이 **사랑의 행위, 자비의 행위**를 통하여 인간은 바로 지금 여기에서 자기 이웃의 실재적이고 절박한 필요에 응하는 것이다."(「간추린 사회교리」, 208항)

4. 생각해보면 하느님을 사랑하는 사람은 이웃도 사랑할 수밖에 없습니다. 이웃의 고통을 외면한 채 하느님을 사랑한다고 고백하는 것은 **위선**이 됩니다. 하느님 사랑이 결여된 이웃 사랑 역시 마찬가지입니다. 겉으로 보기에 아무리 훌륭한 행위라고 하더라도, **하느님 사랑이 결여된 이웃 사랑**은 올바른 열매를 맺지 못합니다. 하느님 대신에 자기 자신을 내세우게 되기 때문입니다. 따라서 **하느님 사랑과 이웃 사랑은 함께 가야 하는 것**이고 사회교리는 세상 안에서 **이 두 사랑을 인도**합니다.

"많은 사람이 가톨릭 신앙을 고백하지만 그들은 자기 자신이 그리스도인이자 인간이라는 사실을 망각하고 있습니다. 언제나 이웃 사랑을 거쳐 올라가는 하느님께 바치는 참된 예배를 망각합니다."(교황 프란치스코, 2019년 10월 27일 아마존 시노드 폐막 미사 강론)

31. 이 세상에서 그리스도처럼 사는 길은 어떻게 사는 것인가요?(I)

1. 「가톨릭교회 교리서」는 그리스도인의 삶을 ①**인간 존엄성**, ②**인류 공동체**, ③**하느님의 구원(법과 은총)**, ④**십계명(사랑)**으로 나눠서 풀이하고 있습니다. 인간 존엄성에서는 **그 근거와 인권**(인간의 기본적 권리들과 모든 권리의 원천이며 목적이 되는 생명권)**과 국가의 의무**를 가르치고 있습니다. 인류 공동체에서는 **공동선, 보조성, 연대성, 재화(혹은 재화사용)의 보편 목적, 사회적 약자에 대한**

우선적 선택 등을 가르칩니다. 그리고 하느님의 구원(법과 은총)에서는 죄 때문에 상처 입은 인간에게는 **하느님의 구원**이 필요하다는 것을 알려줍니다. 그 구원에 필요한 하느님의 도우심은 그리스도 안에서, 인간을 인도하는 법을 통하여, 그리고 인간을 지탱해 주는 은총을 통하여 인간에게 주어집니다.

2. 십계명(사랑) 부문에서는 하느님께 대한 **인간의 계명**에 대하여 가르칩니다. 첫째 계명은 "**네 마음을 다하고 네 목숨을 다하고 네 정성을 다하여 주 너의 하느님을 사랑해야 한다.**"(마태 22, 37)이고, 둘째 계명은 "**네 이웃을 너 자신처럼 사랑해야 한다.**"(마태 22,39)입니다. 예수님은 "이보다 더 큰 계명은 없다"(마르 12,31)고 하셨습니다. 여기에는 흔히 사람들이 이해하는 것처럼 단순한 종교적 계명만을 이야기하지 않습니다. 예를 들어 '살인하지 말라'는 계명에서는 군복무를 공동체를 위한 봉사로 가르치면서도 동시에 대체복무제와 국가의 의무를 함께 가르치고 있습니다. '거짓증언을 하지 말라'는 계명에서는 대중매체와 관련한 교리가 있습니다. '부모에게 효도하라'는 계명에서는 국가와 가정에 대한 의무에 대한 내용들도 포함돼 있습니다.

3. 다시 요약하면, 그리스도인이 현실에서(가정·문화·경제·정치·생태·평화·국제질서·법과 제도) 무엇을 실천하며 살아야 그리스도처럼 사는 것인지를 제시한다고 할 수 있습니다. 교리서가 이렇게 현실의 문제를 교리로 제시하는 이유는 아주 간단합니다. 하느님 백성인 그리스도인이 **바로 세상 안에서 살고 있고, 그 안에서 기쁨과 희망, 슬픔과 고뇌를 체험하고 있기 때문**입니다. 또 교회는 마땅히 **하느님 백성과 인류가 나아갈 길을 제시할 의무**가 있기 때문입니다. 비 신앙인 뿐만 아니라 가톨릭 신앙인조차 가톨릭교회가 세상 현실의 문제에 대해 그토록 깊은 관심을 갖고 적극적으로 참여하고 있다는 사실이 생소할 수도 있을 것입니다.

4. 교회는 인류가 직면한 고뇌에 찬 문제들에 대하여 **인류 가족과 함께** 대화를 나눕니다. 그 문제들을 복음에서 이끌어 낸 빛으로 비추어 주고, **구원의 힘**을 인류에게 풍부히 제공합니다. 그럼으로써 하느님 백성(교회)이 들어 있는 온 인류 가족에 대한 **연대와 존경과 사랑**을 드러내는 것입니다(「사목헌장」, 3항 참조). 좀 더 구체적으로 교회는 **인간다운 사회 건설을 이끌어야 할 원리들**(인간 존엄함과 인권, 공동선, 재화의 보편적 목적, 보조성, 참여, 연대)과 더불어 **근본적인 가치들**도 제시합니다. 이 사회생활의 근본 가치들로 교회는 **진리와 자유, 정의와 사랑**을 꼽습니다.

5. 우리 사회는 **물질주의**와 **개인주의**에 휩쓸려 거짓과 억압, 불의와 미움이 판을

치는 것처럼 보입니다. 그렇더라도 하느님께서는 모든 인간에게 주신 **이성과 지성과 양심**을 통해 **인간다운 사회**를 건설하기를 원하십니다. 그래서 교회는 이 가치들을 경제, 정치, 문화, 기술의 본질적 개혁과 필요한 제도 개혁을 이루도록 부름 받은 공권력의 필수적인 준거로 제시합니다. 더 나아가 사람들이 내린 여러 가지 결정들 안에 이러한 가치들이 어떻게 수용되고 배척되는지 보여주고자 **현세 질서**에 개입한다고 밝히고 있습니다.(「간추린 사회교리」, 197항 참조)

32. 이 세상에서 그리스도처럼 사는 길은 어떻게 사는 것인가요?(II)

1. 1784년 평신도인 이승훈이 북경에서 베드로라는 세례명으로 세례를 받고 돌아왔습니다. 그 후 이 땅에서 겨자씨처럼 자라난 그리스도 신앙인 공동체인 교회는 예수 그리스도의 복음의 가치를 믿고 실천해 왔습니다. 그렇기 때문에 박해를 받았고 순교했으며, 모진 가난을 견디어왔습니다. 성리학[8]의 세계관과 지배 이데올로기에 저항한 순교자들이 고백한 **영원한 생명에 대한 믿음과 양심과 사상과 신앙의 자유**는 새 하늘 새 땅인 평등한 세상을 향해 있었습니다. 200여 년 전 조선이라는 사회에 비춰진 그리스도교의 계시는 한민족에게 **인간으로서의 신원**과 **그리스도인으로서의 소명**과 **영원한 생명**이라는 궁극적 운명을 비추어준 사건이었습니다.

2. 인간이 하느님과 닮은 모습으로 창조되었다는 것을 성경은 첫 장부터 이야기하고 있습니다.(창세 1,26-27 참조). 여기에는 **인간의 신원과 소명에 관한 근본적**

---

[8] 남송의 주희에 의해 성리학의 집대성이 이루어졌기 때문에 성리학을 주자학이라고도 한다. 성리학은 자연과 사회의 발생·운동을 이와 기의 개념으로 설명한다. 기가 모이고 흩어지는 것에 의해 우주 만물이 생성되며 기는 만물을 구성하는 요소가 된다. 기에 의해 구성되는 우주 만물은 차별성·등급성을 가지며, 결국 자연·인간·사회가 모두 위계질서를 갖는 것이다. 이의 개념은 인간과 사물의 원리적 보편성을 설명하는 범주이다. 성리학에서 강조하는 이의 내용은 삼강오상을 비롯한 유교적 윤리도덕이었으며, 관료제적 통치질서, 신분계급적 사회질서, 가부장제적·종법제적 가족질서를 포함하는 명분론적 질서였다. 성리학은 명분론적 질서를 합리화하는 사상체계였으며, 명분론적 질서에 맞는 생활을 하는 것이 모든 인간의 도덕적 의무라고 했다.

인 가르침을 담고 있습니다. 그래서 이 땅의 신앙선조들은 **인간의 존엄성**이 **창조주 하느님**으로부터 부여받은 것으로 믿었습니다. 하느님의 구원 계획은 피조물인 인간을 수동적 인간이 아니라, 하느님 나라의 **공동 상속자**로서 예수님과 동등한 아버지와 자녀의 관계임을 분명히 이해했습니다. 그렇기 때문에 교우촌은 신분제도를 넘어선 **신앙인 공동체**로서 "모두가 내 형제요, 내 자매인"(마르 3,34-35) 복음 속의 사랑의 가치를 **인간의 존엄성과 평등**으로 실천했습니다. 또한 **재화의 보편적 목적**을 이해했기 때문에 굶주렸어도 콩 한쪽을 나누어 먹는 나눔을 실천했고, 자신의 내적 변화를 다른 사람들과 맺는 관계의 **참된 변화**로 실천했습니다.

3. 그리스도의 제자는 **성령**을 통해 하느님의 말씀을 깨달은 신앙으로 **은총의 성사들**을 통하여 예수님의 사랑에 결합됩니다. 세례성사를 받아도 악으로 기우는 인간의 성향은 그대로 남아있습니다. 그렇기 때문에 끊임없이 자신의 옛 자아를 **그리스도와 함께 십자가에 못 박음**이 진정 그리스도인으로 새로 태어남이요, 새로운 삶을 사는 것입니다. 이 새로운 삶은 실제로 인간에게 도움이 되는 **사회적 변화**를 가져와야 하고 그를 위해서는 **지속적인 정신적, 도덕적 노력**과 함께 끝없는 **내적 회개**가 필요합니다. 내적인 회개는 **마음의 회개**에만 최우선을 두는 것이 아닙니다. 죄를 유발하는 **제도와 생활 여건**을 적절하게 개선하려는 실천으로 이어져야 합니다. 다시 말해 우리 사회 안에 있는 인간의 제도와 생활 여건들이 **정의의 규범**에 맞도록, **공동선**에 해를 끼치지 않고 도움이 되도록 개선하는 것입니다.(「가톨릭교회 교리서」, 1888항 참조)

4. 따라서 사회 안에서 그리스도인으로 산다는 것은 다른 **모든 사람들의 삶에 책임**이 있다는 뜻입니다. 모든 사람의 선익을 위하여 일하려는 **확고하고 지속적인 결단**없이 이웃을 자기 자신처럼 사랑하고 그 사랑을 꾸준히 행하는 것이 불가능하다는 것을 안다는 것입니다(「사회적 관심」, 38항 참조). 정치는 사회적 존재인 인간이 자신을 실현해 나아가는 과정에서 **권력의 배분과 행사에 참여하는 것**입니다. 이것은 자신이 속한 사회의 한 구성원으로서 어떻게 살아가는가 하는 문제이기 때문입니다. 나 자신이 사회적 존재임을 포기하지 않는 한 피할 수도 없으며, 피해서도 안 되는 것입니다. 따라서 이 땅의 그리스도인 공동체는, 한국사회의 한 시민으로서 자연법인 **양심의 원리**에 기반을 두어야 합니다. 또한 복음의 영감을 받아 **성찰과 실천**을 통하여, 하느님 나라의 요구에 맞게, **사회관계들**을 변화시키고 발전시키는 일을 실행하여야 합니다.(「간추린 사회교리」, 53항 참조)

5. 가톨릭교회의 사회교리는 하느님과 인간 사이는 결코 갈등상태가 아니라 **사랑의 관계**이며, 인간의 궁극 목적은 바로 **하느님임을 가르치는 것**입니다. 그러나 현대사회는 하느님이 인간의 궁극 목적임을 스스로 거부한 사회입니다. 이를 향해 **교회의 교도권**은 현시대의 징표가 요구하는 해답을 제시합니다. 그러면서 우리 시대에 근본적으로 필요한 세상의 변화를 위해 사람들 사이의 **상호 사랑**을 끝없이 강조합니다. 우리의 **종말론적 희망**은 하느님께서 모든 피조물들을 **죽음이라는 허무의 종살이로부터 해방시키는 것**입니다. 희망은 죽음보다 더 강한 힘으로 현재의 삶에 필요한 활동에 대한 열정을 더욱 강화시켜 주는 힘입니다.

6. 다시 말해 **정의가 깃든 새 땅에 대한 확고한 희망**을 가져야 합니다. 이 땅에서 사랑의 실천을 통해 **인간의 존엄함, 형제애, 자유, 그 외 지상의 모든 좋은 것들**이 온갖 더러움에서 정화되도록 노력해야 합니다. 이는 그리스도께서 아버지께 바치실 나라, 곧 **진리와 생명, 거룩함과 은총, 정의, 사랑, 평화**가 지배하는 나라에 속한 것들을 발견하고 체험하는 것입니다. 따라서 교회의 사회교리는 **그리스도와 성령의 은총의 힘**으로, 역사 안에서 **정의와 평화**를 통해, 세상을 향상시키려는 노력으로 달성되는 **인간의 완전한 실현**입니다.

33. 세상과 역사 안에서의 성령의 역할과 우리의 신앙과는 어떤 관계인가요?(1)

1. 우리는 하늘에 계신 천주 성부님, 세상을 구원하신 천주 성자님, 그리고 천주 성령님, 삼위일체이신 하느님께 기도를 드립니다. 하느님 아버지(성부), 예수 그리스도(성자) 그리고 성령의 하느님을 믿습니다. 하느님께서는 한 분이시지만 **성부, 성자, 성령**의 세 위격으로 존재하십니다. 위격(位格, persona 또는 hypostasia)이란 **스스로의 의지로 자신의 고유한 활동을 할 수 있는 존재**를 의미하는 것으로, 오로시 하느님께만 사용하는 표현입니다.

2. 성부께서는 만물을 창조하신 하느님이시고(**창조사업**), 성자께서는 사람이 되시어 십자가에서 돌아가시고 부활하신 하느님이시며(**구원사업**), 성령께서는 우리를 거룩하게 하시고 사랑으로 변화시키는 하느님이십니다(**성화사업**). 모두 같은 하느님이시나 단지 서로의 관계(relatio) 안에서 실제적으로 구별되어 세 위격으로 존재하십니다. 그래서 하느님께서는 성부, 성자, 성령의 세 위격으로서 실제적으로 구별되지만 **본질**(essentia) 혹은 **본성**(natura)으로서 한 하느님

이시라고 우리는 **믿음으로 고백**합니다.(「가톨릭교회 교리서」, 252-253항 참조)

3. 삼위일체이신 하느님, 성부 성자 성령의 하느님께서는 개별적으로 **고유한 활동**을 하시지만 각각의 활동에 다른 세 위격이 함께 활동하십니다. 삼위의 각 개별 활동은 곧 **공동 활동**이 됩니다. 어떻게 이런 일이 가능할까요? 성부와 성자와 성령의 삼위일체이신 하느님께서는 **서로 깊은 사랑과 일치로 친교**를 이루시기 때문입니다. 이러한 깊은 사랑의 친교로써 성부께서는 온전히 성자 안에 계시고 또 온전히 성령 안에 계시며, 성자는 온전히 성부 안에 계시고 또 온전히 성령 안에 계시며, 성령께서는 온전히 성부 안에 계시고 또 온전히 성자 안에 계십니다.(「가톨릭교회 교리서」, 255항 참조)

4. 따라서 성부께 영광을 드리는 사람은 성자를 통하여 성령 안에서 영광을 드리는 것입니다. 그리스도를 따르는 사람은 성부께서 이끌어 주시고 성령께서 움직여 주시므로 그리스도를 따르는 것입니다(「가톨릭교회 교리서」, 259항 참조). 성령께서는 세상과 역사 안에서 어떻게 활동하실까요? 요한 복음에 의하면, 성령은 세상과 교회를 그 역사와 시대의 흐름 속에서 예수님이 전하신 복음의 모든 진리 안으로 이끌어 가는 분이십니다(요한 16,13 참조). 성령께서는 당신이 원하시는 대로 오시고 활동하십니다. 그러므로 우리는 성령의 **오심도 활동도** 마음대로 할 수가 없습니다.

5. 중요한 것은 성령께서 우리 안에서 올바르게 활동하실 수 있도록 우리가 **그분을 깨닫고, 그분에게 우리 자신을 개방하는 것**입니다. 우리는 그분을 **감지**할 수 있어야 하고, 성령에 대한 **망각과 소홀**에 맞서서 그분을 드러내고 **증언하는 삶**을 살아야 합니다. 하느님께서는 **성령**을 통하여 우리 안에서 사시고 활동하십니다. 그리스도께서 우리 안에 머무르신다는 것을 우리는 바로 그분께서 우리에게 주신 성령으로 알 수 있습니다(1요한 3,24 참조). 그래서 우리는 구원을 위한 하느님의 선물이신 성령으로 **충만**하고, **신뢰**하며 성령께 씨를 뿌려 **영원한 생명**을 거두게 되는 것입니다.(갈라 6,8 참조)

6. "하느님께서는 서로 너무나 사랑하여 하나가 되어버린, 세 위격이 이룬 **한 가족**이라고 할 수 있습니다. 이러한 **신적 가족**은 자기 자신 안에 갇혀 있지 않고 열려있습니다. 하느님께서는 모든 이를 이 가족에 포함시키시려고 **창조된 세상과 역사 안**에서 소통하시며 인간 세상 안으로 들어오셨습니다. 이러한 삼위일체적 친교의 모습은 우리 모두를 둘러싸고 있으며, 우리가 사랑과 형제적 나눔 속

에 살 수 있도록 **용기**를 북돋아 줍니다. **사랑이 있는 곳**에 분명히 **하느님**께서 계십니다."(프란치스코 교황, 삼위일체 대축일 삼종기도 담화, 2016.5.22)

34. 세상과 역사 안에서의 성령의 역할과 우리의 신앙과는 어떤 관계인가요?(II)

1. 우리는 예수님 자신부터 성령을 입어 **하느님 나라의 선포자**로 변화하셨음을 회당에서 예수님이 읽으신 이사야서의 말씀에서 알 수 있습니다. "'주님께서 나에게 기름을 부어 주시니 주님의 영이 내 위에 내리셨다. 주님께서 나를 보내시어 가난한 이들에게 기쁜 소식을 전하고 잡혀간 이들에게 해방을 선포하며 눈먼 이들을 다시 보게 하고 억압받는 이들을 해방시켜 내보내며 주님의 은혜로운 해를 선포하게 하셨다.' 예수님께서 두루마리를 말아 시중드는 이에게 돌려주시고 자리에 앉으시니, 회당에 있던 모든 사람의 눈이 예수님을 주시하였다. 예수님께서 그들에게 말씀하시기 시작하셨다. '오늘 이 성경말씀이 너희가 듣는 가운데에서 이루어졌다.'"(루카 4,18-21)

2. 예수님의 제자들도 **성령**이 오심으로 변화되기 시작하였음을 **사도행전**은 전하고 있습니다. 예수님의 부재로 실의에 빠져 있던 제자들은 성령을 받자 죽음을 무릅쓰고 그분의 복음을 전하는 **사도(= 파견된 자)**로 나섰던 것입니다. "오순절이 되었을 때 그들은 모두 한자리에 모여 있었다. 그런데 갑자기 하늘에서 거센 바람이 부는 듯한 소리가 나더니, 그들이 앉아 있는 온 집안을 가득 채웠다. 그리고 불꽃 모양의 혀들이 나타나 갈라지면서 각 사람 위에 내려앉았다. 그러자 그들은 모두 성령으로 가득 차, 성령께서 표현의 능력을 주시는 대로 다른 언어들로 말하기 시작하였다."(사도 2,1-4)

3. 성령께서 오심으로 (성체성사의 거행과 함께) 교회가 더 구체적으로는 **성령의 강림**으로 제자늘이 변화됨으로써 **교회가 시작된 것**입니다. 이렇듯 예수님을 모른다고 했던 베드로, 예수님을 버리고 도망쳤던 제자들, 고기를 잡던 자신의 옛 직업으로 되돌아갔던 제자들 모두가 변화합니다. 두려워서 문을 닫아걸고 몸을 숨기고 있던 제자들, 그들 모두가 **성령의 힘**으로 변화하였습니다. 성령께서는 나를 변화시켜 구원으로 이끄시는 분이십니다. 나의 구원은 나의 변화에서 시작하는 것이고, 그 변화를 이끄시는 분이 바로 성령이십니다. 성령께서 이제 우리 각자에게 오셔서 우리를 변화시키고자 하십니다.

4. 나약한 것을 **굳세게** 하시고, 소극적인 것을 **적극적**인 것으로 바꾸십니다. 부족한 것을 **충만**하게 하시고, 미지근한 것을 **뜨겁게** 바꾸십니다. 폐쇄적인 것을 **개방적**으로, 사랑이 부족한 것을 **사랑이 충만**하도록 변화시켜 주고자 하십니다. 예수님은 성령을 약속하시면서 그분께서 당신을 증언하게 되실 것이라 하셨습니다. "내가 아버지에게서 너희에게로 보낼 보호자, 곧 아버지에게서 나오시는 진리의 성령이 오시면, 그분께서 나를 증언하실 것이다."(요한 15,26). 그리고 다음 예수님의 말씀과 사도행전의 기록은 이제 성령을 받은 제자들이 그리스도를 증언하는 일을 하게 될 것임을 알려주고 있습니다.

5. "보호자, 곧 아버지께서 내 이름으로 보내실 성령께서 너희에게 모든 것을 가르치시고 내가 너희에게 말한 모든 것을 기억하게 해 주실 것이다."(요한 14,26). "예수님께서는 사도들과 함께 계실 때에 그들에게 명령하셨습니다. '예루살렘을 떠나지 말고, 나에게서 들은 대로 아버지께서 약속하신 분을 기다려라. 성령께서 너희에게 내리시면 너희는 힘을 받아, 예루살렘과 온 유다와 사마리아, 그리고 땅 끝에 이르기까지 나의 증인이 될 것이다.'"(사도 1,4.8)

6. 사도들에게 성령을 약속하시면서, 그들이 성령을 받으면 당신의 증인이 될 것이라 하신 예수님의 말씀은 우리를 위한 말씀이기도 합니다. 우리는 그리스도를 증거하도록, 곧 그리스도를 드러내도록 부르심을 받았다는 것입니다. 이러한 부르심은 우리가 성령을 모심으로써, 구체적으로는 **세례성사**와 **견진성사**를 받음으로써 실현되었습니다. 특히 견진성사는 우리에게 그리스도를 증거하도록 힘을 주는 성사입니다. **그리스도를 증거한다**는 것은 **그리스도의 증인이 된다**는 것입니다. 그리스도의 증인이 된다는 것은 **그리스도를 드러내고, 그분의 말씀이 옳다는 것을 증명한다**는 것이기도 합니다. 곧 그리스도의 증인은 바로 자신의 행실로 그리스도를 증명하는 것입니다.

7. 성령의 기운이 파고들어 하느님으로 충만하였던 사도들, 예수님을 위해서라면 모든 것을 다 내놓을 수 있게 된 사도들이었습니다. 더 이상 문을 닫아걸고 숨지 않고 문을 활짝 열고 사람들 앞에서 서서 담대히 예수님을 증거한 사도들을 생각합니다. 그러면서 우리의 **신앙생활**도 반드시 삼위이신 하느님께서 이루시는 **친교와 일치에 참여**하면서 동시에 우리도 **서로 친교**를 이루어야 합니다. 우리가 **기도**를 바칠 때에도 성령 안에서, 성자를 통하여, 하느님 아버지께 바치는 것입니다. 기도만이 아니라 **우리 구원의 길** 역시 성령 안에서 성자를 통하여 성부께 이르는 것입니다.

35. 물질 욕망으로 하느님과 멀어지는 이 시대를 교회는 어떻게 보고 있나요?

1. 구약성경의 역사는 **죽음의 우상과 생명의 하느님** 사이의 끝없는 **싸움의 역사**라고도 볼 수 있습니다. 무엇보다 먼저 이스라엘 백성의 이집트 탈출은 이집트 거짓 신들에 대한 생명의 하느님의 힘찬 승리를 보여줍니다. 모세와 이스라엘 백성은 야훼 하느님의 도움으로, 이집트 신들의 억압과 착취의 세계를 벗어나 해방되었습니다. 그러나 그들은 광야에서 끊임없이 모세에게 불평을 쏟아놓습니다. 광야의 쓴 물이 단 물로 바뀌어도, 만나와 메추라기로 그들의 배를 채워도 불만을 쏟아냈습니다. 불평을 그치지 않던 그들은 결국 자신들이 갖고 있던 모든 금붙이들을 모아서 금송아지를 만들었습니다. 그들은 그 금송아지를 이집트에서 자신들을 이끌어 낸 신이라 부르며, 그 앞에서 먹고 마시고 흥청거리고 놀며 축제를 벌였습니다.(탈출 32, 5-6 참조) 이스라엘 백성은 억압과 착취를 당당히 끊어버리고 이집트를 탈출했습니다. 하지만 자신들의 삶과 정신 안에 내면화된 욕망, 그리고 그 욕망을 실현시켜 줄 것이라는 믿음과 그 믿음의 상징인 **금송아지**로부터는 탈출하지 못했던 것입니다.

2. 오랜 광야생활 끝에 정착한 가나안 땅에서도 이스라엘 백성은 풍요의 신이었던 **바알 신**을 섬기는 일에 마음을 빼앗겼습니다. 아합은 시돈 왕 에드바알의 딸 이세벨을 아내로 맞이하고, 사마리아에 바알 신전을 세우고 **아세라 목상**도 만들었습니다. 이러한 바알 우상에 맞서 엘리야는 450명의 바알 예언자들과 가르멜 산에서 대결하여 승리하였습니다(1열왕 18, 20 참조). 오므리 왕조를 물리치고 등장한 예후 역시 모든 바알 예언자와 사제들과 대결하였습니다(2 열왕 10,18-27 참조). 예언자 호세아도 바알 종교의 영향이 만연하여 야훼를 바알이라고 부를 정도로 부패한 이스라엘을 질책하였습니다.(호세 2,16 참조)

3. 이처럼 구약성경의 역사를 관통하는 핵심 중의 하나는 **우상숭배**와의 싸움이었습니다. 이러한 우상숭배가 단순히 **마술적**이거나 미신적인 **종교심성** 또는 특정지역에 한정된 **토속신앙**에서 비롯된 것이라고 보기는 어렵습니다. 우상숭배의 뿌리는 그것보다 훨씬 깊습니다. 금송아지와 바알 신은 풍요를 약속하고, 물질적 풍요에 대한 **인간의 깊은 욕망**은 금송아지와 같은 상징을 통해서 드러납니다. 이것이 바로 우상숭배의 뿌리입니다. 이집트를 탈출한 이스라엘 백성은 끊임없이 불평했고, 더 많은 풍요를 원했습니다. 금붙이로 신을 만든 이러한 욕망은 현실에 기초한 것이 아니라 **환상** 속에 있는 것이었습니다. 그렇기 때문에 끊

임없이 지속되고 인간과 공동체를 파괴시키며, 새로운 억압과 착취의 구조를 만드는 것입니다. 인간 욕망과 사회구조를 순환하는 시스템이 우상숭배를 만들어내는 것입니다.

4. 이런 면에서 우상숭배는 이스라엘 백성들만 대면했던 문제가 아닙니다. 오늘날 신앙인들 역시 똑같은 도전을 받고 있습니다. 프란치스코 교황님께서는 분명하게 지적하셨습니다. "오늘날 우리 시대의 새로운 우상은 돈이다. 고대의 금송아지에 대한 숭배가 돈에 대한 **물신숭배**라는 모습으로 바뀐 것이다. 이러한 물신숭배는 비인간적인 경제적 독재의 구조와 풍요로운 소비에 대한 욕망 사이의 순환에서 이루어지는 것이다"(「복음의 기쁨」, 55항). 이러한 비인간적 경제 모델은 여러 가지 얼굴과 이름을 가집니다. 그것들은 다름 아닌 **효율, 경쟁력, 경제성장** 등으로 표현됩니다. 기업이 잘 돼야 서민이 잘된다는 말이 있습니다. 역사적 현실과 사회적 맥락을 배제한 채 말한다면 일견 그럴듯하게 여겨지기도 합니다. 하지만 이런 이야기들은 사실로 검증되지 않은 **주장**일 뿐입니다. 경제성장과 기업의 이익이 곧바로 **서민들의 복지**와 연결되는 것은 아니라는 것이 역사의 경험입니다.

PART 3

교회와 인간과 사회교리

전능하신 예수 그리스도
A.D 1123년경 벽화 스페인 바르셀로나 카탈로니아 미술관 소장
CHRIST AS PANTOCRATOR CIRCA 1123 Museo del Catalonia, Spain Barcelona

36. 교회에 대한 사회교리 가르침은 무엇인가요?(1)

1. 교회는 하느님과 인간이 함께 머무는 곳으로서, 초기 그리스도교 시절부터 교회는 신자를 교육할 목적으로 성당 내부에 많은 **벽화**를 그려 장식했습니다. 이것은 예술적인 차원이 아니라 **가톨릭교회의 교리**를 교육할 목적이었습니다. 작품 대부분은 성경의 여러 이야기나 성인들의 삶을 주제로 하고 있어, 일종의 **시청각 교육**이었습니다. 이처럼 교회는 대중에게 그리스도교 신앙을 심어주기 위한 가장 효과적인 방법으로 **미술 작품**과 **음악**을 사용하였던 것입니다. 르네상스 시대 이전까지 미술, 음악, 건축 등 대부분의 **중세 예술작품**은 이러한 범주에서 크게 벗어나지 않았습니다. 화려하게 성전을 꾸미는 것이 단순히 미적인 차원에서만이 아니라, **개개인의 영적인 차원**까지도 배려한 꼼꼼한 조치였습니다. 오늘날처럼 교회 밖에서도 즐길 거리가 많은 시대에는 교회라는 **공간적 장소**가 불필요하다고 생각하는 사람들이 있습니다. 그것은 교회를 단순한 문화 공간으로 협소하게 생각하기 때문인데 이는 잘못된 것입니다. 교회 공동체는 한 교회 안에서 같은 신앙을 고백하는 형제자매들이 모여 **기도**하고, 미사를 **봉헌**하며, 공동체의 **사랑**을 나누는 곳으로 오늘날에도 꼭 필요하기 때문입니다.

2. 예수님께서 베드로 사도에게 "너는 베드로이다. 내가 이 반석 위에 내 교회를 세울 터인즉, 저승의 세력도 그것을 이기지 못할 것이다"(마태 16,18)라고 말씀하시며 교회 창립을 예고하셨습니다. 오늘날 교회의 사명은 바로 **예수 그리스도와 성령의 사명**과 같은 것입니다. "교회는 하느님과 그리스도의 나라를 선포하고, 모든 민족 가운데서 이 나라를 세울 사명을 받았으며, 지상에서 이 나라의 싹과 시작이 된 것이다."(「가톨릭 교회교리서」, 738항;「교회헌장」, 5항). 이러한 영성적 차원의 필요성은 오늘날에도 교회가 세상 안에 함께 존재한다는 사실과 깊이 **연관**되어 나타납니다. 인간은 모든 것을 영적인 것과 세상적인 것으로 분리시킨 채 살아갈 수 없으며, 이 두 가지를 동시에 지니며 살아가는 존재들입니다. 따라서 인간은 교회 안에서 **하느님의 가르침**을 통해 **영적인 것**과 **세상의 것들**을 판단할 수 있는 기준을 얻습니다. 교회는 하느님께서 인간과 함께 머무시는 구체적인 곳이라고 말할 수 있습니다. 교회는 추상적이거나 영적인 차원을 넘어서 인간 세상과 역사의 구체적인 상황 안에 함께 존재하는 곳입니다. 따라서 인간은 교회 공동체 안에서 하느님의 사랑을 만나고 하느님의 구원 계획에 협력하도록 부름을 받았다고 할 수 있습니다.(「간추린 사회교리」, 60항 참조)

37. 교회에 대한 사회교리 가르침은 무엇인가요?(II)

1. "하느님의 거처는 사람들 가운데에 있다."(묵시 21,3). 하느님은 결코 인간 세상과 단절된 채 하늘에만 계신 분이 아닙니다. 하느님은 고역에 짓눌린 이들의 울부짖음을 들으십니다(탈출 2,23-25 참조). **예언자들**을 통해 말씀하심으로써, 인간 역사 안에서 당신을 계시하는 분이십니다. 마침내 때가 이르러 온 세상의 구원을 위해 몸소 사람이 되시어 인간 세상에 오신 분이십니다.

2. 사람이 되어 오신 하느님이신 예수님의 구원은 인간의 영적인 구원만이 아닙니다. 영혼과 육신의 갈림 없는 단일체인 **인간 전체(全人)**와 **모든 인간(萬人)**을 위한 **보편적이고 완전한 구원**입니다. "개인적, 사회적, 정신적, 육체적, 역사적 초월적인 인간의 모든 차원을 포함하는 구원"입니다(「간추린 사회교리」, 38항). 따라서 예수님의 구원은 의인들이 죽은 다음 얻는 새 생명을 통해서 이루어집니다. 하지만 경제와 노동, 기술과 커뮤니케이션, 사회와 정치, 국제 공동체, 문화와 민족 간의 관계와 같은 실재들을 통하여 **이 세상에도 현존**합니다.(「간추린 사회교리」, 1항 참조)

3. 예수님께서는 흩어진 이들을 모아 교회를 세우시고 구원사업을 이어가게 하셨습니다. 따라서 교회는 인류의 기쁨과 희망, 슬픔과 고뇌를 나눕니다. 언제 어디서나 모든 사람과 함께하며, 계속해서 모든 사람 가운데서 현존하는 **하느님 나라의 기쁜 소식**을 그들에게 선포합니다. 구원의 봉사자인 교회는 추상적 차원이나 단지 **영적 차원**으로 있는 것이 아니라, 인간이 살아가는 **세상과 역사의 구체적인 상황** 안에 있습니다.(「간추린 사회교리」, 60항 참조)

4. 그러므로 교회는 스스로를 가두거나 자기 안으로 움츠러들지 않고 인간에게 **열려있고**, 인간에게 **다가가며** 인간을 **지향**합니다. 교회의 존재 이유가 바로 **인간의 구원**이기 때문입니다. 교회는 인간이 살아가는 삶의 역사적 환경 안에서 인간을 찾아나서고 발견하는 착한 목자의 생생한 표상으로서 인간 가운데 존재합니다.(「간추린 사회교리」, 86항 참조). 그러므로 교회는 **세상의 빛과 소금**이요(마태 5,13-16 참조), **세상의 누룩**이 될 때에(마태 13,33 참조) 비로소 **존재 이유**를 실현할 수 있습니다.

38. 교회의 사명인 선교와 사회교리는 어떤 관계인가요?

1. 교회는 매년 전교주일을 통해 교회 본연의 사명인 선교의 중요성에 대해 신자들에게 가르칩니다. 교회는 "너희는 가서 모든 민족들을 제자로 삼아, 아버지와 아들과 성령의 이름으로 세례를 주고, 내가 너희에게 명령한 모든 것을 가르쳐 지키게 하여라."(마태 28,19-20)라는 말씀을 선포합니다. 이 말씀이 가톨릭교회의 사회교리와 무슨 관계가 있을까요? 바로 교회 공동체가 사회교리를 배우고 이를 실천하지 않으면, 우리는 다른 이들이 **예수님의 말씀**을 지키도록 할 수 없기 때문입니다.

2. 오늘날 한국사회에서 자녀를 둔 가정이라면 양육과 교육, 자녀의 결혼준비 등 여러 가지 문제 때문에 감당하기 버거운 **가계부채**를 지는 경우가 많습니다. 2,30대의 평균 임금이 현실에 절대적으로 못 미치는 상황에서 젊은이들은 미래를 위한 저축 따위는 일찌감치 포기합니다. 미래를 장담할 수 없으니 그저 순간을 즐기자는 생각이 늘면서, 우리 사회에 팽배한 **소비주의 문화**는 젊은이들의 구매욕과 쾌락에 대한 욕구를 공략합니다. 그래서 더욱 자극적이고, 쾌락주의 일변도로 흐르는 **죽음의 문화**를 양산해 갑니다.

3. 오늘날 결혼조차 하기 힘든 어려운 형편의 젊은이들은 가진 것을 나누지 못하고 자신만을 위해서 소비할 수 밖에 없는 **각박한 문화** 속에서 살아가고 있습니다. 이로 인해 가계부채와 **소통의 단절**로 다투는 가정들도 늘어갑니다. 그런데 정작 나누어야 할 사람들은 나누지 않고 있습니다. 근본적인 대책이 마련되지 않은 채 일자리 몇 개 늘어난다고 해서, 청년들이 희망을 갖고 미래를 바라볼 수는 없는 노릇입니다. 이런 상황에서 누가 예수님의 말씀을 지킬 수 있겠습니까?

4. 누가 성당에 나와서 하느님의 말씀을 듣고, 하느님과 이웃을 사랑하라는 말씀을 전할 수 있을까요? 교회의 길은 인간이며, 인간의 구원입니다. 가톨릭교회의 사회교리는 **인간이 구원**받을 수 있어야 하고 **자신의 존엄성**을 실현할 수 있어야 한다고 가르치고 있습니다. 현대사회에서 사회교리를 외면한 선교는 아무런 힘이 없습니다. 현대사회에서 선교의 핵심 열쇠는 바로 **사회교리**로서, 사회교리 없이는 현대사회에서 선교란 **불가능**합니다.

5. "끊임없이 벌어지고 있는 다양한 상황에 맞추어, **복음화**가 모든 인간의 권리와 의무, 인간의 성장과 발전에 없어서는 안 됩니다. 특히, **가정생활, 사회생활, 국**

제관계, 평화, 정의, 개발, 해방에 관한 메시지를 담고 있는 것은 그러한 이유에서입니다."(「현대의 복음 선교」, 제29항)

39. 교회의 본질적인 사명에서 사회교리는 무엇을 강조하나요?

1. 19-20세기에 발달한 **제국주의**(Imperialism)[9]와 **전체주의**(Totalism)[10]의 정치 세력들은 **자신들의 권력과 힘**을 행사하기 위해 교회를 **억압**했고, 교회를 자신들의 목적을 위해 **이용**했습니다. 자신들이 벌이는 참혹한 **전쟁**과 무자비한 **학살**에 세상이 침묵하도록 함으로써, 자신들의 정치적 목적을 위해 **인간의 가치**를 훼손했습니다. 그렇게 세계대전이 휩쓸고 지나간 자리는 처참했습니다. 일본군 위안부라는 끔찍한 역사적 사건도 전체주의 사회의 **비극적 열매**였습니다. 그 역사적 상처는 아직도 우리 사회의 이웃으로 숨 쉬며 아파하고 있습니다.

2. 이러한 역사적 상처를 딛고 일어서려는 교회는 **제2차 바티칸 공의회**를 통해 교회의 정체성을 새롭게 해석함으로써 교회를 쇄신하고자 했습니다. 교회는 **하느님의 백성이요 제자들의 공동체입니다**. 교회는 "사람들 가운데에 있는 하느님의 거처"로서(묵시 21,3) 인간 가운데 현존하기 때문에, 세상을 **더욱 인간답게 만드는 임무**를 두려워해서는 안 된다는 것입니다. 따라서 인간 구원의 봉사자인 교회는 **추상적**이거나 **영적인 차원**에만 있는 것이 아닙니다. 인간이 살아가는 **세상**과 **역사**의 구체적 상황 안에 있습니다.(「사목헌장」, 40항 참조)

3. 그렇기 때문에 세상의 역사적 현장 안에서 하느님의 사랑을 만나고, 하느님의 계획에 협력하도록 부름 받은 **인간 공동체**라는 사실을 분명히 하고 있습니

---

9) 군사적, 경제적으로 남의 나라 또는 후진 민족을 정복하여 큰 나라를 건설하려고 하는 침략주의적 경향.

10) 개인의 자유를 억압하고 극단적으로 집단의 이익만을 강조하는 정치사상 또는 체제. 이탈리아의 무솔리니가 파시즘 국가를 지칭하기 위해 만들었다. 좁은 의미로는 제2차 세계대전 당시 일당정부를 가리키며, 넓은 의미로는 억압을 통해 개인생활의 모든 측면을 통제하고 지시하고자 하는 강력한 중앙집권통치체제를 일컫는다. 전체주의 국가는 목표 달성을 위해서는 무엇이든지 정책적으로 지지하며 목표 달성에 방해가 되는 것은 무엇이든 거부한다.

다. 이러한 교회는 세상의 모든 사람 가운데 현존하는 하느님 나라의 기쁜 소식을 선포해야 하는 **예수 그리스도의 사명**을 수행합니다. 따라서 가톨릭교회의 사회교리는 **세상을 향한 복음화 직무의 필수적인 한 부분**입니다. 예수님의 강생과 구속은 창조주 하느님의 지혜로 이루어진 **인간과의 연대**였습니다. 인간 존재는 사회를 구성하고 있기 때문에 인간 공동체의 문제들 중 그 어느 것도 복음과 무관하지 않게 됩니다.

4. 예수 그리스도의 복음의 가르침과 현대사회는 급변하는 **새로운 사건**으로 언제나 새롭게 만납니다. 이러한 세상을 향해 교회가 **말씀의 봉사직**과 **예언직**을 수행하는 **특별한 방법**이 있습니다. 그것은 가톨릭교회의 사회교리를 **가르치고 실천하는 것**입니다. 이는 그리스도교 메시지의 필수적인 부분이며, 교회의 복음화 사명입니다. 왜냐하면 사회교리는 인간의 사회생활 속에서 **정의를 위한 투쟁**이라는 구원자 그리스도의 메시지를 증언해야 하기 때문입니다. 세상 안에 사회교리를 가르치고 보급하는 것은 부차적인 사안이나 활동이 아니라, 그리스도를 통해 이루어진 구원을 선포하는 **핵심적인 교회의 봉사 직무입니다.**(「간추린 사회교리」, 67항 참조)

5. 교회는 사회교리를 통하여 **구원의 길에 있는 모든 인간을 돕고자함**이 유일한 목적입니다. 이러한 목적을 위한 사명은 **교회의 권리인 동시에 의무**일 수밖에 없습니다. 따라서 교회는 신앙의 진리뿐만 아니라 복음의 근원을 둔 **도덕 진리를 가르치는 교사**입니다. 이러한 사명을 충실히 따르는 교회는, 개인의 **양심**뿐만이 아니라 **일반적인 사회제도**에 이르기까지 복음화의 모든 길을 걸어가도록 촉구합니다. 그렇기 때문에 복음을 따르는 신앙인은 죄악의 사악한 결과물인 **사회의 불의**에 무관심할 수 없게 되는 것입니다. 교회는 윤리 원칙들을 사회 질서에 관한 것까지도 언제나 어디서나 선포합니다. 인간의 기본권이나 영혼들의 구원에 요구되는 한도만큼 **어떠한 인간 사항들**에 대해서도 판단을 내릴 소임이 있습니다.(「교회법」, 제747조 2항 참조)

40. 세상 안에서 가톨릭교회를 교회답게 만드는 것은 무엇인가요?(1)

1. 교황 요한 바오로 2세는 회칙 **「사회적 관심」**에서 교회가 해야 할 일은 바로 사회를 **인간다운 발전**으로 이끄는 데 있다고 밝혔습니다. 이를 위해 교회는 그리

스도와 일치해야 하고, 또한 사회와도 일치해야 한다고 명시하고 있습니다. 예로부터 교회는 사회에서 가장 가난한 이들과 일치하기 위해 교회의 남은 것 뿐만 아니라 요긴한 것들도 함께 나누었습니다. 먹을 것과 입을 것과 잘 곳이 없어서 고통받는 가난한 이들이 있습니다. 교회가 하느님께 드리는 경신례(敬神禮)를 위해 값비싼 장식을 마련한다든가, 화려한 성전을 짓는다든가 하는 일은 교회의 신앙이 아니라고 지적했습니다. 소유의 노예가 된 세상 사람들에게 **존재의 복음**을 가르쳐 줘야 할 교회가 오히려 더 많이 소유하기 위해 애를 쓴다면, 이는 교회가 마땅히 가야 할 길을 벗어나 있다는 뜻입니다 교회의 발전은 소유가 아니라 존재에 있기 때문입니다. 더구나 소수의 소유가 다수의 존재, 즉 **인간됨을 손상시키는** 사회 현실에서라면 더 말할 나위가 없을 것입니다.(「사회적 관심」, 31항 참조)

2. 교회와 신앙인은 이 세상에서 그리스도의 **예언직**과 **사목직**과 **사제직**이라는 삼중 직무를 받아 수행해야 합니다. ①**예언직**은 교회와 세상의 현실을 진단하고, 복음의 빛을 비춰 해석하며, 그 올바른 길, 즉 하느님의 뜻을 선포하는 것을 의미합니다. 구약시대의 예언자는 주로 두 가지 역할을 수행했는데, 하나는 **하느님 뜻을 전하는 것**이며, 다른 하나는 **사회적 약자의 목소리가 돼주는 것**이었습니다. 구약시대 사회적 약자는 정치, 경제, 문화, 종교 등 모든 분야에서 소외된 이들이었고, 자기 목소리를 낼 수 없는 사람들이었습니다. 예언자는 힘없는 이들의 편이 되어 용기와 희망을 불러일으키며, 동시에 불의한 지도자들을 준엄하게 꾸짖었습니다. 예언직 수행이 하느님 말씀을 이용해서 힘 있는 사람들의 비위를 맞추거나, 힘없는 사람들이 자신의 처지를 숙명으로 받아들이도록 부추기는 일은 결코 아니었습니다.

3. ②**사목직**은 섬김을 의미하며, 인간이 되어 가장 낮은 곳으로 오신 예수님처럼 섬김으로써 하느님 뜻을 실현하는 것을 말합니다. 구약시대에 등장하는 하느님 마음에 드는 지도자들은 하나같이 하느님을 섬기듯 백성을 섬기는 이들이었습니다. **모세**가 그랬고 **다윗**과 **솔로몬**이 그랬습니다. **예수 그리스도**에 이르러서는 섬기는 지도자의 전형을 볼 수 있습니다. 복음에서 예수님은 그 당시 정당한 대우를 받지 못했던 소외된 사람들까지 지극정성으로 돌보셨으며, 제자들을 벗으로 삼으셨습니다. 그분에게서는 신분이나 인종에 따른 차별을 조금도 찾아볼 수 없었으며, 오히려 하느님께 대한 순종을 보잘것없는 이들에 대한 섬김으로 드러내셨습니다. 그분은 사람을 지도하는 일만 하신 것이 아니라 차별 없이 모

두와 동행하셨습니다. 특히 약하고 힘없는 이웃을 당신과 동일시하며 그들을 섬기는 것이 곧 당신을 따르는 길임을 분명히 밝히셨는데, 사목이란 바로 그런 것입니다.

4. ③**사제직**은 이 세상을 거룩한 제물로 만들어 하느님께 봉헌하는 직무를 의미합니다. 그것은 세상 사물 질서 안에 하느님 정의와 사랑을 심어 그 열매를 맺음으로써 이 세상을 하느님께서 보시기에 좋은 모습으로 발전시키는 것을 말합니다. 불완전한 이 세상에서 하느님 이름을 거룩히 빛내며, 하느님 나라를 세우며, 하느님 뜻을 이룸으로써, 이 세상을 하느님께 거룩한 제물로 봉헌하는 것입니다. 우리는 신앙 따로 생활 따로 현상을 흔히 볼 수 있는데 정치도 그 중 하나라고 할 수 있습니다. 선거철이 되면 꽤 많은 그리스도인 후보자들이 지지를 호소하며 교회를 찾곤 합니다. 그러나 그들에게 하느님 뜻과 교회 가르침을 마음에 새기고, 신앙 감각으로 정치 분야에서 활동할 것을 기대하는 것은 우리 현실에서는 난망할 뿐입니다. 반대로 그리스도인 유권자가 하느님 뜻을 실현할 정치인에게 투표할 것이라고 기대하는 것도 역시 무리입니다. 그것은 신앙과 정치를 철저하게 분리시키기 때문인데, 이럴 때 아버지의 뜻이 땅에서도 이루어지기를 청하는 주님의 기도는 철저히 빈말에 불과한 것이 되고 맙니다. 결국 우리의 신앙은 알맹이 없는 신앙, 껍데기뿐인 신앙으로 전락하고 맙니다.

5. 교회라는 건물 안에서 행하는 경신례가 겉치레에 불과하지 않으려면, 땅에서 하느님 아버지의 뜻을 이루기 위해 땀 흘려 헌신해야 합니다. 구체적으로 경제생활과 정치생활, 문화생활, 국제관계 따위에서 참된 인간화와 참된 사회화를 이루려는 노력으로 거둔 결실을 경신례 제대 위에 봉헌물로 바칠 때 하느님께서는 우리의 삶을 그리스도와 함께 제물로 기꺼이 받아주시고 강복하실 것입니다. 세상을 거룩하게 하여 하느님께 봉헌하는 사제직은 그런 것입니다. 교회는 세상 한가운데서 예언직과 사목직과 사제직을 **수행할 임무**가 있으며, 이 임무의 수행은 **모든 그리스도인의 삶**이기도 합니다.

41. 세상 안에서 가톨릭교회를 교회답게 만드는 것은 무엇인가요?(II)

1. 지금까지 교회의 교회다움을 살펴보았는데, 이는 세상을 초월한 교회가 아니라, **세상 안의 교회**를 교회답게 하는 모습을 말합니다. 교회의 초월성과 역사성

을 가장 잘 표현한 것은 아마도 **대조사회**[11]가 아닌가 싶습니다. 세상 안에 있으면서 세상과 구별되는 교회를 의미하기 때문입니다. 대조사회로서의 교회는 예언직과 사목직, 사제직을 수행하며 나눔과 사귐과 섬김의 공동체를 이루며, 세상을 끊임없이 변화시키며 완성하려는 **인류와 동행**합니다.

2. 세상의 사귐은 유유상종, 끼리끼리의 형태를 띠는데, 사는 동네만 달라도 서로 교류하기가 어려워집니다. 사는 동네가 빈부를 드러내기 때문입니다. 아무리 죽마고우라도 인생 여정이 다르면 함께 자리하는 것이 어색할뿐더러 사귐을 이어가기가 힘듭니다. 먹는 음식이 다르고 입는 옷이 다르고 즐기는 문화가 다르기 때문입니다. 어른들뿐만 아니라 아이들조차도 다니는 학교나 어린이집이 다르고, 갖고 노는 장난감이나 놀이가 다르면 함께 어울리기가 어렵습니다. 그러나 정작 심각한 것은 단순히 서로 다른 것이 아니라 **질적 수준의 격차**가 존재한다는 것이고, 그 격차가 **점점 심화된다는 사실**입니다.

3. 교회를 교회답게 하는 사귐은 **소외된 이웃과의 사귐**입니다. 뜻이 다르고, 처지가 다르고, 하다못해 피부색과 수준이 달라서 중심부에 서지 못하고 주변으로 밀려난 이들과 사귀는 것이 교회다운 사귐입니다. 이를 **사회적 약자와의 연대**, 혹은 **사회적 약자에 대한 우선적 선택**이라고 합니다. 세상의 사귐이 유유상종의 사귐이라면, 교회의 사귐은 **세상이 배제한 이들을 찾아 나서는 사귐**이어야 합니다. 그래야 세상과 대조되는 교회의 교회다움을 실현할 수 있습니다. 절망과 미움과 증오를 물리치기 위해서, 경멸과 우월감과 동정을 넘어 한마음 한 몸을 이루기 위해서, 교회는 사회적 약자와 연대하고 사귀어야 합니다.

4. 이는 교회의 사명이기도 합니다. 교회는 인간의 연약함으로 고통받는 모든 사람을 사랑으로 감싸줍니다. 또한 가난하고 고통받는 사람들 가운데에서 자기 창립자, 곧 예수님의 모습을 알아봅니다. 그들의 궁핍을 덜어주도록 노력하며, 그

---

11) 교회는 세상과 구별된 존재방식을 보여 주어야 하며, 세상 질서와 삶의 방식과 대조적인 방식을 가시적으로 보여줄 때, 그것이 사회를 향한 가장 강력한 영향력이 된다는 것이다. 교회가 세상 밖으로 나가 세상 구조를 변혁하기를 힘쓰기보다는 도리어 교회의 교회됨을 드러내며, 교회의 세상과의 이질성과 특이성을 보여주는 것이 가장 효과적인 대안이라는 것이다. 교회의 살길은 세상 속에서 교회의 영향력을 증대하는 것이 아니라, 교회의 교회됨과 교회의 본질을 되살리는 것이다.

들 안에서 그리스도를 섬기고자 합니다(「교회헌장」, 8항 참조). 교회가 누구와 사귀며, 누구를 섬기며, 누구와 나누고 있는지 돌아보면 교회의 진짜 모습을 발견할 수 있습니다. 교회가 세상 안으로 투신하는 것은 한마디로 약자를 섬기고, 가난한 이와 나누고, 소외당한 이와 사귐으로써 **세상을 인간다운 발전으로 이끌어가는 견인차로서의 역할**을 수행하는 것을 의미합니다. 당연히 땀을 흘리고 수고를 아끼지 말아야 하고, 남은 것뿐만 아니라 요긴한 것마저 내어놓아야 합니다. 겉옷뿐만 아니라 속옷까지 내어놓는 고통과 희생을 감수해야 합니다.

5. 그리스도께서는 가난과 박해 속에서 구원 활동을 완수하셨습니다. 교회도 그리스도와 똑같은 길을 걸어야 합니다. 교회는 구원의 열매를 사람들에게 나누어 주도록 부름 받고 있다고 명시하고 있습니다(「교회헌장」, 8항 참조). 값비싼 장식이 달린 옷을 입고는 수레를 끌 수 없습니다. 값비싼 장식이 훼손될까봐 수레에 손을 대려 하지 않기 때문입니다. 또 화려한 수레에는 아무 짐이나 실으려고 하지 않습니다. 지저분하고 형편없는 물건은 싣지 않고 값나가고 품위 있는 물건만 실으려 할 것입니다. 이런 화려한 수레는 약하고 가난하고 소외당한 이를 실을 수 있는 끌차가 아닙니다. 값비싼 장식이 달린 옷을 즐기고 화려한 수레만 좋아하는 사람은 고급 승용차에 앉아 가진 것을 자랑하며 위세를 부리는 귀족과 같은 사람이 됩니다. 그런 모습은 교회의 신앙이 아니며 교회의 길을 벗어난 것입니다. 그것이 오늘날 우리 교회의 모습은 아닌지 성찰해야 합니다.

42. 세상 안에서 가톨릭교회를 교회답게 만드는 것은 무엇인가요?(III)

1. 유럽 중에서도 특히 독일교회에서는 주님 공현 대축일에 신자들의 가정을 축복하는 전통이 있습니다. 그 날은 집집마다 대문이나 문 상인방에 '21+C+M+B+21'이라는 암호문 같은 글자가 쓰여 있는 것을 볼 수 있는데, 그 뜻은 이렇습니다. 앞뒤의 숫자는 그 해의 **연도**를 나타내고, +는 **십자가**를 표시하며, CMB는 '**그리스도께서 이 집을 축복하십니다.**'라는 라틴어 문장의 약자입니다(Christus Mansionem Benedicat). 이를 통해 신자들의 가정에 **하느님의 자비**가 가득하기를 기도하고 축복하는 것입니다.

2. 프란치스코 교황님께서는 「**복음의 기쁨**」에서 자신 안에 갇혀 있지 말고, 양들을 찾아 나아가는 교회가 되라고 말씀하셨습니다. 자신이 원하는 대로 판을 짜 놓고 신자들을 기다리는 모습이 아닙니다. 그들이 있는 곳으로 나아가는 교회가 되라는 것입니다. 실제로 어떻게 해야 하는 것인지 많은 고민과 의문이 있을

수 있지만 신자 가정을 찾아가는 **가정 미사**와 **축복식**은 그 한 예가 될 수 있을 것입니다.

3. 성당에 오는 교우들의 형편을 살펴보면 모르던 사실을 발견하게 됩니다. 어떤 이는 가정형편이 어렵고 장시간 노동을 한 후 늦게 퇴근하기 때문에 성당에서 시간을 내어 봉사를 할 수 없습니다. 주일 미사만 겨우 참례하는 사람들도 많습니다. 그런데 사회 양극화로 인해 어려운 가정은 점점 더 늘어나는 실정입니다. 열심히 활동하는 신자들 중에는 어려운 처지임에도 불구하고 열심히 봉사하는 이들도 적지 않음을 알 수 있습니다. 다만 사목자들이 찾아가 보지 않아서 모르고 있을 뿐입니다.

4. 목자가 양을 찾아가서 돌보고 보살피는 것은 당연합니다. 하지만 신자들이 많다는 이유로 또 사제가 부족하다는 이유로 이를 실천하기가 현실적으로 어려운 것이 사실입니다. 그렇지만 평신도로 시작된 초기 한국 천주교회 역사에서 사제 한 분 한 분의 역할이 얼마나 큰 것이었던가를 생각해 봐야 합니다. 우리나라의 첫 사제가 되어 이 땅을 밟기까지 온갖 역경을 겪었던 **김대건 안드레아 사제**가 있습니다. 또 몸을 숨겨가며 온몸을 바쳐 숨어 있는 양들을 찾아서 수천리 길을 마다하지 않았던 **최양업 토마스 사제**를 기억해야 합니다. 현 프란치스코 교황님은 일선에서 사목하는 사제들이 정말 **양 냄새나는** 사제가 되기를 간절히 바란다고 하셨습니다. 교회는 **신자들의 얼굴**을 통해, 특별히 **가난하고 소외된 이들의 얼굴**을 통해, 우리를 바라보시는 **예수님의 얼굴**을 바라보아야 합니다. 그들을 통해 드러나는 **하느님 자비와 은총**을 모든 신자들에게 베풀어지는 교회가 되기를 사회교리는 가르칩니다.

43. 양극화로 갈라진 세상에 대한 교회의 투신은 왜 필요한가요?(1)

1. 교황 요한 바오로 2세의 회칙 「사회적 관심」에는 "교회가 해야 할 일은 바로 사회를 인간다운 발전으로 이끄는 데 있다. 이를 위해 교회는 그리스도와 일치해야 하고, 또한 사회와도 일치해야 한다. 이것이 교회의 투신이다"라고 명시되어 있습니다(「사회적 관심」, 31항). 개막 56년을 맞는 제2차 바티칸 공의회는 현대세계가 직면한 가장 큰 문제를 **급격한 변화**와 **심각한 불균형**으로 보았습니다. 또한 현대세계의 인간이 처한 상황을 **희망**과 **고뇌**로 진단했습니다.

2. 이를 가장 극명하게 서술한 내용 가운데 하나가 "인류가 이토록 풍요로운 재화와 능력과 경제력을 누려 본 적은 결코 없었다. 그러나 아직도 세계 인구의 상당수는 기아와 빈곤에 허덕이고 있다"는 것입니다(「사목헌장」, 4항). **한쪽이 부를 쌓을 때 다른 쪽은 굶주리는 형국**입니다. 사람들은 이를 **양극화**라고 부릅니다. 이 용어는 사회현상에 대한 문제의식을 무디게 하며, 양극은 중간부분이 있음을 전제로 하는 말입니다. 이 말은 듣는 사람들 대부분은 자신이 양극의 중간 지대에 있다는 착각에 빠지게 됩니다.

3. 그러나 현실은 중간지대, 곧 **중산층의 급속한 붕괴 현상**을 보이고 있습니다. 중산층이 상위로 올라가면 그것을 **발전**이라 말할 수 있습니다 하지만 안타깝게도 중산층 붕괴는 **중산층이 하위층으로 추락하는 빈곤화**를 말합니다. 그러므로 이 양극화는 사실 **소수의 풍요로움**과 **절대다수의 빈곤**을 뜻합니다. 교회는 "현대세계는 경제와 금융의 **복잡한 세계화 현상**을 특징으로 한다."(「간추린 사회교리」, 361항)고 진단합니다. 세계화가 가져올 기회를 인정하면서도 그 위험에 대해 다음과 같이 경고합니다. "세계 경제분야의 새로운 기회들을 확인하는 것과 더불어 상업과 금융관계의 새로운 차원들과 관련된 위험을 보게 된다. 실제로, 선진국과 개발도상국 사이에서 뿐만 아니라, 선진국들 사이에서도 불평등이 심화되는 경향을 드러내는 수많은 징후들이 있다."(「간추린 사회교리」, 362항)

4. 오늘날 세계경제를 위기에 몰아넣은 금융위기에 대해서도 교회는 "이른바 세계 자본시장 조성은 자본의 유동성 증가로 생산성 부문의 자원 접근성을 높였기 때문에 유익하였다 그러나 다른 한편으로는 금융위기의 위험을 증대시키기도 하였다. 금융 거래량이 실물 거래량을 훨씬 능가한 지금, 금융 부문은 경제의 실질적 토대를 무시하고 자신만을 발전의 준거로 삼을 위험이 있다."(「간추린 사회교리」, 368항)고 지적하고 있습니다.

5. 소수의 풍요로움과 절대다수의 빈곤은 **절대다수인 실물시장 참여**와 **시민의 절대 빈곤화**쯤으로 해석할 수 있습니다. 얼마 전 세계 금융시장의 상징인 미국 월가의 시위자들이 외치던 **'1대 99 사회'**도 이를 반영한 것입니다. 제2차 바티칸 공의회가 밝힌 심각한 불평등 혹은 심각한 불균형 역시 마찬가지입니다. 제2차 바티칸 공의회가 개막한 지 56년이 지났음에도 심각한 불균형 정도가 개선되기는커녕 오히려 심화하고 있습니다. 이 지구는 하나의 지구촌이 아니라, 두 세계로 갈라졌고 그 거리는 급속히 벌어지고 있습니다. **상상초월의 풍요로운 재화와 능력과 경제력**을 만끽하는 세계와 역시 **상상초월의 기아와 빈곤**에 허덕이는 세

계가 그것입니다.

6. 풍요로운 재화와 능력, 경제력을 누리는 사람들은 언제나 **장밋빛 희망**을 노래합니다. 그러나 기아와 빈곤에 허덕이는 사람들은 **신음소리를 내는 것**조차 버겁습니다. 세상은 풍요로운 재화와 경제력을 소유하는 것을 **유능함**이라 하고, 가난과 빈곤에서 벗어나지 못하는 것을 **무능함**이라고 끊임없이 세뇌시키고 있습니다. 무능을 탓해야지 유능을 탓해서는 안 된다고 가르칩니다. 세상의 불평등과 불균형은 **마치 필연이며 숙명인 것처럼** 되어버렸습니다. 이와 같은 상황에서 교회는 풍요로운 재화와 능력의 사회와 **일치하기 위해 기아와 빈곤에 허덕이는 사회로의 투신을 미루고 있는 것**은 아닌지 돌아봐야 합니다.

44. 양극화로 갈라진 세상에 대한 교회의 투신은 왜 필요한가요?(II)

1. 양극화 현상은 **경제 분야**에서만 볼 수 있는 것이 아니고 **정치 분야**에서도 위세를 떨치고 있습니다. 선거철마다 느끼는 현상으로 같은 몸에 다른 옷을 걸쳤을 **뿐인 이상한 진보**와 **이상한 보수**가 서로 자리다툼을 하고 있습니다. 소위 사회적 약자와 소외계층을 대변한다고 하는 진보 정치세력은 뿌리를 내리지도 못하고 있습니다. 우리에게 진보 정치세력이 형성된 것인지, 우리에게 보수 정치세력이 있기나 한 것인지 의구심이 들 때가 많습니다. 이 땅의 국민 대부분은 정치 주체라기보다는 소비자, 그것도 **일회용 소비자**로 내몰린 게 현실입니다.

2. 진보든 보수든 정치의 토대와 목적은 **시민**을 위한 것이어야 합니다. 그러나 진보 정치세력과 보수 정치세력 그 어디에도 **시민을 위하는 마음**은 찾아볼 수 없습니다. 저마다 권력, 그것도 지배 권력을 탐하는 세력 사이에서 그들만의 정치만 요란하다는 생각이 듭니다. 진보든 보수든 정치 기득권을 지키기 위한 수구의 분파에 불과한 것처럼 보일 뿐입니다. 그런 사이에 국민은 철저하게 **이방인** 혹은 **구경꾼**으로 내몰리고 있습니다. 이처럼 정치 분야에서도 양극화는 심화되고 있고, 정치를 업으로 삼는 소수가 **막대한 결정권**을 가지고 있지만, 다수는 자발적으로 **책임 있게 행동할 수 있는 가능성**이 전혀 없으며, 그러는 가운데 다수는 흔히 **비인간적 생활조건과 노동조건** 속에서 살아가고 있다고 말할 수 있습니다.(「사목헌장」, 63항 참조)

3. 제2차 바티칸 공의회는 **불균형과 불평등**이 "인간의 마음속에 뿌리박힌 더욱

근본적인 저 불균형에 직결된다."고 보았습니다. 모든 인간이 존엄하다는 명제는 맞지만, 인간이라고 같은 인간이 아니라는 현실 역시 부정할 수 없습니다. 자신이 처한 상황의 한계를 뼈에 사무치게 체험하며 좌절조차 사치인 세계에서 사는 사람들이 있습니다. 또 반대로 무한한 자기 욕망을 주체하지 못하는 세계에서 사는 사람들도 있습니다. 이 두 세계의 사는 사람들이 어떻게 똑같은 사람이라고 말할 수 있겠는가 하는 것입니다.(「사목헌장」, 10항 참조)

4. 게다가 정치 공동체인 한 국가 안에서 국민을 위해 경제를 통제해야 할 **정치와 사회**는 점점 **시장의 유익한 도구**쯤으로 전락하고 있습니다. 날마다 경제위기를 수놓고 있는 사건들을 보면 시장이 국가를 지배하고 있다는 것을 알 수 있습니다. 자칭 민주주의 주권 국가라고 하나 국가는 국민을 위해 할 수 있는 것에 한계를 그어놓습니다. 그리고 국민이 요구할 수 있는 것에 양보를 종용하는 모습입니다. 이럴 때 국민은 한 가지 분명한 사실을 확인할 수 있습니다. 바로 정치 지도자들이 **자국민 이익을 위해 봉사하는 것**이 아니라는 점입니다. 인류의 심각한 의문은 어떻게 한 인류가 두 하위 부류로 그렇게 철저하게 나뉘어지고 있는가 하는 것입니다. "피조물들에 대한 지배를 날로 강화할 수 있는 **소수의 권력 독점 정치세력**은 무능한 부류의 대다수 사람들을 아무렇지도 않게 피조물로 만들어가고 있다."는 것입니다.(「사목헌장」, 9장·10장)

5. 이 심각한 의문에 교회는 답해야 합니다. 인류 구원의 도구인 교회가 갈라진 세상에 대해 침묵하는 것은 **인류 구원의 공동체성과 보편성을 부정하는 것**이기 때문입니다. 우리가 믿고 고백하는 "하느님께서는 사람들을 개별적으로 거룩하게 하시거나 구원하지 않으시는 분"이기 때문입니다(「교회헌장」, 8항). 따라서 교회는 하느님과 이루는 **깊은 결합**과 온 인류가 이루는 **일치의 표징이며 도구입니다**(「교회헌장」, 1항 참조). 그리스도께서 가난과 박해 속에서 구원 활동을 완수하셨듯이, 교회도 똑같은 길을 걸어 **구원의 열매**를 사람들에게 나눠주도록 **부름** 받고 있음을 잊어서는 안 됩니다.(「교회헌장」, 8항 참조)

45. 물질주의와 세속화 도전 앞에 선 한국 천주교회의 선택은 무엇인가요?

1. 현 프란치스코 교황님께서는 지난 2014년 방한 당시 한국 주교단과의 만남에서 한국 천주교회에 대한 **깊은 애정과 친교**를 드러내셨습니다. 동시에 약간의 **염려**

도 숨기지 않으셨는데, 그 염려는 한국 천주교회가 **물질주의와 세속화의 도전 앞에 서 있다는 것**입니다. 세속화란 일반적으로 사회와 문화의 여러 영역들이 **종교적 제도**와 **사고**에서 벗어나는 과정을 일컫습니다. 이는 산업화되고 다종교적 상황 안에서 겪는 일반적 과정입니다. 문제는 이러한 과정 안에서 **교회와 신앙인**이 의식하지 못하는 사이에 젖어드는 **경향들**이 있다는 점입니다.

2. 무엇보다도 먼저 세속화에 따른 **세속주의의 유혹**입니다. 신앙인들의 **생활양식과 사고방식**이 복음과 **교회의 전통**에 따르기보다는, **세상의 기준**을 따르는 경향이라고 할 수 있습니다. 이런 흐름은 크고 **화려한 성전**을 추구하고 **입교자의 숫자**에 집착하는 선교로 드러납니다. 교회의 일은 **능률과 효율을 추구하는 기업**의 일처럼 여겨집니다. 신앙인의 삶은 성공과 권력이라는 기준으로 평가되기도 하여 교회 공동체는 한갓 **사교 모임**으로 변질됩니다. 또한 **신앙과 복음을 사유화하는 흐름**이 있습니다. 이것은 신앙과 복음을 사적이고 개인적인 영역으로 제한하려는 생각입니다. 복음의 공적이고 사회적인 차원을 애써 무시하고, 신앙과 교회는 **개인의 마음과 영혼**만 어루만져주면 될 일이라고 생각합니다. 그래서 교회가 **사회를 비판**하거나 **사회문제를 언급**해서는 안 된다는 흐름에 젖어드는 것입니다.

3. 이러한 세속주의와 신앙의 사유화 흐름은 곧바로 **종교의 시장화와 번영의 신학**으로 이어집니다. 교회의 메시지라는 상품은 자연스레 소비자의 취향을 고려할 수밖에 없고, 소비자는 자기 입맛대로 상품을 취사선택하게 됩니다. 이 길은 예수 믿으면 성공이라는 번영의 신으로 끝맺게 되어 있습니다. 종교, 또는 교회가 **인간의 욕망을 정화하는 것**이 아니라 오히려 **욕망을 부추기게 되는 셈**입니다. 이러한 흐름에 교회가 도전받는 가장 깊은 이유는, **가난한 사람들과의 연대**가 없기 때문입니다. 가난한 이들과 사회적 약자들과의 연대가 없는 교회 공동체는 사교 모임으로 변하게 됩니다. 예언자적 누룩을 잃어버리고 부자들을 위한 **부유한 교회, 웰빙의 교회**가 되는 것입니다.

4. 이러한 갈림길 앞에 서있는 한국 천주교회가 어떤 길을 택해야 하는지에 대해 교황님께서는 한국의 주교들께 그 해답을 제시하셨습니다. "가난한 사람들과 함께하는 연대는, 교회의 풍부한 유산인 **사회교리**를 바탕으로 한 **강론과 교리교육**을 통하여, 신자들의 **정신과 마음**에 스며들어야 하고, 교회 생활의 모든 측면에 **반영**되어야 합니다. **가난한 이들을 위한 가난한 이들의 교회, 가난한 교회**라는 사도시대의 이상은 여러분 나라의 **첫 신앙 공동체**에서 그 생생한 표현을

찾아볼 수 있습니다. 이러한 이상이 미래를 향해 순례하는 한국 천주교회가 걸어갈 길에 계속 귀감이 되기를 바랍니다." (2014년 한국주교들과의 만남 연설)

46. 교회의 가르침이 현실과 맞지 않는다는 말은 옳은 말인가요?(1)

1. 오늘날 사회나 교회 안에서 쟁점이 되고 있는 **사형제도, 낙태, 인공피임, 안락사, 동성애** 등에 대해서 많은 신자들조차 교회의 가르침을 잘 모를 때가 많습니다. 그 이유는 사제들과 수도자들이 올바로 가르치지 못해서일 수도 있습니다. 그리고 신자들이 삶과 사회의 진지한 문제들에 대해 신앙을 통해 교회의 이야기를 들으려고 하지 않는 경향 때문이기도 합니다. 이런 주제들은 하나같이 교회의 가르침이 **현실**과 맞지 않는다고 생각할 수도 있는 주제들입니다. 가톨릭교회의 사회교리에서도 가정과 관련한 부분에서 이 문제들을 다루고 있습니다.

2. 오늘날 적지 않은 사람들이 사형제도와 관련하여 사회에 치명적인 해악을 끼친 흉악범은 죽어 마땅하다고 생각합니다. 그렇게 벌을 줘야 다른 사람들에게 본보기가 된다고 합니다. 또 낙태나 피임에 대해서도 교회가 세상 물정을 제대로 모르고 하는 이야기라고 말합니다. 요즘 세상에 아이를 낳고 기르기가 얼마나 어려운데 어떻게 그렇게 무책임하게 낙태와 피임이 안 된다고만 하느냐고 말합니다. 불치병으로 견딜 수 없을 만큼 고통받는 사람에 대해서는 차라리 안락사를 통해 빨리 저 세상으로 보내주는 것이 더 인간적인 것이 아니냐고도 말합니다. 남에게 피해를 주지 않는다면 누구든 동성애 행위를 하더라도 그들의 성적 취향을 존중해주어야 하지 않느냐고 반문하기도 합니다.

3. 이에 대한 교회 입장의 근본바탕에는 사회교리의 첫 번째 원리인 **인간 존엄성의 원리와 보조성의 원리 그리고 참여의 핵심인 자유**가 있습니다. 교회가 인간이 고통받는 상황을 외면하거나, 단지 문자적으로 안 된다고만 규정하려는 것이 아닙니다. 인간이 고통받고 일그러진 최후 순간의 모습이, 바로 그 모습까지 하느님의 모상을 닮은 모습입니다. 그렇기에 생명이 소중하다는 것을 이야기하려는 것입니다. 그 때문에 교회는 아무리 저지른 죄가 크고, 삶이 고통스럽고, 자녀를 낳아 기르는 것이 힘들어도 사형과 안락사와 낙태는 안 된다고 가르치는 것입니다. 사회교리에서는 인간의 자유란 **제멋대로 하는 것**이 아니라고 말합니다. 바로 이 **인간 존엄성**을 선택하는 자유, 아무리 상황이 좋지 않아도 **하느님의**

뜻을 선택하고, **그분을 닮은 모습**으로 사는 자유를 말합니다.

4. **피임과 동성애**도 이런 맥락에서 보아야 합니다. 가톨릭교회는 성(性)이 **인간 생명**과 떨어질 수 없음을 강조합니다. 우리는 모두 성관계에서 생명이 탄생한다는 사실을 알고 있으나, 동성 간의 성행위와 인공적인 피임은 이 둘을 인위적으로 분리시킵니다. 생명에 대한 책임감 없이 오로지 **쾌락**만을 추구하면서 이를 자유라고 말합니다. 교회가 가르치는 피임은 가임기에 성관계를 절제하는 **자연피임**입니다. 이는 생명과 성을 분리시키지 않고, 생명에 대한 책임을 지기 위한 **절제와 희생이 반드시 필요**합니다. 어느 사람이 동성에 끌리는 경향이 있다고 해서 반드시 동성 간의 성행위를 통해 쾌락을 느껴야 하는 것은 아닙니다.

5. 교회의 가르침은 자기 입맛에 맞게 **취사선택**하는 것이 아닙니다. 그 진정한 의미와 바탕에 깔린 생각을 **이해하려는 노력**이 신자들에게 필요합니다. 사제들과 수도자들은 이로 인해 어려움을 겪는 이들을 **단죄**할 것이 아니라 먼저 아픔을 **공감**하고 **위로**하며 함께 **십자가**를 지자고 격려할 수 있어야 합니다. 그렇게 될 때 교회는 인간의 삶을 바꾸고 세상을 바꾸는 **빛과 소금**이 되어 **더불어 사는 삶**을 실천하는 역할을 수행할 수 있습니다.

47. 교회의 가르침이 현실과 맞지 않는다는 말은 옳은 말인가요?(II)

1. 신약성경의 사도행전은 예수님의 승천 이후 사도들이 예루살렘에서 시작하여 온 세상에 복음을 전하고 첫 번째 **교회 공동체를 건설하는 이야기**를 전합니다. 예수님을 배신한 유다의 빈자리는 마티아가 메우고, 베드로와 다른 제자들은 예수님이 보여주신 것과 같은 많은 표징과 기적을 일으킵니다. 부활하신 주님의 사도가 된 바오로의 선교활동에 대해서도 전해줍니다. 그중에서도 특별히 **예루살렘의 첫 번째 신자 공동체의 삶과 모습**은 오늘날 우리에게 감동으로 다가옵니다. 루카 복음사가는 예루살렘 교회의 첫 신자들이 공동체를 이루어 살았다고 전합니다. 신자들은 자기 재산을 내놓아 공동으로 소유하고, 재산과 재물을 팔아서 모든 사람에게 각자 필요한 만큼 나누어 주었습니다. 바로 그런 이유로 그들 가운데 아무도 가난한 이들이 없었다고 전합니다.(사도 2, 44-45; 4, 32-35 참조)

2. 사도행전이 전하는 신자들의 공동체가 얼마나 오랫동안 지속되었는지는 알 수 없습니다. 그러나 초대 교회의 이러한 이상은 2,000년 교회 역사 안에서 계속

해서 교회 공동체의 이상으로서 많은 이들에게 **새로운 영감**을 불러일으킨 것이 사실입니다. 그렇다면 사도 교회의 이러한 이상은 지금 우리에겐 불가능한 일일까? 가능하다면 어떻게 실현될 수 있을까? 사실 초대 교회처럼 모든 재산을 다 내어놓고 공동체 생활을 한다는 것은 **수도자들** 말고는 가능하지 않을 것입니다. 그러나 우리가 사회생활을 하면서도 초대 교회의 이상을 지향하는 하나의 예로 우리나라의 **건강보험제도**를 들 수 있지 않을까 생각합니다. 우리나라의 건강보험제도는 완벽하지는 않지만 매우 우수하다는 평가를 받고 있으며, 여러 장점들을 갖고 있습니다. 장점 중 하나는 소득에 비례해서 보험료를 내고 필요에 따라서 **의료혜택**을 받을 수 있다는 사실입니다. 소득에 비례해서 보험료를 내기에 **소득의 재분배 효과**도 있다고 할 수 있습니다.

3. 또한 의료의 특성상 건강상태가 좋지 않은 **어르신들과 가난한 사람들**이 더 많은 혜택을 받을 수밖에 없습니다. 우리 사회 전체의 **사회적 연대**가 아주 작은 영역에서나마 이루어지는 셈입니다. 더욱이 이러한 혜택이 우리나라의 모든 사람들에게 돌아가고, 모든 병의원에서 보편적으로 적용되니 사실은 모든 이를 위한 것이기도 합니다. 물론 우리나라의 건강보험이 그리스도교적 이상과 가치관에서 출발하여 만들어진 정책은 아닙니다. 하지만 현실적으로는 사도 교회의 이상을 어느 정도 실현하게 하는 결과를 낳은 셈입니다. 한편 이번 코로나 사태를 해결하는데 큰 힘이 되어준 것도 바로 우리나라 건강보험제도입니다. '**조기 검사, 조기 추적, 조기 치료**'라고 할 수 있는 K방역의 핵심 요소 중 하나가 바로 건강보험입니다. 코로나 검사와 치료에 국민이 경제적 부담을 덜 수 있었던 것은 의료비용을 국민건강보험에서 80%, 정부에서 20%를 부담하기 때문입니다. 건강보험제도가 사실상 전 국민을 포괄하는 가장 대표적인 **보편적 복지제도**라는 성격을 띠고 있기 때문입니다.

4. 이렇게 그리스도교적 이상과 가치에 맞는 정책을 만들고 증진하는 방식으로 우리 삶과 사회를 조직해내는 일이 바로 가톨릭교회의 사회교리가 궁극적으로 지향하는 점입니다. 실제로 1891년 레오 13세 교황의 사회회칙 「**새로운 사태**」에서부터 시작해서 교회는 여러 다양한 정책과 제도를 제안하고 있습니다. 그 대부분이 **자본주의 시장**에서 보호받지 못하는 사람들에 대한 **국가 보조**와 **사회 보장**에 대한 것들입니다. 그리고 이러한 제안들이 유럽의 복지정책의 윤리적 기초가 되었습니다. 이런 면에서 사회교리는 그리스도교의 이상과 구체적인 정치 경제 현실을 이어주는 **다리의 역할**을 한다고 볼 수 있습니다.

48. 사회교리에서 가장 중요하고 핵심적인 인간에 대한 가르침은 무엇인가요?

1. 가톨릭교회의 사회교리에서 무엇이 가장 중요한가? 사회교리의 핵심 내용은 무엇인가? 이 질문에 대한 답은 **인간**입니다. 달리 말해서 사회교리에서 가장 중요한 것은 인간이 어떻게 하면 인간답게 사회생활을 할 수 있는가를 문제 삼기에, 사회교리의 핵심 내용은 **인간에 대한 것**입니다. 그렇다면 왜 사회에서 인간이 중요한가? 그것은 우리가 사는 사회가 **인간의 사회**이기 때문입니다. 인간 사회에서 가장 중요한 것은 인간이며, 인간 사회의 주인공 역시 인간입니다. 따라서 인간이 사회를 위해서 존재하는 것이 아니라, **사회가 인간을 위해서 존재합**니다. 인간은 사회를 떠나서 존재할 수 없으며 인간 각자가 **사회의 구성원**입니다 언제 어느 때라도 기계의 부속품처럼 취급될 수 없는 존재입니다. 달리 말해서 가정·마을·지역사회·국가 등 모든 공동체는 인간 없이는 존재할 수 없으며, 그렇기 때문에 공동체 구성원인 인간은 **공동체의 기초이고, 원인이며, 목적인** 것입니다.

2. 왜 각종 공동체와 모든 사회제도가 인간을 기초와 목적으로 삼고 있는가? 그것은 바로 ①인간이 **지극히 존엄**하기 때문입니다. 인간이 존엄한 이유는 인간이 하느님을 닮았으며 하느님의 사랑을 받는 존재이기 때문입니다. ②이러한 인간의 존엄성을 구체적으로 드러내는 것을 **인간의 권리** 혹은 **인권**이라 합니다. 인간이 인간답게 존귀함을 누릴 수 있도록 도와주는 것이 곧 인권입니다. 인간이 권리를 지닌다는 것은 **자신의 행위에 대하여 책임을 진다는 것**을 의미하며, 이는 곧 인간이 **의무와 권리의 주체**임을 드러내는 것입니다.

3. 인간은 사회생활을 하며 살아가고 있고 현대인들은 수많은 조직(가정·교회·학교·회사·동아리 등)의 구성원으로 각종 제도(교육제도·경제제도·정치제도 등)에 따라 살아가고 있습니다. 우리가 속한 수많은 **조직과 제도**가 과연 올바른가를 판단하는 기준은, 그러한 조직과 제도가 하느님의 모상인 **인간을 목적**으로 삼고 있는가? 하는 것입니다. 인간을 목적으로 삼는 사회는 모든 사람의 **인격 완성**과 **초자연적 구원**을 위해 봉사하는 사회이며, 각자의 인권이 살아 있는 사회입니다. 우리 모두는 인간을 목적으로 삼는 사회를 건설하기 위해 **선의의 모든 사람**과 **연대와 협력**을 아끼지 말아야 합니다.

49. 인격에 대한 가톨릭교회 사회교리의 가르침은 무엇인가요?

1. 가톨릭 사회교리서 「두캣(DOCAT)」은 인간의 인격이 지닌 존엄함에 대해 말해줍니다. 인간은 유일무이한 존재, 다른 무엇을 위해서 도구가 되어서는 안되는 존재입니다 그 까닭은 "하느님이 유일한 인격으로 원하셨던 인간을 사랑으로 창조하셨고, 더 큰 사랑으로 구원하셨기 때문"입니다(「두캣(DOCAT)」, 54항). 하느님께서 그토록 사랑해서 창조하시고 돌보시는 존재이기 때문입니다. 누구라도 어떤 목적을 위해서 쓰고 버릴 수단으로 대접받아서는 안 된다는 것입니다. 남다른 재능을 지녔거나, 남다른 노력을 해온 사람들이 그만한 대접을 받는 것은 당연한 일입니다. 그러나 비범하지 못하다고 해서 쓰고 버릴 **소모품 취급**을 당해서는 안되는 것이 인간입니다. 예컨대 아직 태어나지 못한 아기나 더 이상 아무것도 생산할 수 없는 중환자나 노인이라 해서 그 **존엄함**이 사라지는 것은 아닙니다. 하느님께서는 모든 사람을 하나하나 사랑하시기 때문입니다.

2. 1세기경 내과 의사였던 첼수스는 이집트 범죄자들을 상대로 인체실험을 시행하고 나서 자신의 행위를 다음과 같이 정당화합니다. "소수의 범죄자들에게 고통을 가하는 것은, 세세대대로 선량한 다른 사람들에게 많은 이득을 줄 수 있기 때문에 잔인하다고만 볼 수 없다." **소수의 희생**을 통해서 **더 많은 사람들에게 이익**을 주는 것은 정당하다는 논리입니다. 이것은 첼수스뿐만 아니라 수많은 이들이 자신의 **악행을 정당화하는 논리**였습니다. 의학의 영역 밖에서도 소수를 희생시켜 대의에 이바지하도록 해야 한다는 주장은 언제나 있었습니다. 그런데 희생당하는 소수는 숫자와 관계없이 언제나 **약자의 몫**입니다.

3. 약자이기 때문에 희생을 강요당하던 사람들은 실로 다양했습니다. 먼저 가부장적인 사회의 **여성**들이 그랬습니다. 전 세계의 여성들이 노동에 대한 대가로 받는 임금은 남성의 77% 수준 밖에 되지 않습니다. 또 오랜 기간 동안 **유색인종**은 이른바 선진국의 노예가 되어 비참한 삶을 강요당했습니다. 기난한 국가의 **어린이**들이 겪는 희생도 있습니다. 오늘날에도 전 세계 1억 6천만 명이 넘는 어린이들이 커피 농장, 코코아 농장에서 하루 1달러도 안 되는 돈을 받으며 노동을 착취당하고 있습니다. 우리나라의 경우 위험하고 힘든 일들은 외주업체를 통한 **비정규직 노동자**들의 몫이 되어 버렸습니다. 그리고 이 모든 부당한 일들은 전체를 위하여, 국가를 위하여, 경제를 위하여라는 명목으로 정당화됩니다.

50. 인권에 대한 가톨릭교회 사회교리의 가르침은 무엇인가요?

1. 인권이란 무엇인가? 인권의 사전적 의미는 사람이라면 누구나 태어나면서부터 가지고 있는 **생명권, 자유권, 평등권** 등 인간이 지니고 있는 **기본적 권리**를 말합니다. 사람이 사람으로 태어나 사람답게 살 권리라고 할 수 있는 이 권리는, 모든 인간에게 꼭 보장돼야 하는 **가장 기본적이고, 보편적인 권리**입니다. 가톨릭교회는 이러한 인권을 보호하기 위해 여러 가지 노력을 기울여 왔습니다. 그러나 세상에는 아직도 인권이 제대로 보호받지 못하는 일이 흔히 있습니다.

2. 일반적으로 주권 국가에서 말하는 인권이란 정부의 일방적 권력 남용과 억압에 대항해 인간이 요구할 수 있고 보호, 보장을 받을 수 있는 보편적 권리를 지칭합니다. 이는 사람이 사람답게 존엄한 생활을 영위할 수 있는 권리를 말합니다. 개인의 자유와 평등, 독립성의 보장, 또 인류의 이익에 정부의 권한 행사가 부합할 책무 등을 포함하고 있습니다. 또한 이러한 보편적 권리들은 **생명권, 적절한 삶의 수준을 보장받을 권리, 고문을 비롯한 부당한 처우에 대한 보호권** 말합니다. 또한 **사상과 언론 및 표현의 자유권, 이동의 자유권, 자기 결정권, 교육권, 정치, 문화에 참여하고 향유할 권리**, 그리고 **종교 자유의 권리**까지도 모두 포함하고 있습니다.

3. 그렇다면 이처럼 소중한 인권은 그 근거를 어디에서 찾는가? 가톨릭교회의 사회교리는 인권의 궁극적 원천이 **인간을 창조하신 하느님**에게서 오는 것이라고 가르칩니다. 다시 말해 인간이 인간답게 살 수 있기 위해서 보장되는 이러한 기본권은 인간의 의지나 국가, 혹은 공권력에서 비롯되는 것이 아닙니다. **하느님의 모상대로 창조된 인간** 그 자체에서 그 근원을 찾을 수 있다는 것입니다. 또한 이러한 권리들은 인간과 인간 존엄에 내재되어 있기에 그 어느 누구도 다른 사람들에게서 빼앗을 수 없는 **소중한 권리입니다.**(「간추린 사회교리」, 153항 참조)

4. 가톨릭교회는 지금까지 계속 인권을 존중하고 평화에 이바지하기 위해 끊임없이 노력해왔습니다. 그 이유는 교회가 인권을 수호하고 증진하는 것이 **종교적 사명**에 포함되고 있음을 잘 알고 있기 때문입니다(「간추린 사회교리」, 159항 참조). 따라서 우리 그리스도인들은, **세상에서 소외되고 버림받는 약자들**을 대변해야 합니다. 인권 사각지대에서 고통받고 있는 그들을 구해내야 할 의무와 책임이 있음을 명심해야 합니다.

51. 인종차별에 대한 가톨릭교회의 가르침은 무엇인가요?

1. 오늘날과 같이 국제적으로 변한 한국사회 안에서 우리는 쉽게 외국인들과 만날 수 있습니다. 다문화 가정을 꾸리고 사는 수많은 사람들이 우리의 이웃으로 함께 살아가고 있습니다. 산업현장에서 일하는 외국인 노동자들도 주위에 많고, 유학을 온 외국인 대학생들도 역시 쉽게 접할 수 있습니다. 단일민족, 단일국가를 내세우기에는 우리가 사는 한국사회는 너무나도 **세계화**(globalization)가 되었습니다. 그러나 이처럼 세계화된 한국사회 안에서 일부 사람들은 아직도 외국인에 대한 고정 관념과 편협한 사고방식을 드러냄으로써 우리 사회 전체를 부끄럽게 만드는 경우가 종종 있습니다. 인종차별적인 사고 때문에 발생하는 노동 현장의 외국인 노동자의 문제들은 아직도 많은 사람이 **인종적, 종교적 편협성**을 지니고 있다는 사실을 증명해 줍니다.

2. 세계 인구가 70억을 넘어선 오늘날의 세계에는 그야말로 다양한 인종과 사상, 그리고 종교들이 함께 살아가고 있습니다. 이제 더는 인종이나 사상이나 종교를 이유 삼아 다른 사람들의 존엄성을 짓밟거나 가치를 폄훼하는 일을 해서는 안 되지만 현실은 그렇지 않은 경우가 허다합니다. 외국인에 대한 차별이 여전히 만연하고, 특히 유색인종일수록, 가난한 나라에서 온 이민자일수록 더 심한 것이 현실입니다.

3. 가톨릭교회의 사회교리에서는 모든 인간을 똑같은 인간으로 바라보면서 **인류의 단일성**에 대하여 강조합니다. 다시 말해서 **인간의 평등함과 존엄성을 존중해야 함**을 강조하고 있습니다. 인류의 단일성은 어느 시대에도 존재했는데, 인간은 타고난 존엄성에서 모두 평등하기 때문입니다. 따라서 보편적 공동선, 곧 전 인류의 공동선이 충분히 실현되는 객관적 요청이 항상 존재한다는 것입니다(「간추린 사회교리」, 432항 참조). 만일 누군가가 더 행복한 가족 구성원이 되고 싶다면 나뿐만 아니라 가족을 이루는 구성원 모두의 행복을 주구할 것입니다. 오늘날 우리는 우리가 사는 이 사회에 대해 **지구촌 가족**이란 표현을 즐겨 사용하는데, 사실 우리 모두는 이러한 지구촌 가족의 한 구성원들입니다. 따라서 우리가 가족 구성원 모두의 행복을 원한다면, 그 구성원인 나 개인뿐만 아니라 모든 구성원이 지닌 **다양한 가치**를 인정해야 합니다. 그리고 그 안에서 인류 전체의 행복인 **공동선**을 찾기 위해 노력해야만 합니다. 이러한 노력이야말로 인류 공동체를 더 행복하게 만드는 지름길이 됩니다.

52. 인간의 삶과 과학기술 발전에 대한 교회의 가르침은 무엇인가요?

1. 21세기를 살아가는 우리 인간의 삶에서 과학은 인간 생활을 매우 윤택하게 만들었습니다. 과학기술의 발전은 이동 수단의 발달과 통신 수단의 발달을 가져왔습니다. 온 인류를 일일생활권으로 묶어 지구 가족의 구성원이 되기에 충분하도록 바꾸어 놓았습니다. 한편 세계의 여러 지역에서 자연과 함께 어우러져 살아가는 인간은, 문화와 언어가 달라도 살아가는 모습은 대체로 비슷합니다. 다시 말해 자연과 더불어 살아가면서 인류의 문명을 꽃피우는 인간의 삶은, 정도의 차이가 있을 뿐이지 그 본질적인 모습에서 거의 유사합니다. 인간은 **과학과 기술의 발전**으로 인해 **삶의 방식이나 형태**에 획기적인 변화를 맞이하게 되었습니다. 이제 혼자서는 살 수 없는 존재가 되었고 다른 사람들과 함께 살아야만 하는 환경에 놓이게 되었습니다. 이러한 인간 사회의 변화의 중심에는 바로 **과학과 기술**이 자리하고 있습니다.

2. 가톨릭교회의 사회교리에서는 인간과 피조물의 세계를 어떻게 이해하고 있을까? 「간추린 사회교리」는 「사목헌장」을 인용하면서 인간이 이용하는 피조물의 세계가 인류의 과학기술의 발전과 **밀접한 연관성**을 맺고 있음을 지적합니다. "개인적 집단적 인간 활동, 곧 인간이 여러 세기를 거쳐 자신의 생활 조건을 개선하려는 저 거대한 노력 그 자체가 하느님의 계획에 부합하는 것으로 여겨진다는 것을 믿는 이들에게는 분명한 일이다. 하느님의 모습대로 창조된 인간은 땅과 그 안에 담긴 모든 것을 지배하고 세상을 정의와 성덕으로 다스리며, 하느님을 만물의 창조주로 알고 자기 자신과 모든 사물을 하느님께 다시 바치라는 명령을 받았기 때문이다. 그렇게 인간은 만물을 다스려 하느님의 이름이 온 땅에 빛나게 하여야 한다."(「사목헌장」, 34항)

3. 따라서 가톨릭교회는 인류의 과학과 기술의 발전을 그 자체로 **긍정적인 결과**로 바라보고 있습니다. 그리스도인들은 인간이 자신의 재능과 힘으로 만들어낸 작품들을 하느님의 권능에 **배치**된다거나, 이성적 피조물을 창조주의 **경쟁자**로 여기지 않습니다. 오히려 이러한 인류의 창작품들을 하느님의 위대하심을 드러내는 **징표**이자, 하느님의 헤아릴 수 없는 **계획의 결실**로 바라본다는 것입니다. 그런데 일부 사람들은 마치 가톨릭교회가 인류의 과학이나 기술 발전의 반대편에 서 있는 것으로 오해하기도 합니다. 그러나 사실은 반대하는 것이 아니라 **함께 하고 있다는 점**을 강조합니다. 사회교리에 따르면 과학과 기술은 우리 인류에

게 놀라운 가능성을 제공해 주었고 우리 모두 감사히 그 혜택을 입고 있으므로, 교회는 그것들을 하느님께서 주신 인간의 놀라운 **창조적 능력의 산물**로 여기고 있습니다.(「간추린 사회교리」, 457항 참조)

4. 그러나 모든 과학적 기술의 적용에는 핵심이 되는 기준이 필요한데, 그것은 바로 **인간에 대한 존중**과 함께 모든 **생명체에 대한 존중**입니다. 만일 이러한 존중이 동반되지 않는 과학기술의 발전이 있다면, 그러한 발전은 오히려 인간뿐만 아니라 모든 피조물을 **죽음으로 이끌 위험**이 있기 때문입니다. 따라서 과학기술의 발전은 인간과 함께 모든 피조물에 대한 **존중**이 반드시 선행되는 발전이어야 합니다.

53. 인간이 진정한 행복을 찾기 위한 가톨릭교회의 가르침은 무엇인가요?

1. 오늘날 한국사회는 경제 발전으로 인해 삶의 질이 향상되고 평균 기대수명도 과거보다 크게 늘어났다고 하지만 새롭게 대두되는 많은 문제점들도 간과할 수 없습니다. 그 중 **인구 고령화에 따른 노인 문제**는, 물질적 풍요가 모든 것을 다 해결할 수는 없다는 사실을 보여주고 있습니다. 가족으로부터 버림받고 사회로부터 방치되어 후미진 공간에서 쓸쓸하게 말년을 보내는 많은 어르신들이 있습니다. 우리네 아버지, 어머니의 이러한 모습들을 주변에서 보면서, 점점 더 **비인간화**되어 가는 한국사회의 실상을 마주하게 됩니다. 또한 가족의 생계를 위해 머나먼 이국땅인 이곳에 온 이주 노동자들 역시 인간 이하의 부당한 취급을 받기도 하고 이로 인해 고통받기도 합니다. 열악한 작업·주거 환경 속에서 인내하며 고향의 가족을 위해 일하고 있지만, 그들의 권리는 한국사회에서 제대로 보장받지 못하는 실정입니다.

2. 한편, 끝없는 무한경쟁 구도속에 내몰리는 우리 **아이들의 문제** 역시 심각한 사회 문제 중 하나입니다. 함께 공부하고 생활하는 급우가 서로 힘이 되어주는 친구이자 동료가 아니라 상대 평가라는 잣대 속에서 밟고 일어서야 하는 적이 되어버렸습니다. 이렇게 친구를 경쟁자로 만들어 가는 현실은 오늘을 사는 젊은이들의 미래를 더욱 불행하게 만들고 있습니다. 현대를 살아가는 모든 사람은 더 행복한 삶을 살기 위해 끊임없이 물질을 추구하지만, 결국 그 **물질이 인간의 삶을 행복으로부터 점점 더 멀어지게** 만듭니다. 사실 인간은 자신이 세상에 존재한다는 것은 알면서도, 존재의 의미에 대해서는 제대로 알지 못합니다. 아무리

많은 재화를 축적한다고 해도 사람들은 그 재화에 만족하지 못하고, 아무리 많은 권력과 명예를 소유한다고 해도 불만족은 채워지지 않습니다. 가지면 가질수록, 누리면 누릴수록 인간은 더 많은 것을 요구하게 될 뿐입니다. 이는 **소유가 존재의 의미**를 가르쳐줄 수 없다는 사실을 우리에게 분명하게 알려줍니다.

3. 가톨릭교회는 인간의 존재 의미에 대한 질문에 **그리스도의 복음**으로 응답할 것을 가르치고 있습니다. 그리스도의 복음은 끝없이 변화하는 다양한 의견들로부터 인간의 존엄을 자유롭게 해줍니다. 어떠한 인간의 법도 보장해 줄 수 없는 **모든 사람의 자유를 보장**해 줍니다. 제2차 바티칸 공의회 문헌 「사목헌장」에서는 현대세계 안에서 교회의 사명이 모든 인간으로 하여금 하느님 안에서 자기 존재의 **궁극적인 의미**를 찾도록 도와주는 것이라고 말하고 있습니다. 가톨릭교회는 오로지 **하느님**만이 인간의 이러한 질문에 궁극적인 답변을 주실 수 있다는 사실을 가르치고 있습니다. 인간을 당신 모습대로 창조하시고 죄에서 구원하신 하느님만이 당신 아들 안에서 계시를 통해 완전한 해답을 주실 수 있는 분이라는 것입니다.(「간추린 사회교리」, 576항 참조)

4. 따라서 교회는 인간이 진정한 행복을 찾기 위해서는 **그리스도에 대한 믿음**에서부터 다시 **새롭게 출발**할 것을 가르치고 있습니다. 사회에 만연해 있는 심각한 착취와 사회의 불의에 직면하여, 인간은 그리스도께 대한 믿음을 바탕으로 한 개인과 사회의 공유를 통해 새롭게 변화될 수 있습니다. 이러한 교회의 노력은 자신의 존재 의미에 대해 고민하는 수많은 사람을 변화시킬 수 있으며, 궁극적으로는 사회 전체를 변화시킬 수 있습니다. 우리는 그리스도를 알고, 사랑하고 본받음으로써, 그분 안에서 **삼위일체의 삶**을 영위합니다. 천상 예루살렘에서 역사가 완성되기까지 그분과 함께 역사를 변화시킬 수 있습니다.(「간추린 사회교리」, 577항 참조)

54. 인간중심의 세상으로 바꾸기 위한 사회교리의 가르침은 무엇인가요?

1. 우리가 살아가는 일상에서 그리스도인이든 비 그리스도인이든 간에 자기가 좋아하는 것을 억제하기란 쉬운 일이 아닙니다. 예를 들어 평소 술을 즐겨 마시던 사람이 금주를 결심을 하면 그 결심을 지키는 사람도 있지만 대부분 이내 결심을 깨고 다시 술을 마시게 됩니다. 그리고 다음날 숙취로 고생을 하면 다시 금

주를 결심하고, 또 얼마 지나지 않아 다시 술을 찾게 됩니다. 금주와 음주를 반복하다가 결국 건강에 심각한 문제가 생기고 나서야 깊은 후회를 하게 됩니다. 사회문제도 마찬가지로 소 잃고 외양간을 고치는 격으로 때늦은 후회를 하는 경우가 많습니다. 선거에 있어서도 이미 끝나고 나서야 내가 잘못 선택했구나 하고 후회하지만 이내 잊어버리고 또 다시 어리석은 선택을 하기도 합니다.

2. 경쟁을 부추기는 사회에서, 경쟁에서 살아남은 지도층은 또다시 경쟁을 강요하는 **교육제도**를 만듭니다. 그 안에서 교육받은 학생들은 현실이 그렇다는 이유로 그 가치를 받아들이고 경쟁하는 사람으로 성장합니다. 그렇게 **경쟁체제**는 더욱 강화되고 단단하게 됩니다. 이렇게 우리는 사람을 커다란 기계의 톱니바퀴처럼 효율적인 도구로 만들어 갑니다. 이 상황에서 우리가 쳇바퀴 같은 악순환의 고리에서 벗어나는 길은 한 가지뿐인데, 그것은 단지 '**하지 않는 것**'입니다. 속상하다고 하면서 그저 비판만 하고 행동이 없다면 변화하는 것은 없습니다. 획일화된 사회, 경쟁을 강요하고 효율만을 찾느라 **인간을 중심에 놓지 않는 사회**가 잘못된 것이라면 스스로 **큰 기계의 톱니바퀴**가 되기를 거부해야 합니다.

3. 그런 선택에는 다수로부터 외면당하고 손가락질당하는 박해가 따르고, 경제적인 어려움을 감내해야 할 수도 있습니다. 나의 이기심보다 **공동선**을, 내 욕심보다 **예수님의 십자가**를 선택한다는 것은 결코 쉬운 일이 아니지만, 그런 선택이 없다면 변하는 것도 없습니다. 좋든 싫든 우리 모두는 이미 쳇바퀴 위에 서 있고, 그 쳇바퀴는 굴러가고 있습니다. 우리 스스로가 멈추지 않을 때, 우리는 왜 내가 이 쳇바퀴를 굴려야 하는가라고 생각만 할 뿐 아무 것도 바꿀 수가 없습니다. 성직자와 수도자는 물론이고 우리 평신도 신자들은 이 쳇바퀴를 멈출 수 있다는 사실을 **행동으로 보여주어야 할 의무**가 있습니다.

4. 복자로 선포되신 바오로 6세 교황님께서는, 「현대의 복음선교」에서 이렇게 말씀하십니다. "현대인들은 **진정한 것**에 굶주리고 있다고 한다. 특히 젊은이들은 가짜나 거짓을 싫어하고 **진실과 정직**을 찾고 있다. 이 시대의 표지에 대해서 우리는 주목해야 하겠다. '당신은 당신이 가르치고 있는 것을 참으로 믿고 있습니까?' 당신은 믿고 있는 것을 실천하고 있는가? 당신이 행하고 있는 것을 말로 알리고 있는가? **생활의 증거**는 선교의 참된 효과를 거두는 데 중요한 조건이 된다." 나의 일상을 되돌아보며, 다시 똑같은 쳇바퀴를 돌릴 것인지 나의 삶, 우리의 세상을 **진정한 세상**으로 바꾸기 위한 것이 무엇인지를 생각해 봐야 합니다.

55. 인간의 삶 안에서 하느님의 모습을 바라본다는 것은 무슨 뜻인가요?

1. 우리는 신앙생활을 하면서 다양한 사람들을 만나게 되는데, 그 사람들을 통해 큰 **실망**을 하거나 **상처**받는 경우도 흔히 있습니다. 가장 믿었던 교우로부터 상처받고 신앙을 잃을 정도로 **상심**하는 경우도 있습니다. 서로 호형호제하며 친하게 지내다가도 금전문제 때문에 다투다가 결국 마지막에는 상처만 남게 되는 경우도 있습니다. 사실 가장 가까운 사람이 어느 특별한 상황이 닥치면 한순간에 가장 미워하는 사람이 될 수도 있습니다. 부부나 형제, 친구 그리고 교우들 사이처럼 서로 믿고 의지하는 것이 더 많았기에, 그들로부터 배신을 당하게 되면 그 상처는 더 크게 남게 됩니다.

2. 어찌 보면 하느님과 인간 사이에도 이러한 **믿음과 배신의 관계**가 지속되고 있는지 모릅니다. 구약성경을 보면 하느님은 이스라엘 백성에게 **일방적 짝사랑의 모습**을 드러내십니다. 하느님께서는 인간에게 **자유의지**를 허락하셨고, 모든 것을 인간에게 믿고 맡기셨습니다. 하지만 **교만하고 죄 많은 인간**은 하느님의 뜻을 알아차리지 못하고 자꾸 하느님으로부터 떠나려고만 하는 모습을 보여줍니다. 교회는 모든 인간 안에서 **하느님의 생생한 모습**을 본다는 사실을 강조해 왔습니다(「간추린 사회교리」, 105항 참조). 아무리 우리 마음에 상처를 준 사람이라 해도 그 사람 역시 하느님께서 창조하신 피조물이며, 그 안에는 하느님 모습이 살아 있습니다. 단지 인간들은 자신의 죄 때문에 자신이 **하느님의 피조물**로 창조되었다는 사실을 잊고 살아갈 뿐입니다. 이 세상을 살아가면서 인간들에게 잊혀 가는 **하느님의 모습**을 다시 일깨워 주는 것, 그것이 바로 세상 안에서 함께 살아가는 오늘날 **교회의 역할**입니다.

PART 4

다양한 공동체생활과 사회교리

인류 구원을 위해 탄생하신 예수 그리스도

"하느님께서는 세상을 너무나 사랑하신 나머지 외아들을 내주시어, 그를 믿는 사람은 누구나 멸망하지 않고 영원한 생명을 얻게 하셨다."(요한 3,16) (이미경 외, 2018, 대전교구 원신흥동 성당 소장)

제1장 • 가톨릭교회의 사회교리 원리들

56. 인간 존엄성의 원리에 대한 사회교리의 가르침은 무엇인가요?(1)

1. 교회는 다양한 교회 문헌들 안에서 인간 공동생활의 발전과 인간의 존엄성에 대해 강조해 왔습니다. 이러한 인간 존엄성의 원리는 가톨릭교회의 사회교리 기본 원리로 인격 형성과 더 나은 사회 실현을 위해 대단히 중요합니다. 사회교리의 기본 원리는 네 가지로, **①인간 존엄성의 원리, ②공동선의 원리, ③연대성의 원리, ④보조성의 원리**입니다. 이 가운데 가장 기초가 되는 원리는 인간 존엄성의 원리이며, 나머지 세 가지 원리는 인간 존엄성의 원리를 실현하기 위한 수단인 것입니다.

2. 인간 존엄성은 다른 그 어떤 것에 의해서도 침해되거나 훼손될 수 없는 것입니다. 달리 말해서 사회질서와 발전은 언제나 **인간의 행복**을 지향해야 하며, 인간이 사회질서나 발전에 **종속**돼서는 안 됩니다. 따라서 정치, 경제, 사회, 과학, 문화에 대한 모든 계획은 사회에 대한 **인간의 우위성**에 대한 인식을 바탕으로 해야 합니다(「간추린 사회교리」, 132항 참조). 가톨릭교회는 늘 인간의 존엄성을 옹호하는 것을 사회교리의 기본 신조로 삼아 왔으며, 또한 이 원리들을 사회문제를 판단하고 실천하는 근거로 삼았습니다.

3. 따라서 교회가 새로 발생한 사회문제에 대해 어떠한 가르침을 주었을 때, 이러한 사회적 가르침을 올바로 이해해야 합니다. 그러기 위해서는 다양한 교회 문헌 안에 녹아 있는 사회교리의 기본원리들을 숙지하는 것이 필요합니다. 만약 이 원리들을 올바르게 알지 못한다면 가톨릭교회가 전하는 의도를 벗어나 그릇된 해석과 잘못된 평가를 가져올 것은 분명합니다. 사회교리를 올바르게 이해하려면 그 기본 원리들을 충분히 그리고 정확하게 알고 있어야 합니다. 사회교리의 기본 원리들은 서로 깊은 **연관성**을 지니고 있으며, **통일성, 연계성, 명료성**의 틀 안에서 평가해야 합니다.

4. 만일 하나의 원리를 다른 원리와 연관이 없이 따로 인용하거나, 각각의 원리들을 개별적으로 검토함으로써 이 원리들의 일부만 사용하는 것처럼 잘못 사용하는 일이 있어서는 안 된다는 것입니다(「간추린 사회교리」, 162항 참조). 가톨릭교회는 이 원리 중 가장 기초가 되는 원리인 인간의 존엄성을 논증하기 위해 두 가지 접근

방법을 사용해 왔습니다. 첫째 방법은 인간의 본성과 본질적 구성 요소에 토대를 두고 존엄성을 주장하는 **자연법적 접근 방법**입니다. 둘째 방법은 그리스도교 신앙과 신앙 체계 안에서 인간의 존엄성을 끌어내는 **신학적 접근 방법**입니다.

5. 우선 자연법적인 접근 방법은 제2차 바티칸 공의회 문헌 「사목헌장」에 가장 잘 드러납니다. 「사목헌장」에 의하면 인간은 **하느님의 모상**(Imago Dei)으로 창조됐고, 다른 피조물에게서는 발견할 수 없는 특별한 능력인 **지성, 자유**, 그리고 **양심**을 소유하고 있기에 존엄합니다. 이러한 특별한 능력으로 인간은 물질 이상의 존재가 될 수 있고, 자연의 일부로만 남는 한계성을 극복합니다. 인간은 하느님에게서 받은 이 능력들을 통해 고유한 인격체가 되고, 그 자체로 존엄성을 지니게 되는 것입니다(「사목헌장」, 12-17항 참조). 다시 말해 우리 인간은 누구나 하느님의 모습대로 창조됐으며, 자신이 지니고 있는 고유한 본성에 따라 그 존엄성을 보호받아야 한다는 것이 바로 자연법적 논증 방법입니다.

6. 한편, 신학적 논증 방법은 제2차 바티칸 공의회 이후 더욱 발전된 논증 방법입니다. 요한 23세 교황과 이전 교황들은 자연법적 논증 방법을 따랐지만, 제2차 바티칸 공의회 이후 가톨릭교회는 새로운 논증 방법인 신학적 논증 방법을 제시하고 있습니다. 특히 요한 바오로 2세 교황은 자신의 회칙 「**인간의 구원자**」에서 신학적 논증 방법을 사용했습니다. 그는 인간이 하느님과 특별한 관계를 맺고 있으며, 하느님의 특별한 관심과 사랑을 받고 있고, 영원한 생명으로 부르심을 받았기 때문에 존엄하다고 가르칩니다(「인간의 구원자」, 7-12항 참조). 인간은 하느님의 창조 질서 안에서 창조된 존재입니다 하지만 그것으로 그치는 것이 아니라, 하느님과의 관계 안에서 더욱 소중한 존재로서의 가치를 지니게 된다는 것입니다.

7. 이러한 두 가지 논증 방법은 인간이 그 존엄성에 대해 말할 때 어떠한 근거로 증명할 수 있는지를 설명해 주는 방법들입니다. 가톨릭교회는 신분이나 계급, 성별, 인종과 같은 **인간의 외적 요소들**이 인간 존엄성을 증명하는데 어떠한 조건도 되지 않음을 강조합니다. 종합해 보면, 가톨릭교회의 사회적 가르침 안에서 인간은 이미 자연법적 근거 안에서 존엄합니다. 그리고 하느님과의 관계성이라는 신학적 근거 안에서 그 존엄성의 근거를 찾을 수 있습니다. 70억의 인구가 함께 사는 오늘날 아직도 인간 존엄성이 무시되거나, 기본적 인권이 유린되는 곳이 있습니다. 복잡하고 다변화된 세상을 살아가는 신앙인으로서, 다시 한 번 우리 자신의 존엄성이 어디서부터 유래하는 것인지 깊이 성찰할 필요가 있습니다. 더 나아가 신앙인으로서 자신의 존엄성을 찾기 위해 노력하는 것에 그치는 것이

아니라, 힘들고, 어렵고, 소외된 우리 이웃의 **존엄성 회복**을 위해서도 노력해야 합니다.

57. 인간 존엄성의 원리에 대한 사회교리의 가르침은 무엇인가요?(II)

1. 최근에 책과 영화로 만들어진 '82년생 김지영'은 우리 사회에 고요하지만 묵직한 파장을 주었습니다. 대한민국에서 여성으로 살아가는 것은 여러모로 쉽지 않습니다. 아직까지도 자녀의 육아는 오롯이 여성의 부담인 경우가 많습니다. 주위에서 성차별의 피해를 받을 때도 있습니다. 결혼하여 출산을 하는 순간 여성들은 세 가지 신분, 즉 **엄마, 아내, 며느리**가 되는데 어느 것 하나 안 힘든 것이 없습니다. 그런데 임신과 출산으로 직장에서부터 불이익과 경력단절을 당하고, 힘든 육아가 온전히 여성의 몫으로 강요되고, 급기야 그것이 여성혐오로 귀결된다면, 이는 폭력·죽음과 다를 바 없습니다. 그런데 이는 존재감 없이 살아올 수밖에 없었던 우리의 어머니들을 포함하여 내 가족, 친구, 동료 그리고 우리 모두의 이야기입니다.

2. 현대사회의 중요한 화두 중 하나는 여성인권입니다. 한국사회에서 성별은 평등한 성역할이 아니라 막강한 권력구조로서, 여성에게는 매우 불리하게 작용해 왔습니다. 우리 모두에게 익숙했지만, 그것은 분명히 편견이자 잘못이었습니다. 여자라는 이유로 배움의 기회를 빼앗기고, 며느리라고 침묵과 순종만을 강요당했습니다. 또 뱃속의 아기가 딸이라는 이유로 핍박 받은 여성도 있었습니다. 우리는 그 부당한 사회구조와 잘못된 인식을 바라봐야 합니다. 물론 남성도 부당한 사회구조의 희생자가 되기도 하지만, 지금의 여성인권에 대한 고민은 남성·여성을 떠나 기회마저 빼앗긴 **약자의 처지**에 대해 올바로 인식하자는 것입니다. 비록 약자일지언정 모두가 동등한 인간이기에 인간의 존엄성을 통해 인간의 삶을 인간답게 살아내자는 것이고, 어떻게 공존해 갈 것인가를 함께 고민하자는 것입니다. 상대방에 대해 공감하는 것은 더 나은 사회적 가치와 담론을 형성하는 시금석이 될 것입니다.

3. '82년생 김지영'의 주인공인 김지영이 부당한 편견과 차별에서 벗어나기 위해서는 **성찰 인정, 존중과 배려**가 필요합니다. 엄마다움은 고귀한 사랑과 모성의 상징입니다. 그러나 그에 대해 존중과 배려 없이 감내와 희생만을 요구한다면 이

것은 분명 **불의한 것**입니다. 남성으로서의 특권은 누군가의 희생 위에 이뤄집니다. 파란만장했던 한국 현대사의 여러 어려움은 어르신들을 포함한 많은 분들의 수고로 극복됐습니다. 특히 그 중에서도 우리의 할머니, 어머니들, 수많은 여성들의 희생이 너무도 컸기 때문에 참으로 감사하고 많이 미안합니다. '82년생 김지영'으로 시작된 이 파장이 우리 마음을 두드리는 울림이 되어, 닫혀 있는 마음의 문을 열고 서로 공감하고 이해하는 출발점이 되었으면 합니다. 지금 이 순간도 수많은 김지영들이 세상의 그늘진 곳에서 두려운 마음으로 살아가고 있음을 기억하고 진심으로 마음을 다해 그분들을 위해 기도하고 응원해야 하겠습니다.

"하느님의 영광이 어느 정도 모든 사람의 얼굴에서 비치고 있기 때문에, 모든 사람이 하느님 앞에 지닌 존엄성은 인간이 다른 사람 앞에서 갖는 존엄성의 기초가 된다. 또한 이것은 인종, 국가, 성별, 출신, 문화, 계급에 상관없이 모든 사람 사이의 근본적인 평등과 우애의 궁극적인 바탕이다."(「간추린 사회교리」, 144항)

58. 공동선의 원리에 대한 사회교리의 가르침은 무엇인가요?(1)

1. 공동선의 원리는 모든 인간이 **존엄하며 평등하다**는 데서 나옵니다. 또 사람은 다른 사람과 더불어 또 다른 사람을 위해 존재한다는 사실에서 연유합니다. 그래서 가족부터 단체, 기업체, 도시, 민족 공동체와 국가 공동체에 이르기까지 어떤 형태의 사회생활도 공동선의 문제를 피할 수 없습니다. 누구나 개인적으로 뿐만 아니라 공동체적으로도 공동선을 지향하며 살아야 합니다. 인간은 과연 혼자 살아갈 수 있을까요? 인간의 사회성은 철학자 아리스토텔레스가 **'인간은 사회적 동물'**이라고 말하기 전부터 시작되었습니다. 인간은 공동생활을 통해 더 나은 자기완성을 추구해 왔습니다. 누군가와 함께 살아가는 것은, 집단 안에 지켜야 할 공동의 규범을 만들고, 그 규범 안에서 자유를 누릴 수 있는 사람들에게만 가능한 일입니다. 공동체를 만들고 함께 살아가는 사람들은 자신들이 **추구하는 이상**이나 **고유한 목표**를 달성하기 위해 노력합니다. 한 공동체가 도덕적으로 건강한 공동체로 성장하려면, 이런 공동의 목표가 올바른 것일 때만 가능합니다.

2. 가톨릭교회 역시 하느님 백성으로서 신앙 공동체를 형성하고 그리스도인으로

서 더불어 살아가는 공동체입니다. 그 중심에는 항상 **하느님**이 함께 계시고, **예수 그리스도**께서 주인으로 자리하십니다. 따라서 신앙 공동체인 가톨릭교회에는 모든 믿는 이들에게 필요한 **공동선이란 가치가 존재**합니다. 모든 인간은 자신의 행복을 위해 노력하지만, 교회는 자신만이 아닌 **우리 모두의 행복**을 위해 노력하는 공동체입니다. 가톨릭교회의 사회교리는 공동선의 의미를 "집단이든 구성원 개인이든 더욱 충만하고 더욱 용이하게 자기완성을 추구하도록 하는 사회생활 조건의 총화"(「사목헌장」, 26항)라고 가르치고 있습니다. 공동선은 사회 구성원이 개별적으로 추구해야할 선을 단순히 종합하는 것에 그치지 않습니다. 공동선은 사회 구성원 모두가 함께해야만 달성되는 공동의 것으로 이해할 수 있습니다. 개인이 도덕적으로 선한 행위를 통해 개인의 선이 완성되는 것처럼, 사회 역시 자신의 행위를 통해 공동선을 이룰 때 완전한 수준에 도달할 수 있게 됩니다. 다시 말해 도덕적 선의 사회적 공동체적인 차원이 바로 공동선인 것입니다.(「간추린 사회교리」, 164항 참조)

3. 이와 같은 공동선을 이루기 위해서는 **올바른 경제정책**이 필요합니다. 우리가 살아가는 일상생활의 영역들을 크게 나누어 보면 **정치와 경제의 영역**으로 나눌 수 있습니다. 그 영역 안에서 살아가고 있는 우리 그리스도인들은 하느님의 뜻을 찾고, **신앙의 가르침대로 세상을 변화시키려 노력하는 것**입니다. 우리는 경제 영역 안에서 이마에 땀 흘리며 열심히 일하고, 바로 그 노동의 대가로 자신과 가족을 부양합니다. 그러나 경제는 인간의 욕망과 탐욕, 이익추구의 자리이기도 하며, 개인도 그러하고 집단도 그러합니다. 특히나 기업은 기업의 목적인 **이윤추구**를 향해 달려가다 보면 이윤추구가 **탐욕**으로 쉽게 변하게 됩니다. 이를 억제하기 위해 국가는 **각종 법률과 규제와 점검을 통해서** 기업의 무분별한 이윤추구를 통제해야 합니다.

4. 사회교리는 인간 사회로 하여금 언제나 모든 차원에서 인간에게 **봉사**하기를 바라고 또 이를 **지향**하라고 가르칩니다. 이런 사회는 당연히 모든 **인간과 선인석인 인간의 선**을 으뜸 목표로 삼고 있습니다. 다시 말해 그 중심에 **공동선**이 자리하고 있는 것입니다. 인간은 다른 인간과 함께 존재하며, 다른 인간을 위해 존재하기에 자기 자신만으로는 완성을 이룰 수 없습니다. 따라서 자신의 생각에만 머물러서는 안 됩니다. 실질적인 실천을 통해 기존 사회생활에서 발견되는 의미와 진리, 그리고 선을 끊임없이 추구해야만 한다는 것입니다(「간추린 사회교리」, 165항 참조). 세상 안에서 그리스도인으로 남을 위해 살아간다는 것은 바로 자신의 이익을 포

기하고 **공동체 전체의 이익**을 위해 살아간다는 것을 말합니다. 지나친 개인주의가 인간 정신을 지배하고 있는 상황에서 공동선을 강조하는 것은 우리가 잊고 있는 **공동체 정신의 회복**을 상기시키는 일입니다. **나를 먼저 포기하는 삶**, 그것이 바로 공동선의 원리를 세상 안에서 실현하며 살아가는 삶입니다.

59. 공동선의 원리에 대한 사회교리의 가르침은 무엇인가요?(II)

1. 가톨릭교회의 교리서는 공동선을 이루는 요소로 세 가지를 말하고 있습니다. 공동선은 ①인간을 인격체로 존중할 것을 전제로 하고, ②사회의 안녕과 집단 자체의 발전을 요구하며, ③평화를 지향한다는 것입니다. 공동선의 첫째 요소는 바로 **인간 그 자체**로써, 모든 사회교리 원리들은 인간에서 출발하고 인간을 목표로 한다는 것입니다. 모든 인간이 존엄하기 때문에 일치와 평등도 이야기할 수 있습니다. 또 인간은 다른 인간과 더불어, 다른 인간을 위하여 존재하는 것입니다. 교회는 올바른 사회는 바로 **공동선을 지향**하고, 그것을 **으뜸 목표로 삼는 사회**라고 말합니다.

2. 더 나아가 공동선이야말로 사회생활의 의미를 이루는 요소이며, 사회 자체가 존재하는 **참된 이유**라고 강조합니다. 가톨릭교회는 공동선이 **정치 공동체**에서 가장 완전하게 실현된다고 말하고 있습니다. 시민 사회, 시민(국민), 중간 집단들의 공동선을 보호하고 증진하는 것이 바로 **국가의 역할**입니다. 국가가 공동선을 보호하고 증진하는 임무를 제대로 수행했는지 여부는 보수, 진보의 가치를 지키는 것보다 더 근원적이고 중요한 일입니다. 바로 공동선과 연관돼 있기 때문입니다. 그리스도인인 이상 우리는 우리들만을 위한 삶이 아니라 **공동선을 위해 살아야 할 의무**가 있는 존재입니다.

60. 연대성의 원리에 대한 사회교리의 가르침은 무엇인가요?(I)

1. 연대성의 원리로 인해 인간은 다른 사람 또는 다른 집단이 겪는 곤궁과 비참과 불의를 외면하지 않습니다. 단순히 안됐다고 동정하는 것이 아니라 공동선을 위해 투신하려는 결의를 굳히게 됩니다. 따라서 연대성의 원리는 **모든 사람이 서**

로 깊은 유대를 맺고 있다는 사실을 깊이 인식하도록 해줍니다. 인간 존엄성의 원리를 바탕으로 하는 공동선의 원리와 보조성의 원리, 그리고 연대성의 원리는 사회생활의 모든 국면에 적용할 수 있습니다. 나 자신은 물론, 내가 몸담고 있는 조직이나 단체의 삶을, 이 원리들에 비추어 점검해보고 이 원리들을 실천하는 방향으로 바로잡는 노력이 필요합니다. 인간 존재가 사회성을 지니고 있다는 것은, 인간이 속해 있는 사회 안에서 공동선 이용에 함께 참여해야 한다는 사실을 포함합니다. 사실 오늘날에는 이러한 공동의 참여가 개인 차원이나 작은 집단 사이에서만 있는 것은 아닙니다. 전 지구적 차원으로 확대돼 **상호 의존성**이란 표현으로 나타나는데, 이것을 가톨릭교회의 사회교리에서는 **연대성(Solidarity)**이라고 부릅니다. 연대성 개념은 전체 혹은 공동의 이익에 참여하는 것임을 알 수 있으며, 따라서 연대성은 **인간들이 깊이 연계해 서로 원조를 주고받는 것**을 뜻합니다. 이러한 연대성 개념은 흔히 **형제애, 원조, 상호이해** 등으로 이해되고 있습니다. 가톨릭교회는 이 연대성의 개념을 통해 모든 인간이 **고유한 인격체**이며, 동시에 **사회적 본성을 지니고 있다**고 가르치고 있습니다. 이러한 사회성으로 인해 인간은 서로 도울 때 비로소 **가장 인간적인 삶**을 살 수 있고, 이런 도움을 통해 **자기 발전**을 이룩할 수 있습니다.

2. 이런 연대성의 감각은 예수 그리스도의 공생활에서도 그 근거를 찾을 수 있습니다. 예수님의 공생활은 그야말로 **파격적 삶의 연속**이었습니다. 고통과 시련의 연속, 그것도 십자가에서 죽기까지 철저히 파괴되고 오해된 인간의 모습으로 나타납니다. 그분의 제자들과 친구들인 창녀, 세리, 어부, 혁명 당원, 장애인, 고아, 과부, 이방인들은 사회적 성공과는 전혀 상관이 없는 사람들이었습니다. 인간의 상식을 뛰어넘는 예수님의 삶은 그야말로 **죄인들과 함께하는 삶**이었습니다. 더 나아가 예수님께서는 인간 공동체 안에서 가장 힘들고 어렵고 버림받은 가난한 사람들과 함께하는 **연대의 삶**을 사셨습니다. 그러나 예수님은 그들을 가난, 질병, 고통으로 인해 좌절하고 포기하는 삶 속에 내버려 두지 않으셨습니다. 그들이 다시 일어설 수 있다는 **희망의 삶**을, **고통을 넘어서는 기쁨의 삶**을 보여주셨습니다.

3. "하느님은 당신 백성의 나약함을 취하시고, 그들과 함께 걸어가시며, 그들을 구원해 주시고, 하나 되도록 해 주시는 분이시다. 인간은 자신이 속한 사회에서 그 생활이 아무리 모호하고 모순투성이로 보인다하더라도 예수님을 통해 그리고 예수님 덕분에 그 사회를 생명과 희망의 장소로 재발견할 수 있게 한다."고 밝히

고 있습니다(『간추린 사회교리』, 196항). 예수님께서는 연대성과 사랑의 관계를 모든 사람에게 밝게 비추어 주심으로써 이 관계의 온전한 의미를 밝혀 주셨습니다. 신앙에 비추어 볼 때 연대성은 그 자체를 초월해 **전적인 무상성, 용서**, 그리고 **화해**와 같은 그리스도교적인 차원을 띠고 있습니다. 주님이신 예수 그리스도께서는 우리 인간에게 연대의 삶을 몸소 보여주셨습니다. 그리스도인으로서 우리가 세상 안에 살며 이웃들과 함께 연대해야 하는 이유는 바로 이러한 **예수님의 삶**에 그 근거를 두고 있기 때문입니다.

61. 연대성의 원리에 대한 사회교리의 가르침은 무엇인가요?(II)

1. 가톨릭교회의 사회교리에서의 참여는, 공동선을 지향하기 때문에 자기만의 뜻을 가지고 참여하기보다는 **함께함**을 이룰 때 그 참다운 의미가 이루어집니다. 그 함께함을 **연대**라고 하며, 사회교리의 기본 원리인 연대성의 원리를 이루는 것입니다. 연대란 그저 약한 이들끼리 힘을 모아 더 강한 힘을 만들어 내는 정도가 아니라, 사회구조적인 악을 물리치는 원동력을 말합니다.

2. 요한 바오로 2세 교황 회칙 「사회적 관심」에서는 이것을 죄의 구조라는 틀에서 설명하고 있습니다. 교황은 우리를 괴롭히는 세계를 만들어 내는 원인들로 사회 정치적 분석에서 말하는 이기심, 편견, 정치적 오산, 현명치 못한 경제적 결정 등을 신앙 윤리적으로 **죄와 죄의 구조**(structures of sins)라는 틀로 해석합니다. 특히, 이웃에 대한 십계명을 준수하지 않는 것은 하느님을 상심시켜드리고 이웃을 해하는 것이라는 점, 이 배후에는 돈, 계급, 기술 공학, 이데올로기 등의 **우상 숭배**가 자리한다는 것을 말합니다.

3. 이와 같은 죄를 극복하기 위해서 **정신적인 자세**를 바꾸려는 **결정, 용기**가 필요합니다. 윤리적으로는 죄에서, 그리고 죄의 구조에서 벗어나는 태도의 전환이므로 **회개**라 할 수 있습니다. 이는 우리 삶 안에서, 특히 모든 인간이 서로 연관을 맺고 살아가는 오늘의 사회 안에서 공동선에 투신하겠다는 강력하고 지속적인 결의로 나타나야 하는 것이며, 이것이 바로 연대성을 의미합니다. 연대성이란 막연한 동정심이나 피상적인 근심 정도에 머무는 것이 아닙니다. 하느님 안에서 한 형제임을 깨닫고, 정의의 정신 안에서 공동선에 투신하는 것, 그것이 바로 **형제애**이고 **연대**인 것입니다.

62. 보조성의 원리에 대한 사회교리의 가르침은 무엇인가요?(1)

1. 보조성의 원리가 잘 지켜질 때 사회 **중간 단체**들은 그들 고유의 임무를 다른 **상위 단체**들에게 부당하게 양도하도록 강요받지 않고, 제 임무를 적절히 수행할 수 있습니다. 그러나 보조성의 원리가 잘 지켜지지 않을 경우에는, 사회 중간 단체들은 결국 상위 단체들에 **흡수**되거나 **대치**되어 **고유의 품위**와 **본연의 위치**를 잃게 됩니다. 따라서 보조성의 원리가 잘 지켜지려면 하위 단체와 상급 단체 양측 모두의 **적절한 처신**이 요구됩니다. 보조성의 원리는 공동선의 원리와 함께 사회교리의 기본 원리가 되는데, 보조성은 예비 또는 보조를 뜻합니다. 이 단어는 로마시대의 군사 용어로서 전방에서 싸우는 부대를 지원하기 위한 **후방 예비부대**를 지칭하는 말이었습니다. 고대 국가 시절의 전쟁 개념에서 이러한 예비부대는 여러모로 중요한 의미를 지니고 있었습니다. 아무리 강한 전투력을 지닌 군대라 하더라도, 군수물자의 보급이나 예비 병력의 보충은 전투에서 승리하기 위한 필수적인 요소였습니다. 이러한 보조성의 개념을 사회문제에 적용한 것이 바로 보조성의 원리입니다. 이 원리를 사회생활에 적용하면 더 큰 사회단체가 개인 혹은 더 작은 사회단체를 위해 취하는 **보충적인 조치**라고 말할 수 있습니다.

2. 사실 인간은 공동체 안에서 **개인, 소집단, 대집단**의 구성원으로 살아갑니다. 예를 들어 나란 존재는 한 개인으로서 인격성을 지니고 살아가는 고유한 존재인 동시에, 지역 사회 안에서 시민으로, 또 동시에 국가의 국민으로 살아갑니다. 또한 한 개인은 장소와 시간에 상관없이 같은 존재지만 시대와 환경과 상황 안에서 다른 상위 집단과 유기적 인과관계를 맺으며 살아갑니다. 그런데 이러한 나 개인은 소집단, 대집단의 구성원으로 살아가면서 여러 가지 **가치 혼란과 충돌**을 일으킵니다. 이때 이러한 가치 혼란과 충돌을 피하고 더 완성된 나를 형성하는 데 필요한 원칙이 바로 **보조성의 원리**입니다.

3. 그렇다면 가톨릭교회는 왜 보조성의 원리를 주장하는가? 그 이유는 첫째로, 더 큰 상위 집단의 지나친 개입을 반대하고 **개인의 권리와 능력을 보호하기 위해서**입니다. 이처럼 개인이나 작은 소집단 사회를 우선시하는 이유는 **공동선의 촉진**을 위해서입니다. 만일 큰 집단이 개인이나 보다 작은 소집단 사회를 우선시 하지 않는다면, **국가주의**(Nationalism)나 **전체주의**(Totalism)[12] 같은 이념적 사고

---

12) 국가주의는 국가를 가장 우월적인 조직체로 인정하고 국가 권력이 경제 및 사회

안에서 개인이나 소집단의 권리가 **침탈**될 수 있습니다. 공공의 이익보다는 특정 집단의 이익을 추구하게 될 위험성이 큽니다. 둘째로, 더 큰 집단이 개인 및 작은 집단을 보조하고 도와줄 **의무와 능력**이 있기 때문입니다. 이때 큰 집단의 보조는 개인 또는 작은 집단의 역량이나 의지가 약하면 약할수록 그 보조의 폭과 정도가 커지기도 합니다. 이때 주의해야 할 것은 그러한 보조가 **제한적이고 일시적**이어야 한다는 것입니다. 더 큰 상위의 집단이 취하는 보조, 보완의 역할에는 필연적으로 한계가 있다는 것을 잊지 말아야 합니다.

4. 보조성의 원리는 **사회의 고위 권력의 남용**에서 사람들을 보호합니다. 개인과 중간 단체들은 자신의 의무를 완수할 수 있도록 고위 권력들이 도와주기를 요구합니다. 따라서 보조성의 원리는 특정 형태의 **중앙집권화**와 **관료화**와 **복지지원**을 반대하는데, 이는 공적 기능에 대한 국가의 부당하고 과도한 개입을 반대하기 때문입니다(「간추린 사회교리」, 187항 참조). 가톨릭교회는 레오 13세 교황의 첫 사회 회칙 「새로운 사태」에서 빈부 격차와 노동 문제 해결을 위한 국가 개입을 말하면서 처음으로 이 보조성의 원리를 간접적으로 언급했습니다(「새로운 사태」, 26항 참조). 그리고 비오 11세 교황은 「사십주년」에서 보조성의 원리에 대해 직접 언급했습니다(「사십주년」, 35항 참조). 당시는 공산주의의 팽창과 우익독재의 등장으로 인해 국가 권력이 지나치게 확대되는 시기였습니다. 그래서 비오 11세 교황은 정치적 독재에 반대해 인간 존엄성과 인권을 보호하는 것을 중요하게 생각하면서 보조성의 원리를 강조했던 것입니다. 이러한 보조성의 원리는 이후 후임 교황들을 통해 지속적으로 재확인되었습니다.(「어머니요 스승」, 53, 117항; 「백주년」, 14, 48항 참조)

정책을 통제해야 한다고 주장하는 신조이다. 국가주의는 자본주의 질서를 유지하기 위해 최소한의 사법집행 기관만을 인정하는 야경국가 체제부터 최대한의 통제적 국가를 의미한 전체주의, 오직 국가의 권력을 위해 개인이 존재하는 파시즘, 생산수단을 국가가 소유하고 국가에 의해 자원이 할당되는 국가 사회주의 등 다양한 형태를 포괄하는 개념이다. 국가주의의 철학적 연원은 "국가는 최고의 도덕"이라고 주장한 고대 철학자 플라톤에 소급된다. 하지만 직접 민주주의 체제였던 고대 그리스에서 개인과 국가의 대립은 부각되지 않았고 중세 유럽에 들어서 보댕의 주권이론과 홉스의 사회계약론에 의해 국가주의의 사상적 기초가 완성됐다. 자본주의 국가에 의한 생산수단의 독점화를 기반으로 하는 국가주의의 사례로는 근대 독일의 국가사회주의를 예로 들 수 있다.

63. 보조성의 원리에 대한 사회교리의 가르침은 무엇인가요?(II)

1. 가톨릭교회의 사회교리는 언제나 **인간에서 출발하고 인간을 목적**으로 합니다. 공동선도 마찬가지이며, 공동선을 위해 개인이 희생을 감수해야 하는 것이 아님을 교회는 보조성의 원리로 분명히 말하고 있습니다. 비오 11세 교황 회칙 「사십주년」에서는 "개인의 창의와 노력으로 완수될 수 있는 것을 개인에게서 **빼앗아 사회에 맡길 수 없다**. 한층 더 작은 하위의 조직체가 수행할 수 있는 기능과 역할을 더 큰 상위의 집단으로 옮기는 것은 불의고 중대한 해악이며, 올바른 질서를 교란시키는 것이다. 모든 사회 활동은 본질적으로 사회 구성체의 성원을 돕는 것이므로 그 성원들을 파괴하거나 흡수해서는 안 된다."고 강조합니다. 모든 상위 질서의 사회(조직)는 하위 질서의 사회들에 대해 **지원과 증진, 발전의 자세**를 갖춰야 합니다.

2. 예를 들면 국가는 고유하게 국가에 속하고 오직 국가만이 할 수 있는 임무를 수행합니다. 지방자치단체라든지 시민사회·단체들을 감독하기보다는 그들이 고유 역할을 수행할 수 있도록 그들의 공간을 법적·제도적으로 열어 주는 **보조 역할**을 해야 합니다. 또 상위 사회의 권위 남용으로부터 사람들을 보호해야 합니다. 개인들과 중간 단체들이 자기 의무를 완수할 수 있도록 상위 권위들이 도와주어야 하며, 반면 모든 사람들과 중간 단체들은 공동체에 나름대로 기여해야 합니다. 이처럼 공동선의 원리와 보조성의 원리는 **상호 보완 관계**에 있습니다.

64. 재화를 사용하는 보편적 목적을 사회교리는 무엇이라고 가르치나요?(I)

1. 재화를 사용하는 보편적 목적에 있어서 교회는 사유재산권을 ①자연권이며 절대적 권리인 공동 사용권이고, ②재화의 보편석 목적과 사용에 종속되는 사직 소유권이며, ③타인의 이익과 공동선에 기여하는 사회적 기능으로서의 재화의 소유이고, ④가난한 이들을 위한 사회적 약자에 대한 우선적 선택(사랑)의 원리라고 가르치고 있습니다. 인간이 가질 수 있는 사유재산권은 과연 절대적이며 무제한일까? 교회는 이를 인간 자유의 관점에서 이해합니다. "사유재산은 인간의 노동을 통해서, 지성을 사용하여 재화를 자기 것으로 만든 것이다. 사유재산과 재화에 대한 다른 형태의 사적 소유권은 개인과 가정의 자립에 반드시 필요

한 조건을 각 개인에게 제공하는 것이다. 이는 인간 자유의 신장으로 여겨야 한다. (…) 이는 책임을 이행하도록 자극을 줌으로써 시민자유의 한 조건을 이룬다"(『간추린 사회교리』, 176항)는 것입니다.

2. 이처럼 사유재산권은 자유의 영역에서 이해할 수 있고, 그 소유권을 행사하는 주체에게 객관적 이득을 가져다줍니다. 그러나 사유재산권이 시민 자유의 한 조건이라고 절대시하면 가혹한 예속화를 가져옵니다. 어디까지나 재화는 삶의 조건일 뿐 목적이 될 수는 없다는 것입니다. 또한 많은 이득을 가져다주고 시민자유와 권리라 여기는 이 사유재산권이 과연 절대적이며 무제한인가 살펴봐야 합니다. 재화로 인한 치명적 부작용을 교회는 재화에 대한 **민족·사회·사람의 가혹한 예속화**라고 표현하고 있습니다. 사람이 재화의 노예가 됨으로써 자아를 상실하고 책임마저 잃어버리게 됩니다. "재화는 유혹을 일으키는 기만적 약속만 가져다줄 수도 있다. 재산의 역할을 지나치게 절대시하는 민족이나 사회는 결국 가장 가혹한 예속화를 겪기 마련이다. (…) 분별없이 자기가 가진 재화를 우상시하는 사람은 그 재화에 예속되고 그 노예가 되어 버린다."(『간추린 사회교리』, 181항)는 것입니다.

3. 끝으로 재화 사용의 보편적인 목적 중의 하나는 **가난한 이들을 위한 우선적 선택(사랑)**의 원리라고 교회는 가르치고 있습니다. "애덕의 실천은 자선 행위에만 국한된 것이 아니라 빈곤 문제의 사회적, 정치적 차원에 대처하는 것도 포함하고 있다"(『간추린 사회교리』, 184항)고 말합니다. 빈곤 원인이 개인의 도덕적 결함일 수도 있지만 사회 정치의 구조적 불의와 불완전함에도 있다는 뜻입니다. 가난한 이들에게 선행을 베풀 때, 우리는 우리 것이 아니라 그들의 것을 돌려주는 것입니다. 자비를 베푸는 것이라기보다는 우리에게 맡겨진 정의 의무를 수행하는 것입니다. 공의회 교부들은 "정의에 따라 이미 주었어야 할 것을 마치 사랑의 선물인 양 베풀어서는 안 된다"고 밝히고 있는데, 이는 우리가 그리스도인에게 주어진 의무를 올바로 수행해야 한다는 것을 말하는 것입니다.

65. 재화를 사용하는 보편적 목적을 사회교리는 무엇이라고 가르치나요?(II)

1. "이제 내가 온 땅 위에서 씨를 맺는 모든 풀과 씨 있는 모든 과일나무를 너희에게 준다. 이것이 너희의 양식이 될 것이다."(창세 1,29). 이처럼 하느님께서는 세상

을 창조하시고, 인간이 땅을 일구어 그 열매를 따먹게 하셨습니다. 그 열매는 단지 첫 인류인 아담과 하와만을 위한 것이 아니라, 첫 인류부터 마지막 인류까지 모든 이를 위하여 하느님께서 마련하신 것입니다. 이렇게 하느님 창조의 열매는 특정한 몇몇 사람이나 특별한 인종 또는 소수의 계급에게 주어진 것이 아닙니다. 모든 인류에게 보편적으로 주어졌다는 것이 가톨릭교회의 사회교리가 말하는 지상 재화의 보편적 목적 원리가 뜻하는 것입니다.

2. 즉, 하느님께서는 땅과 그 안에 있는 모든 것을 모든 사람과 모든 민족이 사용하도록 창조하셨습니다. 따라서 창조된 모든 재화는 사랑을 동반하는 정의에 따라서 공정하게 모든 사람에게 풍부히 돌아가야 합니다(「사목헌장」, 69항 참조). 이런 의미에서 가톨릭교회는 사유재산권을 부정하지 않지만, 반대로 최고의 가치로도 인정하지 않습니다. 오히려 사유재산에 대한 권리보다는 **지상 재화의 공동 사용권**이 우선이고, 사유재산에 대한 **권리의 한계와 범위를 적절하게 규제하는 것**이 필요하다는 입장입니다.

3. 이러한 신앙의 빛으로 비추어 볼 때, 신앙인들은 사유재산과 자본의 증식을 우선적으로 생각하는 **시장 중심의 자본주의**에 대해 다시 생각해보아야 합니다. 오늘날 우리 사회가 마치 금과옥조로 여기는 **성장** 또는 **시장**에 대해서 경계해야 합니다. 경제성장만 하면 모두가 잘 살 수 있는 것처럼 생각합니다. 그렇게 되면 시장이 지상 재화를 모두에게 골고루 분배해줄 수 있을 것처럼 말하지만 사실은 그렇지 않습니다. 경제성장은 필요한 것이나 그것으로 모든 사람이 잘살게 되는 것은 아닙니다. 시장의 기능이 재화를 모두에게 적절하게 분배하는 것이라고 말하지만, 오히려 시장의 법칙 때문에 모든 이에게 재화가 제대로 분배되지 않는 것이라고 할 수도 있습니다.

4. 지구상의 곡식은 부족함이 없는데 아직도 많은 이들은 굶주려야 합니다. 지구상의 의료품은 모자람이 없는데 아프리카의 어린이들은 질병에 시달여야 합니다. 그 이유는 바로 **시장의 법칙** 때문입니다. "모든 사람이 먹을 만큼 충분한 양식이 있다는 것을 알고, 굶주림은 재화와 소득의 불의한 분배 때문이라는 사실을 알기에 분노"하시는(「복음의 기쁨」, 191항) 프란치스코 교황님의 말씀을 묵상해보아야 합니다. 경제가 성장한다고 모두가 잘 사는 것도 아니고, 기업이 잘된다고 모두에게 이익이 돌아가는 것도 아닙니다.

5. **사유재산권**과 **시장의 자유**에 **일정 부분 규제**를 가해야 합니다. 동시에 **사회**

보험과 **사회보장**을 더욱 확대하는 등, 이른바 **보편적 복지**를 더욱 확대해 나가야 합니다. 자산조사를 통한 선별적 복지의 결과는 사회 통합이 아니라 분리입니다. 가난한 이들을 포용하는 것이 아니라 배제시키는 것입니다. 그러므로 사회보험과 사회보장을 통한 보편적 복지를 확대하는 것이 바로 **재화의 보편적 목적**을 그 나름대로 실현하는 길입니다(「사목헌장」, 69항 참조). 그것이 바로 공동선의 증진입니다. 이 방향이 윤리적으로 옳은 길일 뿐만 아니라, 현실적으로 **우리 모두가 함께 잘 사는 길**이기도 합니다.

제2장 • 가정 공동체생활과 사회교리

66. 가정의 기본 토대인 혼인에 대한 사회교리의 가르침은 무엇인가요?

1. 가톨릭교회는 혼인의 가치를 어떻게 이해할까? 교회는 혼인이 가정의 토대를 이루는 가장 기본임을 잘 알고 있습니다. 따라서 「간추린 사회교리」에서는 남녀 간 결합인 혼인이 **하느님과 깊은 연관성**을 맺고 있음을 강조합니다. "부부와 자녀와 사회의 행복을 지향하는 이 신성한 유대는 인간의 마음에 좌우되지 않는다. 하느님께서 바로 여러 가지 선과 목적을 지닌 혼인의 제정자이시다. 그러므로 창조주께서 제정하시고 당신의 법칙으로 안배하신, 생명과 사랑의 내밀한 부부 공동체인 혼인 제도는 인습이나 법 규범의 결과가 아니다. 하느님의 뜻에 따라 지속적으로 이어져 온 것이다."(「간추린 사회교리」, 215항)라고 명시하고 있습니다.

2. 혼인은 두 배우자가 서로 주고받는 **인격적 행위** 안에서 태어나는 제도입니다. 자신을 다른 한 사람인 배우자에게 온전히 내어 주겠다는 공개적 동의를 통해 이루어집니다. 따라서 어떠한 권력이나 세력도 혼인에 대한 이러한 **천부적 권리**를 폐지하거나 **혼인의 특성**이나 **목적 자체**를 바꿀 수 없습니다. 두 배우자가 서로에게 충실하며, 서로 돕고, 자녀를 받아들이기로 약속한 이 혼인의 유대는 **하느님 앞**에서 이루어집니다. 이 혼인 유대는 절대로 인간의 힘으로는 깨트릴 수 없는 **불가해소성**을 지닌 고유한 것입니다. 따라서 가톨릭교회는 이러한 인격적 만남인 혼인을 강조하면서 **일부다처제나 일처다부제를 반대**하고 있습니다. 이는 남자와 여자의 동등한 존엄성에 위배되기 때문입니다(「간추린 사회교리」, 216-217항 참조). 올바른 인간 인격이 형성되려면 **가정의 역할**이 무엇보다 중요하며, 또한 이러한 가정의 출발은 **건강한 혼인생활**을 통해 시작됩니다. 그런데 성당이 아닌 결혼식장에서 혼인서약을 하는 신자들이 점점 느는 것을 보면 신자들이 **혼인성사의 중요성**을 충분히 깨닫지 못하고 있다고 하겠습니다.

67. 신앙의 요람인 가정에 대해 사회교리는 어떻게 가르치고 있나요?

1. 본당에서 사목하시는 사제들의 고민 중 하나는 바로 **어린이, 청소년들에 대**

한 **신앙교육**입니다. 담당 사제가 어린이와 청소년들을 돌보아야 하는 책임은 마땅하나 그것이 오로지 담당 사제의 역할만은 아닙니다. 바로 **공동체**와 **가정의 책임**이 더 큽니다. "신부님, 우리 애 사람 좀 만들어 주세요!", "신부님, 우리 애가 공부를 열심히 하게 해 주세요!" 이런 부탁을 하실 수 있습니다. 그러나 그것은 가정과 부모의 역할이 충분히 이뤄질 때 가능합니다. 마태오 복음의 헤로디아의 딸은 아버지 헤로데의 생일잔치에서 재롱의 선물로 요한 세례자의 목을 요구합니다. 어린 소녀가 저지른 이 끔찍한 행동에 전율을 느끼게 됩니다. 그러나 결국 그것은 어린 소녀의 책임이기에 앞서 탐욕스럽고 무책임하며 악덕으로 가득 찬 어른들, 즉 헤로디아와 헤로데의 책임이라고 할 수 있습니다.

2. 한국사회에서 입시는 중요합니다. 진학과 입시는 자아실현과 행복을 위해 중요하지만 그보다 훨씬 중요한 것이 바로 **신앙교육**입니다. 오늘날 교육은 대학입시, 우수한 성적 등에 집중돼 있습니다. 그러다 보니 **도덕**과 **인성교육**과 **신앙교육**에 소홀합니다. 심지어 신앙생활을 **기복**과 **성취**를 위한 도구로 인식하기도 합니다. 또한 자녀가 성당에 다니는 것을 오히려 제한하는 부모도 있습니다. 이 얼마나 하느님 보시기에 부끄러운 것입니까? 올바른 신앙이 없는 자녀 교육은 또 다른 헤로디아의 딸을 만들어 내는 것이며, 결국 어른들과 부모의 **커다란 죄**입니다. 오늘날 많은 이들이 가정의 위기에 대해 이야기하나, 그 본질적 원인은 **도덕, 윤리, 신앙과 같은 정신적 가치를 경시하고, 신앙생활을 소홀히 한 데 있습니다.** 아이들보다도 **어른들이 문제**입니다. "영성 없는 지식이 얼마나 위험합니까!"(프랑수아 바리용 신부)

3. 사랑으로 맺어진 가정은 그리스도인으로서 살아가는 방법과 신앙을 배우는 곳입니다. 예수님께서도 나자렛의 성가정에서 자라셨습니다. 이렇듯이 가정은 풍요로운 인간성과 올바른 가치관, 생명존중을 배우는 첫 번째 학교이자 작은 교회입니다. 가정에서 부모는 **깊은 관심과 사랑**으로, 또 **대화, 신뢰, 친교, 기도, 인내와 믿음**으로 자녀들을 길러야 합니다. 또한 자신이 하느님의 사랑을 받는 **귀한 존재라는 것**, 진정으로 **사랑받고 있다는 것**을 체험할 수 있도록 해야 합니다. 각종 기관이나 단체에서 실시하는 어떠한 교육 프로그램도 그런 가정의 역할을 대신할 수 없습니다. 가톨릭교회의 사회교리에서도 가정 안에서의 신앙교육을 매우 중요하게 다룹니다(「간추린 사회교리」, 238-243항 참조). 가정에서 먼저 노력해야 합니다. 가정은 자녀들이 하느님과 동행하도록 신앙교육을 철저히 해야 하는데, 여기에는 부모님의 역할과 책임이 큽니다. 가정은 자녀 양육에

서 누구도 대신할 수 없는 **유일무이한 역할**을 맡습니다. 부모의 교육 권리와 의무는 부모와 자녀 간의 특유한 사랑의 관계 때문에, 타인들의 교육 역할과 비교해 볼 때 **본래적이고 일차적인 것**이라고 할 수 있습니다.(「간추린 사회교리」, 238-239항 참조)

68. 사회교리의 출발점인 가정 공동체에 대한 사회교리의 가르침은 무엇인가요?

1. 오늘날 한국사회는 가정 공동체의 모습에서 큰 변화를 겪어 왔습니다. 6·25전쟁 전에는 농업 위주의 **대가족 중심**의 가정이었지만, 7, 80년대 산업화 이후 점차 **핵가족 형태**로 가정의 모습이 변화됐습니다. 21세기 한국사회는 고용의 불안정과 경제적 어려움으로 결혼 시기는 점점 늦어지고 **독신생활자**, **1인 가정**이 점점 늘어나는 추세입니다. 늦은 나이의 결혼은 **출산 문제**로도 이어져 고령의 출산에 따른 산모와 아이의 건강 문제도 잇달아 발생하게 되었습니다. 더군다나 신생아 출생률은 세계 최하위라는 불명예까지 얻게 되었습니다. 자녀를 낳지 않는 풍조가 결국 사회구조 전체를 흔드는 새로운 사회문제로 대두하고 있는 것이 한국사회의 현실입니다.

2. 가정은 생명을 유지하는 **가장 기초적인 공동체**입니다. 부부는 상대방에 대한 인격적인 사랑을 통해 본성상 자녀를 낳아 기르며, 그러한 자녀들의 모습 속에서 행복을 누릴 수 있게 됩니다. 그러나 오늘날 우리 사회는 **개인주의**와 **황금만능주의**의 영향으로 인해 점차 **혼인과 출산**이라는 **전통적이고 소중한 가치들**을 잃어버리고 있습니다. 가톨릭교회의 사회교리에서는 인간의 존엄성이 바로 가정에서부터 시작한다는 것을 가르치고 있습니다. 부부는 인격적인 사랑을 통해 한 가정을 이루고 그 안에서 자녀를 출산함으로써, 생명의 소중함을 지켜내는 사람들임을 강조합니다. 이러한 부부 사랑은 본성상 생명을 받아들이도록 열려 있습니다. 하느님에게서 오는 **선함과 충만함**을 선포하도록 부름 받은 인간은 **출산의 임무를 수행**함으로써, 그 **존엄성**을 탁월하게 드러냅니다. 또한, 이러한 출산은 가정의 **사회적 주체성**을 표현하며, 사회의 토대가 되는 세대 간 **사랑과 연대의 역동성**을 활성화합니다. 출산을 통해 비롯된 아기의 생명은 생명을 부여해 준 사람들인 부모를 위한 선물이 되는 것입니다.(「간추린 사회교리」, 230항 참조)

3. 가톨릭교회는 가정을 **최초의 자연 사회**로서 명확하게 표현하고 있습니다. 이처

럼 가정이 개인과 사회에 지니는 중요성과 중심성은 **성경**에 거듭 강조돼 나타나고 있습니다. 창조주 하느님의 계획에 따라 가정은 개인과 사회를 위한 **인간화의 첫 자리**이며, **생명과 사랑의 요람**임을 가톨릭교회는 가르치고 있습니다. 주님의 **사랑과 충실성**, 그리고 이러한 사랑에 응답할 **필요성**을 배우는 곳이 바로 **가정**입니다. 교회는 성경 메시지에 비추어서 가정을 고유한 근본 권리를 지닌 최초의 자연 사회로 여기며, 가정을 **사회생활의 중심**에 두고 있습니다(「간추린 사회교리」, 210-211항 참조). 사회교리의 출발점 역시 이 **가정 공동체**에서 시작된다고 말할 수 있습니다. 따라서 가정 공동체가 파괴된다면 결국 사회 공동체 전반의 붕괴를 초래할 수밖에 없습니다. 오늘날처럼 점점 무너져 가는 가정을 다시 살려야 하는 이유가 바로 여기에 있습니다. **진정한 사회 복음화를 완성**하기 위해서는 무너져 가는 가정 공동체를 먼저 살려야만 합니다.

69. 인간사회의 시작인 가정에 대해 사회교리는 어떻게 말하고 있나요?

1. 최근 들어 아동학대와 유아살해로 이어지는 사건소식을 끊임없이 접하게 되면서, 그 끔찍한 사건의 발생장소가 가정이라는 사실에 또 한 번 경악하게 됩니다. 그리하여 가톨릭교회의 사회교리는 인간사회의 시작인 **가정의 중요성**을 첫 번째로 강조합니다. 인간의 생명과 사랑이 가정의 요람 안에서 태어나고 자란다는 점을 생각할 때 가정은 매우 중요합니다. 가정은 임신을 통해 자신의 심오한 내면에서부터 다른 인격체와 친교를 이룹니다. 다른 사람들에게 자신을 내어 주도록 부름 받은 **새 인간**을 선물로 받고, 또 새로 태어난 아기는 가정에서 성장하며 자신의 능력을 기를 수 있습니다. 자신의 **존엄성**을 의식할 수 있고, 반복될 수 없는 자신의 **운명**에 대비할 수 있는 유일한 장소가 바로 가정입니다(「백주년」, 39항 참조). 가정을 통해 인간은 가족 구성원들을 결합시키는 자연스러운 애정의 분위기 안에서 자신의 인간됨을 온전히 **인식**함으로써 이에 대한 **책임**을 배우게 됩니다.

2. 가정 안에서 개인은 언제나 수단이 아닌 **목적**으로서 관심을 한 몸에 받습니다. 이러한 토대 위에 세워진 사회는 개인주의나 집단주의에 빠져드는 것을 막아주는 가장 좋은 보증입니다. 따라서 가정은 **사회나 국가가 수행해야 할 역할**보다 더 중요하고 가치가 있습니다. 그렇기 때문에 가정이 사회나 국가를 위하

여 존재하는 것이 아니라 사회와 국가가 가정을 위한 **보조성의 원리**를 준수하기 위해 존재하는 것입니다. 가정의 토대는 혼인을 통하여 서로 결합될 배우자를 자유롭게 선택하고, 인간이 아니라 하느님께 의존하는 **혼인 제도의 의미와 가치를 존중**하는데 있습니다. 혼인의 특성은 부부가 자신의 모든 **인격적, 육체적, 정신적 측면**에서 상대방에게 자신을 내어주는 전체성에 있습니다. 또 부부를 한 몸이 되게 하는 일치, 상호 간의 확고한 자기증여에 필요한 **불가해소성**과 **충실성**, 그리고 혼인으로 자연스럽게 받아들이게 되는 **자녀 출산**이 혼인의 특성이라 할 수 있습니다.

3. 혼인은 부부의 출산만을 위해 제정된 것이 아닙니다. 그렇기 때문에, 자녀를 몹시 바라지만 부부 생활을 통해서 자녀를 얻을 수 없을 때에도 혼인의 불가해소성과 친교의 가치는 여전히 유효합니다. 이러한 경우 버려진 아이들을 입양하거나 타인에게 필요한 봉사를 함으로써 그들의 헌신을 드러낼 수 있습니다.(『가톨릭교회 교리서』, 2379항 참조). 무엇보다도 혼인성사는 바로 그리스도께서 신부인 교회에 보여주시는 사랑의 십자가 봉헌으로 완성에 이르는 사랑입니다. 혼인은 세상에 **그리스도의 사랑을 드러내는 징표이며 도구인 성사**입니다. 한 남자와 한 여자의 사랑으로 맺어지는 계약입니다. 부부와 부모에게 주어진 사명을 실천함으로써, 가정을 하느님 나라인 **가정 교회** 또는 **작은 교회**로 만드는 성덕으로 나아가야 합니다.

4. 인간은 사랑 때문에 창조되었고, 사랑 없이는 살 수 없습니다. 남자와 여자인 두 사람이 서로를 보완하고 온전히 자신을 내어줌으로써 드러나는 사랑은 감정이나 느낌, 단순한 성적인 표현으로 격하될 수 없습니다. 하지만 점점 사랑에 대한 상대주의적 경향을 강조하며, 사랑과 성 경험 자체를 경시합니다. 사랑의 찰나적이며 쾌락적인 측면만을 치켜세움으로써, 근본적인 성과 생명과 사랑의 가치를 왜곡하는 사회문제는 심각합니다. 따라서 부부 사랑과 성의 진리가 **일치와 충실성**을 바탕으로 서로가 자신을 온전하고 완전하게 내어 주는 데에 있음을 선포하고 증언하는 일은 그 어느 때보다 시급합니다.

5. 현대사회에 위기를 겪고 있는 **혼인 유대의 지속성과 불가해소성**은 당사자 **개인의 의지와 노력**에만 맡겨서는 안 됩니다. 가정의 필수적이고 본질적인 측면들을 고려함으로써 가정을 보호하고 증진할 책임은 **사회 전체**에 있습니다. 교회는 이혼한 뒤 재혼한 사람들을 위해 기도하고 그들이 영성 생활에서 어려움에 부딪힐 때 **격려**해 주며 **믿음과 희망**을 잃지 않도록 도와주어야 합니다. 무

엇보다도 생명의 지성소(至聖所·가장 거룩한 장소)인 가정에서 생명 존엄에 대한 **폭행**과 **모독**이 이루어져서는 안 됩니다. **불임수술과 낙태, 피임**과 관련된 모든 비도덕적 무질서의 유혹은 단호히 거부되어야 합니다. 또한 **인간의 배아 시술**이나 **과학연구, 복제**를 통해 치료 목적의 줄기세포로 추출하려는 시도 모두 중단해야 합니다. 이런 행위들은 인간 출산의 존엄을 위배하며, 인간 생명을 기술행위의 산물이 되게 하는 **도덕적 심각성**에서 자유롭지 못합니다.

6. 가정은 점점 개인주의화 되는 사회에 절실히 필요한 친교가 꽃피는 장소가 되어야 합니다. 한 사람의 생명과 존엄이 인정받고 존중 받으며 자기 자신을 아낌없이 내어주는 곳이어야 합니다. 또한 자기완성을 발견하는 **거저줌**의 사랑을 실천하는 **참된 인간 공동체**가 발전하고 성장하는 곳이 가정이어야 합니다. 따라서 아버지와 어머니의 역할은 자녀들에게 사랑으로 봉사함으로써, 가정이 모든 사회가 필요로 하는 **공동선**과 **사회적 덕행**을 실천하고 가르치는 최초의 공동체요, 학교가 되게 해야 합니다.

70. 사랑의 공동체인 가정에 대한 사회교리의 가르침은 무엇인가요?

1. 가톨릭교회는 가정의 중요성을 다음과 같이 강조합니다. "가정은 거룩한 혼인성사를 통해 자녀와 함께 이루는 최초의 공동체이며, 그 자체로 하나의 작은 교회이다"(「가톨릭교회 교리서」, 2204항;「간추린 사회교리」, 209항 참조). 하느님께서는 부부의 축성을 통해 가정을 우리에게 선물하셨습니다. 그리고 **내어줌과 받아들임**을 통해 부부사랑은 자녀에게로 확장됩니다. 사랑은 공동체의 바탕이며, 가정을 구성하는 근본원리입니다. 사랑이 가득한 가정 안에서 가족은 하느님의 사랑을 배우고 그에 응답하며, 건강한 신앙인으로 성장합니다.

2. 그런데 현대에 들어 가정 공동체가 큰 어려움을 겪고 있습니다. 핵가족화와 1인가정의 급속한 증가, 혼인 기피와 이혼의 증가, 저출산 현상이 심각해졌습니다. 경제성장과 문명의 발달이 생명과 가정, 공동체에 대한 인식 변화를 가져왔습니다. 우려되는 것은 황금만능주의의 편리함만을 찾는 지금의 사회분위기가 가정의 약화를 가속화한다는 사실입니다. 하지만 보다 심각한 문제는 바로 우리 모두의 **욕심**과 **교만**입니다. 불편하고 어려워도 인내하며 서로 보듬

고 살던 과거와 달리, 지금은 가족으로 인해 힘들다고 이야기하는 사람들이 많습니다.

3. 가족 구성원 때문에 서로 상처받고 힘들어하면서도 용서하지 못해서 무너져버리는 가족 공동체가 많다는 것입니다. 물론 그 밖에 가정폭력이나 경제적 어려움 등으로 고통을 겪는 가정들도 많이 있습니다. 그런 모든 분들에게는 무엇보다 **사목적 위로와 용기**를 드려야 합니다. 그러나 가정의 어려움을 타개하기 위해 궁극적으로 필요한 것은 가족 간의 **용서**와 **화해**입니다. "완벽한 가정은 존재하지 않습니다. 용서하는 습관이 없다면 가정은 병을 키우며 점차 무너집니다. 용서한다는 것은 그 자체로 무엇인가 주는 걸 의미합니다."(프란치스코 교황, 2018년 9월 제9차 세계가정대회 연설)

4. 가톨릭교회의 사회교리의 목적은 **사랑의 문명 건설**입니다. 그 이상적 문명의 첫 시작은 바로 **건강한 가정**입니다. 건강한 가정은 튼튼한 사회를 구성합니다. 그런 의미에서 가정은 사회와 국가보다도 우선합니다(「간추린 사회교리」, 214항 참조). 점점 더 개인주의적 성향이 짙어져 가는 현 세대에 **용서와 사랑**을 지향하는 가정을 이루는 것은 참으로 절실합니다. 인류의 미래는 **가정**에 달려 있습니다. 가정 구성원을 포함한 모든 교회 공동체는 특별한 책임을 갖고, 가정을 소중히 여기는 소명에 적극적으로 동참해야 합니다.

5. 또한 성숙한 신앙인으로서 우리 모두 특별히 온갖 어려움과 아픔, 고난과 눈물로 고통받는 수많은 가정을 위해 **기도하고 관심**을 가져야 합니다. "사랑에는 특별한 책임이 존재한다. 그것은 삶과 행위에서 가장 가까운 동료가 된 다른 인격, 즉 나의 재산이 된 그 인격에 대한 책임이다."(「사랑과 책임」, 참조)

71. 오늘날 무너지고 있는 가정 공동체에 대한 교회의 가르침은 무엇인가요?

1. 우리는 각자의 가정이라는 공동체에서부터 삶이 시작됩니다. 가정에 대해 가톨릭교회의 사회교리는 가정이 사회와 국가를 위하여 있는 것이 아니라, **사회와 국가가 가정을 위해서 존재한다는 사실**을 분명히 강조하고 있습니다. 우리 사회의 가정을 돌아보면 **고령화, 저출산, 이혼율 증가**에 따른 **편부 편모** 혹은 **조손 가정의 증가, 1인 가구**, 특히 **노인층에서의 1인 가구 증가**와 같은 문제들이 건전한 가정을 유지하는 데에 위협이 되고 있습니다. 이러한 문제들을 방치하는 것

은 사회가 가정을 위해 역할을 다하는 것이 아닙니다.

2. 이런 문제들은 그저 숫자에 불과한 경제지표를 끌어올리기 위해 가정을 희생시키는 사회구조를 만들어가고 있기 때문에 생겨납니다. 개선되지 않는 **노동문제**와 그를 좇아가는 **교육문제**로 인해서 여전히 학생들과 청년들은 경쟁으로만 내몰리고 있습니다. 하느님께서 각자에게 맡기신 **고유함과 존엄성**을 생각하고 실천하기란 거의 불가능합니다. 사회 안전망도 없는 상황에서 **취업전쟁**에 내몰리고 있습니다. 그나마 구한 불안정한 직장으로는 자녀를 양육할 수 없는 상황이어서 자연히 극심한 저출산으로 이어집니다. 이기적이어서가 아니라 자녀 하나를 낳아 키워보면 자녀를 더 낳기 어려운 구조이기 때문입니다.

3. 사회적인 혼란 속에서 자신을 스스로 돌아볼 시간은 더욱 부족합니다. 사람들은 내적인 공허함을 느끼며 가정에서 위로를 받고자 하지만 그렇지 못합니다. 사소한 의견 차이도 대화를 통해 풀어갈 능력이 없는 채로, 혼인과 가정에 대한 준비가 없는 채로 혼인했기에 **이혼율**은 높아만 갑니다. 자신이 무엇을 원하는지, 어떤 배우자를 원하는지도 알지 못한 채 그저 시간에 쫓겨서 등 떠밀리다시피 한 혼인이 많기 때문입니다. 그 피해는 고스란히 자녀들이 받게 됩니다. 게다가 자녀들은 맞벌이를 하지 않으면 안 되는 사회구조에서 부모의 사랑을 충분히 받는 것도 쉽지 않습니다.

4. 아이들의 외로움을 달래주는 것은 **스마트폰과 컴퓨터 게임**, 혹은 **폭력적이고 자극적인 영상**들이고, 손자녀들을 돌보는 할아버지, 할머니들은 힘이 부칩니다. 경제적인 이유로 손자녀들을 돌보고 용돈을 받기도 하지만 힘이 드는 것은 어쩔 수 없습니다. 그나마 돌볼 자녀라도 있는 노인들은 행복합니다. 아무도 찾아오지 않는 단칸방에서 하루 종일 폐지를 모으며 힘들게 살다가 **고독사하는 노인**들이 늘고 있습니다. 이 모든 것들이 사회문제와 관련이 있습니다. 우리가 어디에 더 관심을 쏟아야 하고, **정부와 정책**이 어디를 향해야 하는지와 뗄 수 없는 관계에 있습니다.

5. 그렇기 때문에 가정 공동체에 대한 교회의 가르침은 하느님께서 처음으로 만드신 공동체, 남자와 여자로 창조하신 인간이 이루도록 허락하신 첫 공동체인 **가정**을 중요하게 여깁니다. 가정은 인간이 그 안에서 하느님 모상으로 태어나서 자신의 존엄한 소명을 살아가야 하는 인간을 위한 곳이라는 점을 강조합니다. 우리의 가정을 돌아보며 한숨을 쉬고, 청년들과 노인들을 바라보며 걱정만 하는

것은 **신앙인의 자세**가 아닙니다. 걱정하고 기도한 만큼 이제 우리 신앙으로 내 가정부터 변화시키고 더 나아가 사회를 바꿀 수 있도록 **행동하는 신앙인**이 되어야 합니다.

72. 오늘날 젊은이들의 가정위기를 교회는 어떻게 보고 있나요?

1. 기성세대인 어른들은 오늘을 살아가는 젊은이들이 얼마나 절박한 상황에서 살아가는지 잘 모르는 경우가 많습니다. 그러면서 자신은 한국전쟁 후 너무 많은 고생을 했다거나, 7,80년대에는 허리띠를 졸라매고 살았다고 말하면서 "**요즘 젊은이들은** (…)"하며 말끝을 흐립니다. 하지만 몰라서 그렇지 어른들이 생각하는 것처럼 매일 외식이나 하고 커피만 즐기며 아끼는 일이라고는 할 줄 모르는 젊은이들이 아닙니다. 비정규 일자리로 한 달에 버는 월급으로는 월세 내고, 통신비와 식비, 각종 공과금을 제외하면 남는 것도 없습니다. 거기서 대출받은 학자금을 갚고 나이가 차서 결혼을 하려면 또 엄청난 빚을 져야만 합니다.

2. 오랜 기간 연애를 하면서도 **학자금 대출**을 갚느라 자신들을 위해서는 돈을 써보지도 못했는데, 결혼을 하려면 다시 막대한 빚을 지고 시작해야 합니다. 현재 우리나라 **사회 안전망**은 충분히 확보되어 있지 못합니다. 그런 상황에서 일자리만이라도 안정적이면 빚을 지고서라도 젊은 패기로 시작해보리라 주먹을 불끈 쥘 수 있습니다. 그러나 비정규직에서 정규직으로 전환되는 비율은 20%도 되지 않습니다. 이런 상황에서 자녀 한명을 출산해서 대학졸업까지 시키는데 평균 약 3억 원의 비용이 들어간다고 합니다. 이것을 감당하고 **결혼과 출산, 육아의 무거운 짐**을 짊어지고 살라고 누가 젊은이들에게 강요할 수 있을지 의문이 듭니다.

3. 가정은 사회의 가장 기본 단위로서, 가정이 파괴된다면 사회는 있을 수 없습니다. 가톨릭교회의 사회교리는 가정이 사회와 국가를 위하여 있는 것이 아니라, **사회와 국가가 가정을 위해서 존재한다는 사실**을 누누이 강조하고 있습니다. 이는 보조성의 원리와도 일치합니다. 이런 맥락에서 프란치스코 교황님도 가정을 파괴하고, 인간을 새로운 형태의 노예로 전락시키는 **자본주의 폐해**를 계속해서 지적하고 있습니다.

4. 인간을 창조하신 하느님께서는 남자와 여자로 이루어진 가정이라는 첫 공동체

를 축복하시면서 자식을 많이 낳고 번성하라고 말씀하십니다(창세 1,28 참조). 오늘날의 사회구조에서는 가정 자체를 이루기가 힘들고, 신자들의 가정에서도 자녀를 신앙 안에서 양육하기가 어려운 구조입니다. **교회의 성윤리**가 신자들, 특별히 젊은이들의 가슴에 와 닿지 않는 것도 이런 **사회의 구조적 모순**에 어느 정도 원인이 있습니다.

5. 가정을 향한 하느님의 명령과 축복에 반하는 사회의 구조는 인간에게 저주가 됩니다. 인간을 저주와 악에서 구원하고 하느님의 축복과 생명으로 이끄는 일은 예수님께서 하시던 일, 곧 교회에 맡겨진 사명입니다. 그 교회는 다른 누가 아니라 바로 나 자신이고, 우리들입니다. 오늘날 **젊은이들의 절망과 가정의 위기**는 바로 우리들이 나서서 해결해야 할 문제로, **하느님께서 나에게 맡기신 사명**입니다.

73. 어린이의 존엄과 권리에 대한 사회교리의 가르침은 무엇인가요?(1)

1. 가정에서 사랑받고 자라야 할 어린이들이 사랑받지 못하고 **학대당하는 사회**입니다. 그 모습이 오늘날 우리 가정의 일그러진 단면이라는 사실이 너무나도 슬프고 안타깝습니다. 요즘 사회에서 발생하는 사건사고 중 **가정 폭력의 심각성**은, 우리가 가정에서 자녀들을 어떻게 대해야 하는지를 잘 가르쳐 주고 있습니다. 모든 가정이 다 그렇다고 말할 수는 없지만, 점차 핵가족화하는 가정 속에서 맞벌이하는 많은 부모들은 아이들을 제대로 돌볼 시간조차 부족합니다. **이혼 가정과 조손 가정**이 늘고 있고, 많은 자녀들이 부모로부터 제대로 된 사랑을 받으면서 성장하지 못하고 방치되고 있는 것이 현실입니다.

2. 이러한 현실에서 가톨릭교회의 사회교리는 가정 내에서 **자녀의 존엄성**을 존중할 필요성을 지적하고 있습니다. 사실 부모와 자녀들로 구성된 가정 공동체 안에서는 특별한 관심이 자녀에게 집중되어 있습니다. 부모들은 자녀들의 존엄성을 깊이 존중하고, 그들의 권리에 존중과 관심을 보여야 합니다. 이러한 **아동 존중과 권리 보호**는 모든 자녀에게 해당되지만, 자녀가 어릴수록 그 요청은 더욱 절실합니다. 특히 질병으로 고통을 받거나 장애를 지니고 있을수록 모든 면에 **세심한 배려**를 기울여야 하는 것입니다.(「간추린 사회교리」, 244항 참조)

3. 가정 내 아동 폭력이 아니더라도 세계 곳곳에서는 수많은 어린이들이 어려움

을 겪고 있습니다. 그렇기 때문에 어린이들의 권리 보호를 위해 **국제 공동체의 다양한 노력과 시도**가 계속되고 있습니다. 그럼에도 불구하고 현실적으로 이를 충족시킬 만한 조건이 제대로 갖추어져 있지 못한 경우가 허다합니다. **보건과 음식 부족, 학교 교육에서 제외되는 상황, 부적합한 거주지 등의 문제**는 여전히 우리 인류 공동체가 공동으로 해결해야 할 문제입니다. **어린이 인신매매, 어린이 노동, 거리로 내몰리는 아이들 문제, 어린이 조혼, 분쟁 지역의 소년 병사문제, 성 착취나 소아성애, 아동 성추행, 아동 포르노 문제** 등 어린이의 존엄과 인권이 침해되는 예는 수없이 많이 존재합니다.

4. 사회교리는 가정 공동체의 회복을 통해 아직도 만연하고 있는 어린이 문제에 대해 **단호한 조치**로 이를 효과적으로 퇴치해야 함을 강력하게 주장하고 있습니다(「간추린 사회교리」, 245항 참조). 어린이는 우리 삶의 미래로서, 아이들의 생명과 안전이 보장될 수 있는 사회야말로 **우리 사회가 반드시 실현해야 하는 중대한 문제**입니다.

74. 어린이의 존엄과 권리에 대한 사회교리의 가르침은 무엇인가요?(II)

1. 식당에서 어린이 출입과 관련된 논란이 심각해졌습니다. 사업주들은 어린이 손님으로 인한 소란과 사고, 다른 고객의 피해나 배상문제 때문에 **노키드존(No-Kids Zone·아동 출입제한구역)**을 운영하기도 합니다. 비슷하게 **노유스존(No-Youth Zone·19세 미만 출입금지가 아니라, 청소년이 들어갈 수 있음에도 무조건 받지 않는 곳)**도 생겼습니다. 노키드존을 시대의 산물로 이해하기도 합니다. 1인가구의 급증, 스마트폰과 개인문화의 확산, 저출산, 혼인감소로 어린이 수가 감소하고 있습니다. 어린이를 겪지 못한 젊은 사람들이 많아지면서 어린이를 불편해 하는 사회분위기가 형성됐다는 것입니다.

2. 2017년 11월 24일 **국가인권위원회**는 권고사항이기는 하지만 노키드존을 어린이에 대한 차별행위로 판단했습니다. 그러나 노키드존 문제의 핵심은 어린이가 아니고, 어린이를 둘러싼 **어른들의 문제**입니다. 노키드존을 찬성하는 이들은, 어린이들로 인해 자신들의 권리와 행복권이 침해당한다고 생각합니다. 마찬가지로 노키드존을 반대하는 부모들도 자신들의 권리를 더 우선시합니다. 그런데 이런 권리들은 서로 조율되고 배려되어야 하는 것이지 서로 비난한다고 해결

되는 것은 아닙니다.

3. 공공장소에서 자녀가 옆 사람에게 피해를 주는 실수를 할 때 부모가 그런 행동을 방치하는 경우가 있습니다. 이것을 좋아할 사람은 아무도 없습니다. 이것은 **책임의식이 결여**된 것입니다. 노키드존을 맹목적으로 찬성하는 쪽도 마찬가지로 어린이와 가정에 대한 이해가 부족한 것입니다. 자신도 어린이였던 시절이 있는데, 정작 어린이를 존중하지 않고 차별한다는 것은 이기적인 행위라고 할 수 있으며, 이는 인종차별, 성차별과 전혀 다르지 않습니다.

4. 가정의 중요성은 아무리 강조해도 지나치지 않습니다. 어린이는 **가정의 중심**이며, **사회와 교회의 미래**입니다. 차별을 받았던 어린이가 훗날 성인이 돼 노인들을 차별한다면 우리는 어떻게 되겠습니까? 그러나 사회로부터 사랑을 받은 어린이는 자신이 받은 사랑의 몇 배를 더 베풀 것입니다. 노키드존 현상을 보면 우리 사회에 성숙한 인식과 상호 배려하는 마음, 서로의 권리를 존중하는 자세가 우선적으로 필요하다는 사실을 깨닫게 됩니다.

5. 가톨릭교회의 사회교리는 **사랑의 문명**을 건설하고자 하며, 그 문명이란 **약자가 보호받는 문명**입니다. 우리보다 약한 어린이도 사회와 어른으로부터 더 특별한 **보호와 관심, 배려**를 받아야 합니다(「간추린 사회교리」, 244-245항 참조). 어리고 약한 어린이들을 차별하는 것은 매우 잘못된 것입니다. 예수님께서도 어린이들이 당신께 오는 것을 막지 말라고 하셨습니다(마르 10,14 참조). 어린이가 차별받는 사회는 **희망과 미래가 없는 사회**입니다. 따라서 우리 **어른들의 각성과 회심**이 필요합니다.

제3장 • 정치 공동체생활과 사회교리

75. 정치 공동체의 토대와 목적을 사회교리는 무엇이라 말하나요?(1)

1. 정치는 **가장 고급스런 형태의 자선**으로, 그리스도인들이 정치와 정치인에게 무관심한 것은 **공동선을 위한 덕행을 저버리는 것**과 같습니다. 「가톨릭교회 교리서」에서는 교회의 사회참여에 대해 "인간의 기본권과 영혼들의 구원에 필요할 때에는 교회가 정치질서에 대해 윤리적 판단을 내리는 것은 마땅한 일이다."(「가톨릭교회 교리서」, 2246항)라고 말합니다. 프란치스코 교황님도 "**고통받는 이웃을 위해 교회는 거리로 나와야 한다**."고 하셨습니다(「복음의 기쁨」, 49항). 이런 관점에서 정치에 대해 이야기하는 것이 잘못된 것이라고 단정할 수 없습니다. 침묵과 식별의 시간도 필요하지만, 용감하게 **예언자적 목소리**를 내는 것도 필요합니다. 그런데 이것을 불편해하는 사람들도 있습니다. 교회는 무조건 정치에 참여해서는 안 된다고 합니다. 물론 교회의 사회적 참여가 정치적 선동의 도구로 전락할 수 있는 위험도 언제나 존재합니다.

2. 예수님께서는 민족의 통치자들이 휘두르는 압제와 전제의 권력을 거부하십니다. 또한 은인으로 행세하는 정치세력들을 거부하시지만, 그 시대의 권위에 대해 직접 반대하시지는 않습니다. 하지만 카이사르에게 바칠 세금은 카이사르에게 바치라고 말씀하시면서 하느님의 것은 하느님께 바쳐야 한다고 단언하셨습니다. 이것은 세속권력을 하느님의 권력으로, 정치권력을 절대권력으로 만들려는 모든 시도에 대한 암묵적인 단죄였습니다. 세속권력이 아닌 하느님만이 인간에게 모든 것을 요구하실 수 있습니다. 예수님께서는 "섬기러 왔고 목숨을 바치러 오신"(마르 10,45;마태20, 24-28;루카 22,24-27) 사람의 아들로서, 정치적 메시아주의 유혹에 맞서 싸우시어 이를 물리치셨습니다. 예수님께서는 **십자가의 역설**(paradox)로 하느님의 권능이 고통당하는 아들의 연약함에서 나타나셨습니다. 이로써 세속의 모든 통치권을 불안전한 것으로 만듦으로써 정치적 권력 행사의 기준을 새롭게 정의하셨습니다.

76. 정치 공동체의 토대와 목적을 사회교리는 무엇이라 말하나요?(II)

1. 역사적으로 인간의 정치 권위는 하느님께서 바라시는 한계를 벗어날 때, 스스로를 신격화하여 절대적인 복종을 요구합니다. 요한 묵시록을 보면, 오만한 박해자의 권력을 상징하는 짐승을 섬기는 "거짓 예언자"(묵시 19,20)는 인간을 현혹하여 이 짐승을 섬기게 합니다. 하지만 이러한 정치적 권력 앞에서 순교자들은 저항합니다. 따라서 교회는 거짓 예언자에 맞서 싸움으로 죽음을 물리쳐 이기신 그리스도께서 몸소 구원하신 온 세상을 다스리신다고 선포합니다. 그분의 나라는 이 시대도 포함하며, 모든 것이 아버지께 돌아가고 인간 역사가 최후의 심판으로 완성될 때에야 끝이 날 것입니다.

2. "그리스도께서는, 끊임없이 지배욕의 유혹을 받는 인간에게 권위의 참되고 완전한 의미는 **봉사**에 있음을 드러내신다."(「간추린 사회교리」, 383항)고 말합니다. 그렇다면 봉사는 어떠한 봉사를 의미할까? 인간은 이성을 가지고 타고났기에 초월자와 다른 이들에게 열려 있습니다. 초월자와 다른 이들과 맺는 관계 안에서만 전적으로 완전한 자아 완성에 이릅니다. 본래 사회적이고 정치적인 존재인 인간에게 사회생활은 본질적이고 필수적인 차원입니다. 따라서 정치 공동체는 인간의 본성에서 비롯됩니다. 인간의 양심은 하느님께서 모든 피조물에 새겨 놓으신 질서를 "인간에게 일깨우고 이를 따르도록 요구한다."는 것입니다.(「지상의 평화」, 5항)

3. 인류의 고유한 실재인 정치 공동체는 진리와 선을 지향하는 인간의 자연스러운 성향에 이끌려 **공동선과 구성원 각자의 온전한 성장**을 이루기 위하여 존재합니다. 따라서 인간을 어떠한 목적을 위한 '수단'으로 전락시키는 정치적이고 이념적인 가치는 있을 수 없습니다. "**정치 생활의 토대와 목적은 인간이며, 인권보호와 증진이다**"(「간추린 사회교리」, 384항). 인간을 정치 공동체의 토대와 목적으로 여긴다는 것은 무엇보다도, 근본적이며 양도할 수 없는 인권을 보호하고 증진함으로써, 인간 존엄을 인정하고 존중하기 위하여 노력한다는 뜻입니다.

4. 인간은 실존적 존재로서 최종 목적에서 정치 공동체보다 우선합니다. 그렇기 때문에 실정법은 인간의 근본 욕구를 충족시켜 주도록 보장해야 합니다. 그러나 특정한 개인이나 경제 사회단체의 권리 보호에만 관심을 두는 행위는 피해야 합니다. 무엇보다도 현대의 법규와 정치적 질서에는 스스로 필요로 하는 최종 구속력이 없으며, 따라서 양심의 책임은 정치권력의 지평을 넘어섭니다. 그렇기 때문에 공권력의 명령이 **도덕 질서의 요구나 인간의 기본권 또는 복음의 가**

르침에 **위배**되는 경우 국민들은 양심에 비추어 그 명령에 따르지 않을 의무가 있습니다. **부당한 법**이 도덕적으로 사악한 행위에 협력하도록 요청받을 때에도 **이를 단호하게 거부**하여야 합니다.

5. 이러한 거부는 **도덕적 의무**이며, **인간의 기본권**입니다. 양심적인 거부권에 호소하는 사람들은 법적 처벌로부터 보호받아야 합니다. 뿐만 아니라 법, 규정, 재정, 직업 차원의 어떠한 부정적인 영향으로부터도 보호되어야 합니다. 국법이 인정하더라도 **하느님의 법에 위배되는 관습들**에는 협력하지 않아야 할 **중대한 양심의 의무**가 있습니다. **참된 민주주의**는 단지 일련의 규범들을 형식적으로 준수하는 결과가 아닙니다. **모든 인간의 존엄, 인권 존중, 정치 생활의 목적**입니다. 통치 기준인 공동선에 대한 투신과 같이 **민주주의 발전에 영감을 주는 가치들을 확신 있게 수용한 열매**입니다.

6. 예수님께서는 죄인들과 약한 이들, 슬퍼하고 우는 이들에게 각별한 **사랑과 위로**를 주셨습니다. 신앙 공동체의 역할도 바로 그것입니다. 그 중에서도 괴로움 속에 있는 이들에게는 **배려와 위로와 사랑**이 필요합니다. 탈출기에서 보듯이 하느님께서 울부짖는 이스라엘 백성에게 찾아가신 것처럼, 교회는 고통받는 이웃에게 찾아가는 적극적인 사랑의 행위를 표현하여야 합니다. 또한 그것이 특정 집단의 이해문제를 두둔하거나, 정치 선동의 도구로 전락해서는 결코 안 됩니다.

"믿는 이들이 내세워야 할 목표는 사람들 사이에 공동체 관계를 맺는 것이다. 정치사회에 대한 그리스도교의 관점은, 사회생활을 구성하기 위한 전형이자 일상생활의 한 양식인 공동체의 가치를 최우선에 둔다."(「간추린 사회교리」, 392항)

77. 정치 공동체와 올바른 민주주의에 대한 사회교리의 가르침은 무엇인가요?(1)

1. 민주주의라는 말은 세 가지 의미를 지니고 있습니다. 첫째, 일반적인 의미에서 민주주의는 **어떤 차별 없이 모든 시민에게 봉사하는 국가의 법적, 정치적 구조로 인간 본성에 적합한 제도**를 의미합니다. 이러한 제도는 모든 사람의 참여를 통하여 자유를 존중하고 자유를 강화하는 사회체제입니다 그러므로 올바른 인간 사회를 건설하는 가장 확실한 길입니다. 둘째, 민주주의는 **정치적 체제 선택에 있어서 자유**를 의미합니다. 국가는 국민의 공동선을 위해 존재합니다. 국가의 권력인 공권력의 구조와 기능은 각계 정치 공동체의 시대에 따라 변하고, 국

가에 따라 다양한 상황과 관계가 있습니다. 따라서 정치 공동체가 정치체제를 결정하거나(영국과 같은 입헌군주제나 미국과 같은 대통령 중심제 등) 통치자를 선정하는 것은 시민들의 자유로운 결정에 맡겨져 있습니다.

2. 셋째, 민주주의는 **국민주권을 의미합니다**. 여기서 국민주권이란 홉스(Thomas Hobbes)[13]와 루소(Jean-Jacque Rousseau)[14]의 사상에서 유래하는 사회 계약설과 국민주권 이론을 의미하는 것은 아닙니다. 교회의 가르침에 따르면 국민주권은 **사회 정치적 권력의 행사에 참여하는 권리와 의무**를 뜻합니다. 그러나 국민은 자신의 운명을 결정할 권리를 행사함에도 불구하고 주권의 일차적이고 근원적인 근거는 **하느님**께 있습니다. 교회의 가르침에 따르면 주권의 근원적인 원천은 **만물의 창조주이시며 주인이신 하느님**께 있습니다. 국민은 단지 정치적 권력의 일차적이고 최종적인 수탁자란 의미에서 주권이 인정됩니다. 따라서 국민은 자신의 이름으로 이러한 권리를 행사해야 할 사람을 뽑을 능력을 지니고 있습니다. 공권력의 구조와 범위, 그에 따른 공권력 수행방법을 결정할 수 있다는 의미에서 국민주권이 인정됩니다. 이렇게 국민주권이 인정되는 체제를 민주주의라고 부릅니다.

3. 이상에서 알 수 있듯이 가톨릭교회의 사회교리에서 사용되는 민주주의란 말은 **근원적으로 공공생활에 참여하는 권리와 의무**를 뜻합니다. 여기서 파생되는 의미는 정치적 체제를 선택하는 **자유와 올바른 참정권의 행사**를 의미합니다. 민주주의 사회에서 정치권력의 행사는 공동선을 달성하기 위해서 법적으로 정의되는 명확한 질서규정에 따라 윤리적 질서 내에서 실행되어야 합니다. 공동선의 관리는 현실적으로 통치자들에게 맡겨져 있습니다. 따라서 국가의 공권력을 행사하는 통치자들은 개인의 사익이나 자신이 속한 집단의 이익을 위해서가 아니라 공동선을 위해서 봉사하도록 부름을 받은 자들입니다. 민주주의가 정착되지 못한 국가에서 대통령, 국회의원, 장관들이 공권력을 **개인의 사익을 위한 도구**로 사용하는 경우가 빈번하게 발생하고 있습니다. 우리나라에서 발생하는 고위 공직자, 대통령의 가족들, 국회의원들의 비리는 바로 공권력을 사익의 도구

---

[13] 성악설을 전제로 개인들이 계약으로써 구성한 국가에 대해 복종해야 한다고 주장한 영국의 철학자, 정치학자.

[14] 프랑스의 철학자·교육학자·음악가·음악평론가.

로 사용한 대표적인 예입니다. 이러한 비리를 척결하기 위하여 **언론과 시민단체**는 공권력이 **공동선**을 위하여 사용되고 있는가를 **감시하고 비판**하여야 합니다.

78. 정치 공동체와 올바른 민주주의에 대한 사회교리의 가르침은 무엇인가요?(II)

1. 교회는 **민주주의를 높게 평가**합니다. 그 이유는 민주주의가 "시민들에게 정치적 결정에 참여할 중요한 권한을 부여" 하고 "피지배자들에게는 지배자들을 선택하고 통제하고 필요할 경우에는 평화적으로 대치할 가능성을 보장"해주기 때문입니다. 그리고 진정한 민주주의는 법치 국가에서만 존재할 수 있으며, 올바른 인간관의 기초 위에 성립한다고 교회는 가르칩니다(『백주년』, 46항 참조). 법치란 "개인들의 독단적 의사가 아니라 법이 다스리는"것을 말합니다. 올바른 인간관이란 인간은 어떤 경우에도 **수단**이 되어서는 안 되며, 그 자체로 **목적**이어야 한다는 뜻이기도 합니다.

2. 국가라는 정치 공동체도 민주주의 제도도 인간의 존엄함과 인권, 그리고 인간의 삶의 조건인 '**공동선**' 실현을 위한 도구에서 벗어날 수 없습니다. 국가 권력(공권력)의 존재 이유도 여기에 있습니다. 인류 역사는 '개인들의 독단적 의사로 권력을 행사하는 것'을 법치로 극복했습니다. 국가 권력의 집중과 남용을 방지하기 위해 권력분립(입법, 사법, 행정의 공권력)으로 균형과 견제를 발전시켜 왔습니다(『간추린 사회교리』, 407-408항 참조). 우리는 이를 '**민주공화**(民主共和)'라고 부릅니다.

3. 그러나 교회는 현실에서 어떤 정치체제도 완전하다고 말하지 않습니다. 바로 '**죄의 구조들**'의 존재 때문입니다. 하느님의 뜻과 이웃의 선익에 반하는 **태도와 행동들**, 그리고 **그것들로 구축된 죄의 구조들**입니다. 그 안에는 무슨 수를 써서라도 모든 이익을 집어삼키려는 욕망과, 무슨 수를 써서라도 쟁취하려는 권력에의 욕망이 강렬하게 꿈틀거리고 있습니다(『사회적 관심』, 37항 참조). 게다가 역사는 "사적 이익이나 이념적 목적을 위하여 국가의 권력을 점령하고 **폐쇄된 지배집단**을 형성하는"(『백주년』, 46항) 일이 얼마나 빈번했는지를 보여주고 있습니다. 정치 공동체가 이른바 경제독재와 정치독재의 무대로 이용된 경우입니다. 사실 우리의 현대사는 이 **죄의 구조들**을 극복하고 진정한 민주공화를 실현하려는 힘겨운 과정이었다고 할 수 있습니다.

4. **인간의 존엄**을 확인하고, **인권**을 발전시키며, **공동선**을 실현하기 위해 얼마나 많은 분들이 **희생**되었는지를 아는 것은 어렵지 않습니다. 오늘의 우리는 그분들의 희생에 많은 빚을 졌습니다. 이는 우리가 미래 세대에 책임이 있다는 뜻이기도 합니다. 그러나 우리는 이를 너무 쉽게 망각합니다. "사적 이익이나 이념적 목적을 위해 국가 권력을 독점한 폐쇄적 지배집단"이 민주공화를 얼마나 심각하게, 얼마나 끈질기게 왜곡했으며, 깊은 상흔을 남겼는지를 말입니다. 일제강점부터 시작해서 오늘에 이르기까지 이 폐쇄적 지배집단은 우리 사회 전 분야에 걸쳐 은밀하게, 때로는 노골적으로 민주공화를 부정합니다.

5. 부끄럽게도 우리는 폐쇄적 지배집단의 강압에 의해 **침묵**하거나, 때로는 **무감각과 무관심**으로, 때로는 **적극적으로 죄의 구조들의 확장**을 돕고 있습니다. 여기에는 **정보**도 한몫을 하는데, 교회는 정보가 민주적 참여를 위한 주요한 도구 가운데 하나라고 봅니다. 그러나 "정보의 객관성에 대한 (시민의) 권리를 온전히 행사하지 못하게 하는 장애물 가운데 특별히 주목해야 하는 것은 **소수의 사람이나 집단들**이 조종하고 있는 **뉴스 미디어 현상**이다. 이러한 현상에, 정치 활동, 금융기관, 정보기관들의 유착까지 더해지면, 이는 전체 민주주의 제도에 위험한 결과를 미친다."(『간추린 사회교리』, 414항)라고 경계하고 있음을 보여줍니다.

6. 이른바 국가정보원과 관련된 일련의 '새로운 사태'는 폐쇄적 지배집단이 죄의 구조들을 이용해서 민주공화를 노골적으로 부정하는 것을 보여줍니다. 이에 우리의 **무감각**과 **정보의 비윤리성**이 가세한 것은 아닌지 살펴봐야 합니다(『간추린 사회교리』, 416항 참조). 원래 민주주의는 사회의 다양한 갈등과 이해관계를 정치적으로 표출하고 대표해서 대안을 만들어 나가는 체제라고 할 수 있습니다. 여러 사회적 집단 사이의 이해관계가 다르기 때문에 그것에서 빚어지는 **사회적 갈등**을 피할 수는 없는 일입니다. 그러나 여기서 중요한 것은 **갈등을 무시하거나 억압하는 것이 아니라, 우리 사회의 공적인 영역 안으로 끌어들여 타협하고 조정해야 한다는 점**입니다.

7. 그것이 민주주의며, 그 이해관계를 정치적 결사체, 즉 **정당**이 정치적으로 대표(representation)하는 것입니다. 이런 점에서 볼 때, 한국 민주주의의 가장 큰 문제는 각각의 사회적 이해관계를 대표하는 **정치 결사체**가 제대로 존재하지 않거나 또는 기능하지 못한다는 점입니다. 특히 도시의 가난한 사람들, 농어민, 노동자의 경제적 이해를 정치적으로 대표하는 정당은 제대로 제도권 정치 안으로 들어오기 힘듭니다. 이는 무엇보다도 **우리나라 선거제도**가 대의 민주주의의 원

리를 훼손하고 있기 때문입니다. 예를 들면, 우리나라의 두 거대정당은 전체 유권자의 투표수에 비해 **과잉 대표**되고 있으며, 반대로 소수의 정당들은 **과소 대표**되고 있습니다.

8. 지역으로 눈을 돌려보면, 이런 현상이 정치와 민주주의를 얼마나 훼손하는지 분명히 볼 수 있습니다. 우리나라의 **양극화와 불평등 구조**는 심각한 상황인데, 사실 정치와 민주주의의 과잉이 서민을 힘들게 한 것이 아니라, **제대로 된 정치와 민주주의**가 없어서 이렇게 된 것이라고 말할 수 있습니다. 적어도 이런 점에서 우리나라의 민주주의가 제대로 성숙하기 위해서는, 자신의 이해관계를 정치적으로 대표할 힘을 갖춘 **성숙한 시민사회**와 **사회적 다원주의를 바탕으로 하는 민주주의**가 필요합니다.(『간추린 사회교리』, 417항 참조) 그런 전제 없이는 우리나라 민주주의는 선거 때만 요란한 **선거용 민주주의**가 되고 말 것입니다.

79. 가톨릭교회의 사회교리에서 말하는 참된 민주주의란 무엇인가요?(1)

1. 참된 민주주의는 단지 일련의 규범들을 형식적으로 준수한 결과가 아닙니다. **모든 인간의 존엄, 인권 존중, 정치 생활의 목적이며 통치 기준인 공동선에 대한 투신**입니다. 이와 같이 민주주의 발전에 영감을 주는 가치들을 확신 있게 수용한 열매입니다(『간추린 사회교리』, 407항 참조). 우리나라의 민주주의를 놓고 말들이 많습니다. 어떤 이들은 우리나라의 민주주의가 지나쳐서 국론이 분열되는 등의 문제가 있다고 말합니다. 또 다른 이들은 우리나라 민주주의가 독재로 회귀하고 있다고 말하기도 합니다. 이처럼 민주주의라는 말만큼 서로 다르게 생각하면서도 똑같이 사용되는 말도 없을 듯합니다.

2. 민주주의를 이해하는 방식에 따라서 그 사회의 **민주주의의 발전과 수준**이 다른 것은 분명합니다. 예를 들면, 우리나라 사람들이 이해하는 민주주의와 민주주의의 수준과 독일 사람들이 이해하는 민주주의와 민주주의 수준은 다를 수밖에 없습니다. 가톨릭교회의 사회교리에서 말하는 참된 민주주의가 되기 위한 요건은 다음과 같습니다. ①**진리에 기초** : 정치와 진리는 상호 관련성을 가지고 있으며, 진리는 정치의 산물이 아니고 오히려 정치를 선행하고 정치를 비추어 줍니다. 정치는 궁극적으로 초월적인 진리, 객관적 의미에서의 진리, 인간의 존엄성의 실현에 봉사하는 것입니다. 만약 정치적 활동을 이끌어 가고 통제할 최후

의 진리가 없다면 정치는 권력을 장악하기 위하여 이념과 확신을 도구처럼 쉽게 조작함으로써 사회는 전체주의로 빠지게 된다는 것입니다.(「백주년」, 46항 참조)

3. ②**법치국가**: 올바른 민주주의 국가는 통치자의 자의적인 의지에 의해서가 아니라 법에 의하여 통치되어야 하는데, 이를 우리는 법치국가의 원리라 부릅니다. 법치국가의 원리에 따르면 헌법은 국민들의 기본권과 국가 권력의 구조, 백성의 대표들의 모임들(국회, 지방의회 등), 정치권력의 분립과 입법, 사법, 행정 사이의 균형과 정치적 선택에 있어서 시민들이 참여할 수 있도록 보장해야 합니다. 또 국민들이 자신들의 통치자를 뽑고 규제하고, 평화적인 방법으로 통치자를 교체할 수 있는 가능성 등을 규정하여야 합니다.

4. ③**인권의 존중**: 국가의 헌법은 크게 두 가지 규범으로 구성되어 있습니다. 하나는 국민의 기본권인 인권을 보장하는 규범이며, 또 다른 하나는 권력 구조를 정하는 규범입니다. 결국 헌법은 국가 권력이 국민의 인권을 보장해 가게끔 그 조직의 원리와 작용의 형태를 규정하고 있습니다. 어디까지나 국민의 기본권을 보장하기 위해 존재하고, 또 그 목적을 위해 국가 권력구조를 정하는 것입니다. ④ **공동선의 관리**: "정치 공동체는 공동선을 위하여 존재하고, 공동선 안에서 정당화되고 그 의의를 발견하며, 공동선에서 비로소 고유의 권리를 얻게 된다."(「사목헌장」, 74항). 민주주의 사회에서 정치권력의 행사는 공동선을 달성하기 위해서 법적으로 정의되는 명확한 질서규정에 따라 윤리적 질서 내에서 실행되어야 한다는 것입니다.

5. 일반적으로 민주주의를 1인 1표에 근거한 보통선거권, 주기적인 선거, 정당 간의 경쟁을 통한 정부의 구성 등 민주적 경쟁의 규칙을 확립하는 절차상의 최소 요건을 갖춘 정치체제로 이해해 왔습니다. 그러나 이것은 민주주의를 위한 출발점이고 최소한의 조건으로 이해해야 합니다. 이를 민주주의의 완성이라고 말한다면 우리나라의 민주주의가 충분하다고 할 수도 있을 것입니다. 그러나 민주주의는 프랑스의 정치사회학자 토크빌이 파악하듯이 선거 제도가 아니라 **사회의 상태**라고 보아야 합니다. 민주주의는 절차적 조건을 갖춤으로써 완성되는

---

15) 프랑스 파리 출생으로 미국의 교도행정 개혁을 연구하기 위해 미국으로 건너가 「미국의 민주주의」를 저술했다. 「미국의 민주주의」 첫 부분으로 인해 정치학자로서 즉각적인 명성을 얻었으며, 1833년부터 영국을 방문, 철학자이며 급진개혁가인 존 스튜어트 밀과 교류했다.

것이 아닙니다. 그 조건 위에서 그 사회가 **어떤 지적, 도덕적, 문화적 토양**을 발전시키는지에 따라 더 좋은 내용으로 발전할 수도 있고, 그 반대일 수도 있다는 것입니다.

6. 가톨릭교회의 사회교리에서 말하는 참된 민주주의는 제도와 절차를 넘어서 **인간의 존엄성과 인권, 사회의 공동선**을 얼마나 발전시키고 증진시키는가에 달려 있는 것입니다. 특히 제2차 바티칸 공의회의 「**사목헌장**」은 국가의 존재 이유 자체가 공동선을 발전시키는 것임을 분명히 천명하였습니다. 그런 의미에서 한 사회의 인권과 공동선의 수준은 대다수의 서민과 가난한 사람들을 위한 정부 정책으로 평가될 수 있습니다.

80. 가톨릭교회의 사회교리에서 말하는 참된 민주주의란 무엇인가요?(II)

1. 요한 바오로 2세 교황의 회칙 「**백주년**」에서는 "교회는 민주주의를 높게 평가하는데, 이 체제는 확실히 시민들에게 결정에 참여할 중요한 권한을 부여한다. 피통치자들에게는 통치자들을 선택하거나 통제하고 필요한 경우에는 평화적으로 대치할 가능성을 보장해 준다."고 밝히고 있습니다. 또 "참된 민주주의는 (…) 모든 인간의 존엄, 인권 존중, 정치 생활의 목적"이고, "통치 기준인 공동선에 대한 투신과 같이 민주주의 발전에 영감을 주는 가치들을 확신 있게 수용한 열매"라고 말하고 있습니다. 여기에서 참여, 인간 존엄성, 공동선 등이 중요한 개념들로 등장합니다. 참여가 민주주의를 만들어간다는 생각은 참여 주체인 **인간이 가진 존엄성**에 뿌리를 두고 있습니다. 또한 모든 인간이 존엄하기에 **공동선**을 바라봐야 한다는 가르침입니다. 사회교리 원리들은 각각 홀로 서 있는 것이 아니라 서로 연관되어 있습니다.

2. 그런데 민주주의에도 위협요소들이 있는데, 그 중 **윤리적 상대주의**는 가장 큰 위협 가운데 하나입니다. 이것은 이른바 "올바른 가치 서열을 세우기 위한 객관적이고 보편적인 기준은 없다"는 주장입니다. 교회는 "정치 활동을 이끌어 가고 통제할 궁극적 진리가 없다면, 권력을 장악하기 위하여 이념과 신념을 쉽게 조종할 수 있다."고 말합니다. 그러면서 "**원칙 없는 민주주의는 위장된 전체주의로 변한다**."고 경고합니다. 시민 대다수의 합리적 결정으로 만들어진 것은 그 자체로 **객관적이고 보편적인 기준**이라 할 수 있습니다. 반대로 그러

한 기준은 없다고 말하는 것은 결국 인간 이성에 대한 부정, 더 나아가 인간 존엄성에 대한 부정으로도 여겨질 수 있는 것입니다.

3. 민주주의 제도에도 결함이 있을 수 있는데, 가장 심각한 결함 가운데 하나인 **정치적 부패**는 "도덕성 원칙과 사회정의 규범을 한꺼번에 짓밟는" 행위라 할 수 있습니다. 교회는 부패가 대의기관들의 역할을 근본적으로 왜곡한다고 경고하며, 또한 국민들로부터 위임받은 통치권자들은 국민들 개개인의 바람을 실현해 주는 사람들이 아니라, 모두를 위한 공동선을 실현해야 할 사람들이라고 말합니다. 그래서 정치인들을 선택할 때, 내 기준은 공동선에 있는지, 자신과 주변의 이익에 머물러 있는지 잘 살펴야 합니다. 정치인의 부패와 무능을 만들어내는 것은 결국 그들을 선택한 **국민의 책임**입니다. 어떤 선거에서든 인간을 존엄하게 바라보며, 특정 계층이 아닌 공동선을 꿈꾸는, 부패와 거리가 멀고 도덕성을 갖춘 이들을 선택할 수 있어야 합니다.

81. 참여 민주주의에 대한 사회교리의 가르침은 무엇인가요?

1. 민주주의는 단순히 선거를 통해 대통령과 의회를 구성하는 것만을 의미하지 않습니다. 근본적으로 **모든 시민이 공적 영역의 문제에 대해서 참여하고, 의사결정에 참여하는 것**이 핵심입니다. 대통령이나 국회의원 역시 시민들을 대리하는 것이며, 그 뿌리는 결국 **시민의 의사**이기 때문입니다. 이런 의미에서 가톨릭교회의 사회교리는 국가보다 **시민사회가 우위**에 있다고 가르칩니다. 그러므로 국가는 시민사회와 시민의 의사를 충분히 반영해야 합니다. 다른 한편으로 시민은 공적 영역의 문제에 대해서도 계속해서 의사를 개진하고 의사 결정에 이러저러한 방식으로 참여해야 합니다.

2. 이러한 참여는 **시민으로서 권리이자 동시에 의무**입니다. 그렇기 때문에 참여는 "민주주의의 모든 질서를 이루는 주축 가운데 하나이고 민주주의 체제의 영속성을 보장하는 것 가운데 하나이기도 하다. 실제로, 민주 정부란 무엇보다도 국민들이 국민의 이름으로 국민과 관련하여 국민을 위하여 행사되는 권한과 역할을 얼마나 부여받는지에 따라 규정된다. 따라서 모든 민주주의가 참여 민주주의여야 한다."(「간추린 사회교리」, 190항)고 말할 수 있습니다.

3. 더 나아가서 **성경**은 참여를 통해서 우리에게 **참이웃이 되는 길**이 무엇인지를 가

르쳐 주십니다. 루카 복음의 착한 사마리아 사람의 비유(루카 10,29-37 참조)는 가장 힘든 이에게 측은한 마음으로 다가설 것을 요구합니다. 사제나 레위인은 길에서 다 죽어가는 동족을 만났을 때 그를 외면하고 길 반대쪽으로 지나가 버렸습니다. 그러나 사마리아 사람은 그가 동족이 아님에도 불구하고 그를 구해주고 돌보아 주었습니다.

4. 사마리아 사람처럼 그렇게 스스로 다가서는 사람이야말로 예수님께서 명하신 **이웃이 되고, 참다운 사랑과 자비를 베푸는 사람**이 됩니다. 그리스도교의 사랑은 자선에서 끝나는 것이 아닙니다. 자신의 것을 내어놓는 것도 대단한 일이지만 그것으로 만족해서는 안 됩니다. 참다운 사랑은 **가난한 사람들을 선택**하고, **목소리 없는 이들의 목소리**(advocacy)가 되어주는 것이며, 그들의 편에 서는 것입니다.

82. 사회교리에서 말하는 참된 참여의 의미는 무엇인가요?

1. 가톨릭교회의 사회교리 기본원리 중의 하나인 보조성의 원리에 따르면 상위조직은 작은 단체나 조직이 일을 더 잘할 수 있도록 도움을 줘야 합니다. 상위조직이 도움을 주면 더 작은 단체들이 스스로의 존재 의미를 갖게 됩니다. 그러기 위해서는 조직에 속해 있는 개개인의 적극적인 참여가 반드시 전제돼야 합니다. 참여는 교회가 보조성의 특징 중 하나로 밝히고 있는 것으로 **민주주의 정치 체제를 이루는 가장 중요한 요소 중 하나**입니다. 참여는 시민 공동체의 **정치, 경제, 정치, 문화생활에 이바지하는 일련의 활동**들을 통하여 표현됩니다. 참여는 모든 사람이 책임을 가지고 **공동선을 위하여 의식적으로 이행하여야 할 의무**라고 교회는 말하고 있습니다.

2. 참여란 공동체 안에 들어감으로써 그 **구성원이 되는 것**입니다. 개인의 뜻과 지향을 가지고 있다기보다는, 공동체를 바라보고 공동선을 지향할 때 그 공동체가 완성되고, 이렇게 **완성된 공동체는 올바르게 발전**할 수 있습니다. 그런 이유로 교회는 참여를 **민주주의의 모든 질서를 이루는 주축 가운데 하나**이고, **민주주의 체제의 영속성을 보장하는 것 가운데 하나**라고 밝힙니다. 그런데 일부 국민들은 마치 이 제도들이 자신의 이기적 욕구를 위해 존재하는 양 자신들에게 더 이득이 되는 조건을 얻고자 이 제도들과 **타협을 시도**하는 경우가 있

습니다. 또 한편 어떤 경우에는 선거 과정에 대한 국민들의 참여에 제한을 두어서 **국민들이 투표하는 것을 꺼리기까지 하는 관행**들이 생겨나기도 합니다.

83. 올바른 투표에 대한 신앙인의 자세를 교회는 어떻게 가르치고 있나요?(1)

1. 우리나라는 1948년에 제정된 헌법을 통하여 민주공화국으로 출범한 이래, 권위주의 정부 시대를 거쳐 마침내 민주화를 이루었습니다. 그렇지만 최근까지도 권력주변의 비리를 비롯한 정치인들과 검찰의 비리가 끊이지 않는 등 **권력의 부패와 윤리적 타락**으로 인한 정치 불신을 경험하고 있습니다. 또한, 대기업의 횡포로 인한 **정리해고 남발, 비정규직 노동자의 양산, 양극화 심화** 등으로 사회적 약자의 삶은 더욱 피폐해졌습니다. **청소년과 노인 자살 급증, 심각한 저출산과 청년실업 문제**들도 우리 사회의 암울한 현실을 그대로 보여 줍니다.(제18대 대통령 선거를 앞두고 드리는 호소, 주교회의 정의평화위원회 참조)

2. 어떤 선거든 선거 때에 후보들이 내놓은 공약에 대해 객관적 정보를 바탕으로 판단하고 투표에 참여하기가 쉽지 않습니다. 그러나 우리는 그리스도 신앙인으로서 선거에 출마하는 **후보**와 **정당** 그리고 **정책공약**에 대해 엄밀하게 평가해야 합니다. 이때 **인간의 존엄함**과 **공동선과 사회정의 실현**, 그리고 **평화 문제**가 많은 정보를 식별하고 판단하는 훌륭한 기준이 됩니다. 우선 인간 존엄성이라는 기준을 살펴보면, 인간이 귀하다는 것을 부정하는 사람은 아무도 없습니다. 그 귀함을 구체적으로 실현하여 발전시킨 것이 바로 인간의 기본적 권리들, 곧 인권입니다. 인권은 고정불변의 것이 아니라 끊임없이 발전시켜야 할 목표입니다.

3. 국가는 인권을 수호하고 발전시킴으로써 공동선을 실현하는 제1의 임무를 가집니다. 그러나 이처럼 귀한 인간의 존엄함, 그리고 기본적 권리인 인권이 아무렇지도 않게 뒷전으로 밀려나는 경우가 허다합니다. 명분을 보면 인권 실현의 유보가 그럴듯하게 들리지만, 이것은 분명히 **비이성적**이고 **반 그리스도교적**입니다. 시민사회든 국가든 사람을 위해 존재한다는 점에서 사람은 시민사회와 국가가 존재하는 목적이며, 국가와 집단은 인간 삶의 조건입니다. 국가의 임무는 공동선과 사회정의 실현이며, 공동선 원리는 모든 인간의 존엄성, 일치 평등에서 나오는 것입니다. 공동선이란 집단이든 구성원 개인이든 더욱 충만하고 더욱 용이하게 자기완성을 추구하도록 하는 **사회생활 조건의 총화**를 말합니다.(「간추린 사회교리」, 164항 참조)

4. 그러나 우리 현실은 소수 대기업과 다수의 중소기업 사이, 산업과 산업 사이, 정규직 노동자와 비정규직 노동자 사이, 그 밖에 많은 분야에서 **불균형**이 심화되었습니다. 경제문제에서 국가의 근본적 의무는 경제문제를 조절하려는 적절한 법적 틀을 마련하는 것입니다. 이는 어느 한 쪽이 다른 한 쪽을 실질적 종속상태로 만들 만큼 강력해지지 않도록 쌍방 간의 일정한 평등을 요구하는 경제 자유의 기본 조건을 보장하기 위해서입니다. 참된 인간화·사회화를 지향하는 **참된 발전(평화)**를 위하여 인간의 존엄함과 그 존엄함을 실현한 기본적인 권리들(인권)을 절대가치로 여깁니다. 그리고 **사회 정의**와 **공동선 실현**에 앞장서며, 정의와 사랑의 열매인 **평화**에 대한 확고한 신념을 가진 통치자를 선택하는 것은 성숙한 정치의식으로 무장한 **시민의 책임**입니다.

84. 올바른 투표에 대한 신앙인의 자세를 교회는 어떻게 가르치고 있나요?(II)

1. 신앙인들은 어떤 자세로 선거에 임하는 것이 바람직한 모습일까요? 우리는 **참여**를 통해 공동체를 바라보고 공동선을 지향할 때, 그 공동체를 완성할 수 있습니다. 이렇게 완성된 공동체가 발전할 수 있습니다. 선거와 같은 참여 문제에 아예 **무관심한 모습**은, 선거에 대한 잘못된 태도에서 비롯된 것이라고 할 수 있습니다. 모든 민주주의는 참여 민주주의여야 합니다. **개개인의 올바른 참여**는 나 자신의 이기적인 이익만을 바라보는 것이 아니라 사회 공동체를 바라보는 것이어야 합니다. 공동선을 꿈꾸고 있는 우리 모두의 참여가 바로 올바른 민주주의 국가를 이루는 원동력이 됩니다. 선거뿐만 아니라, 이미 그 이전의 모든 단계에서의 사회구성원 참여가 올바른 과정을 만들어 내며, 그 결과는 투표참여로 나타나게 됩니다. 선거라는 제도를 통해 시민 대다수의 합리적 결정으로 이뤄낸 결과는 객관적이고 보편적인 기준이리 할 수 있습니다. 그러나 여기에도 주의해야 할 점이 있습니다. 선거를 통해 선출된 경우에도 **인간 존엄성을 부정하는 통치자**는 일반 국민들을 어리석은 사람들, 다스려야 할 사람들로만 여기게 된다는 것입니다.

2. 그뿐만 아니라 권력을 장악하기 위해 **이념**도 **신념**도 조종하려고 할 수 있습니다. 민주주의는 국민들의 참여를 바탕으로 합니다. 국민이 투표에 참여하는 것은 곧 자신이 속한 사회의 미래를 결정하는 데 참여하는 것입니다. 따라서 투표

에 적극 참여해야 합니다. **학연·지연** 등 정리에 얽매일 것이 아닙니다. 후보자와 그 후보자가 속한 **정당에 대한 올바른 평가**를 내리고 투표에 임해야 합니다. 이것은 현세를 복음화해야 하는 그리스도인의 의무인 것입니다. 투표는 **정치적 행위**일 뿐만 아니라 **사회를 복음화**하는 수단이기도 합니다. 그렇기 때문에 선거에 무관심하고 투표권을 행사하지 않는 것은 국민으로서의 의무를 저버리는 것입니다. 뿐만 아니라 세상을 올바르게 가꾸어야 하는 **그리스도인의 의무**도 소홀히 하는 것입니다.

3. 우리가 선거를 치르면서 그 결과가 실망스러웠던 적이 적지 않았지만, 그럴수록 신앙인들이 명심해야 할 것이 있습니다. 정치인들 또는 국민들로부터 위임받은 통치권자들은 **국민들 개개인의 바람을 실현해주는 사람들이 아니라는 점**입니다. 오히려 **국민 모두를 위한, 곧 공동선을 실현해야 할 사람들**이라는 겁니다. 그런 의미에서 정치인들을 선택할 때, 나의 기준은 **공동선**에 있는지, 혹은 **우리 자신과 주변의 이익**에 머물고 있는 것은 아닌지 잘 살펴보아야 합니다. 선거에서는 우리가 알고 있는 원리들을 준수하는지도 살펴봐야 합니다. 적어도 그 원리들을 존중하는, 곧 **인간을 존엄하게 바라보고, 인간을 수단이 아닌 목적으로 바라보는 이들**을 선택해야 합니다. 또한 특정 계층이 아닌 **공동선**을 꿈꾸는 이들 그리고 **도덕성**을 갖춘 이들을 선택할 수 있는 신앙인이 되어야 합니다.

85. 선거 투표에 불참하는 문제점을 사회교리는 어떻게 보고 있나요?

1. 민주주의 꽃이라고 하는 선거에 투표를 하지 않는 국민이 투표를 한 국민보다 많은 현상이 종종 발생하는데, 여기에는 여러 원인이 있을 것입니다. 투표율과 관련해 살펴봅니다. 투표에 **의도적**으로 참여하지 않음으로써 자신의 의사를 표현하는 경우가 있습니다. 혹은 **외적 환경**으로 투표에 참여하기 어려운 경우나 정치에 관한 **무관심** 혹은 **혐오**로 투표하지 않는 경우도 있을 것입니다. 그 가운데 정치에 대한 무관심과 불신, 심지어 혐오로 투표하지 않은 이들이 많다면 왜 그런 현상이 생겼을까? 물론 그 탓을 유권자에게 돌릴 수도 있지만 외부에서 그 원인을 찾을 수도 있습니다. 즉 정치적 부패와 정당의 역할·임무 부재가 국민의 무관심과 불신, 더 나아가 혐오까지 불러온 것은 아닐까요? 교회의 여러 가르침을 통해서 이 문제를 살펴보면, ①**정치적 부패**, ②**정당의 실질적인 역할 부재**,

③**대중매체의 진실 왜곡**, ④**정보의 객관성 결여** 등이 유권자들로 하여금 정치에 대한 무관심과 불신을 갖게 하는 원인이 되어, 그 결과 투표를 하지 않는 국민이 발생하는 것입니다.

2. ①**정치적 부패**에 대해서 「간추린 사회교리」는 이렇게 말하고 있습니다. "민주주의제도의 심각한 결함 가운데 하나는 도덕원칙과 사회정의 규범을 한꺼번에 짓밟는 정치적 부패다. 정치적 부패는 공공기관들에 대한 불신을 증대시키고, 정치와 정치인들에 대한 국민 불만을 조장한다. 더 나아가 부패는 대의기관(국회나 각종 대의원회)들의 역할을 근본적으로 왜곡한다. 대의기관은 의뢰인의 청탁과 국가 공무원 사이에 정치적 거래가 이뤄지는 무대가 되기 때문이다. 그렇게 되면 정치적 선택에 영향력을 행사할 수 있는 사람들의 편협한 목표에 부합하는 정치적 선택이 이뤄진다"(「간추린 사회교리」, 411항) ②**정당의 실질적인 역할 부재**에 대해서는 "정당들은 국민의 폭넓은 참여를 촉진하고, 공공의 책임이 모든 이에게 미칠 수 있게 할 임무가 있다. 정당들은 시민의 열망을 간파하고 그 열망이 공동선을 지향하도록 해야 한다. 국민이 정치적 선택을 내리는 데에 기여할 수 있는 실질적 가능성을 제공하도록 요구받는다."(「간추린 사회교리」, 413항)라고 설명하고 있습니다.

3. ③**대중매체의 진실 왜곡**은 전통적 대중매체인 텔레비전과 라디오, 신문에 의한 정보전달과 새로운 미디어를 포함합니다. 인터넷, SNS(사회관계망시스템)를 통해 진실을 왜곡하는 대중매체들도 경계해야 합니다. 이에 대해 「가톨릭교회 교리서」는 "사회적 전달 수단(특히 대중매체)은 그 이용자들에게 일종의 수동성을 길러주거나, 그들이 시청하는 것에 대해서 비판력이 부족한 소비자가 되게 할 수도 있다. 이용자들은 불성실한 영향력에 더 쉽게 저항하기 위해서, 식견을 갖추고 정확한 의식을 다져가야 할 책임이 있음을 깨달아야 한다."(「가톨릭교회 교리서」, 2496항)고 밝히고 있습니다. ④**정보의 객관성 결여**에 대해서는 "정보는 민주적 참여를 위한 주요한 도구 가운데 하나이다. 정보의 객관성에 대한 권리를 온전히 행사하지 못하게 하는 장애물 가운데, 특별히 주목해야 하는 것은 소수 사람이나 집단이 조종하는 뉴스 미디어 현상이다. 여기에 정치활동과 자본 정보기관의 유착이 더해지면 민주주의 제도에 위험한 결과에 영향을 미친다."(「간추린 사회교리」, 414항)라고 명시하고 있습니다.

4. "대중매체를 통한 정보전달은 공동선을 위한 것이다. 사회는 진실과 자유와 정의와 연대의식에 근거한 정보를 받을 권리가 있다. 그러나 이 권리의 올바른 행

사는 커뮤니케이션이 그 내용에서 언제나 진실해야 하고, 정의와 사랑을 지키며 완전해야 한다는 것이 요구된다."(『가톨릭교회 교리서』, 2494항)라고 교회는 가르치고 있습니다. 또 진실을 왜곡하고, 대중매체를 통하여 여론을 정치적으로 지배하며, 자신들의 절대적 지배력을 공고히 하겠다고 꿈꾸는 전체주의 국가들의 고질적인 악습에 대해서는 도덕이 이를 고발해야 한다고 말하고 있습니다.(『가톨릭교회 교리서』, 2499항 참조)

86. 선거를 통한 사회 복음화의 사명을 사회교리는 어떻게 가르치고 있나요?(I)

1. 가톨릭교회는 사회교리를 통해 하느님의 뜻을 이 세상에 드러내야 한다고 말하며, 이를 사회 복음화를 위한 사명이라고 합니다. 가톨릭교회의 가르침에는 가정·문화·경제·정치·생태·평화와 국제질서 등 사회 모든 분야에서 구체적으로 실현해야 할 사회교리의 항구한 원리들이 있습니다. 사회교리의 기본원리는 유권자인 그리스도인에게 성찰과 분석, 판단과 행동을 위한 지침으로, 정당과 후보자를 선택할 수 있는 행동의 길잡이인 셈입니다. 사회교리의 기본원리로, **①인간 존엄성의 원리(인권), ②공동선의 원리(사회정의), ③보조성의 원리(시민의 자율성), ④연대성의 원리(공동선에의 헌신), ⑤재화사용의 보편적 목적의 원리(소유권 제한), ⑥사회적 약자에 대한 우선적 선택의 원리**를 꼽을 수 있습니다.

2. 특히 보조성의 특징 가운데 하나가 바로 **참여**입니다. 이는 민주주의의 모든 질서를 이루는 주축 가운데 하나로서, 교회는 이를 다음과 같이 가르칩니다. "어떤 정부가 어느 정도 민주적 정부인지는 무엇보다도 시민과 관련하여 판단한다. 시민을 위하여 시민의 이름으로 시민이 행사하는 권한과 역할이 어느 정도 시민에게 부여되었는지에 따라 판명된다. 그러므로 모든 민주주의는 참여 민주주의여야 한다는 사실은 자명하다."(『간추린 사회교리』, 191항). 가톨릭교회는 "국민이 대중매체 정책에 관한 의사결정 과정에 참여할 필요가 있다. 이러한 참여는 공개적이어야 한다. 대중매체가 돈벌이가 되는 사업일 때 특정 이익집단을 위해 잘못 이용되지 않고 진정 민의를 대표하는 것이 되어야 한다."(『간추린 사회교리』, 416항)고 가르칩니다. 따라서 방송통신 관련법의 제·개정 관련 논란을 접하고 수많은 언론인의 파업을 보면서도 교회가(그리스도인이) 이를 신앙(교리)과 전혀 관계없는 일이라고 여긴다면 이는 교회의 사회적 사명을 외면하는 태도라고 할 수 있습니다.

3. 한편 정부는 시장 효율성을 내세워 공공부문의 선진화를 위한 **민영화**를 추진하고 있습니다. 가톨릭교회는 자유시장제도의 긍정적 역할을 인정하면서도(「간추린 사회교리」, 347항 참조), 공동재화(공공부문)는 **국가**와 **사회**가 보호해야 한다고 분명히 가르치고 있습니다(「백주년」, 40항 참조). 그럼에도 이런 경제문제가 그리스도인의 관심사가 아니라고 한다면, 이 역시 교회의 사회적 사명을 외면하는 태도인 것입니다. 사목헌장에서는 "교회는 결코 현세적 야심에서 움직이지 않는다. 교회는 오로지 하나의 목적을 추구한다. 곧 성령의 인도로 바로 그리스도께서 하시던 일을 계속하려는 것이다. 그리스도께서는 진리를 증언하려고 세상에 오셨으며, 심판하시기보다는 구원하시고, 섬김을 받으시기보다는 섬기러 오셨다"(「사목헌장」, 3항)고 언급하고 있습니다.

4. 시민의 책임 있는 참여 여부가 민주주의의 성패를 가르기 때문에 교회와 그리스도인에게는 그 책임이 더욱 막중합니다. 현세적 야심보다는 그리스도께서 하시던 일, 곧 진리를 증언하고, 구원하고, 섬기는 일을 계속해야 하기 때문입니다. 선택은 언제나 그리스도인이 그리스도인다움을 실현하는 신앙행위를 바탕으로 이루어져야 하며, 우리가 참여하는 선거에서도 마찬가지입니다. 대의 민주주의 정치제도에서 우리가 선택한 정치인들은 세상에 진리를 증언할 수도, 거짓을 퍼뜨릴 수도 있습니다. 권력을 가진 그들이 시민을 구원과 해방의 길로 이끌 수도, 억압과 질곡으로 내몰 수도, 시민을 섬길 수도, 노예로 내몰 수도 있기 때문입니다.

87. 선거를 통한 사회 복음화의 사명을 사회교리는 어떻게 가르치고 있나요?(II)

1. 코로나19 사태가 전 세계를 휩쓸고 있습니다. 아직 진행 중이며 국경과 인종을 넘어 확대되고 있습니다. 이러한 위기가 언제든 재발한다는 경고와 함께 많은 사회적 위기들, 교육현장, 육아와 돌봄, 일터에서 벌어지는 생계위기들은 사회적 어려움을 가중시킬 것입니다. 또한 이것이 취약계층에게 더 고단할 것이라는 관측은 사회를 더욱 힘들게 합니다. 당장 여기저기서 해고 소식이 들려옵니다. 소상공인들과 아르바이트를 하는 학생들과 취업준비 중인 청년들, 힘겹게 일해서 그달그달 생활비로 가족을 부양하는 사람, 일자리조차 구할 수 없는 노인에 이르기까지 현실은 참담합니다. 일하는 사람을 해고해야만 하는 기업

의 어려움도 있겠지만, 해고는 수많은 가정을 벼랑으로 몰기에 그것이 최선일지는 모호합니다. 그래서 '**코로나대응시민사회단체**'는 2020년 3월 31일 출범 기자회견을 통해 사회안전망 체계의 재정비, 총고용 유지와 취약계층을 위해 정부와 기업의 특별한 책임을 요청했습니다. '코로나19 우리 함께 이겨내자'라는 구호는 현실이 돼야 합니다. 이를 위해 가장 필요한 것은 대립과 갈등을 넘어선 **사회적 화합**과 **협력**입니다.

2. 프란치스코 교황님께서도 코로나19 사태에 대한 인류의 해법은 **각자도생이 아니라 연대와 협력**이라고 강조하셨습니다. 금번 코로나19 사태로 많은 사회적 성찰들이 쏟아졌습니다. 그 핵심은 대립과 차별, 멀어짐과 단절이 아니라 연대와 협력이었습니다. 실제로 우리가 재난 상황을 이겨내는 비결은 **안전과 인권, 생명을 소홀히 여기지 않고 함께 협력하는 것**입니다. 가톨릭교회도 선의(善意)를 지닌 수많은 사람들이 이를 위해 힘을 모아야 한다고 가르칩니다(「간추린 사회교리」, 4, 12, 53항 참조). 그 협력의 기준과 토대는 **공동선, 가난한 이들에 대한 우선적 선택, 재화의 올바른 사용, 사회적 책임, 사람이 중요하다는 인간존엄**입니다. 이와 같은 상황에서 우리는 총선을 치렀습니다. 선거는 민주주의의 꽃이며 유권자의 가장 강력한 힘은 투표라 합니다. 하지만 깜깜이 총선이라 하고 온갖 꼼수가 난무하는 상황에서 우리는 선거벽보를 보며 고민과 실망을 동시에 합니다. 그러나 정치를 바로잡고 정치혐오의 악순환을 종식하기 위해서 유권자의 참여는 절실하며 우리가 투표를 외면하면 결과는 더 나빠질 것입니다.

3. "오늘의 정의는 어제의 사랑이며, 오늘의 사랑은 내일의 정의이다"(M. 질레)라고 하듯 세상을 변화시키는 진정한 힘은 바로 **사랑**입니다. 사랑은 사람과 사회에 대한 **애정**이자 **우선적 인식**이며 신앙인에게는 하느님께서 알려 주신 **삶의 길**입니다. 이번 총선으로 세상이 바뀌지 않을 수도 있습니다. 그러나 우리가 그리는 그림이 있다면 세상은 언젠가 바뀔 수도 있습니다. 어떤 그림이어야 합니까? 바로 사랑의 도화지에 그리는 **생태적 회심, 지속가능한 발전과 사회적 통합, 고통받는 이웃에 대한 사회적 관심**이라는 그림입니다. 아프고 힘들 때 의지할 곳이 있고 도움받는 것이 선진국입니다. 많이 버는 것만이 중요한 것이 아니라 **우정과 존중을 통해 화합과 나눔이 실현되는 사회**가 선진국이고 하늘나라입니다. 분명히 유권자의 선택을 받은 당선자들은 성실히 직무에 임하겠노라고 약속할 것입니다. 그러나 그것을 감시할 역할은 우리에게 있고 그래서 분명 총선은 하나의 시작이며 그 그림의 완성은 **선의(善意)를 지닌 우리 모두의 몫**입니다.

> "하느님 나라의 요구에 맞게 사회관계들을 변화시키는 일은 구체적인 경계 안에서 단 한 번에 이루어지지 않는다. 오히려 이는 그리스도인 공동체에 맡겨진 과제로서, 그리스도인 공동체가 복음의 영감을 받아 성찰과 실천을 통하여 발전시키고 실행하여야 하는 것이다. 이러한 성령의 영감을 받은 그리스도인 공동체는 이 세상과 역사의 한 부분으로서, 드넓은 인간의 벌판에 뿌려진 진리와 자유의 씨앗을 함께 추구하는 선의의 모든 사람들과 마음을 열고 대화한다."(「간추린 사회교리」, 53항)

88. 민주주의와 선거에 대한 가톨릭교회의 사회교리 가르침은 무엇인가요?

1. 일반적인 의미에서 ①민주주의는 어떤 차별 없이 모든 시민에게 봉사하는 국가의 법적 정치적 구조로 인간 본성에 적합한 제도를 의미합니다. 또 ②민주주의는 정치적 선택에 있어서 자유를 의미하고, 국가는 국민의 공동선을 위해 존재합니다. 마지막으로 ③민주주의는 국민주권을 의미합니다. 주권의 근원적인 원천은 만물의 창조주이시며 주인이신 하느님에게만 있습니다. 국민은 단지 정치적 권력의 일차적이고 최종적인 수탁자란 의미에서 주권이 인정됩니다. 따라서 국민은 자신의 이름으로 이러한 권리를 행사해야 할 사람을 뽑을 능력을 지니고 있습니다. 공권력의 구조와 범위, 그에 따른 공권력 수행방법을 결정할 수 있다는 의미에서 국민주권이 인정됩니다.

2. 이렇게 국민주권이 인정되는 체제를 민주주의라고 부릅니다. 특히 가톨릭교회의 사회교리에서 사용되는 민주주의란 말은 근원적으로 **공공생활에 참여하는 권리와 의무**를 뜻합니다. 여기서 파생되는 의미는 정치적 체제를 선택하는 **자유와 올바른 참정권의 행사**를 의미합니다. 선거제도와 투표를 살펴보면, 국민은 중요한 국가적 사안을 결정하는 **국민투표**와 국가의 기관을 구성하는 국민의 대표를 뽑는 **선거**를 통해서 주권을 행사합니다. 국민투표와 선거에서 투표를 통하여 국민은 자신의 의견을 표현하게 됩니다. 이에 따라 국가의 중대사와 국민의 대표기관(지방의회 의원, 국회의원, 자치단체장, 대통령)을 뽑게 되며, 이러한 선거제도는 민주주의의 초석이며 꽃입니다.

3. "국민투표와 선거는 모든 국민이 차별 없이, 언제나 더 잘, 능동적으로 자유롭게 정치에 참여할 수 있는 효과적인 가능성을 제공하는 것으로 인간 본성에 완

전히 부합하는 것이다."(「사목헌장」, 74항)라고 되어 있습니다. 모든 국민은 투표의 자유와 선거운동의 자유를 지니고 있으며, 공동선의 촉진을 위해 자유투표의 권리와 의무를 충실히 수행하여야 합니다. 민주주의 국가에서 국민들은 투표를 통하여 자신들의 통치자를 뽑으며, 통치자들을 규제하고 판단합니다. 또 평화적인 방법으로 통치자를 교체하게 됩니다. 선거제도는 통치자를 선택하는 행위일 뿐만 아니라 통치자들이 국민의 심판을 받는 것이기도 합니다. 결국 투표는 **국민이 참정권을 행사하는 것**이므로 신중히 사용해야 합니다.

89. 현재 한국의 정당의 문제를 가톨릭교회의 사회교리는 어떻게 보고 있나요?

1. 우리나라는 총선 때마다 등장하는 공천갈등을 비롯하여 예산안 처리 과정과 쟁점법안 처리에서의 당내 갈등, 당 대 당 갈등, 입법부와 행정부의 갈등 등 여러 복잡한 갈등들을 보여주고 있습니다. 총선 준비 과정을 보면 일찌감치 미리 총선을 준비해가는 당도 있고, 내부 문제로 인해 소속의원들이 탈당하는 정당도 있고, 새로운 변화를 이끌어 내겠다며 새로 생겨나는 정당도 있습니다. 교육에서는 교사의 문제, 교회에서는 성직자의 문제가 중요한 것처럼, 정치에 있어서는 특별히 현재 한국의 정치 상황에서는 정당의 문제가 매우 중요합니다. 국어사전에서 정의한 정당이란 정치적인 주의나 주장이 같은 사람들이 정권을 잡고 정치적 이상을 실현하기 위해 조직한 단체를 말합니다.

2. 우리나라 정당에 대해서는 여러 가지 문제점들이 지적되고 있습니다. ①과두제(몇몇 소수가 지배하는 정치체제) 및 개인화된 정당과 사당적 요소, ②고비용 저효율 정당구조, ③강한 지역 의존성과 지역정당, ④정당 의사결정 과정의 비민주성, ⑤이념정당의 부재와 정당 간 이념적 유사성, ⑥세력정치, 패거리정치, 대결정치, 분열정치의 원인제공, ⑦정당의 정책 전문성 결여, ⑧정당의 낮은 제도화 수준, ⑨정책정당이 아닌 권력투쟁형 정당, ⑩정당내부의 분화, 분열, 갈등, ⑪당원의 정체성 부재, ⑫민주적 대표성 결여, ⑬정부우위의 당정관계 등 헤아릴 수 없을 만큼 많은 문제점들이 있습니다. 여기서 우리 정당이 올바른 정당의 자리를 찾아가기 위해 필요한 과제를 몇 가지 제시합니다.

3. 첫째는, 정당의 본래의 목적인 **정치적 이상의 실현**입니다. 사회교리는 이를 보다 분명하게 제시합니다. 정당을 비롯한 모든 형태의 정치 공동체의 최종 목적

은 **공동선의 실현**이어야 합니다(「사목헌장」, 74항;「간추린 사회교리」, 413항 참조). 사실 이것이 모든 문제의 해결책입니다. 그러나 현실에서는 많은 정당들이 정권교체를 통해 권력을 얻는 데에만 혈안이 되어 있습니다. 시민사회의 열망을 한데 모으고 공공의 책임이 모든 사람에게 미치게 해야 할 의무를 다하지 못하고 있습니다. 이를 위해 참으로 필요한 도덕적 요소는 모두가 외면한 채 영향력 확대와 개인의 경제적 이익에만 눈이 멀어 있습니다.

4. 둘째는, **진보와 보수라는 낡은 틀을 벗어 버리는 일**입니다. 우리나라의 진보와 보수는 경제적인 관점에서만 차이가 있는 것이 아닙니다. 일제강점과 독립운동 세력이라는 민족주의의 문제, 그리고 남과 북의 분단에서 비롯한 이념 갈등이 더해져 한결 복잡한 양상을 보입니다. 이를 단순히 이원화해서 기득권을 지키기 위한 색깔론으로 치부해서는 안 됩니다. 앞서 말한 것처럼 편향성이 아니라 도덕성과 공동선을 추구해야 합니다. 셋째로, 이를 위해서 **시민사회가 정치 공동체에 대해 갖는 우선성**을 분명히 해야 합니다. 교회는 인간의 구원을 위해 존재합니다. 인간은 가정과 자신이 속한 사회 안에서 하느님께서 바라시는 바를 실현하고자 노력합니다. 이를 보다 쉽게 추구할 수 있는 환경을 만드는 것이 바로 공동선의 확대입니다.

5. 정치 공동체의 존재 이유도 여기에 있고, 이념적인 추구와 정권교체의 목적도 여기에 있습니다. 그러나 우리나라의 정당들은 개인과 시민 사회의 공동선에 대한 열망을 반영하고 추구하는 일을 등한시 한 채 정당 간, 정당 내의 싸움에만 골몰하고 있습니다. 우리나라 정당이 올바른 정당으로 가기 위해서는 상기의 내용에 따라야 합니다. 또 그리스도인은 헌법과 민주주의, 법치의 테두리를 넘어서, 자신의 소속과 이념을 떠나서, **복음의 기준에서 그리스도인의 양심에 따른 선택**을 할 수 있어야 합니다.

"너희도 알다시피 다른 민족의 통치자들은 백성 위에 군림하고, 고관들은 백성에게 세도를 부린다. 그러니 너희는 그래서는 안 된다. 너희 가운데에서 높은 사람이 되려는 이는 너희를 섬기는 사람이 되어야 한다."(마태 20, 25-26)

90. 정교분리의 원칙에 대해 가톨릭교회의 사회교리는 어떻게 설명하나요?

1. 유신과 군사정권 시절에도 그랬지만 지금도 교회가 정부에 대해 비판이라도 하

면, **헌법의 정교분리 원칙**을 들어 교회를 비난하는 사람들이 있습니다. 정치와 종교, 국가와 교회는 분리되어 있으니 서로 간섭해서는 안 된다는 것입니다. 정교분리에 대해 **올바르게 이해하지 못한 탓**입니다. 정치와 종교의 관계를 살펴보려면 313년 로마황제 콘스탄티누스의 **밀라노칙령**[16]까지 거슬러 올라가게 됩니다. 이 칙령으로 그리스도교는 종교의 자유를 얻게 되었고 로마제국의 사실상의 국교가 되었습니다. 그리스도교의 국교화는 현대에까지 이어졌으며, 이태리와 스페인에서 가톨릭이 국교에서 벗어나게 된 것도 비교적 최근의 일입니다.

2. 영국은 현재까지 성공회를 국교로 삼고 있습니다[17]. 우리나라 역시 고려 때에는 불교가 그리고 조선시대에는 유교가 국교였습니다. 유교가 엄밀하게 말하면 종교가 아니라는 의견도 있으나, 조선의 국왕은 종묘와 사직의 제사를 주관한 사제였음은 분명합니다[18]. 이런 맥락 위에서 정교분리의 헌법적 원칙이 나오게 되었습니다. 국교 금지를 비롯한 헌법상 종교규정은 **미국의 수정헌법**에서 시작되어 다른 나라에까지 영향을 끼쳤습니다. 미국 헌법의 종교규정은 **종교 자유**와 **국교 금지**에 초점이 맞추어져 있으며, 우리나라 헌법 역시 마찬가지

---

16) 그리스도교가 로마 제국 내에서 영구히 종교적 관용을 누릴 수 있도록 보장한 포고령.

17) 16세기 잉글랜드 종교개혁으로 공식 명칭을 "잉글랜드 교회"(English Church)에서 "잉글랜드 성공회"(Church of England)로 불러왔으며, 19세기 이후 다 국가에 형성된 성공회를 제도적으로 정비하고 현재의 "세계성공회공동체"(Anglican Communion)로 칭하였다. 흔히 성공회하면 영국 국교회를 떠올리지만, "영국 국교회"라는 용어는 성공회 전체를 지칭하는 것이 아니라, 잉글랜드 성공회만을 가리킨다. 교파로는 초기 개혁 교회에서 파생된 만큼 개혁 교회의 취지인 교황의 권위를 인정하지 않는 개신교적 전통이 존재하나, 사도들의 성사를 인정하고 있다는 점에서 대륙 개신교와 비교가 된다. 따라서 개혁교회 교파 안에 포함이 되어있다고 하더라도 대륙 개신교(감리회, 장로회, 신루터파, 회중회 등)와 따로 분리해서 보기도 한다. 전 세계 성공회 중에서 성공회를 국교로 삼은 국가는 잉글랜드가 유일하며, 대한민국 성공회의 공식 명칭은 대한성공회(大韓聖公會)이다. 캔터베리 대주교는 잉글랜드 성공회의 최고위 성직자이자, 세계 성공회 공동체의 명예상 대표로서 활동한다.

18) 왕실과 나라를 통틀어 이르는 말.

입니다. 종교의 자유는 **내면적**인 신앙의 자유와 **외면적**인 종교적 행위의 자유까지 포함합니다. 예배, 종교적 집회와 결사, 종교교육, 선교 등의 자유가 종교 행위의 자유에 속합니다.

3. 미국 헌법과는 달리 우리 헌법에 명시된 종교와 정치의 분리는 **적극적인 면**에서는 **국교의 금지** 또는 **국가에 의한 종교 활동을 금지한다는** 뜻입니다. 소극적으로 보면 **국가에 의한 특정 종교의 우대** 또는 **차별 금지**를 뜻합니다. 그러니 정교분리를 상호 불간섭으로 이해하자면, 정부에 대한 비판이나 나라를 위한 조찬기도회와 구국법회 같은 것도 이 원리에 어긋나고 위헌이 됩니다. 좀 더 근본적으로 보자면 정교분리의 원칙이 뜻하는 것은 **종교적 영역에 있어서 국가 권력의 제한**입니다. 내면적 신앙의 문제에 있어서나 외면적 종교 행위에 있어서 **국가 권력이 시민의 자유를 침해해서는 안 된다는 것**입니다.

4. 또한 **특정 종교를 국가 권력이 자신의 것으로 삼아서는 안 된다는 것**을 뜻합니다. 가톨릭과 개신교를 국교로 삼은 나라들 사이의 종교 전쟁과 오늘날의 종교 다원적 현실에 대한 성찰에서 나온 원칙이라고 볼 수 있습니다. 이러한 정교분리의 원칙을 가톨릭교회의 사회교리의 입장에서 보자면, 무엇보다 먼저 **보조성의 원리**를 뜻합니다. 신앙과 종교의 영역에 있어 국가 권력이 보조적으로 행위를 해야 한다는 뜻이고, 그런 의미에서 국가 권력이 제한되어야 한다는 뜻입니다. 당연히 정치와 종교, 또는 국가와 교회는 본질적으로 다른 것입니다. 그러나 **국가와 교회**는 모든 사람들을 대상으로 하고 있으며, 그들의 **더 좋은 삶**을 위해 있는 것입니다. 그런 의미에서, 정치와 국가에 대한 **예언자적 비판으로서 신앙 행위**를 종교의 정치개입이라고 말하기는 힘들다는 것입니다.

91. 신앙인의 정치참여를 가톨릭교회의 사회교리는 어떻게 보고 있나요?(1)

1. 1791년 **미국의 수정헌법 제1조**에 의해 인류 역사상 최초로 **정교분리는 합법적인 제도**가 됩니다. 이는 당시 유럽의 반(反) 성직 사조와 종교자유의 갈망에서 비롯됐습니다. 지금도 정교일치 국가들이 있기는 하지만, 우리나라를 비롯하여 미국, 프랑스, 호주, 일본, 필리핀, 칠레 등 많은 국가들이 정교분리 국가에 속합니다(헌법 제20조 참조). 그런데 1972년 유신헌법 제정과 군사정권에 반대하며 종교인들이 사회 참여에 뛰어들었을 때에는 사회로부터 비판을 받기도 했

습니다. 교회가 정교분리 원칙을 지키지 않았다는 이유 때문이었습니다. 그러나 종교인이 정치나 사회문제에 참여하는 것이 위법하다는 조항은 우리나라의 현행법 어디에도 없습니다. 다만 가톨릭교회는 정치활동 참여로 인한 내부 문제를 염려해서 사제들에 대해 현행 교회법상 **노동조합 가입**과 **정당 활동** 등 협의적 정치활동을 제한하고 있습니다(「교회법」, 285조 2항, 287조 2항 참조). 또한 평신도들도 정당의 지도직을 맡은 사람이 **교회의 단체장**을 할 수 없다고 명시하고 있습니다.(「교회법」, 317조 4항 참조)

2. 그러나 광의적 정치활동, 즉 자신의 견해를 드러낸다거나, 정치나 사회제도에 대해 비판하는 것은 애당초 제한될 수 없습니다. 물론 그것이 미사나 전례 중에 정치적 발언을 자유로이 해도 된다는 뜻은 아닙니다. 사제는 자신의 견해보다 **교회의 가르침**을 우선시해야 합니다. 교회의 가르침이라고 하더라도, **고유한 그 나라의 정서와 의식에 맞는 언어**를 사용하고 그에 **적절하게 행동**을 해야 합니다. 이렇게 할 때에 신자들뿐만 아니라 모든 국민들로부터 반감을 사지 않을 것이고, 사회교리 가르침의 근본정신을 **거부감** 없이 널리 펼칠 수가 있습니다. 그렇다고 해서 미사나 전례 외의 곳에서 참여 자체를 원천적으로 봉쇄하는 것은 아닙니다. 왜냐하면 헌법은 국민의 정치활동과 표현의 자유를 기본권으로서 보장하기 때문입니다.

3. 정교분리는 **개인의 인간 존엄**에 근거해 **종교자유**를 지향하며, 국가는 이를 **보호할 의무**가 있습니다. 또한 교회는 **정교분리**를 명확히 하면서도 **국가와 정치의 건강한 역할**에 기여해야 한다고 합니다. 결국 정교분리가 지향하는 것은 **건강한 국가와 종교**입니다. 그러므로 정교분리가 국가에 대한 **종교의 비판적인 기능**을 상실한 상태를 말하는 것은 아닙니다. 더욱이 가톨릭교회의 가르침은 **정치·사회적 현안**에 **무관심**하지 말라고 합니다. 만일 인권과 평화에 심각한 해를 끼치는 일이라면 오히려 교회의 적극적인 참여를 요청합니다. 그래서 만들어진 조직이 모든 교구의 **정의평화위원회**입니다. 평화는 정의의 열매이며(성 요한 23세 교황 회칙 「지상의 평화」 참조) 인간소외와 불평등을 야기하는 정치, 경제, 사회의 모든 요소들을 개선하는 것이 **참된 평화**라고 가르칩니다(「민족들의 발전」 참조). 따라서 그리스도인은 복음적 가치를 목적으로 봉사와 공동선의 증진을 위해 더욱더 사회 문제에 참여해야 합니다.(「간추린 사회교리」, 552항 참조)

4. 2000년 3월 12일 성 요한 바오로 2세 교황은 **회상과 화해, 교회의 과거 범죄**라는 선언을 통해서 지난 일을 반성했습니다. 또한 2011년 10월 27일 베네딕토 16

세 전임 교황은 평화를 위한 종교지도자 모임에서 과거 가톨릭교회의 역사적 과오를 공식적으로 인정했습니다. 한국천주교주교회의에서도 2019년에 3·1운동 100주년 기념 담화를 통해 일제 식민지배 당시 한국 천주교가 취했던 잘못된 태도에 대해 반성하였습니다. 이와 더불어 평화를 이루는 세상을 위해 함께 노력하자고 하였는데, 이러한 행보로 **교회의 권위**는 오히려 더 높아졌습니다. 약한 이들 편에서 그들을 돕고, 사랑과 자비를 실천하자는 교회 본연의 모습을 드러내고자 했기 때문입니다. 섬기기 위해 오신 그리스도의 사랑이 피어났기 때문이고, 권위와 제도, 체면을 버리고 **겸손**, **사랑**을 보여주었기 때문입니다.

5. 지금 이 순간도 교회가 정교분리를 구실로 **정의와 사랑의 실천**에 소홀하지 않았는지 반성하는 것이 필요합니다. 점점 더 복잡해지고 각박해지는 이 시대, 진정으로 책임 있는 교회의 모습이 요청됩니다. 정치타령이 아니라 **봉사와 섬김**을 최우선으로 어려운 이웃의 아픔을 내 것으로 생각해야 합니다. 미처 못다 한 사랑을 위해 애쓰는, 책임감 있는 신앙인을 하느님께서는 바라실 것입니다. 그렇게 회심하는 우리를 통해 하느님의 평화가 지상에 꽃필 것입니다.

"인간에게 가장 귀중한 것인 모든 사람의 존엄을 증진하는 일은 교회와 그 안에 사는 평신도들이 인류 가족을 섬기도록 부름 받은 봉사의 근본 임무이며, 어떤 의미에서는 핵심적이고도 통합적인 임무이다."(「간추린 사회교리」, 552항)

92. 신앙인의 정치참여를 가톨릭교회의 사회교리는 어떻게 보고 있나요?(II)

1. 일부 가톨릭 신자들 중에 참다운 신앙인이라면 되도록 정치를 멀리해야 한다고 생각하는 신자들이 있습니다. 이들은 **사제와 수도자의 적극적인 사회 참여**에 마음이 불편해하기도 합니다. 또 스스로는 정치적이거나 사회적 문제에 대해 되도록 의사 표현을 자제하면서 정치에 대해서는 **부정적인 입장**을 취합니다. 그 이유는 무엇일까? 무엇보다도 먼저 우리나라의 교회 역사에서 그 이유를 찾아볼 수 있습니다. 우리나라에서 오랫동안 지속되었던 **심한 박해와 순교의 역사** 안에서 **우리 선조 신자**들은 되도록이면 **국가** 또는 **정부**에 맞서는 일을 회피했습니다. 거기에다 **프랑스 대혁명**을 겪었던 **프랑스 선교사**들이 우리나라에 와서 선교를 하게 된 것도 마찬가지로 영향을 주었을 것입니다.

2. 그러니 이래저래 교회와 신앙인은 국가나 세속의 일에는 가급적 간섭하지 않

으려고 하는 것이 몸에 배게 되었습니다. 실제로 **일제 강점** 아래에서도 교회와 신앙인은 적극적인 독립 운동에 나서지 않았습니다. 오늘날에도 구교우 집안의 신심 깊은 분들은 예전 신앙인들과 비슷한 태도를 일정하게 유지한 것으로 볼 수 있습니다. 그러나 더 직접적인 이유는 여러 언론매체에서 퍼뜨리는 정치에 대한 **부정적 시선**이라고 볼 수 있습니다. 특히 일부 종편방송의 보도나 거기 나오는 토론 패널들의 정치에 대한 관점은 **권력 투쟁**에 초점이 맞추어져 있습니다. 이런 관점은 정치를 어떤 정당이나 정파 또는 어떤 진영이 권력을 차지하기 위해 싸우는 영역으로 봅니다.

3. 어떤 정치적 사안이나 정책을 두고 벌이는 논쟁에서 우리 사회의 공공성이나 시민들에게 끼칠 영향은 뒷전으로 밀려납니다. 특정 정치인이나 집단의 사적인 이익을 위한 싸움으로 비춰질 수밖에 없습니다. 정치는 언제나 말싸움이 난무하는 자리가 되고 이 사람이 하나 저 사람이 하나 똑같은 정치가 되고 맙니다. 정치를 이렇게 본다면, 사실 신앙인이 정치에 관심을 가지거나 신경을 써야 할 이유가 없다고 생각할 수도 있습니다. 그러나 조금만 달리 생각해 본다면, 우리는 정치를 떠나서 살 수 없다는 사실을 알게 됩니다. 오히려 정치 안에서 살아가고 있고, 또 정치는 우리의 삶에 직접적인 영향을 끼칩니다.

4. 작게는 주류나 담배 가격을 정하는 것에서부터 크게는 나의 정년 시기를 정하는 것도 정치가 하는 일입니다. 이렇듯 정치는 **공동체의 자원과 가치를 배분하는 일**입니다. 동시에 그것을 위한 **공동의 의사결정 과정**을 뜻한다고 볼 수 있습니다. 그런 의미에서 한 사회에서 가장 큰 공동체인 정치 공동체는 다른 작은 공동체를 도와주는 방식으로만 행동해야 합니다. 가톨릭교회의 사회교리는 이러한 원리를 **보조성의 원리**라고 합니다. 정치 공동체는 다른 모든 공동체들의 공동의 선익을 위해서 일해야 하는데, 이를 **공동선의 원리**라고 합니다. 그러기에 **제2차 바티칸 공의회**는 "정치 공동체는 공동선을 위해서 존재하고, 공동선 안에서 정당화되고 그 의의를 발견하며, 공동선에서 비로소 고유의 권리를 얻게 된다."(「사목헌장」, 74항)고 가르칩니다.

5. 바로 이런 뜻에서 프란치스코 교황님은 "정치는 흔히 폄하되기는 하지만, 공동선을 추구하는 것이므로 매우 숭고한 소명이고 사랑의 가장 고결한 형태"(「복음의 기쁨」, 205항)라고 가르칩니다. 그리스도교의 사랑은 자신의 것을 내어놓음으로써 당장 굶주리는 이들에게 빵을 주는 것만이 아닙니다. 제도와 법률을 만들고 고쳐서 굶주리는 이들이 생기지 않도록 하는 일까지 포함하는데, 이것이 바

로 정치입니다. 권력 투쟁이 아니라 공동선의 실현으로서의 정치가 이루어지기 위해서는 참다운 신앙인과 선한 의지를 가진 이들이 참여해야 합니다. 더럽다고 피하면 아무것도 바뀌지 않습니다.

"모든 그리스도인은 더 나은 세계의 건설에 진력하라는 부르심을 받고 있습니다."(「복음의 기쁨」, 182항)

93. 정치와 종교의 관계를 가톨릭교회의 사회교리는 어떻게 보고 있나요?(1)

1. 우리 사회에서 가장 뒤진 분야가 정치라고 합니다. 정치가 이렇게 뒤진 것은 정치인만의 잘못이 아니라, **우리 국민의 정치의식**이 뒤져있기 때문입니다. 따라서 우리는 국민의 정치의식을 높일 수 있는 방법을 찾기 위해, 가톨릭교회가 정치에 대하여 어떻게 보고 있는지를 살펴보아야 합니다. 인간은 사회생활을 하고 있고 인간이 형성하는 사회는 권력이 있을 수밖에 없는데, **사회의 권력의 행사에 참여하는 것**이 곧 정치입니다. 이러한 정치의 목적은 **사회의 공동선을 진작**시키는 것입니다. 정치는 인간에 의한, 인간을 위한 것으로 인간의 존엄성과 인격성을 실현하는 모든 가치를 존중하여야 합니다.

2. 이러한 정치의 주된 대상은 인간이며, 정치에서 다루는 것은 **인간의 삶 전체**이며, 정치가 인간의 삶과 관련되는 한 정치는 **윤리적인 것**입니다. 따라서 정치는 신앙과 윤리를 가르치는 **교회의 교도권의 대상**이 됩니다. 가톨릭교회는 **정치의 자율성**을 인정하면서, 동시에 교회가 정치에 대한 윤리적 판단을 내리는 것은 **교도권의 역할**이라고 선언하고 있습니다. 교회가 존재하는 이유는 인류의 구원을 위하여 복음을 선포하기 위한 것입니다(「현대의 복음선교」, 14항 참조). 교회의 복음 선포 활동은 현대사회가 하느님의 뜻에 부합하는 사회가 될 수 있도록 노력하는 모든 활동에까지 미칩니다.

3. 결국 "교회는 인류의 세속적인 문제들에 대해 무관심하면서 오직 종교적인 분야에서 자신의 임무에 한정되어야 한다는 생각을 수용하지 않고"있으며(「현대의 복음선교」, 34항), 사회가 요구하는 **정의를 위한 활동**을 전개하고 있습니다. 복음화의 내면적 역동성에서 유래하는 이러한 활동은 정치적 영역에까지 그 영향을 미치고 있습니다. 결국 교회의 복음화 활동은 정치를 포함한 인간 삶의 모든 영역을 그 대상으로 하므로 정치 역시 복음화의 대상입니다. 정치의 복음화는 **정치인**

의 복음화와 더불어 **정치제도**의 복음화도 동시에 이루어져야 합니다. 특히 우리 나라와 같이 정치가 혼탁하고 타락한 사회에서 정치의 복음화는 더욱 절실히 요구됩니다.

4. 정치의 복음화는 정치인들과 정치제도가 하느님의 모상인 인간의 존엄성과 영원한 구원에로 부르심을 받은 인간의 소명을 인정하는 데서 출발합니다. 그러므로 가톨릭교회의 사회교리 원리(**인간 존엄성의 원리, 공동선의 원리, 연대성의 원리, 보조성의 원리**)를 현실 사회에서 실현할 때 정치의 복음화가 이루어지는 것입니다. 비록 교회가 정치 현실에 대하여 윤리적·종교적인 요소에 대하여 비판할 권한이 있다 하더라도, 성직자와 수도자들이 정치에 참여하는 것은 금지됩니다. 그러나 성직자와 수도자의 정치 참여가 금지된다 하더라도, 국민으로서 자신의 선거권을 행사하는 것이 금지되지는 않습니다. 다만, 지극히 예외적인 경우를 제외하고, 성직자나 수도자가 국회와 정부조직 및 노동조합의 지도층에서 능동적인 역할을 수행해서는 안 되는 것으로 정하고 있습니다.(「교회법」, 287조 2항 참조)

5. 왜냐하면 "사회생활의 조직과 정치 구조에 직접 개입하는 것은 교회 사목자의 일이 아니며"(「자유의 자각」, 80항) 이러한 과업은 **평신도 고유의 소명**이기 때문입니다. 정치 분야에서의 활동은 우선적으로 **평신도**들에게 맡겨져 있는데, 평신도들은 **현세적 질서의 쇄신**을 자신들의 의무로 여겨야 합니다. 이 일에 있어서 따라야 할 **윤리 법칙**을 가르치고 **유권적 해석**을 내리는 것은 성직자의 의무입니다. **평신도**들은 자발적인 구상과 계획으로 **사람들의 정신과 풍습, 사회 공동체의 법제와 조직을 그리스도화 하는 것**을 자신의 의무로 생각해야 합니다."(「민족들의 발전」, 81항). 그러므로 평신도들은 신앙과 윤리에 관한 교회의 가르침에 따라 정치를 복음화하는데 앞장서야 합니다.

94. 정치와 종교의 관계를 가톨릭교회의 사회교리는 어떻게 보고 있나요?(II)

1. 세상 속으로 들어가 세상을 품는 교회는 특별히 **정치 공동체** 또는 **국가 권력**과 올바른 관계를 맺어야 합니다. 정치 공동체와 교회는 그 고유 영역에서 서로 독립적이고 자율적이나, 양자는 자격은 다르지만, **동일한 인간들의 개인적 사회적 소명에 봉사**합니다.(「사목헌장」, 76항 참조). 따라서 "교회와 정치 공동체의 상

호 자율성은 협력을 배제하는 분리를 의미하는 것은 아니"고 "교회와 정치 공동체는 사실 그 자체가 목적이 아니라, 개인이 한 사람의 국민으로서 또 그리스도인으로서 자신의 실재 안에 내재된 권리들을 온전히 행사하고 그에 상응하는 의무를 올바로 수행하도록 돕고자, 인간에 대한 봉사를 지향하는 유기적 조직들"이기 때문입니다.(「간추린 사회교리」, 425항)

2. 인간의 구원을 위해 존재하는 교회는 인간이 살아가는 터전인 사회문제에 관심을 가질 수밖에 없습니다. **인간의 존엄과 권리를 수호하고 인간다운 사회 발전을 추구하는 것**은 교회 본연의 임무에 해당되기 때문입니다. 따라서 비록 교회는 직접적으로 정치활동에 개입하지 않는다 하더라도 사회 전역에 갖가지 방식으로 난무하고 사회 속에서 구체적으로 드러나는 **불의와 폭력을 고발할 의무**가 있습니다. 또한 인정받지 못하고 침해받는 권리들, 특히 **가난하고 보잘 것 없고 약한 이들의 권리를 판별하고 수호하여 사회 정의를 세울 사명**이 있습니다.(「간추린 사회교리」, 81항 참조)

3. 여기에서 우리는 정치권력 획득을 위한 직접적인 **정치 투쟁과 부패, 불의, 폭력에 맞서는 정의와 평화를 위한 투쟁**을 구분할 필요가 있습니다. 교회는 전자를 정치 공동체의 몫으로, 후자를 교회의 몫으로 봅니다. "교회는 가장 정의로운 사회를 이룩하고자 정치 투쟁을 할 수는 없으며 그래서도 안 됩니다. 교회는 국가를 대신할 수 없으며, 그래서도 안 됩니다. 그러나 동시에 교회는 정의를 위한 투쟁에서 비켜서 있을 수 없으며 그래서도 안 됩니다."(「하느님은 사랑이십니다」, 28항)

4. 교회가 정치권력 획득을 위한 정치 투쟁이 아닌 정의와 평화를 위한 투쟁을 온전히 하기 위해서는, 우선적으로 **국가 권력이 부여하는 특권**을 바래서는 안 됩니다. 더 나아가, 어떤 정당한 기득권의 사용이 교회 증언의 진실성을 의심받게 한다든지 새로운 생활 조건이 다른 규범을 요구하게 될 때에는 **정당한 기득권의 행사도** 포기해야 합니다(「사목헌장」, 28항 참조). 교회는 자신의 안위와 보전을 위해 **국가 권력의 맹목적인 추종자**가 되어서는 안 됩니다. 오히려 예언자적 입장에서 국가 권력에 대한 **비판과 견제 역할**을 담당해야 합니다. 이러한 역할을 포기할 때 교회는 수동적이라거나 특권층이라는 지탄을 받게 됩니다. 또한 무참한 불의의 상황과 그 불의를 지속시키는 정치 체제와 관련하여 **공모자**라는 비난으로부터 자유로울 수 없게 됩니다.(「자유의 전갈」, 18항 참조)

95. 가톨릭교회는 어떤 국가의 형태가 가장 올바르다고 말하고 있나요?

1. 정치적인 면에서 국가의 형태를 보면 **왕정국가, 독재국가, 민주국가** 등 여러 모습들이 나타납니다. 그러나 교회는 무엇보다도 진정한 통치자는 **하느님**이라는 분명한 시각을 가지고 있습니다. 성경만 보더라도, 인간적 통치가 아닌 오직 하느님에 의한 통치만이 **참된 권위**를 가진다고 말하고 있습니다. 이스라엘 역사를 담은 구약성경과 함께, 신약에서도 민족의 통치자들이 휘두르는 압제와 전제의 권력을 거부하신 예수님의 모습을 만날 수 있습니다(마르 10,42 참조). 이에 교회는 정치적 힘(Political power)은 **하느님으로부터 오는 것**이라는 점을 가르쳐 왔습니다.

2. 공적인 **정치적 힘**(Political power) 혹은 **권위**(Authority)는 그 권위 자체를 위한 것이 아닙니다. 하느님 백성을 위해, 현대의 국가에서는 국민을 위해 봉사해야 하는 것입니다. 이러한 가르침은 가톨릭교회의 사회교리 문헌들 안에서 많이 발견됩니다. 「새로운 사태」에서는 "국가의 통치가 국민을 위한 것이며, 국가가 개인이나 가정을 장악하는 것은 부당하다"고 말하고 있으며, 이후의 문헌에서도 교회의 입장은 분명합니다. 회칙 「지상의 평화」에서는 "공권력의 책임은 인간의 권리와 의무를 보장하는 것"이라고 가르칩니다. 또 「**가톨릭교회 교리서**」는 "공권력을 행사하는 사람들은 봉사하기 위해 이를 행사해야 한다. (…) 아무도 인간의 존엄성과 자연법에 어긋나는 것을 명령하거나 입법화할 수 없다."(「가톨릭교회 교리서」, 2235항 참조)고 말하고 있습니다.

3. 따라서 현대 국가의 개념 자체에서도 또 가톨릭교회의 가르침 안에서도 **국가 혹은 공적 영역**의 존재 이유는 **오로지 백성을 위한 봉사의 직분** 때문이라는 것입니다. 봉사를 위해 위임된 **권위**가 그 스스로의 임무를 망각하고 백성들 위에, 국민들 위에 올라서 있으려 한다면 **헌법 질서**를 전면적으로 흔드는 것입니다. 우리는 예수님께서 당신을 인간적인 지상의 왕으로 추대하려는 사람들을 피하셨다는 사실을 기억합니다(요한 6,15 참조). 예수님의 통치가 **섬김을 받는 것이 아니라 섬기는 다스리심**이었던 것처럼, 오늘날의 통치자는 바로 **이런 통치자**여야 합니다.

96. 국가의 통치를 위협하는 정치적 부패를 교회에서는 무엇이라 말하나요?(1)

1. 정치부패는 정치에 종사하는 사람들이 권력의 사용으로 **불법적이며 사적인 이익을 추구하는 행위**를 말합니다. 또한 정적의 억압이나 경찰로 인한 탄압과 같은 **정부의 권력을 다른 목적으로 악용하는 행위**를 말합니다. 정치부패는 정치를 수행하는 정치인의 불법 행위이므로, 정치부패의 형태는 **뇌물, 공갈, 정실인사, 네포티즘(nepotism, 족벌정치), 불법 후원, 공금 횡령** 등이 있습니다. 이러한 형태의 정치부패는 **마약거래, 돈세탁, 인신매매** 등의 조직범죄에 연루될 수 있어 정치부패가 심한 상황을 **도둑정치**(Kleptocracy)라고도 부릅니다.

2. 한편, 한국 정치부패의 원인 중의 하나는 **정치자금의 불투명한 구조**로부터 기인한 것으로 보고 있습니다. **고비용 구조와 불투명한 정치자금 제도**는 한국의 민주정치 발전에 있어 저해요인으로 지적되고 있습니다. 정치자금 제도의 개선을 위하여 **정치자금법과 선거법** 개정이 이뤄져야 하고, 동시에 **정치인의 의식도** 변화할 것을 요구하고 있습니다. 정치자금의 투명성 확보 방안으로 **정치자금 실명제 실시, 후원회제도 개선, 국고보조금 제도 개선, 당비운영제도 개선, 경선비용 공개, 선거공영제 확대** 등이 제시되고 있습니다.

3. 또 다른 정치부패의 전형적인 예는 선거직, 임명직을 불문하고 **공직자가 본래적으로 적정하다고 생각되는 역할 또는 행위에서 일탈하는 것**입니다. 이익을 자신이나 타인에 대해 실현을 부여할 때 정치부패로 인정되는데, **공무원에 대한 수뢰, 선거에서의 매수, 접대** 등이 있습니다. 정치의 대부분이 정치 참가자의 사적 이익을 최대로 실현한 것과 관계되는 이상 정치에서 부패를 완전히 배제하는 것은 그것을 어떻게 방지할 것인가가 과제라 할 수 있습니다.

4. 언젠가 국회위원을 지낸 한 기업 총수가 불법적인 정치자금을 건넨 것과 관련하여 스스로 목숨을 끊은 일이 있었습니다. 이런 모습이 바로 우리나라의 정치와 민주주의의 수준을 그대로 드러냅니다. 우리가 여기서 성찰해야 할 점은, ① **기업의 비자금 조성 문제**인데, 이들은 대개 노동자들의 **합당한 권리 요구**에는 침묵으로 일관합니다. 또한 **손해배상소송** 등을 탄압하는 기업들이 이렇게도 쉽게 비자금을 조성하는 것이 우리나라의 현실입니다. 만일 유럽처럼 노동자 대표들이 **주식회사 이사회**에 의무적으로 참여하고, 노동자들이 일상적으로 **기업의 회계**를 감시할 수 있다면 이런 일이 가당키나 하겠습니까? 바로 이런 이유에서라도 가톨릭교회의 사회교리가 지속적으로 말하고 있는 **노동자들의 경영 참여**

는 꼭 필요한 일이라 하겠습니다.(「노동하는 인간」, 14항 참조)

5. ②**많은 경우 정치권으로 흘러 들어가는 자금**은 대개 **특정기업의 특혜**로 이어지고 있다는 것입니다. 기업이 많은 노력과 연구개발 그리고 창의력을 바탕으로 하지 않고 로비와 접대로 기업을 유지할 때, 그 경제는 튼튼할 수 없는 일입니다. 이런 식의 정치와 경제의 유착 구조는 **건강한 시장 경제**를 무너뜨립니다. 더 나아가 이러한 부패는 **국가의 올바른 통치를 위협**하고, 국회와 같은 대의기구의 결정을 가진 자들의 **이해관계를 반영하는 것으로 전락**시킵니다. 그래서 법과 제도 자체가 이미 가진 자들에게 유리하게 만들어지고 그들의 이해관계를 보호하게 되어버립니다. 그래서 정치적 부패는 모든 이들을 위한 공동선에 걸림돌이 되고, 민주주의를 무너뜨리는 심각한 결과를 낳게 됩니다.(「간추린 사회교리」, 410-412항 참조)

6. ③마지막으로 **우리들의 태도**에 대해서도 생각해 봐야 합니다. 많은 사람이 정치란 원래 더러운 것이고, 또 정치인은 그 사람이 그 사람인지라 다 똑같은 사람이라고 여깁니다. 그래서 우리 자신도 정치에는 관심을 가지지 않는 것이 마치 더 깨끗한 것이고 바람직한 신앙인의 자세인 것처럼 여깁니다. 이런 자세와 태도야말로 우리가 함께 살아가는 공동체를 더욱 부패하게 하고, 그 폐해는 고스란히 우리 자신에게 오게 되는 것입니다. 가톨릭교회의 사회교리가 말하는 참여의 원리는 선거와 투표에 참여함으로써, 공동체의 중요한 결정에 참여하는 것을 넘어섭니다. 그것은 공동체 전체의 일에 계속적으로 **관심과 애정을 가지는 것**, 그리고 공동체를 이끌어가는 **사람과 정치권을 꾸준히 감시하고 감독하라는 뜻**이기도 합니다. 또한 교회는 정치적 권위가 "국민의 단순한 동의만으로 세워지는 것이 아니라 **도덕률**에 따라야 한다."(「간추린 사회 교리」, 396항)고 밝히고 있습니다.

97. 국가의 통치를 위협하는 정치적 부패를 교회에서는 무엇이라 말하나요?(II)

1. "하느님께서는 너희에게서 하느님의 나라를 빼앗아, 그 소출을 내는 민족에게 주실 것이다."(마태 21,43). 그리스도교 신앙의 관점에서 보면 사람의 일은, 곧 하느님의 일이어야 합니다. 그러므로 사람은 맡은 바 고유한 임무를 통하여 **사랑, 신의, 선, 정의, 평화**라는 하느님 뜻을 드러내야 합니다. 대통령을 뽑는 국민도, 국민이 뽑는 대통령도 예외는 없습니다. 따라서 하느님의 뜻을 저버리고 증오, 불

신, 악, 불의, 분쟁을 양산한다면, 하느님의 심판으로부터 자유로울 수 없습니다. "포도밭 소작인의 비유"는(마태 21,33-46) 이를 분명하게 보여줍니다. 이 비유에는 죽이는 소작인과 죽임당하는 종, 죽임당하는 주인의 아들이 등장합니다.

2. 죽이는 이와 죽임당하는 이 모두 원래 주인에게 귀한 사명을 받은 사람들입니다. 한편은 주인의 뜻을 이루려 죽임을 당하고, 또 다른 한편은 주인의 뜻을 거스르기 위해 죽입니다. 당장은 죽이는 이의 승리처럼 보이지만, 마침내 죽이는 이의 죽음으로 귀결됩니다. "포도밭 주인이 와서 그 소작인들을 어떻게 하겠느냐?" "그렇게 악한 자들은 가차 없이 없애 버리고, 제때에 소출을 바치는 다른 소작인들에게 포도밭을 내줄 것입니다."(마태 21,40-41)

3. 교회는 국민들에게 "자신들이 선출한 대표들에게 주권의 행사를 위임하지만, 통치 임무를 맡은 이들의 활동을 평가하고 그들이 충분히 역할을 수행하지 못할 경우 바꿈으로써 이러한 주권을 주장할 수 있는 특권"이 있음을 가르치고 있습니다(「간추린 사회교리」, 395항). **철저히 감시받고 통제되지 않는 권력**은 언제라도 부패에 물들어 스스로를 절대화시킬 수 있습니다. 민주주의를 실현해가는 여정에서 사랑, 신의, 선, 정의, 평화라는 하느님 뜻에 비추어 정치권력에 대한 **감시, 비판, 통제**의 고삐를 놓아서는 결코 안 됩니다. "민주주의 제도의 가장 심각한 결함 가운데 하나인 **도덕 원칙**과 **사회 정의 규범**을 한꺼번에 짓밟는 정치적인 부패"(「간추린 사회교리」, 411항)는 하느님의 심판을 면할 수 없습니다.

98. 사회적 불평등을 개선해야 할 국가 공권력의 의무는 무엇인가요?(1)

1. 프란치스코 교황님은 "그리스도의 이름으로 부자들에게 **가난한 사람을 도우라고 재촉해야 할 의무, 가난한 사람을 존중해야 할 의무, 가난한 사람을 북돋워야 할 의무**를 갖고 있다."라고 밝히셨습니다. 여기서 가난한 사람과 부자는 단순히 경제적 차원에서 구분하는 것만은 아닙니다. 오늘날 삶의 모든 분야는 밀접하게 결합·의존하고 있습니다. 경제적으로 가난한 사람의 경우 정치적으로 약자일 수밖에 없으며, 문화적으로도 배제될 수밖에 없습니다. 그러니까 교황님이 말씀하신 가난한 사람은 **사회적 약자**라고 이해해야 합니다. 부자 역시 마찬가지로 단순히 돈을 많이 가진 사람이라기보다는 **사회적 강자**쯤으로 이해해야 합니다.

2. 여기서 사회적이라는 수식어를 붙이는 이유는 모든 사람이 본성으로 갖고 있는 사회성 때문입니다. 더군다나 누군가 사회에서 약한 처지에 놓이게 될 때 그 원인에는 **자신의 탓(무능, 게으름, 운)**만이 아니라, **사회적 요인도 작용**했기 때문입니다. 원인이 개인에 있든 사회에 있든 그 많은 사회적 약자가 희망을 품을 수 있는 근거는, 이른바 사회적 이동이 가능하다는 믿음입니다. 다시 말해 아무리 사회적 불평등이 심화되었다 하더라도 열심히 일하면 사회에서 사회적 강자가 될 수 있다는 **희망에 대한 믿음**이 있기 때문입니다. 그런데 그나마 남아 있는 희망과 믿음도 소멸될 수 있습니다.

3. 약자를 향한 우리 시선에는 사회성이 담겨 있는가? 경제적으로 가난한 사람을 보면서 혹시 그것이 **개인의 게으름이나 무능의 당연한 결과**라고 쉽사리 판단하는 것은 아닌가? 혹은 가난한 부모에게 태어난 그 자체를 불운으로 치부하고 있지는 않은가? 거꾸로 이른바 힘센 사람, 강자를 대할 때는 어떤가? 개인의 능력이 출중해서 성공한 것이라고 단정하거나 부모를 잘 만난 행운 때문이라 여기며 부러워하지는 않는가? 이런 우리의 이중적 태도, 약자에 대한 냉소와 강자에 대한 선망이 혹시 **사회적 불평등을 심화시키는 자양분**이 되지는 않을까?

4. 힘센 사람들은 사실은 사회 구성원 모두의 것인 사회 자원을 독점했거나, 정치·사회 영역에 자기들에게 유리하도록 영향력을 발휘합니다. 그래서 제도와 법과 질서를 만들고, 그것을 거의 독점적으로 이용해 강자의 자리에 오르거나 그 자리를 굳건히 지키고 있는 것은 아닌가? 그럼으로써 **사회적 불평등**이 더욱 심화되는 것은 아닌가를 깊이 생각해야 합니다. 백번 양보해서 사회적 불균형이 불가피하다고 인정한다 하더라도, 상식의 사회라면 그 불평등을 개선하려 하지 심화시키지는 않을 것입니다. 사회적 불균형을 개선하려는 일은 당연히 구성원 모두의 책임이며 의무입니다. 그렇지만 사회적 불균형의 책임과 의무는 무엇보다도 **사회와 공권력**에 있고, 시민들은 그 일을 하도록 권력을 부여해준 것입니다.

5. 그런데 만일 **정치와 사회가, 그리고 공권력**이 불균형을 개선하려 총력을 기울이기보다, 불평등을 심화시키는데 충실히 봉사한다면 사회가 어떻게 될까? 예를 들어 봅니다. 정부가 성장제일주의를 외치며 자본에는 세금을 낮추고, 노동에는 세금을 높입니다. 보통사람들은 무슨 말인지도 잘 모르는 페이퍼 컴퍼니니 조세피난처니 하면서 유전무죄를 외칩니다. 그러면서 부채에 허덕이는 서민에게는 무전유죄를 적용하고, 공정거래를 내세우지만 사실은 약육강식의 승자

독식을 정당화합니다. 만약 그런 사회라면 공권력이 진짜 공권력인지 짚어 봐야 합니다. 사람이 사는 사회는 **공생의 법칙**을 따라야 하며, 아무리 사회적 약자라도 **함께 사는 사회**가 사람이 사는 사회라고 말할 수 있기 때문입니다.

99. 사회적 불평등을 개선해야 할 국가 공권력의 의무는 무엇인가요?(II)

1. 그리스도교의 가르침이 세상의 복음화를 위해 잘 펼쳐지고 있는지를 곰곰이 생각해 봐야 합니다. 누구나 행복하게 살기를 원하는데, 행복한 삶을 위해서는 **마음의 평화**가 필요합니다. 사람들 사이에서 찾기 힘든 평화를 하느님 안에서 찾으려는 것은 당연한 **종교적 심성**이라고 할 수 있습니다. 그런데 평화를 찾아가는 것이 신앙의 여정이라면, 그 긴 여정 중에 고민해야 할 주제들은 무엇이 있을까요? 교회는 그것을 **정의, 평화, 창조질서 보전**이라는 세 가지로 표현하고 있습니다. 요즘 사람들의 마음을 가장 힘들게 하는 것은 **경제적인 불평등**입니다. 아쉽게도 우리 사회는 이런 불평등들이 어떻게 만들어지고 정당화되는지에 대해서 크게 관심을 두지 않습니다.

2. 다만 광야에서 예수님을 향해 악마가 던진 유혹처럼 수단을 가리지 않고 가장 유리한 자리를 차지하려고 애쓸 뿐입니다. 이러한 불평등의 해소와 정당한 품삯의 문제를 다루는 것을 **정치**라고 합니다. 선거를 통해 자신의 뜻을 표현하는 대의민주주의 사회에서는, 어려운 이웃을 위한 정책에 관심을 갖고 올바른 투표를 하는 것이 **기본적인 이웃사랑의 시작**입니다. 정치 공동체 안에서 행사되는 인간의 권위인 **공권력**과 하느님의 **권위**는 분명 구분됩니다. "황제의 것은 황제에게 돌려주고, 하느님의 것은 하느님께 돌려"(마태 22,21) 드려야 합니다.

3. 따라서 "공권력과 함께 사회의 선익을 위해 이바지하는" 국민들은 "합법적 권위에 복종하고 공동선에 봉사하기 위해 정치 공동체 안에서 살아가면서 각자의 역할을 수행해야 합니다."(「가톨릭교회 교리서」, 2239항). 하지만 그리스도교 신앙의 관점에서 볼 때, 모든 인간의 권위는 하느님에게서 유래합니다. 그러기에 인간의 권위는 하느님의 선한 의지를 드러내는 한에서만 **정당성**을 인정받습니다. 따라서 공권력에 대한 국민들의 협력은 "인격의 존엄성과 공동체의 선익에 해로운 것으로 여겨지는 것을 올바르게 질책할 권리와 때로는 의무까지 내포하고"(「가톨릭교회 교리서」, 2239항) 있습니다.

4. 모든 국민은 공권력의 명령이 **도덕**이나 **기본 인권**이나 **복음의 가르침** 등에 어긋날 때, 시민들은 **양심적**으로 그 명령에 따르지 않을 의무가 있습니다. 공권력의 요구가 올바른 양심의 요구에 어긋날 때, 공권력에 복종하기를 거부할 수 있는 것은, 하느님에 대한 복종과 정치 공동체에 대한 복종이 다르다는 데서 정당성을 찾을 수 있습니다.(「가톨릭교회 교리서」, 2242항 참조). "사람에게 순종하는 것보다 하느님께 순종하는 것이 더욱 마땅하기"(사도 5,29) 때문입니다.

100. 진정한 평화에 대한 교회의 가르침은 무엇인가요?(1)

1. 평화는 하느님께서 인간에게 주신 선물입니다. 인류 역사에서 전쟁이 하루라도 멈춘 적이 있었을까 생각해 보면 이 세상에 평화라는 것이 요원하기만 합니다. 인류는 참혹한 두 번의 세계 대전을 경험했고, 수없는 국지전을 통해 수많은 무고한 사람이 목숨을 잃는 안타까운 경험을 했습니다. 지금 이 순간에도 세계 곳곳에서는 크고 작은 분쟁과 전쟁이 끊이지 않고 있습니다. **이스라엘과 팔레스타인의 분쟁, 시리아와 우크라이나, 그리고 아프리카 대륙 여러 나라의 내전**은 인류의 삶에서 평화 정착이 얼마나 어려운가를 보여줍니다. 인류의 공통 관심사 중의 가장 중요한 것 중의 하나는 **세상의 참된 평화를 이룩하는 것**이라고 하겠습니다.

2. 사전적인 의미에서 볼 때, 평화는 평온하고 화목한 상태를 의미하거나 전쟁이나 분쟁 등이 없이 평온한 상태를 뜻합니다. 그러나 사전적 의미는 평화가 내포하는 진정한 의미를 설명하기에는 불충분합니다. 국가 간의 전쟁이나 개인 간의 분쟁이 해소되었다고 해서 완전히 평화스러운 상태가 됐다고 말할 수 없기 때문입니다. 그렇기에 평화가 내포하는 진정한 의미와 가치를 찾으려는 노력이 필요합니다. 다시 말해 전쟁이 멈춘 상태만을 평화로 볼 것이 아니고, 이러한 평화가 지니고 있는 **생명력과 충만함을 드러내려는 노력이 필요하다는** 뜻입니다.

3. 가톨릭교회는 평화를 **하느님** 안에 뿌리를 두는 것으로 이해합니다. 사회의 이성적 도덕적 질서 위에 세워지는 가치이자 보편적인 의무로서 이해합니다. 하느님께서는 평화의 근원으로서 존재의 일차적 근원이시며, 근본 진리이시고, 최고의 선이신 분이시기에 평화는 이러한 **하느님의 모습과 부합**돼야 합니다. 단순히 전쟁의 부재나 적대적인 세력 간의 균형 유지로 평화의 의미를 단순화할 수

없습니다. 평화는 **인간에 대한 올바른 이해**를 바탕으로 하며, **정의와 사랑**에 기초하는 질서의 확립을 요청하는 가치입니다. 그렇기 때문에 가톨릭교회의 사회교리는 평화를 **정의와 사랑의 열매**로서 이해하고 있습니다.(「간추린 사회교리」, 494항 참조)

4. 이러한 평화는 하느님께서 우리 인간에게 원하시는 **질서의 추구**를 통해 날마다 조금씩 이룩됩니다. 그리고 모든 사람이 **평화 증진에 대한 책임**을 인식할 때 비로소 꽃필 수 있습니다. 분쟁과 폭력을 막으려면 모든 사람의 마음속에 깊이 자리하는 절대적인 가치로서 평화를 정착시키는 것이 선행돼야 합니다. 이렇게 될 때 평화는 **가정과 사회**, 그리고 **다양한 사회 집단**들로 확산하고, 결국 **공동체 전체의 참여**로 이어질 수 있습니다. 상호 간의 화합과 정의에 대한 존중이 배어 있는 공동체는 참된 평화의 문화를 정착시킬 수 있게 됩니다. 이를 통해 국제 공동체에 영향을 미칠 수 있습니다.

5. 따라서 개인의 행복이 안전하게 보호받고, 사람들이 신뢰로서 자신의 정신과 재능을 서로 나눌 수 있게 될 때, 진정한 의미의 평화가 이루어질 수 있습니다.(「간추린 사회교리」, 495항 참조). 성경에서는 평화에 대하여 어떻게 이해하고 있을까? 성경의 계시에서 평화는 단순히 전쟁이 없는 상태를 훨씬 넘어서서, 생명의 충만함을 나타냅니다.(말라 2,5 참조). 평화는 인간의 손으로 만들어지는 것이 아니라, **하느님께서 모든 인간에게 주시는 가장 큰 선물의 하나**입니다. 하느님의 계획에 대한 순종을 내포하고, 평화는 하느님께서 당신 백성에게 내리시는 축복의 결과입니다.(「간추린 사회교리」, 489항 참조)

6. 구약성경을 보면 역사서 안에서 이스라엘과 주변 국가 간에 일어난 여러 전쟁 이야기들이 주를 이루고 있음을 알 수 있습니다. 이스라엘 백성들은 하느님과의 관계 안에서, 경험된 구원의 역사 안에서, 이웃 민족과의 끝임없는 전쟁을 경험했고, 그 안에서 평화로운 세상을 꿈꿨습니다. 그들은 이집트에서의 노예생활에서 탈출하여 새롭게 정착한 가나안 땅에 그들만의 국가를 건실했습니다. 수차례에 걸친 외세의 침입과 지배 아래서 고통받던 이스라엘 백성들은, 모든 민족이 전쟁과 고통 없이 평화롭게 살아가는 새로운 세상을 희망했습니다. 그들이 꿈꾸던 새로운 세상의 중심에는 평화의 왕으로 오시는 **새로운 메시아**가 있었습니다.(이사 9,5 참조)

7. 구약성경의 평화에 대한 갈망과 약속은 신약의 **예수 그리스도** 안에서 완성되었습니다. 예수님께서는 우리 인간에게 평화를 선물하시는 분이시며, 평화 그 자

체이십니다. 예수님께서는 사람들 사이를 갈라놓는 증오의 벽을 허무셨고, 그들을 하느님과 화해시키셨습니다.(에페 2,14-16 참조). 예수님께서 우리에게 약속하는 평화는 그 전제 조건으로 하느님 아버지와 화해할 것을 요구하고 있습니다. 이러한 하느님 아버지와의 화해는 곧 자기 형제자매들과 화해하는 것으로 나타납니다(「간추린 사회교리」, 491-492항 참조). 예수님께서는 진정한 평화를 이루기 위해서 서로 **용서하고 화해하는 것**이 반드시 필요하다는 사실을 우리에게 일러 주고 계십니다.

101. 진정한 평화에 대한 교회의 가르침은 무엇인가요?(II)

1. 프란치스코 교황님이 강조하듯이 가톨릭교회의 사회교리는 **신앙생활의 핵심**임에도 불구하고 많은 **그리스도인들의 삶과 동떨어진 모습**입니다. 1968년 바오로 6세 교황께서는 최초로 매년 새해 첫날을 **세계평화의 날**로 제정하셨습니다. 제1차 세계평화의 날 메시지에서 교황님은 평화를 **발전**(Development)의 맥락에서 이해하도록 우리를 초대하셨습니다. 올바른 발전을 이루기 위한 주요한 개념으로 **정의와 공평한 분배**를 제시하였고, 이를 위해서는 **인권에 대한 인식과 존중**이 필수적이라고 말씀하셨습니다.

2. 세상에서 말하는 평화는 **안보**(Security) 차원에 머물러 있습니다. 이때 평화는 전쟁이 없는 것으로 여겨질 수 있습니다. 예수님께서 "내가 주는 평화는 세상이 주는 평화와 같지 않다"고 말씀하셨습니다(요한 14,27). 성 요한 23세 교황은 "평화가 (…) 질서 위에 그 바탕을 두지 않는다면, 곧 자유를 갈망하지 않으면, 사랑으로 활성화되거나 완성되지 않는다. 정의와 반대의 길을 가면서 진리 위에 기초하지 않는다면, 그런 평화는 다만 공허한 언어에 불과할 것"이라고 하셨습니다(「지상의 평화」, 167항). 교회 가르침을 잘 정리한 문헌인 제2차 바티칸 공의회 「**사목헌장**」에서도 교회는 평화의 본질에 대해 "평화는 전쟁 없는 상태만도 아니요, 적대세력 간의 균형 유지만도 아니다. 평화는 정의의 실현인 것"이라고 말합니다.(「사목헌장」, 78항)

102. 진정한 평화에 대한 교회의 가르침은 무엇인가요?(Ⅲ)

1. 우리 사회에는 온갖 형태의 사회문제들이 있습니다. 그리고 우리 중 누구도 그런 사회문제와 무관하지 않습니다. "왜 종교가 사회문제에 관여하느냐?"라고 묻는 것은 "왜 물고기가 물에서 사는 거지?"라고 묻는 것과 같습니다. 흔히 사회문제를 대할 때 신중하게 대처해야 한다고 말합니다. 그러나 그것이 **무관심**이나 **방관**이 되어서는 안 되고, 오히려 우리는 이웃과 사회에 깊은 **관심**과 **연민**을 가져야 합니다. 신앙생활을 통해 나의 **회심**도 이루어야 하고, 동시에 이웃에 대한 **사랑과 자비의 마음**도 얻어야 합니다. 자신에게 배려하는 만큼 이웃을 배려하는 것이 진정성 있는 **영성**(靈性)입니다.

2. 우리 사회에는 **어려운 이웃들**을 위해 또 **평화**를 이루기 위해 수많은 비난과 위험을 감수하면서도 갖은 노력을 다해 애쓰는 이들이 있습니다. 하지만 그런 노력에도 잘 바뀌지 않는 현실도 있습니다. 그래서 바뀌지 않는 현실에 실망하고, 더 나아가 원망하고 절망하기도 합니다. 잡혀가시는 예수님을 구하기 위해 칼을 휘둘렀던 베드로 사도의 심정이 이해가 갑니다(요한 18,10 참조). 그러나 문제는 악을 이기기 위한 우리의 노력이 오히려 악을 불러온다는 것입니다. 그러므로 평화를 이루는 이의 삶은, **평화** 그 자체여야 합니다. 분노와 적대에서 나오는 행동은 선보다 악이 많고, 평화가 아니라 **또 다른 죽음**을 불러오기 때문입니다.

3. 우리가 정의와 평화를 위해 노력하는 것은 진심으로 하느님을 사랑하기 때문입니다. 그리고 하느님의 다스리심을 구하며 평화를 이루기 위해 애쓰는 이는 무엇보다 몸소 하느님의 평화를 드러내야 합니다. 이것이 가장 어려운 투쟁입니다. **선함과 평화로운 방법**을 버리고 **복수와 힘**으로 대응하는 것은 매우 강렬한 유혹입니다. **심판과 단죄**는 쉬우나 **용서와 화해**는 어렵기 때문입니다. 그러나 신앙인은 평화를 통해 평화를 이뤄야 합니다. 그 이유는, 평화를 만드는 일은 하느님의 일이자 사랑하는 일이기 때문입니다. 그럴 때 죽음과 폭력의 악순환이 사라지고 용서와 화해가 샘솟습니다. 이것이 바로 **그리스도인의 평화**입니다.

4. 이제 그 평화를 위한 우리의 희망은 바로 **하느님**이십니다. 그 하느님을 신뢰하고, 기도를 통해 평화를 이루는 일을 지속할 때 그 사람 안에 평화가 마르지 않습니다. 그럴 때 하느님께서 원하시는 평화가 이뤄집니다. "저희에게 잘못한 이를 저희도 용서하였듯이 저희 잘못을 용서하시고"(마태 6,12)라는 이 이중의 화해

로써 그리스도인들은 **평화의 사도**가 될 수 있으며, 따라서 예수님께서 참 행복에서 선포하신 말씀처럼 **하느님 나라**에 들어갈 수 있다는 것입니다.(「간추린 사회교리」, 492항 참조)

103. 진정한 평화에 대해서 우리가 반성할 점은 무엇인가요?

1. 평화를 이루는 일은 참으로 어렵습니다. 우리 사회에도 평화를 위협하는 여러 갈등과 문제들이 있습니다. 전 세계적으로 보면 **이민과 난민, 무역 갈등**을 포함한 **여러 지역적인 분쟁** 등 국제적인 갈등들도 많습니다. 최근에 불거진 홍콩의 시위나 미얀마 사태도 수많은 사회적 갈등의 한 예라고 하겠습니다. 그러나 **이웃과 세상을 향해 평화를 이루는 일**은 신앙인에게 최우선적인 소명입니다. 하느님께서 바라시는 참된 평화를 생각하며, 우리는 어떻게 평화를 이뤄야 할지 고민하고 행동해야 합니다. 그리고 그 평화는 바로 나 자신이 평화를 이루는 사람이 돼야 한다는 진리에서 시작해야 합니다.

2. 얼마 전부터 우리 사회에서 '○○충'이라는 신조어가 급속히 확산됐습니다. 이런 표현들이 무분별하게 SNS(사회관계망시스템)와 일상의 대화 속에서 사용됩니다. 이 표현들은 대상을 비하하며 **부정적 감정**과 **맹목적 갈등**을 부추깁니다. 친교와 관계성을 파괴하고 적대감과 증오를 자아냅니다. 인신공격에 가까운 이런 표현들이 왜 생기는 것일까요? 성공만을 지향하는 살인적 경쟁과 서열 의식 등, 구조적 병폐로 인해 사회가 각박해졌기 때문이라는 의견도 많습니다. 그러나 이런 현상은 무엇보다 우리의 **이기주의와 미성숙함**의 결과입니다. **성공과 물질주의, 소비문화에 빠져 윤리와 신앙, 정신적 가치들, 이웃과 사회를 도외시한 결과**입니다.

3. "주일학교는 빠져도 되지만, 학원을 빠지는 것은 있을 수 없다"라는 그릇된 인식이 낳은 결과입니다. 빠르게 발전하는 기술문명과 달리 우리의 **인식과 성숙함**은 오히려 퇴보하는 것처럼 보입니다. **사람과 공동체**를 소중히 여기고 어려움 속에서 **신앙과 사랑의 가치**를 찾는 문화가 약해진 것입니다. 평화를 이루는 일의 중요성에 얼마나 공감하십니까? 비록 식별하고 판단하기 어려운 수많은 사안이 있다 해도, 우리는 관심을 갖고 **기도와 연대**를 통해, 평화를 이루는 일에 **함께** 해야 합니다. 내 집 앞의 쓰레기를 다른 곳으로 옮기는 것은 진정

한 평화가 아닙니다. 힘들고 어려운 일들을 다만 피한다고 해서 평화가 이뤄지지 않습니다.

4. 평화를 위협하는 요소들을 진지하게 바라보고 **개선과 변화를 위해 노력**해야 합니다. 그리고 우선적인 노력은 **나 자신을 변화시키는 것**입니다. 무조건적인 혐오와 증오가 가득하고, 성찰과 양심이 결여된 문화 속에서 평화를 이루기는 어렵습니다. 하지만 우리 자신이 화해와 용서의 누룩이 될 때, 그런 잘못된 문화도 변화되고, 고통받는 이웃에게 관심을 갖고 기도하고 돕게 됩니다. 또한 권력과 군사력, 경제력과 힘으로 선한 이들을 탄압하는 거대한 악에도 저항할 수 있을 것입니다.

"평화는 바로 하느님 안에 뿌리를 두고 있는 사회의 이성적, 도덕적 질서 위에 세워진 가치이며 보편적 의무이다. 평화는 단순히 전쟁의 부재가 아니며, 적대세력 간의 균형 유지로 격하될 수도 없다. 그보다 평화는 인간에 대한 올바른 이해를 바탕으로 하며, 정의와 사랑에 기초한 질서의 확립을 요구한다."(「간추린 사회교리」, 494항)고 말할 수 있습니다.

104. 우리 민족의 평화를 증진하려는 교회의 노력은 무엇인가요?

1. 평화를 증진하려면 평화를 위협하는 것들을 없애거나 적어도 줄여나가고 평화에 도움이 되는 것들을 적극 추구해야 합니다. ①**평화를 위협하는 것들**: 평화를 위협하는 대표적인 것이 **불평등**입니다. "하나인 인간 가족의 구성원들이나 민족들 사이의 지나친 경제적 사회적 불평등은 추문을 일으키고 사회 정의, 평등, 인간 존엄성은 물론 사회적 국제적 평화에 배치된다."(「가톨릭교회 교리서」, 1938항). "개인들과 국가들 사이에 만연된 불의와 경제 사회 분야의 지나친 불공정과 불평등, 시기, 불신과 교만은 끊임없이 평화를 위협하며 전쟁의 원인이 된다."(「가톨릭교회 교리서」, 2317항)

2. **군비경쟁** 또한 평화를 위협합니다. 많은 사람들은 무기의 비축을 가상의 적에게 전쟁을 단념하도록 하는 방법으로, 국가들 간의 평화를 보장할 수 있는 유효한 방법으로 여깁니다. 그렇지만 "군비경쟁은 평화를 보장하지 못하며, 전쟁의 원인을 제거하기보다 오히려 증대시킬 위험이 있다"(「가톨릭교회 교리서」, 2315항)는 점을 교회는 분명하게 말합니다. "새로운 무기를 마련하는 데에 소요되는 엄청난

재원의 낭비는 가난한 사람들의 구제를 막고, 민족들의 발전을 방해한다. 과잉 군비는 분쟁의 원인을 증가시키고 분쟁이 확산될 위험을 증대시킨다."(『가톨릭교회 교리서』, 2315항)

3. ②**평화에 도움이 되는 것들**: 반면에 사회 경제적 문제들을 해결하는 데 도움이 되는 **연대성**은 평화를 증진하는 데도 도움이 됩니다. '우정' 또는 '사회적 사랑'의 원칙이라고도 하는 연대성은 "긴장을 더욱 잘 해소하며, 협상으로 갈등을 쉽게 해결하는 더욱 공정한 사회질서를 위한 노력을 전제"(『가톨릭교회 교리서』, 1940항)로 하기 때문입니다. 따라서 연대성은 가난한 사람들 사이에서만 혹은 근로자들 사이에서만 필요한 것이 아닙니다. 부자와 가난한 사람들 사이에서, 고용주와 고용인 사이에, 그리고 국가와 민족들 사이에서도 필요합니다. 세계 평화도 부분적으로는 연대성 특히 국제적 연대성에 달려 있습니다.(『가톨릭교회 교리서』, 1941항 참조)

4. **사랑을 실천하는 일** 또한 평화를 증진하는 데 도움이 됩니다. 사실 평화는 사랑의 열매이기 때문입니다(『가톨릭교회 교리서』, 1829항 참조). **공동선을 증진하는 일** 역시 평화에 도움이 됩니다. 공동선은 평화를 지향할 뿐만 아니라 공동선의 기초가 되는 것도 바로 평화이기 때문입니다(『가톨릭교회 교리서』, 1909항 참조). 평화를 증진하려면 **바른 양심을 형성하도록 교육하는 것**도 중요합니다. 현명한 교육은 덕을 가르치며, 인간의 약함과 잘못에서 생기는 공포, 이기심, 교만, 죄책감과 자기만족에 대한 충동 등에서 보호하거나 이를 치유해 줍니다. 한 마디로 양심 교육은 자유를 보장해 주며 마음의 평화를 준다고 할 수 있습니다.(『가톨릭교회 교리서』, 1784항 참조). 마음의 평화 곧 내적 평화가 없이는 참다운 평화를 이룰 수 없습니다. 그래서 이 양심 교육은 평생에 걸쳐 이뤄져야 하는 일입니다.

105. 우리 민족의 화해와 일치를 위한 교회의 노력은 무엇인가요?(1)

1. 서울대교구 민족화해위원회는 1995년 3월 7일 고(故) 김수환 추기경의 첫 미사부터 지금까지, 매주 화요일 주교좌 명동대성당에서 민족의 화해와 일치를 위한 미사를 봉헌해 오고 있습니다. 매주 미사마다 두 곳의 북녘 성당을 정해 지향을 두고 함께 기억하고 기도하는 한편, 미사 후에는 함께 프란치스코 성인의 평화의 기도를 바칩니다. 평화의 기도 봉헌은 1995년 8월 15일 **민족화해위원회**

와 북한 천주교 공식기구인 **조선카톨릭협회**가 합의한 것입니다. 전쟁의 상처와 아픔을 이겨 내고 사랑으로 화해와 일치를 이루기를 다짐하던 **2018년 6월**은, 우리 민족에게 더더욱 특별한 해였습니다.

2. 바로 얼마 전까지만 해도 전쟁의 위기로 불안감이 최고조에 다다랐는데, 그해 들어 기적과도 같이 평화의 바람이 불었습니다. 판문점에서 열린 **남북 정상회담**과 더불어, 예전에는 상상조차 어려웠던 **북미 간의 역사적인 정상회담**이 있었습니다. 전 세계인의 관심 속에 감동적으로 진행되는 과정을 우리는 생생하게 지켜보았습니다. 이 모든 일은 위기의 순간에 마음을 모아 지속적으로 함께 봉헌하였던 우리의 간절한 기도가 있었습니다. 또한, 프란치스코 교황님을 비롯한 전 세계 신자들의 평화를 위한 기도의 연대가 있었기에 가능한 것입니다. 한편, 이와 같은 상황에서 우리는 평화에 이바지하는 좋은 정치를 펼쳐 나갈 지도자들이 그 어느 때보다 절실히 필요합니다. 그러나 평화의 바람이 한번 부는 것만으로 한반도에 평화가 정착되지는 않습니다. 남과 북, 북한과 미국의 관계는 언제라도 자국의 이익과 정치적 요구에 따라 시시각각으로 변하며, 끊임없이 요동치며 **침체와 발전**을 거듭하게 됩니다. 그렇다고 해서 평화에 대한 우리의 열망이 시들어서는 안 됩니다.

3. 남북 정상회담과 북미 정상회담을 보며, **북한의 완전한 비핵화 의지에 대한 진정성**이 한반도 평화와 세계평화를 건설하는데 결정적인 요소임을 깨달았습니다. 남과 북, 주변국의 정치 지도자들이 개인의 권력욕이나 국익을 초월해야 합니다. 오로지 한반도와 지구촌 모든 백성의 공동선을 실현하려는 굳은 결의로 참 평화를 실현해 나가길 바라는 것입니다. 민족화해와 일치를 위한 날을 정하고 기도한다고 해서 잘못된 이념을 인정하자거나, 아파하는 이들의 아픔을 덮자는 것이 아닙니다.

4. 분명 **공산주의의 유물론**은 가톨릭신앙과 양립하기 어렵습니다. 이미 공산주의라고 말할 수도 없이 세습화된 북한의 정권이나 과거 그들이 행한 잘못들은 분명 비난받아야 하고, 변화되어야 합니다. 전쟁의 아픈 기억은 반드시 모두가 잊지 말고 되새겨야 하는 **역사의 교훈**입니다. 그러나 이 모든 것은 상대를 이해하고 인정하기 위해서 또 일치를 위해서가 아니라면, 우리에게 평화를 가져다주지 못합니다.

106. 우리 민족의 화해와 일치를 위한 교회의 노력은 무엇인가요?(II)

1. 지난 여러 해 동안 우리는 **북녘의 너**와 완전히 단절된 삶을 살고 있으며, 북녘의 너의 존재를 인정하지 않는 삶을 강요당했습니다. 이제 이러한 삶은 청산되어야 합니다. **남녘의 나**는 북녘의 너를 만나야만 합니다. "참된 통일은 지역과 지역이 합쳐지는 것이 아니라 사람과 사람이 만나 하나를 이루는 것"이기 때문입니다(한국천주교주교회의 민족화해위원회, 2012년 민족의 화해와 일치를 위한 기도의 날 담화문). 그러기에 프란치스코 교황님도 "그리스도인으로서 또 한국인으로서, 이제 의심과 대립과 경쟁의 사고방식을 확고히 거부"하고, 그 대신에 "복음의 가르침과 한민족의 고귀한 전통 가치에 입각한 문화를 형성해 나가도록 요청"하셨습니다.

2. 그러면서 "이제 대화하고, 만나고, 차이점들을 넘어서기 위한 새로운 기회들이 샘솟듯 생겨나도록 해야 합니다. 도움이 필요한 이들에게 인도주의적 원조를 제공함에 있어 관대함이 지속될 수 있도록 해야 합니다. 모든 한국인이 같은 언어로 말하는 형제자매이고 한 가정의 구성원들입니다. 하나의 민족이라는 사실에 대한 인식이 더욱더 널리 확산될 수 있도록 함께 기도"하자고 제안합니다(프란치스코 교황 평화와 화해를 위한 미사 강론, 명동 주교좌성당, 2014.8.18.). 남녘의 나와 북녘의 너가 서로를 인정하고 만나서 하나를 이루어야 합니다. 그럼으로써 얻게 될 한반도의 평화는 **동아시아의 평화**, 더 나아가 **세계 평화**를 위해 가장 긴급한 과제 중의 하나입니다.

3. 그런데 한반도의 평화는 남북의 분단과 공존할 수 없습니다. 평화는 하느님께서 원하시는 **질서의 추구**를 통해서 날마다 조금씩 이룩되는 것입니다. 모든 사람이 **평화 증진에 대한 책임**을 인식할 때에만 꽃필 수 있습니다.(『간추린 사회교리』, 495항 참조). 오로지 **용서와 화해**를 통해서만 가능합니다.(『간추린 사회교리』, 517항 참조). 그러므로 누구보다도 먼저 "일곱 번이 아니라 일흔일곱 번까지라도 용서해야 한다."(마태 18,22)는 예수님의 말씀을 실천하는 우리 그리스도인들이 **민족의 화해와 일치**를 통한 평화 통일을 위해 앞장서야 합니다.

4. "일어나 가운데로 나와라."(마르 3,3). 예수님께서 손이 오그라든 사람을 치유하시기 위해서 가장 먼저 하신 일은 그를 불러내신 것입니다. 뭇 사람들의 무관심 속에 존재하지만 존재해서는 안 되는 존재였던 그를 다시금 존재하도록 하신 것입니다. 손이 오그라든 사람은 존재하는 사람으로 인정받음으로써 치유의 여정

을 걷기 시작합니다. 사람 밖에서 홀로 숨죽이던 사람이 사람들과 함께 함으로써 다시 살아납니다. 사람과 단절되어 죽은 듯 살아야 했던 사람이 사람들과 어울리는 화해를 통해서 참으로 살게 됩니다. 있는 이를 없는 듯 대하는 것이 **죽임**이라면, 없는 듯 있는 이를 다시 있도록 하는 것이 **살림**입니다.

107. 우리 민족의 화해와 일치를 위한 교회의 노력은 무엇인가요?(Ⅲ)

1. "**그리스도, 우리의 평화**" 1989년 서울에서 개최된 제44차 세계성체대회의 주제였습니다. 이 말에는 분단된 한반도에 평화의 왕이신 그리스도께서 주시는 참다운 평화가 깃들고 민족의 화해와 일치가 이루어지기를 바라는 간절한 염원이 담겨 있었습니다. ①**그리스도 우리의 평화**: 우리는 평화를 어떻게 이해하고 있습니까? 전쟁이 없는 상태가 평화일까요? 아닙니다. 평화는 단순히 전쟁이 없는 상태만도 아니고 적대 세력들 사이의 균형을 보장하는 데 그치는 것도 아닙니다. 사람들의 **선익**이 보호되고, 사람들 사이에 **자유로운 의사소통**이 이루어집니다. 사람들과 민족들의 **존엄성**이 존중되고 형제애의 끊임없는 **실천**이 이루어집니다. 우리가 바라는 평화는 이런 모습입니다. 그래서 교회는 이렇게 가르칩니다. "**평화는 질서의 고요함이다. 평화는 정의의 결과이며 사랑의 결실이다**"(「가톨릭교회 교리서」, 2304항). 정의의 결과이자 사랑의 결실인 평화를 우리에게 주시는 유일한 분은 바로 **그리스도**이십니다. 평화의 왕이신 그리스도는 지상의 평화이십니다. 그리스도께서는 십자가 위에서 피를 흘리심으로써 원수 되었던 **모든 요소**를 없이하셨습니다. 인간을 하느님과 **화해**시키셨으며, 당신 교회를 인간과 인간이 **하나** 되고 또한 하느님과 인류가 하나 되는 **일치의 성사**로 세우셨습니다. 그리스도야말로 우리의 평화이십니다.(「가톨릭교회 교리서」, 2305항 참조)

2. ②**하느님 선물인 평화**: 부활하신 그리스도께서는 제자들에게 나타나시어 "**평화가 너희와 함께!**"(요한 20,19) 하고 인사하십니다. 그리스도께서 주시는 이 평화는 **하느님의 선물**이며 **성령의 열매**입니다. 바오로 사도는 이렇게 설파합니다. "그러나 성령의 열매는 **사랑, 기쁨, 평화, 인내, 호의, 선의, 성실, 온유, 절제입니다**"(갈라 5,22-23). 평화는 이렇게 하느님의 선물이지만 또한 인간이 이루어야 할 것이기도 합니다. 예수님께서는 이미 산상설교에서 참 행복과 관련하여 "행복하여라 평화를 이루는 사람들! 그들은 하느님의 자녀라 불릴 것이다"(마태 5,9)라고 말씀

하셨습니다. 그뿐만 아니라 부활하신 후에는 제자들에게 "평화가 너희와 함께!" 하고 인사하신 후 "아버지께서 나를 보내신 것처럼 나도 너희를 보낸다"라고 말씀하십니다(요한 19,21). 제자들을 평화의 일꾼으로 파견하신 것입니다. 오늘날 **평화와 정의의 일꾼으로 행동하는 것**은 특별히 평신도의 의무입니다.(「가톨릭교회 교리서」, 2442항 참조)

108. 남과 북이 연대해야 하는 이유는 무엇인가요?

1. 우리나라 현대사를 살펴보면 1972년 7.4 남북 공동성명은 **자주, 평화, 민족 대단결**의 이른바 **통일 3대원칙**의 합의를 이끌어내기도 했습니다. **1991년 9월 17일** 유엔 총회에서 조선민주주의인민공화국과 대한민국의 **유엔 동시가입**이 승인됩니다. 1945년 6월 26일 국제연합이 결성된 목표는 사회생활의 모든 분야에서 여러 모습의 협력과 상호 존중, 평등의 원리에 기초하는 국가들 간의 우호관계를 발전시키고, 그러면서 국민들 간의 평화를 유지하고 견고케 하는 것입니다(「지상의 평화」, 142항 참조). 남북 유엔 공동가입은 국제연합의 목표에 동의했기 때문입니다. 남북 동시가입은 분단고착을 의미한다는 주장도 있습니다. 그러나 남과 북은 서로를 인정하기로 했기 때문에 유엔 동시가입이 가능했던 것입니다.

2. 이제 세월이 흘러 누구나 서로를 분명히 **인정**하고 **전략적 대화**를 유지해야 하는 시대입니다. 그것은 주변 강대국들의 위협과 공갈, 농락을 이겨낼 **남북의 연대**입니다. 연대만이 동북아시아에서 주체적으로 평화를 정착시킬 수 있고 **미국, 중국, 러시아** 등의 손아귀를 뿌리칠 수 있습니다. 그들은 결코 동북아시아의 평화를 원치 않고 남과 북의 분리를 획책하고, 지속적 갈등 유발로 동북아시아에서 **자신들의 영향력**을 유지하려 합니다. 갈등은 평화와 아무런 상관이 없습니다. **남북의 전략적 연대**는 국민의 힘으로만 이룰 수 있습니다. 남북의 대화와 연대를 촉구하는 **국민의 강력한 의지와 요구**가 정부를 움직일 것이며, **동북아시아의 민족들의 평화**를 정착시킬 수 있는 것입니다.

3. 유엔 동시가입을 다시 새기면서 그날의 각오로 **존중과 상호 평등의 정신**으로 돌아가 조건 없이 만나 연대해야 합니다. 그것만이 6.25전쟁 이후 미국과 러시아, 중국 등이 펼치는 **패권 논리**에서 우리가 주체적으로 평화를 지키며 살아가는 길이며 자주, 평화, 민족 대단결의 길입니다. 이것이 분명 쉽지는 않지

만 이 길뿐입니다. 북의 핵무장에 대응하는 제재, 압박이 아니라 다른 차원의 대화와 평화적 단결, 즉 연대만이 강대국 사이에 낀 우리나라가 가야 할 길입니다. **대화를 통한 남북의 연대**는 무기보다 강하며, 이것은 또 **군사(무기)체계의 종속에서 해방되는 길**입니다.

109. 남과 북이 서로 합의한 최초의 통일방안은 어떻게 이행되고 있나요?

1. 남북이 서로 합의한 **최초의 통일방안**은 바로 2000년 김대중 대통령과 김정일 국방위원장이 합의한 **6.15 공동선언**입니다. 6.15 공동선언은 총 5항인데, 그 중 가장 주옥같이 빛나는 조항이 바로 2항입니다. 2항 내용은 "남과 북은 나라의 통일을 위한 **남측의 연합제안**과 **북측의 낮은 단계의 연방제안**이 서로 공통성이 있다고 인정하였다. 앞으로 이 방향에서 통일을 지향시켜 나가기로 하였다."는 것입니다. 이 조항이 바로 남북이 분단 이후 최초로 합의한 역사적 통일방안입니다. 그러나 이 조항이 통일방안치고는 너무 **추상적**이라는 것을 금방 알 수 있습니다.

2. 서로 무력에 의해 먹고 먹히는 이른바 '**적화통일**'이나 '**흡수통일**'을 그만두고 평화적으로 통일하자는 것에는 크게 합의했습니다. 그러나 이 합의안은 남북이 주장하는 평화적 통일방안에 공통성이 있고, 이 방향에서 통일을 지향하자고 하는 원칙적 방향에서만 아쉽게 끝났기 때문입니다. 이후 2007년 남북 정상간 **10.4 공동선언**이 있었고, 2018년 문재인 대통령과 김정은 국무위원장이 **4.27 판문점 선언**을 합의했지만 통일방안에 대한 구체적 합의는 더 이상 진전된 것이 없었습니다. 최근 '우리의 소원은 통일'이라는 희망의 노래가 다시 우렁차게 퍼지고 있으나, 통일방안에 대한 구체적 합의는 제자리인 셈입니다.

3. 결국 2021년 현재까지도 통일방안은 6.15 공동선언의 **원칙적이고 추상적인 합의 내용**에서 벗어나지 못한 상황입니다. 그러면 남측이 주장하는 연합제는 무엇이며, 북측이 주장하는 낮은 단계의 연방제와 차이는 무엇인가? 북측의 통일방안은 연방제입니다. 연방제란 특별한 것이 아니라 미국, 러시아, 스위스, 인도, 캐나다, 독일, 오스트리아, 브라질, 아르헨티나, 나이지리아, 아랍에미레이트 등 세계 25개 이상의 국가에서 시행하는 국가형태입니다. 영토가 크거나, 민족구성이 매우 복잡한 경우 등 여러 가지 이유로 **각 지역 자치권**을 중시하면서 **지역**

정부와 중앙정부가 권한을 나누어 갖는 형태의 국가형태입니다.

4. 북이 주장하는 '낮은 단계 연방제'는 남과 북이 서로 다른 제도를 그대로 두고 지역자치제를 각각 유지하면서, 그 위에 통일기구(약한 통일정부)를 만들어 시간을 두고 차츰 더 완성된 통일중앙정부(강한 통일정부)로 만들어 가자는 입장입니다. 즉 "하나의 국가, 두 개 제도, 두 개 정부에 기초하여 바로 통일을 실현하는" **1국가 통일방안**을 뜻합니다. 서로 제도가 달라도 바로 통일이 가능하며, 상호 제도를 존중하면서 하나의 국호를 가진 나라로 통일하여 각자 남북 자치 연방을 두는 방식으로 조속히 통일하자는 입장입니다.

5. 남측이 주장하는 연합제란 무엇인가? 남측에서 주장하는 연합제 통일방안을 좋게 말하면 장기통일론입니다. 엄밀히 말하면 **평화적 2국가 체제**이며, 남북이 장기간 두 나라로 교류하며 살자는 **새로운 분단체제론**에 가깝습니다. 쉽게 말하면 남측 연합제 안은 남북이 상호 국가 실체를 인정하는 두 개의 나라로 인정합니다. 그리고 평화공존 체제하에서 남북 협의체를 운영하자는 것입니다. 한마디로 하나의 나라로 통일하는 것은 **미래의 과제**로 천천히 하자는 것입니다.

6. 남측의 연합제와 북측의 낮은 단계의 연방제의 본질적인 차이점은 연합제가 **두 개의 국가**인 반면에 연방제는 **하나의 국가**라는 점입니다. 통일이 점차 가까워지게 되면 이처럼 남과 북이 서로 다른 통일방안을 **자주, 평화, 민족 대단결**의 원칙에서 공통성을 중심으로 합의해야 합니다. 북이 응답이 없다고 대화에 나서지 않으면 안 됩니다. "**대화는 복음화의 길**"입니다(「복음의 기쁨」, 238항).

"거의 모든 민족이 독립했다 하지만, 과도한 불평등과 온갖 형태의 종속상태에서 이미 해방되었고, 국내적 난문제의 온갖 위험을 극복하기에는 아직도 요원합니다."(「사목헌장」, 85항)

110. 양심적 병역거부와 대체복무제에 관한 교회의 가르침은 무엇인가요?(1)

1. 대한민국의 모든 국민은 **국방의 의무**가 있습니다. 자기 나라를 타국의 침략으로부터 보호하고 평화를 지키기 위해 군을 유지하는 것은 정당한 일입니다. 국방의 의무 수행은 다양한 방법으로 가능할 것이며, 그 다양한 방법의 하나가 바로 **대체복무제도**입니다. 한국과는 안보 상황이 많이 다른 세계 여러 나라에서

이미 시행되고 있는 이 제도는 국가의 재산과 백성들을 지키기 위한 다양한 방법의 하나입니다. 비록 군 복무가 의무인 나라라고 하더라도 그 나라의 젊은이들은 자신의 병역 의무를 군 복무뿐만 아니라 **사회봉사 활동**을 통해 수행하고 있습니다. 그들은 자신의 종교나 신념 때문에 병역을 거부하더라도 수감되거나 형사적인 처벌을 받지 않습니다. 왜냐하면 자신들의 양심적 선택으로 다른 형태로 병역 의무를 수행할 수 있기 때문입니다.

2. 가톨릭교회의 사회교리에서는 양심적 병역 거부와 대체복무제에 대해 우선 모든 군인이 전 세계의 **선과 진리, 정의**를 수호하도록 소명을 받았음을 상기시킵니다. 이러한 가치들을 수호하기 위하여, 그리고 무고한 생명을 보호하고자 자신의 생명을 희생하면서까지 군인으로 살아왔음을 높이 평가합니다. 그러나 동시에 이러한 군대와 군인의 존재 이유와 정면으로 충돌하는 **양심적 병역 거부자들** 역시 배려해 줄 것을 요청하고 있습니다. 양심의 동기에서 무력 사용을 거부하는 사람들을 위한 법률을 **인간답게 마련하여, 인간 공동체에 대한 다른 형태의 봉사를 인정하는 것**이 마땅합니다.(「사목헌장」, 79항;「간추린 사회교리」, 503항 참조)

3. 한국에서는 1970년대부터 대체복무제를 시행하고 있습니다. 징병검사 결과에 따라 사회복무요원으로 복무하거나, 필요에 의해 병역특례제도에 포함될 수 있습니다. 하지만 한국은 오랫동안 **사상과 양심, 종교**에 따른 병역거부를 인정하지 않았으며, 병역 거부자는 **입영기피 사범**으로 분류되어 3년 이하의 징역에 처해졌습니다. 그러나 **2018년 6월 28일 헌법재판소**가 양심적 병역 거부자에 대한 대체복무제를 규정하지 않은 병역법 5조에 대해 **헌법불합치를 결정**했습니다. 대체복무제를 병역 종류로 규정하지 않아 신앙이나 양심에 따라 병역을 거부하는 사람들의 양심의 자유를 침해했다고 판단하였습니다. 따라서 국회는 해당 조항에 대한 개정안을 **2019년 12월 27일 본회의에서 통과**시켰습니다. 그에 따라 병무청은 2020년부터 양심적 병역 거부자에 대한 대체복무제를 실시하게 되었습니다. 그리고 지금까지 종교 등의 이유로 수감 중이던 **양심적 병역 거부자들을 전원 석방조치**하였습니다.

111. 양심적 병역거부와 대체복무제에 관한 교회의 가르침은 무엇인가요?(II)

1. 현 프란치스코 교황님은 "전쟁은 광기이며 인류의 자살행위입니다. 돈을 숭배

하고, 증오의 우상을 섬기고 형제를 죽게 만들고, 결국은 사랑을 죽입니다. 전쟁의 배후에는 늘 범죄가 있습니다. 권력의 제단에서 우상을 섬기고 다른 이들을 착취하고 희생시키는 범죄가 자행됩니다."라고 지적하셨습니다(2013년 6월 2일 강론). 그리고 "모든 종류의 폭력과 불법 무기거래를 반대하고 함께 일치하며 평화와 공동선에 반대되는 적들과 싸워야 합니다. 전쟁의 이면에는 지정학적 계획, 돈과 권력의 재분배와 이해관계가 얽혀있고 군수산업이 자리하고 있다는 것입니다."라고 말씀하셨습니다(2013년 9월 8일 강론; 2014년 9월 13일 강론). 이처럼 전쟁의 광기는 분명히 합법적으로 조직된 범죄 집단의 **범죄**이고, 부패의 **결과**이며, 무수한 생명을 희생하고 평화를 **파괴**합니다. 온갖 폭력과 불법 무기 거래의 추잡한 이해관계가 얽혀있어서, 전쟁은 당연히 **공동선에 위배**되므로 반대해야 하는 것입니다.

2. 우리 가톨릭교회도 분명히 양심의 동기에서 무기 사용을 거부하는 사람들의 경우를 위한 법률을 인간답게 마련하여, 인간 공동체에 대한 다른 형태의 봉사를 인정하는 것이 마땅하다고 말합니다(「사목헌장」,「기쁨과 희망」, 79항 참조). 이에 대해 **대체복무제**를 제시하며, "국법이 인정하더라도 하느님의 법에 위배되는 관습들에는 공식적이 아니라 하더라도 협력하지 않아야 할 중대한 양심의 의무가 있다."(「간추린 사회교리」, 399항)며 **양심적 병역거부**를 가르칩니다. 교회의 이 같은 목소리와 국민들의 여론이 모아져서, 최근 우리나라에서 이에 관련한 법률 개정안이 국회를 통과해 2020년부터 대체복무제를 실시하게 된 것은 무엇보다 다행스럽다고 하겠습니다.

112. 우리나라의 낙태죄 폐지와 관련하여 가톨릭교회의 입장은 무엇인가요?

1. 한국천주교주교회의는 대한민국 헌법재판소가 낙태죄(형법 제269조 1항과 제270조 1항)에 대한 위헌 여부를 확인해 달라는 헌법 소원에 대하여 **헌법불합치 선고**를 내린 데에 깊은 유감을 나타냈습니다. 헌법재판소의 선고는 **수정되는 시점**부터 존엄한 인간이며 자신을 방어할 능력이 없는 존재인 **태아의 기본 생명권**을 부정하였습니다. 이뿐만 아니라, 원치 않는 임신에 대한 책임을 **여성**에게 고착시키고, 남성에게는 **부당하게 책임을 면제하는 결정**을 내린 것입니다. 낙태는 태중의 무고한 생명을 직접 죽이는 죄이며, 어떤 이유로도 정당화될 수 없는 행위라

는 것이 가톨릭교회의 가르침입니다.

2. 대한민국 법률에서 현재 낙태죄는 **개정**되거나 **폐지**되었습니다. 한국 천주교회는 늘 그랬듯이 낙태의 유혹을 어렵게 물리치고 생명을 낳아 기르기로 결심한 여성과 남성에 대한 **지지**와 **도움**을 아끼지 않고 있습니다. 또 낙태로 말미암아 정서적, 정신적, 신체적으로 큰 상처를 입고 화해와 치유를 필요로 하는 여성에게도 교회의 문은 변함없이 열려 있습니다. 아이와 산모를 보호하여야 할 남성의 책임을 강화하고, 모든 임산부모를 적극 지원하는 제도를 도입해야 합니다. 임신에 대한 책임은 **여성과 남성** 모두에게 동일합니다. 또한 잉태된 생명을 보호하는 일은 우리 **사회의 구성원** 모두에게 맡겨진 책임입니다. 어려운 환경 속에서 새 생명을 잉태한 여성과 남성이 용기를 내어 태아의 죽음이 아니라, 생명을 선택하도록 도와줄 법과 제도가 있어야 합니다.

3. 헌법재판소는 낙태죄 형벌 조항에 대해 헌법불합치 결정을 내렸는데, 이는 **임신 22주 내**의 낙태를 사실상 허용한 결정입니다. 수정되는 순간부터 인간의 생명이 갖고 있는 **존엄성과 불가침성을 부정했습니다. 임신 22주에 이르지 않은 모든 태아 생명의 불가침성을 부정하는 것**이 이번 헌재의 결정입니다. 가톨릭교회에서는 세상 어떤 것보다 우선하는 것이 **생명권**이라고 봅니다. 그렇기 때문에 이번 헌재의 결정은 태아의 생명권을 개인의 자기 결정권과 동등한 수준으로 바라보고, 결국 태아의 생명권을 박탈하는 것을 합법화해준 것으로 보고 있습니다. 가톨릭교회는 지금까지 낙태를 사실상 합법화했던 **모자보건법 14조** 폐지를 위해 노력해 왔습니다. 아울러 낙태위험에 처해 있는 **미혼모들**과 **태아들**을 위한 **미혼모 시설**과 **보육원**, **입양원** 등을 각 교구와 수도원 차원에서 설립 운영하고 있습니다.

113. 우리나라 교육정책은 복음적인 정책을 펴고 있나요?(1)

1. 우리나라의 교육에 관한 문제점들은 어제 오늘의 이야기가 아닙니다. 오래 전부터 내려온 **구조적인 문제점**을 안고 그때그때 **일관성 없이 시행되는 교육정책**만이 남아 있습니다. 그런데도 이를 책임을 지겠다는 사람이 없는 것이 우리의 현실입니다. 그런 가운데 그 피해는 앞날을 책임져야 할 **미래세대**에게 고스란히 넘겨지고 있습니다. 예를 들어 **무상 급식, 등교시간, 사교육비 절감, 대학등록금**

과 같은 교육 이슈들에 대한 교육정책에 일관성이 없습니다. 각자의 정치, 경제적 입장과 지위에 따라 첨예한 갈등이 조성되기도 합니다.

2. 한때 우리 사회에서 **마이클 샌델**(Michael J. Sandel)[19] 열풍이 불었던 적이 있습니다. 그가 던진 질문 중에 잘 알려져 있는 질문이 하나 있습니다. 달리는 기차의 브레이크가 고장난 상태인데, 눈앞에는 갈라진 철길이 놓여있습니다. 한쪽에는 여러 명의 노동자들이 함께 있고, 다른 한쪽에는 한 명의 노동자가 있을 때 기차의 방향키를 쥐고 있는 나는 어느 쪽으로 방향을 틀어 누구를 죽게 해야 하는가 하는 문제입니다. 이를 두고 수많은 논의가 있었습니다. 숫자의 문제와 사람의 가치를 단순히 명수로 계산할 수 있느냐는 것입니다. 또한 철로의 설계와 설정 자체가 이미 주어진 환경에서 결정을 강요하는 규칙으로 이것은 폭력이라는 의견도 있었습니다.

3. 그러나 분명한 것은 우리의 삶은 반드시 어딘가에 서 있어야만 한다는 것입니다. 내가 만든 환경, 내가 만든 규칙이 아니더라도 그렇습니다. 우리는 철길 위의 노동자일 수도 있습니다. 또는 옆에서 구경하는 사람일 수도 있습니다. 누구를 죽게 해야 할지 결정해야만 하는 위치에 있을 수도 있습니다. 시스템이 잘못되었다면 바꾸는 것이 마땅하지만, 아직 바뀌지 않은 상태라면 우리는 어쨌든 각자의 위치에서 **양심적 선택**을 해야 합니다. 단순히 그 행동에 대해 어쩔 수 없었다고만 할 수도 없습니다. 하느님께서는 구조적인 악도 판단하시겠지만, 그 안에서 내가 할 바를 했는가도 심판하실 것입니다.

4. 교육의 중요한 역할 중의 하나는 **양심적인 결단**을 내리는데 도움을 줄 수 있는 **환경을 조성하는 것**입니다. 또 부족하더라도 최선을 다해 올바르게 판단하도록 도와주는 일입니다. 그렇기에 교육은 **인간의 존엄성**을 우선으로 가르쳐야 하고,

---

19) 미국의 정치철학자. 그는 온라인 수강이 가능한 하버드 교육 강의 'Justice'로 익히 알려진 바 있으며, 존 롤스(John Rawls)의 정의론(A Theory of Justice)을 비판한 '자유주의와 정의의 한계'(Liberalism and the Limits of Justice)(1982년)를 발표하면서 세계적인 명성을 얻었다. 오늘날 대표적인 공동체주의자, 공화주의자이며 자유주의에 대한 비판가로 유명하다. 현재 그의 저서를 통해 공동체주의적 공화주의라는 새로운 정치 이론을 표방하고 있다. 현재 미국 예술 및 과학 아카데미(the American Academy of Arts and Sciences)의 특별 연구원으로 선출되어 활동하고 있으며, 미국 하버드 대학 교수로 재임 중이다.

참여와 연대에 대해서도 가르쳐야 합니다. 또 학생을 교육의 대상으로만 볼 것이 아니라, **삶에 대해 결단을 내리고 책임을 지는 주체**로서 대해야 합니다. 보조성의 원리를 바탕으로 자신의 삶을 가꾸도록 도와주어야 합니다. **신체적 성장, 지적 성장, 정서적 발달, 사회성의 발달** 등을 조화롭게 하여 넓은 교양과 건전한 인격을 갖춘 인간을 육성하려는 교육을 일컬어 **전인교육**[20]이라고 합니다.

5. **소극적인 의미**에서 전인교육은 이전의 교육관행과 사회를 비판하는 준거로 사용되는 것을 말합니다. 전인교육의 **적극적인 의미**는 시대에 따라 변화하면서 새로운 교육철학 및 교육관행을 제시했습니다. **고대** 그리스의 전인교육론은 지식을 중심으로 인간의 의지와 정서가 내적 질서를 유지하는 정의로운 인간을 기르는 교육으로 이해되었습니다. 이 전통은 이후 르네상스 인문주의 교육에서 점차 단편적인 언어에 대한 지식교육으로 변질되었습니다. **중세**에는 고대의 전인교육관이 신에 대한 경외심을 중심으로 재조직되었습니다. **근대**에는 자연주의 교육철학이 등장하여 전인의 의미가 자연인으로 이해되기도 했습니다. **현대**의 전인교육에서는 학습자의 능동적·주체적·창의적인 참여를 강조합니다. 학교교육만이 아니라 가정교육·사회교육 등의 조화로운 관계를 중요시하는 교육 분위기입니다.

6. 하지만 많은 경우 우리 사회의 교육은 정해진 답을 강요합니다. 미숙하다는 이유로 또는 아직 모른다는 이유로 학생들이 각자의 자리에서 복음적이고 양심적인 판단을 하는 법을 아예 배우지 못하도록 차단시킵니다. 자유와 보조성은 없고, 강요된 답과 그에 대한 보상만이 있습니다. 역지사지의 원칙은 **양시양비론**(兩是兩非論)[21]으로 변질되어, 판단을 미루게 하고 **복음적 실천**을 방해합니다. 우리 그리스도인들이 선택하고 지지하는 교육정책은 우리 아이들이 **하느님의 뜻을 자신의 삶과 사회에서 실천하도록 도와주는 것**이어야 합니다. 그런데 진작 그럴 힘을 길러주고 있는지 아니면 세상과 재물이라는 우상을 좇도록 만드는지 살펴봐야 합니다.

---

20) 지식에 치우친 교육을 배제하고 성격 교육·정서(情緖) 교육 등을 중히 하는 교육.

21) 양쪽이 다 옳거나 양쪽이 다 그르다는 주장.

114. 우리나라 교육정책은 복음적인 정책을 펴고 있나요?(II)

1. 우리 사회는 교육에 관한 문제가 생길 때마다, 책임자들이 국민 앞에 나와 이런저런 조치를 취하겠다고 말은 많이 합니다. 그러나 먼저 어떤 **교육철학**을 갖고 어떻게 **구체적인 정책**을 실시하겠다는 것은 없습니다. 결국 교육이 교육답게 이루어지지 않으면 교육은 아이들을 위한 것도, 미래사회 건설을 위한 것도 아닌 게 되고 맙니다. 여전히 대학입학을 위한 **공교육**, 취업을 위한 **대학교육**으로 전락한 교육으로 남고 맙니다. 이런 상황에서 평신도인 우리는 교육이 갖는 의미가 무엇인지, 무엇보다 교육의 주체가 되어야 할 우리 아이들의 미래는 어떠해야 하는지에 대해서 진지하게 생각해 보아야 합니다.

2. 평신도들은 피동적으로 지침이나 명령만을 기다릴 것이 아니라, 자발적인 구상과 계획으로 **사람들의 정신과 풍습, 사회 공동체의 법제와 조직**을 그리스도화하는 것을 **자신의 의무**로 생각해야 한다고 교회는 가르칩니다(「민족들의 발전」, 81항 참조). 뉴스에 나오는 정치인들과 수없이 쏟아지는 기사와 칼럼들은 저마다 자신의 견해가 옳다고 주장합니다. 그렇기 때문에 우리는 진실을 구분하기 위하여 **근본적인 방향에 대한 성찰**이 있어야 하며, 그렇게 하려면 무엇보다도 **복음과 사회교리에 비추어 판단하는 것**이 필요합니다. 그래야 앞으로 우리 아이들은 문화, 사회, 경제, 정치 영역에서 일상 활동을 효과적으로 수행하면서 **공동선**에 이바지할 수 있습니다. 나아가 **자기 편의**나 **금전적 이익**을 버리고 공동선을 우선시하는 **올바른 정치**를 하는 이들이 더 많아질 수 있습니다.(「사목헌장」, 75항 참조)

115. 부당한 명령을 거부할 수 있는 권리를 우리는 어디에서 찾을 수 있나요?

1. 부패의 정의는 다양하지만, 일반적으로 **사적 이득을 위해 공적 권력을 오용하는 것**이라고 말할 수 있습니다. "공권력의 명령이 도덕 질서의 요구나 인간의 기본권 또는 복음의 가르침에 위배될 때, 국민들은 양심에 비추어 그 명령에 따르지 않을 의무가 있다. 부당한 법은 도덕적으로 올곧은 사람들을 곤란에 빠뜨리는 양심의 문제를 제기한다. 도덕적으로 사악한 행위에 협력하도록 요청 받을 때 그들은 이를 거부하여야 한다."(「간추린 사회교리」, 399항)고 교회는 가르치고 있습니다. 또한 "공권력의 요구가 올바른 양심의 요구에 어긋날 때, 공권력에 복

종하기를 거부할 수 있는 것은, **하느님에 대한 복종**과 **정치 공동체에 대한 복종**이 다르다는 데서 정당성을 찾을 수 있다."(「가톨릭교회 교리서」, 2242항)고 말할 수 있습니다. 사람에게 순종하는 것보다 **하느님께 순종하는 것**이 더욱 마땅하기 때문입니다.(사도 5, 29 참조)

2. 그러한 거부는 **인간의 의무인 동시에 인간의 기본권**이기도 합니다. 인간의 기본권은 바로 그 자체로서 국법으로 인정받고 보호받아야 합니다. 우리의 삶이 버겁고 막막하여, 누군가 시키면 시키는 대로, 책임지지 않고서 살아가고 싶은 마음이 들기도 합니다. 그러나 **나는 누구인가? 어떻게 살 것인가?** 하는 질문에 묻고 답할 때, **복음과 양심의 소리**를 듣고 선택하고 실천하는 **세상 속의 신앙인의 사회교리가 생활화**됩니다. 정치 공동체 안에서 행사되는 인간의 권위인 **공권력**과 **하느님의 권위**는 분명 구분되며, "황제의 것은 황제에게 돌려주고, 하느님의 것은 하느님께 돌려드려"야 합니다.(마태 22,21)

제4장 • 경제 공동체생활과 사회교리

116. 그리스도인의 경제생활은 어떤 모습이어야 하나요?

1. 교회는 하느님의 모상인 인간의 존엄성과 권리를 보호하고, 공동선을 추구합니다. 사회가 더욱더 평등하고 정의롭게 발전하도록 경제와 정의, 사회문제에 **윤리적 판단**을 내리고 **행동 규범**을 제시합니다. 교회가 사회에 관여하는 것은 예수 그리스도의 복음을 바탕으로 참된 인간 사회를 이루어, 이 땅에 하느님의 나라가 펼쳐지게 하려는 것입니다. 따라서 가톨릭교회의 사회교리를 통하여 **인간의 존엄성, 올바른 행위, 노동의 권리와 의무, 국가들 사이의 정의와 연대, 가난한 이들에 대한 우선적 사랑** 등의 문제를 다룹니다.

2. 경제활동은 인간이 필요한 재화를 마련하고 운용하려고 벌이는 활동입니다. 경제생활은 생산된 재화를 늘리고 이윤이나 경제력을 신장시키는 것만을 목표로 삼지 않습니다. **인간이 경제생활의 중심이며 목적**입니다. 그러므로 경제생활은 무엇보다도 먼저 **인간**에게, **인간 공동체 전체**에게 도움이 되어야 합니다. 이러한 까닭에 경제활동은 **사회 정의와 윤리적 질서 안에서** 이루어져야 합니다.

3. 우리는 노동의 신성함을 인식하고 성실하게 일하여 세상에서 하느님의 뜻을 실천하고, 모든 사람이 어울려 살아갈 수 있는 **풍요로운 사회**를 이루어 나갈 의무가 있습니다. 노동은 인간을 위한 것이므로, 인간의 존엄성과 기본권을 해치는 노동 행위나 경제활동은 용납될 수 없습니다. 그리스도인들은 노동 현장에서 일어나는 노사 간의 갈등을 **공동선**과 그리고 당사자들의 **권리와 의무**가 함께 존중되는 가운데 합리적으로 해결하도록 힘써야 합니다.

4. 그리스도인인 우리에게는 내 것 가운데 그 어느 것도 진정으로 내 것은 하나도 없습니다. 모두 하느님의 것이며, 나는 그저 그것을 하느님으로부터 위탁받아 관리할 뿐이라는 자세를 가져야 합니다. **가난한 이들에 대한 사랑**은 가난한 이들을 특별히 배려하시는 예수 그리스도를 본받고 참 행복의 가르침을 따르는 것입니다. 가난한 이들에 대한 사랑은 물질적 차원만이 아니라, 다양한 형태의 문화적·도덕적·종교적 차원까지도 포함합니다.

5. 재물은 인간이 살아가는데 반드시 필요한 것이지만, 그 자체가 삶의 목적이 되어서는 안 됩니다. 재물을 하느님께서 바라시는 일에 기꺼이 사용할 수 있어야

합니다. 복음적 청빈의 정신에 따라 내일의 불안에서 우리를 해방시키는 **하느님의 섭리**에 자신을 온전히 맡겨야 합니다. 현세 재물에 대한 **무절제한 애착**에서 벗어나, 하느님을 뵙고 하느님의 행복을 누릴 때 **진정한 행복**이 충족된다는 사실을 기억해야 합니다.

117. 경제에 대한 가톨릭교회 사회교리의 가르침은 무엇인가요?

1. 경제라 하면 먹고 살기 위해 무엇을 팔고 사는 행위를 먼저 떠올리게 됩니다. 그런데 우리가 팔고 사는 것들을 보면, 예전에는 상상할 수도 없었던 것들이 거래되고, 돈으로 값을 따져서는 안 될 것들이 값이 매겨져 매매되는 것을 보게 됩니다. 예전에는 마실 물을 병에 담아 파는 것은 중동의 산유국에서나 하는 일인 줄 알았는데, 이제는 생수병에 담긴 물을 사 먹는 게 보편적인 일이 되었습니다. 요즘 편의점에서 파는 생수 한 병 값이 휘발유 값보다 비쌉니다. 기름 한 방울 안 나는 나라에서 물 값이 기름 값보다 더 비싸게 되었는데도 그러려니 하고 맙니다. 경제는 나름의 논리와 체계를 가지고 작동되는 것이라서 우리 **상식**이나 **윤리의 문제**와는 별로 관계없다는 편견이 널리 퍼져 있기 때문입니다.

2. 사회교리서 「두캣(DOCAT)」은 그런 편견에 맞서서 우리가 벌이고 있는 경제활동의 본질과 역할에 대해 다음과 같이 비유적으로 말합니다. "가난한 사람들은 나이키를 사기 위해 마약을 팔고, 부유한 사람들은 마약을 사기 위해 나이키를 판다."(「두캣(DOCAT)」, 180항). 우리가 경제와 윤리를 분리해서 생각한 탓에 인간의 진정한 필요와는 관계없이 작동하는 경제라는 괴물을 키워 냈는지도 모릅니다. 게다가 경제가 발전했다는데 삶은 더 팍팍해지기만 합니다. 사회의 부가 증대되었다는데 **상대적 박탈감**은 오히려 커지는 현상을 보게 됩니다. 그런 면에서 가톨릭교회의 사회교리는 이제 우리가 무엇을 사기 위해서 무엇을 팔고 있는지 돌아보라고 권합니다. 경제의 본질과 역할을 **신앙의 눈**으로 다시 보라는 말씀입니다.

3. 경제에 관한 사회교리의 가르침은, 경제활동이란 곧 **인간을 위한 인간적인 활동**이 되어야 한다고 밝힙니다. 인간은 순전히 덧붙여진 경제적 요인이나 마음대로 처분할 수 있는 상품이 아닙니다. 결코 경제적인 평가로 제한될 수 없는 **본성과 존엄성**을 지니고 있습니다. 이러한 이유에서 모든 인간의 **물질적이고 영**

적인 기본 선익을 위한 배려가 모든 정치적이고 경제적 해결을 위한 출발점입니다. 경제에 관해 복잡한 이론과 수식을 줄줄 꿰는 전문가들이 많으나 중요한 것은, 그것이 "**모든 사람을 위한 복지와 정의**"에 부합해야 한다는 것입니다. 인간에게 **도움이 되지 않는 경제, 가난하고 힘없는 이들의 것**을 훔쳐 누군가의 **허영**과 **사치**에 이바지하게 하는 경제라면 이를 **시정하는** 조치가 필요합니다.

118. 사회교리는 참다운 의미의 경제란 어떤 것이라고 가르치나요?

1. 오늘날 우리 사회에서 윤리적인 가치, 생명의 가치, 인간 삶의 가치 등 그 어떤 가치들보다 가장 큰 힘은 **경제적 가치**입니다. 그 어떤 법칙과 논리도 경제 논리에 압도당하고 맙니다. 생명과 생태에 대한 가치는 가장 편리하고도 윤택한 삶을 선전하는 **핵발전소** 앞에서는 걸음을 멈춥니다. 공동체의 연대는 **효율성** 앞에서, 가난한 이웃에 대한 연민은 **현실의 경쟁** 앞에서 사라져 버립니다. **경제적 가치**가 가장 큰 가치가 되었고, **경제 논리**가 최고의 논리가 되어버렸습니다. 대다수의 사람들에게 먹고 사는 문제가 가장 무겁고 힘든 일이기는 하지만 우리 사회는 **과도하게 물질적이고 현실적**으로 변해 버렸습니다.

2. 우리 사회의 이러한 가치관의 뒤바뀜, 가치의 무질서는 인간과 경제에 대한 **편협한 이해**에서 비롯된 것이라고 할 수 있습니다. 인간은 언제나 자기 이익을 추구하고, 경쟁을 통해서 더 많은 성과를 낼 수 있습니다. 그렇기 때문에 경쟁과 자기 이익을 부추길 때 더 많은 경제적 성장이 이루어진다는 것입니다. 이런 이해가 완전히 틀린 것은 아니지만, **인간에 대해 편협하게 이해하는 것**이라고 말할 수 있습니다. 즉, **자기희생을 무릅쓰고서도 이웃과 공동체를 위해 투신할 수 있는 것이 인간이라는 점**을 간과하고 있다는 것입니다. 경쟁보다 **협력**할 때 더 많은 가치를 만들어내는 것이 또한 경제이기도 합니다.

3. 더 나아가서 프란치스코 교황님은 우리가 살아가는 이 세계가 바로 우리 공동의 집이라고 가르칩니다(「복음의 기쁨」, 206항;「찬미받으소서」, 1항 참조). 경제는 한편으로 세계 전체를 관리하는 기술이라고 말할 수 있습니다. 이러한 참다운 의미의 경제는 시장 안에서 자기 이익을 극대화하고 경쟁을 추구함으로써 성장이 이루어진다는 주장에 신뢰를 두지 않습니다. 더 나은 **소득 분배, 일자리 창출, 가난한 이들의 진보**는 **시장의 논리**에 따라 이루어지는 것이 아닙니다. **인간의 존엄**

성과 공동선이 반영될 때 가능한 것입니다.(「복음의 기쁨」, 203-204항 참조)

4. **경쟁과 이윤, 효율의 가치**가 우리 현실을 압도하는 것처럼 보이고, 그런 가치로 이루어진 생산력이 우리에게 **풍요로움**을 가져다주는 것처럼 보입니다. 그러나 그 풍요로움이 일부 사람들에게만 주어지고 대다수의 사람들은 여기에서 제외된 채 내일을 걱정하며 살아야 한다면, 그것이 **참다운 풍요**가 아닐 것입니다. 오히려 **협력과 공동체, 연대와 연민, 그리고 생명과 생태의 가치**가 가져다주는 풍요로움이 더욱 큰 것입니다. 그것은 또한 **이웃과 화해하고, 우주 만물과 평화롭게 더불어 살아가는** 길이기도 합니다.

119. 도덕적 경제생활에 대한 사회교리의 가르침은 무엇인가요?

1. 성경에서 사치가 아닌 풍요는 때때로 하느님께서 주시는 복으로 간주되곤 합니다. 부에 대한 예언자의 단죄는 **인간이 소유한 물질 재화나 경제적 부 자체**를 비난하는 것이 아닙니다. **개인의 부와 재화의 남용**이 사회적으로 커다란 **불의**가 될 수 있음을 고발하는 것입니다. 성경에서 비난받는 부유한 사람은 하느님보다 자신의 경제적 소유에 신뢰를 둡니다. 자기 손의 능력과 자신의 힘에만 신뢰를 두는 사람입니다. 마음이 가난한 사람들이란, 하느님 앞에 **자신의 가난함을 깨닫는 사람들**입니다. 물질을 소유하고 있더라도 재화의 첫 번째 주인은 **하느님이시라는 창조질서를 인식하고 받아들이는 사람들**입니다. 이들은 자신의 소유보다 **하느님께 신뢰를 두고, 겸손하게 하느님께 자신을 맡기며,** 마음을 열어 하느님의 선물인 **재화를 관리하는 사람**입니다.

2. 인간은 가난한 이들에게 **정의**를 베풀고, 억압받는 이들을 **해방**시키며, 고통받는 이들을 **위로**하고, 물질적 가난에 대한 **적절한 해결책**을 제시합니다. 가장 연약한 이들이 비참한 노예 상태에서 벗어나려는 노력을 방해하는 세력들을 더욱 효과적으로 통제할 수 있는 새로운 사회질서를 적극적으로 추구하도록 부름 받습니다(「간추린 사회교리」, 325항 참조). 합법적으로 소유하고 있는 재화라도 언제나 창조주께서 부여하신 **보편적 목적**을 지니고 있기 때문입니다. **모든 형태의 부정 축재**는 창조주의 보편적 목적에 공공연하게 위배되어 **부도덕한 행위**가 됩니다.

3. 가톨릭교회의 사회교리는 **경제의 도덕적 의미**를 강조합니다. 경제 질서와 도

덕 질서가 서로 다르고 이질적인 것이어서 경제 질서가 도덕 질서에 전혀 의존하지 않는다는 주장은 그릇된 것입니다. 도덕성과 경제의 관계는 **필수적**이며, 사실상 **본질적**인 것으로서 긴밀하게 결합되어 있습니다. 인간사회 경제의 목표는 경제 자체에 있는 것이 아니라, **인류사회의 선익**이 그 목적입니다. 교회는 경제활동으로 얻게 되는 부를 **공평하게 분배해야 하는 도덕적 요구**를 통해 인간과 사회전체의 연대라는 근본 덕목을 실천할 수 있도록 고무해야 합니다.

4. 인간의 온갖 이기적인 행위들로 인해 모든 곳에서 빈곤과 저개발, 기근과 양극화를 낳고 영속시키는 **경제적 죄의 구조**가 발견됩니다. 그렇기 때문에 이러한 본질적 불의를 물리치기 위한 **정의와 사랑의 정신**을 더욱 강화해야 합니다(『간추린 사회교리』, 332항 참조). 자본주의의 자유 시장은 재화와 용역, 생산과 분배를 가장 효율적으로 할 수 있는 적절한 방법입니다. 하지만 시장경쟁을 통한 이윤추구가 정당한 것이라 하더라도 **유일한 목표**가 되어서는 안 됩니다. 시장의 정당화를 위한 원칙들은 시장 자체에 있는 것이 아니라 **인간의 양심**에 있습니다. 수단(재화)과 목적(인간) 사이에서 인간이 아닌 시장이 목적이 된 경제는 **비인간적인 소외를 낳는 제도**로 타락할 수 있습니다.

5. 사회교리는 시장을 우상화하는 위험에 직면하여 **시장의 한계성**을 강조합니다. 따라서 국가와 공공당국은 시장이 자율적으로 작용할 수 있는 **적절한 한계선**을 정하고, 이를 보장하는 **윤리적·도덕적 목표들**에 굳게 뿌리를 내리고 있어야 합니다. 이를 위해 **보조성의 원칙**에 따라 기업 활동을 지원하여 자유로운 경제활동에 우호적인 환경을 조성해야 합니다. 그렇지만 **독점과 같은 차별과 불의의 상황**이 발전을 지연하면 연대성의 원리로 충만하여 약자를 보호하기 위해 **시장의 자율성**에 제한을 두어야 합니다.(『백주년』, 39항 참조)

120. 경제와 기업의 역할에 대한 올바른 인식은 무엇인가요?

1. 자본주의 시대를 살아가는 우리가 경제와 기업의 역할을 살펴보는 것은 매우 중요합니다. 세계화, 금융화된 시대에서 경제활동은 사람과 세상에 수많은 영향을 미치기 때문입니다. 가톨릭교회의 사회교리는 경제활동과 기업 활동의 본질, 대상과 목적, 방법에 대해 다음과 같이 가르칩니다. "재화의 보편적 목적은 **봉사**에 있다. 경제활동은 **공동선**을 지향하는 가운데 **상업윤리**만이 아니라 **도덕**

적 **윤리적 정의**도 추구해야 한다."는 것입니다(「간추린 사회교리」, 330-335항). 또한 기업 활동과 기업주에게도 "선한 제품의 생산을 지향할 것과 모든 직원이 존엄성, 공동체 정신이 충만한 인간 개발을 할 수 있도록 **선한 노동환경**을 조직할 것, 그리고 **공정한 배분과 책임 있는 관리활동을 수행할 것**"을 이야기합니다.(교황청 정의평화평의회 「기업리더의 소명」)

2. 이처럼 가톨릭교회는 경제활동이 단순히 **영리추구**만 할 것이 아니라, **인간과 공동체**를 포용하며, **나눔과 연대**, **지상의 하느님 나라를 지향해야 함**을 강조합니다. 우리가 일상에서 흔히 쓰는 부자가 되라는 덕담은 필요한 재화를 벌어들이라는 긍정적 의미로 볼 수 있습니다. 그러나 우리 사회가 지나치게 물질적 이익만을 좇는 것은 아닌지 걱정이 되기도 합니다. 실제로 대박을 꿈꾸는 한탕주의, 부동산 광풍, 가상화폐 과열현상 등은 매우 우려스럽습니다. 기업도 우려스럽기는 마찬가지입니다. 기업의 존립과 성장에 있어서 당장의 영업이익은 물론 중요합니다. 그렇지만, 장기적 계획 속에서 인간 존엄을 실천하며, 사회적 가치를 지향하는 것도 그에 못지않게 중요합니다. 또한 기업은 제왕적 재벌 경영이 아닌 **수평적 차원의 리더십**을 구가해야 합니다.

3. 여성의 **육아휴직**이나 직원들에 대한 **인격적 대우**도 한층 강화해야 합니다. 여기에는 정부와 국회, 관련부처의 역할도 중요합니다. 올바른 가치를 기반으로 기업 활동이 원활히 이뤄질 수 있도록 **장기적인 정책**과 **법제**를 마련해야 합니다. 특히 **중소기업**이 발전할 수 있도록 해야 합니다. 가난과 곤궁의 보릿고개와 새마을운동 속에서 "잘 살아보세"라고 외치던 국민적 노력은 오늘날 한국을 국민소득 3만 달러 시대로 이끌었습니다. 반면 비약적인 경제 발전 속에서 **인간소외와 차별, 낮은 행복지수, 노인빈곤의 증가, 청년 고용문제, 높은 자살률**과 같은 사회적 어려움도 뒤따랐습니다.

4. 우리나라는 **소득수준**이라는 경제적 측면에서 볼 때 선진국이라고 할 수도 있을 것입니다. 그러나 높은 소득 수준만으로 행복한 나라를 만들 수는 없습니다. 사람과 공동체, 환경과 생명을 중시하는 **문화와 정신적 가치가 회복**될 때, 그 나라는 행복한 나라이고 선진국입니다. 경제, 기업 활동은 그 중심에 있으며, 기업 활동은 **인권과 생명의 가치를 지향**하는 가운데 다 함께 **행복한 사회**가 되도록 역할을 다해야 합니다.

121. 기업과 경영인의 소명에 대한 사회교리 가르침은 무엇인가요?

1. 작은 구멍가게부터 큰 기업까지 수많은 기업들이 있습니다. 기업을 사람이라고 하는 이유는 사람이 경영을 하고 그 안에서 일을 하고, 다시 사람들이 그 기업의 서비스와 재화를 구매하고 사용하기 때문입니다. 그러므로 기업과 경영인의 소명은 **인간의 소명과 일치**합니다. 가톨릭교회는 기업인의 소명에 대해 이렇게 이야기합니다. "기업은 유용한 재화와 용역을 생산함으로써 **사회의 공동선**에 이바지할 능력을 갖추어야 한다. 경제적 차원은 **경제적 목표**뿐만 아니라 **사회적 도덕적 목표**를 달성하기 위한 조건이 된다. 이 목표들은 모두 함께 추구되어야 한다."(「간추린 사회교리」, 338항)

2. 기업 활동의 최종적 본질은 건전한 영리추구를 통해 **건강한 사회**를 건설하는 것입니다. 적정한 경제성장, 기술개발과 활발한 투자, 새로운 산업의 육성, 고용과 수익의 창출을 통해 기업은 **사회와 인간의 온전한 발전**에 기여합니다. 그리고 이러한 기업의 역할 때문에 교회 또한 기업에 지대한 관심을 갖습니다. 기업 활동이 잘 수행되기 위한 적절한 여건도 함께 조성돼야 하는데, 이때 정부의 역할이 중요합니다. **정부주도 정책**이 기업 활동을 위축시킬 수도 있고, 촉진시킬 수도 있기 때문입니다. 영세업자와 중소사업자들을 보호하는 **장기적이고 실효성 있는 대책**은 언제나 우선적으로 마련돼야 합니다. 또한 대기업의 시장 지배와 경제력 남용을 방지하기 위한 방안으로 **불공정 행위 근절, 골목상권과 중소기업 보호** 등도 병행돼야 합니다.

3. '**기업 활동이 사랑의 활동이다**'라고 하는 것은 사랑이야말로 인간이 살아가는 목적이며 기업의 존재 이유이기 때문입니다. 신앙은 사회적인 영향력을 갖는다고 합니다. 가톨릭교회는 세상을 변화시키는 힘인 **사랑의 중요성**을 강조합니다. "사랑은 모든 인간과 인류 전체의 진정한 발전에 **근본적인 원동력**이 된다."고 할 수 있습니다.(「진리안의 사랑」). 공정하고 효과적인 기업 활동은 **사랑의 문명**을 향해 **공동선**과 **상호이익**, **문화적 포용성**과 **인간존엄**을 촉진하며 **세상**을 변화시킬 것입니다.

"이 시대는 그리스도인 기업리더에게 믿음의 증인이 되고, 희망의 확신이 되며, 사랑의 실제가 되기를 요구한다."(교황청 정의평화평의회, 「기업리더의 소명」)

122. 인간에게 도움을 주는 경제제도에 대한 사회교리 가르침은 무엇인가요?(1)

1. 1인당 국민소득 3만 달러 시대를 살고 있는 우리는 경제와 관련하여 여러 방면으로 관심이 많습니다. 누구나 은행 금리와 부동산 시세에 관심이 많고, 주식 거래는 필수라 할 정도로 많은 사람들이 하고 있습니다. 자신의 급여는 얼마이고, 연말정산은 얼마나 받게 될 것인지 하는 우리 삶에 밀접한 사안들도 대부분 경제와 밀접한 것들입니다. 청년들의 취업과 결혼, 어르신들의 노후 생활 등 어찌 보면 거의 모든 것들이 경제적 지표를 통해 가늠되고 실천됩니다. 그뿐만이 아닙니다. 경상수지 적자, 흑자와 한국은행의 기준금리 인상 및 신용등급 평가들은 한국경제에 큰 영향을 미칩니다. 우리 주변의 거시적 경제 환경들도 우리 관심의 대상이자 우리 삶에 지대한 영향을 끼칩니다. 경제가 우리 삶의 궁극적 목표는 아니지만 세상을 살아가는 데에 **필요한 수단**이 되므로 경제에 대한 **올바른 인식**을 갖는 것은 반드시 필요합니다.

2. 기업과 시장은 항상 그 자체로 **목적**이 되고 노동과 사람을 **수단**으로 만들고자 하는 유혹들이 항상 있습니다. 하지만 기업 활동 자체가 목적이 되는 것은 성경이 그토록 경고하는 **돈의 우상화**에 지나지 않습니다(탈출 32장 참조). 그것은 사회적 약자를 배려하지 않는 **배척의 경제**일 뿐입니다(「복음의 기쁨」, 54-56항 참조). 경제는 인간과 사회를 최종 목적으로 **사회적 가치와 책임을 지향**해야 합니다. 이를 위해 경제활동에도 가톨릭교회 사회교리의 **인간 존엄, 보조성, 공동선, 연대성**이 동반돼야 합니다. 소비자이자 노동자인 우리의 건강한 인식도 필요합니다. 소비자로서 책임감 있는 **착한 소비**를 선택하고, 국민으로서 올바른 경제 정책을 선별해서 **지지하는 것**은 건강한 경제성장 조성에 매우 필요한 역할입니다.

3. 많은 사람들이 참으로 열심히 일을 하며 살아 가고 있습니다. 그리고 그렇게 일을 한 만큼 정당한 보상이 있어야 합니다. 경제개발과 성장은 사회 존속과 번영에 필수적인 부분입니다. 경제와 함께 **인권**을, 성장과 함께 **나눔**을, 개인과 함께 **사회**를 동시에 생각하는 사회 풍토가 조성돼야 합니다. 우리의 노력과 함께 올바른 인식이 필요합니다. 타인을 배려하는 인식과 함께 경제는 **행복한 공동체를 위한 수단**이라는 인식을 가져야 합니다. 그리고 하느님께서 원하시는 것은 **서로 나누고 도우며 함께 웃는 세상**이라는 것을 알아야 합니다. 그런 우리의 노력으로써 이 세상은 사랑이 가득한 낙원이 될 것입니다.

"경제활동과 물질적 진보는 인간과 사회에 이바지하여야 한다. 사람들이 그리스도의 제자로서 지닌 믿음과 바람과 사랑으로 이러한 것들에 헌신한다면, 경제와 진보도 구원과 성화의 자리로 변할 수 있다."(「간추린 사회교리」, 326항)

123. 인간에게 도움을 주는 경제제도에 대한 사회교리 가르침은 무엇인가요?(II)

1. 우리 한국사회는 세상 어느 곳보다 빠르게 변화하고 있습니다. 세상을 변화시키고 인간생활을 좀 더 편리하게 하도록 발명된 수많은 제품과 사회제도들은 지금도 끊임없이 **생성, 발전, 변화**하고 있습니다. 그 중심에 **인간**이 있습니다. 사실 문명이 발전하고 세상이 빨라질수록 인간의 삶도 더 쉽고 편안해져야 합니다. 그런데 이상하게도 실제 삶을 보면 **더 살기 힘든 세상**이 되고 있습니다. 그 원인은 **생활의 편의성**과 함께 발생하는 **과다한 정보와 업무의 홍수** 때문입니다.

2. 자유 시장 경제를 중시하는 세상은 소비를 점점 더 강조하고 있습니다. 그러한 소비의 패턴에 몸을 맡긴 일반 사람들은 생필품 마련보다는 불필요한 물건들을 충동 구매하는 상태에 이르렀습니다. 결국 개인별로 볼 때 자신의 소득보다 더 큰 지출을 하게 되었습니다. 개인 부채비율 역시 이전에 비해 상상할 수 없을 정도로 많이 늘어났습니다. 불필요한 물건들을 구매하고서는 이내 내다 버리는 현상에서 우리는 건강하지 못한 사회적 현실과 직면하게 됩니다. 우리가 숨 쉬며 살아가는 이 땅의 자원은 한정적이고 그 자원을 이용하는 인간은 **가장 합리적인 방법**으로 자원을 이용해야 합니다. 그러나 누군가에게는 부족한 반면 또 다른 누군가에게는 불필요한 물건들이 넘쳐 나고 있다면 그 사회는 분명 건강하지 못한 사회라고 말할 수 있습니다.

3. 가톨릭교회의 사회교리에서는 경제의 여러 가지 중요한 문제 가운데 하나로 **자원**을 어떻게 이용하는가에 대해서 언급하고 있습니다. 자원 사용의 효율성을 높이고 짜임새 있게 사용하는 것은, 오늘날 경제 체제 안에서 꼭 필요합니다. 그렇지만 사회교리에서는 이러한 효율성을 자본이나 시장에 그대로 맡겨두는 것이 아니라 시장과 국가, 중재역할을 하는 사회 기구들과 같은 **다양한 관련 단체들의 주체적인 책임과 능력**에 두어야 함을 언급하고 있습니다(「간추린 사회교리」, 346항 참조). 사회교리는 우선 **시장**을 경제제도의 내부 작용을 통제하는 중요한 도구로 인정합니다. 한편, 시장이 자율적으로 작용할 수 있는 **적절한 한계선**을 정하

고 이를 보장하는 윤리적 목표에 굳게 뿌리박혀 있어야 함을 지적하고 있습니다.(「간추린 사회교리」, 349항 참조)

4. 또한, 국가 역시 **보조성의 원리**에 따라 자유로운 경제활동에 우호적인 환경을 조성해야 합니다. 그렇지만, 동시에 **연대성의 원리**에 충실하여 사회적 약자 보호를 위해 그 자율성에 제한을 둘 것을 제안합니다(「간추린 사회교리」, 351항 참조). 다시 말해 **시장과 국가**가 서로를 보완하여 조화롭게 활동해야 함을 강조하고 있습니다. 또한 사회교리는 **공공 활동과 비영리 민간 활동**을 포함한 **중간단체들의 역할**에 대해서도 강조하고 있습니다. 이러한 시민사회는 시장과 국가에 대한 협력과 함께 효과적인 보완관계를 유지함으로써 공동선 달성에 이바지하고 경제 민주주의 발전을 촉진한다고 보고 있습니다(「간추린 사회교리」, 356항 참조). 인간의 모든 경제적 활동이 **보편적인 인간 삶과 발전**에 도움을 주지 못하는 것이라면, 그것은 분명 개선해야 할 사회적 문제가 될 것입니다. 우리가 시장 경제에 대해 감시의 눈을 부릅뜨고 경제 민주주의를 실현해야 하는 이유가 바로 여기에 있습니다.

124. 4차 산업혁명과 우리 경제에 대한 가톨릭교회의 가르침은 무엇인가요?

1. 4차 산업혁명 시대가 열렸습니다. 초고속 기술혁신을 바탕으로 한 유비쿼터스 모바일 인터넷, 인공지능 등이 특징입니다. 스마트폰과 플랫폼 경제의 대중화, 드론과 자율주행 자동차 등이 벌써 상용화됐습니다. 과거와는 비할 바 없는 **신(新) 문명 시대**가 찾아왔습니다. 그런데 세계적 경제 포럼에서는 4차 산업혁명에 대해 **기대와 우려**를 동시에 쏟아냅니다. 이 변화가 너무나 엄청난 속도로 모든 분야에서 진행되고 있고 급속히 기존 시스템을 재편, 파괴하기 때문입니다. 비정규직·저임금 노동의 증가와 고령화·저성장 시대 속에서 4차 산업혁명은 **일자리 감소·인간소외**라는 결과를 가져올 것으로 우려됩니다.

2. 실제로 제조·생산 분야는 **무인 스마트 공장**이 사람을 대체할 것이라 합니다. **자율주행 자동차**는 편리하지만 버스와 택시 일자리는 사라집니다. **수많은 일자리**가 사라질 것입니다. 새로 일자리가 생겨도 단순 노동이 아니라 고도의 전문성을 필요로 하기에 다수의 사람들에게는 불리합니다. 급격한 변화에 맞춰 끊임없이 자기개발을 하고, 또 적절한 전문성을 갖추기란 쉽지 않기 때문입니다. 특히 **청소년과 여성, 장애인, 노년층 그리고 미숙련, 저학력, 외

국인 노동자와 같은 사회 취약계층에게 이러한 상황은 매우 어렵습니다. 수명은 늘어나는데 사회적 안전망마저 취약하다면 많은 사람들의 삶은 결국 경제적으로 무너지게 됩니다.

3. 4차 산업혁명은 피할 수 없는 **역사의 흐름**입니다. 미래는 불확실하지만 대응해야 합니다. 무엇보다 필요한 것은 변화에 필요한 **성숙한 가치와 정신**입니다. **과학과 기술**을 지혜롭게 이용하는 것은 우리의 몫입니다. 공통의 담론을 위한 첫 번째 원칙은 바로 **인간과 생명 수호**입니다. 과학기술은 사람에 의해 사람을 위해 만들어진 도구이므로 인간과 모든 생명을 위해 사용돼야 합니다. 둘째로 **미래지향적이고 지속가능한 생태적 원칙을 수립**해야 합니다. 이제는 무분별한 소비와 욕심이 아니라 자연친화적이며 절제하는 경제 문화를 만들어 가야 합니다. 셋째는 **노동친화적인 기술혁신**을 이뤄야 합니다.

4. 인공지능이 결코 인간과 같을 수는 없습니다. 그것이 인간의 영성과 창의성마저 대신할 수 없습니다. 기술과 인간이 결합해 **영성적 가치**가 중심이 되는 경제·노동 환경이 조성돼야 합니다. 현대의 경제는 사람을 소비자로만 인식하고, 노동을 비용적으로만 이해합니다. 그러나 우리가 수행하는 노동은 우리의 삶과 일상을 포함해서 정신과 영혼, 사회와 세상에도 영향을 미칩니다. **신(新) 산업혁명**을 통해 더 나은 세계를 만들어야 합니다. 그 세계란 **하느님을 닮은 인간이 노동을 통해 사랑을 만들어가는 세계**입니다. 우리는 공동의 책임의식을 지녀야 합니다. 지성적·정책적 노력도 중요하지만 우리가 영성을 회복하고 노동의 올바른 가치를 회복해야 합니다. 노동은 **사랑**입니다.

125. 다양한 빈곤에 대한 가톨릭교회의 가르침은 무엇인가요?

1. 빈곤이란 기본적인 삶의 조건이 결핍된 상태입니다. 빈곤에는 **소득빈곤, 의료빈곤, 노인빈곤, 근로빈곤** 등 다양한 형태의 빈곤이 있는데, 이런 모든 빈곤은 **비(非) 인간화**를 초래합니다. 모든 사회문제의 귀결은 빈곤입니다. **경제위기, 노동 분야의 실업과 정리해고, 불치의 병, 환경재앙과 재난들** 이 모든 것의 결과는 바로 빈곤입니다. 빈곤으로 인해 많은 이들이 인간다운 생활을 영위하지 못합니다. 전 세계 15억 명이 빈곤 속에서 살아가며, 특히 개발도상국에서는 13억 명이 빈곤 속에 살고 있습니다. 빈곤은 선진국에서도 큰 사회문제인데, 우리 주변

에도 예외 없이 수많은 빈곤이 있습니다.

2. 교황 레오 13세는 말씀하셨습니다. "비참하고 절박한 상태에서 비인간적인 생활을 하고 있는 대다수의 가난한 사람들을 위해 신속하고 적절한 구제책이 강구되어야 한다."(『새로운 사태』, 2항). 가톨릭교회는 빈곤에 깊은 관심을 갖고 **가난한 자들**에 대한 보호를 강조해 왔습니다. 1968년 콜롬비아 메데인에서 열린 라틴 아메리카 주교회의는 "빈곤이란 제도화된 폭력이라 할 수 있는 불의한 상황에서 발생한다."고 결론지었습니다. 1979년 멕시코 푸에블라 주교회의에서는 **"가난한 자들에 대한 우선적 선택"**이라는 성경의 가르침을 재확인했습니다.(마태 25,31-46;루카 10,29-37)

3. 가톨릭교회는 빈곤을 줄이고 **사랑의 문명**을 구현하고자 합니다. 빈곤을 한 개인의 부족함으로 인해 발생된 것으로 보기보다는 구조적 문제로 인식하고, 그것에 대해 **공동체적 관점**으로 마주합니다. 세계적 경제학자 마이클 포터[22]는 **기업의 사회적 책임**(Corporate Social Responsibility)과 **사회적 가치**(Corporate Social Value) 개념을 고안했습니다. 기업이 경제적 이윤만이 아니라 **공공성과 사회적 가치들**을 추구해야 한다는 것입니다. 프란치스코 교황님은 **소유는 책임**이라고 말씀하셨습니다. 개인이나 기업에게 소유만큼의 도덕성과 성숙한 사회의식, 사랑에 대한 올바른 실천을 강조하셨습니다. 이제 우리의 역할이 중요합니다. 가난한 이들을 따뜻이 바라보고 내가 할 수 있는 **작은 봉사**라도 실천하려는 **예수님을 닮은 마음**이 필요합니다. "수많은 빈곤은 우리의 인간적 그리스도교적 양심에 가장 큰 도전이 되는 문제의 하나이며 빈곤은 정의의 문제를 제기한다."(『간추린 사회교리』, 449항).

"소유는 또한 책임입니다. 우리를 부유하게 만드는 것은 재화가 아니라 사랑입니다."(2018년 11월 7일, 프란치스코 교황 수요 일반알현)

---

22) 마이클 유진 포터(Michael Eugene Porter, 1947.5.23-)는 경영학과 경제학을 주로 연구하는 미국의 학자이며, 모니터 그룹(The Monitor Group)의 설립자이기도 하다. 현재 하버드 비즈니스 스쿨의 비숍 윌리엄 로렌스 대학교 교수로 재직 중이다. 기업 경영 전략과 국가 경쟁력 연구의 최고 권위자인 마이클 포터의 연구는 전 세계 유수의 정부 기관과 기업, 비영리단체, 그리고 학계에서 널리 인용되고 있다. 또한 하버드 비즈니스 스쿨에서 거대 기업의 신규 CEO를 위한 프로그램을 담당하고 있다.

126. 빈곤이 만든 인간소외 현상에 대한 가톨릭교회의 가르침은 무엇인가요?

1. 참으로 많은 빈곤이 존재합니다. 아동과 청년빈곤, 노인빈곤, 근로빈곤, 주거빈곤, 절대적 빈곤과 상대적 빈곤 이 모든 빈곤의 끝은 **인간소외**입니다. 소외는 한마디로 죽음입니다. 노년과 청년층의 높은 자살률은 소외의 비극적 종극을 보여줍니다. 사회안전망에 대한 점검과 비판도 필요하지만, 문제는 **극단적인 소외가 발생한다는 점**입니다. 일본에서는 사회생활을 거부하는 **은둔형 외톨이**가 빈곤과 고령화를 거쳐 더욱 심각한 사회문제로 대두되고 있습니다. 한국도 마찬가지로 3, 40대 연령에서 취업에 실패하고, **청년빈곤**을 겪는 이들이 늘어나고 있습니다. **노년층**이 겪는 소외도 심각한 문제입니다. 이러한 빈곤이 **관계의 단절과 소외, 사회적 죽음과 물리적 죽음**마저도 초래한다는 점에서 그 심각성을 짐작할 수 있습니다.

2. 국민소득 3만 달러, 한강의 기적 등 가파른 성장을 이룬 우리 사회가 **황금만능주의**에 빠진 현실은 큰 문제입니다. **각자도생**과 **무한경쟁 사회, 가족이 불편한 사회, 세대 간의 갈등과 불신**은 그 결과입니다. 최근 우리 사회에 여성을 성적 욕망의 대상으로 간주하는 저급한 문화 사이에서 **리얼돌**(Real Doll) **논란**이 있습니다. 그 리얼돌을 가족이라고 인식하는 이의 현실적 빈곤함도 공존합니다. 한국이 삶의 만족도가 매우 낮다는 것은 **친교와 관계, 소통과 대화, 온정과 나눔, 양보와 배려**가 없이 **물질만능, 이기주의, 쾌락과 무관심**이 자리하기 때문입니다. 이는 결국 **분쟁과 적대감, 빈곤과 소외**라는 악순환을 일으킵니다.

3. 결과적으로 빈곤은 소외이자 마음이 아픈 상황이고, 사랑이 필요한 상황이며, 우리 모두가 겪을 수 있는 일입니다. 물론 빈곤을 **사회복지**와 **제도적 개선**의 차원에서 적극 해결하는 것도 필요합니다. 그러나 무엇보다도 부자와 가난한 이가 벽을 만들지 않아야 합니다. 또한 기성 세대와 젊은 세대가 **대화를 나누며 친교와 소통, 이해와 수용이 가능한 공동체와 문화**를 만들어 내야 합니다. 그렇게 될 때 빈곤이 진정으로 해결될 것입니다. 그리스도인은 그러한 역할에 있어 밀알이 되어야 합니다. 다툼이 있는 곳에 용서를, 분열이 있는 곳에 희망을, 미움이 있는 곳에 사랑을 전함으로써 소외와 죽음, 빈곤과 절망이 극복되어야 합니다.

"빈곤 퇴치는 가난한 이들에게 대한 교회의 우선적 사랑 또는 선택에서 강한 동기를 얻는다."(「간추린 사회교리」, 449항)

127. 가난과 부에 대한 가톨릭교회의 가르침은 무엇인가요?

1. 자본주의가 팽배한 오늘날 한국사회에서는 많은 사람들이 **경제수준**을 행복의 척도로 삼는 것을 당연하게 여깁니다. 신분제 철폐로 얻은 인간 평등권이 무색할 만큼 **새로운 신분제도**가 생겨났습니다. 바로 **경제적 부**로 구별되는 신분계급의 등장이 그것입니다. 안타깝게도 돈이 중심인 사회에서는 **재산의 유무**로 사람 가치를 평가합니다. 그래서인지 성공과 돈을 위해서라면 **수단과 방법**을 가리지 않는 세상이 되어 버렸습니다. 이익 추구를 위해 타인의 **권리나 안전**은 뒷전이고, 진리를 탐구해야 할 상아탑인 대학은 더 좋은 직장에 취업하기 위한 **수단**으로 전락했습니다.

2. 가톨릭교회에서는 부와 가난에 대해 어떻게 가르치고 있을까? 구약성경에서는 재화와 부에 대한 **이중적 태도**를 보여주고 있습니다. 성경은 우선 재화와 부를 **하느님의 축복**으로 봅니다. 사치나 부유함이 아닌 **풍요로움**은 하느님께서 인간에게 주시는 복으로 여기는 것입니다. 물질적 재화와 경제적인 부는 그 자체로 비난의 대상이 아닙니다. 한편 성경에는 재화와 부에 대한 부정적 측면도 나타나는데, 문제의 핵심은 **그 부를 어떻게 사용하고 있느냐에 관한 것**입니다. 구약의 여러 예언서는 가난한 이들에 대한 사기와 고리대금업, 착취를 커다란 불의로 단죄합니다.(이사 58,3-11;예레 7,4-7;호세 4,1-2;아모 2,6-7;미카 2,1-2 참조)

3. 성경은 부의 소유 자체가 아니라 그 부를 쌓기 위해 사용한 **부당한 수단과 방법, 부를 올바른 곳에 사용하지 않는 것**에 문제를 제기합니다. 만일 누군가가 부를 축적하기 위해 올바르지 않은 수단과 방법을 사용했다면 그 부는 정당한 것이 될 수 없습니다. 또한 자신의 재화를 올바르게 사용하지 않는다면 그것을 소유한 사람 역시 마땅히 비난받을 만합니다(「간추린 사회교리」, 323항 참조). 예수님께서도 당신을 따르는 조건으로 자신이 소유한 것을 가난한 사람들에게 나누어 주라고 말씀하셨습니다(마태 19,21 참조). 부자가 하느님 나라에 들어가기 어려운 이유는 그가 부자여서가 아니라, 자신이 소유한 것을 **가난한 이웃들에게 나눌 줄 모르기 때문**입니다.

4. 부유한 사람은 하느님보다 **자신이 소유한 것**에 더 큰 믿음을 지니고 살아가기 쉽습니다. 자기 손으로 한 일로부터 힘을 얻고 자신의 힘에만 신뢰를 두는 사람들이라고 말할 수 있습니다. 우리 신앙인은 재물에 모든 가치를 두어서는 안 됩니다. 하느님께 온전히 자신을 맡기고 하느님을 신뢰하게 될 때 **가난함의 진정**

한 도덕적 가치를 깨달을 수 있게 될 것입니다. 모든 가치를 돈으로 평가하는 현 사회가 소유보다는 **나눔**이라는 도덕적 가치에 더욱 힘을 쓰는 사회로 변화되어야 합니다. 소유한 것이 많을수록 내 안에 **하느님의 자리**는 점점 좁아지게 됩니다. **소유가** 많아지고 **육체적 편안함**에 익숙해지면서 가난을 멀리하고 싶어 하는 우리들의 모습을 발견하게 됩니다.

128. 가난과 부의 편중현상에 대한 사회교리의 가르침은 무엇인가요?

1. 가난은 인류의 역사와 함께 해 온 문제라고 말할 수 있습니다. **수렵채취 생활**을 하던 구석기인들의 생활은 기아에 대한 불안이 상존했으며, 이를 극복하기 위해 가축을 기르는 **목축 생활**을 하였으나 그 역시 풀을 찾아 헤매는 고달픔과 함께 자연 재해로 인해 궁핍한 생활을 면할 수 없었습니다. 안정된 **농경사회의 생활** 역시 인간에게 완전한 풍요로움을 제공하지 못했고 오히려 부자와 빈자의 격차를 더욱 크게 만들었습니다. 이후 삶의 편리함을 제공하는 제품들을 대량 생산하는 **공업사회로의 발전**을 가져오게 되었습니다. 공업사회는 인간의 삶에 필요한 여러 가지 도구를 제공했습니다. 그렇지만 이제 인간은 물질적 차원을 넘어 풍요로움을 가져오는 **문화와 정보**에 관심을 가지게 되었습니다.

2. 그러면서 이러한 경향이 문화적 가난을 극복하기 위한 **정보통신 사회**를 가져오게 만들었습니다. 이상과 같이 인류의 역사는 기아(식량의 빈곤)의 위협을 받는 **절대적 가난**, 안정적인 **생활의 빈곤**, **삶의 편의성 빈곤** 등 물질적 가난의 극복과정을 지나, 이제는 **정보와 문화의 가난을 극복하려는 시대**를 살고 있습니다. 하지만 아직도 우리 사회는 기아 문제를 완전히 해결하지 못하였고 세상의 한쪽에서는 기아의 위협을 받는 **절대적 가난**으로 고통을 받고 있습니다. 또 다른 한쪽에서는 정보와 문화의 가난을 극복하려고 끊임없이 노력하고 있습니다.

3. 전 세계의 식량이 모자라서 기아가 일어나는 것이 아니라는 사실을 우리는 알고 있습니다. 한쪽이 굶주리거나 지독하게 가난한 이유는 다른 한쪽이 너무나 많은 것을 소유하고 있기 때문입니다. 가난한 사람은 생존에 필요한 것조차 가지지 못하는데 반해, 부유한 사람들은 갈수록 더욱더 많이 소유하게 되는 **부의 편중현상**이 심화되었기 때문입니다. 이른바 **빈익빈 부익부(貧益貧 富益富) 현상**입니다. 가난한 사람들이 궁핍한 이유는 일하기 싫어하는 **게으름** 때문이라

고 생각하기 쉽지만, 사실 가난한 사람들은 부유한 사람보다 **더 많은 시간**을 열심히 일합니다.

4. 가난은 **가난한 사람 개인**에게 어떤 문제가 있기 때문이 아니라, **사회의 구조**에 문제가 있기 때문입니다. 가난의 문제가 개인의 문제가 아니라 사회 전체의 문제라면, 우리는 어떻게 하면 가난의 문제를 해결할 수 있을까? 어떻게 하면 **가난의 사슬**(Circle of the poverty, 가난-굶주림-영양실조-질병-노동력 상실-낮은 수입-교육비 감소-더욱 가난해지는 순서)을 끊을 수 있을까? 이와 같은 가난의 사슬은 한 국가의 힘이나 개인의 힘으로 해결할 수는 없습니다. 가난한 국가가 가난에서 벗어날 수 있기 위해서는 **선진국의 절대적인 도움**이 필요합니다. 또한 가난한 사람이 가난의 사슬을 끊을 수 있도록 **단체와 국가**가 도와야 합니다.

5. 가난의 사슬은 가난한 국가와 선진국 사이 그리고 가난한 사람과 부유한 사람 사이의 **연대성과 보조성의 원리**가 실현될 때 끊어질 수 있습니다. 특히, 우리는 **그리스도의 신비체의 지체들**로서 가난하고 불쌍한 사람들을 도와주어야 할 책임이 있습니다. 선진국들이 먼저 가난한 국가, 기아에 허덕이는 사람들을 도와주기를 기다릴 것이 아니라, **우리 그리스도인들이** 먼저 나서야 합니다. 교황 요한 23세와 교황 바오로 6세가 그랬듯이 요한 바오로 2세 교황도 세계 기아문제 해결에 적극 나섰습니다. **국제식량기구**(FAO)의 활동을 도울 뿐만 아니라 지금도 교황청 성청기관 **국제 카리타스**(Caritas Internationslis)[23]를 통하여 가난한 이들을 위한 구조에 나서고 있습니다.

129. 가난하고 약한 이들에게 진정한 환대와 연대란 무엇인가요?(1)

1. 의사와 병원의 시직은 인류의 역사만큼이나 길고 오래되었습니다. 오늘날처럼 환자를 받아들여서 회복할 때까지 보살펴 주는 종합병원은 **16세기**에 와서야 등장했습니다. 당시 사람들은 이러한 형태의 의료기관을 **호스피탈**(hospital)이

---

23) 국제 카리타스는 가난한 이들에게 봉사하고, 사랑과 정의를 증진하는 데에 헌신하는 교회법상 공법인이며 전 세계 200여개 국가에서 활동하는 165개 카리타스 회원기구들의 연합회이다.

라고 불렀습니다. 이 이름은 가톨릭교회 수도회가 실천해온 **환대**(hospitality)에서 나온 말이었습니다. 실제로 중세와 근세를 거치면서 많은 수도회들은 가난하고 약한 이들에 대한 환대의 정신을 다양한 방식으로 실천하고 있었습니다. 수도원이 자리 잡은 지역의 가난한 사람들을 위해서 기꺼이 **빵을 나누었습**니다. 수도원의 몇 개의 방은 가난한 사람과 나그네들을 위해 언제나 남겨두었습니다.

2. 병자들을 위해서 의료 봉사를 하는가 하면, 병자들이 수도원에 머물면서 치료받을 수 있도록 수도원을 열어놓기도 하였습니다. 병자들을 환대(hospitality) 하던 수도원의 시설이 **종합병원**(hospital) 으로 바뀌게 된 것입니다. 더 나가서, 많은 수도자들은 나병이나 페스트 같은 무서운 전염병에도 불구하고, 기꺼이 병자들과 동반하기를 두려워하지 않았습니다. 비교적 최근의 일이지만, 벨기에의 **성 다미안 신부**(Saint Damien)[24]는 나병 때문에 저주받은 섬이라고 불리던 **몰로카이**에 기꺼이 들어가서 **나병환자들의 삶**에 동반하였습니다. 자기 자신도 나병으로 고통받았지만 몰로카이 섬을 떠나지 않았습니다.

3. 이처럼 그리스도교가 오랫동안 실천해온 환대란 단순히 손님을 받아들이는 것만이 아닙니다. 가난하고 약하고 아픈 사람들을 받아들이는 것입니다. 더 나가서 그리스도교적 사랑은 단순한 환대를 넘어 그들을 직접 찾아가서 동반하는 것이기도 합니다. 참다운 환대는 목소리 없는 이들의 **목소리가 되어주는 것**

---

24) 나환자를 위해 봉사한 신부. 벨기에의 트레머루에서 태어난 성 다미안 신부는 브렌느 러 꽁트대학교에서 공부한 후, 1860년에 예수와 마리아 성심회(The Fathers of the Sacred Hearts of Jesus and Mary)에 입회하여 다미안이란 수도명을 받았다. 그는 자신이 지원하여 하와이 선교사로 파견되었고(1864년), 같은 해에 호놀루루에서 사제로 서품되었다. 그 후 그는 9년 동안 푸노와 코알라 주민들의 복음화를 위하여 헌신하였다. 1873년, 이번에도 자신의 요청에 따라, 그는 몰로카이의 나환자촌으로 파견되어, 여생을 나환자들과 함께 살며 주님의 말씀을 실행하였다. 1885년, 그 자신도 이미 한센병 병에 걸렸지만, 1889년 4월 15일에 운명할 때까지 몰로카이에 계속하여 생활하며 나환자들을 돕는데 생명을 다 바친 것이다. 그는 환자들로부터 냉대를 받은 적이 있고 또 중상모략으로 곤경에 처한 경우들이 많았어도, 그의 성덕과 애덕은 수많은 사람 속에서 영원한 살아 있는 것이다. 그는 1977년에 교황 바오로 6세에 의하여 시복되었고, 2009년 10월 11일 교황 베네딕토 16세에 의해 성인으로 선포되었다.

입니다. 자신의 힘으로 자신을 변호할 수 없는 이들을 **변호하고 대변하는 것**으로 나아갈 수밖에 없습니다. 이것은 빵을 나누어주는 차원을 넘어 나의 **공간**을 비워 내어주고, **시설**을 만들고, **법과 제도**를 개선하는 것이기도 합니다. 그리스도교의 사랑은 아픈 마음으로 이웃을 바라보는 **연민**에서 시작합니다.

4. 가난한 이웃을 받아들이는 **환대**로, 그리고 그들의 여정에 **동반**하고 그들의 처지를 변호하는 **연대**로 나아갑니다. 이런 의미에서 그리스도교 사랑의 최고 형태는 **약자와 맺는 연대**라고 할 수 있습니다. 오늘날 우리 사회가 경제적으로 많이 풍요로워졌다고는 합니다. 하지만, 아직도 삶에 힘겨워 하는 이웃들이 적지 않은 상황에서 우리 그리스도인들이 오늘날 환대의 정신을 실천하는 길은 무엇일까?

5. 이런 맥락에서 "우리는 예수님께서 당신 제자들에게 '너희가 그들에게 먹을 것을 주어라'(마르 6,37) 하신 명령을 이해할 수 있습니다. 이는 빈곤의 **구조적 원인**을 없애고 가난한 이들의 **온전한 발전**을 촉진하도록 일하라는 의미입니다. 또한 우리가 부딪치는 구체적인 곤경에 대처하는 **연대성의 작은 일상적 행위**도 의미합니다. (…) 이는 어쩌다가 베푸는 자선 행위 이상의 것입니다. 이는 소수의 재화 독점을 극복하고 공동체 차원에서 모든 사람의 삶을 먼저 생각하는 **새로운 마음가짐**을 전제로 합니다."(『복음의 기쁨』, 188항)

130. 가난하고 약한 이들에게 진정한 환대와 연대란 무엇인가요?(II)

1. 고(故) 김수환 추기경님께서는 **"늘 인간답게, 누구나 인간답게 살 수 있는 사회"**를 말씀하셨습니다. 추기경님께서는 **모두가 행복한 사회**를 강조하셨습니다. 빈민이라고 하면 우리는 아프리카 난민, 거리의 노숙인과 철거민, 달동네, 무료급식소 등을 먼저 떠올립니다. 일자리로 목소리를 내지 못하는 **사회적 약자들**에 대한 **우선적 배려와 관심**이 절실합니다. 하지만 그 시작은 가장 먼저 가까운 이웃에 대한 관심에서 시작됩니다. 이웃집에 누가 사는지, 이웃이 무엇을 좋아하는지, 어떤 걱정이 있는지 관심이 필요합니다. 가난한 이들에 대한 우선적 선택의 시작은 **가까운 이웃에 대한 관심과 사랑**입니다.

2. 이웃에 대한 지원을 위해서는 **돌봄 사각지대에 대한 제도적 정비**가 필요하다고 합니다. 그리고 제도적 정비를 위해서 관련 부처에 **인력충원과 예산증액**

을 강조합니다. 우리는 그런 일들은 정부나 시청, 구청, 복지기관이나 공무원들이 하는 일들로 인식하고 있습니다. 그래서 그것은 나와 무관한 일이라 생각하고 있습니다. 그러나 사람을 돌보고 보살피고 살리는 일은 특정 누군가만 하는 일이 아닙니다. 넓은 의미에서 본다면 사람을 살리는 일이 바로 **사도직 활동**입니다. 사도직 활동이란 누군가에게 찾아가는 **발걸음**입니다. 사목은 누구나 할 수 있는 일이고, 누구나 해야 하는 일입니다.

3. 최근 교통사고로 쓰러진 사람을 끝까지 돌보아 그의 생명을 구한 어떤 간호사의 이야기가 세간에 알려졌습니다. 이처럼 우리 사회에는 보이지 않는 곳에서 **온정과 사랑**이 가득한데, 이런 온정을 느낄 새도 없이 우리는 너무 바쁘게 살아갑니다. 가족이나 이웃과 대화를 하거나 이야기를 함께 들어 줄 여유가 없습니다. 그러다 어느 순간 우리는 바쁘니까 어쩔 수 없다고 스스로 위안을 하며 체념하고 맙니다. 물론 우리의 삶은 바쁘고 치열해야 하나, 그 핵심은 **우리가 함께 사는 행복한 사회**입니다. 수많은 유형의 빈곤이 있는데, 그 빈곤을 양산하는 근본 원인 중 하나는 바로 **무관심**입니다. 시인 폴 발레리는 말했습니다.[25] "**생각하는 대로 살지 않으면 사는 대로 생각하게 된다.**" 무관심이 우리를 지배해서는 안 되며, 하느님께서 우리에게 심어 주신 **사랑의 마음, 거룩함, 형제애**가 우리 안에 충만해야 합니다. 그럴때 세상의 빈곤은 치유될 것이며, 교회는 무관심에서 깨어나게 됩니다.

131. 빈곤 퇴치에 대한 사랑의 의무를 교회는 무엇이라고 가르치나요?

1. 교회는 발전이 **권리**라는 점을 분명히 밝힙니다. 권리를 주장한다고 할 때에는 반드시 **그 권리를 보장하거나 제공해야 할 의무의 주체**가 있다는 것입니다. 의무의 주체가 없는 권리란 존재하지 않습니다. 개인의 경우 대부분의 권리에 대한 의무는 국가에 있습니다. 국가는 국민의 인권을 **존중**(Respect)하고 **보호**(Protect)하고 **실현**(Fulfill)해주어야 할 의무가 있습니다. 이 의무는 **연대와 정의, 보편**

---

25) 프랑스의 시인·수필가·비평가. 그의 가장 훌륭한 시는 「젊은 파르크」로 여겨진다. 이 작품에 뒤이어 「구시첩」과 「해변의 묘지」가 들어 있는 시집 「매혹」이 발표되었다.

적 사랑의 의무인 것입니다. 이에 대해 교회 밖에서는 1986년에 유엔(UN)에서 채택된 '**UN발전권선언**'이 그것입니다. 이 문헌에서 국제사회는 발전의 권리가 개인을 넘어서 민족이나 국가에게까지도 적용되는 개념이라 말합니다. 그 의무가 빈곤한 국가에도 있지만, 국제사회에 의무가 있다는 것을 분명히 합니다. **해외원조**도 바로 국제개발 협력 의무에서 그 근거를 찾을 수 있습니다.

2. 유엔사회권규약위원회에서는 빈곤을 "충분한 생활수준과 다른 시민적·문화적·경제적 그리고 사회적 권리들을 향유하는데 필요한 자원, 역량, 선택, 안전, 그리고 권력이 지속적으로 또는 만성적으로 박탈된 상태"라고 정의합니다. 가난은 단지 무언가 없는 상태라고 생각하기 쉽습니다. 그러나 여기서 주목할 것은 빈곤은 그저 없는 상태가 아니라 **없어서 못 누리는 상태** 즉, **인권을 못 누리는 상태**를 말합니다. 빈곤 퇴치를 포괄하는 발전은 없는 이들에게 그냥 재화 자원을 제공하여 갖도록 하는 것이 아닙니다. **누리지 못하던 인권**을 누리게 하는 데 목적이 있습니다. 빈곤이 가난한 이들의 동등한 권리를 인정하지 않는 **불평등한 성장**을 특징으로 하기 때문입니다. 교회는 빈곤 퇴치에 대한 사랑의 의무는 **가난한 이들에 대한 우선적 사랑** 또는 **선택의 동기**에서 출발한다고 말합니다. 가난한 사람들을 골칫거리로 보지 말아야 합니다. 모든 사람을 위하여 **새롭고 더욱 인간적인 미래를 건설하는 주역이 될 수 있는 사람들**로 봐야 합니다.

132. 사회 경제적 불평등에 대한 사회교리의 가르침은 무엇인가요?

1. 요즘 젊은이들 사이에서 쉽게 접할 수 있는 말 중에 이른바 '**수저계급론**'이라는 말이 있습니다. 한편에서의 부의 대물림과 반대편에서의 빈곤의 대물림을 빗대어 하는 말입니다. 태어나자마자 부모의 경제력과 직업 등으로 자신의 수저가 금수저인지 은수저인지 아니면 흙수저인지 결정된다는 것입니다. 이런 이야기들을 허투루 넘겨버릴 수 없는 이유는, 최근에 나온 사회 통계들이 수저계급론이 틀리지 않다는 것을 증명해주기 때문입니다. 예를 들어 우리나라 저소득층의 **빈곤탈출률**은 갈수록 낮아지는 반면, 우리 사회의 경제적 최상위계층의 **상속과 증여의 비율**은 갈수록 높아지고 있습니다. 또한, 우리나라에서 생산되는 주식 배당금이나 은행이자 등의 자본 소득의 90%는 **상위 10%**의 사람들

이 차지하고 있습니다.

2. 오늘날 우리 사회에서 부자의 많은 경우는 본인이 열심히 일해서 많은 재산을 모은 사람이 아니라 부모로부터 재산을 물려받은 사람들입니다. 나의 사회적 계급과 지위는 나의 능력과 노력으로 만들어지는 것이 아니라, 부모에게서 주어지는 수저에 달린 것입니다. 불행하게도 이제는 개천에서 용 난다는 말은 신화가 되어버렸습니다. 배운 것도 없고 가진 것도 없이 맨주먹으로 시작했다는 어르신들의 이야기는 옛 이야기가 되어버렸습니다. 희망이 보이지 않는 이 사회를 젊은이들은 '**헬조선**'이라고 표현합니다. 지옥(hell)과 우리나라를 가리키는 조선의 합성어입니다. 56년 전 제2차 바티칸 공의회의 「사목헌장」 역시 이러한 현상에 우려를 나타내고 있습니다. "인류가 이토록 풍요로운 재화와 능력과 경제력을 누려 본 적은 결코 없었다. 그러나 아직도 세계 인구의 상당수는 기아와 빈곤에 허덕이고 있으며 무수한 사람들이 완전 문맹에 시달리고 있다."(「사목헌장」, 4항)

3. 또한 "경제생활의 발전이 합리적으로 또 인간답게 지도되고 조정되기만 하면 사회적 불평등을 완화시킬 수 있다. 이와 같은 시대에 때로는 더 자주 불평등을 악화시키고 또 어떤 곳에서는 힘없는 사람들의 사회적 조건을 퇴보시키고 가난한 사람들을 무시하는 쪽으로 되돌아가고 있다. 거대한 군중은 아직도 생활필수품이 전혀 없는데, 어떤 사람들은 저개발 지역에서도 호화롭게 살며 재화를 낭비하고 있다. 사치와 빈곤이 함께 있다"(「사목헌장」, 63항)고 말했습니다. 이러한 경제적 불평등 속에서 **정직과 성실이라는 가치**, **노동과 근검의 가치**, 그리고 **공동체 윤리와 공동체 의식**이 건강하게 자리 잡기는 불가능합니다. 그뿐만 아니라 경제적 불평등은 **사회 전체**를 파괴합니다. 경제적 영역에서의 소수의 기득권 세력은 자신의 영향력을 경제적 영역 안에만 두는 것이 아닙니다.

4. 사회의 모든 영역으로 확장하게 되며, 특히나 여러 가지 방식으로 정치, 곧 공적 영역의 의사결정에 영향을 미치게 되는 것입니다. 이런 식으로 1인 1표의 민주주의 원칙은 **1원 1표의 주식회사의 의사 결정 형태**에 스며들게 됩니다. 민주주의는 급속도로 퇴행하거나 파괴되며, 더욱 심각하게는 경제 영역의 **소수 독점의 생각과 사고방식**이 사회 전체에 영향을 미치게 됩니다. 그럼으로써 소수 독점이 정당하고 당연한 것으로 여겨지게 됩니다. 이렇게 경제적 불평등은 단순히 경제의 문제만이 아닙니다. 민주주의를 비롯한 사회 전체를 파괴하는 심각한 문제로서, **인간의 존엄과 노동의 가치를 파괴하는 윤리적 문제**이기도 합니

다. 그러기에 경제적 불평등을 조금이라도 더 빨리 해결하고자 하는 노력은 가톨릭교회 사회교리의 핵심적 원리인 **정의와 평등을 실현시키는** 길이기도 합니다.(「사목헌장」, 66항 참조)

133. 많은 인류가 굶주림에 고통받고 있는 현실을 교회는 무엇이라 하나요?

1. 21세기 인류는 기술과 과학의 발전 덕분에 과거의 그 어느 시기보다 물질적으로 풍요로운 시기를 맞고 있습니다. 그러나 물질적·경제적 발전의 이면에는 아직도 수많은 사람들이 한 끼의 식량을 찾아 헤매고 있습니다. 얼마나 많은 인류가 기아로 고통당하고 있는가? 빈곤으로 인하여 비참하게 생을 연명해 가는 사람들에 대하여 **관심을 가지고 도우라고** 교회는 가르치고 있습니다. 인간은 누구나 먹어야 살 수 있고 음식을 배불리 먹는 것은 인간의 기본권입니다. 하지만 오늘날에도 전 세계에 **약 8억 명**의 사람들이 지독한 배고픔에 시달리고 있습니다. 굶어 죽는 사람은 **매년 3천 6백만 명**에 이르고 있습니다.

2. 우리 나라에선 **하루에 11만 톤**의 음식물 쓰레기가 발생하고 이를 처리하는 데도 **연 15조원**의 예산이 소요되고 있습니다. 한쪽에선 푸짐하게 밥상을 차려 배불리 먹고 남은 것을 버리는데, 다른 한쪽에선 굶주린 배를 움켜쥐고 살아가고 있는 것입니다. 먹을 것이 부족해서 8억 명의 인구가 굶주리는 것은 아닙니다. 기아 인구가 늘어난 이유는 **자연재해와 전쟁, 식량지원 봉쇄정책** 그리고 **선진국들의 이기심** 때문입니다. 자연재해 이외의 기아의 원인들은 모두 **인간의 이기심**에서 나온 것입니다. 결국 세계 기아의 가장 큰 원인은 **연대성을 잃어버린 이기심** 때문입니다. **국가 간의 연대성, 부자와 가난한 사람의 연대성**을 잃어버리고 자신들만의 부유하고 안락한 삶을 바라는 이기심 때문입니다.

3. 시간이 지날수록 더 많은 사람이 기아에 허덕이는 상황이 되었습니다. 오늘날 기아 문제의 해결은 **개인적 애덕의 실천**만으로 해결할 수가 없습니다. 그렇기 때문에 교회는 굶주리는 민족들의 처절한 부르짖음을 귀담아 듣고, 함께 괴로워합니다. 모든 사람들을 불러 도움을 청하는 이들에게 따뜻한 사랑의 손길을 펴도록 가르치고 있습니다. 특히 교황은 사회회칙을 통해 기아문제를 **사회적 차원**에서 그 해결점을 제시하고 있습니다. 가톨릭교회의 가르침은 하느님께서 세우신 도덕질서를 거스르는 인구증가의 억제를 통하여, 기아문제를 해결하

려는 시도를 단호히 배격하고 있습니다(「어머니와 교사」, 185-189항 참조). 즉, 생명의 주관자이신 하느님의 뜻에 거스르는 방법이라 할 수 있는 **산아제한**을 통해 기아문제를 해결하는 것은 결코 용납될 수 없습니다.

4. 왜냐하면 기아문제의 해결은 인간 생명의 존엄성을 보호하는 것입니다. 그러기에 인간 생명을 침해하는 비도덕적인 방법으로 이를 해결하려고 해서는 안 되기 때문입니다. 결국 기아문제의 올바른 해결책은 경제 및 사회발전과 관련된 모든 제도, 모든 기구와 조직이 **인간 개인의 존엄성**과 **사회전체의 진정한 선익에 봉사하는 방법**에 바탕을 두어야 합니다. 기아에 시달리는 국가에 식량을 지원하는 것은 부유한 국가에도 이득이 됩니다. 그 이유는 특정 국가에서의 잉여 농산물의 생산은 모든 국민 계층에 손실을 낳을 수가 있기 때문입니다. 그러나 선진국의 식량 원조는 가난한 나라의 기아문제에 대해 장기적인 대책이 되지는 못합니다. 부유한 나라는 기아에 시달리는 사람들을 위하여, 가난한 나라들의 농업과 경제를 비롯한 여러 분야의 **낙후된 체제를 개선**할 수 있도록 도와주어야 합니다.

5. 사실 기아문제는 단순한 식량자원의 부족에 있는 것이 아니라, **경제와 사회체제의 낙후**에서 비롯됩니다. 타국의 도움 없이 가난한 나라 자체에서 이 문제를 해결한다는 것은 불가능합니다. 따라서 선진국은 "가난한 나라의 국민들이 훌륭한 기술훈련과 직업교육을 받고, 다른 한편으로는 현대적인 수단과 방법으로 경제발전을 이룩할 수 있는 자본을 소유하게 하는 모든 방안을 강구하여야 한다."는 것입니다.

"우리 한 사람 한 사람은 모두 식량부족으로 극도의 고통을 당하고 있는 사람들에 대한 책임이 있다." 그러므로 "한 사람 한 사람에게서, 모든 사람에게서 특히 부자들에게서 이러한 책임의식을 일깨워야 할 필요가 있다."고 교회는 밝히고 있습니다.(「어머니와 교사」, 163항)

134. 인간의 노동에 대한 사회교리의 가르침은 무엇인가요?(1)

1. 성경에서는 노동에 대해 어떻게 가르칠까? 예수님께서는 이 세상에서 양부였던 목수 요셉의 아들로 사셨습니다. 지상 생활의 대부분을 목수의 작업대에서 노동하면서 사셨던 분이십니다(마태 13,55; 마르 6,3 참조). 예수님께서도 인간과 똑같이

육체적인 노동을 하셨으며, 이를 통해 노동의 중요성을 몸소 알려주셨습니다(「간추린 사회교리」, 259항 참조). 또한 공생활 이후 예수님의 설교에 나타난 다양한 비유는 **노동하는 인간의 삶**과 밀접한 연관성을 보여주고 있습니다. 예수님께서는 당시 시대 상황에서 사람들이 이해하기 쉽게 **가장 보편적인 일상의 삶**을 예로 드셨습니다.

2. 씨 뿌리는 사람의 비유, 탈렌트의 비유 등 수 많은 성경 속 비유는 예수님께서 지상 생활 동안 경험하셨던 **노동하는 인간의 모습**을 비유로 사용하신 것입니다. 예수님께서는 지상 생활 동안 끊임없이 일하셨습니다. 인간을 병과 고통, 죽음에서 해방하는 놀라운 일을 이루셨습니다. 이처럼 예수님께서는 노동의 중요성을 가르치셨지만, 인간으로 하여금 **일의 노예**가 돼서는 안 된다고 가르치십니다. 일보다 더 중요한 것이 **인간 자신의 영혼**을 돌보는 일이 돼야 하기 때문입니다.(「간추린 사회교리」, 260항 참조). 과거의 일부 신학자들은 죄에 대한 형벌과 저주의 결과로 인간이 노동하게 됐다고 해석하였습니다.

3. 그러나 가톨릭교회의 사회교리는 인간 노동에 대한 이러한 해석이 **분명히 잘못된 것**임을 지적하고 있습니다. 인간 노동은 **인간의 본래 상태에 속하는 것**이고, 인간이 타락하기 전부터 있었으므로 **형벌**이나 **저주**가 아닙니다. 인간 노동은 그 자체로 **선한 것**이며, **명예로운 것**이라고 설명합니다. 즉, 노동은 **부의 원천**이고 적어도 **품위 있는 생활을 위한 조건**이기 때문에 명예로운 것이며, 원칙적으로 빈곤을 막는 **효과적인 도구**가 되는 것입니다(「간추린 사회교리」, 256-257항 참조). 사회교리는 이러한 **노동의 긍정적인 요소**를 강조합니다. 동시에 인간이 노동 자체를 숭배하려는 유혹에 빠져 **일의 노예**가 되어서는 안 된다는 점도 분명히 밝힙니다.

4. 인간에게 노동은 필수적이지만, 생명의 기원과 인간의 최종 목적이 **하느님께** 달려 있기에 인간은 **노동 그 자체를 목석으로 삼아서는 안 된다는 것**입니다. 다시 말해 인간은 비록 노동의 숙명에 묶여 있지만, **안식일 규정**은 더 충만한 자유와 영원한 안식의 가능성을 열어 주고 있습니다. 인간으로 하여금 일의 노예가 되지 않게 하고, 모든 종류의 착취로부터 인간을 막아주는 방패 역할을 합니다. 안식일은 모든 사람을 **하느님 예배**에 참여할 수 있도록 이끌기도 합니다. 동시에 가난한 이들을 돌보기 위한 것으로 모든 사람을 **인간 노동의 반사회적 타락에**서 벗어나도록 이끄는 계명입니다.(「간추린 사회교리」, 258항 참조)

5. 오늘날 사회에서 인간 노동이 중요한 것은 이렇게 **인간에 대한 사랑의 실천**이라는 소중한 가치를 지니고 있기 때문입니다. 따라서 우리 인간은 노동의 소중함을 깨닫고 노동으로 얻은 **소중한 재화**로 주변의 **가난한 이들**을 도와주어야 합니다. 하느님께서는 인간에게 노동을 하도록 허락하셨습니다. 이러한 노동은 인간의 고유한 임무로서 **하느님께서 인간들에게 명령하신 것입니다**(「간추린 사회교리」, 274항 참조). 따라서 노동의 가치는 하는 업무에 따라 좋고 나쁨을 평가할 수 있는 그런 것이 아닙니다.

6. 사회교리에서는 노동을 **그 자체로 소중한 것**이라고 가르치고 있습니다. 그 일이 비록 사회의 가장 어려운 분야에서 힘들게 일하는 것이라 하더라도, 인간이 수행하는 모든 노동은 그 자체로 소중한 것입니다. 인간은 일하라는 부름을 하느님에게서 받았고, 이 노동은 인간 그 자체를 최종적인 목적으로 하고 있습니다. 따라서 교회는 **노동이 인간을 위해 존재하는 것이지, 인간이 노동을 위해 존재하는 것이 아니라는 사실**을 분명하게 밝히고 있습니다.(「간추린 사회교리」, 272항 참조)

135. 인간의 노동에 대한 사회교리의 가르침은 무엇인가요?(II)

1. 창세기에서 하느님은 인간에게 세상을 사랑으로 돌볼 사명을 주십니다(창세 2,15 참조). 베네딕토 성인은 **기도하며 일하라**고 말씀하셨습니다. 노동을 통해 인간은 하느님의 영광과 축복을 세상에 드러냅니다. 부모가 자식에게 밥을 지어 주는 것은 노동이면서 동시에 사랑을 전하는 **성사적(聖事的) 행위**입니다. 이처럼 노동의 본질은 사랑이라고 교회는 가르칩니다(「간추린 사회교리」, 266항 참조). 그런데 사람의 교만함과 타락으로 하느님과의 친교가 상실됐습니다. 이와 같이 노동의 본질이 왜곡되면서 지금 이 세상도 많은 어려움으로 신음하고 있습니다.

2. 가톨릭교회는 자본주의를 인정하면서도 자본주의의 위험을 경고해 왔습니다. 인간과 사회를 위해 선익을 추구한다면 자본주의는 좋은 제도이지만, 인간과 사회를 경시한다면 자본주의를 반대한다는 입장을 분명히 밝히고 있습니다.(「간추린 사회교리」, 335항 참조). 자본주의의 가장 큰 문제는 **인간소외**입니다. 이윤추구와 성장, 비용과 생산성만 생각하면 인간은 소모품에 불과합니다(「복음의 기쁨」, 53항 참조). 사람이 일하다 죽거나 다쳐도 어쩔 수 없다고 합니다. 대량 정리해고와 불안한 비정규직 노동의 증가가 가능한 것도 자본주의의 역기능 때문입니다.

3. 세상이 처음부터 이렇게 불평등한 것은 아니었습니다. 우리의 **욕심과 잘못된 제도** 때문에 세상이 망가진 것임을 알아야 합니다. 그래서 전 세계의 많은 사람들은 **불평등의 확산과 인간소외의 위험**을 막기 위해 대안이 될 만한 경제모델을 추구하고 있습니다. 국내에서도 이윤만을 추구하는 전통기업과 달리 사회적 가치와 공익을 추구하는 **사회적 기업**들이 생겨나고 있습니다. 이러한 기업은 리코노미(Reconomy)라 통칭되는 **협동경제, 전환경제, 공유경제**를 추구합니다. 지역의 균형발전과 생태환경을 감안한 **지속가능한 발전**을 지향합니다.

4. 한국은 지난 반세기 동안 눈부신 경제성장을 이뤄 왔습니다. 근현대사의 굴곡과 아픔을 딛고 이뤄낸 쾌거이기에 더욱 값집니다. 그러나 성장만 보고 달려 왔던 그 시간 동안 우리가 잃어버린 것도 있습니다. 바로 **사람이 소중하다는 가르침**입니다. 이제는 우리가 인식의 전환을 해야 할 때입니다. 사람이 소중하다는 가치 아래 모두가 **행복한 사회**를 함께 만들어야 합니다. 제도와 틀이 아무리 훌륭해도 결국 그것을 만들어 가는 주체는 **우리**이고, 그 원리는 **사랑**입니다.

5. 세상과 사람에게 필요한 우선순위는 바로 사랑입니다. 경제와 기업 활동, 한 인간의 삶에서 사랑이 최우선 목적이 돼야 합니다. 그 사랑이란 **타인**과 함께하고 **선익과 평등**을 지향하며, 사리사욕보다 **나눔**을 선택하는 것입니다. 그것이야말로 노동의 본질과 하느님이 창조하신 좋았던 세상을 회복하는 참된 길입니다.

"사랑 실천을 최종 목표로 삼는 인간의 노동은 관상의 기회가 되며, 영원한 날을 간절히 염원하며 부단히 깨어 바치는 신실한 기도가 된다."(『간추린 사회교리』, 266항)

136. 노동개혁과 국가의 역할에 대한 사회교리의 가르침은 무엇인가요?

1. 몇 해 전에 노사정위원회가 노동시장 개혁에 합의했습니다. 그 핵심적인 내용은 ①**임금피크제**, ②**일반해고 조건 완화**, ③**기간제 사용기간 연장과 파견 근로 허용 업종의 확대** 등입니다. ①임금피크제란 임금의 상한선을 정해서 그 이상의 임금을 주지 않아도 된다는 것입니다. ②일반해고 조건 완화는 현행법상 긴박한 경영상의 필요에 의해 정리해고가 가능하다는 것입니다. 기업 쪽의 자의적 해석에 의해 정리해고가 사회문제로 발전하는 마당에 성과를 내지 못하는 개별 노동자를 쉽게 해고할 수 있도록 합의했습니다. ③기간제 사용기간 연장과 파견

근로 허용 업종 확대는 기간제 노동과 파견 노동으로 대표되는 비정규직 노동의 기간을 더욱 늘리고, 비정규직 노동자를 합법적으로 고용할 수 있는 업종도 확대하겠다는 내용입니다.

2. 이전까지 이런 문제들은 노동조합과 교섭을 통해서나 노동자들의 동의를 얻어서 **기업의 규칙(취업규칙)**을 바꾸어야 가능한 일이었습니다. 이것 역시 노동자들의 동의 없이 할 수 있도록 하겠다는 것이 이번 노동개혁의 실질적인 내용입니다. 1998년 IMF 외환위기 당시 우리나라는 기업의 요구대로 정리해고를 쉽게 할 수 있도록 법을 바꾸었습니다. 그 결과 오늘날 많은 노동자들이 불안정한 고용상태에서 일하게 되었습니다. 이는 곧바로 노동소득의 감소로 이어졌습니다. 성 요한 바오로 2세 교황은 노동 문제에 있어서 국가의 역할이 어떠해야 하는지에 대해 「노동하는 인간」을 통해서 다음과 같이 밝혔습니다.

3. "기업이 직접 고용주라면 국가는 간접 고용주라고 할 수 있다. 정책과 제도, 법률 등을 통하여 기업과 노동자 사이의 직접적 고용 관계에 큰 영향을 끼친다는 뜻이다. 이처럼 큰 영향력을 가진 국가는 기업과 노동자의 관계가 정의롭고 합리적으로 이루어질 수 있도록 노력해야 한다. 특히 노동력을 지닌 모든 사람들의 적절한 고용 문제에 주의를 기울여야 한다. 이 분야에 있어서 정의롭고 올바른 상태에 대립되는 것은 실업 상태, 즉 노동 능력이 있는 사람을 위한 일자리가 없는 상태이다. (…) 간접 고용주라는 이름에 속하는 사람들의 역할은 실업에 반하여 행동하는 것이다. 실업은 어떠한 경우에라도 죄악이며, 실업이 어느 수준에 이르면 실제로 사회의 재앙이 될 수 있다."(「노동하는 인간」, 18항)

137. 정의로운 임금(賃金)에 대한 교회의 가르침은 무엇인가요?

1. 오늘날 정규직과 비정규직이 함께 공존하는 경제 환경에서 노동에 대한 대가인 임금이 적정한가 하는 것은 중요한 문제입니다. 특히 비정규직 노동자들은 대개 고용이 불안정할뿐더러 임금도 정규직과는 비교가 안 될 정도로 적습니다. 같은 작업대에서 동일한 일을 할 때에도 차별을 받습니다. 그러면 도대체 노동의 대가는 어느 정도가 되어야 공정하고, 어느 정도의 임금이 정의로운가? 1891년 레오 13세 교황의 회칙 「새로운 사태」에서부터 최근의 성 요한 바오로 2세 교황의 「노동하는 인간」에 이르기까지, 가톨릭교회의 사회교리는 일관되게 노동자

의 가장 정당한 권리 중 하나로 **정의로운 임금**을 내세우고 있습니다. 정의로운 임금이야말로 **노동의 참다운 가치**와 **노동자의 존엄**을 보호해주는 가장 핵심적인 수단이기 때문입니다.

2. 성 요한 바오로 2세 교황에 따르면, 한 가정을 책임지고 있는 성인의 노동에 대한 정당한 보수란 **가정**을 꾸려 적절히 유지하기에 충분하고 **가정의 장래**를 보장하기에 충분한 보수라고 밝히고 있습니다. 이러한 보수는 다른 사회 조처를 통해 주어질 수도 있다는 것입니다. 다시 말하면, 우리가 회사에서 받는 임금 외에, 우리 사회와 국가가 다른 조처를 통해서, 가정 구성원이 인간다운 삶을 영위하고 자녀 양육과 교육에 충분한 임금을 보장해주어야 한다는 말입니다.(「노동하는 인간」, 19항 참조)

3. 오늘날 우리 사회에서 노동자들의 가계 운영은 크게 두 가지 경로로 이루어집니다. 하나는 노동자가 자신의 **노동력을 판매한 대가로 받는 임금**이고, 다른 하나는 **사회적으로 얻는 급여**입니다. 앞의 것을 우리는 **시장임금**이라고 하고 뒤의 것을 **사회임금**이라고 합니다. 사회임금은 실업, 노후, 의료, 주거, 보육과 교육 등 인간의 기본적 필요에 대해서 수당, 연금, 보험, 공공임대주택처럼 현금이나 사회서비스를 통해 제공받는 것입니다. 그러나 문제는 우리나라의 사회 임금 수준이 낮다는 데 있습니다. 한 가정이 먹고사는 비용(가계 운영비) 중에 사회임금의 비중이 경제협력개발기구(OECD) 평균 31.9%에 한참 못 미치는 7.9%에 불과합니다. 우리나라에서는 한 가정이 먹고 사는 비용, 학교 가고 병원 가는 비용 등 모든 것을 자신이 벌어서 마련해야 하는 시장임금에만 의존해야 합니다. 그렇기 때문에 어쩌다 구조조정이라도 당해 직장을 잃게 되면 모든 것을 잃어버리게 되고 삶의 막다른 길에 내몰리게 되는 것입니다.

4. 한편, 정의로운 임금은 노동자가 자기 노동의 결과에 참여해서 이윤에 대해 정당하게 몫을 나누어 받아야 한다는 것입니다. 노동자는 노동의 결과뿐만 아니라 노동의 과정 자체에도 참여해야 합니다. 다시 말하면 자신의 노동을 통해서 얼마나 생산할 것인지, 노동의 조건이 어떠해야 하는지를 알아야 합니다. 또는 얼마나 많은 노동자들과 함께 일해야 하는지 등 노동의 과정을 책임지고 결정하는 부분에도 참여해야 한다는 것입니다. 한편, 우리가 정의로운 임금을 얘기할 때에는 **경영주와 노동자** 모두가 각자 자기들의 본분과 의무를 다해야 합니다. 국가의 경제 상황과 기업이 처한 현실들을 감안하여, **기업의 생산성 제고 등을 위한 적정한 임금 수준**이 되어야 합니다. 기업은 힘들어 하는데 노동자의 입

장에서만 모든 것을 해결하려는 것은 바람직하지 못합니다. 또 반대로 기업이 성장을 하면 **공정한 열매**를 나누는 것이 필요합니다. 이렇게 정의로운 임금이 되기 위해서는 기업과 노동자가 함께 상생하는 길을 찾는 것이 바람직합니다.(「노동하는 인간」, 14항; 「팔십주년」, 47항 참조)

138. 최저임금제에 대한 교회의 가르침은 무엇인가요?(1)

1. 최저임금제는 국가가 노·사간의 임금결정 과정에 개입해서 **임금의 최저수준**을 정하는 것입니다. 사용자에게 이 수준 이상의 임금을 지급하도록 법으로 강제함으로써, 노동자가 부당하게 저임금을 받는 피해를 사회적으로 보호하기 위한 제도입니다. **1988년**부터 시행된 최저임금제는 **헌법과 법률**을 근거로 시행되고 있습니다. **헌법 32조 1항**에서는 "법률이 정하는 바에 의해 최저임금제를 시행해야 한다."고 규정하고 있습니다. 최저임금법 1조에서는 "임금의 최저수준을 보장해 근로자의 생활안정과 노동력의 질적 향상을 꾀함으로써, 국민경제의 건전한 발전에 이바지하는 것을 목적으로 한다."고 최저임금법을 만든 취지를 밝히고 있습니다.

2. 즉, 최저임금제는 **사회안전망 구축**의 한가지라고 할 수 있습니다. 2019년 기준으로 볼 때 시간급 최저임금은 8,590원이고 월급으로는 179만 5310원입니다. 우리나라 최저임금은 OECD 가입국 중 **중간 이하**에 머물고 있습니다. 오늘날처럼 일이 세분화되고 전문화된 세상에서 임금에 대해 국가가 관여한다는 것이 불합리할 수도 있습니다. 사회주의 국가도 아닌 민주주의 정치체제와 자본주의 시장체제를 기본으로 하는 국가라면 더욱 그렇습니다. 최저임금제가 시행되는 과정에서 현 경제 상황에 미치는 영향을 보면, **기업주와 노동자들의 입장이 서로 상반되는 입장**에서 만족하지 못하는 것이 현실입니다.

3. 우선 대기업과 영세 자영업자를 구분해서 살펴보면 대기업들은 사내유보금부터 사회적 책임에 따른 투자로서 최저임금 인상을 받아들여야 한다는 점을 인정합니다. 하지만 영세 자영업자들과 가내수공업에 가까운 소기업들은 최저임금제를 이행하는데 상당히 부담을 가지고 있습니다. 대기업에서 사내유보금을 풀어야 한다는 주장도 있는데, 이를 반대하는 측에서는 사내 유보금이라는 것이 **곳간에 쌓아 놓은 현금이 아니며, 언제든지 꺼낼 쓸 수 있는 현금**이 아니라

고 강변합니다. 전국경제인연합회 주장도 유보금 가운데 활용 가능한 자금 비중은 **10-15% 정도**에 불과하다는 것입니다.

4. 하지만 사회적 책임을 가진 제대로 된 대기업들은 자산을 무조건 쌓아 두기만 하지는 않고, 투자를 많이 함으로써 **기업성장**을 이끌고 있습니다. 우리나라 기업들이 사내유보금으로 어떤 투자를 하는지, 배당을 제대로 주는지, 사회에 얼마나 기여하고 고용창출을 하는 지에 대해서 살펴보아야 합니다. 한편, 영세 자영업자들과 가내수공업에 가까운 소기업들의 어려움은 대기업들보다 훨씬 더 크다고 하겠습니다. 매년 인상되는 최저임금에 맞춰 사업을 유지하려고 하니 인건비 비중이 큰 영세 자영업자들은 여러 가지 문제점이나 어려움을 호소하기도 합니다.

5. 그러나 OECD 가입국인 우리나라의 **국제적 위상**도 돌아보아야 하고, 최저임금에 대한 근본정신도 다시 생각할 필요가 있습니다. 근로자에게 임금을 적게 줄수록 기업이 이익이라고 생각하기 쉽지만 결코 그렇지만은 않습니다. 수입이 적어진 노동자는 구매력이 떨어집니다. 결국 기업이 만든 물건을 살 사람이 없어지고 영세 자영업자들이 운영하는 식당, 빵집 등에서 밥이나 빵을 사 먹을 사람들이 줄어들게 됩니다. 결국 장기적으로 내수가 저하되어서 경기가 돌아가지 않게 됩니다. 한편 최저임금을 높이는 것은 **임금격차 완화**와 **소득분배 개선**을 가져와서 **양극화 현상**을 줄일 수 있습니다. 양극화가 심해지면 경제 발전을 저해할 뿐만 아니라 **사회 불안 요소**가 됩니다.

139. 최저임금제에 대한 교회의 가르침은 무엇인가요?(II)

1. 영세업자들이 어려운 이유는 **인건비 상승**도 있지만 근본적으로 **동종업체**가 너무 많다는 것입니다. 소비할 수 있는 사람 수는 정해져 있는데 어떻게 모두 다 장사가 잘되겠습니까? 이런 이들이 대부분 명예퇴직하고 퇴직금으로 장사를 시작하는 경우가 많은데, 이런 경우 한번 망하면 재기하기가 매우 어렵습니다. 왜냐하면 **사회안전망**이 부실하기 때문입니다. 그래서 경제적 약자들을 위해서 어느 정도 기본적인 안전망을 갖추어 주어야 합니다. 예를 들어 기초생활 수급자 등록을 통한 생활보장이나, 어려운 어르신들에 대한 기초 노령연금 등은 **조건에 따른 사회보장제도**라 할 수 있습니다.

2. 최저임금은 대한민국 국민이라면 누구나 누려야 하는 **기본적인 사회안전망**입니다. 그러나 왜 하필 어려움이 많은 영세 자영업자들의 희생을 통해서 사회안전망이 형성되어야 하는가 하는 문제를 제기할 수 있습니다. 이 문제를 해결하기 위해 국가에서 제시하는 보완책은 ①**일자리 안정자금**을 지원하며, 중소기업에게 국가가 최저임금 인상분의 절반을 지원한다는 것입니다. ②**경영상 제반 비용 부담 완화**를 위해 카드수수료를 인하하거나 60세 이상 근로자를 고용하면 더 많은 지원금을 주겠다는 것입니다.

3. ③**공정한 거래질서 확립**을 위하여 상가 임대료 인상률을 현재 9%에서 더 인하한다는 것입니다. 또한 임차인의 계약갱신 청구권 행사 기간을 현행 5년에서 10년으로 늘린다는 것입니다. ④**경영여건 개선 및 경쟁력 강화**를 위한 정책들을 시행하겠다는 것입니다. 한편, 위와 같은 정책 외에 경제적 약자를 위한 사회안전망 중 하나로 **생활임금**이 있습니다. 현재의 물가와 사회상황을 고려하여 근로자의 최저임금이 아니라 **최저생활비를 보장해주는 개념**입니다. 대체로 최저임금보다는 상당히 높게 책정이 되며, 최소한의 문화생활 등을 누림으로써 **인간다운 삶, 여유로운 삶**을 보장하자는 의미에서 시작되었습니다.

4. 시작은 19세기 말 미국에서부터였습니다. 우리나라에서는 **2013년 경기도 부천시**에서 처음으로 제정하기 시작하였고, 서울특별시 노원구, 성북구 등으로 확산되었습니다. 현재 지방자치단체에서 법률로 제정하거나 예정을 앞두고 있는 곳도 많이 있습니다. 이 제도는 법률에는 근거가 없고, 순전히 **조례**에 의한 제도라는데 한계가 있습니다. 하지만 각 지역의 **공공기관에 근무하는 저소득 근로자들**이 보다 여유로운 생계를 유지할 수 있도록 해 주는데 그 의미가 있습니다. 최저임금보다도 더 필요한 제도가 사실 생활임금제도입니다. 최저임금이 겨우 먹고살기 위한 인간의 기본이라면 인간으로서 좀 더 인간다운 삶을 누릴 수 있는 생활임금이야말로 선진 국가, 선진 국민을 만드는 확실한 임금제도입니다.

140. 비정규직이 양산되는 이유와 이를 해결하기 위한 방법은 무엇인가요?(1)

1. 임금, 노동조건, 고용환경, 복지에서 정규직 노동자에 비해 차별을 받는 다수의 **비정규직 노동자들의 삶의 질**은 현저히 악화되고 있습니다. 노동(사람)이 자본

(돈)의 **노예가** 됨으로써 **인간의 존엄성과 공동선**을 심각하게 훼손하고 있습니다. 이처럼 비정규직이 양산되는 것은 무제한 자유를 꾀하는 **자본주의 결과**로 인한 것입니다. 교회는 자본주의에 대해 경제활동에서 개인의 책임과 자유로운 창의력을 촉진한다는 점에서 그 긍정적 가치를 인정하면서도 한계가 있음을 분명히 하고 있습니다. 한마디로 자본주의는 인간과 사회를 위한 **도구에 불과할 가능성**이 있습니다.

2. 이에 한걸음 더 나아가 자본(돈)과 노동(사람) 사이의 관계에서 교회는 언제나 본질적으로 노동이 자본보다 **우위**에 있다는 점을 밝히고 있습니다. 인간과 노동을 분리하려는 시도는 노동을 자본에 예속시키려는 것입니다. 인간을 목적이 아닌 도구로 전락시키는 결과를 가져온다는 것입니다(『간추린 사회교리』, 277, 335항 참조). 또한 기업의 이윤은 자본과 노동의 협력으로써 얻을 수가 있는 것입니다. 당연히 어느 한편이 그 이익을 독점하는 것은 정의롭지 못하다는 것입니다. 따라서 기업의 이익을 최소화하는 방향에서 **노동자의 권리를 보호해주는** 배려가 필요합니다.

3. 이와 같은 일은 기업이 사회정의 의무를 회피하고 노동자 권리를 침해하면서 사람들을 착취하는 사회문화 체제에서 일어난다고 지적하고 있습니다(『간추린 사회교리』, 340항 참조). 따라서 교회는 기업의 이윤추구가 정당하지만, 인간의 존엄성과 공동선을 지향하는 **사회적 유용성**이라는 더 큰 목표에 어긋나서는 안 된다고 가르치고 있습니다. 수단(기업의 경제활동)과 목적(인간의 존엄성과 공동선 증진)이 전도되면 시장경제는 **비인간적이며 소외를 낳는 제도**로 타락해 걷잡을 수 없는 영향을 미치기 때문입니다(『간추린 사회교리』, 348항 참조). 비인간적 삶으로 내몰리게 될 위험이 높은 비정규직 문제를 해결하기 위해서는 **노사정 협력**이 필요합니다.

4. 자율에 따른 노동계약이 확보되기 위해서는 당사자 사이의 관계가 **공평**해야 합니다. 노사 사이의 심각한 힘의 불균형이 존재할 때 이를 조정하고 균형 상태를 유지하는 일은 **국가의 역할**입니다. 하지만 노사 자율성을 내세워 국가가 임무를 소홀히 한다는 지적도 있는데, 이에 대해 교회는 국가가 해야 할 역할에 대해 다음과 같이 가르치고 있습니다. 경제문제에서 국가의 근본 의무는 경제문제를 조절하기 위한 적절한 **법적 틀(규제)**을 마련하는 것입니다. 이는 어느 한 쪽(사용자·경영자·자본가)이 다른 한쪽(노동자)을 실질적 종속 상태로 내몰지 못하게 해야 합니다. 쌍방 간의 일정한 평등을 갖춤으로써 경제자유의 기본조

건을 보장하기 위해서입니다. 무엇보다도 자유 시장 환경에서 경제활동은 제도와 법, 정치공백 상태에서는 수행될 수 없습니다. 경제활동은 언제나 **올바른 사회와 정치질서의 통제(규제)**를 받아야 합니다.(「간추린 사회교리」, 351항 참조)

141. 비정규직이 양산되는 이유와 이를 해결하기 위한 방법은 무엇인가요?(II)

1. 어렸을 적 가장인 아버지가 실직을 당했던 기억이 있다면 그것이 얼마나 큰 위기이고 어려움인지를 압니다. 돈이 없어 끼니를 굶고 연탄불을 때지 못하고 학교 등록금을 낼 수 없어서 온 몸으로 눈물과 설움을 받아내야 했습니다. 1997년 외환위기 이후 우리 나라의 가장 큰 사회 현안은 **일자리 문제**였습니다. 그리고 23년이 지난 지금에도 **88만원 세대**(20대 비정규직 청년의 평균월급)라는 용어까지 있을 정도로 **고용불안**과 **실업**이 심각한 사회문제이며, 그 중심엔 **비정규직 현상**이 있습니다.

2. 최근 비정규직이 급격히 증가했습니다. 직접고용이 아닌 한시적, 간접 고용형태를 뜻하는 비정규직은 2018년 통계청 조사에 의하면 그 숫자가 최소 약 640만 명으로 전체 임금 근로자 중 33%를 차지합니다. 그리고 향후 **저성장, 고령화시대**로 접어들면서 훨씬 더 많이 증가할 것으로 예상됩니다. 기업 활동에서 비정규직이 전혀 없기란 쉽지 않습니다. 비정규직은 애초에 불완전한 고용이기 때문에 태생적 한계를 갖습니다. 문제는 예외적이어야 할 비정규직이 너무나 많아진다는 것과, 정규직과의 **임금 및 근무 조건 등의 격차**가 심해진다는 사실입니다.

3. 심지어 정규직과 비슷한 일을 하는데도 비정규직이라는 이유만으로 많은 차별을 받는 것 역시 심각한 문제입니다. 이런 현상은 **저학력, 미숙련, 노약자와 여성, 청소년 그리고 외국인** 같은 **취약계층**에 더욱 집중됩니다. 불안할 수밖에 없는 비정규직이 많아지고 차별이 심화되다 보니 **고용이 불안해지고 인권, 건강, 소득불평등과 사회갈등 문제**가 심화됩니다. 비정규직 종사자에게는 더 힘들고 어렵고 위험한 일을 맡기기도 하는데, 이는 무책임한 처사입니다. 비정규직 종사자들에게 더 **특별한 제도적 보호와 배려**가 필요하며, 비정규직을 줄이는 노력과 더불어 **비정규직의 처우를 개선하는 노력**도 필요합니다.

4. 힘들게 일해도 작은 집, 안정적인 일자리를 못 구하는 현상을 **근로빈곤 현상**이

라 합니다. 아무리 열심히 일해도 불안정한 삶을 살 수 밖에 없는 비정규직 종사자에 대해 우리는 **관심**을 가져야 합니다. 실제로 노동과 고용의 위기는 한 사람과 **가정**의 위기이자, **삶**의 위기이며, **사회와 교회**의 위기입니다. 이미 많은 이웃들이 불안해합니다. 따라서 실용성 있는 고용 정책과 제도적 개선이 필요합니다. 그와 함께 노동에 대한 우리의 인식 변화 즉, 이윤이나 일보다 **사람을 소중히 여기는 문화적 풍토**가 절실합니다. 가톨릭교회의 사회교리에서 강조하는 **인간 존엄**과 **사랑**의 구체적 실천 방법은 바로 이웃을 차별하지 않으며, 내 가족과 내 몸처럼 소중히 여기는 것입니다.

"유다인이나 그리스인이나 종이나 자유인이나 남자나 여자나 아무런 차별이 없습니다. 그리스도 예수 안에서 여러분은 모두 한 몸을 이루었기 때문입니다."(갈라 3,28;로마 10,12;1코린 12,13; 골로 3,11;「간추린 사회교리」,144항)

142. 노동계의 새로운 변화에 대해서 사회교리는 어떻게 보고 있나요?

1. 오늘날 한국사회는 대내외적으로 엄청난 변화를 맞이하고 있습니다. 6·25 전쟁 이후 경제적으로 가장 가난한 나라 중의 하나였던 우리나라가 반세기만에 GDP 기준 **세계 경제력 15위**라는 선진국 대열에 들었습니다. 더는 동방의 잊혀진 보잘것없는 나라가 아니라, 세계 열강들과 어깨를 나란히 겨루는 신흥 발전국가가 되었습니다. **조선, 철강, 자동차 산업의 육성**은 7,80년대 한국사회의 비약적인 발전의 원동력이 되었습니다. 또한 21세기에 들어서 **IT 산업의 육성과 발전, 문화예술 콘텐츠의 발전**으로 현대사회는 시간과 공간의 제약을 받지 않고 새롭게 도약하고 있습니다. 그 중심에 한국사회가 있습니다.

2. **세계화**(Globalization)라는 구호 아래 현대사회는 생산 체제의 급격한 변화를 가져왔습니다. 19세기 말에서 20세기를 넘어가는 길목에서 농업 중심에서 내량 생산 체제의 공업 중심으로 세상이 변화되었습니다. 이제 우리가 살아가는 21세기는 **서비스업·기술 중심**의 세상이 되어, 다양한 직업의 형성은 사회의 변화에 따른 당연한 결과라고 말할 수 있습니다. 전문 기술의 발전과 혁신은 땀 흘리는 육체 노동보다는 **정신적 노동**을 요구하고 있습니다. 공업화 시대를 대표하는 높은 건물과 공장의 굴뚝은 화이트칼라의 새로운 노동자가 컴퓨터 앞에서 업무를 보는 모습으로 점차 변화돼 가고 있습니다. 이처럼 새롭게 변화된

사회 안에서 가톨릭교회는 노동에 관한 **새로운 접근의 필요성**을 이야기하고 있습니다.

3. 오늘날을 지배하는 **세계화 현상**은 노동 구조에 변화를 일으킨 가장 중요한 원인 중의 하나입니다. 이 현상은 생산 형태의 변화를 가져와 주로 상품이 소비되는 곳에서 멀리 떨어진 후진 개발 국가들 안에 생산 공장이 세워지게 되었습니다. 더는 물리적인 공간의 제약이나 시간적 제약이 무의미한 시대가 된 것입니다. 세계화한 사회 안에서 새로운 노동 구조가 형성됐으며, 이러한 생산 구조 안에서 **효율성과 수익 증대를 추구하는 사회**가 된 것입니다.(『간추린 사회교리』, 310-311항 참조)

4. 시장의 자유화, 경쟁의 심화, 재화와 용역을 제공하는 전문기업들의 증가를 가져온 경제의 세계화 안에서는 더욱 **탄력적인 노동 시장**과 **생산 과정의 조직과 운영**을 요구하고 있습니다. 특히 더 발전한 선진국들의 경제 체제에서 노동은, 제품 생산 중심의 산업형 경제 체제에서 서비스와 기술 혁신을 바탕으로 하는 **서비스형 경제 체제**로 넘어가게 되었습니다. 쉽게 표현하면 전통적인 1, 2차 산업보다 서비스업으로 지칭되는 **3차 산업**이 더 빠른 속도로 성장하고 있고, 이러한 변화는 노동시장에도 많은 변화를 일으키고 있습니다(『간추린 사회교리』, 312항 참조). 기술 혁신 덕분에 노동계에는 새로운 직업이 생기기도 했지만 사라져가는 직업도 발생했습니다.

5. 대규모 공장이나 동종 노동 계층과 연계된 경제사회의 모델이 점차 사라져 가는 한편 3차 산업의 고용, 특히 개인 서비스 분야의 비전통적인 **시간제 임시직의 업무 활동**이 증가하고 있습니다. 이와 같은 노동계의 새로운 변화에 따라 가톨릭교회의 사회교리는 다시 한 번 노동 안에서 **인간의 중요성**을 강조합니다. 가톨릭교회는 인간이 개인과 가정, 사회와 전체 인류 가족의 성장을 위해서 현재의 변화를 창의적이고 책임 있는 방식으로 해결해 나갈 수 있는 존재임을 믿습니다. 가톨릭교회는 사회교리를 통해 인간의 노동이 **하느님으로부터 부여받은 소명**임을 분명히 말합니다.

6. 즉, 하느님의 모상대로 창조된 인간은 땅을 지배함으로써, **창조 사업**을 계속하라는 요청을 받은 존재입니다. 그러한 창조 사업을 직접 하는 주체가 바로 인간이라는 사실을 명심할 것을 요구하고 있습니다(『간추린 사회교리』, 317항 참조). 인간이 행하는 노동의 모든 형태는 시대적 흐름에 따라 변할 수 있지만, 노동자들의 양도할 수 없는 권리인 **노동권**은 노동의 기본적인 조건으로서 영구히 변화할 수

없는 권리임을 천명한 것입니다. 따라서 사회교리는 사회가 변화하고 시장 형태가 바뀐다 해도 노동자들을 결속시키는 **새로운 형태의 연대**는 지속해서 이루어져야만 함을 강조하고 있습니다.(『간추린 사회교리』, 319항 참조)

7. 다시 말하면, 다양한 외부 조건에 의해 노동 형태가 변화한다 하더라도, 참된 인간 발전을 위해 **지속 가능한 연대와 참여를 통해** 올바른 가치 세계를 다시 세워야 한다는 것이 가톨릭교회의 가르침입니다. **노동자들의 인간 존엄을** 무엇보다도 우선시해야 한다는 것입니다(『간추린 사회교리』, 321항 참조). 오늘날 한국사회 안에서 발생하고 있는 여러 노동 문제에 대해 가톨릭교회가 **예언자적 목소리를** 높이고 있습니다. 그 까닭은, 아직도 우리 사회가 **공정과 공평**에서 멀리 떨어져 있기 때문입니다.

143. 공익을 지향하는 노동조합에 대한 가톨릭 사회교리의 가르침은 무엇인가요?

1. **노사갈등**은 첨예한 문제이며, 인류의 오랜 역사에서도 노사문제는 **대립의 역사**로 흘러왔습니다. 노동조합이 과격하다고 인식하는 사람도 있고, 반대로 사업가를 이윤추구에만 눈이 먼 자본가, 악덕 기업주라며 나쁘게 보는 사람도 있습니다. 하지만 그런 주장들은 너무 극단적입니다. 우리에게 먼저 필요한 것은 **이분법적 사고를** 지양하고, **균형 잡힌 시각**을 갖는 것입니다. 어떤 분들은 일부 노조의 **파업과 투쟁, 지나친 정치 관여**에 대해 부정적으로 생각합니다. 분명히 **황제노조**라고도 비난을 받는 일부 대기업 고임금 노조의 편파적 행보는 비판을 받을 만한 충분한 이유가 있습니다. 하지만 우리나라 노조 조직률은 겨우 **10% 정도**에 불과하고, 선진국처럼 **노조의 경영 참여**도 전무합니다. 또한 우리나라는 노조활동이 제한받는 경우가 많습니다. 국제노동기구 2018년 발표 자료를 보면, 우리나라의 노동권 등급은 최하 수준인 **5등급**입니다.

2. 헌법 제33조에서도 보장된 **노동 3권(단결권, 단체교섭권, 단체행동권)**을 무조건 거부하는 것은 옳지 않습니다. 또한 계층과 신분처럼 노동자와 사업자를 나눠 **서로를 적대시하는 사고** 또한 올바르지 않습니다. 결국 우리의 **지혜로운 시각**이 필요합니다. 노조 조직률과 중산층은 비례하여 함께 줄어들고, 노조 조직률과 상대적 빈곤률은 서로 반비례한다는 연구 결과가 있습니다. 이것만 봐도 노조 조직률은 **건강한 사회를 위한 중요한 척도**라 할 수 있습니다. 우리나라의 노

조 가입률은 유럽의 다른 선진국들보다 현저히 낮습니다.(북유럽의 평균 노조가입률은 70%임) 노조 가입률이 낮은 나라는 노동 환경이 열악하다는 사실을 고려할 때, 노동조합의 결성은 건강한 사회를 위해 매우 중요한 문제입니다. 가톨릭교회도 **노동조합의 필요성**을 명백히 이야기합니다.(「간추린 사회교리」, 305항 참조)

3. 무엇보다 노동조합은 **미조직화된 취약 노동계층**을 위해 필요합니다. 기간제 근로와 비정규직을 포함한 미숙련, 저학력 노동자, 어린이와 청소년, 노년층과 여성과 장애인, 외국인들은 노동법을 잘 모르는 경우가 많습니다. 이런 분들은 자신들의 권리를 주장하기 힘든 데다 빈곤과 고용불안까지 겪기에 반드시 노동조합이 필요합니다. 또한 노동환경 자체도 기술발전과 함께 더 복잡해지고 있습니다. 노동조합의 결성을 통해 사회 취약계층에 대한 **안전망과 제도적 보호**를 강화해야 합니다. 그리고 노동조합은 공익집단으로서 역할을 해야 합니다. 특정조합의 기득권층만이 아니라 **고용이 불안한 모든 사회적 약자들**도 혜택과 도움을 받을 수 있도록 해야 합니다. 나아가 **건강한 노사발전**과 **노동조합 문화의 정착** 및 **사회적 상생**을 위해 노력해야 합니다.

4. 그러나 이미 **귀족노조**로 변질한 일부 노동조합들로 인해 노조에 대한 사회적 시선이 곱지 않은 면도 있습니다. 정작 개선이 필요한 환경에서 일하고 있는 노동자들(현장, 사무노동자 포괄)에게 그들의 투쟁은 배부른 투정으로 들릴 수도 있습니다. 노사가 서로 상생하기 위해서는 노사 간의 대립하고 적대시하는 분위기가 형성되어서는 안 됩니다. 기업 내외부의 문제를 해결하기 위하여 협조하고 상생하는 협력자로서의 노사문화가 자리매김 되어야 합니다.

"교도권은 다양한 직종에 고용된 노동자들의 기본적인 권리를 옹호하고자 결사나 노동조합을 결성할 권리와 관련하여 존재하는 노동조합의 근본적인 역할을 인정한다."(「간추린 사회교리」, 305항)

144. 개인의 사유재산권 폐지와 관련한 역대 교황들의 가르침은 무엇인가요?

1. 사람은 누구나 자신의 재산을 소유할 권리가 있습니다. 이것을 **사유재산권**이라고 하는데, 이 사유재산권은 **자연법**에 속한다는 것이 교회의 확고부동한 가르침입니다. 어떤 권리가 자연법에 속한다는 것은 그 권리는 **모든 사람**에게 인정되는 것입니다. 또한 **국가 권력이나 제도**를 통하여 그 권리의 **핵심적인 요소**를

침해할 수 없다는 것을 의미합니다. 따라서 사유재산권이 자연권에 속한다는 것은 모든 사람은 자연적으로 자신의 재산을 소유할 권리가 있고, 국가 권력과 사회제도는 이 권리를 **개인에게서 빼앗을 수 없다는 것**을 뜻합니다. 사실 사유재산권은 **인류의 역사**와 함께 오랫동안 인정을 받아 온 권리입니다.

2. 역사적으로 사유재산에 관한 문제가 두드러지게 발생하기 시작한 것은 산업혁명 이후 발생한 공산주의라고 불린 **사회주의**가 나타나면서부터입니다. 자유 자본주의에 바탕을 둔 산업혁명은 새로운 생산 체제를 가져왔습니다. 그와 동시에 엄청난 사회적 혼란과 문제를 야기하였습니다. 즉, 생산을 위하여 도시의 육체 노동자들은 기계에 종속되었습니다. 남성뿐만 아니라 여성들도 공장과 광산에서 너무나 혹독한 착취를 당하고 있었습니다. 노동자들이 장시간 노동을 한다 하더라도 임금은 턱없이 낮았습니다. 산업혁명으로 인하여 농촌이 피폐하게 되자, 농민들과 가내공업 종사자들은 도시의 노동자로 변모하였습니다. 이로 인해 노동자들의 상황은 더욱 악화되어 참담한 상황에 빠지게 되었고, 반면에 자본가들은 더 많은 부를 소유하게 되었습니다.

3. 이러한 사회적 모순을 체험한 **마르크스(Marx)[26]**와 **엥겔스(Engels)[27]**는 **사유재산 제도를 폐지**하고 모든 생산 시설을 **공유화** 혹은 **국유화**할 것을 주장하였습니다. 또 **국가**에 의해 모든 재화를 분배할 것을 요구하였습니다. 마르크스와 엥겔스가 주동이 되어 주로 영국에 거주하는 **독일인 노동자**로 구성된 공산주의 동맹의 국제적 강령인 **공산당선언**이 1848년 2월에 출간되었습니다. 그 당시 많은 지성인과 노동자들이 공산당선언에 동조하였습니다. 이로 인해 1864년 **국제 노동자협회**가 창설되었고, 1917년 10월 **볼셰비키혁명[28]**을 통하여 소련에서는 역

---

26) 독일의 정치학자·경제학자. 공산주의의 창시자. 과학적 사회주의의 창시자. 헤겔의 관념론을 유물론적 바탕 위에 바로 세우려 했다. '세계의 노동자들이여, 단결하라!' 는 문구는 엥겔스와 공동 집필한 〈공산당 선언〉의 마지막 구절인데, 이때 이미 공산주의의 방향을 제시한 것으로 볼 수 있다.

27) 프리드리히 엥겔스(Friedrich Engels)는 독일의 사회주의자이다. 마르크스와 함께 마르크스주의, 과학적 공산주의 이론, 변증법적 사적 유물론의 창시자이며, 국제 노동자 계급운동의 지도자였다.

28) 1917년 11월에 러시아에서 일어난 프롤레타리아 혁명. 레닌이 지도하는 볼셰비키가 주동이 되어 페테르부르크에서 무장봉기하여 전국에 파급되었다. 그 결과 케

사상 최초로 **사회주의 국가**가 건설되었습니다.

4. 그 후 소련은 사유재산을 폐지하고 농업을 집단화하고 모든 생산 시설을 공유화 혹은 국유화하여 **국가에 의한 계획경제**를 실시하였습니다. 이로 인해 모든 권력이 공산당에 집중되고 개인은 생산을 위한 도구로 전락하였습니다. 그리고 이러한 체제를 유지하기 위하여 국가보안위원회(KGB)를 비롯한 **비밀경찰 조직**을 만들었습니다. 또 전 세계의 공산주의 혁명을 위하여 모든 노력을 기울였습니다. 그뿐만 아니라 공산주의의 이상을 실현하기 위해 자신들의 체제를 반대하는 자들을 **무자비하게 숙청·추방**하였습니다. 약 **1억 명**의 사람들이 공산주의 때문에 목숨을 잃었는데, 이는 인류가 어떤 전쟁을 치른 것보다 더 끔찍한 결과를 초래하였습니다.

5. 산업혁명 이후의 혼란한 상황을 바라보면서, 교황 레오 13세는 **목자적 관심과 자부적 사랑**을 가지고 당시의 사회문제를 바라보았습니다. 특히 교황은 당시 사회문제에 대한 사회주의자(공산주의자)들의 해결책에 문제점이 있음을 간파하였습니다. 그래서 교황은 「**새로운 사태**」란 회칙을 통해 사유재산제도 폐지를 주장하는 사회주의자들의 **이론의 허구성**을 지적하였습니다. 뿐만 아니라 그 결과도 정확하게 예측하였습니다. 그 후 레오 13세 교황의 가르침을 이어받은 요한 바오로 2세 교황은 「**백주년**」을 통하여 사유재산제도 폐지의 결과를 면밀히 분석하였습니다.

6. 사유재산제도 폐지에 따른 문제점에 대한 교황님의 가르침은 다음과 같습니다. ①**인간의 존엄성 침해**: 인간은 자기의 것이라고 불릴 수 없도록 모든 것을 박탈당하고, 자유로운 노동으로 생계를 유지할 능력을 빼앗기면 사회적 메커니즘(mechanism·어떤 사물이 어떻게 작동하는 원리)이나 이것을 통제하는 이들에게 종속된다. 따라서 사유재산제도를 폐지하는 것은 인간 존엄성의 인정을 더욱 어렵게 만든다. 진정한 인간 공동체 건설로 이끌어주는 길에 방해가 된다.(「백주년」, 13항 참조)

7. ②**노동권 침해**: 인간은 노동을 통하여 자신을 표현하고 실현할 뿐만 아니라 생활하는데 필요한 것을 획득하게 된다. 인간에게 노동할 권리가 있다는 것은 노동을 하는 것만을 의미할 뿐만 아니라 노동을 통하여 어떤 결실을 누릴 권리

렌스키의 임시 정권이 무너지고 세계 최초의 사회주의 국가인 소비에트 정권이 수립되었다.

가 있음을 포함하는 것이다. 사유재산은 노동 결실의 변형이라 할 수 있다. 따라서 사유재산을 폐지하는 것은 노동을 통하여 획득한 결실을 착취함으로써 노동권을 침해하는 것이다. ③**창의성과 자발성 침해**: 사람들이 노동만 하고 그 결실을 자신이 누릴 수 없다고 생각할 때, 노동의 자발성과 진취성이 사라질 뿐만 아니라, 경제적 활동에서 창의성이 사라지게 된다.

8. 실제로 구소련에서는 사유재산을 폐지하고 모든 생필품에 대해 배급제를 실시했습니다. 이때 노동자들의 **생산성과 창의성** 그리고 **노동의 자발성**은 사라지게 되었습니다. 더 이상 경제적 발전을 기대할 수 없었으며, 이로 인해 소련의 경제는 1960년대 이후 몰락의 길을 걷게 되었습니다. 레오 13세 교황에 의하여 예견되었고, 요한 바오로 2세 교황에 의하여 제시된 사유재산제도의 폐지 결과는, 역사적으로 소련을 비롯한 동구 공산주의 정권들의 몰락에서 명확한 사실로 드러났습니다. 교회는 사유재산제도를 자연권으로 인정하면서 유물론을 내세워 사유재산제도를 폐지하는 **공산주의**를 비판하였습니다.

9. 이러한 비판은 소련을 비롯한 동구 공산주의 정권들의 몰락과 중국의 변화 등을 볼 때 복음의 가르침에 기초를 둔 **교회의 가르침의 예언적 성격**을 잘 드러낸 것입니다. **1985년** 공산권의 종주국이던 소련은 **페레스트로이카**(Perestroika·자유화) 정책을 채택함과 동시에 **시장경제 체제**를 받아들였습니다. 시장경제 체제를 받아들인다는 것은 무엇보다 사유재산제도를 인정하는 것입니다. 이는 사유재산제도가 인간의 **존엄성**과 **노동권**을 보호하고 사회의 발전을 위한 개인과 기업의 **창의성**, **자율성**과 **진취성**을 보장하는 기본권임을 말해 주고 있습니다.

145. 시장의 실패(market failure)를 교회에서는 어떻게 바라보고 있나요?

1. 시장의 실패(market failure)란 정부가 경제 분야에 **개입하지 않거나** 개입하더라도 **최소한**으로 개입했을 때, 혹은 **부적절**하게 개입했을 때 나타나는 폐단을 말합니다. 미국의 경제학자 그레고리 맨큐의[29] 「경제학」에서는 시장의 실패를 시

---

29) 그레고리 맨큐(Nicholas Gregory Mankiw, 1958년 2월 3일-)는 미국의 경제학자이며 현재 하버드 대학교의 경제학과 교수이다.

장이 자유롭게 기능을 하는 상황에서도 **효율적인 자원 배분**을 달성하지 못하는 경우라고 설명합니다. 19세기 **자유주의 경제**와 **자유방임의 시장경제**는, ① 빈부격차와 빈곤의 확대, ②주기적 불황과 대량실업, ③규모의 경제에 따른 독과점화, ④공공시설과 공공서비스 같은 공공재의 부족, ⑤환경 파괴와 오염 같은 **외부 불경제 효과**를 유발했습니다. 자신의 나쁜 행위로 타인에게 엄청난 피해를 주는 외부 불경제 효과 때문에, 시민의 삶은 고달파지는데 이를 시장의 실패라고 말합니다.

2. 제2차 세계대전 이후 이 시장의 실패를 극복하거나 완화하고자 정부 개입으로 이른바 **수정자본주의**가 등장합니다. 이는 정부가 자본주의의 토대를 유지하며 시장의 실패를 극복하기 위해 **경제 분야에 개입하는 것**을 말합니다. 수정자본주의에 바탕을 둔 경제 운용은 시장의 실패를 완화하거나 극복하는 동시에 경제성장을 가져온 것처럼 보였습니다. 인류 역사에서 그만한 경제적 번영을 누린 적이 없을 정도라고 했지만 이 번영도 오래가지 못했습니다. 정부가 경제 분야에 개입했지만 **무능, 부패, 무사안일**, 혹은 **관료주의**로 경제 상황을 악화시켰다는 것입니다.

3. 이어서 정부의 시장 개입을 비판하고 시장의 자유를 주장하는 이른바 **신자유주의**가 등장하였습니다. 이 새로운 사상은 지난 30여 년 동안 전 세계에 위세를 떨쳤습니다. 그런데 이 신자유주의 경제모델은 2008년 미국의 **주택담보 대부업 사태**(서브프라임 모기지 사태, subprime mortgage crisis)를 가져왔습니다.

---

30) 경제적 자유주의(economic liberalism)는 사유재산의 권리 및 보호, 이윤추구의 존중, 사회계약론적 자유주의를 지향하는 경제활동에서의 자유로움을 옹호하는 사상이다.

31) 애덤 스미스 및 존 스튜어트 밀이 대중화시킨 자유방임주의는 사유 재산과 기업의 자유를 옹호하고, 국가의 역할은 질서와 안보 유지로 제한하며 개인은 정부의 간섭 없이 자유로운 경제활동을 할 수 있어야 한다는 주장이다.

32) 자본주의 자체의 본질적인 변혁을 거치지 않고 일부를 수정 또는 개량하여 자본주의 발전에 따른 제반 모순을 해결하고자 하는 이론.

33) 19세기의 자유방임적인 자유주의의 결함에 대하여 국가에 의한 사회 정책의 필요를 인정하면서도, 자본주의의 자유 기업의 전통을 지키고 사회주의에 대항하려는 사상.

그 결과 전 세계에 금융위기와 경제위기가 잇달았고, 급기야 **금융규제완화의 폐해와 불평등의 심화**는 우리 시대의 난치병이 되고 말았습니다. 앞에서 제시한 폐단들의 정도와 규모는 날이 갈수록 커지고 있습니다. **주기적 불황과 대량 실업**은 세계적 경제위기, 금융위기, 대불황, 노동시장의 유연이란 용어로 대치되었습니다.

4. 대기업과 재벌, 초국적 기업의 영업이익 잔치와 중소기업의 몰락 속에서 공항, 도로, 철도, 의료, 교육 전 분야의 **공공재 민영화의 폐단**을 숨기기 위해 **선진화**란 용어까지 만들었습니다. 「간추린 사회교리」에서는 "시장과 국가는 서로 보완하며 조화롭게 활동할 필요가 있다. 실제로 자유 시장은, 국가가 경제 발전의 윤곽을 정하고 이끌어 갈 수 있는 체계를 갖출 때에만 전체 국민에게 유익한 영향을 미칠 수 있다. (…) 시장이 사용할 수 있는 수단을 다 동원해서도, 국민들의 인간적 성장에 필수적인 재화와 용역이 공정하게 분배되도록 보장할 수 없는 분야가 있다. 그러한 경우, 국가와 시장의 상호 보완이 그 어느 때보다 필요하다."(「간추린 사회교리」, 353항)라고 말하고 있습니다.

5. 오늘날 세계는 세계화로 인한 **금융규제 완화**로 인해 **불평등**과 **빈부격차의 폐해**를 낳고, 또한 **시장 실패**로 **사회 양극화**가 심화되고 있습니다. 하지만, 문제 해결을 위한 적절한 처방을 내놓지 못한 채 장기간 대 불황을 겪고 있습니다. 교회의 「간추린 사회교리」에서는 이와 같은 세계화 현상을 **기회와 위험**으로 진단하고 있습니다. 또한 시장의 실패, 혹은 자본주의 실패란 표현을 직접 사용하지는 않지만 이에 대해 성찰하는 내용을 「간추린 사회교리」 2부 7장의 '경제활동'에서 언급하고 있습니다.

6. "전체 인류나 사회집단 등을 빈곤으로 내몰면서 인간을 희생시켜 경제성장을 이루는 것은 용납할 수 없다. 재화와 용역의 사용가능성으로 드러나는 부의 성장, 그리고 이들의 공평한 분배에 대한 도덕적 요구는 인간과 사회 전체에 연대라는 근본 덕목을 실천하도록 고무하여야 한다. 정의와 사랑의 정신으로 빈곤과 저개발, 낙후를 낳고 영속시키는 '**죄의 구조**'가 발견되는 모든 곳에서 이를 물리치기 위해서이다. 인간의 갖가지 구체적인 **이기적 행위들**이 이러한 구조를 쌓아 올리고 강화시킨다."(「간추린 사회교리」, 332항)

7. 인류나 사회집단 등을 빈곤으로 내몰며 빈곤과 저개발, 그리고 낙후를 낳고 영속시키는 행위, 즉 인간을 희생시키면서 경제성장을 이루는 것을 교회는 죄의 구조라고 보았습니다. 우리 사회의 진보와 보수 진영 사이에 벌어지는 성장과

분배의 대립적 논란에 대해서도 교회는 길을 제시합니다. 부의 성장은 재화와 용역의 소유에 있는 것이 아니라 **사용에서 찾아야 한다는 것**입니다. 공평한 분배는 선택이 아니라 **도덕적 요구**라는 것입니다. 인간의 이기적 행위들이 죄의 구조를 쌓아 올리고 있습니다. 교회는 이 죄의 구조를 물리치려는 근본 덕목으로 **연대를 촉구**하며, 선을 행하고 악을 피하는 것은 **인간 양심의 명령**을 따르는 길입니다. 교회의 사회 교도권은 **양적인 것만 추구하는 발전 뒤에 숨어 있는 위험**을 경고합니다.

146. 가톨릭교회의 사회교리에 바탕을 둔 사회적 기업이란 어떤 기업인가요?

1. 오늘날 경제적 가치와 함께 사회적 가치를 동시에 추구하는 새로운 기업 형태인 **사회적 기업**(Social Enterprise)이 출현했습니다. 공동선을 추구한다는 면에서 그리스도인들이 관심을 기울여야 할 부분입니다. 기업 활동을 통해 수익을 창출하여 축적된 수익은, **사회적 목적을 위해 환원하는 것**을 주된 특징으로 합니다. 사회적 기업은, 우리 시대가 찾아낸 **하느님 나라의 아름다움**을 엿보게 합니다. 가톨릭교회가 사회적 기업에 관심을 갖는 이유는, 사회적 기업의 목표가 가톨릭교회의 사회교리의 바탕을 이루는 **교회 정신과 일치**하고 있기 때문입니다. 사회적 기업은 단순히 당면한 경제 문제를 해결하기 위한 차원이 아닙니다. 사회교리의 기본원리에 토대를 둔 기업 활동을 통해 우리 사회 안에서 **인간의 존엄성**이 구김살 없이 보장받는데 초점을 맞추고 있습니다.

2. 기업의 경제활동과 관련해서 교황 베네딕토 16세는 회칙인 **「진리안의 사랑」** (Caritas in Veritate)에서 "기업경영은 오로지 소유주의 이익만 고려해서는 안 되며 노동자, 고객, 여러 생산요소의 공급업자, 하위 공동체 등 기업 생존에 이바지하는 모든 이해관계자에 대해 책임을 져야 한다는 확신이 증대되고 있다"(「진리안의 사랑」, 40항 참조)고 강조합니다. 또한 이해관계자 중심의 경영 패러다임이 자본주의의 기본이 되는 이익추구 행위와 배치되는 것이 아니라, 오히려 **건강하고 지속 가능한 이익 창출**로 귀결될 수 있습니다.

3. 현대사회에서 기업이 추구하는 궁극적 목적은 단순한 이익극대화를 넘어서는 **사회적 공동선 구현**에 있습니다. 인류 공동체의 선익을 지향하는 기업은 하느님의 모상을 닮은 여러 계층의 인간들로부터 공감과 신뢰를 얻게 됩니다. 이들의

희생적 헌신을 통해 높은 **사회적 목표와 이상**을 실현하게 됩니다. 기업의 종사자들은 자신의 일터를 위해 더 **열심히 일하게** 됩니다. 소비자는 그 기업의 생산품을 더욱 신뢰하고 사랑하게 되어 건실한 **경제적 순환**이 일어나게 됩니다. 또 자본은 이러한 기업의 선 순환적 모습을 통해 더욱 안정적이고 지속적인 **투자**를 하게 됩니다.

4. 이처럼 새로운 시대의 경제 패러다임을 대표하는 키워드는 바로 **공동체**와 **사랑**이라고 할 수 있습니다. 공동체와 사랑이 바탕이 된 기업경영 관점은 이타적인 행위가 **도덕적 당위성** 외에도 **경제적 합리성**에 따라 운영되고 있음을 드러냅니다. 나아가 건강한 경제 생태계에서 상대방의 이익과 시스템 전체의 건전함이, 곧 **자신의 이익**으로 반드시 되돌아온다는 사실을 보여주고 있습니다. 따라서 공동선을 추구하는 사회적 기업이 성장 발전할 수 있는 환경을 우선 조성하는 것이 필요합니다. 이것은 오늘날 우리 사회가 안고 있는 **경제적 양극화**와 **복지 수요 증가** 등 경제활동과 관련된 다양한 문제를 해결하는 **근본적 바탕**을 만드는 것입니다.

147. 기업이 잘돼야 서민이 잘 살 수 있다는 낙수효과는 맞는 말인가요?

1. 기업이 잘돼야 서민이 잘 살 수 있다고 합니다. 기업이 잘돼야 일자리도 늘어나고, 일자리가 늘어나야 서민들의 소득이 늘어난다는 것입니다. 당연히 기업의 성장과 발전이 함께 공생하는 기업 조직에 미칩니다. 또 사회 전반에 미치는 영향은 크지만, 반드시 그 성과물이 서민에게까지 돌아오는 것은 아닙니다. 정부는 기업의 경영에 불필요한 행정 규제들을 철폐하면서 기업경영을 제도적으로 돕고 있습니다. 그런데 기업이 잘되면 서민도 잘 살 수 있는지는 의문입니다.

2. 통계청과 한국은행에서 나온 여러 통계들을 보면 우리가 일반적으로 믿고 있는 바와는 다릅니다. 외환위기가 있었던 1998년 이후 처분가능 국민소득 중에 **가계소득**과 **기업소득** 중 기업의 소득은 지속적으로 증가했습니다. 기업소득이 증가할 때 가계소득은 그 반대로 줄어들었습니다. 최근 10년 이상 우리나라의 대기업들은 계속해서 사상 최대 규모의 영업이익과 매출이익을 올렸다고 합니다. 그럼에도 불구하고, 서민들의 삶이 나아졌다는 소식을 들을 수가 없습니다.

3. 기업이 잘돼야 서민이 잘된다는 이론을 경제학에서는 **낙수효과**(trickle down

effect)$^{34)}$라고 부릅니다. 기업과 부자들의 항아리에 물이 차서 넘치면 가난한 이들에게도 물이 흘러간다는 이론입니다. 엄격하게 말하자면 이 이론은 검증이 안된 **가설**이자 우리 사회의 **통념**일 뿐입니다. 특히 우리나라의 현실에서 본다면 **기업**이 잘될 때 **서민의 삶**도 덩달아 나아진다는 이러한 주장은 **불확실**하게만 보입니다.

4. 바로 이러한 경제논리와 그것에 바탕을 둔 현실에 대해서 프란치스코 교황님은 새로운 형태의 가난을 만들어내고, 노동자들을 소외시키는 비인간적인 경제 모델을 거부하라고 가르치고 있습니다. 일부 사람들은 자유 시장으로 부추겨진 경제성장이 세상을 더욱 정의롭고 평등하게 만들 것이라고 주장하는 낙수효과 이론을 여전히 옹호하고 있습니다. 그러나 사실 확인되지 않은 이러한 이론은 경제권을 쥐고 있는 이들의 **선의**와, 지배적 경제제도의 신성시된 **운용방식**을 그대로 믿는 것뿐입니다.

5. 이런 관점에서 보자면, 기업이 잘된다고 곧바로 서민들의 삶이 나아지는 것은 아닙니다. 서민의 삶이 나아지기 위해서는 오히려 기업의 이익이 서민들에게 흘러 들어갈 수 있도록 정부가 **여러 가지 규제**를 통해서 조정해야 합니다. 또 **복지제도**를 더욱더 보편적으로 확대해 나가야만 합니다. 정부가 대기업의 편에 서서 규제 철폐만을 외치는 것은 서민들의 경제에 도움이 되지 않습니다. 또한 효율적인 시장경제를 만들어내지도 못합니다. 진짜로 서민들의 삶이 걱정이 된다면, **연대성에 기초한 공동체적 가치**를 확산시키고 그것을 **제도**로 만들어 내는 것이 무엇보다 먼저 해야 할 일입니다.

148. 우리나라 경제와 재벌 문화에 대한 사회교리의 가르침은 무엇인가요?

1. 우리나라 재벌 회사에서는 창업주와 그들의 2세, 3세에 이르는 일가족 경영인들을 모두 **오너**(owner)라고 부르고 있습니다. 그들이 기업의 **주인**이고, 그들이 기업에서 가지는 **결정권**은 제약이 없습니다. 그들에게 기업은 자신의 것이고, 그들의 기업에서 일하는 노동자들은 그들로부터 은혜를 입은 사람이라고 생각할

---

34) 물이 위에서 아래로 떨어지듯이 대기업이 성장하면 대기업과 연관된 중소기업이 성장하고 새로운 일자리도 많이 창출되어 서민 경제도 좋아진다고 하는 이론.

수도 있습니다. 그러나 조금만 달리 생각해본다면, 한국의 재벌 기업에 있어서 창업주 일가족 경영인들에게 오너(owner)라는 명칭이 정당한지 의문입니다. 실제 우리나라의 재벌 총수 일가가 가지는 주식지분은 사실상 **5%**도 되지 않으며, 이들은 이 지분을 가지고 **기업**과 **기업 집단 전체**를 좌우지하는 것입니다. 뿐만 아니라 재벌 2세, 3세 중 한 명이 회사에 취직한 후 몇 년이 지나지 않아 회사 임원이 되는 것도 흔한 일입니다. 이는 정의롭지도 않고 효율적인 기업 경영이라고 보기도 어렵습니다.

2. 이렇게 5% 미만의 지분을 가지는 총수 일가를 오너(owner)라고 부르는 것은 적절하다고 볼 수 없습니다. 더군다나 주식회사라는 회사 형태를 볼 때 오너(owner)라는 명칭은 정당하지 않습니다. 우리가 일반적으로 주식회사라고 부르는 회사 형태는 17세기 이후 영국과 프랑스, 네덜란드에서 식민지 무역을 위해 국왕의 특허를 얻어 설립된 **동인도회사** 또는 **남해회사**에서 시작된 것으로 볼 수 있습니다. 이러한 회사의 사업 규모는 대단히 커서 필요한 자본을 모으는 것은 엄청나게 어려운 일이었습니다. 반면, 사업 자체는 언제나 큰 위험을 안고 있을 수밖에 없었습니다. 따라서 이러한 회사의 형태에서는 오늘날 총수와 같은 오너(owner)가 있을 수 없는 일입니다. 이처럼 본래 주식회사는 오너(owner)가 없는 회사 형태에서 오너(owner)를 호명하고, 오너(owner)에게 모든 결정권을 맡깁니다. 그들을 위한 온갖 제도와 관행을 만들어내는 것이 오늘날 우리나라 **주식회사 재벌 기업의 문화**입니다.

3. 그러나 오늘날의 우리나라 경제를 이끈 대기업들이 한국경제와 산업 성장에 기여한 점은 부인할 수 없는 일입니다. 우리나라의 국민소득 3만 불 시대의 **산업 발전**과 **일자리 창출** 또 **대외적인 한국에 대한 이미지 제고**들은 우리가 긍정적으로 기억해야 할 점입니다. 다만 기업의 윤리적인 측면에서 보면 과거에 **정경유착**(政經癒着)이라는 큰 병폐를 가지고 있는 것도 사실입니다. 근래에 복지가 보편 복지정책과 또 최저임금이 갑자기 강조되면서 대기업은 말할 것도 없고, 특히 우리나라 **대부분인 중소기업**이 경영에 어려움을 겪고 있습니다. 결국은 서민들의 일자리 창출에 문제가 생기는 안타까운 현실입니다. 가톨릭교회의 사회교리는 이윤을 부정하지 않지만, 기업이 사회적 책무를 무시하고 이윤에만 갇혀서는 안 된다고 가르칩니다. 마찬가지로 사유재산에 대한 권리를 부정하지 않지만, 사유재산권이 사회적 기능을 넘어서지 않도록 사유재산의 권리에는 **규제**가 필요하다고 가르칩니다.(「간추린 사회교리」, 177항 참조)

149. 장기간의 불경기(불황)를 이겨 내기 위한 사회교리의 가르침은 무엇인가요?

1. 오늘날 한국의 경제 상황은 불경기 또는 불황이 계속되고 있으며, 많은 사람들이 이제껏 겪어보지 못한 최고의 불경기라고 말하기도 합니다. 불경기 또는 불황은 자본주의 경제에서 피할 수 없는 흐름과도 같습니다. 이 흐름에 제대로 대처하지 못하고 **수출 위주, 대기업 위주, 부자 위주의 경제 정책**을 써온 정책 당국의 탓이기도 합니다. 이 불황 속에서 가장 힘든 사람은 당연히 **가난한 사람들**입니다.

2. 실제로 최근의 경제 지표들을 보더라도 가난한 사람들의 처지는 더욱 변두리로 내몰리는 형국입니다. 예를 들면, 최근의 **경제적 불평등**과 **양극화 지수**는 가장 심각한 수준이며, 우리나라 **빈곤 탈출률**도 최저치라고 합니다. 이러한 통계가 이야기해주고 있는 것은 가난한 사람들의 대부분은 아무리 노력해도 **지금의 처지를 벗어나기 힘들다는 것**입니다. **부와 권력**이 세습되는 만큼, 그 반대에는 가난 역시 세습되고 있고, 우리나라가 남미의 자본주의 모습으로 서서히 변해가고 있는 것처럼 보입니다. 어디를 가나 물질 재화는 넘쳐나고 있습니다. 그런데도 **나눔과 분배의 구조**가 잘못된 탓에 많은 이들이 변두리로 밀려나서 힘겹게 하루하루를 사는 것입니다.

3. 이러한 어려운 상황에서 벗어나는 길은 무엇일까? 로또를 기대하거나, 주식 대박은 꿈도 꾸어서는 안 됩니다. 해결책은 모든 노동자가 오히려 이 어려운 상황에서 더 좋은 조건에서 일하도록 **우리의 제도와 법을 바꾸는 것**입니다. 나만 가난에서 벗어나려고 하기 보다는 모든 가난한 사람들이 빈곤에서 탈출하도록 여러 가지 **복지 정책들을 정비하고 고쳐나가는 길**입니다. 나 홀로 계층사다리를 오르기보다는 **우리 모두의 삶의 조건을 개선하는 것**이 더욱 현실적이고 가능한 일입니다. 오늘날 빈곤의 원인은 개인의 **게으름**이거나 **윤리적 나태** 때문이 아니라, **분배가 제대로 되지 않는 사회구조**에 있기 때문으로 원인에 맞는 처방이 필요합니다.

4. 교회 역사상 최초의 사회회칙이었던 1891년 레오13세 교황의 「새로운 사태」는 오늘날 우리와 비슷한 조건과 상황에서 나온 것입니다. 최고 목자인 교황님의 당시의 처방은 **노동의 존엄을 회복하고 노동자들의 권리를 존중하며 노동자에게 정당한 임금을 보장하는 것**이었음을 기억해야 합니다. 레오 13세 교황의 노동에 대한 가르침은 130여 년이 지난 오늘까지도 유효한 가톨릭교회 사회교리

의 가장 큰 기둥입니다. 한편, 오래된 불황을 극복하기 위해서는 **우리의 삶과 태도** 역시 바꾸어야 합니다.

5. 소비자본주의 사회에서는 기업들은 더 많은 물건을 팔기 위해 사람들의 감성에 호소하며 욕망을 충동질합니다. **물질주의와 소비주의의 유혹**에서 해방되어, **소비자의 절도 있는 소비 자세**로 스스로 물질에서부터 거리를 두고, 불편함을 실천하는 것, 그것이 불황 극복의 방법입니다. 그리고 소비와 소유에서 해방되는 길은 **그리스도교의 깊은 영성**으로 되돌아가는 길이기도 합니다.

150. 오늘날 풍요로운 소비사회를 바라보는 사회교리의 가르침은 무엇인가요?

1. 우리 사회는 **풍요의 사회**이기도 하지만, 다른 한편으로는 **빈곤의 사회**이기도 합니다. 가난한 사람은 자신의 가난으로부터 탈출하기가 갈수록 어려워지고 있습니다. 이처럼 주위에는 빈곤한 사람들이 아직도 많지만 한편으로 우리 사회는 예전과 달리 물질적으로 아주 풍요로운 사회라고 말할 수 있습니다. 특히 우리의 소비 수준을 살펴보면, 과거 그 어느 때보다도 그리고 우리나라와 경제 규모가 비슷한 다른 어느 나라보다도 **많은 소비**를 하고 있습니다. 이런 면에서 많은 사람들은 빈곤을 부지런하지 못한 개인의 문제로 돌려버리기도 합니다. 또한 끝없는 경제성장이 모든 사람에게 풍요로움을 가져다 줄 것이라는 믿음을 갖기도 합니다. 사실 오늘날 우리가 살아가는 풍요의 소비사회는 끝없는 경제성장을 추구하는 **후기 산업사회의 자연스러운 결과**이기도 합니다.

2. **대량생산**으로 이루어지는 풍요로운 사회는 쌓여있는 생산물을 처리하기 위해 계속적으로 소비를 인공적으로 부추길 수밖에 없습니다. 소비와 소유에 대한 개인의 욕구와 욕망은 **광고와 마케팅 기술**에 의해 더욱더 정교해지고 더욱 부풀려집니다. 그렇기 때문에 우리의 기대나 막연한 믿음과는 달리, 우리가 경제적 선택(특히 소비)을 할 때나 정치적 선택(특히 선거)을 할 때에도 그런 선택들이 **주체적**이고 **이성적**이고 **논리적**인 것만은 아니라고 말할 수 있습니다. 우리에게 정보가 많은 것 같지만, 실상 그 정보의 대부분은 **광고와 정치 선전**이 만들어 낸 것입니다. 우리는 스스로 주체적으로 선택한다고 생각하지만, 사실은 **구조적으로 선택당하고 있는 셈**입니다. 오늘날 우리의 풍족한 소비가 과거 어느 때보다도 그리고 다른 어느 곳보다도 더욱 풍요로운 삶을 제공해주

는 것처럼 보이지만, 사실은 **사회와 시장의 강제**에 의해 억지로 요청되는 경향도 있습니다.

3. 끝없이 인간의 욕망을 부추기는 사회 그리고 끝없는 경제성장 이데올로기의 덫에 걸린 사회를 극복하는 길은 **그리스도교의 가난의 영성**으로 돌아가는 길이어야 합니다. 물론 우리 사회의 이데올로기를 **개인의 탓**으로 돌리거나, 그 극복 역시 **개인의 책임**이라고 말하려는 것은 아닙니다. 그럼에도 불구하고 욕망과 이데올로기 위에 세워진 이 사회를 극복하는 것은 **개인의 회심과 복음적 요청**으로서 시작해야 합니다. 가난은 극단적인 무소유의 요청이 아니라, **소유와 소비에 의존하여 자기 자신을 정립하고자 하는 태도에서 벗어나는 것**입니다. 그래서 오로지 **하느님께 돌아서는 길**이고, **하느님이 새겨주신 자신의 참다운 모습**을 찾고자 하는 태도라고 볼 수 있습니다.

151. 정경유착에 대한 사회교리의 가르침은 무엇인가요?(1)

1. "가서 너의 재산을 팔아 가난한 이들에게 주어라."(마태 19,21). **부패한 정치권력**과 **탐욕스런 경제권력**이 서로의 이익을 위해 죄악의 연대를 이루어(「화해와 참회」, 16항 참조) 공동선을 유린하는 추악한 역사가 오늘날까지도 여전히 이어지고 있습니다. 영원한 생명을 찾는 부자 청년에게 하신 예수님의 말씀은(마태 19, 16 참조), **투명하고 정의로운 사회**를 이루기 위해 거부할 수 없는 준엄한 명령으로 다가옵니다. 자기 나름대로는 계명에 충실하게 살아왔다고 자부하던 부자 청년이 예수님께 묻습니다. "아직도 무엇이 부족합니까?" 예수님께서 이르십니다. "네가 완전한 사람이 되려거든, 가서 너의 재산을 팔아 가난한 이들에게 주어라. 그리고 와서 나를 따라라" 그러나 그 젊은이는 이 말씀을 듣고 슬퍼하며 떠나갔습니다. 그가 많은 재물을 가지고 있었기 때문입니다. 이와 같이 영원한 생명으로 가는 완덕의 길은 가정과 세상을 떠나 살 수 없는 평신도들에게는 오늘날에도 어려운 일입니다.

2. 경제적 관점에서 기업은 이윤 창출을 위해 존재합니다. 하지만 가톨릭교회의 사회교리는 단지 이익의 효율적인 달성을 성공으로 삼는 기업이 아니라, **이웃과 사회를 위해 가치 있는 것을 지속적으로 창출하는 좋은 기업**(「DOCAT」,187항 참조)이 되어야 함을 강조합니다. 좋은 기업은 유용한 재화와 용역을 생산함으로써 **사회**

의 **공동선**에 이바지할 능력을 갖추어야 합니다(「간추린 사회교리」, 338항 참조). 일부 사람의 개인적인 이익만을 만족시키는 조직이 아니라 모든 사람에게 유익해야 합니다(「간추린 사회교리」, 339항 참조). 또한 좋은 기업은 이익의 일부를 기부하는 것으로는 충분하지 않고, 활동의 시작과 과정과 목적의 중심에서 **공정하고 인간적이고, 사회적이고, 환경을 의식하며 행동**해야 합니다(「DOCAT」, 187항 참조). 이를 위해서 기업을 운영하는 주체는 주어진 권력과 재력을 자신의 이익을 위해 남용하는 행위를 해서는 안 됩니다. 사회를 내부로부터 파괴하는 암 덩어리인 **뇌물, 횡령, 권력 남용, 관직 비호 등의 부패**와 단호하게 갈라서야 합니다.(「DOCAT」, 194항 참조)

152. 정경유착에 대한 사회교리의 가르침은 무엇인가요?(II)

1. 오늘날 일반화되어 있는 민주주의 제도의 가장 심각한 결함 가운데 하나는 **도덕 원칙과 사회정의 규범**을 한꺼번에 짓밟는 **정치적인 부패**입니다(「간추린 사회교리」, 411항 참조). 부패의 대표적인 형태는 앞에서 살펴본 바와 같이 뇌물, 횡령, 권력 남용, 관직 비호 등입니다(「DOCAT」, 194항 참조). 이러한 부패의 무도한 탐욕은 **약자의 미래 계획**을 산산조각 내버리고 **가장 가난한 이들**을 무참히 짓밟아 버립니다(「자비의 얼굴」, 19항 참조). 그러기에 부패를 저지르거나 그에 연루된 사람들은 **칼 들지 않은 살인자**와 같습니다. 이제 자신을 버리고 날마다 제 십자가를 지고 예수님을 따라야 하는 그리스도인은(루카 9,23 참조), 예수님께서 그러하셨듯이 당당하게 부패와 맞서 싸워야 합니다.

2. 그렇지 않으면 모두 언젠가 부패에 가담하여 우리의 삶을 파괴하고 말 것이기 때문입니다(「자비의 얼굴」, 19항 참조). 한국의 정경유착의 예는 어제 오늘의 문제가 아닙니다. 근대사회의 발전과 더불어 사회를 좌지우지하는 **정치권력과 경제권력의 불의한 결탁**에 대다수 국민은 실망하지 않을 수 없었습니다. 떼로 뗄 수 없는 정치와 경제 두 영역에서 **공동선**을 이루어야 할 **핵심 지도자들**이 **사익**을 취하기 위해 은밀하게 거래를 하는 동안, **수많은 노동자들과 국민들의 억울한 희생**은 끊이지 않았기 때문입니다.

3. "사람의 아들은 반드시 많은 고난을 겪고 원로들과 수석 사제들과 율법 학자들에게 배척을 받아 죽임을 당하였다가 사흘 만에 되살아나야 한다."(루카 9,22). 물불 안 가리는 날강도나 사람 목숨을 업신여기는 살인자가 예수님을 배척하거나

죽이지 않습니다. 생명을 존중하고 모든 이를 품어야 할 원로들과 수석 사제들과 율법학자들이 예수님을 배척하고 죽입니다. 원로들과 수석 사제들과 율법학자들은 칼 들지 않은 살인자와 같습니다. 부패한 권력을 놓지 않기 위해서 헤로데와 빌라도로 통칭되는 정치권력과 결탁합니다. 그 결과는 예수님의 십자가 처형입니다.

4. 예수님은 원로들과 수석 사제들과 율법학자들, 즉 칼을 들지 않은 살인자들의 편이 되기를 단호하게 거부하셨기 때문입니다. 이것은 비단 2,000년 전 예수님 시대만의 이야기가 아닙니다. 오늘날에도 사람이 사는 모든 곳에 부패한 권력이 기승을 부리고 검은 유혹의 손길을 내밀고 있습니다. 그렇기 때문에 지금은 **우리의 삶을 변화시키고, 마음을 움직여 악행에 맞설 때**입니다. 심지어 중대한 범죄에 맞설 때이고, 재산을 박탈당하고 존엄과 감정이 짓밟히며, 생명마저도 **빼앗긴**, 무고한 이들의 외침에 귀를 기울여야 하는 때입니다.(「자비의 얼굴」, 19항 참조)

153. 돈을 대하는 인간의 자세에 대해 사회교리는 어떻게 가르치고 있나요?(1)

1. 우리 신앙인들은 우리가 살아가는 현실에서 **물질적 부족함**이나 **제도의 미흡함**만 한탄하고 있어서는 안 됩니다. 돈을 대하는 인간의 근본적인 자세가 **하느님 뜻에 부합하는지**를 먼저 생각해보아야 합니다. 먼저 돈의 역사와 이에 대한 성경말씀과 하느님 나라와 돈에 관해서 살펴봅니다. 돈에 대한 사전적 의미는 일반적인 유통수단으로 사물의 가치를 나타냅니다. 상품의 교환을 매개하고, 재산 축적의 대상으로도 사용하는 물건입니다. 돈이란 것이 처음엔 교환 가능한 물건에서 시작되었고 금, 은, 동, 철로 진화하고, 종이돈으로 바뀝니다. 이제는 신용 화폐가 대세이고 거기다가 비트코인이니 하는 **가상화폐**까지 등장했습니다.

2. 미래에는 시간이 돈으로 쓰이는 것인데, 실제 시급으로 돈을 계산하니 시간이 돈과 같기도 합니다. 하지만 그냥 가만히 있는 시간이 돈이 되는 것은 아닙니다. 무엇이든 돈을 주는 사람이 원하는 것을 할 때 시간이 돈으로 바뀝니다. 그리고 사회적인 신뢰가 형성되어야 돈이 돈으로 인정받을 수 있습니다. **사람들이 원하고 믿음**을 줄 수 있어야 합니다. 그래서 조폐공사 같은 공인된 기관에서 발행할 때 돈이 됩니다. 하지만 공인된 기관이라 할지라도 **사람들의 믿음**

을 얻지 못하면 제대로 된 돈이 아닙니다. 또한, 내가 돈을 하찮게 여긴다면 돈은 아무 가치가 없어지는 것입니다. 돈 대신 내가 가진 재능을 기부하고 적립하였다가, 내가 필요할 때 다른 사람의 재능을 기부 받아서 생활하는 **대안화폐**라는 것도 있습니다. 사람과 사람 간의 정이 통하는 세상을 만드는 한 가지 방법입니다.

3. 대안화폐는 기존 화폐질서의 문제점들(인플레이션, 디플레이션, 환경보호 등)을 보완하기 위하여 생겼습니다. 그래서 **대체화폐**라고도 부르지만 여기서 말하는 대안화폐는 **사회운동적인 측면**이 많습니다. 크게는 도시 단위로 할 수도 있고 작게는 가정에서 할 수도 있습니다. 예를 들어 가정에서 아빠 생일에 아이가 돈으로 사는 선물 대신 어깨 주물러 드리기 5회, 구두 닦아 드리기 3회와 같은 심부름권을 줄 수도 있는데, 이것도 대안화폐에 해당됩니다. 또 세상에는 돈을 가지고 안 되는 것이 없다는 인식이 팽배해져 있습니다. 그래서 돈 많은 것을 가지고 잘난 척하는 사람도 많습니다. 돈을 만든 것은 사람이지만 사람이 돈의 주인이 아니라 노예가 되어, **돈이 사람을 부리는 게 현실의 모습**입니다.

4. 성경에도 돈이나 재물에 관한 이야기가 꽤 많이 나옵니다. 어느 시대를 막론하고 돈이 인간 생활에 있어 큰 비중을 차지해왔기 때문일 것입니다. 성경말씀 중에서 마태오 복음 6장 24절에는 "아무도 두 주인을 섬길 수 없다. 한쪽은 미워하고 다른 쪽은 사랑하며, 한쪽은 떠받들고 다른 쪽은 업신여기게 된다. 너희는 하느님과 재물을 함께 섬길 수 없다"는 말씀이 나옵니다. 이처럼 예수님께서는 돈에 대하여 명확하게 말씀하셨습니다. **하느님과 재물**을 함께 섬길 수 없다는 말씀은 재물 제일주의를 따를 것인가 아니면 사랑이신 하느님을 섬길 것인가의 두 가지 중에서 한 가지 만을 선택하라는 준엄한 질책이십니다.

5. 내가 너무 넘치게 많은 것을 가지고 있지 않은지도 반성해 보아야 합니다. 내가 정당하게 받은 월급이나 수고비 라 하더라도, 가난한 이웃과 나누지 못한다면 그것은 하느님 사랑을 실천하지 않는 것입니다. 마태오 복음 6상 26절에 나오는 "공중의 새들을 보아라. 그것들은 씨를 뿌리거나 거두거나 곳간에 모아들이지 않아도 하늘에 계신 너희의 아버지께서 먹여주신다. 너희는 새보다 훨씬 귀하지 않으냐?"는 주님 말씀에 대한 믿음이 없는 것입니다. 우리는 먹고 살기 위해서라는 핑계로 밤낮없이 돈을 좇으며 기도하는 시간, 가족과 이웃을 사랑하는 시간을 포기하는 것이 너무 일상화되었습니다. 불확실한 미래에 대한 두려움을 떨치지 못하고 살아가는 것이 오늘날 우리의 모습입니다.

154. 돈을 대하는 인간의 자세에 대해 사회교리는 어떻게 가르치고 있나요?(II)

1. 옛날에 부자라 하면 백만장자를 말했지만, 요즘은 억만장자쯤 되어야 합니다. 우리 전통개념으로는 천석꾼, 만석꾼을 부자, 갑부라고 합니다. 그런데 성경말씀에는 "부자가 하느님 나라에 들어가는 것보다, 낙타가 바늘귀로 빠져나가는 것이 더 쉽다."(마르 10,25)고 말씀하십니다. 낙타가 바늘귀로 빠져 나가는 것이 불가능한 것처럼, 부자가 하늘나라에 들어가는 것 또한 불가능하다는 것입니다. 그 말을 듣고 제자들이 '그럼 누가 구원을 받을 수 있겠는가?'하고 놀라자 예수님께서는 그들을 바라보며 말씀하셨습니다. "사람에게는 불가능하지만 하느님께는 그렇지 않다. 하느님께는 모든 것이 가능하다."(마르 10,26-27)

2. 결국 구원은 하느님께 달렸다는 것입니다. 구원은 **인간의 영역과 능력**을 넘어서는 일이며, 돈으로 살 수도 없고, 권력으로 쟁취할 수도 없습니다. 오직 **하느님 사랑**으로만 가능한 일입니다. 오늘날 **우리나라**에서의 **중산층 기준**은 부채 없는 30평대 아파트와 1억 원 이상의 은행잔고와 500만원 안팎의 월 급여와 중형 자동차를 갖고 있는 사람을 말합니다. 그러나 미국의 경우는 다릅니다. **미국**에서 중산층이란 자기 주장이 당당해야 하고, 약한 자를 도와야 하고, 불법과 부정에 저항해야 하며, 정기적으로 받아보는 비평지가 있어야 한다고 합니다.

3. **영국**에서 중산층이란 미국에서 말하는 중산층의 요건과 함께 페어플레이를 하고, 독선적으로 행동하지 않는 것이 추가됩니다. **프랑스**에서는 외국어를 한 가지 정도는 구사할 줄 알아야 하고, 악기를 한 가지 다룰 수 있고, 직접 참여하는 스포츠가 있고, 남과 다른 맛을 내는 요리를 할 줄 알아야 한다고 합니다. 돈보다는 사회적 참여와 남들과 다른 개성 있는 삶을 강조하고 있습니다. 어떤 면에서는 우리나라도 일부이기는 하지만 돈이 많다고 행복한 것은 아니라는 인식이 조금씩 확산되어 가고 있다고도 할 수 있습니다. 하느님 나라도 **가난하지만 나눌 줄 아는 마음의 여유가 있는 사람들**의 것입니다.

4. 하느님 나라와 돈의 관계가 적대적으로 보이지만 꼭 그렇지만은 않습니다. 돈이 많은 것이 문제가 아니라, **그 돈을 나누지 않는 것이 문제**라는 것입니다. 어쩌면 돈이 많을수록 나눌 수 있는 재물과 더 많은 기회가 생겨서 좋을 수도 있습니다. 반대로 돈이 없어서 나눌 재물이 없다고 하더라도 우리가 나눌 수 있는 것이 전혀 없는 게 아닙니다. **기도와 희생, 작은 미소와 따뜻한 손길**까지 너무나 풍부하게 있습니다. 우리는 이 시대를 살면서 재물을 넉넉히 가진 자와 부족한

자의 양면을 보게 됩니다. 가진 자의 입장이라면, 그 시대에 만연한 소극적이고 인격적 교류가 담기지 않은 **형식적 자선은 무의미하다는 사실**을 깊이 반성해야 합니다.

155. 자유무역과 국제교역에 대한 가톨릭 사회교리의 가르침은 무엇인가요?

1. **전체 인류**나 **사회집단** 등을 빈곤으로 내몰면서 인간을 희생시켜 경제성장을 이루는 것은 용납할 수 없다는 것이 교회 가르침입니다(「간추린 사회교리」, 332항 참조). 대부분 언론에서 그 내용의 중요도나 영향력에 비해 충분하게 다루지 않는 중대한 사회적 이슈 가운데 하나가 **한미자유무역협정**(FTA, Free Trade Agreement)입니다. 자유무역(Free Trade)은 금융거래의 자유, 곧 **금융시장의 규제 철폐**를 주요 목표로 하고 있고, 약소국이나 발전이 지연된 나라는 혜택을 누리지 못합니다. 이 세상은 겉으로 드러나지 않는 소수의 만족을 위해, 대다수는 불만족스러운 단순한 소비자로 전락하는 **심각한 불균형의 세상**으로 변하고 있습니다. 또한 **금융 거래량**이 실물 거래량을 훨씬 능가한 지금, 금융 부문은 **경제의 실질적 토대**를 무시하고 자신만을 발전의 준거로 삼을 위험이 있습니다.

2. 나라와 나라 사이에 담을 허문다 하더라도 그 혜택이 각 나라의 가난하고 힘없는 사람에게는 그림의 떡에 불과하다는 것입니다. 혜택보다는 실제경제 체제에서 부정적 결과들에 노출되어 고통을 받는 이들이 늘어나고 있습니다. 가톨릭교회는 "국제금융 체제에서 뚜렷이 드러나는 극심한 불균형에 비춰볼 때, 전체적 양상은 더욱 혼란스러워 보인다. 금융시장의 규제 철폐와 쇄신 과정은 세계의 일부 지역에서만 강화되는 경향이 있다. 이러한 과정에서 배제된 나라들, 특히 **약소국**이나 **발전이 지연된 나라**들은 혜택을 누리지 못하고, **금융 불안**이 실제경제 체제에 미칠 수 있는 부정적 결과들에 여전히 노출되어 있기 때문에, 이것은 윤리적으로 심각한 걱정거리가 된다."(「간추린 사회교리」, 369항)고 지적하고 있습니다.

3. 가톨릭교회는 지난 2003년 국제무역에 관한 윤리적 지침을 통해 이런 자유무역의 한계를 밝힌 바 있습니다. 그 지침에서 "자유무역은 양 당사자가 경제적으로 공평하고 그로 인하여 **진보가 촉진**되고 **노력이 보상**받는 경우에 한하여 그 효과를 나타낼 수 있다. 그러나 국제무역 시스템에 참여한 국가들은 전혀 동등

하지 않다. 서로 동등하지 않은 국가에게 그들의 다양한 경제적 상황을 고려하지 않고 하나의 접근법만을 적용하는 것은 부당하다"고 말하며 **자유무역의 불공정성**을 먼저 지적합니다. 재화나 용역의 자유로운 교환을 어느 정도 인정하는 것은 **발전과 평화**를 위해 필수불가결한 것임을 역사를 통해 알 수 있습니다. 그러나 그 자체로 공정한 자유무역은 없습니다. 자유무역은 **사회정의**가 요구하는 바를 따르고, **국민 모두와 개개인의 발전**에 기여할 때 비로소 **진정한 자유무역**이라고 불릴 수 있기 때문인데 이는 불가능합니다.

영적 휴식

사람은 영적 존재입니다.
몸 안에 영혼이 있고, 영혼이 우리를 끌고 갑니다.
영혼이 메마르면 몸도 마음도 메말라 버립니다.
영혼이 지치면 몸도 마음도 삶도 무너집니다.
영혼이 메마르지 않도록, 지치지 않도록
물을 주어야 합니다. 기도와 명상은
내 영혼에 물을 주는 시간입니다.
최고의 영적 휴식입니다.

제5장 • 사회 공동체생활과 사회교리

156. 사회생활의 근본가치와 사랑의 길에 대한 사회교리의 가르침은 무엇인가요?

1. 하느님의 자녀로서 살아가는 사람들과 하느님을 모르고 살아가는 사람들이 함께 살아가는 이 세상에는 여러 가치들이 혼재합니다. 그 가운데 어떤 가치를 중요하게 여기느냐에 따라서 개인의 삶과 사회의 많은 것들이 달라지기 마련입니다. 가톨릭교회의 사회교리에서는 사회생활의 근본 가치들로 **진리, 자유, 정의, 사랑**을 꼽습니다(「사목헌장」, 26항 참조). ①**진리**: 개인의 삶에서 진리는 진실 혹은 정직의 모습으로 드러납니다. 「간추린 사회교리」는 "모든 사람은 언제나 진리를 추구하고 존중하며 책임 있게 증언하여야 할 특별한 의무가 있다."(「간추린 사회교리」, 198항)고 말합니다. 진실과 정직이 배제된 사회에서 인간의 공존은 어려워지며 존엄성은 침해받습니다.

2. ②**자유**: 자유는 하느님께서 인간에게 주신 선물이며, 인간의 존엄성을 드러내는 최상의 표징이 됩니다. 그러나 많은 경우 자유의 개념은 오용되기도 합니다. 자유가 순전히 개인주의적 관점에서 통용되거나, 무책임하게 남용될 때 그러합니다. 자유란 인간이 죄를 선택하는 능력이 아닙니다. 오히려 자기 의지로 죄를 거부하고 선을 선택하는 능력입니다. 인간은 자유를 통해 희생과 절제, 봉사와 사랑의 가치들을 선택함으로써 진정한 자기완성에 이르게 됩니다. ③**정의**: 고전적인 정의에 따르면, 정의란 "마땅히 하느님께 드릴 것을 드리고 이웃에게 주어야 할 것을 주려는 지속적이고 확고한 의지"(「가톨릭교회 교리서」, 1807항)입니다. 오늘날의 상황에서 정의의 중요성은 더욱 커졌습니다. 효율과 이익의 극대화만을 바라보는 사회는 인간마저 소모품으로 전락시키기 때문입니다. 교회의 교도권은 지속적으로 교환 정의, 분배 정의, 법적 정의에 관한 존중을 끊임없이 요구하고 있습니다.

3. ④**사랑**: 모든 사회적 행동의 핵심 기준은 바로 사랑입니다. 모든 가치의 근원은 하느님께 있는데, 그분께서는 사랑 그 자체이시기 때문입니다. 하느님께서 인간을 사랑으로 대하시기 때문에, 그분을 따르는 사람들 역시 사랑에 기반을 두고 생각하고 행동해야 합니다. 진리와 자유와 정의의 가치들 역시 사랑에서 자라납니다. 사회적·정치적 애덕은 개인 간의 관계 안에서 소진되는 것이 아닙니다.

즉 관념적으로 끝나는 것이 아니라, 실질적 행동을 이끌어냅니다. 이웃의 가난을 초래하는 사회적 요인들을 제거하고, 그들의 삶을 개선하는 것은 사회적 차원에서 이웃을 사랑하는 행위이기 때문입니다. 이와 같은 사랑의 길은 "더욱 새로운 형태의 현대 사회문제들에 대처하고자 추구하고 선택하는 모든 길 가운데에서 가장 위대한 길"(「간추린 사회교리」 204항)이라 할 수 있습니다. 카리타스, 곧 사랑은 정의와 평화의 영역에 과감히 헌신적으로 참여하도록 인간을 이끄는 놀라운 힘입니다. 그것은 영원한 사랑이시며 절대 진리이신 하느님에게서 나오는 힘입니다.(「진리안의 사랑」, 1항 참조)

157. 사회 복음화를 위한 사회교리의 역할은 무엇인가요?(1)

1. 교회는 우리 인간에게 복음을 선포하는데, 복음은 말 그대로 기쁜 소식입니다. 신앙인에게 기쁜 소식이란 하느님께서 당신 외아들 예수를 이 세상에 보내 주심으로써 우리 인간을 구원해 주신 **강생 구속의 사건**입니다. 인간은 예수 그리스도의 강생 구속 사건을 통해 기쁨으로 충만하게 되었습니다. 이 세상 안에서 진정한 행복을 누리는 새로운 존재로 변화됐는데, 이를 일컬어 우리는 **복음화**라고 말합니다. 교회 안에서 이 기쁜 소식은 어떻게 선포되는가? 사람들을 복음화하는 과정을 살펴보면, 복음을 받아들이는 사람들의 상태에 따라 다양한 방법과 형태를 통해 이루어집니다. **사람들에게 선교**하는 직접적인 복음화 과정이 있는가 하면, **삶 속에서 그리스도인다운 모습**을 보여주는 간접적인 복음화 과정도 있습니다. 또 인간관계에서 생기는 **여러 사회 문제들** 속에서 사람들을 복음화하는 경우도 있습니다.

2. 인간은 복잡한 관계구조를 지니고 있는 세상 안에서 다른 사람들과 관계를 맺으며 살아갑니다. 그들이 세상에서 살아가며 부딪치게 되는 여러 가지 사회문제들을 해결하기 위해 학문적이고 제도적인 방법들이 다양하게 시도되고 있습니다. 정치, 경제, 노동, 법률, 문화의 여러 분야 안에서 사회의 구조적인 악에 대한 해결책들이 제시됐습니다. 하지만, 아직도 세상은 이런 문제점을 완전하게 해결하지 못하고 있습니다. 교회 역시 사회의 여러 문제에 대해 교회의 사회적 가르침을 통해 참다운 해결점을 찾고자 노력하며, **사회교리**를 통해 이 세상 안에서 복음을 선포하고자 하는 것입니다. "교회는 사회교리로 복음을 선포하고 사회

관계의 복잡한 구조 안에서 복음을 현존시키고자 한다. 이는 사회 안에서 복음 선포의 대상인 인간에게 다가가는 단순한 문제가 아니라 복음으로 사회 자체를 풍요롭고 충만하게 하는 문제다."라고 밝히고 있습니다.(「간추린 사회교리」, 62항)

3. 가톨릭교회는 사회교리를 통해 하느님께서 교회에 믿고 맡기신 것을 **이 세상 안에 선포하는 과정을 수행**해 나갑니다. 교회는 그리스도께서 이루어 주신 **자유와 구원의 메시지, 하느님 나라의 복음**이 인간의 역사 안에 현존하게 만드는 곳입니다. 복음을 선포함으로써 교회는 진정으로 인간이 그리스도와 일치될 수 있도록 이끌며, 세상을 **하느님 뜻에 맞는 세상**으로 변화시키려고 노력합니다. 이러한 과정을 일컬어 **사회교리를 통한 복음화 과정**이라고 말합니다. "교회를 통해 현대인들에게 울려 퍼지는 복음인 사회교리는 인간에게 참된 자유를 가져다 주는 말씀"이며, 결국 사회 분야를 복음화해 "인간의 마음속에 자유의 힘을 불어넣어 주고, 그리스도께서 진정으로 바라시는 가장 인간다운 사회를 만드는 것"이 사회교리를 통한 복음화 과정이라고 말할 수 있습니다(「간추린 사회교리」, 63항). 만일 우리 사회가 진정한 의미의 인간 발전을 추구한다면 교회의 사회문제에 대한 가르침에 귀를 기울일 수 있어야만 합니다. 복음화와 인간 발전 사이에는 깊은 유대가 존재한다고 할 수 있기 때문입니다.(「간추린 사회교리」, 66항 참조)

158. 사회 복음화를 위한 사회교리의 역할은 무엇인가요?(II)

1. 과거와 달리 요즘은 사회교리가 이슈화되고 사람들 사이에서도 자주 거론되고 있습니다. 정치적으로 암울했던 시절, 대다수 신자들이 교회 안에 사회교리가 존재한다는 사실조차도 모르던 때도 있었습니다. 하지만, 그래도 가톨릭교회는 교회의 사회적인 가르침들을 통해 민주화나 인권 같은 사회문제에 대하여 자신의 역할을 충실히 수행하며 사회 복음화를 위한 구체적인 노력을 펼쳤습니다. 당시에 많은 신자는 교회의 사회적 가르침에서 **윤리적인 정당성**을 발견했습니다. 가톨릭교회의 도덕성은 많은 사람들이 가톨릭 신자가 되도록 이끌며 복음화에 이바지했습니다.

2. 하지만, 오늘날 교회 안에서 정치적인 사안이나 사회적인 문제에 관한 이야기를 하려고 하면 오히려 이상한 눈으로 바라보며 거부하는 신자들을 보게 됩니다. 1970-1980년대 한국 상황 안에서 가톨릭교회의 역할은 세상을 복음화하고 변

화시키는 **중추적인 역할**을 했습니다. 불과 40년이 지난 오늘날 한국사회는 가톨릭교회의 사회참여 활동에 대한 시각을 이전과는 달리하고 있습니다. 지난 역사를 살펴보면 가톨릭교회의 사회교리는 교회와 사회의 관계를 설정함에 있어서 큰 역할을 수행해 왔습니다. **교회와 사회의 상호 작용**은 인류의 역사를 통해 끊임없이 이루어지고 있습니다. 이러한 상호 연관성은 교회와 사회가 서로의 발전을 위해 다양한 영향력을 행사해 왔음을 보여줍니다.

3. 가톨릭교회는 교회의 가르침을 통하여 복음의 사회적 중요성을 드러냄으로써 인간 공동체의 건설에 이바지해 왔습니다. 특히 19세기 말 교회의 교도권은 당시의 절박한 사회문제들을 체계적으로 제시하며, 올바른 방향을 선택할 수 있도록 도움을 주었습니다. 그 실례로 1891년 발표된 레오 13세 교황의 회칙 「새로운 사태」(Rerum Novarum)를 들 수 있습니다. 이 회칙은 19세기 말 당시 유럽 사회 안에서 사회 정치적 현실에 관하여 직접적으로 언급한 첫 사회 회칙입니다. 당시 시대 안에서 볼 때 **파격적인 문헌**이었다고 평가할 수 있습니다.(「간추린 사회교리」, 521항 참조)

4. 가톨릭교회는 사회교리를 통해 무엇보다도 인간에 대한 **통합적인 시각**을 제시하고 있습니다. 인간의 사회적 차원에 대한 **전인적인 이해**를 보여주고 있는 것입니다. 그리스도교에서 이해하는 인간은 **하느님의 모상**(Imago Dei)대로 창조된 존재로서 자신의 존엄성을 드러냅니다. 또한 교회는 인간의 노동, 경제, 정치 현실에 대한 정확한 분석과 이해를 돕습니다. 그리고 인간을 둘러싸고 있는 다양한 영역으로서 개인, 문화, 사회생활 안에서 그리스도인으로서의 역할을 수행하도록 독려합니다. 결국 사회교리는 인간 사회 활동의 도덕적인 토대가 바로 **개인의 인간적 발전**에 있음을 보여주고 있습니다. 또 인류의 참된 선에 부합하는 **사회활동 규범**을 규정해 줍니다.(「간추린 사회교리」, 522항 참조)

5. 가톨릭교회가 제대로 사회를 복음화하기 위해서는 **그 사회가 진정으로 교회에 요구하는 것**이 무엇인지 살펴봐야 합니다. 그러한 사회의 요구와 복음적 가치가 어떻게 연결되어 사회를 변화시키고, 복음적 가치를 구현할 수 있는지를 찾아내는 것이 필요합니다. 사회교리를 단순히 이론적인 것에 머무르지 않게 하기 위해서는 모든 그리스도인이 사회교리의 **소중한 가치**에 대해 정확히 인지해야 하므로 그러한 복음적 가치를 사회 안에서 실현시키고자 하는 **구체적인 노력**이 필요한 것입니다.

159. 그리스도인들의 사회생활에 대한 사회교리의 가르침은 무엇인가요?

1. 우리 그리스도인들은 예수 그리스도께서 늘 우리를 위해 열려 계시는 분이심을 알고 있습니다. **예수 그리스도의 십자가 희생 제사**는 그분께서 지상에서 당신의 온 생애에 걸쳐 살아오신 방식의 정점입니다. 그분의 모범에 따라 우리도 사회 속에 깊이 들어가 모든 이와 삶을 나눕니다. 그들의 관심사에 귀를 기울이고, 물심양면으로 필요한 것을 도와줍니다. 기뻐하는 사람들과 기뻐하고, 우는 사람들과 슬픔을 함께 합니다. 또한 우리는 다른 이들과 서로 손잡고 새로운 세상을 건설하고자 노력합니다. 그러나 의무감이나 무거운 짐으로 여기며 그렇게 하는 것이 아니라, 우리에게 **기쁨**을 가져다주고 우리 삶에 **의미를 부여하는 개인의 선택**으로 그렇게 하는 것입니다.(「복음의 기쁨」, 269항 참조)

2. 모든 그리스도인은 교회의 일원이면서 사회의 구성원입니다. 우리 각자는 우리 사회가 인간의 존엄성을 지키고 형제애를 키워 가는 장이 되도록 노력하며, 사회의 각 분야에서 정의를 구현하는 데 힘써야 합니다. 인간 사회의 목적과 기능은 **공동선의 실현**에 있습니다. 또한 사회 정의구현과 인류 사회의 평화는 개인과 집단을 도와주되 간섭하지 않는 **보조성의 원리**와, 서로 필요한 것을 주고받으며 형제애를 실현하는 **연대성의 원리**를 바탕으로 이루어져야 합니다. 그리스도인은 이 세상에서 하느님 나라의 정의를 실현하고자 선의의 모든 사람과 협력해야 합니다.

3. 사람은 사회생활 안에서 지식을 습득하고 삶을 유지하기 위한 재화를 획득하며, 자기완성을 이루어 나가게 됩니다. 그러나 우리는 사회생활을 해나가면서 갖가지 **불화와 다툼, 차별과 소외, 불의와 부조리**를 겪게 됩니다. 그런 경험을 통해 거대한 사회구조 안에서 자신이 얼마나 나약하고 무력한 존재인지를 깊이 느끼게 됩니다. 따라서 우리가 예수 그리스도의 가르침에 따르는 삶을 살아가려면, 우리 사회의 그릇된 가치관에서 벗어나야 합니다. 뿐만 아니라 왜곡된 세대에 알게 모르게 젖어 드는 타성도 과감하게 떨쳐내려는 **굳은 의지와 다짐**이 필요합니다. 또한 우리에게 언제 어디서나 모든 사람 안에서 하느님의 구원계획이 실현될 수 있도록 힘껏 노력할 책임이 있음도 잊지 말아야 합니다.

4. "기쁨과 희망, 슬픔과 고뇌, 현대인들 특히 가난하고 고통받는 모든 사람의 것은 바로 그리스도 제자들의 기쁨과 희망이며 슬픔과 고뇌이다"(「사목헌장」, 1항). 우리는 우리가 몸담고 살아가는 세상에서 **그리스도의 복음**을 실천하여야 합니다.

그리스도인이 현세 질서를 돌보는 것은 **삶의 행복, 문화와 기업, 예술과 직업, 정치제도와 사회제도** 등을 돌보는 것입니다(「평신도 교령」, 7항 참조). 정직성과 도덕성이 결여된 사회에서는 진정한 인간 발전과 사회 발전을 기대할 수가 없습니다. 우리는 세상의 어둠을 밝히는 **빛**이 되고, 세상의 부패를 방지하는 **소금**이 되어야 합니다(마태 3-16 참조). 이를 위하여 우리는 먼저 신앙생활과 사회생활의 조화와 균형을 이루어 세상에 **사랑**과 **기쁨**과 **평화**와 **희망**을 안겨 주는 교회와 함께하는 신앙인이 되어야 합니다. 새로운 세상을 갈망하는 선의의 모든 사람과 협력하여 하느님 나라의 정의를 구현하는 **사회인**이자 **세계인**이 되어야 합니다.

160. 오늘날의 한국사회를 가톨릭교회의 사회교리는 어떻게 보고 있나요?

1. 가톨릭교회의 사회교리는 어느 맥락에서나 통하는 만병통치약이 아닙니다. 사회교리 자체가 현실의 도전에 응답하는 과정에서 나온 것이기 때문입니다. 사회교리는 사회적, 시대적 배경의 영향을 크게 받습니다. 예컨대 1891년 최초의 사회교리 회칙 「새로운 사태」(레오 13세 교황)가 나오던 무렵에는, 산업화 과정에서 **소외당한 노동자들의 자리**를 하느님 역사 안에서 찾는 것이 시급한 문제였습니다. 1981년의 「노동하는 인간」(요한 바오로 2세 교황)은 사회주의와 자본주의의 이데올로기 대결 가운데 **경제생활이 갖는 의미와 세계화 현상**을 진단하는 것이었습니다.

2. 2009년 이후에는 「진리안의 사랑」, 「복음의 기쁨」, 「찬미받으소서」 같은 회칙들이 **세계화와 생태 재앙에 직면한 인류와 교회의 사명**을 다루었습니다. 교회는 이런 발전 과정을 거치면서 공론의 마당에 참여해 왔습니다. 그런데 한국사회는 일반적인 사회 발전과정과는 구별되는 **독특한 역사**를 거쳐 왔습니다. **한국사회의 산업화 과정**은 국가가 사회 전체를 동원하고, 통제하던 시대를 거쳐서, 재벌과 정치세력의 유착을 통해 급격히 성장했습니다. 급진적 자본시장 자유화와 산업기반 세계화를 통해서 덩치를 키우는 과정이었습니다. 그 가운데 **노동자, 농민, 중소기업, 여성** 같은 약자에 대한 배려는 매우 부족했습니다.

3. 혼인·출산·노동 같은 사회 재생산 과정은 오로지 **가족의 책임**으로 떠넘겨졌습니다. 세상은 개인이 쫓아가기 벅찰 만큼 줄달음쳤습니다. 국가와 산업자본은 **허덕이는 개인과 가족에게만 책임**을 전가하는 비정하고 기형적인 사회

가 된 것입니다. 그 와중에 사람들은 **공론의 장**을 만들고 **공공의식**을 높이는 데에는 소홀했습니다. 혈연이나 지연, 학연 같은 **연줄 맺기**에 몰두하다가 최근에는 그마저 어렵다는 점을 깨닫게 되었습니다. 출산을 거부하고, 비혼, 별거가 확산되고, 세계 최고 수준의 자살률을 보이는 것은, 지금껏 한국사회가 변해오면서 기대해왔던 방식이 **더 이상 유효하지 않다는 것**을 보여줍니다.

161. 그리스도인의 사회현실 참여에 대한 사회교리의 가르침은 무엇인가요?

1. 그리스도인은 예수 그리스도를 머리로 하는 교회의 지체로서 **사랑으로 진리**를 증언해야 합니다(에페 4,15-16 참조). 사랑은 추상적이거나 관념적인 것이 아니라, 성체와 성혈로 생명의 양식이 되어주는 것입니다. 모든 이의 구원을 위해 십자가에 못 박혀 돌아가시기까지 하신 예수님의 사랑을 닮은(요한 13,34 참조), 벗을 위하여 목숨까지 내놓는 **구체적이고 실천적인 사랑**입니다(루카 10,25-28 참조). 사랑하기 위해 그리스도인은 사람들에게, 그리고 사람 사는 세상에 다가가야 합니다. 오늘날 수많은 사람들이 하느님의 현존을 드러내는 그리스도인의 사랑을 갈망하고 있습니다. 다른 한편, 인간다운 삶을 유린하는 사회적 악과 불의에 짓눌린 사람들은 사랑과 정의의 하느님의 현존을 의심하고 있습니다. 하느님을 간절히 찾는 이든, 하느님을 불신하는 이든, 이 모든 이에게 그리스도인은 하느님의 성사(聖事)로서 **기쁜 소식**을 선포하여야 합니다.(루카 4,18-19 참조)

2. 하지만 여전히 많은 그리스도인들이 이 **거룩한 사명**을 외면하고 있습니다. 기쁜 소식을 전해야 함에도 불구하고, 교회 울타리에 안주하려는 그리스도인들에게 예수님께서 이렇게 말씀하십니다. "불행하여라, 너희 위선자 율법학자들과 바리사이들아! 너희가 박하와 시라와 소회향은 십일조를 내면서, **의로움**과 **자비**와 **신의**처럼 율법에서 더 중요한 것들은 무시하기 때문이다."(마태 23,23). 인간 세상이 죄로 인해 어두움이 가득할수록, 함께 살아야 할 인간 세상이 탐욕과 불의로 분열될수록, **하느님께 대한 희망과 불신**은 극렬하게 부딪치게 됩니다. 이러한 상황에서 그리스도인은 어떻게 하느님께 대한 불신을 극복하고, 언제나 함께하시는 하느님, 언제나 세상 안에서 일하시는 하느님을 선포할 수 있을까요?

3. 게르하르트 로핑크(Gerhard Lohfink)[35]는 그의 저서 「오늘날 무신론은 무엇을 주장하는가?」에서 이렇게 말하고 있습니다. "하느님은 항구히 일하신다. 그분은 그리스도교인 전체가 깨어 있고 자신들의 사명을 의식하도록 끊임없이 자신의 영을 보내주신다. 그분은 우리를 통해 세상 안에서 활동하고자 하신다. 중요한 건 우리가 그분의 음성을 듣느냐, 아니면 반대로 귀를 막고 다른 곳으로 고개를 돌리느냐 이다." 하느님은 결코 침묵하는 분이 아니십니다. 다만, 하느님을 믿고 따른다고 하는 이들이 **하느님의 생명과 사랑, 정의와 평화의 도구**가 되기를 거부함으로써, **하느님께 침묵을 강요하고 있는 것**입니다. 세상에 파견되어 의로움과 자비와 신의를 실천함으로써 하느님을 삶으로 증언하기보다, 교회 울타리 안에서 머무르려는 **그리스도인의 위선적 안이함**이 하느님께 다가가려는 이들을 가로막고 있을 뿐입니다.

4. 온 세상의 창조주 하느님을 **자신만의 하느님**으로 삼고, 모든 이에게 모든 것이 되신 예수님을 **자신만의 구세주**로 모시려는 **그리스도인들의 이기적 편협함**이 하느님을 믿지 못하는 이들을 양산할 뿐입니다. 그러기에 그리스도인은 구세주의 손과 발이 되기를 바라며 부르시는 주님의 목소리에 귀를 기울이고, 교회의 울타리를 넘어 세상으로 들어가야 합니다.

"어느 누구도 종교를 개인의 내밀한 영역으로 가두어야 한다고 우리에게 요구할 수 없습니다. (…) 참다운 신앙은 결코 안락하거나 완전히 개인적일 수 없는 것으로서, 언제나 세상을 바꾸고 가치를 전달하며 이 지구를 이전보다는 조금이라도 나은 곳으로 물려주려는 간절한 열망을 지니고 있습니다."(「복음의 기쁨」, 183항)

162. 사회구조의 개선과 쇄신에 관한 사회교리의 가르침은 무엇인가요?

1. 공관복음에서 바리사이들과 율법학자들이 예수님을 죽일 결심을 한 최초의 계기는 **안식일 논쟁**이었습니다(마태 12,14 참조). 예수님의 제자들이 노동을 해서는

---

35) 세계적인 성서 신학자이자 사제로, 독일 튀빙엔대학교에서 신약성서 주석학 교수로 재직하였고, 현재 가톨릭통합공동체(Katholische Intergrierte Gemeinde)에 머물며 연구와 집필에 몰두하고 있다. 국내 출간된 저서로 「예수는 어떤 공동체를 원했나?」 「예수마음 코칭」 「주님의 기도 바로 알기」외 다수가 있다.

안 되는 안식일에 밀밭 사이를 질러가다 밀 이삭을 뜯어 손으로 비벼 먹었습니다. 그런데, 이 일이 당장 율법학자들과 바리사이들에게 흠 잡혔던 것입니다. 더 결정적인 것은 율법학자들과 바리사이들이 지켜보는 가운데, 예수님께서는 안식일에 손이 오그라든 사람을 치유해 주시는 노동을 감행하신 것입니다. "안식일에 좋은 일을 하는 것이 합당하냐? 남을 해치는 일을 하는 것이 합당하냐? 목숨을 구하는 것이 합당하냐? 죽이는 것이 합당하냐?"(마르 3,4)

2. 이렇게 예수님께서는 **안식일의 근본정신**을 지키고 회복하기 위하여, 적어도 외적으로는 안식일 법 규정을 완전히 뒤집어 엎으셨습니다. 예수님의 이러한 일탈은 율법학자와 바리사이뿐만 아니라 헤로데 당원까지 한통속이 되게 만들었습니다(마르 3,6 참조). 복음서들은 여러 차례 예수님이 병자들을 만났을 때 **측은한 마음**이 들었다고 전합니다. 또 병자들은 자신의 신앙을 드러내는 등 예수님과 병자들의 관계에 대해 전합니다. 적어도 안식일 논쟁에서는 세 복음서 중 어떤 복음서도 손이 오그라든 사람과 예수님의 관계에 대해서는 전하지 않고 있습니다. 다만, 안식일이라는 사회적 제도와 법규를 둘러싼 갈등만을 전해줍니다.

3. 원래 안식일에 관한 제도와 법률은 **인간을 해방시키는 것**이었습니다. 이집트의 억압에서 해방된 이스라엘 민족이 하느님과 자신들과의 관계, 더 나가서는 자신들과 우주 만물과 맺는 관계를 규정하는 법률이었습니다. 안식일은 인간이 노동의 고역에서 해방되는 날입니다. 안식년은 땅과 자연이 해방되는 해입니다. 안식년이 일곱 번이 지나고 난 다음 해에는 모든 사회적 관계가 해방되어, 새로운 관계가 맺어지는 희년(성년)으로 **해방과 회복의 해**인 것입니다. 그러나 예수님 시대의 안식일은 해방이 아니라 **억압의 법 규범**이었습니다. 사람을 살리는 규정이 아니라 죽이는 규정으로 변해버린 것입니다. 특히나 아픈 사람, 죄인이라 낙인찍힌 사람, 가난한 사람에겐 더욱 가혹한 법이었습니다.

4. 이렇게 법과 제도가 한 사회 안에서 굳어지게 되면, 사람들은 옳고 좋은 일이라고 하더라도 쉽사리 그 규범을 넘어서지 않으려 합니다. 그러니 사회의 제도와 법률, 문화 등의 구조들이 **그리스도교의 근본적인 가치인 이웃사랑을 방해**하기도 합니다. 그러나 또 어떤 경우에는 **사랑의 가치를 증진**시키기도 합니다. 이렇게 보면, 우리가 구조라고 부르는 법률, 제도, 문화 등이 인간관계와 사회관계를 규정한다고 말할 수 있습니다. 우리는 많은 경우에 자유롭고 주체적으로 행동한다고 생각하지만, 사실은 사회구조 안에서 영향을 받으며 그 안에 갇혀있습니다. 우리가 아무리 착하게 살겠다고, 사랑하며 살겠다고, 정의

롭게 살겠다고 다짐해도 우리 사회가 선하고 정의롭게 변하지 않는 이유가 바로 여기에 있습니다. 그런 의미에서 제도와 법률이라는 사회구조를 개선하고 쇄신시키는 것 역시 **사랑의 실천이요, 정의를 위한 투신**인 것입니다.

5. 가톨릭교회의 사회교리는 "애덕의 실천은 자선 행위에만 국한된 것이 아니라 빈곤문제의 사회적 정치적 차원들에 대처하는 것도 포함"한다고 가르칩니다(「간추린 사회교리」, 184항). 그리스도교적 사랑은 "친구나 가족, 소집단에서 맺는 미시적 관계뿐만 아니라 사회, 경제, 정치 차원의 거시적 관계의 원칙"이기 때문입니다(「진리안의 사랑」, 2항). 그런 뜻에서 사회교리는 사회구조에 관한 **교회의 가르침**이며, 가톨릭교회 사회윤리는 법과 제도를 포함하는 **사회구조의 윤리**입니다. 사회구조라는 담을 넘어서서 그 담 자체를 바꾸고 고치는 것을 **정치**라고 할 수 있습니다. 그런 의미에서 "정치는 흔히 폄하되기는 하지만, 공동선을 추구하는 것이므로 매우 숭고한 소명이고, 사랑의 가장 고결한 형태"인 것입니다.(「복음의 기쁨」, 205항)

163. 시민사회와 국가에 대한 사회교리의 가르침은 무엇인가요?

1. 시민사회라는 개념은 우리가 살아가는 사회를 좀 더 깊이 이해할 수 있도록 하는 **개념틀**이기도 합니다. 또 가톨릭교회의 사회교리를 더 잘 이해할 수 있는 **도구**이기도 합니다. 시민사회란 한마디로 정치(국가와 정부)와 경제(시장) 영역에서 비교적 독립되어 있는 **문화적 단체적 자원과 관계의 총체**를 뜻합니다(간추린 사회교리, 417항 참조). 다시 말하면, 시장과 국가를 제외하고 가정에서부터 출발해서 우리가 이루는 **모든 모임과 단체**를 말합니다. 즉, 종교적인 모임과 결사, 동문회와 친목회와 같은 모임, 더 나가서는 시민사회 단체와 같은 공적 영역에서의 결사까지 우리가 맺는 **모든 사회적 관계**를 뜻합니다.

2. 그러나 사회를 바라보는 관점은 다양하기에 각자의 이론과 이념의 입장에 따라 다릅니다. 또 어떤 경우에는 시민사회의 영역을 축소하려는 경향들이 있습니다. 예를 들면 **독재와 같은 전체주의**에서는 시민사회를 국가의 영역과 통제 속으로 통합시키려는 경향이 있습니다. 또 **신자유주의적 시장경제 이데올로기**는 시민사회의 영역을 축소시키고 반대로 시장의 영역을 확대시키려는 경향이 있습니다.

3. 이러한 경향에 거슬러 가톨릭교회는 한 사회를 **정치 공동체(국가)-경제적 삶(시장)-시민사회**라는 삼분법으로 바라보고 있습니다. 이 세 영역이 전체주의나 신자유주의의 경향을 거슬러 서로 자율적이고 균형 있는 관계가 되어야 한다고 가르치고 있습니다. 이러한 관계 안에서 우리가 꼭 짚고 넘어가야 할 부분이 있습니다. 그것은 경제제도나 정치가 **인간을 위해서**, 더 나가서는 **인간의 존엄을 위하고, 인간에게 봉사하기 위해 존재한다**는 점입니다. 이 말은 개인들이 결속하여 이루는 시민사회가 국가나 정치에 **우선한다는 의미**입니다. 시민사회는 **국가의 모태**이고, 그런 의미에서 국가는 시민사회에 **봉사**해야 합니다. 시민사회의 구성원인 개인과 집단에게 봉사해야 한다는 뜻입니다.(『간추린 사회교리』, 418항 참조)

4. 이러한 바탕 위에서 사회교리는 국가에 대한 시민사회의 우선성을 주장합니다. 이러한 관계를 규정하는 원리로서 **보조성의 원리**를 말하는 것입니다. 보조성의 원리는 더 작은 조직과 단체를 위해서 더 큰 조직은 보조적으로만, 즉 도움을 주는 방식으로만 개입해야 한다는 원리입니다. 바꾸어 말하면 더 작은 조직과 단체의 역할과 활동을 위해서는 더 큰 단체의 역할이 제한되어야 한다는 뜻입니다. 시민사회와 국가의 영역에서 말하자면, 시민사회의 자율적인 역할과 활동을 위해서 **국가의 권력**은 제한되어야 한다는 뜻입니다.

164. 사회문제에 대한 가톨릭교회의 역할은 무엇인가요?(1)

1. 한국천주교주교회의에서는 2011년부터 평신도 신자들이 신앙인 사회생활의 지침인 사회교리에 더 큰 관심을 가지도록 촉구해 왔습니다. 그래서 적극적으로 교회 가르침을 알고 사회생활에서 실천하도록 **사회 교리주간**을 제정했습니다. 가톨릭교회가 **국가의 정책사업**이나 **기타 사회문제**에 대한 목소리를 내는 것과 관련하여 **교회와 목자**를 걱정하는 목소리도 함께 늘고 있습니다. 그렇다면 교회가 정치·사회문제에 목소리를 내는 것이 그릇된 것인지, 더 나아가 반국가적인 행위인지를 살펴봐야 합니다. 사회교리라는 용어가 주는 낯섦과 선입견으로, 적지 않은 그리스도인이 사회교리를 **신앙교리와 무관한 것**으로 이해하고 있습니다.

2. 그러나 **십계명**에 바탕을 둔 사회교리는 그 자체로 **모든 그리스도인이 예외 없이 실천해야 하는 가톨릭교회 교리**입니다. 이와 같은 사회교리는 역대 교황의 문헌

과 회칙, 교서, 권고 등을 담은 것으로, **교회의 공식 가르침**입니다. 이 가르침을 통해 정치와 경제·인권·노동·평화·환경·생명 등 사회생활의 각 영역에서 일어나는 문제들을 **복음적 시각**으로 성찰하도록 돕고 있습니다. 가톨릭교회는 교리를 바탕으로 사회문제에 대한 목소리를 내고 있습니다. 이에 대해 일부 신자들 역시 교회 가르침을 내세워 사제들의 정치·사회 문제 해결을 위한 활동을 반대하고 있습니다. 그럼 왜 이런 현상이 벌어지는 것일까? 교회의 가르침이 잘못되어서 그런 걸까?

3. 가톨릭교회의 사회교리 가르침을 살펴볼 때에는, 성경을 큰 틀에서 보는 것처럼 사회교리 역시 **큰 틀**에서 봐야 합니다. 사회교리 일부만을 골라 특정 상황에 맞춰 해석한다면 그 뜻이 곡해될 수도 있습니다. 특히 사회교리 중 정치참여 부분은 교회가 **정치 제도권 안에 들어가 일정 역할을 하자는 것**이 아닙니다. 특정 정권(특정 정당이나 특정 집단 포함)에 치우치는 것은 교회의 가르침이 아닙니다. 이를 두고 좌파니 우파니, 또 진보니 보수니 하는 정치 이념으로 이해하는 것은 옳지 않고, 이로 인해서 교회 내 분열만 가져오게 됩니다. 특히 사회교리를 가르치는 이들이 **어느 정당이나 특정 정치 이념에 치우치지 말아야함은 당연한 것**입니다.

4. 한국천주교주교회의 정의평화위원회에서 가르치는 교회의 가르침은, 어느 특정 개인의 판단으로 옳고 그름을 판단하는 것이 아닙니다. **사회교리와 교회 교도권(敎導權)**에 바탕으로 두고 전체 주교회의에서 판단한 것임을 우리 신앙인은 이해해야 하고 또 이를 실천해야 합니다. 사회교리를 잘 모르는 상태에서 사회문제에 대한 교회의 목소리를 들으면, 단순히 교회가 정치문제에 참여하는 것으로 볼 수 있습니다. 그렇기 때문에 교회 가르침을 **정확히 인식하는 노력**이 필요합니다. 사회교리는 세상을 하느님께 인도하는 **교회의 대화와 협력의 언어**입니다.

5. 사회교리가 제시하는 **공동선 원리, 연대성 원리, 그리고 재화 사용의 보편적 목적의 원리 같은 가르침**들은 우리 사회 불평등 문제를 해결하는 데 큰 도움이 됩니다. 이 땅의 그리스도인은 **성전**은 물론 세상 한가운데서도 **신앙과 성사**를 구체적으로 드러내야 합니다. 시대의 징표를 **탐구**하고, 복음의 빛에 비춰 **성찰**하고 **행동**함으로써 신앙은 **생활**이 돼야 한다는 것입니다. 지금 한국 천주교회는 새로운 국면에 직면해 있습니다. 복잡해지고 급변하는 시대 흐름 속에서도 교회는 교리를 바탕으로 사회문제에 대한 가르침을 전해야 하는 것입니다.

165. 사회문제에 대한 가톨릭교회의 역할은 무엇인가요?(II)

1. 새롭게 등장하는 한국사회의 문제들에 대해 우리는 그리스도인으로서 어떻게 판단하고 행동할 수 있을까? 교회는 이러한 선택을 위해 세 가지 기본 방향을 제시하는데, 바로 ①**성찰 원리**, ②**판단 기준**, ③**행동 지침**입니다. 그 첫 단계는 **상황을 주의 깊게 살펴보는 것**으로 성찰의 단계입니다. 우선 발생한 사건에 대해 정확하게 파악할 필요가 있습니다. 주어진 정보에만 의지하는 것이 아니라 다양한 경로를 통해 발생한 사회문제에 대해 객관적 정보를 수집하는 것이 필요합니다. 찬성이나 반대의 어느 한쪽 의견만을 전적으로 수용하는 것 역시 잘못된 것입니다. 만일 누군가 한쪽 정보에만 집중한다면 그는 다음 단계인 윤리적 판단 단계에서 오류를 범할 수 있습니다. 윤리적 판단은 자신에게 주어진 윤리 지식과 교육 환경 등의 영향을 받습니다. 그렇기 때문에, 어떤 사안에 대한 정확한 분석은 습득된 정보를 통해 결정되는 경우가 많습니다. 따라서 어떤 문제에 직면했을 때 정확히 알지 못하는 사실에 대해 이러쿵 저러쿵 비판을 하거나 판단하는 것은 **매우 위험한 일**이라고 말할 수 있습니다.

2. 두 번째 단계에서는 **판단을 내릴 기준**이 필요합니다. 우리는 한국인인 동시에 그리스도인이기에 판단 기준을 두 군데에서 동시에 찾아야 합니다. 우선 대한민국 국민으로서 **국가법**에 충실하면서 **사회적이고 문화적인 부분**까지도 충분히 살펴보아야 합니다. 이와 함께 우리는 그리스도인이기에 교회가 사회에 주는 **공식적인 가르침**에 대해 충분히 숙지하고 연구할 필요가 있습니다. 하느님의 **거룩한 말씀을 기록한 성경과 교도권의 가르침**은 교회 안에서 그리스도인으로서 올바른 윤리적 판단을 내릴 기준이 됩니다. 성경말씀 속에서 하느님의 뜻이 무엇인지 살펴봐야 합니다. 교회의 공식적인 가르침인 「**가톨릭교회 교리서**」와 「**간추린 사회교리**」 등을 포함하여 **각종 공의회 문헌, 교황님들의 가르침** 속에서 그리스도인으로서 나아가야 할 길을 발견해야 합니다.

3. 마지막 단계는 **행동하는 실천의 단계**입니다. 문제점을 정확히 살펴보고, 판단 기준에 의한 판단이 내려졌으면 이내 행동으로 옮기는 단계로 넘어가야 합니다. 교회가 사회 안에서 살아간다는 것은 신앙이 삶 속에서 구체적으로 드러나도록 노력한다는 것을 뜻합니다. 이는 하느님 나라가 천상 세계에만 속해 있는 이상적인 것이 아니라, 우리 현실 속에서 실현되는 구체적인 것이 되어야 함을 말해주는 것입니다. 삼천년기를 살아가고 있는 우리 인류는, 수많은 역사적 사건

속에서 순례하는 백성입니다. 교회 본연의 모습을 보여주며 세상 안에서 함께 살아왔으므로, 교회는 사회와 완전히 분리되어 존재할 수 없습니다. 교회는 단지 사회와 구별되어 존재할 뿐이지 결코 분리될 수 없습니다. 교회가 교회 일에만 힘쓸 수 없는 까닭 역시 그러한 이유 때문입니다. "그리스도인은 통합적이고 연대적인 인도주의를 촉진하기 위한 출발점으로서 **성찰 원리와 판단 기준과 행동 지침**을 교회의 사회교리에서 얻을 수 있다는 것을 안다"고 밝히고 있습니다 (「간추린 사회교리」, 7항). 가톨릭교회는 진정한 인도주의를 이 땅에 실현하기 위한 출발점으로 사회교리를 말하고 있습니다. 이러한 이유 때문에 우리는 그리스도인으로서 올바르게 판단하고 행동하기 위해 **사회교리**를 열심히 공부해야 합니다.

166. 사회문제에 대한 가톨릭교회의 역할은 무엇인가요?(III)

1. 여러 사회문제에 **교회가 적극 개입하고 있는 것**과 관련해서 교회 안에서 찬성하고 지지하는 목소리가 있는가 하면, 우려하는 것을 넘어 반대하고 거부하는 목소리도 있습니다. 양쪽 모두 그 나름대로 일리가 있고 또 어떤 면에서는 자연스럽기도 합니다. 그런데 이런 다양한 입장 중에는 **교회의 사명과 역할**에 대해 제대로 이해하지 못하는 부분이 있습니다. 특히 교회는 **윤리적인 문제**에 대해서 개입해야지 구체적인 **국가정책**이나 **이해관계**에 개입해서는 안 된다는 의견이 그러합니다. 교회는 윤리와 인간문제의 전문가이므로, **구체적인 사회의 영역**에서는 다른 전문가들의 판단과 결정에 따라야 한다는 것입니다. 그런 이유로 과학기술의 영역인 **핵발전소**를 반대하거나, 구체적인 국가정책인 **해군기지**를 반대하거나, 이해관계의 영역에 속하는 **노동문제**에 개입해서는 안 된다는 것입니다. 다만, 반대를 위한 반대가 아닌 진정한 대안을 가지고 이런 민감한 문제에 대해 좀 더 신중하게 접근하는 것도 **교회의 바람직한 모습**입니다.

2. 무엇보다도 먼저 교회에서 염려하고 있는 점은 과학기술이나 국가정책이 **중립적이고 객관적이며 투명한 것**이 아니라는 점입니다. 자연과학의 역사는 과학기술이 다양한 사회적 영향을 받아 진화하는 **사회적 구성물**이라는 것을 확인시켜줍니다. 또한 과학기술은 한 사회의 **가치와 윤리**, **자본과 노동의 관계** 등의 영향을 받아서 형성되는 것입니다. 더욱이 한 국가의 정책은 한 사회의 **여러 이해관계들**을 조정하기도 하지만, 어떤 경우에는 **특정 집단**의 이해를 대변하기도

합니다. 우산장수와 짚신장수를 동시에 만족시킬 수 없듯이, 사회 구성원 모두를 만족시키는 정책은 없는 것입니다. 이런 특성을 고려해 볼 때 오늘날 과학기술과 국가정책은 **기업과 자본**에 의해 **영향**을 받는다고 말할 수 있습니다. 또 심한 경우에는 기업과 자본의 이해를 **대변**하기도 합니다. 때로는 이런 정책이 **언론과 미디어**에 의해 마치 모든 구성원을 위한 것인 양 **호도**되기도 합니다. 그렇기 때문에 과학기술의 영역이거나 전문적인 정책의 영역이라 할지라도 전문가들에게만 맡겨둘 수만은 없는 일입니다.

3. 또한 교회가 윤리와 인간 문제의 전문가라는 이유로 **사회와 국가의 문제에 개입해서는 안 된다고 주장**하는 것은 잘못입니다. 그것은 교회와 세상 사이를 갈라놓고 교회가 세상의 일에 관여할 수 없다고 주장하는 **세속화**의 하나입니다. 더 나아가 특정한 이해관계의 입장에서 **사회적 공론**과 사회 각 분야의 **민주적 통제**를 부정하는 발상일 뿐입니다. 우리가 윤리라고 하는 부분은 개인의 양심과 내면에 관계된 것일 뿐만 아니라, 한 공동체의 올바른 규범과 생활방식을 포함합니다. 윤리는 각 사람이 직접 맺고 있는 기본적인 관계에 밀접하게 관련을 맺고 있습니다. 그러한 사회적인 관계는 **법률과 제도, 정치와 정책 등의 구조**에 의해 언제나 함께 하고 있습니다. 그런 의미에서 그리스도교의 윤리의 핵심인 **사랑** 역시 친구나 가족, 소집단에서 맺는 **미시적 관계**뿐만 아니라 사회, 경제, 정치 차원의 **거시적 관계의 원칙**이 되는 것입니다.(「진리 안의 사랑」, 2항 참조)

4. 가톨릭교회의 사회적 관심은 "인간의 참다운 발전과 사회가 인간의 모든 차원을 존중하고 신장시키는 사회로 발전하는 데에 있습니다."(「사회적 관심」, 1항). 바로 이런 이유로 "어느 누구도 종교를 **개인의 내밀한 영역**으로 가두어야 한다고 우리에게 요구할 수 없습니다. 종교는 **국가 사회생활**에 어떠한 영향도 미치지 말라고, **국가 사회제도**의 안녕에 관심을 갖지 말라고, 국민들에게 영향을 미치는 **사건들**에 대하여 의견을 표명하지 말라고, 그 어느 누구도 우리에게 요구할 수 없습니다."(「복음의 기쁨」, 183항)

167. 언론의 공정성에 대해 가톨릭교회의 사회교리는 무엇이라고 말하나요?

1. "정보의 객관성에 대한 권리를 온전히 행사하지 못하게 하는 장애물 가운데 특별히 주목하여야 하는 것은, 소수 사람이나 집단이 조종하고 있는 **뉴스 미디어**

현상이다. 이런 현상에 통치행위와 재정, 정보기관들의 유착까지 더해지면 이는 전체 민주주의 제도에 위험한 결과를 미친다."고 「간추린 사회교리」에서는 말하고 있습니다. 또 "정보는 민주적 참여를 위한 주요한 도구 가운데 하나이다. 정치 공동체의 상황과 사실들, 제시된 문제 해결책을 모르고서는 정치에 참여할 수 없다"(「간추린 사회교리」, 414항)고 명시하고 있습니다.

2. 사실 **언론의 공정성**에 대해 시비를 따지는 것은 새삼스러운 일도 아니라고 할 수 있습니다. 이런 가운데 방송을 공정하게 제작, 보도하지 못했다는 주장을 내세우고 많은 언론인이 파업에 참여하기도 합니다. 일전에는 민주주의 제도의 핵심이라 할 수 있는 투표행위에 필요한 정보를 제공하는 선거관리위원회의 누리방 대문을 누군가 강제로 닫은 사건도 있었습니다. 한편 기존 대중매체와는 다른 새로운 형태의 소통양식인 **트위터**와 **페이스북** 같은 것들은 기존의 신문이나 텔레비전 혹은 인터넷 매체와는 전혀 다른 새로운 언론의 형태로 파급력을 키우고 있습니다. 이런 논란과 새로운 언론 형태의 팽창의 배경에는 **여론형성**과 **정보 민주주의**가 자리하고 있습니다.

3. 가끔 언론보도와 관련하여 정보공개 여부를 놓고 **시민의 알 권리**가 논란의 주제로 떠오릅니다. 그런데 시민의 알 권리를 말할 때 알릴 것과 알리지 말 것을 누군가 정해야만 합니다. 이를 두고 언론매체를 포함하여 이해관계에 놓여있는 이들이 그것을 정하는 것은 아닌지를 살펴야 합니다. 혹은 그들이 알리고 싶은 것을 전하면서 시민의 알 권리라고 포장하는 것은 아닌지, **정보와 민주주의**에 대해 살펴볼 필요가 있습니다. 언론이 사실을 전하기보다는 알리고 싶은 내용만을 골라 전하든가 또는 이해관계에 따라 사실을 적당히 얼버무리거나 왜곡하면서 국민들을 **비판력이 부족한 정보 소비자**로 길들일 수도 있습니다.

4. 대중매체가 하나의 사물을 놓고 **진실을 바라보는 상반된 시각**은 "이데올로기, 이익 추구, 정치적 통제, 집단 간의 알력, 기타 사회악 때문"입니다(「간추린 사회교리」, 416항). 대중매체에 어김없이 등장하는 것이 정체성에 대한 논란인데, 그 중에도 가장 유치한 이데올로기 논란이 이른바 **색깔논쟁**입니다. 물론 대중매체도 이데올로기의 덫에서 자유롭지 않고, 몇 십 년이 지나도 이 유치함에서 벗어나지 못한 데에는 스스로의 책임이 큽니다. 대중매체의 정치적 통제 혹은 통제로부터의 독립을 위한 몸부림은 우리 언론의 살아 있는 역사이고, 그 역사는 지금도 되풀이되고 있습니다.

5. 새로운 형태의 매체가 등장했고 대중매체 관련 정책과 법이 제정되고 개정되었

는데도, 대다수 시민들은 철저하게 수동적입니다. 물론 복잡한 사회생활 영역에서 정보와 의사소통을 위한 여러 형태의 도구들이 존재할 수 있도록 하면서 실질적인 **다원주의를 보장하는 것**이라고도 할 수 있습니다. 그렇지만 **시민이 대중매체 정책에 관한 의사결정 과정에 참여하는 것**에 대해서 일부에서는 합법적이라고 주장하지만, 동의하지 않는 이들이 꽤 많이 있습니다.

168. 악의적인 보도와 악플에 대한 사회교리의 가르침은 무엇인가요?

1. 2019년 11월 25일은 **국제 여성폭력 추방의 날**이었는데, 다음날 유명 연예인의 사망사건이 일어났습니다. 여기서 연예인을 대하는 우리 인식에 문제가 있지 않나 짚어 봅니다. 연예인도 사생활이 있습니다. 물론 명성과 사회적 책임에 맞지 않는 실수도 있을 수 있습니다. 그런데 터무니없이 맹렬한 비난과 감당하기 어려운 악의적 조롱, 그리고 죽음을 강요하는 것처럼 **악성 댓글**과 고인에 대한 **2차 폭력**에는 우리의 잘못된 인식이 짙게 깔려있습니다. 우리가 그들을 **친구와 이웃**으로 대했으면 하는 마음입니다. 이것은 우리 모두의 **무관심이 불러온 사회적 살인**이라고 봐야 합니다. 그러나 슬프게도 자본주의 사회에서 그들의 재능은 흔히 **상품에 불과한 것**처럼 여겨지고 있습니다.

2. 보건복지부와 한국기자협회가 정한 **자살보도 권고기준**이 있습니다. 그럼에도 불구하고 일부 무책임한 언론은, 유명인의 일상을 가십거리로 소개하고 선정적인 기사만을 생산합니다. 그 결과, 유명인의 극단적 선택이라는 안타까운 사건과 그로 인한 유가족 충격 등의 2차 피해로 연결됩니다. 이는 한 사람의 죽음을 애도하는 것이 아니라, 돈벌이 되는 기사를 양산하는 것입니다. 악의적 보도는 **악플**을 부르고, 악플은 **상처와 혐오**를 만듭니다. 가학적 악순환의 연속입니다. **윤리적 태도**와 **인격적 존중**이 없기 때문에 벌어지는 사태들입니다.

3. 악의적 보도와 악플에 대한 처벌 강화와 관련 법령 개정이 필요하다는 주장이 힘을 얻고 있습니다. 어느 시대에도 이런 문제는 있었으나 조회 수와 광고 수가 많아야 장사가 된다는 현실은 결국 우리에게 묻고 있습니다. 우리는 어떤 가치를 선택하고 살 것인지를. 나는 연예인이나 유명인들을 포함한 우리의 이웃들을 **하느님의 사람**으로 여기고 있는지를 살펴보아야 합니다. 또 내가 언제나 **신앙의 가르침**을 토대로 말하고 행동하고 판단하고 있는지를 생각해 봐야 합니다.

"대중매체는 인간 공동체의 여러 분야, 곧 경제, 정치, 문화, 교육, 종교에서 인간 공동체를 건설하고 유지하는 데에 이용되어야 한다. 대중매체를 통한 정보 전달은 공동선을 위한 것이다. 사회는 진실과 자유와 정의와 연대 의식에 근거한 정보를 제공받을 권리가 있다."(「간추린 사회교리」, 415항)

169. 언론자유의 올바른 의미에 대한 사회교리의 가르침은 무엇인가요?

1. 국제 언론감시단체인 **국경 없는 기자회**(RSF)[36]가 2002년부터 전 세계 180개국을 대상으로 평가하여 **언론 자유지수**를 발표했습니다. 이 단체는 과거 한국 정부가 '비판을 참지 못하고 미디어를 간섭해 언론의 독립성을 위협하고 있다.'고 지적한 바 있습니다. 이처럼 언론이 정권과 권력에 **예속**되거나 권력의 **눈치**를 본다면, 이는 민주주의의 과정에 부정적인 영향을 끼칠 수밖에 없습니다. 특히 우리나라처럼 선거 이외에는 정치와 정책결정에 참여하기 힘든 구조 안에서 올바른 여론을 형성하고 전달하는 것은 **민주주의를 위한 최소한의 조건**이라고 할 수 있습니다.

2. 그러나 이보다 더 심각한 문제는, 우리나라의 주류 언론이 대기업화되어 **자기 언론사의 경제적 이해관계**에서 자유롭지 못하다는 것입니다. 이것은 **거대 광고주**의 이해관계를 반영하고 있다는 것을 말하는데, 이것 역시 민주주의의 관점에서 볼 때 심각한 문제가 아닐 수 없습니다. 민주주의는 한 사회의 중심을 다원화하는 경향을 발전시키는 힘이어야 합니다. 권위주의와 전체주의의 영향력이 한 사회 안에서 단일한 중심으로 응집되어 있습니다. 이것을 민주주의는 이러한 응집된 **힘의 요소들을 해체하고 다원화시키는 과정**이라고 볼 수 있습니다. 언론은 이러한 **일원적 응집**을 극복하고, **다수의 의견**이 자유롭게 소통되고 합리적으로 설득될 수 있는 영역이 되어야 합니다. 그러나 언론 자체가 **거대 기업화**될 경우, 사회 모든 분야의 단일한 응집력을 해소하기는커녕 오히려 그런 응집력을 강화함으로써, 다원주의적 민주주의의 발전을 저해합니다.

3. 더 나아가 언론이 권력에 대한 **감시의 기능**을 잃어버리거나 기존 현실에 대한

---

[36] 언론의 자유 증진과 언론인 보호 활동을 진행하는 국제적인 비정부기구.

비판의 힘을 잃어버리게 됩니다. 결국에는 대기업으로서의 자기 이해관계를 대변하고 기존 사회현실에 대한 정당화로 이어지게 됩니다. 이럴 경우 기존 기득권의 이해를 **몰역사적으로 정당화하는 이데올로기**로 변질되기 쉽습니다. 언론의 자유는 사실 19세기 민주주의에서 의견의 자유를 의미하는 언론의 자유와도 다릅니다. 가톨릭교회의 사회교리 사상을 표현하고 전파하는 **진리 탐구에 대한 자유**와도 동일시 될 수 없습니다.(「지상의 평화」, 12항 참조)

170. 언론이 침묵하고 있는 현 시대의 상황을 교회는 어떻게 보고 있나요?

1. 현재를 살고 있는 이 시대에서 벌어지는 상황에 대해 진실에 따른 사실을 있는 그대로 알려야 할 언론이 필요합니다. 그러나 **특정한 힘**에 의해 조종되어 애써 눈을 감고 입을 다문 언론이 있습니다. 이와 같은 언론이 진실의 전달자라 믿는 순진한 국민들의 무관심 속에 우리의 현실은, 사실과 다른 여론을 형성하여 결국은 **망각의 세계**로 젖어들고 있습니다. 성경에는 사람들이 귀먹고 말 더듬는 이를 예수님께 데려오는 이야기가 나옵니다. 귀먹고 말 더듬는 이! 바깥의 소식을 들을 수 없고, 자신에 대해 말할 수 없는 사람입니다. 외부와 단절된 채 자신에게 갇힐 수밖에 없는 고립된 사람입니다.

2. 예수님께서 그에게 "**에파타!**" 곧 "**열려라!**" 하고 말씀하십니다. 그러자 곧바로 그의 귀가 열리고 묶인 혀가 풀립니다. "에파타!" 그에게 가장 절실했던 생명과 같은 한 마디의 말씀입니다.(마르코 7,31-37). 오늘날의 언론매체는 에파타를 상실한 시대입니다. 이러한 시대에 교회는 "대중매체를 통한 정보 전달은 공동선을 위한 것"이라는 점을 강조합니다. 그리고 "사회는 진실과 자유와 정의와 연대 의식에 근거한 정보를 제공받을 권리가 있다"고 **언론의 역할과 의무**를 분명하게 밝히고 있습니다.(「가톨릭교회 교리서」, 2494항)

3. 더 나아가 "소수의 사람이나 집단들이 조종하고 있는 뉴스 미디어 현상"에 대해서(「간추린 사회교리」, 414항) 교회는 "대중매체의 세계에서는 흔히 **이데올로기, 이익 추구, 정치적 통제, 집단 간의 경쟁과 알력, 기타 사회악들** 때문에 커뮤니케이션 분야 고유의 어려움이 악화되는 경우가 많음"을 지적합니다.(「간추린 사회교리」, 416항). 또한 에파타를 거슬러 침묵하는 언론과, 이러한 언론을 조종하거나 이에 조종당하는 사람들을 질책하고 있습니다. 이러한 꾸짖음으로부터 교회 언론과 우리 그리스도인도 자유로울 수가 없습니다.

171. 언론에 대한 진실과 거짓을 가려내는 힘을 우리는 어디서 찾을 수 있나요?

1. 신문은 물론이고 지상파 방송, 종합편성 방송, 인터넷 방송, 케이블 TV 등 무수히 많은 대중매체들이 연일 정보를 쏟아내며 자신들의 입장을 알리고 다양한 분야의 사람들과 소통을 이끌고 있습니다. 그러나 수많은 매체의 홍수 속에서 우리는 각각의 특성을 구분하지 못하거나 또는 애써 구분하지 않으려고 합니다. 쏟아지는 뉴스, 광고, 드라마를 볼 때 진실이 무엇인지 모호합니다. 특히 지금처럼 상업방송이 판을 치는 시대에는 그 어느 때보다 **시청률 경쟁**이 치열합니다. 이때 이윤추구에 눈이 어두워진 매체는 자칭 전문가들을 내세워 **진실을 조작하고 왜곡**하기도 합니다. 이럴 때 대중매체를 접하는 국민들은 혼돈 중에 참과 거짓을 구분하기 어렵게 되기 때문에 매체를 다루는 영역의 **윤리**가 요구됩니다.

2. "거짓을 벗어 버리고 저마다 이웃에게 진실을 말하십시오. 여러분의 입에서는 어떠한 나쁜 말도 나와서는 안 됩니다. 필요할 때에 다른 이의 성장에 좋은 말을 하여, 그 말이 듣는 이들에게 은총을 가져다줄 수 있도록 하십시오."(에페 4,25-29). 어떤 매체가 이웃에게 진실을 말하고 이웃의 성장에 좋은 말을 하고 있을까요? 우리가 처한 매체 환경이 이렇다면 어느 매체가 진실을 전하고 있는지 옥석을 가려야만 합니다. 매체 분야 전문가들만이 윤리적 의무가 있는 것이 아니라 **매체를 이용하는 사람들**도 마찬가지로 그러한 의무가 있다는 것입니다.(「간추린 사회교리」, 562항 참조)

3. "자신의 고유한 책임을 인식하고 있는 시청자들 못지않게 매체 운영자들도 자기 책임을 다하려고 노력해야 한다. 매체 이용자들의 첫째 의무는 **식별력**과 **선정 능력**을 갖추는 것이다. 부모와 가정, 교회는 포기할 수 없는 엄격한 책임이 있다"(「간추린 사회교리」, 562항)는 가르침에 따라 매체의 홍수, 특히 규제가 거의 없는 현재 매체 시장에서 각 개인은 좋은 매체를 선정하고 식별하는 능력을 키워야 합니다. 교회 또한 그런 책임이 있다는 것이 교회의 사회적 가르침입니다. 이처럼 매체를 통한 사실이 왜곡되는 상황에서는 매체 이용자들이 **식별력**과 **선정 능력**을 갖추어 **진정성**과 **일관성** 등을 살펴야 합니다.

172. 텔레비전을 포함한 대중매체에 대한 사회교리의 입장은 어떠한가요?

1. 어느 연구 조사기관에 따르면, 우리나라의 65세 이상 노령 인구의 대부분이 여가시간의 대부분을 **텔레비전**을 시청하면서 보내는 것으로 조사되었습니다. 더욱이 텔레비전 시청의 대부분은 **종편방송**을 보는 경우가 많은데, 그 이유가 단지 재미가 있기 때문이라는 것입니다. 또한 많은 노령 인구가 경제적 여유가 없이 살아가므로 여가 시간을 즐길만한 **문화적, 사회적 조건**이 제대로 갖추어져 있지 않기 때문에 텔레비전 시청의 비중이 높아질 수밖에 없습니다.

2. 많은 사람들은 방송과 언론에 대해 막연하게나마 신뢰를 가지고 있습니다. 수많은 텔레비전 채널 중에 특정한 채널에 고정시키는 시간은 **길어야 3분**입니다. 그렇기 때문에, 방송사들은 시청자들의 채널을 잡기 위해서 가급적 주의를 끌만한 내용과 표현으로 방송을 채웁니다. 그런 의미에서 텔레비전은 이제 **바보상자 그 이상**입니다. 텔레비전을 통해 전파되는 저속한 상업주의는 **건강한 대중문화**를 왜곡합니다. 뿐만 아니라, 다양한 의견과 여론을 바탕으로 하는 **건강한 민주주의**를 해치고 있습니다.

3. 바로 이 지점에서 가톨릭교회의 사회교리 역시 **대중매체와 뉴스 미디어 현상**에 대해 깊은 우려를 가지고 있습니다(『간추린 사회교리』, 414-416항 참조). 건강한 민주주의가 되기 위해서는, **정치 공동체의 상황과 사실들 그리고 여러 가지 문제 해결책들**이 서로 공유되고 서로의 의견이 개진되어야 합니다. 그러나 대중매체의 세계에서는 흔히 **이데올로기, 사적인 이익 추구, 정치적 통제와 여론의 왜곡, 집단 간의 경쟁과 알력** 때문에 뉴스 미디어가 왜곡되고 있습니다. 이것이 교회가 염려하는 점입니다. 이러한 왜곡 현상 때문에 **건강한 대중문화**가 형성되기 어렵고, **건강한 민주주의**도 성장하기 어려운 것입니다.

4. 가톨릭교회는 끊임없이 **인간의 존엄성**과 우리 사회의 **공동선**이라는 기본적인 도덕적 가치와 윤리적 원리들이 대중 매체에도 적용되어야 한다고 가르치고 있습니다. 하지만 오늘날 우리 사회의 **상업주의** 앞에서 큰 힘을 발휘하지는 못합니다. 그렇다면 남은 과제는 우리의 몫입니다. 무엇보다 먼저, 꼼꼼히 따져보고 대중매체를 접해야 합니다. 텔레비전 시청은 최소한으로 하고, 그 시간에 신문과 잡지, 그리고 성경을 읽으면 더욱 좋을 것입니다. 자기 처지에 따라 텔레비전에서 해방되어야 삶이 더욱 풍요로워 집니다.

173. 대중매체를 이용한 정보전달의 중요성을 교회는 어떻게 말하고 있나요?

1. "수석 사제들과 원로들은 군중을 구슬려 바라빠를 풀어 주도록 요청하고 예수님은 없애 버리자고 하였다."(마태 27,20). 수석 사제들과 원로들이 예수님을 없애 버리자고 군중을 선동합니다. 예수님을 믿고 따르던 순박한 사람들이 순식간에 돌변하여 외칩니다. "십자가에 못 박으시오." 수석 사제들과 원로들은 가난하고 무식한 사람들을 무시했습니다. 하지만 예수님은 오히려 약하고 억압받고 고통받는 민중을 보듬으셨습니다. 그런데 왜 힘없는 이들이 돌연 수석 사제들과 원로들의 편에 서서 예수님을 해치려 할까요? 수석 사제들과 원로들은 **사회적 지위**와 **종교적 정치적 권력**을 가지고 있었습니다. 예수님께서 여는 새 세상인가? 아니면 기득권의 향유를 위해 예수님을 제거할 것인가? 갈림길에서 권력자들은 후자를 선택합니다.

2. 자신들이 직접 나서기보다는 예수님을 따르던 여리고 순진한 사람들을 통해서 예수님에 대한 **흑색선전**과 군중들을 향한 **회유와 압박**이 난무합니다. 진실을 가리고 여론을 호도합니다. "대중매체의 세계에서는 흔히 이데올로기, 이익 추구, 정치적 통제, 집단 간의 경쟁과 알력, 기타 사회악들 때문에 커뮤니케이션 분야 고유의 어려움이 악화되는 경우가 많다"(「간추린 사회 교리」, 416항)고 말합니다. 수석 사제들과 원로들이 그러했듯 불의한 권력은 언론을 탐합니다. 거짓 정보를 흘리고 언론을 조작하고 통제합니다. 불의한 언론은 **불의한 권력**에 빌붙어 권력의 단맛을 즐깁니다.

3. 선을 악이라 말하고, 악을 선이라 말하도록 강요하는 이들과 한패가 되어 말하는 모든 이는 민주주의를 훼손하는 가장 위협적인 존재입니다. "대중매체를 통한 정보 전달은 **공동선을 위한 것**"이고 "사회는 **진실과 자유와 정의와 연대 의식에 근거한 정보를 제공받을 권리**가 있습니다."(「가톨릭교회 교리서」, 2494항). 불의한 권력과 이에 기생하는 언론은 **거짓으로 가득한 왜곡된 정보**를 주입함으로써, 자유의지에 따른 사람들의 **올바른 판단**을 흐리게 합니다. 이로 말미암아 개인과 사회에 치명적인 결정을 **다수결의 논리**로 관철시킵니다. 또한 불의한 정보를 여과 없이 받아들여 **판단과 행동의 기초로 삼는 사람들** 역시 민주주의를 훼손한 책임으로부터 자유로울 수 없습니다.

174. 정부의 사회복지 정책과 관련한 가톨릭교회의 입장은 무엇인가요?

1. 오늘날 자본주의 경제체제 실패 현상 가운데 하나는 **사회 구성원 간의 불평등 심화**라 할 수 있습니다. 시민 사이의 심각한 불평등은 사회 전체를 위험에 빠뜨릴 수 있습니다. 국가는 이를 완화 혹은 극복하기 위해 **사회보험제도 같은 안전장치**를 마련하고 있습니다. 우리에게 익숙한 4대 보험이 그 중 한 예가 되겠습니다. 자본주의 사회에서 건강에 문제가 생기면 생산 활동에 참여하기가 어렵고, 당연히 생활의 곤란함을 겪습니다. 이런 경우를 대비해 ①**국민건강보험제도**를 마련해 그 위험에 대비합니다. ②마찬가지로 노동하다 다쳤을 경우에도 생산 활동을 못하게 되고 살림이 어려워지므로 **산업재해보상보험제도**로 위기 극복을 돕고 있습니다.

2. ③불가피한 사정으로 실직을 하는 경우도 마찬가지로써 **고용보험제도**로 이들을 돕는 것입니다. ④마지막으로 나이가 들어 더 이상 생산 활동을 할 수 없어 소득이 없어지면 경제적 위기를 맞게 되는데, 이를 위한 것이 바로 **국민연금보장제도**입니다. 이 제도들의 공통점은 시민의 생산 활동을 전제하고 생산 활동의 어려움에 대처하기 위한 **국가 복지정책**입니다. 자본주의 경제체제가 유지되기 위해서는 반드시 생산 활동이 필요하고, 그 활동에 장애가 발생할 경우를 대비해 보험을 마련하는 것입니다. 또한 보험료를 부담할 형편조차 되지 못하면, **국민기초생활보장제도**를 활용해 기초생활을 지원하고 있습니다.

3. 이런 제도들을 **사회보장제도**라고 부릅니다. 이는 개인이 자신의 삶을 스스로 책임져야 한다는 것을 바탕으로 하면서도, 사회가 일정 부분 보완하는 형태를 띠고 있습니다. 시민 개인이나 가족은 물론 자본주의 경제체제의 사회 전체를 보호하고 유지하는 셈입니다. 하지만 복지와 관련하여 그치지 않는 논란이 있습니다. 개인의 책임을 사회에 떠넘기지 말아야 한다는 주장과 사회는 구성원의 삶이 유지되도록 일정 부분 책임을 져야 한다는 주장의 대립이 그것입니다. 즉 우리 사회를 양분하는 **보편복지**와 **선별복지**에 관한 논란입니다. **보편복지**는 복지를 사회적 권리로 보며 전체 인구를 대상으로 사회복지 서비스를 제공할 것을 주장합니다.

4. 4대 보험제도나 노인을 위한 사회보장이나 어린이를 위한 공공 교육이 보편복지에 속합니다. 보편복지는 모든 사람이 위기에 처할 수 있음을 전제하기에 **공공 제도로서의 서비스 제공**을 선호하며, 차별하지 않음으로써 **사회통합**을 강조하는 장점이 있습니다. 하지만 **경비가 많이 소요될 수 있고 복지 서비스 남용**에 대

한 우려가 있습니다. 반면, **선별복지**는 지원이 필요한 가족이나 개인이 서비스를 받으려면 그 사실을 증명해야 합니다. 이를 위해 통상적으로 자산조사를 활용하는데, 선별복지는 **제한된 사회정책**을 선호하고 보편복지정책을 낭비적이라고 간주합니다.

5. 또 개인 혹은 가족의 책임을 강조하지만 지원을 받는 사람과 그렇지 않은 사람들 간의 **통합을 저해**한다는 단점을 가지고 있습니다. 지금은 이와 같은 논쟁을 **보수와 진보의 대립**으로 몰고 감으로써 시민 복지를 정략적으로 이용한다는 의구심마저 들게 합니다. **알맹이 없는 복지 논쟁**으로 정작 복지 실현은커녕 시민의 삶은 점점 더 위기에 내몰리는 게 현실입니다. 복지정책은 다음 네 가지 요소를 고려해야 합니다. ①누구에게 서비스를 제공할 것인가, ②어떤 서비스를 제공할 것인가, ③그 서비스를 어떻게 제공할 것인가, ④마지막으로 그 정책실현을 위한 재원은 어떻게 마련할 것인가 입니다.

6. 언론에서는 주로 네 번째 요소, 즉 재원마련 대책도 없이 즉흥적 선심성 복지공약을 남발한다고 비판합니다. 국민들 대부분이 이에 공감합니다. 그러나 국민들과 여론을 조성하는 언론 간에 소모적 논쟁이 벌어지는 경우도 있습니다. 첫째, 선별복지를 보수의 시각으로, 보편복지를 진보의 시각으로 **단순하게 대립시키는 경향**을 보입니다. 복지를 **인권의 사회적 관점**에서 이해하려는 것처럼 사회복지 역사는 보편복지로 발전하고 있습니다. 하지만, 그렇다고 선별복지를 외면할 수 없는 것이 엄연한 현실입니다. 둘째, 선별복지를 주장하는 이들이 보편복지를 비판하면서 많이 내세우는 것 중에는 '**도덕적 해이**'가 있습니다.

7. 한 예로 의료비 부담이 적다고 불필요하게 병원을 찾음으로써 국민건강보험공단 재정을 악화시킨다는 것입니다. 우리나라가 도덕적 해이의 비판을 받으면서도 전 국민 의무가입과 당연 지정제를 축으로 국민건강보험제도를 시행하는 이유는, 불필요한 서비스 과잉으로 축나는 재정보다 강제가입하지 않을 경우 건강보험료를 내지 않으려는 이들이 차지하는 손실 부분(역 선택)이 훨씬 클 수 있기 때문입니다. 보편복지와 선별복지 주장 사이의 건전한 토론을 위해서는 바로 **낭비적 요소와 함께 역 선택의 문제**도 신중하게 고려해야 합니다.

8. 2020년 세계를 뒤흔들고 있는 코로나19에 대하여 각국이 대처하는 방법은 저마다 상이합니다. 우리나라의 경우 확진으로 인한 치료비가 1인당 평균 489만 원인 것으로 나타났습니다. 국민건강보험공단과 함께 코로나19 확진자 관련 각

종 진료비를 계산한 결과 코로나19에 걸리면 진단비(16만원)와 치료비로 평균 505만원이 소요됩니다. 물론 증상에 따라 비용 차이는 천차만별이지만 지금까지 치료비를 낼 돈이 없다는 이유로 도망 다닌 코로나19 확진환자는 아무도 없었습니다. 진단비부터 치료비까지 모두 국가가 책임지기 때문입니다. 정부가 줄곧 강조하는 'K방역'의 기본 원칙은 '조기 검사, 조기 추적, 조기 치료'라고 할 수 있습니다. 그러나 '대한민국 국민이면 누구나 비용을 걱정할 필요가 없다'는 것이야말로 K방역의 핵심 요소라고 할 수 있습니다.

9. 치료비에 환자의 본인 부담이 전혀 없는 것이 가능한 건 국민건강보험에서 80%, 정부에서 20%를 부담하기 때문입니다. 건강보험은 사실상 전 국민을 포괄하는 가장 대표적인 보편적 복지제도라는 성격 때문에 외국에 비해 낮은 의료비로 높은 의료접근성을 가능하게 합니다. 사실 한국은 특이한 건강보장제도를 채택하고 있는 나라입니다. 선진국 가운데 유일하게 예외라고 할 수 있는 미국을 제외하면 전 국민을 대상으로 한 공공 의료보장제도는 크게 **국영의료서비스(NHS)**와 **사회보험방식**의 두 가지로 유형을 나눌 수 있습니다. 국영의료서비스는 국가가 세금을 재원으로 운영하며 의사는 공무원이거나 그에 준하는 신분으로 일합니다. 사회보험방식은 직장이나 지역별로 다양한 조합에서 보험료를 거둬 운영합니다. 하지만 한국, 일본, 대만 등은 직장과 농어민 조합 등을 모두 통합했습니다.

10. 한국도 처음에는 직장과 지역 등 수백 곳으로 의료보험조합이 나뉘어져 있었지만, 2000년에 국민건강보험공단으로 통합하는데 성공했습니다. 건강보험제도가 K방역의 디딤돌이 됐다면, 그 반대편에 존재하는 실패 사례는 단연 미국입니다. 미연방의회는 부랴부랴 지난 2020년 3월 18일 코로나19 검사비를 전액 보전해 주는 법안을 통과시켰습니다. 하지만 미국은 전 국민을 대상으로 한 보편적 건강보장제도가 없다 보니, 치료비 부담까지는 제대로 손을 쓰지 못하고 있는 형편입니다. 따라서 의료 사각지대로 인한 과중한 의료비 부담으로 인해 발생한 대처 미흡으로 사망자가 놀라울 정도로 늘어나게 되었습니다. 한국과 미국의 사례를 보면 '개인의 건강'과 '공동체의 건강'을 조화시키지 못하면 어떤 결과가 초래되는지 적나라하게 드러납니다. 한국 역시 20년 전 건강보험 통합을 성공시키지 못했다면, 미국과 같은 사태를 겪지 말라는 보장이 없습니다. 그런 면에서 신속한 건강보험료 지원은 검사·추적·치료에 이은 **K방역의 4번째 핵심 요소**인 셈입니다.

175. 노인을 위한 특별한 사랑과 관심을 사회교리는 무엇이라고 말하나요?

1. 일제 강점기와 한국전쟁을 거치며 가난이라는 격동의 한국사 속에서 **한강의 기적**과 **국민소득 3만 달러 시대**를 이룬 중심에는 **어르신들**이 있습니다. 그런데 안타깝게도 2019년 기준으로 한국의 노인빈곤률은 **약 46%**에 달한다고 합니다. 이는 OECD 평균 노인빈곤률이 11%임을 감안할 때 매우 높은 수치입니다. 한국사회는 빠르게 **고령화 사회**로 접어들고 있습니다. 2025년에는 한국의 65세 이상 노년 인구 비율이 **20%**를 넘어설 것으로 예상됩니다. 그런데 낮은 복지혜택, 취업교육의 부재, 취약한 사회안전망으로 인해 **저소득, 독거노인, 고독사, 무연고 사망**과 같은 노인문제가 사회적으로 점점 더 큰 갈등으로 격화될 전망입니다.

2. 거리에서 폐지를 줍는 노인 분들이 많아지고 있습니다. 이는 평균수명은 늘었는데 노인들이 **마땅한 일자리**를 구하기 힘들기 때문입니다. 많은 어르신들이 평생 동안 가족을 부양했지만 **자신의 노후준비**는 미처 하지 못했습니다. 젊은 사람들도 사는 것이 어려워 노인들을 돌보지 못하는 실정입니다. 심지어 자식들이 부모를 외면하기도 합니다. 그로 인해 노인들은 **경제적 어려움, 가난, 외로움, 병고** 등의 고통을 받고 있습니다. 그런데 **사회적 소외와 냉대**는 노년의 상황을 더 절망적으로 만들고 있습니다. 급격한 사회발전과 디지털화 속에서 고용, 경제, 가정, 문화 등 모든 면에서 노인들이 설자리가 점점 더 줄어들고 있습니다.

3. 노인빈곤은 **산업발전과 핵가족화의 결과**이지만, 가장 먼저 어르신들에 대한 우리의 **생각**과 그분들을 대하는 **자세**를 반성해야 합니다. 고령화 시대에 정책적으로 노인고용을 늘리고, 노인들에 대한 복지를 확충하는 것도 중요합니다. 하지만 보다 더 절실한 것은 노인에 대한 **우리의 인식 변화**입니다. 우리 주변의 노인을 돌보는 것을 **나의 책임**이라 생각해야 합니다. 노인을 부모이자 어른으로서 공경하고 정성어린 효성을 실천해야 합니다. 어린이와 청소년을 차별하는 사회도 희망이 없지만 노인을 경시하는 사회도 희망이 없습니다. 우리 모두가 결국 노인이 되기 때문입니다. 가정의 본질이 사랑이듯, 사회의 본질도 사랑입니다. 내 부모님과 우리 주변의 어르신들에게 **따뜻한 인사, 나눔, 관심과 기도, 사랑**을 드려야 합니다. 그것이 하느님께 바치는 **참된 봉헌**이고 **그리스도인의 삶**입니다.

"노인들은 가치와 전통을 전달할 수 있고 젊은 세대의 성장을 촉진할 수 있는 중요한 인생 학교이다. 이로써 젊은 세대는 자신들의 선익뿐만 아니라 다른 이들의 선익도 추구하는 법을 배우게 된다. 고통 속에서 남에게 의존해야 하는 상황에 있는 노인들한테는 의료 서비스와 적절한 지원뿐만 아니라 무엇보다도 사랑의 손길이 필요하다."(「간추린 사회교리」, 222항)

4. 프란치스코 교황님은 2021년 1월 31일 온라인 일반알현을 주례하고 올해부터 **세계 조부모와 노인 주일**(World Day of Grandparents and the Elderly)을 기념하도록 했습니다. 세계 조부모와 노인 주일은 복되신 동정 마리아의 부모 성 요아킴과 성녀 안나 기념일(7월 26일)과 가까운 매년 7월 넷째 주일입니다. 교황님은 세계 조부모와 노인 주일을 제정하며 "성령께서는 오늘날 노인들로부터 생각과 지혜를 불러일으키신다."면서 "노인들의 목소리는 **하느님**을 찬양할 뿐만 아니라 **모든 민족의 근간**을 지키고 있기 때문에 매우 소중하다"고 밝혔습니다. 이어 "노인들은 노년이 **선물**임을 확인시켜주며, 조부모들은 세대 간 연결고리로서 청년들에게 **삶과 신앙의 경험**을 물려준다."고 덧붙였습니다.

5. 교황은 "조부모들은 종종 잊힌 존재가 되고 우리는 이들이 다음 세대로 이어주는 가치들을 잊고 있다."면서 "이런 이유로 세계 조부모와 노인 주일을 제정하게 됐다"고 밝혔습니다. 올해 2021년 세계 조부모와 노인 주일은 7월 25일이며, 프란치스코 교황님은 이날 기념미사를 주례할 예정입니다. 교황청 평신도와 가정과 생명을 위한 부서 장관 케빈 패럴 추기경은 이날 보도 자료를 통해 "세계 조부모와 노인 주일 제정은 올해 2021년 3월 19일부터 내년 2022년 6월 26일까지 이어지는 '사랑의 기쁨인 가정의 해'의 첫 열매"라면서 "노인에 대한 사목적 배려는 더 이상 늦춰서는 안 되는 우선사항"이라고 강조했습니다.

176. 건강한 그리스도인의 노년생활을 위한 교회의 가르침은 무엇인가요?

1. "모든 가정과 교회, 모든 사회를 풍요롭게 하는 원천인 할머니, 할아버지들을 보호해 주소서!" 이것은 베네딕토 16세 전임 교황님의 '할머니 할아버지를 위한 기도'에 나오는 한 구절입니다. 여기에서는 노인을 가정 내 튼튼한 신앙의 **버팀목**이자, 지혜와 용기를 지닌 **스승**으로 바라보고 있습니다. 최근 교회 내에서도 고령화가 빠르게 진행되고 있습니다. 이에 따라 한국 천주교회는 신자들이 노인을 **공동체 일원**으로 받아들일 수 있도록 다양한 시도를 하고 있습니다. 우리는 죽음이 모든 이에게 공평하듯이 노화 역시 모든 이에게 공평하게 다가오고, 또 누구도 막을 수 없는 **자연스런 삶의 한 과정**이라는 점을 받아들여야 합니다.

2. 교황청의 노인사목에 관한 국제회의 개막 연설에서 밝혔듯이 장수는 하느님의 선물로 받아들여야 합니다. 하지만, 실제로 노년 시기를 고독 속에서 보내는 노인들이 많습니다. 노인들은 수십 년간 몸담았던 곳에서 은퇴하면 **사회적 관계망**이 줄어들고, 배우자를 잃는 등 **상실감**을 경험합니다. **심리적 우울감과 소외감**을 느끼기 쉽습니다. 이러한 노년 시기는 **하느님과 함께 구원을 향해 나아가는 시기**입니다. 세상의 연결 고리들이 끊어지면 내 안에 **하느님**밖에 남지 않습니다. 혼자 있는 고독한 시간을 견디기 어렵겠지만, 고독한 만큼 하느님을 체험하며, 그리스도를 통해 **영원한 생명**을 얻을 수 있습니다.

3. 하느님 없이는 우리는 아무것도 아닙니다. 자신의 한계를 체험하고 인간적 나약함을 고백한 사람들이 불렀던 노래가 '**알렐루야**'입니다. 자신의 죄 안에서 하느님께 찬미의 노래를 부르고, 즐거움뿐만 아니라 절망과 좌절도 하느님께서 우리를 부르시는 것입니다. 결국 노년 시기의 고독함도 **하느님으로 향하는 통로**입니다. 우리가 할 수 있는 것에 집중하면서, **신앙 전달자로서의 역할**을 충실히 해야 합니다.

4. 노년이 된 그리스도인들은 **자신의 경험과 믿음**을 다음 세대에 전하는 것이 노년 세대에 해야 할 중요한 책무 중의 하나입니다. 오늘날 한국사회에서는 할아버지, 할머니가 손자, 손녀를 양육하는 비율이 점점 증가하고 있습니다. 본당에서도 할아버지, 할머니들이 첫영성체 준비를 할 때가 된 손자, 손녀들을 데리고 오는 경우가 늘어나고 있습니다. 우리는 **삶의 매 순간**을 하느님과 함께하는 것이 더욱 필요합니다. 하느님을 믿는다고 해서 모든 것이 다 해결되지는 않습니다. 그렇지만 우리가 늘 하느님과 함께 살아간다면, 살면서 어렵고 힘든 순간에도 **하느님을 찬미할** 수 있습니다. **좋은 것을 생각하고, 옳은 일을 하면서 하느님과 함께하려고 노력하면 할수록 좋은 것들이 우리들 안을 가득 채워질 것입니다.** 이것이 바로 **건강한 노년의 그리스도인의 삶**입니다.

177. 국가의 성공을 위해 국민이 관심을 가져야 하는 이유는 무엇인가요?

1. 정부는 경제분야는 물론이고 비경제분야에서 실패하는 경우에도 국민들에게 심각한 고통을 안겨주게 됩니다. **공권력에 의한 인권유린, 법질서(정의) 붕괴, 국방 실패, 교육과 문화 왜곡** 등의 불의한 사건으로 국민이 고통을 받게 될 때에

국민들은 **국가의 실패**를 떠올리게 됩니다. 지난 역사를 보면 과거 우리는 개인의 **개성**은 억압당하고 **자유**는 침해당했던 시기가 있었습니다. 그 당시에는 이념을 달리하는 **정당 활동**은 엄격하게 제한되었고, 기업은 **자유로운 경제활동**을 하지 못했으며, **창작과 문화활동**도 정해진 틀 안에서만 허용되었습니다. 심지어 **가정의례** 같은 일상에까지 공권력이 깊숙이 개입하였습니다. 강권적이고 획일적인 규제 속에서 **개성, 다양성, 자유 같은 소중한 가치**들이 살아 숨쉬기 어려웠던 시대였습니다.

2. 그러다가 우리 사회는 이른바 **민주화 과정**을 거치게 되었습니다. 사람들 마음속에 국가와 민족의 무궁한 발전 대신에 개인으로서의 **주체성**과 시민으로서의 **자유**가 소중한 가치로 자리 잡게 됐다고 평가합니다. 그러나 우리 의식과 생활에서 국가와 민족의 **무궁한 영광**과 개인으로서의 **주체성과 자유의 가치**가 꼴을 달리하면서 어지럽게 뒤섞이게 됐습니다. 반면, 국가와 민족이 있어야 개인으로서 내가 존재할 수 있다는 이들도 있습니다. 또한 국가는 수단이며 민족은 개념에 불과하며 나만 있을 뿐이라고 주장하는 이들도 있습니다. 그리고 당연한 듯이 이런 극단적 주장은 **좌·우와 진보·보수의 이념**으로 포장돼 수시로 충돌하고 있습니다. 또 일부에서는 이를 물리적으로 양분해 편 가름을 하게하고 서로 대립하게 함으로써 이익을 보려는 의도가 숨어있다는 **의구심**을 떨칠 수가 없습니다.

3. 정부가 경제분야에 개입함으로써 경제상황을 악화시키는 경우를 경제학에서는 **정부의 실패**라고 합니다. 정부의 실패 원인으로는 **무능과 부패**를 꼽을 수 있습니다. 심각한 무능과 부패가 치명적인 국가적 실패를 가져올 때 그것은 **재앙**이 되고 맙니다. **일제 강점기 36년과 6·25전쟁**이 많은 국민들에게 얼마나 깊은 상처를 주었는지 그 고통을 가늠하기조차 어렵습니다.

4. 오랜 세월이 흘렀지만 국가의 실패로 인한 **상처와 폐해**는 아직도 온전하게 극복하지 못하고 있습니다. 매주 수요일 일본 대사관 앞에서 **위안부 문제**에 대한 일본 정부의 사과와 보상을 요구하는 할머니들과 시민들의 집회를 보면서 아직 해결되지 못한 상처와 아픔을 떠올리게 됩니다. 그리고 6·25전쟁으로 남과 북으로 갈라져 헤어진 가족을 그리워하며 고향에 갈 날만을 기다리는 **이산가족**이 겪는 고통 역시 국가의 실패로 인한 비극을 보여줍니다. 국가의 성패가 좋은 정부를 갖느냐 아니면 나쁜 정부를 갖느냐에 달린 것이라고 한다면, 국민으로 사는 우리가 국가의 실패를 막기 위해서는 **좋은 정부를 만드는 데에 다 함께 관심을 가져야 할 것입니다.**

178. 폭력에 익숙한 사회, 폭력을 용인하는 국가를 우리는 어떻게 보나요?

1. 우리나라 경찰이 발표한 **5대 폭력**으로 **조직(組織)·학교(學校)·성(性)·주취(酒醉)·갈취(喝取)**가 있습니다. 근래 경찰이 주취폭력을 추가해 시민들이 알기 쉽게 5대 폭력으로 정리를 한 것입니다. 어떤 폭력이든 간에 폭력은 **국가 공권력의 적**입니다. 치안을 담당하는 대다수 경찰은 사회에서 폭력을 추방하기 위해 불철주야 노력을 아끼지 않고 있습니다. 학교폭력에 시달리던 청소년이 스스로 목숨을 끊은 사건이 나올 때마다 빠짐없이 등장하는 배경과 원인 가운데 하나가 **학교당국의 안이한 대응 혹은 묵인**입니다. 학교에서 조직적 따돌림과 폭력이 반복돼도 교사가 이를 몰랐거나 혹은 묵인함으로써 적절하게 예방하지 못했다는 질책이 반복됩니다.

2. 심지어 폭력을 매매하는 회사도 성행합니다. 국가만이 경찰력과 군사력이라는 합법적 폭력을 행사할 수 있다는 고전적 국가주의 국가론을 이야기할 필요도 없습니다. 민간영역의 폭력은 그 어떤 경우에도 용납할 수 없는 불법이기 때문입니다. 그런데 폭력이 **시장에서 매매할 수 있는 상품**으로 등장한 셈입니다. 그러나 사실 민간영역의 폭력은 최근에 생긴 것이 아니라 예전부터 있던 것인데 단지 우리 사회가 이를 모른 체하거나 묵인해 온 것입니다. 재개발과 뉴타운사업으로 갈등이 발생하게 되면, 한쪽에서는 **재산권**을 내세워 개발하겠다고 하고, 다른 한쪽에서는 **주거권**을 내세워 이에 반대하면서 서로 대치하는 상황이 발생하곤 합니다. 그러다 어느 시점에 이르러 철거를 강행하게 되는데, 이때 대부분의 현장에는 용역회사에서 파견된 혹은 시행사가 계약을 맺고 임시로 고용한 직원들이 있습니다.

3. 노동자와 사용자 사이의 갈등 현장인 **노사분규 현장**도 철거현장과 크게 다르지 않습니다. 출동한 경찰의 목적이 폭력적 충돌을 막는 것이 아닙니다. 어느 한쪽 편을 든다는 비난을 피하기 위해 분규 상황을 그저 지켜보는 경우가 흔합니다. 이때 내세우는 명분은 언제나 **노사자율, 주민자율 해결 원칙** 같은 것입니다. 이는 단체경기 중 반칙을 했는데 심판이 못 본 체하는 것과 같습니다. **폭력**이든 **폭력의 묵인**이든 그 어떤 경우도 불법이라고 간주할 수 있는데, 그 이유는 시민은 폭력으로부터 자신을 보호해 달라고 국가에 경찰력이라는 **공권력**을 위임했기 때문입니다. 그런데 우리는 **폭력을 용인하는 국가**를 체험하고 있습니다.

"폭력은 악이며, 문제에 대한 해결책으로 받아들여질 수 없고, 인간에게 걸맞지 않는 것이다. 폭력은 우리가 믿는 진리, 우리 인간에 관한 진리와 상충되기 때문에 거짓이다. 폭력은 그것이 수호한다고 주장하는 것들, 곧 **인간의 존엄과 생명, 자유**를 파괴한다."(『간추린 사회교리』, 496항)

179. 어려운 현실을 외면하지 않기 위해서 우리들은 어떤 모습이어야 하나요?

1. 가톨릭교회의 사회교리에서 밝히는 **선포의 임무**와 더불어 **고발의 임무**는 과연 무엇인가?(『간추린 사회교리』, 81항 참조) 성경에 나오는 마리아의 노래에 "통치자들을 왕좌에서 끌어 내리시고, 비천한 이들을 들어 높이셨으며, 굶주린 이들을 좋은 것으로 배불리시고, 부유한 자들을 빈손으로 내치셨습니다."(루카 1,52-53)라고 기록되어 있습니다.

2. 오늘날 통치자는 누구며 비천한 이들은 누굴까? 오늘날 굶주린 이들은 누구이며, 부유한 자들은 또 누굴까? 영적인 의미에서 볼 때 통치자는 하느님을 두려워하는 대신에 **세속의 힘에만 의지하는 이들**입니다. 반면에 비천한 이들은 **하느님만을 의지하는 이들**입니다. 굶주린 이들은 **하느님 말씀을 갈망하는 이들**이며, 부유한 자들은 **세속의 것에 탐닉하는 이들**입니다.

3. 이렇게 부유한 자와 굶주린 이들에 대해 말하면 교회에서는 분열이 아닌 사랑과 자비, 용서와 관용, 일치와 화합을 가르쳐야 한다고 강조하면서 이를 불편해하는 사람들도 있습니다. 우리는 그렇게 불편해서 외면하고 기억에서 지워버린 것이 참 많습니다. 오늘날 이 땅에 얼마나 **많은 이웃**이 배를 채우기를 간절히 바라는가? 오늘날 하느님이 사랑하는 **동물과 식물, 강과 바다, 산과 하늘**이 얼마나 고통스럽게 신음하고 있는가?

4. 그런데도 그리스도인과 교회는 이를 애써 외면하고 눈을 감고 귀를 막으려 합니다. 외면하니 편하고, 눈을 감으니 꿈을 꿀 수 있고, 귀를 막으니 천상의 노랫소리가 들립니다. 한참 그러다가 고개를 돌려보니 황폐한 세상이 펼쳐져 있고, 눈을 뜨니 내 자식의 종기 앓는 모습이 보입니다. 귀를 여니 내 부모의 신음소리가 들립니다. 주변에 아무도 손가락 끝에 물을 찍어줄(루카 16,24 참조) 사람이 없는 그런 상황이 제발 우리의 미래가 되지 않기를 바랄 뿐입니다.

180. 사회적 약자에 대한 가톨릭교회 사회교리의 가르침은 무엇인가요?

1. **메리 크리스마스**(Merry Christmas)라는 뜻은 과연 무엇이고 우리에게 주는 의미는 무엇일까? 거룩하게 태어난 그분이 도대체 무슨 죄를 범했기에 십자가에 처형되었을까. 하늘에서 땅으로 내려오신 그분은 하늘과 땅을 하나로 잇는 길을 놓으셨습니다. 그런데 사람들은 왜 십자가를 만들어 세워 놓고 거기에 그분을 매달았을까? 크리스마스, 곧 성탄은 우리에게 무엇일까? 크리스마스는 **그리스도의 미사**라는 말인데, 그리스도는 하느님의 사명(구원과 해방)을 받아 기름을 얹어 성별(聖別)하여 파견된 이(메시아)를 말합니다. 미사라는 말은 교회에서 파견이라는 말과 함께 **희생과 나눔과 친교의 제사**라는 뜻으로 사용합니다. 하느님의 사명은 **구원과 해방**입니다. 따라서 크리스마스(그리스도의 미사)는 비구원과 억압의 상태에 놓인 세상과 인류를 구원하고 해방하기 위해 파견된(성탄) **예수님의 희생(십자가 죽음)을 기념하는 것**입니다.

2. 사회적 약자에 대한 우선적 선택이라는 표현은 곧 **시각**이라는 면과 **도덕적 배려**라는 면과 **자조능력 향상**이라는 면의 세 가지 측면에서 이해할 수 있습니다. **첫째, 시각이라는 면**에서 살펴보면 어떤 현안에 대해 통상 우리가 익히 알고 있는 틀에서 벗어나면 사물이 다르게 보인다는 것입니다. 예를 들면 암에 대해 바라보는 환자와 환자 가족과 의사의 시각은 저마다 다릅니다. 또 최저임금 관련 정책 역시 노동자와 고용주에 따라 각각 다르게 보입니다. 이때 가톨릭교회의 사회교리는 사회적 약자의 처지에서 먼저 바라보라는 것입니다. 이것이 최선의 방식은 아니지만 세상이 쉽게 간과해서는 안 되는 **공동선의 차원**에서 이를 제안합니다.

3. **둘째, 도덕적 배려**입니다. 성경에서 약자와 연약한 자와 가난한 자로 표현되는 고아와 과부와 몸 붙여 사는 사람들을 하느님께서는 특별히 배려하셨습니다. 이것 역시 공동선에 해당하는 것으로 우리는 가장 열악한 처지에 놓인 이들의 욕구에 관심을 기울여야 합니다. **셋째, 자조능력의 향상**입니다. 누군가를 돕는다는 것은 가진 자가 갖지 못한 자에게 무엇인가 주는 것만으로 축소해석 해서는 안 됩니다. 사회적 약자가 자신의 상황을 개선하고 공동선을 추구하는 과정에서 제 목소리를 내도록, 또 능동적으로 역할을 하도록 해야 합니다. 다시 말해 사회적 약자를 위한 우선적 선택은 사회적 현실을 해석하는 하나의 방법으로서, 도덕적 배려를 증진하며, 자조능력 향상에 초점을 맞추는 전략을 장려합니다.

4. **구원과 해방**이 마음의 문제이고, 개인의 문제이며, 사후의 문제이기만 한 것은 아닙니다. 많은 사람의 기대와는 달리 **신·구약성경과 교회 가르침**은 구원과 해방이 **현실의 구체적 문제**이고, **공동체의 문제**이며, **역사의 문제**임을 보여줍니다. 예수님이 관심과 애정을 갖고 돌본 이들이 어떤 부류의 사람들이었는지를 우리는 알 수 있습니다. 또한 반대로 끈질기게 예수님을 죽이려 애쓰고 마침내 십자가에 못 박은 이들이 어떤 부류의 사람이었는지도 알 수 있습니다. 오늘날 표현으로 요약하면 예수님은 **사회적 약자**에게 **구원과 해방의 길**을 열어주었고, 그 예수님을 **죽음의 길로 내몬 이들**은 현세의 **힘 있는 지도자들**이었습니다.

5. 우리는 예수님의 성탄을 노래하고, 카드와 선물을 주고받으며, 거리를 빛으로 장식합니다. 하지만, 이 모든 것은 반드시 이 땅의 평범한 사람들에게 **구원과 해방의 기쁜 소식**이어야 합니다. 예수님이 목숨을 바쳐 돌보고 섬긴 사람들, 예수님이 당신의 이웃으로 또 벗으로 삼은 이들을 우리가 외면해서는 안 됩니다. 그 **사회적 약자의 고통**을 외면하면서 부르는 성탄 노래는 아무리 아름다워도 십자가에 못 박힌 예수님에 대한 조롱에 불과합니다. **거리에 내몰린 이들**을 그늘로 몰아넣었다면, 아무리 화려한 성탄 장식도 의미가 없습니다. **이웃과 세상**을 따뜻하게 하기 위해서라면, 나를 태워 남을 따뜻하게 하는 어리석음이야말로 진정으로 거룩한 메리 크리스마스가 되게 할 것입니다.

181. 진정한 명절을 보내는 그리스도인의 모습은 어떠해야 하나요?

1. 삼국사기에서 신라시대 우리 조상들이 민족 고유의 명절 중에 하나인 **한가위**를 지냈던 모습을 읽을 수 있습니다. 왕이 육부(六部)를 정한 뒤, 이를 두 편으로 나누어 왕녀 두 사람으로 하여금 각각 부내(部內)의 여인들을 거느리게 하고, 길쌈을 하게 했다고 합니다. 그리고 보름, 즉 한가위가 되면 그 공을 가려 지는 편은 음식을 준비하여 이긴 편에 사례하였습니다. 모두 노래와 춤과 온갖 놀이를 하게 하였으니, 이를 **가배(嘉俳)**라 불렀다는 기록이 있습니다. 여기서 편을 갈라 이기고 지는 것은 경쟁을 통해 일의 능률을 올리기 위해서였습니다. 일을 마친 후에는 음식을 함께 나누며 즐겼다고 합니다.

2. 가톨릭교회의 사회교리에서는 **자본주의와 사유재산**, 그리고 **경쟁**이 필요하다고 말합니다. 그것들을 통해 **효율**을 촉진시키고, 그렇게 높아진 효율로 인간을

위해 **봉사**할 수 있기 때문입니다. 그러나 교회는 인간을 위하지 않는 자본주의나 모든 것을 움켜쥔 탐욕스러운 사유재산이나 남을 누르고 혼자 이기기 위한 경쟁은 옳은 것이 아니라고 단호히 말합니다. 한가위 명절은 **공동선**을 위해 서로 애써온 이들이 자신의 공을 함께 나누는 것입니다. 서로의 **허물**과 **부족함**을 **용서**하며, 앞으로 다가올 **어려움**을 함께 이겨내기 위한 **힘**을 다지는 자리였습니다. 모두가 평소보다는 더 행복할 수 있었고 풍요로웠기에 저절로 "더도 말고 덜도 말고 한가윗날만 같아라."라는 말이 나올 수 있었습니다.

3. 그러나 오늘날 우리가 지내는 명절은 어떠합니까? 음식준비에서부터 부모님을 모시는 문제까지 이 사회의 **세대 간 갈등**을 드러냅니다. 성묘 가서 절하는 문제로 종교 갈등이 생기기도 하고, 정치 이야기를 하면서 정치 갈등이나 사회 갈등이 고조되는 명절을 지내고 있지는 않습니까? 이런 일들이 벌어지지 않기 위해서는 하느님이 바라시는 **인간 존엄성, 공동선의 우선성**이 올바로 자리 잡을 수 있어야 합니다. 그래야 명절이 가족들이 함께 모여 기쁨을 나누고, 아픔을 위로하는 자리가 될 수 있습니다. 다문화 가정, 핵가족화, 노령화와 같은 수많은 문제를 안고 있는 오늘날 가정들은 그 안에 구성원들의 아픔이 있습니다. 이것들을 통해 모두가 명절 한가위를 맞아 자신들이 겪는 **대립과 갈등의 원인**은 무엇인지 돌아봐야 합니다.

4. 사회교리는 하느님께서 결코 포기하실 수 없는 인간 구원을 이루기 위해 변화하는 각자의 삶에서, 말씀을 육화시키려는 치열한 노력의 결과물입니다. 잠만 자고, 텔레비전과 컴퓨터, 스마트폰을 들여다보느라 대화가 사라진 명절, 고속도로에서의 고생만 기억에 남는 명절이 아니어야 합니다. 각자의 삶을 서로 나누고, 그 안에서 신앙을 통해 **서로를 격려하고, 나아갈 방향을 함께 찾는 노력**이 필요합니다. 우리의 눈길이 이 사회의 **소외된 이들**과 **가난한 이들**을 향해야 합니다. 그래야 한가위가 끝난 후 성큼 다가오는 차디찬 겨울 앞에서도 **따뜻하고 아름다운 사회**가 될 것입니다.

182. 과학기술의 발전과 공공성에 대해 사회교리는 어떻게 가르치고 있나요?

1. 오늘날 4차 산업혁명 시대를 살아가고 있는 많은 사람들은 과학기술 문명의 지속적인 발전과 진보가 **인류에게 새로운 세상을 열어줄 것**이라고 생각합니다. 과

학기술로 말미암아 인류는 더 오래 살고, 더 풍족하게 살 것이라 믿고 있습니다. 바로 그렇기 때문에 과학기술과 관련된 정책과 결정은 전문적인 훈련을 받은 전문가들에게 맡겨야 한다고 주장합니다. 예를 들어 핵발전소에 대해 교회가 염려를 표명하는 것은 교회가 전문가가 아니기 때문에 적절하지 않다고 말합니다. 한편 지역 내 국가시설의 설치를 반대하는 지역민들의 집단행동을 이기주의라고 단정하거나, 보상금을 더 받기 위한 목적에서 하는 것이라고 폄훼하기도 합니다.

2. 우리들에게서 흔히 볼 수 있는 이런 사고방식을 프란치스코 교황님은 **기술 관료주의적 사고방식**(technocratic paradigm)이라고 말합니다. 그리고 이것을 **지구의 울부짖음과 가난한 이들의 울부짖음**을 불러일으키는 **근본적인 원인**으로 지목합니다(「찬미받으소서」, 제3장 참조). 실제로 과학기술 또는 더 넓은 의미에서 지식과 학문, 또는 전문지식이라는 것은 **사회 문화적이고 정치 경제적인 요인**과 아무런 관련이 없는 것이 아닙니다. 오늘날의 자연과학의 역사는 과학기술이 다양한 사회적 영향을 받아서 형성되는 사회적 구성물이라는 것을 확인시켜 주고 있습니다. 과학기술은 **한 사회의 가치와 윤리, 자본과 노동의 관계** 등에 영향을 받으며 형성되는 것입니다.

3. 바로 이런 이유에서 **과학기술의 공공성에 대한 성찰과 논의**가 필요합니다. 특히 오늘날의 과학기술은 기업과 자본에 의해 **연구 개발**되고 **상품화**되고 있습니다. 그 결과 기업의 이해관계를 보호하기 위해 각종 **특허권**과 **지적재산권**의 개념이 확산되는 것입니다. 뿐만 아니라 대부분의 과학기술은 그 영향이 매우 포괄적이어서 과학기술자에게만 영향을 주는 것이 아닙니다. 경우에 따라서는 한 사회의 모든 구성원에게 돌이킬 수 없는 영향을 주기도 합니다. 과학기술의 영역에서의 정책결정도 그 영향권 안에 있는 모든 사회 구성원의 참여가 필요합니다. 더욱이 오늘날 정부에서 추진하는 과학기술 연구와 정책은 그 재원을 **시민들의 재원**에 절대적으로 의존하고 있음을 알아야 합니다.

4. "기술 관료적 패러다임은 또한 경제와 정치를 지배하고자 합니다. 경제는 이윤을 목적으로 모든 기술발전을 받아들이며 인간에게 미치는 잠재적 악영향에 관심을 기울이지 않습니다."(「찬미받으소서」, 109항). 그러므로 우리에게 필요한 것은 **과학기술에 대한 윤리적이고 도덕적인 통제**, 많은 사회 구성원들의 참여를 통한 **민주적 통제**가 필요합니다. 그리고 지구와 가난한 사람들의 울부짖음에 귀 기울이는 각성을 통한 **영성적 통제**가 필요합니다. 과학기술 문명이 일정하게 인

류의 수명을 연장하고, 물질적인 풍족함을 가져다 준 것은 사실입니다. 그러나 이만큼 발달한 과학기술 문명에도 불구하고 인류는 아직 코로나19와 같은 전염병에서도 해방되지 못했습니다. 굶주림으로부터도 자유롭지 못합니다. 또한 핵폭탄이나 핵폭발로 인해 수백만 명의 목숨도 단숨에 앗아갈 위험도 **과학기술로부터 나온다는 것**을 잊지 말아야 합니다.

183. 오늘날 4차 산업혁명을 바라보는 사회교리의 시각은 어떠한가요?

1. **인공지능 기술**과 **빅데이터**, **스마트 시스템**을 통한 **4차 산업혁명**이 시작됐습니다. **드론**으로 택배를 배달하고, **무인 철도**와 **자율주행차**가 다니며, **3D프린트**로 맞춤형 제조업이 가능해짐으로써 우리의 삶은 더욱 편리해집니다. 그러나 이런 흐름을 자세히 봐야 합니다. 4차 산업혁명에도 **명암**이 존재하기 때문입니다. 향후 인간이 하는 거의 모든 일들이 **스마트 소프트웨어**나 **로봇**에 의해 대체된다고 합니다. 인공지능 **왓슨**[37]은 웬만한 전문의보다 훨씬 정확하게 환자를 진단한다고 합니다. 수십 명의 의료인이 할 일을 하나의 **학습된 프로그램**이 대체합니다. **닥터 앤서**(Dr. Answer)[38]는 우리나라 과학기술정보통신부 주도로 병원과 기업이 함께 개발 중인 **한국형 인공지능**(AI) 의사입니다. IBM 왓슨의 한국판인 셈입니다.

2. 2020년까지 357억 원을 들여 AI 의료데이터를 통합·연계하고, 암(유방암·대장암·전립선암)·심뇌혈관질환·심장질환·뇌전증·치매·소아희소난치성유전질환 등 8

---

37) IBM에서 제작한 인공지능 컴퓨터 프로그램의 이름. 자연어 처리를 통해 영어로 된 인간의 질문을 이해하고 스스로 답할 수 있다.

38) 서울아산병원 등 26개 의료기관과 뷰노, 카카오브레인 등 22개의 정보통신기술(ICT)·소프트웨어(SW) 기업, 1개 대학이 뭉쳤다. 이 거대 프로젝트를 의료계는 기대 반, 우려 반의 심정으로 지켜보고 있다. 낙관론은 한국인의 빨리빨리 정신을 살려 정부 주도로 우리나라 우수 의료데이터를 표준화할 수 있다는 점에 주목한다. 한편, 과기정통부는 올해 국민체감형 서비스의 일환으로 180억 원을 들여 AI 기반의 지능형 응급의료시스템도 개발 중이다. 심·뇌혈관질환, 중증외상, 심정지 등 4대 응급질환을 대상으로 신고접수→구급차 내 응급처치→환자 이송→응급실의 단계별 대응에 보건복지부·행정안전부·소방청 등 4개 부처가 협력한다.

개 중증질환에서 21개의 AI 의사를 개발하는 게 목표입니다. 현재 수십 분 걸리던 CT 영상 판독 과정이 1-2분 이내로 획기적으로 빨라졌습니다. 일선 병원들에 도입 시도 중인 인공지능(AI) 활용 진단 보조 서비스 닥터 앤서(Dr. Answer) 덕분입니다. 한편 금융과 제조업을 비롯해서 창의성을 요하는 **문화 예술분야**에서도 인공지능의 자리가 넓어지고 있습니다. 스마트 공장은 50만 켤레의 신발을 스마트 시스템과 단 열 명의 사람으로 생산합니다.

3. 인간과 사회를 둘러싼 문제 중 가장 심각한 것은 바로 **인간소외**입니다. 4차 산업혁명의 가장 어두운 부분도 인간소외입니다. 자본과 기술발전에 밀려 인간이 설 자리가 없어지게 됩니다. 이는 심각한 **평화의 상실**입니다. 우리 주변에 평화를 위협하는 많은 요소들이 있습니다. 하지만 인간소외를 야기하는 기술발전은 소리 없이 찾아와 평화를 파괴합니다. 과학발전을 통해 일자리가 사라지는 것을 막을 수는 없지만, 그 과정 속에서 사회와 문명의 주체인 사람이 보호받는 구조가 동반돼야 합니다. 기술과 경제발전은 **인간존중, 공동선, 복음적 가르침**과 함께 이뤄져야 합니다.

4. 세상은 끊임없이 변화하고 있습니다. 그래서 평화를 이루려는 노력도 **변화하는 시대를 식별**하는 가운데 이뤄져야 합니다「사목헌장」, 78항, 참조). 그 식별의 기준은 하느님의 모상인 인간을 소중히 여기는 **복음적 가르침**입니다. 현 시대는 어느 때보다도 예리한 식별을 요청하고 있습니다. 경제와 문명의 발달이 편리함과 함께 수많은 부작용을 낳았음을 우리는 이미 알고 있습니다. 경제와 이윤, 소비만을 추구했기 때문입니다. 이제는 새로운 가치를 지향해야 합니다. **환경과 생태**를 돌보고, **이웃과 사회**를 보듬으며, **영적 가치**를 추구하는 가운데 **복음적 삶**을 실천해야 합니다. 이것이 바로 **그리스도인이 평화를 이뤄 가는 길**입니다.

"평화는 하느님께서 원하시는 질서의 추구를 통해 날마다 조금씩 이룩되는 것이고, 모든 사람이 평화 증진에 대한 책임을 인식할 때에만 꽃필 수 있다."(「간추린 사회교리」, 495항)

184. 우리 민족의 진정한 광복(光復)에 대한 사회교리 입장은 어떠한가요?

1. 2020년은 우리 민족이 **광복 75주년**을 맞는 역사적인 해였습니다. 위안부 할머니들이 한 분 한 분 돌아가시는 와중에 우리는 지난 75년 간 풀지 못한 숙제의

기한이 얼마 남지 않았음을 깨닫게 됩니다. 국내 갈등의 잠재적 요소로 남아 있는 **친일세력 청산문제**가 있습니다. 위안부를 비롯해 일본으로부터 받아야 하는 **보상문제, 역사왜곡, 독도문제, 한일 통상갈등, 지소미아와 수출규제와 같은 문제**들도 여전히 남아 있습니다. 광복의 기쁨과 함께 시작된 **분단의 상처, 북방한계선**과 같은 여러 정치적, 군사적 문제들 역시 반드시 해결해야 할 과제입니다.

2. 광복을 한자로 살펴보면, 빛(光)을 되찾는다(復)는 뜻입니다. 신앙인에게 빛은 그리스도입니다. 우리는 부활성야 전례에서 '그리스도 우리의 빛'이라고 노래하며 그분의 부활, 빛을 되찾음을 경축합니다. 하지만 바로 이어지는 부활찬송에서 노래하듯이, 이 빛을 받아들이기 위해서는 **짙은 어둠**을, 우리 안에 뿌리 깊이 자리 잡은 **죄와 그 상처**를 마주하는 일이 반드시 필요합니다. 빛은 바로 그 어둠 속에 비추고, 그 어둠을 밝히기 때문입니다. 우리 민족의 광복을 이야기할 때에도 단순히 일본의 강점과 그에 따른 어두운 상황만이 아니라, **우리 안에 자리 잡고 있는 어둠**에 대해서도 함께 이야기해야 합니다.

3. 우리나라 임시정부는 안타깝게도 **독립전쟁**과 **제2차 세계대전의 승전국**으로서의 지위를 인정받지 못하였습니다. 그래서 **전후 보상과 영토문제, 친일세력 청산의 문제**에 있어서 당당한 주체가 되지 못했다는 짙은 아쉬움을 안고 있습니다. **청구권 자금**이라는 형태로 과거 우리가 겪은 피해에 대한 보상을 제대로 받은 것도 아니었습니다. 그렇게 된 데에는 당장 급한 눈앞의 자금 지원을 위해 국민의 아픔을 외면한 **정치인들의 행동**이 있었습니다. 냉전시대에 한일관계를 적당히 봉합하여 자유진영의 최전방으로 삼고자 했던 **강대국들의 숨겨진 의도**도 분명히 바라보아야 합니다.

4. 같은 맥락에서 6.25전쟁에서 수많은 피를 흘리고도 정전협정의 협상 테이블에 주체로 앉을 수 없었습니다. 이와 같은 과정에서 **정전협정과 북방한계선 설정 자체**가 갖고 있는 분명한 모순도 직면해야 합니다. 정전협정에서 해상의 군사분계선은 설정되어 있지 않았었고, 후에 쌍방의 합의 없이 일방적으로 설정되었습니다. 당시 해상 군사력이 없던 북한은 이에 대해 명시적인 인정도 거부도 하지 않았다가, 오늘날 문제를 제기하고 있습니다. 연평해전과 같은 참사는 되풀이되어서는 안 됩니다. 하지만 우리가 주체가 되지도 못하고 맺은 협정과 그 이후 역사적 현실의 어둠에 대해서는 솔직하게 바라보아야 합니다.

5. 가톨릭교회의 사회교리로 세상을 바라보는 과정은 ①관찰, ②판단, ③실천의

세 단계를 거칩니다. 광복 75주년을 맞이하면서, ㉠우리는 아전인수 격의 역사 해석이 아니라, 우리 민족의 현대사가 안고 있는 아픔을 직면할 수 있어야 하며(관찰), ㉡이를 분열과 정쟁의 도구로 삼지 말고 십자가의 어둠을 이기고 부활하신 그리스도의 복음으로 비추어야 하고(판단), ㉢세상의 판단에 휘둘리지 말고 이 어둠에 작은 불빛을 밝힐 그리스도인으로 살아가야 합니다(실천). 특히 올바른 **현실 인식(관찰)**이 있을 때에 사회교리를 통해 올바른 **신앙의 실천**을 할 수 있습니다. 광복 75주년을 지내는 우리가 우리 어둠까지도 바라볼 수 있는 성숙한 신앙인으로 성장하여 **진정한 빛**을 되찾아야 합니다.

185. 장애인의 인권과 관련한 사회교리의 가르침은 무엇인가요?(1)

1. 우리 주변에는 정신적 육체적 장애 때문에 **인간다운 삶**을 살아가지 못하는 사람들이 많이 있습니다. 많은 경우 장애인들의 인간다운 삶을 방해하는 것은 그들이 지니고 있는 **장애 자체**가 아니라, 그들을 대하는 **비장애인들의 비뚤어진 시선**입니다. 이 시선은 여러 가지 그릇된 모습으로 드러납니다. 때로는 **값싼 동정심**으로, 때로는 **무시나 배척**으로 표현됩니다. 장애인은 자신이 지닌 육체적 정신적 장애뿐만 아니라 **자신을 향한 편견과 차별적인 여러 사회제도**로 말미암아 인간다운 삶을 방해받고 있습니다.

2. 하지만 장애인을 온전한 한 사람으로 인정하지 않는 비장애인은 자신도 마찬가지로 **인간으로서의 고귀한 삶**을 살아가지 못합니다. 왜냐하면 장애를 지닌 사람을 온전한 한 사람으로 제대로 보지 못하고, 그 사람이 지닌 **장애**에만 집착하기 때문입니다. 이는 양심을 거스르는 **내면의 장애**에 스스로를 얽어매게 만듭니다. 이제 장애인 비장애인 모두를 향한 **예수님의 말씀**에 귀를 기울여야 합니다. 장애인을 향한 **편견**에서 벗어나, 그들을 존재 자체로 **소중하고 아름다운 이웃**으로 받아들여야 합니다. 장애인들의 **손과 발, 마음**이 되어줌으로써, 알게 모르게 우리 안에 쌓인 **내적 장애**를 허물어야 합니다.

3. "장애인들은 권리와 의무를 지닌 온전한 인간 주체이다. (…) 장애인들도 모든 권리를 가진 주체이기 때문에, 그들은 자기 능력에 따라 가정생활과 사회생활의 모든 분야에 최대한 참여할 수 있도록 도움을 받아야 한다."(『간추린 사회교리』, 148항). 예수님께서는 장애로 말미암아 다른 사람들의 시선을 피해 숨죽여 지

내야 하는 이들을 당신 가까이로 **초대**하십시오. 이 초대를 통해서 예수님께서는 장애를 지닌 이들을 온전한 한 사람으로 받아들이기를 거부하는 이들의 **완고한 마음**을 녹이십니다.

186. 장애인의 인권과 관련한 사회교리의 가르침은 무엇인가요?(II)

1. 옛날에는 **동네 공동체**가 장애인을 품었고, 장애인도 **동네 구성원**으로 인정받고 살았습니다. 지금은 세상이 좋아졌고, 사회가 발전했고, 물질적으로도 풍요롭게 되었지만, 장애인을 동네 공동체가 품지 않아서 장애인은 시설에 격리되어 집단생활을 하는 경우가 많습니다. 이들은 가족을 떠나 혼자서 시설에 수용되어 외롭고 고독하게 살아갑니다. 명칭은 생활시설이라고 하지만 아무리 봐도 비장애인들이 장애인을 동네 공동체에서, 가정에서 합법적으로 격리해버린 겁니다.

2. 예수님 시대에도 장애인은 동네 공동체가 품었던 것으로 보입니다. 장애를 가진 사람을 동네 공동체 구성원으로 받아들였음을 성경은 여러 곳에서 말해줍니다. 또한 예수님은 예리코에서 소경(시각장애인이라고 해야 함)을 치유하고 함께 살자고 하지 않고 다만 **"가거라. 네 믿음이 너를 구원하였다."**고 말씀하십니다.(마르 10,46-52). 장애를 치유한 후 격리하지 않고, 눈뜨게 된 그를 다시 동네 공동체로 돌려보내십니다. 당시는 지금처럼 장애인 생활시설이 없어서 동네 공동체가 받아들여졌는지도 모릅니다. 지금은 사람들이 이구동성으로 살기는 좋아졌다고 하면서도, 장애인들을 생활시설에 수용 격리하여 가족과 동네 공동체와 거리를 두는 것은 **올바른 것**이라고 보기 어렵습니다.

3. 인간은 근본적으로 사회적 존재입니다(「간추린 사회교리」, 149항 참조). 장애인들도 모든 권리를 가진 주체이므로, 자기 능력에 따라 가정생활과 사회생활의 모든 분야에 최대한 참여할 수 있게 도움을 받아야 합니다. 실질적이고 적절한 대책을 마련하여 장애인의 권리를 증진하고 비장애인과 똑같아야 합니다. **각자의 능력**에 따라 그리고 **도덕 질서**를 존중하는 가운데 사랑하고 사랑받아야 하며, **애정과 관심과 친밀감**이 필요합니다(「간추린 사회교리」, 148항 참조). 그러나 현실은 장애인들이 격리 수용되어 시설에서 살고 있습니다. 이는 분명히 **합법적 배제**이며 차**별**입니다.

187. 오늘날 심각한 자살문제에 대한 가톨릭교회의 가르침은 무엇인가요?(1)

1. 우리나라는 2016년 기준 경제협력개발기구(OECD) 국가 중 리투아니아 국가 다음으로 자살률이 높은 국가입니다. **노인 자살률**은 OECD 국가 중 세계 1위라는 불명예를 가지고 있습니다. 자살률의 증가는 사회심리학자들이 주장하는 **사회적 불안정**이나 **가치 혼란** 등 사회적 병리와도 무관하지 않습니다. 학자들은 우리나라의 자살률의 급격한 증가는 외환위기 이후 우리 경제에 나타난 **경쟁심화, 구조조정, 고용불안, 양극화** 등 빠르게 변화된 **경제 사회구조**에 제대로 적응하지 못한 것이 주요 원인이라고 진단합니다. 다른 한편으로 이러한 사회적 병리의 심화로 인한 우울증과 정신적 고통을 겪는 이들을 위한 복지와 상담, 보건 의료 등을 지원하는 **공공서비스를 위한 체계 구축 등 정책의 부족**도 한 몫을 하고 있습니다. 그리고 이들을 위한 정서적 지지를 제공하는 공동체의 붕괴, 즉 **안정된 가정과 이웃을 돌아보는 관심과 사랑의 부족**이 자살률을 높이는 주요 원인으로 꼽습니다.

2. 자살은 본질적으로 **하느님의 뜻을 거스르는 행위**입니다. 자살에 대해서 성경은 직접적인 가르침을 주지는 않지만 성경의 여러 곳에서 살인을 금지하고 있는 것을 볼 수 있습니다. 자기를 살해하는 자살 역시 살인 금지 계명에 포함된다고 볼 수 있습니다. "살인하지 말라" "죽이는 것도 나요, 살리는 것도 나다"라는 성경의 말씀처럼 인간 생명의 주인은 **하느님**이십니다. 인간은 그 **관리자**일 뿐입니다. 인간은 자신에게 주어진 생명을 잘 관리하고 성장시켜 **영원한 생명**에 참여할 사명을 받았습니다. 따라서 자살은 자신과 타인의 생명을 돌보라고 하신 **하느님의 뜻을 어기는 일**이 됩니다. 인간의 생명은 **신성**하며, 하느님만이 그 시작부터 끝까지 **생명의 주인**이시기 때문에, 어느 누구도 어떤 경우에도 무죄한 인간을 **직접 파괴할 권리**를 주장하지 못한다고 선언합니다. 그러므로 자신의 생명을 파괴하는 사살도 금지됩니다.(『가톨릭교회 교리서』, 2258항 참조)

3. "사람은 저마다 자기에게 생명을 주신 하느님 앞에서 자기 생명에 책임을 져야 한다. 생명의 최고 주권자는 바로 하느님이시다. 우리는 생명을 감사하는 마음으로 받아 **하느님의 영광과 우리 영혼의 구원**을 위해 보존할 의무가 있다. 우리는 하느님께서 우리에게 맡기신 생명의 관리자이지 소유자가 아니다. 우리는 우리의 생명을 마음대로 처분할 수 없다."(『가톨릭교회 교리서』, 2280항). "자살은 자기 생명을 보존하고 영속시키고자 하는 인간의 본성적 경향에 상반되는 것이다. 또

올바른 자기 사랑에도 크게 어긋난다. 그와 동시에 자살은 **이웃 사랑**도 어기는 것이다. 왜냐하면 자살은 우리가 고맙게 생각해야 하는 **가정, 국가, 인류사회와 맺는 연대관계**를 파괴하기 때문이다. 자살은 살아계신 하느님의 사랑에 어긋나는 것이다"(「가톨릭교회 교리서」, 2281항)

188. 오늘날 심각한 자살문제에 대한 가톨릭교회의 가르침은 무엇인가요?(II)

1. 가톨릭교회는 **1983년**에 과거 「교회법」에 있던 자살자에 대한 장례금지 조항을 삭제했습니다. 「가톨릭교회 교리서」에서도 자살자들을 **단죄**하기보다는 그들의 **어려움**을 이해하고, 그들의 **회개**와 **구원 가능성**을 인정하고, 그들을 위해 **기도하도록 권고**하고 있습니다. "스스로 목숨을 끊은 사람들의 영원한 구원에 대해 절망해서는 안 된다. 하느님께서는 당신만이 아시는 길을 통해서 그들에게 유효한 회개의 기회를 주실 수 있다. 교회는 자기 생명을 끊어버린 사람들을 위해서도 기도한다."(「가톨릭교회 교리서」, 2283항)

2. 교황 요한 바오로 2세도 회칙 「생명의 복음」 66항에서 교리서와 비슷한 가르침을 전하고 있습니다. "실제로 자살에는 자기애의 거부가 담겨 있으며, 이웃과 자신이 속한 공동체들과 전체 사회를 향한 정의와 자비의 의무 포기가 담겨 있습니다. 자살의 가장 깊은 실재는 생명과 죽음에 관한 하느님의 **절대적인 주권**에 대한 거부를 나타냅니다." 교황은 또한 자살을 돕는 행위, 즉 조력 자살이나 안락사는 **그릇된 자비**라고 비판합니다. 누구를 살리고 죽이는 결정을 내리는 권한이 자신에게 있다고 주장하는 사람은 "**선과 악을 구별할 줄 아시는 하느님처럼 되고 싶은 유혹**"이며(창세기 3,5), 오직 하느님만이 삶과 죽음에 대한 권능을 지니고 계심을 다시 강조합니다. 교황은 「생명의 복음」 67항에서 "사랑과 자비의 참된 길"은 자살을 돕는 것이 아니라, 고통 속에서 생명을 포기하고 싶은 유혹을 받고 있는 이들의 **마음속에서 일어나는 요구에 귀를 기울이는 것**임을 지적합니다. 조력 자살의 요구는 "시련의 때에 필요한 동료 의식과 동정과 지지의 요구"이며, "모든 인간적인 희망이 사라졌을 때 계속 희망을 지켜 나갈 수 있도록 도움을 달라는 탄원"이라는 것입니다. 따라서 교황은 인간 마음속에 지니고 있는 "영원성에 대한 원초적인 바람"을 신앙의 빛으로 일깨우고 "부활의 약속에 대한 희망"으로 위기를 이겨내라고 권고합니다.

3. 이처럼 가톨릭교회는 자살이 **하느님 사랑**과 **이웃 사랑**에 반하는 태도임을 지적합니다. 그러나 자살자에 대한 교회의 태도는 **단죄**가 아닙니다. 하느님께 그들을 **의탁**하면서, 그들이 겪었을 고통에 대해 **연민**을 보이며, **기도**하도록 권고하고 있습니다. 자살을 선택하는 이들은 여러 가지 방법으로 가족과 친구들에게 '**힘들다**', '**도와 달라**'는 표시를 합니다. 하지만, 그것을 알아채지 못하는 이유는 현대의 **개인주의 문화, 이웃에 대한 무관심, 가정의 붕괴** 등의 탓이라고 할 수 있습니다. 이를 극복하기 위해 우리 신앙인들은 **이웃 사랑의 계명**을 재확인하며 **사회교리**에 주목해야 합니다. 사회교리 중에는 고통받고 어려운 처지에 있는 사람들의 아픔을 외면하지 않는 **연대성의 원리**가 있습니다. 그리고 모든 이가 제외됨 없이 자신의 완성에 이를 수 있도록 도와주는 **공동선의 원리**도 강조됩니다. 이러한 가르침은 자살의 원인으로 지적되는 **과도한 스트레스, 고립감, 자존감 약화, 인간관계에서 오는 상처** 등을 극복하는 데 중요한 **정신적 힘**을 제공해 줄 수 있습니다.

4. 한편, 우리가 관심을 가지고 돌보아야 할 이웃은 자살자뿐만 아니라 가족의 자살로 인해 상실의 고통과 죄책감에 시달리는 **자살 유가족**입니다. 많은 경우 이들은 자살한 가족의 절망을 제대로 알아차리지 못한 것과 극단적인 선택을 막지 못한 것을 **자책**하고 **괴로워**합니다. 그러면서 자신들도 높은 자살 충동에 시달리는 경우가 많습니다. 자살 유가족들은 주변 사람들의 **왜곡된 시선**과 **무책임하게 내뱉는 말**로 또다시 상처를 입기도 합니다. 신앙인들은 이들의 아픔에 공감하고 따뜻한 시선과 말로 감싸주면서 이들이 가족의 자살이라는 상처를 이겨내고 긍정적으로 살아갈 수 있는 힘을 얻도록 **기도**하고 **도움**을 주어야 합니다.

189. 혼전 성관계를 가톨릭교회에서는 어떻게 보고 있나요?

1. 요즘 젊은이들 사이에서 흔히 대화의 중심에 있는 **혼전 성관계**는 연인과 사랑에 대한 **아무런 보장 없는 행위**라고 말할 수 있습니다. 이것은 **책임 없는 자유**를 방종케 하는 행위입니다. 사회 구성원으로서 연인은 혼인으로 부부·가정 공동체에 대한 유지를 서약하고 그에 따른 책임을 집니다. 그러나 혼인하지 않은 사이에는 그렇지 않습니다. 성관계는 물론 상대에 대한 책임준수 여부 자체가 불투명합니다. 무엇보다 이러한 혼전 성관계는 무고한 생명 피해로도 이어질 수 있

습니다. 예상치 않게 임신한 여성이 자발적으로 혹은 타의로 **낙태하는 일**이 벌어질 수 있기 때문입니다. 실제 한국보건사회연구원이 2019년에 발표한 **인공임신중절(낙태)** 실태조사 결과에서도 임신한 여성의 낙태 비율은 법률혼일 때(15.7%)보다 미혼일 때(81.9%)가 훨씬 높았습니다.

2. 더욱이 혼전 성관계는 **생명 탄생**과 **부부 성장**이라는 **성관계의 근본적인 의미**를 퇴색시켜 버립니다. 한 남자와 한 여자가 한 몸이 되어 이루는 성관계는 본질적으로 자녀 출산의 가능성과 상대에 대한 자신의 온전한 헌신을 의미합니다. 그러나 혼전 성관계는 이 같은 **생명 탄생의 가능성, 단일성과 불가해소성**이라는 혼인의 특징을 동반하지 않습니다. 때문에 가톨릭 청년교리서 「유캣(YOUCAT)」에서는 **책임 있는 자유**에 의한 **혼후 성관계**를 당부합니다. "결혼을 통한 **구속력 있고 변함없는 사랑**으로만 성을 인간답게 추구할 수 있고, **지속적인 행복**을 누릴 수 있다"는 것입니다. 그렇지 않는 한 "성은 비인간적인 것이 되고 기호품이나 상품으로 전락하고 만다."는 것입니다. 가톨릭교회가 반대하는 **혼외· 혼전 성관계**와 **생명에 개방되지 않은 성관계**는 **약속 없는 성관계**입니다. 따라서 성적인 쾌락이 진정한 의미의 기쁨이 되기 위해서는 서로가 서로에게 자신을 내어주기로 약속해야 합니다. 이때 남녀가 서로를 위해 **육체와 마음**을 내어주는 것이 바로 **상호적 증여**이며 **진정한 사랑의 표현**입니다.

190. 미혼모 문제와 관련하여 가톨릭교회의 역할은 무엇인가요?

1. 우리나라는 사회통념상 미혼여성 출산을 사회규범에서 벗어난 **일탈행위**로 규정하고 있습니다. 따라서 미혼여성들은 임신한 그 순간부터 출산과 양육 전 과정에서 외부로부터 곱지 않은 시선을 감당해야 합니다. 미혼모와 그들 자녀에 대한 사회적 배제는 미혼여성들에 대한 **낙태 종용**과 대다수 미혼모들의 자녀출산 후 양육이 아닌 **입양 선택**이라는 부정적 결과를 초래하고 있습니다. 우리나라 미혼모 가구는 해를 거듭함에 따라 계속 늘어나는 추세입니다. 또 미혼모시설에 거주하고 있는 미혼모 가운데 입양을 선택한 미혼모는 42%, 이미 양육하고 있거나 양육을 선택한 미혼모는 58%로 양육을 선택한 미혼모 비율이 높게 나타나고 있습니다.

2. 양육을 선택한 미혼모들이 자녀를 키우기로 결정한 이유는 ①내 아기는 내가 키워야 하므로(41%), ②아기를 사랑해서(33%), ③입양하면 아이에게 죄를 짓

는 것 같아서(14%) 등 순이었습니다. 미혼모들이 입양을 선택한 이유는 ①경제적 능력이 없어서가 가장 많았으며(34%), ②아기 장래를 위해서(30%), ③부모 역할을 하기에는 아직 어려서(10%) 등이 그 뒤를 이었습니다. 미혼모 문제 해결을 위해서는 모든 아동에 대한 양육 책임은 **사회 전체**에 있다는 인식과 함께 미혼모 자녀양육을 위한 **획기적 지원책**이 필요합니다.

3. ①연령·취업수준·급여액에 상관없이 양육 미혼모들에게 기초수급자 자격을 인정해주며, ②저소득층 미혼 한부모에게 지급되는 양육비를 현실화시키고, ③여성 한부모 가족 근무조건에 맞출 수 있는 다양한 보육서비스 지원방안을 모색해야 하며, ④다양한 주거 지원방안을 강구하는 한편, ⑤입양 시 미혼모의 부모권도 충분히 고려해야 합니다. 우리나라 낙태의 80%가 미혼모들에 의한 것이라면 그들이 낙태하지 않도록 돌보는 것이야말로 **생명의 복음**을 선포해야 하는 교회의 소명이라 할 수 있습니다. 한편 낙태의 유혹을 어렵게 물리치고 생명을 낳아 기르기로 결심한 여성과 남성에 대한 **지지**와 **도움**도 아끼지 않아야 합니다.

4. 낙태로 말미암아 정서적, 정신적, 신체적으로 큰 상처를 입고 화해와 치유를 필요로 하는 여성에게도 교회의 문은 변함없이 열려 있어야 합니다. 특히 아이와 산모를 보호하여야 할 **남성의 책임**을 강화하고, 모든 임산부모를 적극 지원하는 제도를 도입해야 합니다. 최근에 헌법재판소가 낙태죄 형벌 조항에 대해 헌법불합치 결정을 내렸습니다. 생명을 지키고자 어려운 환경에서도 출산하여 애써서 양육하고 있는 미혼모 입장에서는 낙태를 완화해줌으로써 미혼모들을 오히려 내버려 두는 것은 아닐지 걱정입니다. 또한 양육 능력이 없다는 이유로 무분별하게 아이들을 죽일 것 같아 우려가 됩니다.

5. 한편, 청소년 성교육 시간에 **피임**을 가르치는 것은 성관계는 갖되 임신만 하지 않으면 된다는 **비생명적 가치관**을 가르치는 것과 마찬가지입니다. 생명을 **성의 부산물**로 취급하는 부작용을 낳게 됩니다. 시대의 흐름을 거슬러서라도 **순결**을 지키는 것이 최선이라는 것을 청소년늘에게 알려줘아 합니다. 한편 청소년 미혼모 문제는 **가출**과도 밀접하게 연결되어 있고, 또 가출은 **가정 문제**와 깊이 연루돼 있습니다. 미혼모가 생기지 않도록 하기 위해서는 청소년들을 대상으로 **생명·성·가출 예방 교육**을 실시해야 합니다. 교회는 가정해체 방지 및 건강한 가정 공동체 형성을 위한 **가정 사목**을 활성화해야 합니다.

6. 한국 천주교회에서는 경제적인 어려움을 겪고 있는 미혼 부모들을 지원하기 위한 단체로 **미혼부모기금위원회** 출범을 공식 승인하였습니다. 기금위는 기구 조

성과 관리, 지원 대상자 선발 등 기금 운영 전반에 관한 사항들을 심의·의결합니다. 특별히 기금위의 실질적인 활동 단체인 **미혼부모후원회**도 구성하였습니다. 앞으로 미혼 부모 지원의 폭을 넓히고 후원 참여를 격려하기 위해 **회원 모집과 생명 존중 의식 확산 활동**을 확산시켜 나아갈 것입니다. 가톨릭교회는 미혼 부모들이 **용기를 갖고 양육할 수 있도록 힘이 돼 주는 방법**으로 실질적인 **생명 지원활동**을 시작하게 됐습니다.

191. 오늘날 청년들의 희망에 대하여 사회교리 입장은 무엇인가요?(1)

1. 최근에 우리 사회는 유독 많이 아팠습니다. 바로 **불공정사회· 국론분열· 특권세습** 때문입니다. 이른바 어느 특정 장관의 임명과 관련된 의혹들은 진위 여부를 두고 첨예한 공방이 오갔지만, 한 가지 분명한 것은 그것이 청년들을 포함한 많은 이들에게 **혼란과 불신**을 주었다는 것입니다. 사회적 불공정을 해결하겠다고 한 당사자가 역설적으로 공정과 관련한 문제로 모든 이들에게 상처와 충격을 주었습니다. 이로 인해 사회신뢰도도 하락하게 되었는데 2019년 11월 통계청이 발표한 2019년 사회조사에서 2,30대의 사회신뢰도는 각각 45%, 48%에 그쳤습니다. 국내에서는 이미 노동시장 분절구조의 심화, 비정규직의 확산, 정규직과 비정규직의 격차 상승, 양극화로 인한 소득격차의 확대, 고용감소, 노인빈곤 및 청년빈곤 급증의 사회문제들이 심각해졌습니다.

2. 안타깝게도 지금 우리 사회는 열심히 일해도 꿈을 이루기 힘든 사회, 힘든 이들에게 더 무관심해지는 사회라는 인식이 강합니다. 그런데 이에 더해 **물질주의**와 **특권주의** 앞에서, **부도덕함마저 손쉽게 용인되는 사회**라는 의혹이 덮친 것입니다. 이러한 불신은 청년층에게 더욱 아프게 다가옵니다. 이미 청년들은 **치열한 경쟁에 대한 환멸, 경제적 부담, 취업난** 등으로 어려움을 겪고 있습니다. 거기에 더해 **사회에 대한 불신**은 그들을 점점 더 외롭고 고단하게 만듭니다. 어려움을 버티며 살아가는 이들에게 더욱더 허탈한 것은 정치, 경제, 사회에서 중추적 역할을 하는 **사회 지도층의 비양심적인 행위**입니다.

3. 리처드 헨리 토니는[39] 불평등 문제의 해결을 위해서 특정 계층의 특권 종식을 위

---

39) 역사학이자 도덕주의자로서, 16세기와 17세기의 영국사를 전공하는 영국의 경제사 및 사회사의 대가이다.

한, 사회 지도층의 **윤리적 책임 강화**가 중요하다고 강변합니다. **불공평한 특권**과 **부패**가 묵인되는 사회는, 결코 건강한 사회가 아닙니다. 개선되지 않는 현실 속에서 청소년, 청년들에게 주는 위로는 희망이 아닌 위선에 불과합니다. 공정사회에 대한 열망이 높아지고 있는 요즈음에 **관행, 의전, 전통**이라는 이름으로 특권의 존재를 옹호하는 교회도 예외가 아닙니다. 오히려 교회는 이런 때일수록 잘못된 것을 정확하게 바로잡아 **공정함**이라는 원칙을 확고히 세워야 합니다. **청빈, 나눔, 선행**을 가르치는 **교회의 권위**는 더욱 성숙하고 윤리적인 의식과 공정과 평등 위에 서야 합니다.

4. "아프니까 청춘이다"라고 이야기합니다. 하지만 계속 아프기만 하면 문제가 심각해집니다. 아픈 원인을 찾아 치료해야 합니다. 그래서 가톨릭교회는 **사회적 위기와 어려움, 궁핍함을 초래하는 요소**를 개선하라고 촉구합니다(「간추린 사회교리」, 208항 참조). 우리는 신뢰 가능하며 공평하고 행복한 사회를 갈망합니다. 이를 위해 관심을 갖고 무엇이든 실천해야 합니다. 교회 공동체도 기도하는 가운데 본당과 여러 유관기관에서 **청년사목을 강화**하고, **지원을 확충**해야 합니다. 말뿐만이 아닌 실질적인 **도움과 용기**를 주어야 합니다. 그러나 반드시 선행돼야 하는 것이 있습니다. 바로 사회의 지도자들을 비롯해 우리 어른들이 몸소 **공정함을 보여주는 것**입니다.

5. 권력에 몰두하고, 극단적 대립과 분열을 일삼는 모습을 보여주어서는 안됩니다. 특권을 내려놓고 원칙과 공평함으로 도덕과 포용을 보여줄 때 세대 간 화합이 이뤄지며, 청년들에겐 희망이 선사될 것입니다. 청년들은 우리의 희망입니다. "사회적 차원에서 이웃을 사랑한다는 것은, 상황에 따라 사회의 중개를 활용해 이웃의 삶을 개선하고 이웃의 가난을 초래하는 사회적 요인들을 제거하는 것을 말한다."(「간추린 사회교리」, 208항)

192. 오늘날 청년들의 희망에 대하여 사회교리 입장은 무엇인가요?(II)

1. 한국의 사회문제 중 하나는 바로 **사회적 갈등**입니다. 이를 반영하듯 우리나라의 사회통합지수는 10점 만점에 4점으로 매우 낮은 편입니다(2019년 4월 한국보건사회연구소, 사회통합 실태 진단 및 대응 방안 연구보고서 참조). 여러 사회적 위기와 불안과 맞물려 포용사회, 희망사회는 요원할 뿐만 아니라 **차별과 소외가 심한 사회**라는 인

식도 있습니다. 그중에는 세대갈등이 있으며 세대에 대한 부정적 평가와 책임론이 강합니다. **낀 세대, 86 세대, 88만 원 세대** 등의 표현은 **각 세대 상호 갈등**을 상징합니다. 이러한 세대갈등은 청년문제와도 깊이 연관되어 있는데, 지금 한국은 심각한 청년문제에 직면해 있습니다.

2. **베이비붐 세대**(6.25전쟁 후 태어난 세대로 1955년생부터 1963년생까지를 말함)부터 **에코붐 세대**(베이비붐 세대의 자녀 세대로 1977년생부터 1997년생을 말함)에 이르기까지 어느 시대에나 어려움이 없는 세대는 없었습니다. 결국 청년문제에 대한 해결의 실마리는 **사회적 신뢰와 소통의 회복**에서 찾아야 합니다. "라테 이즈 호스(Latte is horse)"[40)]라는 말은 비슷한 발음과 언어유희를 섞어서 만든 은어인데 '나 때는 말이야'라는 뜻입니다. **꼰대**라는 용어와 함께 **아랫사람을 일방적으로 가르치려 하고, 소통이 부재한 상황**을 상징합니다. 그런데 이러한 성향은 특정계층에 국한되지 않으며, 비교적 젊은 중장년을 비롯해서, 청년층에도 많이 있다고 합니다.

3. 달리 말하면 자신의 신념만이 옳다는 독선이 많다는 것입니다. 결국 세대를 막론하고 서로를 갈라놓는 벽이 많다는 뜻으로 풀이됩니다. 대화를 독점하고 상대방을 배려하지 않는 모든 상황이 여기에 해당되는데, 결국 나이가 문제가 아니라 마음이 문제인 것입니다. 청년도 마찬가지로 자신의 가치관만 중요하다는 **편향된 시각**을 고집하는 것은 바람직하지 않습니다. 어른들에게 한 수 배운다는 마음자세도 분명 필요합니다. 사회문제는 양자가 맞들어야 해결되는 경우가 많습니다. **자성과 성찰, 겸허한 수용**이 없는 일방적인 **책임전가**와 **비판**은 문제를 악화시킬 뿐입니다. 그러므로 세대갈등과 청년문제 등을 풀기 위해서는 각 세대가 **저마다 역할**을 잘해야 합니다.

4. 중장년층은 중간세대로서 포용적이고 교량적인 역할을 해야 합니다. 청년들

---

40) 얼마 전 영국 공영방송이 우리나라 은어인 꼰대를 '오늘의 단어'로 선정했다. BBC 채널 중 하나인 BBC Two는 공식 페이스북에 '꼰대(KKONDAE)'를 소개하면서 "자신은 항상 옳고 남은 틀리다고 주장하는 나이 든 사람"이라고 설명했다. "Latte is horse." '라(나) 때는 말이야~'로 번역되는 이 표현은 꼰대의 전형성을 보여 주는 유머다. '나 때는 말이야~'는 '옛날에는 말이야'와 함께 참전용사형 꼰대들이 말을 꺼낼 때 자주 쓰는 표현이다. 원조국인 우리나라에는 요즘 꼰대를 다양하게 비틀어 표현하고 있다.

도 모든 세대가 공감하는 해법을 찾기 위해 노력해야 합니다. 중요한 것은 **상호 소통과 신뢰를 구축**하는 것입니다 물꼬를 트는 것이 중요하며, 누구든 먼저 손을 내밀어야 합니다. 어른의 역할은 들어주고 베풀어 주는 넉넉함이며, 그게 바로 지혜이므로 들어주는 것만큼 귀한 것도 없습니다. 그렇게 할 때 오해라는 물꼬가 트여 진실의 바다에서 마음과 마음이 맞닿을 수 있기 때문입니다. 유튜브와 스마트폰으로 이어폰을 낀 풍경 속에서 정녕 마음의 문마저 서로 닫히는 것은 아닌가 우려됩니다.

5. 그러나 조금이라도 타인의 이야기를 들어줄 때 소통과 변화를 통해 우리 모두가 승자가 될 것입니다. 물론 청년들은 '부모님처럼 살기 싫어요, 부장님처럼 살기 싫어요.'하는 극단적 인식보다는 어른들의 말씀을 듣는 **겸손한 마음가짐**도 필요합니다. 그래서 젊음은 긍정적 개방과 친교, 쇄신과 변화라는 **복음적 가치**에 뿌리를 둡니다(「그리스도는 살아계십니다」, 26-35항 참조). 세대를 막론하고 우리 모두가 **양보하고 사랑하는 마음**을 지녀야 합니다. 그런 마음들이 햇살처럼 우리의 갈등을 녹이며 **사랑의 문화**를 만들어 갑니다.

"그리스도께 구원을 받고 성령 안에서 새 사람이 된 인간은 하느님께서 창조하신 피조물들을 사랑할 수 있고 또 사랑하여야 한다."(「간추린 사회교리」, 44항)

193. 오늘을 살아가는 청년 교사들에 대한 교회의 입장은 무엇인가요?

1. 프란치스코 교황님은 제2차 바티칸 공의회 폐막 50주년을 기념하는 특별 희년을 선포하시면서, 제2차 바티칸 공의회의 가르침을 우리 교회 안에서 새롭게 하자는 말씀도 하셨습니다. 제2차 바티칸 공의회는 「그리스도인 교육에 관한 선언」(Gravissimum Educationis)에서 교회는 인간의 구원을 위해서 **인간의 지상생활**에 대해서도 관심을 가져야 함을 재확인하였습니다. 그렇기 때문에 **교육의 진보와 확대**에 참여해야 한다고 강조합니다. 특별히 교육과 관련하여 가톨릭 학교의 고유한 사명은 **자유와 사랑의 복음 정신**으로 활력에 넘치는 학교 공동체의 분위기를 조성하고, 모든 인간문화를 궁극적으로 구원의 소식과 결부시키는 것이라고 밝히고 있습니다.(「그리스도인 교육에 관한 선언」, 참조)

2. 대학생들은 이미 1학년 때부터 두꺼운 파일에 자기소개서와 각종 자격증 혹은 공무원 시험정보를 들고 다닙니다. 대학교 방학 프로그램으로 기업 탐방을 다니

면서 매일 다른 기업에 가서, 어느 기업이 돈을 더 많이 주는지 파악하고, 내가 무슨 스펙을 더 쌓아야 하는지를 고민합니다. 대학생이 되어서도 자격증과 입사시험을 위한 사교육은 끝나지 않고, 늘어가는 학비부담 때문에 아르바이트도 병행해야 합니다. 돈을 주고 자기소개서를 대필하는 것은 너무나 자연스러운 이야기가 되었습니다. 기업에서 실시하는 직무 적성검사에서 자신의 솔직한 대답을 하기 보다는 합격하기 위해서 어떤 대답을 해야 하는지 요령을 가르쳐 주는 학원들도 많이 생겨났습니다. 대학교도 취업 학원으로 변해가는 요즘 가톨릭 학교조차 사회 분위기를 좇아갈 뿐 그 안에 **자유와 사랑의 복음 정신**은 찾기 힘듭니다.

3. 본당에서 활동하고 있는 대부분이 대학생이자 청년인 각 본당의 주일학교 교사들이 이런 사회적 환경 속에서 주일학교 교사를 한다는 것은 스스로 뒤처지기로 결심하는 것과 다르지 않습니다. 여름행사 준비를 위해 아르바이트하는 시간도 포기하고, 자격증 취득과 시험에 대비한 공부 시간도 내지 못하고, 취업을 위한 기업관련 정보도 얻기가 어려워지기 때문입니다. 또한, 교사를 하면서 느꼈던 체험을 담은 담백한 자기소개서는 전문적인 글쟁이들에게서 받아온 대필 자기소개서를 따라갈 수 없습니다. 적성검사마저 찍어주는 학원이 있는지도 모른 채, 그저 솔직하게 대답하면 될 거라 생각했는데 돌아온 것은 낙방이더라고 허탈하게 말합니다.

4. 이 모든 것은 누구 한 사람이 잘못해서 벌어진 일이 아닙니다. **교회와 기업, 대학교와 정치권** 모두의 잘못된 선택으로 생긴 결과입니다. 이런 구조에서 교회의 미래라고 말하는 **청년들은 신앙**을 배울 수 없습니다. 마찬가지로 대부분이 청년인 주일학교 교사들로부터 신앙교육을 받는 우리의 **청소년들의 신앙**도 약해질 수밖에 없습니다. **교회의 세속화**는 여기서부터 시작됩니다. 가톨릭 학교와 교회가 고용인으로 있는 일터, 신자 기업인이 소유한 기업부터 무엇을 기준으로 인재를 채용하는지 재고해 보아야 합니다. 우리가 운영하는 초·중·고등학교와 대학교는 학생들에게 무엇을 가르치는지 돌아보아야 합니다. 우리가 먼저 사회의 분위기에 휩쓸려 살아가지 않고, 우리부터 교회의 미래인 **청소년들**과 그들을 가르치는 **청년 교사들**을 위해서 **반성**하고 **고민**해야만 합니다.

194. 청년 주거 빈곤을 마주하는 사회와 교회의 입장은 무엇인가요?

1. 독일의 한 시인은 "대문으로 가난이 찾아와 문을 두드리면, 사랑은 창 밖으로 도망가 버린다."고 말했습니다. 또 인도의 한 성인은 "가난은 가장 큰 폭력"이라고 했습니다. 스웨덴 속담에는 "악마는 부자가 사는 집에도 찾아가지만, 가난한 사람이 사는 집에는 두 번 찾아간다."라는 말이 있습니다. 빈곤의 다른 말인 가난은 어느 세대에나 나타나고, 어느 세대에게도 괴롭습니다. 그 중에서도 청년 빈곤은 특별히 **중대한 심각성**을 갖습니다. 우리나라는 수시로 **부동산 광풍**이 불곤 합니다. 집값이 천정부지로 뛰고 수십억 원 대의 아파트가 쏟아지고, 부동산으로 부자가 되는 사람도 있습니다. 하지만 **쪽방, 고시촌, 옥탑방, 지하방**에서 고통받는 사람은 여전히 많습니다.

2. 재개발이 진행되면 가난한 사람들은 있던 자리에서 밀려납니다. 주거문제로 고통받는 청년들은 더욱 증가했습니다. 이것은 당연한 현상입니다. 경제적 자립이 약한 청년들은 목돈을 마련하기 어렵습니다. 높은 주거비용을 감당하기 어려우며 **비싼 등록금, 악화된 고용환경, 청년 실업**은 청년들에게 불평등과 기회 박탈을 가져다 줍니다. 한국은 **노동시장 분절구조**(分節構造)가 심해서 청년 10명 중 7-8명은, 비정규직이나 중소기업 등 소득이 열악한 직장에 들어가게 됩니다. 당연히 살인적인 **주거비용과 생활비**를 감당하지 못합니다. 발도 제대로 못 뻗는 어두운 지하방에서 추위와 더위에 시달려야 합니다.

3. 소득의 3분의 1가량을 주거비용으로 내고 나서 식사를 못하는 청년들도 많습니다. 젊어서 고생은 사서한다는 말이 있지만, 지금은 한국경제가 성장과 팽창을 거듭하던 7,80년대와 다릅니다. **불평등**과 **소외감**이 심화되고 **기회마저 없는 현실**이 큰 문제입니다. 이는 **사회적 건강함**과 **신뢰**를 해치고 **통합**과 **발전**을 저해합니다. 유럽의 경우 지역사회와 연계해 청년들에게 주거 혜택을 제공합니다. 한국도 공공 임대주택이나 청년주택 공급을 시행하지만, 공급이 턱없이 부족하며 **실효성과 공공성이 없다는 비판**이 많습니다.

4. 대학과 지자체가 기숙사, 청년주택 공급을 시행하려 하는데 집값이 떨어진다는 이유로 반대하는 지역도 있습니다. 주거와 고용이 불안정해서 혼인율이 떨어지고 청년들은 미래를 설계하기 어렵습니다. 청년 빈곤문제는 심각한 **사회적 현안이며, 정부와 지자체, 관련 기관들이 협력**해야 합니다. 분명한 것은 이러한 청년 빈곤이 해결되지 못하면 교회 역시 **미래가 없다는 것**입니다.

"빈곤은 교회가 희망하며 추구하는 완전한 인도주의의 실현, 곧 개인과 민족들이 더욱 인간다워지고 더욱 인간적인 조건에서 살 수 있게 하는 것을 불가능하게 한다."(「간추린 사회교리」, 449항)

195. 청소년들의 노동 권리에 대해 사회교리는 어떻게 가르치고 있나요?

1. "약한 이와 고아의 권리를 되찾아 주고 불쌍한 이와 가련한 이에게 정의를 베풀어라."(시편 83,3). 현행 **근로기준법 17조**를 보면 근로계약서의 작성과 교부를 통해 **임금, 근로시간, 휴가** 등의 근무조건을 명시해야 한다고 되어 있습니다. 어른들에게는 익숙한 내용이지만 많은 청소년들은 이를 모르고 있습니다. 입시위주의 교육 환경에서 배울 기회가 거의 없기 때문입니다. 근로계약서를 쓰지 않으면 문제가 생길 수 있습니다. 근로계약서가 **노사 상호간 법적 안전장치**이기 때문입니다.

2. 근로기준법상 **15세**부터 일을 할 수 있기 때문에 많은 청소년들이 아르바이트나 경제활동에 참여합니다. 일을 해 본 중고등학생 중 근로계약서를 한 번도 안 써 본 비율은 63%입니다. 여성가족부의 2017년 근로청소년 대상 부당노동행위 실태조사에서 전국 278개 사업장 가운데 절반가량인 137개 업소에서 **노동 관련법 위반**이 적발되었습니다. 또한 청소년 근로권익센터의 3년간 통계에 의하면 청소년 부당노동 신고 접수가 매년 급증하는 것으로 나타나고 있습니다. 청소년들은 스펙과 경험뿐만아니라 대부분 생계를 위해 일을 하는데 그런 절박한 청소년들에게 부당 노동행위를 하는 파렴치한 사업주들이 많다는 것입니다. 청소년 본인의 책임인 경우도 있지만 어른들의 **무관심과 불법행위**에 훨씬 많은 책임이 있습니다.

3. 많은 청소년들이 일터에서 자신의 권리를 옹호하지 못하고, 노동조건이 부당함에도 불구하고 피해를 감내합니다. 여러 조사에서 취업 청소년 중 75%가 감정노동에 시달리고, 33%가 인격모독, 욕설, 성희롱과 임금갈취, 초과근무 등의 부당행위를 겪었다고 합니다. 이런 청소년들이 성장해 훗날 우리 사회의 기둥이 되고 지도자가 된다는 사실을 기억해야 합니다.

4. 최초의 사회교리 문헌이며 노동헌장인 레오 13세 교황의 회칙 「새로운 사태」(Rerum Novarum)는 "약한 이들의 권리, 가난한 이들의 존엄성, 부유한 이들

의 의무를 통해 이 세상에 하느님의 사랑과 정의를 실현해야 한다."고 밝히고 있습니다(『새로운 사태』, 14항,17항). 청소년들을 우리의 미래라고 표현하지만, 아직도 많은 청소년들이 **법의 사각지대** 속에서 사회와 어른들의 무관심으로 고통받고 있습니다.

"교회의 사회교리는 고발을 통하여, 인정받지 못하고 침해받는 권리들, 특히 가난하고 보잘것없고 약한 이들의 권리를 판별하고 수호한다."(『간추린 사회교리』, 81항)

196. 인간 생활을 향상시키는 문예 창작활동을 사회교리는 어떻게 보고 있나요?

1. 4차 산업혁명 시대라 할 수 있는 오늘의 사회는 급변하고 있습니다. 문예 창작활동은 인공 지능(AI)이나 빅데이터가 할 수 없고 **우리 인간만**이 할 수 있는 것입니다. 예술작품 등의 창작품을 통해 사람들은 **위로와 희망**을 얻고, 때로는 **제2의 인생**을 살아가기도 합니다. 그 역할이야말로 **인류의 등대지기**와 같은 것입니다. 이와 같은 문학작품은 **내 자신과 이웃**, 그리고 **삶과 역사**를 관조(觀照)하게 됩니다. 과거와 현재의 순간을 **영원**으로 끌어올리고 미래에 투신하는 **용기**와 **신비**를 가져다줍니다.

2. "예술은 인간 본연의 자질과 자신과 세계를 이해하고 완성시키는 데에 요구되는 인간의 과제와 체험을 표현하려고 노력한다. 인간의 불행과 기쁨, 필요와 능력을 밝혀주고, 인간의 보다 나은 운명을 개척하려고 노력하기 때문에 교회 생활을 위해서도 중요하다. 문예는 시대와 지역을 따라 여러 모양으로 표현된 인간 생활을 향상시킬 수 있다"(『사목헌장』, 62항)

197. 생명과 생태적인 농어촌에 대해 사회교리는 무엇이라고 말하나요?(1)

1. 요즈음 나이 많은 사람들이라면 농어촌이 고향인 경우가 많습니다. 또 농어촌에 살지는 않았지만 청년시절에 농활에 참여하여 동료들과 농사일도 하고 막걸리도 함께 마셨던 경험을 가진 사람들도 있습니다. 그런 경험을 통해 먹는 먹거리가 저절로 생기는 것이 아니라는 것과, 그 작은 쌀 한 톨을 위해서 농민들의 수고가 얼마나 큰지를 알게 됩니다. 오늘날 **유전자조작 식품(GMO)**과 **인스턴**

트 식품에 빠져 사는 현대인들에게 농촌은 꿈같은 공간입니다. 스마트폰 앱으로 터치 몇 번이면 배달음식이 도착하는 오늘날, **농어촌과 생명의 중요성**이 점점 잊혀져가고 있습니다.

2. 농어촌은 그 자체로 **생명과 창조질서의 상징**입니다. 왜냐하면 인간은 본시 하느님께서 주신 땅을 일구고, 다른 피조물을 돌보며 살아가는 존재이기 때문입니다. 농어촌은 땀을 흘려 먹거리를 얻는 **생명의 장**이며, 창조된 만물을 정성껏 돌볼 **인간의 거룩한 사명을 깨닫는 곳**입니다. 하지만 지금 이 시대는 개발에만 혈안이 되어있습니다. 무엇이든 저렴하게, 심지어 가축조차도 대량생산을 하고 그것들을 탐욕적으로 이용만 하고 돌보지 못합니다. 농·수·축산물은 우리의 욕심 때문에 **경제적 값어치**로만 인식됩니다.

3. 그 모든 것들은 **모두 고귀한 생명이며 돌봄 받고 존중돼야 할 대상**입니다. 그런데 안타깝게도 농어촌으로부터 우리 관심은 자꾸 멀어지고 있습니다. 더욱이 생명을 지키려고 애쓰는 농민들은 **힘없는 소수자**로 밀려나고 있습니다. 수백 년간 많은 나라에서 경제적 이익만이 중시되면서, **농어촌의 빈곤, 소외와 불균형, 영세농가의 급증, 농촌사회의 붕괴, 환경파괴** 등이 가속화되고 있습니다. 우리 모두가 농어촌에 대한 공동체 의식과 생명에 대한 책임감 없이 **이기적인 마음**으로 살기 때문입니다.

4. 농업은 모든 생명과 연관돼 있기에 창조주이신 하느님께로 이끌어 주는 풍요로운 초대입니다. 한국 천주교회는 1966년 **가톨릭농민회**를 창립했고, 1994년 **우리농촌 살리기 운동**을 시작했으며, 매년 7월 셋째 주일을 **농민 주일**로 정해서 지내 오고 있습니다. 농어촌에 대한 **관심**과 우리 모두의 **생태적 회심**을 지향하기 위함입니다. 「간추린 사회교리」도 농어촌에 대한 **특별한 관심과 연대**를 요청합니다(「간추린 사회교리」, 299항 참조). 우리 모두의 관심과 노력, 그리고 생명과 먹거리를 존중하는 우리의 **참된 회심**이 필요합니다.

198. 생명과 생태적인 농어촌에 대해 사회교리는 무엇이라고 말하나요?(II)

1. 몇 년 전부터 **스마트 팜**(smart farm)에 대한 관심이 높아졌습니다. 인공지능 농업 시스템인 스마트 팜은 **정부의 8대 선도과제** 중 하나이며, 정부예산도 대폭 증액된 상태입니다. 정부는 대규모 친환경 유기농 스마트 벨리의 조성 추진

과 스마트 팜 육성정책을 적극적으로 장려하고 있습니다. 현재 농어촌은 **인구 감소와 고령화, 성장정체** 등의 어려움을 겪고 있습니다. 이러한 동향은 **농어촌에 혁신과 발전, 청년인구 유입, 일자리 창출, 농가소득 상승, 도농 균형발전** 등의 긍정적 효과를 가져 올 것입니다. 향후 기술발전의 가속화와 함께 스마트 팜은 더 성장할 것으로 예상하나 논란의 여지도 큽니다.

2. **농수산 시장 유통구조의 개선** 없는 스마트밸리의 조성은 지역별 불균형을 초래할 수 있습니다. 농산물 과잉생산에 따른 시장가격 교란과 영세농가의 소외 등에 대한 우려 때문입니다. 이미 우리 사회에서 갈등이 나타나고 있고, 정부와 민간 공동의 대화와 신중한 검증이 필요합니다. 최상의 농산물을 대량 생산하고 초보 농부에게도 풍년을 보장한다는 스마트 팜은 4차 산업혁명의 흐름 중 하나로 보아야 하며, 이 흐름을 막기란 어렵다고 할 수 있습니다. 기술발전과 혁신을 부정적으로만 봐서도 안 되지만, 우리의 **지혜로운 대처**가 더욱 필요할 뿐입니다. 중요한 것은 우리의 인식인데, 농업을 **경제적 차원**으로만 인식하는 것은 옳지 않습니다.

3. 농업을 소중히 여겨야 하며, 교회의 가르침에 입각한 **생명 경외 인식**이 필요합니다. 이미 도시의 많은 사람들은 **농촌과 생명에 대한 관심**을 잃어가고 있습니다. 식량은 남아돌고, 넘쳐 나는 음식물 쓰레기로 국토는 신음하고 있습니다. 스마트 팜으로 농산물을 대량 생산하더라도 생명에 대한 올바른 가치가 선행되지 않으면 스마트 팜은 **물신(物神)의 도구**가 될 뿐입니다. 스마트 팜으로 편하게 농사를 지을 수 있다고 하는 것은 환상에 불과합니다. 기계의 도움을 받는다 해도 **사람의 손과 정성**이 필요합니다. **기술발전과 인간은 공존하는 것**입니다. 기술은 **편리함과 효율성**을 제공하고, 인간은 그러한 기반 위에서 **가치를 선택**하고 지켜야 합니다. 그 가치란 **생명에 대한 경외와 공동체의식**입니다.

4. 우리 농어촌은 오래전부터 경제적 어려움을 겪어 왔습니다. 산업화와 도시의 발전이라는 이유도 있지만, **농어촌과 생명에 대한 무관심**이 큰 이유였습니다. 농어촌 산업 분야에서의 **적폐개선**이 시급한 만큼 생명을 소중히 여기는 **인식의 정립**도 매우 절실합니다. 생명에 대한 올바른 가치 없이 도농의 참된 존립과 발전은 불가능합니다. **생명을 보호하고, 돌보며, 경외하는 것**은 우리가 실천해야 하고 걸어야 할 길입니다. 문화란 한 **사회의 가치관과 정신**이 포함된 **고유한 생활양식**입니다. 생명을 존중하는 것은 하나의 문화여야 합니다. 농어촌에 대한 국가의 정책적 지원과 계획은 생명을 중히 여기는 실천과 함께 **우리 사**

회의 문화로 이룩돼야 합니다.

"농업 그리고 농촌 사람들의 가치를 사회 공동체 전체의 발전 안에서 건전한 경제의 근간으로 회복시키기 위한 근본적이고도 긴급한 변혁이 요구된다."(「노동하는 인간」, 21항;「간추린 사회교리」, 299항)

199. 생명과 생태적인 농어촌에 대해 사회교리는 무엇이라고 말하나요?(Ⅲ)

1. 지금도 밥을 먹을 때 쌀 한 톨 남기지 않는 것은, 어린 시절 할머니와 아버지의 **밥상머리 교육**때문입니다. 농민들이 한여름 뙤약볕에도 수고를 아끼지 않고 여든여덟 번(八十八)이나 손길을 주어야 쌀(米)이 됩니다. 쌀은 그저 쌀이 아니라, 곧 농민의 피땀이니 남은 한 톨까지 감사하는 마음으로 정성껏 먹어야 한다고 가르치셨습니다. 생명의 하느님께서 주신 **땅과 햇볕과 물과 하느님의 모습을 닮은 농민의 정성 어린 노고**가 함께 일구어낸 모든 생명들입니다.

2. "나의 아버지는 농부이시다"(요한 15,1). 하느님은 농부시라는 표현은 하느님에 대한 어떠한 표현보다도 정겹고 포근합니다. 흙빛 얼굴, 억센 팔뚝, 송골송골 맺힌 땀방울 사이로 보이는 넉넉한 웃음. 밥을 짓는 농부님, 아니 밥이 되어준 농부님들을 떠올립니다. 농부는 자신의 소중한 소출을 먹고 힘차게 살아갈 누군가를 떠올리며, 길이든 바위든 가시덤불이든 좋은 땅이든 가리지 않고 씨를 뿌립니다(루카 8, 4-8 참조). 어리석게 보이는 **참된 지혜**, 무모한 듯 느껴지는 **참된 용기**, 제 살을 깎아 남을 먹이는 **참된 사랑**을 봅니다. 하느님이 농부이시듯, 농부는 하느님입니다.

3. "농민은 **하느님의 창조질서**에 따라 살아왔습니다. 그렇게 인간과 자연이 협력하여 하느님 창조질서에 **가장 친밀하게 동참하는 생명**을 일구어 왔습니다. 그러나 전면적인 **농산물시장 개방**과 **세계화의 진행**으로 농촌 공동체는 파괴되고, 농업은 더 이상 설 자리가 없는 지경에 이르고 말았습니다. 2020년 현재 농가인구는 전체 국민의 5%인 234만 명으로 줄었고, 이마저도 70%가 60세 이상입니다. 도·농간 소득격차가 큰 폭으로 벌어져 도시근로자 가구와 비교할 때 농가의 소득은 57%로 매우 심각한 수준입니다. 또한 우리 민족의 주식이자 농업의 근간인 쌀까지 관세화를 통해 완전 개방되어 큰 어려움을 겪고 있습니다."(한국천주교주교회의 정의평화위원회 농민주일 담화문)

4. "회복 불가능하고 때로는 소멸되어 버리는 육체 노력과 사회의 무관심"으로 "자신들을 사회에서 버림받은 사람으로 느끼게 되는" 농민입니다(「노동하는 인간」, 21항). 생명을 살리는 농업을 한낱 **저급한 돈벌이의 논리**로 설명하려는 가진 자들의 횡포 앞에 농민들은 힘없이 쓰러지고 있습니다. 생명이신 하느님을 닮아 생명을 가꾸는 일을 천직으로 여기며 고된 노동을 마다하지 않는 농민이 웃는 세상을 만들어야 합니다. 이것이 농민 덕으로 하루하루를 살아가는 **우리의 도리**입니다.

200. 생명의 먹거리인 음식물에 대한 사회교리의 가르침은 무엇인가요?

1. 최근 정부는 **스마트 팜, 농촌마을 공동급식, 도농상생 공공급식 협약, 공공급식 센터운용** 등의 정책을 통해, **경쟁력 있는 농업 양성**을 도모하며 **농가에 활기**를 넣고 있습니다. 또한 **친환경농업**으로 각종 유기농 식품 생산도 증가했으며, 기술의 발전은 우리 식탁의 먹거리를 점점 풍요롭게 할 것입니다. 그러나 여전히 도농 간 격차가 심하고, 농촌의 인력은 부족합니다. **농수산 도매 유통구조 개선과 영세 농가의 시장 교섭력 및 경쟁력 강화**를 위한 근본적 노력이 필요합니다. 그리고 농업은 경제, 외교, 사회, 지역개발, 노동(일자리), 첨단 기술과도 밀접하지만 먹거리를 생산하므로 **음식문화**라는 고유한 분야와 연결됩니다.

2. 몇 해 전부터 먹방이라고 하는 음식을 먹는 방송이 선풍적인 인기를 끌고 있습니다. 여기서 말하는 먹는 방송은 맛있는 음식을 선전하고, 음식의 가치를 알려주는 프로가 아닙니다. 그냥 폭식을 과시하는 일종의 쇼입니다. 농작물은 농부들의 **발소리**를 들으며 자란다 했고, 밥알을 씹을 때는 농부의 **수고**를 기억하라고 했습니다. 인터넷의 먹는 방송들은 생명의 고상함은 고사하고 생명을 놀잇감 정도로 인식하는 저열한 모습을 보여 주고 있습니다. 아직도 지구 반대편에는 **기아와 가난**이 횡행하고 지금 이 땅에도 많은 이웃이 **굶주림**으로 고통받고 있습니다. 이런 마당에 먹는 방송에 열광하는 현상은 매우 개탄스럽습니다. 이뿐만이 아닙니다. 필요 이상의 음식을 과다하게 시켜 다 먹지 못하고 남기는 것은 어디서나 흔하게 볼 수 있는 일입니다. 가톨릭교회는 **금식과 금육**을 통해서 **영신의 이익과 이웃사랑**을 권고합니다. 신앙인들조차도 잔여 **음식물**을 대수롭지 않게 여기고, **과식**을 오용하고 **생명과 먹거리를 중히 여기라**는 본분에 너무나 **소홀**합니다.

3. 음식은 **하느님의 선물**이자, **경외해야 할 생명** 그 자체이며, 경제적 값어치만으로 따질 수 없습니다. 또한 가난한 이웃을 생각한다면 먹는 방송과 음식물 쓰레기란 있을 수 없는 일입니다. **유전자조작 음식과 과도한 인스턴트 식품에 대한 경계, 우리농촌을 통한 생명의 밥상 차리기**가 필요합니다. 이같이 이뤄지는 풍요로운 식탁문화는 가장 먼저 **먹거리와 생명에 대한 우리의 올바른 의식**을 요청합니다. 우리가 올바른 의식을 갖지 않고서야 정부가 아무리 농어촌의 발전을 장려하고 식탁에 좋은 음식이 넘쳐난들 그것이 아무 소용이 없습니다. 가톨릭교회의 사회교리는 사회현안에 대해 우리의 **성숙한 의식**이 필요함을 강조합니다(『간추린 사회교리』, 366항 참조). 또한 생명에 대한 올바른 의식은 **하느님께 대한 의식**으로 연결돼 인간 사회가 온전하게 발전하는데 기초가 됩니다(『간추린 사회교리』, 375항 참조). 음식물을 소중하게 생각하고, 필요한 만큼만 적당히 섭취하며, 이웃과 나누는 **성숙한 의식**과 **실천적인 노력**이 요청됩니다.

"사회생활이 지향해야 할 '사랑의 문명'의 이상을 더욱 성숙하게 인식시키기 위한 노력을 기울일수록, 사회생활은 더욱 인간다워진다."(『간추린 사회교리』, 391항)

201. 기후위기와 코로나19로 인한 식량위기에 대해 교회는 무엇을 말하나요?

1. 가톨릭교회의 공식기구인 **우리농촌살리기운동본부**는 코로나19의 원인으로 꼽히는 기후위기에 대해서 정부의 엄중하고 **빠른 대처**를 호소하였습니다. 긴급 성명에서 ①실효성 있는 온실가스 감축 계획수립, ②석탄 화력발전소 감축 및 재생에너지 확대, ③화석연료 없는 생명농업 정책 수립, ④지속 가능한 생명농업 보장 등을 제시하며 정부가 추진하고 있는 '**포스트 코로나**'[41] 정책에 기후변화 인식을 우선시할 것과 이에 관한 적극적인 자세와 행동을 요청했습니다.

2. 프란치스코 교황님 회칙 「찬미받으소서」 제23항에서는 "인류는 지구온난화에 맞서 싸우거나, 최소한 인간이 이러한 온난화를 일으키는 근원들에 맞서 싸우

---

41) 코로나 19 사태 이후의 세계. 펜데믹 현상과 함께 전 세계를 감염병 공황 상태와 함께 방역을 위한 자가 격리, 사회적 거리 두기, 재택근무 등의 새로운 사회문화적 현상을 초래했던 코로나 19가 가져올 사회적 변화 양상과 추이를 의미하는 용어로 사용된다. 2020년 3월 「월스트리트저널」과 「세계경제포럼」 등의 칼럼에서 사용되면서 널리 인용되기 시작했다.

려는 생활양식과 생산과 소비의 변화가 필요함을 인지해야 한다."고 밝히고 있습니다. 또한 2015년 12월 제21차 유엔 기후변화 협약의 단계적인 온실가스 감축과 2019년 11월 5일 많은 과학자들의 **기후 비상사태**(Climate Emergency) 선포를 강조하였습니다.

3. 전 세계적 기후위기는 그동안 식량위기라는 결과로 이어졌으며, 지구 온난화는 북극의 빙하를 30년 전과 비교해 **25% 이상** 녹여버렸고, 아프리카 내륙의 급속한 사막화에도 영향을 주었습니다. 이로 인해 경작하던 농지를 잃고 식량 생산을 위한 땅을 찾는 이주민들이 꾸준히 증가하고 있습니다. 한편 코로나 19로 인한 상황은 전 세계 식량공급체계에도 영향을 주는데, 효과적인 조치가 없을 시에는 전 세계에 식량난이 발생할 것으로 전망하고 있습니다.

4. 전 세계적인 이상기후와 함께 코로나19 사태로 인한 식량 가격 급등, 이로 인한 **환경적·경제적 식량위기**는 우리나라도 예외가 아닙니다. 2015년부터 2017년까지의 국내 곡물 자급률이 **23%**라는 수치는 우리나라도 식량위기에 있어 안전국가가 아님을 보여 줍니다. 이와 같은 상황은 궁극적으로 식량위기를 몰고 올 것을 전망하고 있습니다. 농업은 환경에 가장 민감한 산업이자 자연 생태계를 보존하고 생명을 살리는 일이므로 기후변화에 대한 정부의 대책을 촉구하며 농업이 생명을 살리는 산업이 될 수 있도록 우리의 **올바른 인식**과 정부의 **적절한 정책 마련**이 필요합니다.

5. 또한 농업을 시장논리가 아닌 **공공재적**인 관점에서 보고 이를 육성해야 하며, 이에 **공익적 가치**를 부여해야 합니다. 앞으로 지속 가능한 농업은 그동안 인간의 탐욕으로 왜곡된 **창조질서를 되살리는 길**입니다. 생태환경을 병들게 하는 산업화나 공장화된 농업이 아닌, 수많은 생명이 공존하는 **'생명농업'의 확산과 정착**이 필요합니다. 따라서 교회 안에서의 나눔을 넘어 교회 밖에서도 **건강한 농산물의 생산과 나눔**이 확산되어야 함을 가톨릭교회는 강조하고 있습니다.

202. 코로나19와 기후재난 시대에 어떤 그린 뉴딜이 필요한가요?(1)

1. 2018년부터 미국과 영국을 필두로 논의가 확산된 '**그린 뉴딜**[42]'은 **기후위기**와 경

---

42) 그린 뉴딜은 녹색산업을 뜻하는 '그린'과 1930년대 미국의 국가 주도 경기부

제적 양극화**가 현 경제시스템의 실패에서 비롯됐다는 의식에서 출발합니다. 따라서 **저탄소 경제구조**로 전환하면서 고용과 투자를 늘리는 정책이 필요함을 강조합니다. 또한 **기후위기와 사회 불평등**의 올바른 해결책으로 그린 뉴딜이 가능할 수 있도록 '**정의로운 그린 뉴딜**'이 되어야 하며 그 목표는 기후위기 해결을 위한 **탄소배출 제로 달성**, 그리고 더욱 심화되고 있는 **사회적 불평등을 해소**하는 데 있습니다.

2. 코로나19로 인한 노동자들의 피해는 곳곳에서 발생하고 있습니다. 직장을 쉬게 되거나 해고상태에 이르게 되어도 기업들은 자신의 책임이 아니라고 회피하면서, 기간산업 안전기금이라는 명목으로 지원을 받고 이득을 보는 경우도 있습니다. 그린 뉴딜이 기후위기에 대응한다는 명목으로 기업과 재벌의 지원에만 초점을 맞추는 것에 대응해야 합니다. 또한 경기부양과 민간기업 투자 위주의 그린 뉴딜이 아닌 노동자가 함께 참여하면서 **노동권이 보장되는 방식**으로 전환돼야 정의로운 그린 뉴딜이 될 수가 있습니다.

3. 생명과 생존권 보장을 책임지는 **먹거리에 대한 체계 전환**도 해결해야 할 과제입니다. 기후위기와 코로나19 재난 극복을 위한 국가의 대응책은 기업과 상인을 비상지원 및 구제하거나 공공급식 영역에 대한 긴급대책 중심으로만 진행돼 왔습니다. 기후변화와 질병 재난을 극복하기 위한 전면적인 대안으로 그린 뉴딜을 제안한다면 먹거리를 위한 전환에 관한 구체적인 실천 방안이 함께 제시돼야 합니다. 아울러 먹거리 생산은 기후위기와 지구적 질병으로 인한 **재난 모두에 대응하는 체계로 전환**돼야 하며 **온실가스를 감축하는 생산방식**을 확대하는 방향으로 먹거리 자급률을 높여야 합니다.

4. 농업 분야에서는 ①논농업의 전면 유기농 전환, ②기본품목의 친환경재배 확대와 공공수매제 실시, ③생태환경에 기여하는 공익형직불제 확대 개편을 검토해야 하며, 축산 분야에서는 ①온실가스 배출을 줄이며, ②지역단위 경축순환농업 실현과, ③사육 동물의 복지를 향상하는 방향으로 정책이 수립돼야 합니다. 또한 먹거리 체계는 자본이나 노동을 기반으로 성장해야 할 산업이 아니라 **지역 공동체**를 기반으로 모든 사람들의 **먹거리 기본권**이 보장되는 방향으로 나아가야하는 것이 정의로운 뉴딜입니다.

양책 '뉴딜'을 합쳐진 말로, 기후변화와 경제문제를 동시에 풀기 위해 신재생 에너지 같은 친환경 사업에 대규모 투자를 해 경제를 살리는 정책을 말한다.

203. 코로나19와 기후재난 시대에 어떤 그린 뉴딜이 필요한가요?(II)

1. 코로나19와 기후재난은 한국사회의 차별과 불평등의 현실을 고스란히 드러냈습니다. 사회 불평등의 중심에는 **여성**이 있습니다. 코로나19 사태 이후 취업자 수 감소(남성 40만 명, 여성 62만 명)와 일시 휴직자수 증가(남성 33만 명, 여성 66만 명)에 있어서 남성보다 여성이 훨씬 많았습니다. 사회적 돌봄 체계가 마비됨에 따라 돌봄 노동의 책임도 대개 여성에게만 전가되었고, 불평등한 성별분업 체계가 적나라하게 드러나는 계기가 되었습니다. 재난 피해가 여성에 집중되는 것은 여성의 가치와 노동을 비생산적이고 부차적인 것으로 **저평가**하고 있기 때문입니다. 여성의 삶이 정의로운 그린 뉴딜이 되기 위해서는 성이 평등한 사회가 되어야 합니다. 또한 임금노동 중심이 아닌 **돌봄 중심사회**로, 상품 생산이 아닌 **생명의 유지 창조가 중심인 사회**로 전면적인 패러다임 전환을 해야 합니다.

2. 나 하나 먹고 살기도 힘든 이 바쁜 세상살이에서 청년들에게 기후위기는 큰 관심의 대상이 아닐 수 있지만, 이는 또 다른 불평등을 야기하는 원인이 됩니다. 청년들의 입장에서 그린 뉴딜을 보면 청년들의 생계, 기후형 불안으로부터 자유로울 수 있는 권리를 지키는 것을 **중심 비전**으로 가져와야 합니다. 청년들의 현실과 맞닿은 일자리 창출이 반드시 필요한 상황에서, 청년들이 사회에 나가 취직을 하게 되면 온실가스를 많이 배출하는 산업에 취직할 가능성이 높은 것이 현실입니다. 따라서 사회 진출 전에 대학에서든 고용부의 교육 프로그램에서든 **기후위기와 지속가능한 산업으로의 전환교육과 대책**이 필수적으로 이루어져야 합니다. 또한 청년들을 위한 정의로운 그린 뉴딜이 되기 위해서는 **주거보장**을 해주어야 합니다. 집이야말로 사람이 살아가는데 가장 중요한 환경이므로, 주택을 투기의 대상이 아닌 정말 사는 집으로 생각하게끔 다주택 소유자의 보유세를 강화하는 세제 개편이 이루어져야 하고, **임대료 동결, 공공임대주택 공급**을 늘리는 것과 같은 새로운 정책이 필요합니다.

3. 이 밖에도 최근에 발표한 현 정부의 '**한국판 뉴딜 종합계획**'을 살펴보면 '**그린 뉴딜**'뿐만 아니라 '**디지털 뉴딜**'과 '**휴먼 뉴딜**'을 축으로 추진되고 있습니다. '디지털 뉴딜'은 국가와 산업의 기반을 디지털로 전환한다는 계획입니다. 데이터와 5G, 이동통신과 인공지능으로 대표되는 DNA(Digital-Network-AI) 생태계를 말합니다. '휴먼 뉴딜'은 사람에 대한 투자와 교육을 최고 수준으로 높이고, 전 생애에 걸쳐 충실한 사회안전망을 갖추기 위한 계획으로 더 많은 취약계층이 정부 보

조를 받을 수 있도록 **사회안전망**을 강화하겠다는 것입니다. '한국판 뉴딜'은 재정 부담을 어떻게 해결할지, 기존의 정부정책 기조였던 **'소득주도성장'** 및 **'혁신성장'** 과의 관계를 어떻게 할지에 대한 설명이 부족합니다. 그러나 '한국판 뉴딜'은 이제 시작단계로서 어떤 **정책목적**을 지향 할지, 어떤 정책대상을 염두에 두고 어떤 **정책효과**를 기대할 지에 대한 것들은 정부와 국민이 끊임없이 소통하며 정책을 보완해 나가야 합니다. "사람들이 살아가는 사회 상황 안에서 복음을 선포하는 것이 권리이자 의무인 **교회**"(『간추린 사회교리』, 70-71항) 또한 꾸준히 정책 방향과 내용에 대해 공감하면서 정부가 **올바른 길**을 낼 수 있도록 함께해야 합니다.

제6장 • 국제 공동체생활과 사회교리

204. 군비 경쟁이 진정한 평화를 가져다 줄 수 있을까요?(1)

1. 「간추린 사회교리서」에서는 "많은 사람들이 **무력 증강**이 가상의 적에게 전쟁을 단념하도록 하는 역설적인 방법이라고 생각한다. 그들은 이것을 국가 간의 평화를 보장할 수 있는 방법 가운데 가장 유효한 것으로 여긴다. (…) **군비 경쟁**은 평화를 보장하지 못하며, 전쟁의 원인을 제거하기보다는 오히려 증대시킬 위험이 높다. 냉전 기간의 전형적인 핵 억지 정책은 대화와 다자간 협상을 바탕으로 한 구체적인 **군비축소 조치**로 대체되어야 한다."라고 되어 있습니다.(「가톨릭교회 교리서」, 2315항; 「간추린 사회교리」, 508항)

2. 우리나라를 중심으로 **한·미·일 간의 군사협력**은 북한을 포함한 중국까지 견제하는 **군사력 블록 형성**쯤으로 이해할 수 있습니다. 이는 남북관계 개선과 동북아평화 건설에 도움이 되기는커녕, **군비 증강**을 촉발할 것이란 우려를 불러일으키기에 충분합니다. 군사력이란 결국 가상의 적대세력을 향한 힘이기 때문인데, 군사협력을 우려하는 배경은 다음과 같습니다. 군사협력 내용은 북한의 점증하는 미사일 위협에 대응해 우리 정부가 **한국형 미사일 방어체제**를 갖춘 것입니다. 여기에다 미국이 정보 탐지 식별 타격을 위한 시스템을 지원해 한·미 공조를 강화한다는 것입니다. 그러나 미국의 이러한 미사일 방어전략은 **새로운 군비 경쟁을 촉발하는 매개체 역할**을 한다는 비판을 받고 있습니다. 실제 러시아나 유럽도 이에 맞서 **공동 미사일방어망**을 구축하기로 한 상태입니다.

3. 한편, 일본과의 안보 협력의 중요성을 확인하고 한·미·일 3자 협력의 범위를 재난구호에서 해양안보, 항해의 자유, 대량 살상무기 비확산으로 확대한다고 밝혔습니다. 일본은 최근 국가의 안전보장에 이바지한다는 명목아래 **사실상 핵무장의 길**을 열었습니다.(「원자력규제위원회설치법」, 부칙 12조 참조). 일본은 우주 항공 연구개발 기구의 활동을 평화 목적으로 한정했습니다. 그러나 그 규정을 삭제한 개정안을 통과시켜 우주 활동의 군사적 이용, 즉 **대륙간 탄도미사일 개발**을 가능하게 했습니다. 공산권 국가, 유엔이 금지한 국가, 국제분쟁 당사국 혹은 분쟁 우려가 있는 국가에 무기 수출을 금한다는 **무기수출 3원칙**을 완화하였습니다. 즉, **제3국과의 무기 공동개발 및 생산의 길**을 열어놓은 것입니다.

4. 또한, 일본은 헌법해석의 수정으로 일본과 밀접한 관계를 맺고 있는 국가가 제3국으로부터 무력 공격을 받았을 때, 일본이 공격을 받지 않더라도 제3국을 공격할 수 있는 **집단적 자위권 허용**을 주장하고 있습니다. 일본은 2차 세계대전을 일으킨 나라로 인류에 엄청난 재앙을 불러왔습니다. 그 결과로 집단적 자위권행사 금지라는 족쇄가 채워진 것입니다. 그런데, 일본의 일련의 움직임에 대해 우리 언론은 **일본의 군국주의 부활, 군사 대국화, 우경화**라고 말합니다. 이와 같은 군사력 증강은 일본에 국한된 문제가 아닙니다. 냉전 종식 이후 평화공존과 공동번영을 지향해 온 동아시아의 시대정신은 찾아보기 어렵습니다. 오히려 한반도를 사이에 두고 **한·미·일과 북·중·러 양 세력이 군사력으로 대립하는 형국**입니다.

5. 우리는 북한의 위협과 중국의 부상(浮上)에 맞서기 위해 한·미 혹은 한·미·일 동맹이 필요하다고 주장합니다. **6·25전쟁**을 겪었던 아픈 기억의 역사와 아직도 적대적 관계에 있는 **북한의 3대 세습 정권**이 가지고 있는 **적화통일의 야욕과 핵무기**를 무시할 수 없는 상황이라는 것입니다. 따라서 우리는 동맹국 간에 동조가 필요하다는 주장을 합니다. 또한 무력 증강이 가상의 적에게 전쟁을 단념하도록 하는 역설적인 방법이라는 것입니다. 그러나 "평화는 단순히 전쟁의 부재나 적대세력과의 균형유지가 아니다."라고 교회는 말합니다.(「사목헌장」, 78항).

6. 교회는 다음과 같이 분명하게 가르치고 있습니다. 과거 동서간의 냉전 기간의 전형적인 핵 억지 정책이 한반도를 중심으로 한·미·일과 북·중·러 간의 군사력 대립으로 재연되고 있습니다. 그러나 핵전쟁의 위협을 극복하기 위해서는 **남·북 간 대화와 회해**를 바탕으로 **6·15 선언**과 **4·27 판문점 선언**을 준수하여 이에 **상응한 조치**를 서로 보여야 합니다. 또한 동맹국 간의 군비증강이 아닌 **긴밀한 협조**를 통해 이를 극복해야만 합니다.

205. 군비 경쟁이 진정한 평화를 가져다 줄 수 있을까요?(II)

1. 미국의 34대 대통령이었던 **드와이트 아이젠하워**는 제2차 세계대전 당시 서유럽 연합군 사령관으로서 **노르망디 상륙작전**[43]을 계획하고 지휘하였습니다. 이 작전은 유럽 전선에서의 승리뿐만 아니라 전체 전선에서 연합군 승리의 도화

---

43) 1944년 6월 6일 개시한 연합군의 북유럽 상륙작전.

선이 되기도 하였습니다. 그는 **더글러스 맥아더**(Douglas MacArthur)[44] 장군과 함께 한국전쟁에 참전했고, 맥아더 장군의 후임자로 한국 주둔 미군을 통솔하기도 했던 아이젠하워는 **세계대전**과 **한국전쟁**을 이끈 탁월한 군인이었습니다. 그러나 미국 대통령으로서 아이젠하워는 1953년 연설에서 "모든 총과 군함과 로켓은 결국 배고프고 춥고 헐벗은 사람들로부터 훔친 것"이며, "노동자들의 땀과 과학자들의 재능, 아이들의 희망을 소비하는 것"이라고 비판했습니다. 그 후 1961년 대통령 퇴임 연설에서 그는 미국의 군부와 군수산업 세력의 결탁 체제인 **군산복합체**(military - industrial complex)가 군사 부문을 넘어 **미국의 정치, 경제, 사회 전 영역**에 영향을 끼치고 있으며, 이는 결국 미국의 "**자유와 민주주의의 과정**을 위험에 처하게 할 수 있음"을 강력히 경고했습니다.

2. 그가 경고한 대로, 실제로 과도한 국방비 지출로 경제를 부양하고자 하는 것은 결국은 가난한 사람들이 가져가야 할 몫을 빼앗는 것입니다. 2010년 조사에 따르면 빈곤선 아래로 떨어진 미국인의 수는 7명 중 1명꼴로 증가했습니다. 이런 의미에서 "**군비 경쟁은 인류의 극심한 역병이며 가난한 사람들에게 견딜 수 없는 상처를 입히는 것**"이라는 제2차 바티칸 공의회의 외침을 귀담아 들어야 합니다. 더 나아가서 오늘날의 소비사회에서 개인의 상품 소비와 또 에너지와 과학기술에 대한 사회적 소비는 **생산자의 선전과 마케팅**에 의해서 이루어진다고 말할 수 있습니다. 따라서 **무기 생산자와 중개상들의 사고방식**이 잠재적 안보 위협을 증폭시키고, 사회 전 영역을 군사화 시킬 가능성이 있습니다. 또한 **인간의 존엄**과 **자유** 그리고 **민주주의**를 후퇴시킬 가능성이 있습니다.

3. 그러므로 "상당히 많은 국가들이 보호책으로 삼는 **군비 경쟁**은 평화를 확고히 유지하는 안전한 길이 아니다. 또 거기에서 이루어지는 이른바 균형도 확실하고 진실한 평화가 아니라는 확신을 모든 사람이 가져야 한다. 군비 경쟁으로 전쟁의 원인들이 제거되기는커녕 오히려 점차 증대될 수밖에 없다. 언제나 신무기의 군비에 엄청난 재화를 소모하고 있는 동안에는 오늘날 선 세계의 수많은 불행에 대한 충분한 해결책이 마련될 수 없다"고 교회는 말하고 있습니다.(사목헌장 81항). 따라서 평화의 첫걸음은 무력의 위협이 아니라 **상호대화를 통해 신뢰**를 쌓고, 그 바탕으로 **군비 축소와 무장 해제**로 나가는 것입니다(「사목헌장」, 82항 참

---

44) 미국의 군인이자 정치가이며 사회운동가이다. 미국 육군사관학교와 미국 육군참모대학교를 거쳐 미국 육군지휘참모대학교를 졸업하였다.

조). 그러기 위해서라도 국방과 안보에 관한 논의에 소수의 폐쇄적인 전문가만이 아니라 더 많은 시민들이 참여할 수 있어야 합니다. 이것이 또한 민주주의의 과정이기도 합니다.

206. 핵발전소에 대한 가톨릭교회의 사회교리 가르침은 무엇인가요?(1)

1. 핵발전소에 대한 찬반양론이 늘 쟁점이 되고 있습니다. 그 **필요성과 당위성을 주장**하는 측과 **핵 발전 정책을 반대**하는 측의 주장과 **가톨릭교회의 사회교리**[45] 입장을 정리해 봅니다. 우선 핵 발전에 대한 필요성과 당위성을 주장하는 입장을 살펴봅니다. 핵 발전과 화력 발전의 가장 큰 차이점은 **에너지원**입니다. 산업혁명 이후 전 세계 전기 생산량의 대부분을 차지하고 있던 화력 발전은 석유나 석탄 등을 태워 발생하는 열로 물 등을 증발시킵니다. 이때 생기는 수증기의 압력을 통해 터빈을 돌려 전기를 생산합니다. 핵 발전도 수증기의 압력을 통해 터빈을 돌려 전기를 생산하는 원리는 같습니다.

2. 그러나 **원자로**를 이용하여 열을 발생시킨다는 차이점이 있습니다. 원자로는 천연 우라늄을 가공하여 얻은 **농축 우라늄의 핵분열 연쇄반응**으로부터 열에너지를 얻는 장치를 말합니다. 이때 방출되는 **중성자의 속력과 수**를 통제하는 것이 기술적으로 중요합니다. 우리가 사는데 빼놓을 수 없는 전기를 생산하는 방식 중 하나가 핵 발전입니다. 2018년도 우리나라의 전기 생산량 중 핵 발전이 차지하는 비중은 약 **24%**이고, 화력 발전소의 비중은 약 **70%**입니다. 이는 2016년 32%에서 탈핵발전 정책으로 인해 상당 부분 감소한 수치입니다.

3. 핵 발전의 필요성에 대한 ①첫 번째 이유는 **기후변화** 때문입니다. 오늘날 지구의 기후변화는 우리가 생각하는 것보다 꽤 심각한 상태입니다. 1960년대 이후 탄소배출량이 급격하게 늘어났고, 그에 따라 기온 상승량도 매우 높은 수준을 유지하고 있습니다. 해양 온도 또한 비슷한 수치로 온도가 상승하고 있습니다.

---

45) 핵 발전(核發電, nuclear power generation)은 핵을 인위적으로 분열시킬 때 발생하는 고온으로 물을 끓여 그 증기로 터빈을 돌려 전기를 생산하는 방식이다. 우리나라에서는 핵무기의 부정적 이미지를 희석하기 위해서 핵 대신 원자라는 용어를 사용하여 원자력발전이라고 하지만 핵과 원자는 같지 않다.

그 결과 45년간 9조 6250억 톤의 빙하가 녹고, 연 평균 2.7mm의 해수면이 상승했습니다. 우리나라도 기후변화의 심각성이 별반 다르지 않습니다. 지난 100년간 연평균 기온이 **1.7도** 상승했고 연 강수량이 **19%** 상승했습니다. 이는 전 세계 평균인 0.74도에 비해 매우 높은 수치로 남부지방에서는 **열대식물**을 재배하기 시작한 지역도 있습니다. 해수면 또한 지난 30년간 연평균 해수면 2.97mm, 지난 10년간 연평균 해수면 3.48mm 상승으로 세계 평균보다 높은 수치이며 상승폭 또한 커지고 있습니다.

4. 기후변화의 심각성을 인지한 전 세계 정상들이 기후변화를 저지하기 위해 2100년까지 **1.5도**의 온도상승을 목표로 하는 **파리기후협약**을 맺었고, **2021년 1월**부터 발효 예정입니다. 이전 교토기후협약과는 다르게 개도국에도 **온실가스 감축 의무**가 주어졌습니다. 우리나라도 2030년까지 예상 탄소 배출량의 **37%**를 감축해야 합니다. 그래서 다른 나라에서는 온실가스를 감축하기 위해 원전에 다시 주목하고 있습니다. 우리나라와 마찬가지로 후쿠시마 원전사고 이후 대부분의 나라에서 핵 발전을 비판하는 목소리가 커졌습니다. 우리 정부에서는 탈핵 발전을 추진하였지만, 방사능보다 탄소배출로 인한 기후변화가 더 심각하다는 의견이 받아들여져서 최근에 탈핵 발전을 포기하였습니다.

5. 그리고 탄소배출 감축에 핵 발전의 역할이 있음을 처음으로 공식 인정했습니다. 그리고 유엔에서도 탄소배출 감소를 위해 공식적으로 원자력협회와 협약을 맺기도 하였는데, 중국은 2030년까지 원전 100기를 추가 건설 예정입니다. 미국에서는 원전 수명을 60년에서 80년으로 늘리고 소형원자로 건설에 많은 투자를 하고 있는 상황입니다. 그렇기 때문에 핵 발전은 온실가스 감축에 중요한 역할을 맡을 수 있고, 핵 발전의 이미지와는 다르게 친환경에너지로 불릴 날이 올 것이라는 주장입니다. ②두 번째 이유는 **저렴한 가격**입니다. 핵발전소의 생산단가가 높아진 이유로는 후쿠시마 원전사고 이후 유지보수에 많은 투자를 하고 있기 때문입니다.

6. 화석연료의 생산단가 하락은 열병합발전소, 가스 터빈 사이클과 스팀 터빈 사이클의 결합 발전소 등의 기술발전 때문입니다. 하지만 여전히 핵발전소의 생산단가가 매우 저렴한 상태이고, 현재 개발 중인 고속로원전이 적용되면 더 저렴한 가격으로 전기를 생산할 수 있습니다. ③세 번째 이유는 에너지와 안보라는 단어는 안 어울릴 수도 있지만, 알게 모르게 **에너지가 식량과 함께 무기화**될 수 있기 때문입니다. 1인당 전력소비량이 꾸준하게 증가하고 있고, 전기자동차의

보급으로 전력소비량은 더 가파르게 상승할 예정입니다. 이러한 상황에서 저렴한 전기를 안정적으로 제공하는 것이 아주 중요합니다.

7. 특정 지역에 집중 분포된 화석연료는 그 지역의 정치적인 영향으로 쉽게 가격이 변동됩니다. 하지만 우라늄은 전 세계적으로 고르게 분포되어있어 그러한 위험성이 낮습니다. 2016년도에 우리나라 무역액이 급격하게 줄어든 것을 볼 수 있는데, 저유가로 인해 물가가 내려간 것이 주요 원인입니다. 우리나라 경제에 무역이 차지하는 비중이 크기 때문에 **저렴하고 안정적으로 전기**를 공급하기 위해서 핵발전소가 필요한 것입니다. 우리나라에서 처음으로 건설되어 40년간 전기를 생산하고 2015년 가동이 중지된 **고리 원전 1호기**가 있습니다. 전기는 모든 곳에서 쓰이는 필수재이고, 40년간 탄소배출 없이 저렴하게 전기를 생산해 주었습니다.

8. 이 원전 덕분에 우리가 더 나쁜 공기를 마시지 않을 수 있었고, 비교적 저렴하게 한 끼를 해결할 수 있습니다. 비록 큰 위험성을 가지고 있긴 하지만, 그만큼 큰 장점들을 가지고 있기 때문에 핵 발전은 피해야 할 존재가 아니라 **극복해야 할 존재**입니다. 하지만 핵 발전이라는 저렴한 전기 생산방식이 있기 때문에, 전기 소비를 줄일 수 있음에도 불구하고 소비를 늘려가며 전기를 소비합니다. 그렇게 하는 것은 **인류를 위협하는 요소들**을 하나씩 늘리는 것이 됩니다. 그 결과 결국은 **인류의 배드앤딩**(badending)으로 한 걸음씩 다가가는 것이 될 수도 있음을 기억해야 합니다.

207. 핵발전소에 대한 가톨릭교회의 사회교리 가르침은 무엇인가요?(II)

1. 핵발전소의 막대한 폐해를 주장하며 이에 반대하는 입장을 정리해 봅니다. 누구도 하느님께서 보시기 좋게 창조한 하늘과 땅, 그리고 바다, 그 하느님 정원의 모든 생명에 폭력을 가할 권리를 갖고 있지 않습니다. 과학기술을 악용한 핵무기는 1945년 일본 히로시마와 나가사키를 잿더미로 만들고 수십만의 무고한 시민을 죽음으로 내몰았습니다. 또 살아남은 이들과 그들의 2세, 3세들에게도 씻을 수 없는 고통을 안겨주었습니다. 어떤 나라는 핵무기 보유로 적의 공격을 억제할 수 있다는 힘의 논리인 핵 억제력을 내세웁니다. 경쟁적으로 수천 기의 핵무기를 개발하고 보유하여 세상을 공포의 균형으로 갈라놓은 강대국들입니다.

2. 1979년에는 **미국 스리마일 섬 핵발전소**에서, 1986년에는 **구소련의 체르노빌 핵발전소**에서 대형 핵사고가 발생하였습니다. 이어서 2011년, 패전의 폐허를 딛고 경제대국으로 발전한 일본에서 발생한 **후쿠시마 핵발전소** 폭발은 다시 인류를 충격과 불안으로 몰아넣었습니다. 불과 60년 사이에 벌어진 이 대형 핵 사고들은 인간이 자연과 모든 생명에 가한 폭력이었으며, 미래 세대에 고통을 떠넘긴 몹쓸 짓이었습니다. 다행히 강대국들과 선진국들은 **핵무기 감축과 핵발전소 가동 중지 및 폐쇄**를 결정했습니다. 우리는 거꾸로 이를 핵 발전 확대 및 수출과 핵주권론(핵무기 개발과 보유) 확보의 기회로 삼으려 하고 있습니다. 그러나 핵무기와 핵 발전이 세상에 참된 평화와 발전의 유산으로 남을지, 회복할 수 없는 고통과 재앙으로 남을지 우리는 분별해야 합니다.

208. 핵발전소에 대한 가톨릭교회의 사회교리 가르침은 무엇인가요?(III)

1. 한국천주교주교회의는 2013년 추계 정기총회를 마치면서 핵 발전에 대한 한국 천주교회의 성찰을 담은 **「핵 기술과 교회의 가르침」**이란 소책자를 펴내며 '우리는 생명을 선택해야 합니다.'라는 본 담화를 발표했습니다. "한국천주교회주교단은 2011년 3월 일본 후쿠시마 지역의 원전 사고 이후, 핵 발전(원자력 발전)이 우리나라와 세계의 안전에 심각한 위협이 되고, 특히 미래 세대에게 재앙을 물려준다는 우려에 깊이 공감하며, 교회의 가르침에 따라 이 문제를 생각하고 한국사회와 국민이 선택해야 할 방향을 제시하고자 '「핵 기술과 교회의 가르침」 - 핵 발전에 대한 한국 천주교회의 성찰'을 마련하였습니다.

2. 이 소책자는 핵 기술과 관련한 여러 문제들, 곧 안전 문제를 비롯하여 환경, 경제, 사회, 평화, 핵 발전의 대안 등에 대해 핵 발전을 반대하는 주장뿐만 아니라 찬성하는 주장도 함께 다루며, 읽는 이가 기술적으로나 현실적으로 복잡한 이 문제들을 스스로 이해하고 판단할 수 있도록 하였습니다. 또한 인간의 존엄성을 지키고 공동선을 지향하는 가톨릭교회의 사회교리에 입각하여, 교회는 핵기술과 관련된 문제들을 어떻게 보고 있는지를 제시하며, **교회와 세상이 추구해야 하는 근본적인 가치들**을 생각하도록 돕고자 합니다.

3. 교회의 성명서 대신에 이 소책자를 준비한 것은, 핵 발전의 문제가 이해득실에 따른 **정책적 타협**이나 **강요된 희생**으로 해결될 수 있는 것이 아니라, 자신과 미

래 세대를 위한 **국민 모두의 깊은 성찰**을 바탕으로 절제와 희생을 포함하는 **각자의 결단**을 통해서만 그 해결책을 찾을 수 있다고 생각했기 때문입니다. 아울러 국가의 현재와 미래를 책임지는 정부 당국은 이러한 개인들의 성찰과 결단을 토대로 **적극적인 탈핵 정책**을 수립하여, **인간의 존엄과 생명**을 수호하고 지속시킬 수 있는 **참된 발전**을 가져올 수 있도록 힘써 주시길 촉구합니다. 우리가 마주하고 있는 이 상황은 **개개인의 이득**을 따지며 대안과 시기를 가늠할 문제가 아닙니다. 우리 자신 그리고 현재와 미래의 모든 인류를 위해 당장 결단해야합니다. 닥쳐올 위험을 모르고 당장의 풍요로움에 만족하는 성경 속 어리석은 부자의 전철을 밟아서는 안 됩니다.(루카 12, 20 참조)"

4. 위의 담화 내용을 바탕으로 한 교회의 가르침을 살펴봅니다. 언제나 우리 앞에는 두 갈래의 길, 즉 **생명의 길과 죽음의 길**이 놓여 있습니다(신명 30,19 참조). 핵무기와 핵 발전은 **추상적 관념이나 이론**이 아닙니다. 구체적인 생활환경, 그것도 **인류의 삶에 심각한 영향**을 미치는 환경 가운데 하나입니다. 신앙인으로서 우리는 핵무기와 핵 발전에 관해 냉정하게 성찰하고 현명하게 판단하며 윤리적으로 선택하고 실천해야 합니다(「사회적 관심」, 41항 참조). 신앙인의 이 같은 노력은 인류가 안고 있는 고뇌에 찬 문제들에 대하여 **대화**를 나누고 **구원의 힘**을 풍부히 제공합니다. 그럼으로써 백성들이 함께 살아가는 이 민족과 사회에 **연대와 존경과 사랑**을 가장 웅변적으로 드러낼 수 있을 것이기 때문입니다.(「사목헌장」, 3항 참조)

5. 현 프란치스코 교황님께서 2019년에 일본 방문일정을 마치시고 귀국길에서 핵에너지와 관련하여 "개인적인 의견이지만 핵에너지가 사람과 환경에 안전하다는 확실한 보장이 있을 때까지 사용해서는 안 되며, 현재 재난이 되지 않을 것이라는 점을 보장하기에는 안전이 충분하지 않다"라고 말씀하셨습니다. 또한 2015년에 반포한 프란치스코 교황님의 회칙 「찬미를 받으소서」를 통해서 이 지구상에 온전한 생태학에 대해 언급하시면서, 인간이 초래한 생태 위기의 근원을 살펴 생태계가 온전히 회복할 수 있도록 함께 노력하여 **우리 공동의 집**인 지구를 지켜 줄 것을 당부하셨습니다.

6. 핵 발전이 교회의 길, 인간의 길이 될 수 없다는 것은 자명합니다. 우리나라는 물론 전 세계의 관심은 오늘날 **재생에너지 시대**를 여는 것입니다. 우리나라는 **한국판 뉴딜**[46]이 반드시 필요합니다. **디지털 뉴딜과 그린 뉴딜**은 함께 가야 합니

---

46) 미국 대통령 루스벨트가 1933년에 시행한 경제부흥 정책. 경제 공황에 대처하여

다. 2050년까지는 재생에너지 100% 시대를 열자는 **리100(RE 100)**[47]에 세계적인 유명 기업들이 참여하고 있습니다. 그런데 태양광이나 풍력 등 재생에너지는 핵발전이나 석탄 등 소위 화석 원료보다는 아직 생산이 불안정합니다. 그걸 에너지 인터넷이라는 **스마트 그리드**로 연결하는 게 필요합니다. 곳곳에 연결한 네트워크로 가정, 공장, 빌딩의 에너지 수요를 파악하고, 저장하고, 분배하고, 모으는 겁니다. 결국 디지털화가 되어야만 그린 뉴딜이 가능하고 재생에너지 사회로 갈 수가 있습니다. 이렇게 하는 이유는 이것이 인류에게 위협이 되고 있는 **핵발전소를 없앨 수 있는 유일한 방법**이기 때문입니다. 또한 이를 통해 **인류의 삶의 질**을 높이고, 그 과정에서 생기는 **실업문제**나 **고용보장문제**를 챙기게 되어 **사회적 뉴딜**이 되기 때문입니다.

209. 핵발전소에 대한 가톨릭교회의 사회교리 가르침은 무엇인가요?(Ⅳ)

1. 한편, 핵 산업 관련 정부 관료와 산업계와 한전, 그리고 일부 지식인과 언론이 주장하는 대로 핵발전소가 그렇게 안전하고, 친환경적이고, 경제적이라면 수도권에 핵발전소를 건설해야 하는 것 아닌가? 그런데 우리나라건 일본이건 중국이건 핵발전소는 왜 하나같이 거주 인구가 적고 외진 곳에 건설할까? 일본의 경우 핵발전소 부지 선정 기준은 가장 낙후되고 인구가 적게 사는 변두리, 저항이 가장 없는 곳이라고 합니다. 후쿠시마도 그런 곳이었는데, 핵사고가 나더라도 피해를 최소화할 수 있기 때문입니다. 그 본질적 이유는 아주 단순한데, **핵발전**

정부가 적극적으로 경기를 조절하여 고용 수준을 향상시켰음.

47) 리100(RE100)은 'Renewable Energy 100'의 앞 글자를 딴 말로, 재생 가능한 에너지 100%를 의미한다. 기업에 필요한 전력의 100%를 태양광과 풍력 등 재생 가능한 에너지로 충족하자는 자발적인 캠페인으로 지난 2014년부터 본격화했다. 2019년 7월 기준 구글, 애플, BMW 등 유명 글로벌 기업 포함 전 세계 185개 기업이 RE100에 동참하고 있다. 반면 반도체와 배터리 등을 생산하는 국내기업들은 재생에너지 사용인정제도 정책에 갈팡질팡하고 있다. 정부가 이를 이행할 수 있는 수단과 방법, 유인책 등을 모호하게 둔 탓이라는 지적이다. 기업 간 거래(B2B)가 주력인 이들 업종은 해외 거래처들로부터 '재생에너지를 100% 사용해 만든 제품을 납품하라'는 압력을 받고 있어 부담이 커질 것으로 본다.

소가 안전을 보장할 수 없는 위험시설**이기 때문입니다. 친환경적이지 않고 오히려 자연환경에 심각한, 그것도 영구적 회복불능의 폐해를 가져다주기 때문입니다. 이렇게 보면 경제적이지 않은 것은 물론 오히려 가장 비싼 경비가 드는 것이 핵 발전 방식입니다.

2. 대용량의 핵발전소에서 생산한 전력을 소비지까지 보내려니 **송전선**이 필요하고, 그 때문에 **송전탑**을 세워야 합니다. 2011년에 발생한 후쿠시마 원전사고와 관련한 일본 정부의 발표에 의하면 핵발전소의 발전과 처리비용, 사고비용 등을 평가한 결과 전기 생산비용이 오히려 화력 발전보다 더 비싸다는 발표를 했습니다. 핵발전소의 필요성을 주장하는 이들은 발전비용이 저렴하다는 점을 최우선의 이유로 들지만 이와 같은 주장은 점점 설득력을 잃고 있습니다. 그동안 발전비용에 산정되지 않았던 **사고 등 핵 발전으로 인한 피해**를 계산할 경우(사고발생 위험 비용이나 환경 복구비용, 핵폐기물 처리 비용 등)입니다.

3. 이처럼 핵 발전이 **결코 싸지 않은 발전방식**이라는 공신력 있는 조사결과들은 속속 제시되고 있습니다. 일본 정부는 '비용 등 검증위원회'를 통해 각 전력원별 발전비용을 재추산한 결과를 발표했습니다. 예상되는 사고의 비용과 이산화탄소(CO_2) 발생에 대한 대책 비용, 국가가 지급하는 교부금이나 연구비와 같은 사회적 비용이 더해져 계산해보니 **핵 발전이 화력 발전보다 더 비싸다는 것**입니다. 핵 발전 방식은 소비지 거주 주민의 편리함과 산업시설 지역과 관련 산업의 경제적 이익을 위해 생산지와 송전탑 지역 주민의 불편함과 고통을 강요하는 **비윤리적 구조**를 벗어날 수 없습니다. 우리가 핵 발전을 묵인하고 편리함을 내세워 여기에 의존하는 한 **힘없는 지역의 희생**은 계속될 수밖에 없습니다.

4. 더구나 **비윤리성**은 동시대에 끝나지 않습니다. 왜냐하면 핵 발전으로 우리가 풍요로움과 편리함을 만끽하면 할수록 **미래 세대의 환경권과 생존권**을 위협하는 수준은 높아질 수밖에 없기 때문입니다. 아직 인류는 핵 발전 과정에서 나오는 **치명적인 핵폐기물**(엄밀히 말하면 폐기할 수 없는 것이므로, 폐기물이라는 용어도 기만적임)을 안전하게 끌어안고 살 수 있는 기술을 갖고 있지 않으며, 앞으로도 그럴 가능성은 희박합니다. 이것이 선진국에서 핵 발전을 포기하고 더 이상 핵발전소를 건설하지 않는 가장 큰 이유입니다. 핵 발전은 **사회적 약자, 저발전 지역, 태어나지 않은 미래 세대의 희생**으로 이뤄질 수밖에 없는 불의한 구조, 곧 **죄의 구조**를 갖지 않고는 유지될 수 없습니다.

5. 지난 2021년 2월 9일에 한국과 일본 가톨릭교회가 공동성명을 내고 후쿠시마 원전 오염수 해양 방류를 반대하고 나섰습니다. 한국천주교주교회의 정의평화위원회교와 생태환경위원회는 일본 가톨릭 정의와 평화협의회와 그 소속 탈핵소위원회와 함께 공동성명을 발표, "도쿄전력 후쿠시마 제1원전의 오염수를 정화 처리한 방사성 물질인 **삼중수소 함유수**를 해양으로 방류하는 것을 반대한다."고 밝혔습니다. 그 이유는 "인체는 물론 해양 생물과 해양 환경에 미치는 영향에 관해 전혀 언급이 없다"며 "한번 바다에 방출된 방사성 물질은 절대 원래대로 되돌릴 수 없다"고 말했습니다. 이들 기구는 각각 한일 가톨릭교회의 공식 기구로서 정의 평화 및 생태 환경 문제와 관련한 양국 교회 공식 입장을 대변합니다. 이와는 별도로 한국천주교주교회의 정의평화위원회와 생태환경위원회는 같은 날 '경주 월성 핵발전소 부지 삼중수소 누출 사고에 대한 우려와 입장' 성명을 발표했습니다. 경주 월성 핵발전소 부지 삼중수소 누출 사고에 대한 우려를 표시하고 한국 수력 원자력 주식회사와 원자력 안전위원회 등 핵 관련 기관에 대한 개혁을 요구했습니다. 또한 "모든 핵발전소를 대상으로 민간이 참여하는 방사능 유출 등에 대한 철저하고 투명한 조사와 후속 조치를 실시하라"고 주장했습니다.

210. 다문화 가족인 다른 민족들에게 왜 교회는 관심을 가져야 하나요?

1. 이민족에게 관심을 갖는 것은 예수님으로부터 **소명**을 받았을 뿐만 아니라, 역사적으로 **초대 교회** 때부터 이민족들과 함께 **한 형제**로 살아왔기 때문입니다. 따라서 교회가 받은 사명과 초대 교회의 삶에서 나타나는 이민족에 대한 태도를 통해서 교회의 다문화에 대한 **근원적 소명**을 살펴볼 수 있습니다. 예수님은 수난 전 겟세마니 동산에서 마지막 기도를 하실 때 제자들뿐만 아니라, 제자들의 말을 듣고 당신을 믿는 이들을 위해 "그들이 모두 하나가 되게 해 주십시오."라고 기도하셨습니다(요한 17,21). 예수님이 말씀하신 '그들'이란 예수 그리스도를 주님으로 믿고 세례를 받은 모든 사람을 의미합니다. 이 같은 사실에서 교회는 세상의 온갖 민족을 하느님의 백성으로 불러 모으고 있기에 다양성을 지니고 있음을 알 수 있습니다. 민족과 문화에 따라 사람들을 차별하고 배제하는 것이 아니라, 그리스도 안에서 **일치하도록 이끄는 소명**으로 불리었습니다.

2. 교회는 파스카 신비의 완성인 **오순절**에 태어났습니다. 오순절에 사도들이 함께 모여 있을 때 성령이 "불꽃 모양의 혀"(사도 2,3) 모양으로 사도들 위에 내렸습니다. 이 성령의 강림은 사도들뿐만 아니라 세상을 바꾸어 놓았습니다. 성령 강림은 바벨탑의 죄로 인해 말이 뒤섞여서 서로 알아듣지 못하던 상태에 놓였던 사람들이 사도들의 말을 자신들의 말로 알아듣게 만들었습니다. 온갖 지방에서 유다인들 사이에 존재하던 소통의 부재를 **소통의 상태**로 변하게 한 것입니다. 이러한 소통으로 인해 사람들은 베드로의 오순절 설교를 알아듣고, 그날 세례를 받은 사람이 삼천 명이나 되었습니다. 여기서 주목해야 할 것은 교회가 어떤 특정 민족 안에서 태어나 온 세상으로 퍼져 나간 게 아니라는 것입니다. 오히려 온갖 지방에서 각자의 언어를 사용하던 사람들이 **성령 강림**으로 인해 **하느님의 한 백성으로 출발하였다는 것**입니다. 이러한 점을 고려할 때 교회는 그 출발에서부터 **다양한 지방 출신의 다양한 언어를 쓰던 사람들로** 구성된 하느님의 백성이었습니다. 그러기에 교회 안에서는 다문화의 요소를 태생적으로 지니고 있다고 고백하지 않을 수 없습니다.

3. 사도행전 10장은 초대 교회 때 이민족들에게 세례를 베푼 결정적인 사건을 자세히 전해 주고 있습니다. 베드로는 환시 속에서 하늘이 열리고 큰 아마포 같은 그릇에 각종 짐승이 담겨져 있고 이 짐승들을 잡아먹으라는 소리를 들었습니다. 베드로는 종교적으로 속되고 더러운 것이라며 거절하자 "하느님께서 깨끗하게 만드신 것을 속되다고 하지 마라."라는 소리를 듣게 됩니다(사도 10,15). 베드로는 그들과 함께 카이사리아로 가서 자신이 본 환시에 따라 이민족들에게 세례를 베풀었으며 그들에게 성령이 내렸습니다. 이와 같이 교회는 초창기부터 하느님께서 베드로에게 보여주신 환시에 따라 이민족을 받아들였습니다. 이렇듯 초대 교회는 하느님의 계시에 따라 혈통과 문화가 다른 이민족을 배척한 것이 아니라, 교회의 일원으로 받아들이는 열린 태도를 지니고 있었습니다.

4. 이상의 사실에서 우리는 왜 가톨릭교회가 다문화에 관심을 갖고 활동해야 하는지 알 수 있습니다. 가톨릭교회는 우리 주 예수 그리스도로부터 **선교의 사명과 인류 일치의 사명**을 부여받았습니다. 오순절에 **일치의 성령**에 의해 다양한 지역 출신의 사람들을 하나의 백성으로 삼아, 하느님의 백성인 교회가 탄생하였습니다. 사도시대부터 이민족들을 신앙 안에서 한 형제로 받아들였습니다. 그렇기 때문에, 가톨릭교회는 어떤 특정 부류의 사람, 민족, 문화를 초월하여 **세상의 모든 민족**을 하느님 나라에 초대하기 위하여 존재한다고 할 수 있습니다. 따라

서 가톨릭교회라면 당연히 이민족, 이방인을 기꺼운 마음으로 한 형제로 받아들여야 하며, 이것은 선택이 아니라 **교회의 소명**대로 살아가는 길입니다.

211. 다문화 가정에 대한 교회의 가르침은 무엇인가요?

1. 2019년 현재 국내 체류 외국인은 **230만 명**을 넘어섰습니다. 인구통계를 보면, 다문화 가구 수는 전체 가구 수의 1.5%에 해당하는 **31만여 가구**입니다. 2012년 26만여 가구 수에 비하면 뚜렷한 증가세입니다. 다문화 가정들 중 10년 이상 국내에 장기 체류하는 가구 수는 현재 60%에 달합니다. 또한 2017년 신생아 중 5.2%가 다문화 가정 출생이며, 2018년 국내 다문화 학생이 12만여 명으로 전체 학생의 2.2%를 차지하고, 초등학생은 3.1%입니다. 그러나 이처럼 점점 증가하는 다문화 가구에 심각한 아픔이 있는데, 바로 **폭력과 차별**입니다. 다문화 가정에서 일어난 폭력 신고가 2014년 123건에서 2016년에는 976건으로 급증했습니다. 폭력이 **여성**에게 집중되는 것 또한 매우 개탄스럽습니다.

2. 다문화 가구 청소년의 **학교폭력 피해 경험**은 2015년 3.2%에서 2018년 8.2%로 5%포인트 증가했습니다. 그러나 통계로 추산할 수 없는 **따돌림과 소외, 무시와 차별**은 더욱더 많이 있습니다. 또 우리와 같은 민족임에도 성장 환경과 문화가 다른 **탈북민**과 **중국동포**들도 한국사회에서 많은 어려움을 겪고 있습니다. 이분들의 **언어적 한계, 문화적 이질감, 가난한 나라 출신**이라는 요소들이 기존의 우리 사회와 갈등을 유발합니다. **가정은 작은 사회이고, 사회도 하나의 가정입니다.** 내 가정 안에서 사랑이 가득하면, 바깥 사회는 상관없다고 생각하는 것은 어불성설입니다. 건강한 가정이 모여 건강한 사회를 만들고, 사회가 건강할 때 아픈 가정을 돌볼 수 있습니다.

3. 가정과 사회의 본질은 **포용**(inclusive)입니다. 손숭하고 배려하고 대화하며 먼저 손을 내미는 것이 포용입니다. 그러한 포용이 만들어내는 가치가 바로 **생명**입니다. 그리고 포용은 이웃과 함께 사회에서도 **실천**돼야 합니다. 현대사회는 많은 위기에 직면해 있으나 가장 큰 문제는 **사회가 서로 포용하고, 사랑하는 마음을 잃어가는 것**입니다. 서로 **무관심**하고 무조건 **적대적**이기까지 한 이러한 현상은 가정과 개인에게도 불안과 갈등, 위기를 끼칩니다. 예수님께서는 "하늘에 계신 내 아버지의 뜻을 실행하는 사람이 내 형제요 누이요 어머니다"라

고 하셨습니다(마태 12,50). 아버지의 뜻은 바로 **이웃에 대한 포용**입니다. 이 포용이라는 가치가 가정과 사회에서 실천돼야 합니다.

4. 가톨릭교회의 사회교리에서도 가정에 대한 중요성을 특별히 언급하며 가정의 정신인 포용이 사회에서도 이뤄지길 희망합니다(「간추린 사회교리」, 204-259항 참조). 정부 차원의 정책적인 노력도 중요하나, 먼저 우리의 **인식**이 달라져야 합니다. 다문화 형제자매들을 우리도 포용해야 합니다. 하느님께서는 그 **어떠한 차별**도 없음을 깨달아야 합니다.

"하느님께서는 이 세상을 극진히 사랑하시어 '외아들을 내주셨다'(요한 3,16). 그리스도께서 이룩하신 구원은 '땅 끝에 이르기까지'(사도 1,8) 선포되어야 하므로, 사랑의 새 법은 온 인류 가족을 포함하며 한계가 없다."(「간추린 사회교리」, 3항)

212. 외국인 노동자에 대한 가톨릭교회의 가르침은 무엇인가요?

1. 한국은 1960-1980년대에 경제발전과 외화벌이를 위해 약 **2만여 명**의 인력을 독일에 노동자로 파견하였습니다. 어려웠던 시절 많은 분들이 머나먼 외국에서 가족을 위해, 돈을 벌기 위해 **위험과 무시와 차별**을 무릅쓰고 중노동 속에서 광부로서, 간호사로서 일해야 했습니다. 한국 현대사의 가슴 시린 장면입니다. 2019년 통계청 집계 한국에 체류하는 외국인은 230만 명에 이릅니다. 그리고 이들 중 대부분이 돈을 벌기 위해 온 가난하고 불쌍한 사람들입니다. 우리나라에도 외국인이 점점 많아지고 있습니다. 이로 인해 여러 사회 갈등이 발생하기도 합니다. 외국인에 대한 **인권문제, 부당노동행위, 다문화가정의 증가로 인한 어려움들**입니다.

2. 그런데 이런 현실에 대해 우리는 올바르게 판단을 해야 합니다. 이를테면 한국에 외국인들이 들어와 사회가 혼란스럽게 되었고, 그들이 우리 일자리를 빼앗는다는 주장은 **잘못된 생각**입니다. 고용현황만 보더라도 한국인이 하기 싫어하는 어렵고 힘들고 위험한 일을 외국인들이 합니다. 많은 가난한 외국인 노동자들은 힘든 일을 하면서도 오히려 **냉대와 무시**를 받으며 심지어 **목숨**을 잃기도 합니다. 그들을 배척하는 진짜 이유는 우리가 외국인에게 대하여 갖는 **편견과 우월주의** 때문입니다. 세계적으로 이주민, 난민문제가 심각한 것도 **편견과 차별, 이기적 욕심 그리고 맹목적인 혐오** 때문입니다. 하지만 이것은 결코 올바르

지 않습니다.

3. 「간추린 사회교리」에서는 이주민들의 권리를 차별 없이 보호하고, 그들을 우리 사회의 일원으로 받아들일 것을 가르칩니다(「간추린 사회교리」, 298항 참조). 프란치스코 교황님께서는 2018년 세계 이민의 날 담화에서 이주민들에 대한 그리스도인의 공통된 응답은 **환대하기, 보호하기, 증진하기, 통합하기**라고 천명합니다. 이 응답들은 사랑의 구체적 **실천**이자 **발현**입니다. 복음과 사회교리의 본질은 **사랑**입니다. **사랑의 문명**을 이루는 것이 바로 **우리 그리스도인의 사명**입니다.

"너희 땅에서 이방인이 너희와 함께 머무를 경우, 그를 억압해서는 안 된다. 너희와 함께 머무르는 이방인을 너희 본토인 가운데 한 사람처럼 여겨야 한다. 그를 너 자신처럼 사랑해야 한다. 너희도 이집트 땅에서 이방인이었다."(레위 19,33-34)

213. 외국인 노동자의 존엄성에 대한 교회의 가르침은 무엇인가요?

1. 세계 어느 나라에서나 외국인 노동자들은 **차별과 멸시의 대상**이 되고 있습니다. 이들은 이주국의 자국민이 아니기에 국민으로서 보호받지 못하고, 또 고국을 떠나 있기에 고국의 보호도 받지 못합니다. 특히 가난한 나라의 노동자들이 산업과 경제가 발달한 국가로 이동하면, 이들은 새롭게 정착한 나라에서 온갖 어려움과 아픔을 겪지 않을 수 없습니다. 가톨릭교회는 이들의 **고통과 아픔**을 외면하지 않고 이들의 **고단한 삶**을 돕기 위하여 가르침을 펼쳐왔습니다. 이제 교회가 외국인 노동자에 대한 가르침에 따라 우리 신앙인들이 어떻게 생각하고 실천해야 하는지 살펴봅니다.

2. 선진국을 비롯하여 우리나라에서도 외국인 노동자의 유입을 이야기할 때 흔히들 **노동력**으로 환산하여 생각하는 경우가 많습니다. 그래서 정부의 외국인 노동자 정책은 **외국 노동력 도입** 혹은 **외국 인력 정책**이라는 표현을 쓰고 있습니다. 이러한 표현은 외국인 노동자를 한 인격체로 보는 것이 아니라 하나의 인력, 하나의 노동력으로 보고 있는 것입니다. 외국인 노동자를 하나의 노동력으로, 노동력을 제공하는 존재 혹은 상품으로, 생산 라인의 하나의 톱니바퀴로 사물화(事物化)하는 대표적인 행위라 할 수 있습니다(「백주년」, 15,1항 참조). 인간을 사물화 하는 것은 단지 **생산 요소**로 보는 것입니다.

3. 외국인 노동자는 노동을 팔러온 존재이기 이전에 **먼저 인격체를 지닌 인간**입니다. 자신의 인격을 발휘할 수 있는 노동을 찾아 온 사람들이 바로 외국인 노동

자입니다. 따라서 교회는 외국인 노동자를 **사물화하는 사고**를 절대로 받아들이거나 인정할 수 없습니다. 오히려 교회는 외국인 노동자를 **하느님의 모상, 존엄한 인격체**로 선언하고 있습니다. 인간은 누구나 하느님의 모상으로 창조되어 동일한 본성을 지니고 있습니다. 그리스도를 통하여 초자연적 목적에로 부르심을 받은 고귀한 존재입니다. 누구나 똑같은 존엄성, 똑같은 권리와 똑같은 의무를 지니고 있다는 것을 교회는 확고하게 선포하고 있습니다.(「지상의 평화」, 33,46항;「팔십주년」, 16항;「사회적 관심」, 47항 참조)

4. 외국인 노동자란 이유로 그 어떤 **차별**도 있을 수 없습니다. 외국인 노동자 역시 세상 모든 사람들과 마찬가지로 인간으로서의 기본권인 **인간의 존엄성**을 지니고 있습니다. 또 인간의 존엄성을 유지하는 삶을 사는데 필요한 기본적인 모든 권리, 즉 **생명권, 자유권, 경제권, 사회 복지권** 등 모든 권리도 함께 갖고 있습니다. 외국인 노동자들은 자신의 삶의 터전인 고국을 떠난 사람들입니다. 이들이 고국을 떠난 이유는 고국이 편안하고 안락한 삶을 마련해주지 못하기 때문입니다. 달리 말해서 고국을 등지고 낯선 외국 땅으로 돈을 벌기 위해 떠나는 사람들은 자신의 고국에서 안락한 삶을 누리는 사람들이 아니라 **어려운 삶**을 살 수밖에 없는 사람들입니다.

5. 즉, 외국인 노동자들이 낯선 외국 땅을 선택한 것은 자신이 처한 상황에서 최선의 선택은 아닐지라도, **보다 나은 삶을 향한 선택을 한 사람들**입니다. 모험을 즐기기 위해서가 아니라 자신들의 삶을 **개선**하기 위해서입니다. 또 이들은 고국에 남은 가족들의 안정적인 삶을 위해 자신들의 고국에서보다 열악한 **사회적 인정과 처우**를 받으면서도 **근면하고 성실**하게 일하고 있습니다. 이렇게 함으로써 외국인 노동자들은 자신들이 선택해서 일하고 있는 나라의 **경제발전**에 이바지하고 있습니다. 그러면서도 외국인이란 이유 때문에 기본적인 인권마저 인정받지 못하는 경우가 많이 있습니다.

6. 외국인 노동자는 자신들이 일하는 국가의 국민이 아니기에 국민으로서의 의무와 권리의 행사에 있어서 제한을 받습니다. 뿐만 아니라 기본권에서도 많은 제약을 받고 있습니다. 하지만 비록 외국인 노동자에게 국민으로서의 참정권은 제한되더라도, **인간으로서의 기본권**은 확실히 보장되어야 합니다. 그중 무엇보다 먼저 외국인 노동자가 우리나라 노동자들과 비교해서 **불이익**을 받도록 방치해서는 안 됩니다. 외국인 노동자를 **재정적·사회적 착취의 기회**로 삼아서는 안 될 일입니다.

214. 외국인 노동자의 인권에 대한 교회의 가르침은 무엇인가요?

1. 외국인 노동자들은 자신들이 이주한 사회의 부품이 아니라 **노동을 통해 인격을 드러내는 인격체**입니다. 이들이 자신들의 존엄한 인격을 실현할 수 있도록 무엇보다 먼저 한 인간으로서 인간다운 삶을 살 권리를 가져야 합니다. 즉, **인간의 기본권(인권)**을 누려야 하며 또 **노동자로서의 권리**도 인정받아야 합니다. 가톨릭교회는 외국인 노동자들이 존엄한 인격체로서 인권(인간의 기본권)을 누려야 함을 가르치고 있습니다.

2. 모든 인간은 하느님의 모상으로 동등한 존엄성을 지니고 있습니다. 인간의 존엄성을 보호하기 위하여 인권, 즉 인간의 기본권이 보장되어야 한다는 것은 가톨릭교회의 확고부동한 가르침입니다. 이러한 가르침에 따라 외국인 노동자들의 인권이 철저히 보장되어야 하나, 현실 사회에서는 그러지 못한 경우가 너무나 자주 발생하고 있습니다. 이들은 한국에 살면서도 **한국의 언어, 문화, 풍습, 각종 사회제도**를 알지 못함으로 인해 쉽게 불이익을 당할 수 있습니다. 외국인 노동자들, 특히 단순 기능직에 근무할 경우 자신들이 누려야 할 정당한 권리를 침해당하기가 쉽습니다.

3. 사실 우리나라는 외국인 노동자들의 인권을 보호하기 위하여 **법적·정치적 제도, 사회적·경제적 제도**뿐만 아니라 **사회복지 제도**를 마련하고 있습니다. 과거보다는 상당히 높은 수준에서 그들의 인권을 보호하기 위하여 노력하고 있습니다. 하지만 여전히 우리 사회에서 외국인 노동자에 대한 **인권침해** 사례들은 끊임없이 발생하고 있습니다. 이는 국가적 차원에서 외국인 노동자의 인권보호를 위한 제도적 미비에서 기인하는 점도 있습니다. 하지만, 궁극적으로 우리 국민들의 **외국인 노동자의 인권에 관한 의식이 낮기 때문**입니다.

4. 따라서 외국인 노동자들의 인권을 보호하기 위해서 무엇보다 먼저 국민들이 외국인 노동자에 대한 **올바른 의식**을 갖추어야 합니다. 외국인 노농자를 싼 값에 노동을 파는 **상품**으로 볼 것이 아니라 하느님의 모상인 **인격체**로, 이주국의 경제발전에 이바지하는 **귀한 손님**으로 보는 의식을 가져야 합니다. 또 이들이 겪는 고통과 어려움을 나의 고통과 어려움으로 받아들이는 **연대의식**이 필요합니다. 이들의 인권을 보호하고 삶을 개선해 가려는 노력이 한 사회를 더욱 **복음적**으로 만들어가는 것임을 깊이 인식해야 합니다.

215. 외국인 노동자의 임금에 대한 교회의 가르침은 무엇인가요?

1. 우리나라의 근로기준법 제5조는 "사용자는 근로자에 대해 국적·신앙 등을 이유로 근로 조건에 대한 차별적 대우를 하지 못한다."라고 규정하고 있습니다. "고향을 떠난 노동자가, 영구 이주자이든 계절 노동자든 간에 노동의 권리라는 문제에 있어서 그 사회에 있는 다른 노동자들과 비교해 볼 때 불이익의 처지에 놓여서는 안 된다. (…) 해당 사회의 다른 모든 노동자들처럼 이주 노동자들에게도 동일한 기준이 적용되어야 한다. 노동의 가치는 동일한 기준에 의해 평가되어야 하지, 국적이나 종교 또는 인종에 따라 달리 평가되어서는 안 된다."(「노동하는 인간」, 23항). 이와 같이 외국인 노동자의 노동은 노동 그 자체로 평가되어야지 **국적, 종교, 성별 등 그 어떤 조건에 의해서 차별되어서는 안 된다는 것**이 **교회의 가르침**과 **근로기준법의 핵심**을 이루고 있습니다.

2. 외국인 노동자들에 대한 차별은 임금에서 시작됩니다. 거의 모든 작업장에서 외국인 노동자들은 내국인들보다 낮은 임금을 받고 있습니다. 사업자들은 외국인 노동자들의 기능과 기술이 내국인에 비해 낮다고 말합니다. 하지만, 실상 근로현장에서 동일한 기능과 기술을 가지고 있을지라도, 가난한 국가 출신의 노동자란 이유로 임금을 더 낮게 책정하고 있습니다. 이는 동일노동에 동일임금이 적용되어야 하는 정의에 어긋나는 것입니다. 외국인 노동자들 역시 임금과 노동조건에서 그 지역의 노동자들과 차별 없는 대우를 받을 권리를 침해당하고 있는 것입니다.(「새로운 사태」, 35항 참조)

3. 국가는 민족과 지역의 경제발전을 위하여 자기 노동으로 이바지하고 있는 타국이나 타 지역 출신 노동자들과 관련하여 보수나 노동 조건에서 온갖 차별을 막아야 합니다.(「사목헌장」, 66항 참조). 외국인 노동자들의 최저임금과 동일노동에 대한 동일임금의 원칙이 실행되도록 노력하여야 합니다. 최저임금은 사회 구성원의 최소한의 인간다운 생활을 보장하는 것입니다. 사회적 통념과 일치하는 것이어야 합니다. 노동자들이 부당하게 낮은 임금을 받아 발생하는 생계의 위협으로부터 노동자들을 지켜주고, **최소한의 사회적 안전망**을 구축하는 것이라 할 수 있습니다.

4. 가톨릭교회는 최저임금의 보장이 아니라 **적정임금** 혹은 **공정한 임금**을 보장할 것을 요구하고 있습니다. 모든 "노동자와 그 가족의 생계유지가 적합하게 될 수 있을 만큼, 좀 저축할 수 있는 가능성과 함께 임금을 보장할"것을 요구하고 있

습니다.(「백주년」, 15항). 그리고 "임금의 결정에는 노동자의 생산기여도 외에 기업의 재정 상태, 국가의 이익, 특히 완전고용과 관련된 요구, 모든 민족들의 공동선이 함께 고려되어야" 합니다.(「어머니와 교사」, 71항). 사회와 국가는 "특별히 비천한 계층의 노동자들, 이주민들, 그리고 사회 변두리에 처하여 있는 이들에 대한 수치스러운 착취가 없어지도록 아주 적합한 **법적 조치**와 더불어 꾸준한 **감시**"를 해야 할 책무를 지니고 있습니다.(「백주년」, 15항)

216. 외국인 노동자의 이주권에 대한 교회의 가르침은 무엇인가요?(1)

1. 인간은 원죄로 인하여 에덴동산에서 쫓겨남으로써 이주를 시작하게 되었습니다. 인간은 이 세상에 영원히 머무는 존재가 아니라 하느님 나라를 향한 **순례자의 삶, 이주의 삶**을 살아가는 존재입니다. 즉, 인간은 하느님에 의해 창조될 때부터 **이주의 본성**을 부여받았습니다. 예수 그리스도를 통해 구원에로 부르심을 받은 모든 인간은 이 세상에 살면서도 끊임없이 하느님 나라를 향해 이주의 삶을 살아가는 존재입니다. 인간이 이주의 삶을 사는 것은 자신의 본분, 즉 이 세상을 돌보아야 할 의무와 구원에로 부르심을 받은 존재이기 때문입니다. 하느님은 인간을 에덴동산에서 내쫓으셨지만 처벌의 장소, 징벌의 땅으로 유배를 보내신 것이 아닙니다.

2. 인간이 자신이 원하는 장소를 찾아가서 살 수 있도록 배려해 주셨습니다. 원죄로 인한 처벌에서도 인간이 자신의 삶을 영위할 곳을 선택할 수 있는 권리는 보장되었습니다. 자유의지를 지닌 인간은 자신의 삶에서 더 큰 행복, 궁극적으로 **영원한 행복을 향한 삶**을 살아야 합니다. 이를 위해 인간은 자신의 인격과 능력을 발전시킬 의무가 있습니다. 뿐만 아니라 **자신이 속한 사회**, 나아가 **인류 사회의 발전**을 위해 노력해야 할 의무도 있습니다. 이러한 의무를 완수하기 위하여 모든 인간에게 이주권이 인정되어야 합니다. 오늘날 대부분의 세계 각국에서는 국민의 기본권으로 **거주·이전의 자유**를 인정하고 있습니다.

3. 우리나라는 헌법 제14조에 "모든 국민은 거주·이전의 자유를 가진다."고 명시하고 있습니다. 하지만 이주권, 즉 거주·이전의 자유는 무한의 자유가 아니라 **공동선과 사회의 안녕과 질서**를 위해하지 않는 범위 내에서 누릴 수 있는 것입니다. 거주·이전의 자유는 모든 사람이 자신이 원하는 곳을 선택할 수 있는 권리가 있

음을 인정해 주는 것입니다. 한편, 세계 인권선언 13조에서는 모든 국민들이 자국의 지역에서 이주의 자유가 보장됨을, 그리고 자신의 고국을 떠날 수 있는 자유에 대하여 언급하고 있습니다. 세계 인권선언에서 말하는 이주권은 자신의 조국을 떠날 수 있는 자유와 자신의 조국으로 돌아갈 자유를 말하는 것입니다.

4. 대한민국의 헌법에서 말하는 거주이전의 자유는 **국내 거주이전의 자유**뿐만 아니라 **해외이주와 귀환의 자유**를 포함하고 있습니다. 이러한 거주 이전 자유, 즉 이주권은 무한의 자유가 아니라 다른 사람의 권리와 자유를 침해하지 않아야 합니다. 정당한 윤리적 요구와 공공질서, 그리고 사회의 공동선을 침해하지 않는 범위에서 보장되는 권리입니다. 인간이 이주를 하는 이유는 크게 세 가지인데, ①하느님의 부르심에 의해 삶의 자리를 옮기는 것과, ②국가 권력에 의한 강제이주, ③그리고 현실의 삶보다 더 나은 삶을 찾아가는 이주가 있습니다.

5. 하느님의 부르심에 의한 이주는 아브라함의 이주가 대표적입니다. 국가 권력에 의한 강제이주는 국가가 정치적, 경제적 목적을 달성하기 위해 주민들을 강제로 특정지역에 이주시키는 것입니다. 구소련 스탈린 정권에 의한 **고려인 강제이주**, 일제에 의해 자행된 한국인 **사할린 강제이주** 등이 여기에 속합니다. 그리고 더 나은 삶을 찾아가는 이주는 두 가지로 구분할 수 있습니다. **첫째**, 새로운 땅에 대한 동경을 가지고 자신들의 꿈과 목적을 이루기 위해 이주하는 것으로 영국의 청교도들이 자유를 찾아 아메리카 대륙으로 이주한 것이 대표적이라 할 수 있습니다. **둘째**, 생명의 위험에서 벗어나기 위한 이주로 자연재해, 전쟁, 정치적 억압, 인종분쟁, 기아 등으로 인한 이주가 여기에 속합니다.

6. 1975년 베트남이 통일된 후 발생한 보트피플, 새터민, 중앙 아프리카지역의 인종청소와 보스니아와 세르비아의 인종청소로 인한 난민들의 이주 등이 대표적이라 할 수 있습니다. 이상에서 살펴본 세 가지 이주의 유형에서 하느님의 부르심에 의한 이주와 자신의 목적을 이루기 위한 이주는 이주의 자유가 보장된다고 할 수 있습니다. 하지만, 국가 권력에 의한 이주는 거주이전의 자유를 침해한 것입니다. 또 생명의 위협에서 벗어나기 위한 이주는 인간의 자유로운 선택에 의한 이주라 할 수 없습니다.

7. 그렇다면 노동자들의 이주와 결혼 이주여성은 어떤 범주의 이주에 속할까? 일자리를 찾아서 선진국으로 이주하는 노동자들과 다문화 가정을 이루는 결혼이주여성은 자신이 처한 궁핍한 상황에서 벗어나려고 이주를 합니다. 이러한 이주에는 가난과 곤궁을 벗어나기 힘든 **사회적 체제**가 노동자들의 이주 선택을 강

제하고 있습니다. 더 나은 삶에 대한 갈망에서 스스로 이주를 선택한다고 하지만, 만일 사회적 체제가 안정되어 있다면 가난한 노동자들이 이를 선택하지는 않을 것입니다. 그렇기 때문에 이들의 이주는 사회적 체제에 의한 **강압된 선택**이라는 측면이 더 강합니다.

217. 외국인 노동자의 이주권에 대한 교회의 가르침은 무엇인가요?(II)

1. 사람들이 더욱 안락하고 편안한 삶을 추구하는 것은 자연스러운 현상입니다. 행복을 추구하는 인간의 본질적인 모습이라 할 수 있습니다. 인간은 수렵채취 생활을 할 때부터 더 많은 식량자원을 얻기 위해, 더 안온한 환경에서 살기 위해 이주를 했습니다. 그래서 교회는 인간은 고대로부터 인간의 손으로 경작하기에 잘 어울리고 인간의 필요와 문명화 활동을 위해 여기저기로 이주하면서 생활하는 것은 지극히 자연스러운 일이기에 이주권은 **자연권**에 합치한다고 가르치고 있습니다(교황 비오 12세, 「새로운 사태 50주년」 기념 라디오 메시지 참조). 그리고 교회는 "**이주 혹은 이민에서 침해받지 않을 인간의 자연권**"에 대해서 말하고 있습니다. 나아가 "다른 지방에서 더 나은 생활 조건을 찾기 위하여 인간은 여러 가지 동기에서 고향을 떠날 권리를 가지고 있다. 또한 다시 귀향할 수 있는 권리를 가지고 있다."고 선언하고 있습니다.(교황 비오 12세, 인간의 비인격화에 대한 성탄 라디오 메시지)

2. 교황 요한 23세는 「어머니와 교사」 33항에서 이주권이 **이주자의 가족들에게**도 인정되어야 함을 강조하였습니다. 또한 「지상의 평화」 12항에서 "모든 사람은 **합법적인 이유**가 있을 때 정치적으로 다른 공동체에 이주하고 그곳에 정착하는 것이 허락되어야만 한다."고 말합니다. 또 "합법적인 이유를 판단하는 기준은 **올바로 이해된 공동선과의 일치 유무**에 달려 있다"고 가르치고 있습니다. 그리고 교황 바오로 6세는 1971년 발표한 사회회칙 「팔십주년」 17항에서 "이주 노동자에 대한 **지나친 민족주의적 자세**를 없애고, 그들의 이주권을 인정하여야 한다. 자기 기능 완성의 기회를 제공하고, 또 그들의 직업적 승진을 용이하게 하며, 마땅한 주택을 제공하고 자기 가족들과 함께 살 수 있는 입법 조치가 긴급히 요청된다."고 선언하였습니다. 이러한 가르침은 외국인 노동자들의 **이주권 보호**와 함께 이들을 받아들이는 국가가 **기본권**뿐만 아니라, **사회보장권**을 보장할 의무가 있음을 밝힌 것입니다.

3. 이주권은 인간은 누구나 **합당한 삶을 누릴 권리**를 지니고 있음에서 비롯됩니다. 지상재화의 보편적 목적과 인간은 누구나 **인류가족의 구성원**이라는 데에 근거를 두고 있습니다. 각국은 **인류 공동체의 공동선과 일치**를 위하여 이주권을 인정·보호해야 할 의무가 있습니다. 하지만, 각국들은 편협한 **민족주의적 사고**[48]와 **국수주의적 사고**[49]에 따라 이주권을 제대로 인정하지 않고 있습니다. 이런 현실 속에서 가톨릭교회는 이주권, 특히 노동자들의 이주권을 인정하는 것이 자연법에 합치된다는 것을 끊임없이 온 세상에 선포하고 있습니다. 교회가 이런 가르침을 펼치는 이유는 바로 **세상 복음화의 소명** 때문입니다.

218. 외국인 노동자의 노동권 보장에 대한 교회의 가르침은 무엇인가요?

1. 노동자들에게는 노동 3권인 **단체결성권, 단체교섭권, 단체행동권**이 인정됩니다. 사회적 약자들인 노동자들이 **노동조합**을 결성하여 자신의 권리를 옹호하는 노동권은 인간의 타고난 권리, 즉 **자연권**입니다. 따라서 이 권리는 국가에 의해 침해될 수 있는 권리가 아닙니다. 오히려 국가가 이 권리를 보호해야 할 의무가 있습니다. 만약 **공권력**이나 **기업가**에 의해 노동권 행사가 방해받는다면, 이는 **인간의 기본적인 권리**를 침해받는 것이 됩니다. 그리고 가톨릭교회는 미등록 외국인 노동자를 포함한 **모든 외국인 노동자들**의 노동권을 인정하고 있습니다. 이와 같은 노동권은 이들이 인간이기에 누려야 하는 **천부의 인권**이지, 특정 국적을 지닌 국민만이 누리는 권리가 아니라는 것입니다.

2. 하지만 현실적으로 외국인 노동자들, 특히 **미등록 외국인 노동자의 노동권**이 쉽게 침해당하고 있습니다. 이것은 경제적 목적을 위해 인간을 **물건** 혹은 **생산수단**으로 전락시키는 행위이며, **인종차별의 요소**를 지니고 있습니다. 외국인 노동자들은 노동을 통하여 우리 사회의 발전에 기여할 뿐만 아니라, 고국에 살고 있는 가족들의 생계도 돌보고 있습니다. 이들의 노동권을 인정하지 않고 차별하고 착취하는 것은 우리 사회의 발전에 기여한 이들의 **공로를 무시하는 것**이며,

---

[48] 민족을 구성하고 통합하며 민족 단위의 국가 형성을 위한 정치사상.

[49] 자기 나라의 역사, 문화, 국민성 등과 같은 전통이 다른 나라보다 뛰어난 것으로 믿고, 그것을 유지하고 발전시켜 나가기 위해 다른 나라나 민족을 배척하는 경향.

가정을 돌보아야 하는 **가장으로서의 책임을 수행하지 못하도록 방해**하는 것입니다. 교회는 외국인 노동자의 인권과 노동권이 정당하게 인정되고, 이들이 우리 사회에서 존엄성을 유지하며, 노동하고 생활할 수 있는 사회를 바랍니다. 이런 사회가 바로 복음화된 사회, 하느님의 뜻에 합당한 사회임을 확신하면서 이들의 인권과 노동권을 보호하는 것이 **그리스도인의 올바른 삶의 태도**라고 가르치고 있습니다.

219. 외국인 노동자의 가족권에 대한 교회의 가르침은 무엇인가요?

1. 이주민들은 다양한 이유에서 자신의 고국과 가족을 떠나 외국에서 생활하고 있습니다. 이주민 중 가장 많은 수를 차지하는 외국인 노동자들이 이주를 선택한 이유는 무엇보다 **고국의 열악한 상황** 때문입니다. 일자리 부족으로 인한 실업과 열악한 경제적 상황, 사회적 혼란 등으로 안정된 수입을 얻을 수 없어 자신과 가족의 삶이 위협받게 될 때 이주노동을 선택하게 됩니다. 외국인 노동자들은 가족과 헤어져서 생활하게 됩니다. 그로 인해 외국인 노동자뿐만 아니라 가족들도 가장(가족 구성원)의 부재로 인한 어려움을 겪게 됩니다. 특히 전 세계적으로 진행되고 있는 **이주의 여성화**는 이주 여성뿐만 아니라 그들의 자녀들도 많은 어려움을 겪게 만듭니다. 교회는 각종 이주로 인하여 발생하는 **가정의 문제**에 관심을 가지고 있습니다. 이들이 안정적으로 생활할 수 있는 **가족권과 문화와 전통을 지킬 권리를 수호할 것**을 가르치고 있습니다.

2. 모든 가정은 **작은 하느님의 교회**입니다. 혼인을 통하여 형성된 부부의 결합은 죽음이 갈라놓지 않는 한 그 어떠한 이유에서도 분리될 수 없습니다. 이와 같은 **혼인의 불가해소성**은 가톨릭교회의 확고한 가르침입니다. 부부는 전인격적인 사랑을 통하여 자녀를 하느님의 선물로 받아들이게 될 때 완전한 가정이 됩니다. 이렇게 형성된 가정은 생명과 사랑을 나누는 운명 공동체로 가정 교회를 이루는 삶을 살아가야 합니다. 그럼에도 불구하고 가족 구성원 중 한 사람 혹은 몇 사람이 가정을 떠나 외국에서의 삶을 선택하는 이주와 이민은 가정생활에 위협이 되고 있습니다. 외국인 노동자들은 모험을 위해서가 아니라 삶을 위해서 사랑하는 가족을 고국에 남겨두고 이주를 선택하였습니다. 가족들을 위한 선의의 선택이 가장과 가족 구성원으로서의 근본적인 책무를 수행하지 못하게 만드

는 모순적 상황에 놓이게 됩니다. 그래서 "이주는 어떤 면에서 하나의 악임에도 불구하고 어떠한 환경에서는 필요악"이 되고 있습니다.(「노동하는 인간」, 23항)

3. 가톨릭교회는 외국인 노동자들의 권리를 옹호하고 보호합니다. 뿐만 아니라, 그 가족의 권리에도 관심을 갖습니다. 인간이 가정을 이루고 가족들이 함께 생활할 권리, 즉 가족권은 천부적인 것입니다. 가족권에 따라 모든 가족들은 자신들이 생존 공간을 확보할 수 있는 권리가 있으며, 헤어져 살고 있는 가족들의 재결합의 권리가 인정됩니다. 교황청은 이러한 가족들의 권리에 대하여 **「가족권리장전」**(1983.8.22)을 선포하였습니다. 이와 같은 가족권에 대한 교회의 가르침은 1990년 12월 18일 UN 총회에서 모든 이주 노동자들과 이들의 가족들을 보호하기 위한 UN 국제협약으로 받아들여졌습니다. 하지만 한국사회에서는 아직 가족권이 보장되지 않고 있습니다. 특히 **새터민**의 경우 폐쇄적인 북한정권은 가족권을 전혀 인정하지 않고 있습니다. 미묘한 남북관계로 인하여 남과 북에 흩어져 있는 가족 간의 통신과 만남이 정치적으로 이용되는 경우가 많습니다. 최소한 인도주의적 차원에서 **남북 이산가족들의 만남과 재결합을 인정하는 정책**이 하루 빨리 시행되어야 합니다.

4. 외국인 노동자를 비롯하여 이주민들은 가족권 이외에도 자신들의 정체성을 유지하기 위하여 **문화와 전통을 지킬 권리**가 인정되어야 합니다. 따라서 이주민들은 자신의 자녀들에게 **모국의 언어와 문화를 가르칠 수 있는 권리**가 인정됩니다. 만약 이주자들의 자녀들이 이주국의 문화와 전통만을 습득하게 될 때 부모와 자녀들 간에는 분리와 충돌을 가져오게 됩니다. 자녀들은 정체성의 혼란을 겪음으로 인해 **사회적 부적응자**로 전락할 수 있고, 급기야 **가정의 파괴**를 가져올 수도 있습니다. 우리는 미국으로 이민을 간 가정의 부모와 자녀들 사이에 일어나는 갈등이 대부분의 경우, 자녀들에 대한 우리 언어와 문화 교육을 소홀히 함으로써 일어난다는 사실을 익히 알고 있습니다. 반면 이주민들이 자신들의 문화와 전통을 지켜가고 자녀들을 교육하는 것은, 이주민 가족들의 정체성 확립과 안정적인 생활에 기여할 뿐만 아니라, 이주국의 문화를 더욱 풍요롭게 만드는 역할을 하기도 합니다.

5. 이주민들이 자신들의 문화와 전통을 지킬 권리를 인정하기 위해서는 먼저 이주민들에게 무조건적으로 **이주국의 문화에 동화할 것을 요구**해서는 안 됩니다. 흔히들 로마에 가면 로마법을 따르라는 격언을 내세우며, 외국인 노동자들이나 결혼이주 여성들에게 한국에 왔으면 한국어를 배우고 한국 문화를 배워 한국

인과 똑같이 생활할 것을 강요합니다. 그들이 한국어와 한국문화를 습득하는 것이 한국사회를 이해하고 그 안에서 생활하는 데에 필요한 것이기는 하지만 **절대적인 것**은 아닙니다. 오히려 이들이 한국사회를 이해하면서, 자신들의 언어와 문화를 지켜갈 수 있도록 도와줄 때, 우리 사회의 **문화적 창조성**은 더욱 강화되며, **사회적 안정성**도 높아집니다.

220. 국제 공동체의 필요성과 가치에 대한 교회의 가르침은 무엇인가요?

1. 제2차 세계대전 직후인 1945년 세계는 평화와 안전의 유지, 국제우호 관계의 증진, 경제적·사회적·문화적·인도적 문제에 관한 국제협력을 목적으로 **유엔**(UN: United Nations)을 창설하였습니다. 유엔은 1920년에 설립됐다가 제 1차 세계대전으로 인해 붕괴한 국제연맹을 계승한 것으로 **국제연합**이라고도 지칭합니다. 그렇다면 세계는 이러한 국제적인 연합 공동체의 창설이 왜 필요했을까? 다양한 인종과 사상, 종교는 오늘날에도 수많은 독립국가의 필요성을 말해 주고 있습니다.

2. 우리가 사는 이 세계 안에 몇 개국이 존재하느냐 하는 것은 기준에 따라 대답이 약간씩 달라질 수 있습니다. 하지만 일반적인 기준으로 볼 때 2019년 현재 **약 240여 개국**이 있다고 말할 수 있습니다. 독립국가의 생성은 주로 **인종이나 사상, 종교** 때문에 이루어집니다. 인류의 기나긴 역사 안에서 수많은 나라들이 생겨났다가 사라지곤 하였습니다. 그리고 지금도 전 세계에는 많은 나라들이 있습니다. 아직도 모든 인류를 아우르는 하나의 통일된 세계 공동체의 형성은 불가능해 보입니다. 이것은 인간의 독립에 관한 강한 의지에서 비롯된 것입니다. 국가 간의 충돌과 마찰은 인류 역사를 통해 수많은 세계 전쟁을 일으켰습니다. 인종 때문에, 종교 때문에, 그리고 사상 때문에 수많은 희생자를 만들어 냈습니다. 제2차 세계대전으로 인한 희생자 수만을 보더라도 3,500만 명에서 6,000만 명에 이르는 것으로 추정됩니다. 나치에 의해 희생된 유대인도 570만 명에 이르는 것으로 추측되고 있습니다.

3. 가톨릭교회는 각국의 이해와 갈등을 조절할 **국제 공동체의 필요성과 가치**에 대하여 전적으로 동의합니다. 이러한 국제 공동체의 필요성은 **인류 가족의 일치**라는 대 전제하에서 비롯됩니다. 이러한 인류 공동체의 단일성에 대한 교회의

가르침은 그 근거를 **성경의 창조 이야기**에서 시작하고 있습니다. 창세기에 나타난 이스라엘의 하느님께서는 이스라엘 역사의 주인인 동시에 우주의 주인이십니다. 하느님의 활동은 당신께서 창조하신 온 세계와 인류 가족 전체에 두루 미치는 것으로 나타납니다. 또한 창세기는 인간이 독립적으로 창조된 것이 아니라 인간에게 자유와 온갖 다양한 먹을거리와 노동, 공동체를 보장해 주는 **삶의 터전** 안에서 필수적인 한 부분으로 살게 되었다는 것을 가르쳐 주고 있습니다.

4. 구약성경 전체에 걸쳐, **하느님**께서는 인간생활을 충만하게 해주는 조건들을 축복하십니다. 인간의 성장에 필요한 것, 자신을 표현할 자유, 일의 성공, 인간관계의 풍요로움을 보장해 주고자 하신다는 것입니다. 또한 새 인류의 원형이며 토대이신 **예수님**께서는 그리스도 안에서 새로운 삶을 살아가는 모든 사람에게 인종적, 문화적 차이를 허물어 버렸습니다. 지상의 개인들과 민족들의 삶에 대한 보편적인 시각을 제시함으로써 인류 가족의 일치를 실현하도록 해주셨습니다(「간추린 사회교리」, 428-432항 참조). 따라서 가톨릭교회는 인류가 진정한 국제 공동체를 이루기 위해서 가장 필요한 요소로서 **하느님의 모상으로 창조된 인간에 대한 존중과 모든 이들에 대한 공동선을 보장해야 주는 것**이어야 한다고 말하고 있습니다.(「간추린 사회교리」, 433항 참조)

5. 그러나 실제로는 **유물론적**[50]이고 **민족주의적**인 이념에서 비롯되는 여러 장애 때문에 인류 가족의 일치는 오늘날까지도 요원한 것으로 보입니다. 특히 민족적 편견이나 인종차별에 대한 여러 가지 이론은 **인류 가족의 보편적 일치**와 **국가 간의 공존**을 방해하고 있습니다. 가톨릭교회는 민족 간의 관계나 정치 공동체 사이의 관계가 **폭력이나 전쟁, 차별, 위협, 기만의 형태**로 이루어져서는 안 되며 **이성, 공평, 법, 협상의 원칙**에 따라 정의롭게 조정되어야 함을 요구하고 있습니다.(「간추린 사회교리」, 433항 참조)

6. 여기에 국제법의 필요성이 대두하는데, 국제법은 국제 질서, 곧 **정치 공동체 간의 공존**을 보장하는 요소가 됩니다. 국제 공동체들은 개별적으로는 자국민의 공동선을 증진하면서도 집단적으로는 모든 민족의 공동선을 보장하려고 노력합니다. 이는 한 나라의 공동선이 인류 가족 전체의 공동선과 결코 분리될 수

---

50) 세계는 물질로 이루어졌으며, 정신이나 의식 따위는 물질의 산물이라고 보는 이론에 근거한 것.

없다는 것을 알기 때문입니다. 따라서 국제 공동체는 각 국가의 독립성을 부인하거나 제한하는 것이 아니라, 그 주권에 토대를 두고 있는 **사법적인 공동체**입니다. 국제 공동체에 대한 이러한 이해는 결코 각 민족의 다양하고 독특한 특성들을 상대화하거나 파괴하는 것이 아닙니다. 각 민족의 개별 특성들을 잘 표현하도록 장려하며, 서로 서로의 정체성을 존중하면서 갖가지 형태의 분열을 극복하려고 노력하는 공동체라고 말할 수 있습니다(「간추린 사회교리」, 434항 참조). 예수님께서는 **세상의 평화와 일치**를 위해 우리 인간을 구원하셨습니다. 인간에 대한 그분의 **무한한 사랑**이야말로 모든 **분열과 갈등**을 이겨낼 수 있게 하는 힘이 되기 때문입니다. 국제 공동체는 이러한 분열과 갈등 안에서 자신의 역할을 올바르게 수행함으로써, **세상의 평화와 일치를 실현하는 공동체**가 되어야 합니다.

221. 국제 공동체를 위한 국가 간의 공존에 대한 사회교리 가르침은 무엇인가요?

1. 구약성경에서 과부였던 **유딧**은 아시리아가 이스라엘을 침략했을 때, 홀로페네스 장군을 암살했습니다(유딧 13,6-10 참조). 프랑스의 **잔다르크**[51]는 장기전·약탈전으로 전개되던 영국과의 **백년전쟁**[52]을 승리로 이끌고 1920년에 **시성**됐습니다. 가톨릭교회는 비도덕적 침략전쟁을 규탄하며, 피해가 분명하고 심각한 상태에서 어떠한 방법도 소용이 없을 때에는 **정당방위**를 인정합니다. 또한 국제 공동체 전체는 **생존 자체**를 위협받거나 **인간의 기본권**을 심각하게 침해받는 집단들

---

51) 농촌 출신의 소녀로서 성령의 부름을 받았다고 주장하면서 군대를 이끌고 오를레앙에서 중요한 승리를 거둠으로써 프랑스를 정복하려던 잉글랜드의 시도를 좌절시켰다. 출정하고 1년 뒤 사로잡혀 잉글랜드군 및 그들과 손을 잡은 프랑스 진영에 의해 이난으로 화형 당했으나 이후 프랑스 최고의 국가영웅이 되었다. 그녀의 활약은 프랑스 국민의식의 각성에 결정적인 요인이 되었다. 그녀는 대천사 미카엘, 성 카테리나, 성 마르가리타의 '음성'을 듣고 발루아 왕조의 프랑스에서 잉글랜드 세력 및 그들과 동맹한 부르고뉴를 축출해야 한다는 사명의식을 느꼈다고 한다. 당시 잔은 신앙이 매우 독실하고, 성인들과 직접 교류하는 능력이 있음을 주장하며, 교회라는 제도의 틀을 넘어 하느님이 자신의 안에 내재하고 있다는 개인적 체험을 내세우는 등 예언자로서의 여러 특성을 보여주었다.

52) 1337년부터 1453년까지 벌어진 잉글랜드와 프랑스 왕들의 분쟁이었다.

을 위해 무관심하게 있어서는 안 됩니다. 침략자를 무장해제 시키고자 구체적인 조치를 취하는 것은 의무입니다. **올바른 정당방위**를 통해 무고한 이들의 희생과 더 큰 불행을 막고 평화를 지켜내야 하는 것입니다. 그러나 그러한 정당방위도 신중하게 실행돼야 합니다.(「간추린 사회교리」, 500항 참조)

2. **안중근 의사**[53]는 1909년 10월 26일 중국 하얼빈에서 이토 히로부미[54]를 저격했습니다. 하지만 가톨릭 신자인 그가 이토 히로부미를 저격한 것이 살인행위에 해당된다는 주장에 의해 오래도록 신자로 인정을 받지 못하였습니다. 그러던 중 한국 천주교회는 1993년 8월 21일 "그분의 의거는 일제의 무력침략 앞에서 **독립전쟁**을 수행하는 과정에서의 행위였고, **정당방위이며 의거**로 보는 것이 마땅하다"라고 밝혔습니다. 또한 2011년 10월 31일 한국 천주교회에서는 "안중근의 **동양 평화사상과 노력**은 천주교 신자가 아니라면 설명할 수 없으며, 그분을 **민족주의 관점**에서만 평가되는 반쪽짜리 인간으로 만들지 않기를 당부한다."며 **안중근 의사의 시복 노력**을 확인하였습니다. 또한 가톨릭교회는 일제 식민지배라는 역사적 사건에 대해 깊은 유감을 표하고, 그 비극이 되풀이되지 않기를 호소하며, 안중근 의사의 행동이 **더 큰 평화를 위한 노력**이었음을 인정하고 있습니다.

3. 가톨릭교회가 이야기하는 국제 공동체의 토대는 **인간 중심과 공동선**입니다(「간추린 사회교리」, 433항 참조). 또한 자국의 이익만을 내세울 것이 아니라, 상호지지와 존중을 토대로 **국가 가족**을 이룰 때 진정한 평화가 이룩됩니다(「간추린 사회교리」, 435항 참조). 인류는 과거 역사 동안 수많은 상처를 갖고 있습니다. 전쟁과 폭력, 학살과 범죄가 자행됐습니다. 자신을 방어할 수 없는 수많은 여성, 어린이, 약자들이 상상조차 할 수 없는 고통을 겪었습니다. 정치적인 야욕과 지배욕심으로 인한 가공할 광기가 **수많은 이들의 고통**을 초래했습니다. 피해를 입은 이들에 대한 깊은 사죄와 보상, 사건에 대한 철저한 진상조사와 책임자 처벌이 중요합니다. 그러나 무엇보다도 그런 비극이 되풀이되지 않기 위해 노력해야만 합니다. 그 노력은 **모든 이가 연대**하여 **불의함을 고발**하고 더 이상 어떤 무고한 희생도 없게끔 **우리가 함께 힘을 모으는 것**입니다.

---

53) 일제강점기 이토 히로부미 저격사건과 관련된 독립운동가. 의병장, 의사(義士).

54) 일본의 정치가. 일본의 근대화 과정에서 중추적인 역할을 했던 인물로 메이지 헌법의 초안을 마련하고 양원제 의회를 확립했다.

"국가 간의 공존은 진실, 정의, 적극적 연대, 자유와 같은 인간관계를 지배하여야 하는 가치들과 동일한 가치 위에 세워져야 한다. 국제 공동체를 구성하는 원리들에 관한 교회의 가르침은 민족 간의 관계나 정치 공동체들 간의 관계가 폭력이나 전쟁, 차별, 위협, 기만의 형태가 아니라 이성, 공평, 법, 협상의 원칙에 따라 정의롭게 조정될 것을 요구한다."(「간추린 사회교리」, 433항)

222. 국제 공동체의 바탕인 성숙한 인간상에 대한 교회의 가르침은 무엇인가요?

1. 간혹 국제 스포츠경기에서 인종차별 행위가 발생합니다. 유색인종 선수들이 대상인 경우가 많습니다. 터키와 쿠르드족의 전쟁으로 많은 사상자가 발생했습니다. 그런데 터키선수들이 자국 군인을 상징하는 세레모니로 논란을 샀습니다. 테러범의 공격과 무슬림 이민자가 증가하면서 유럽에는 외국인 혐오 정서가 형성되고 있습니다. 한국도 마찬가지입니다. 외국인 노동자의 증가를 달갑지 않게 생각합니다. 이러한 사건들은 국제관계 속에 **증오와 차별, 혐오와 폭력, 무지와 무관심**이 있음을 뜻합니다. 지구촌은 점차 경계가 무너지고 있지만 오버투어리즘(overtourism, 유명 관광지에 사람이 몰리는 현상)이 무색하게도 정작 우리들 마음의 벽은 오히려 더 높아지는 것은 아닌지 우려됩니다. 그러나 혐오와 불신의 벽을 허물지 못하면, 종교와 문화는 차별을 위해 악용됩니다. 그리고 약자는 **고통**받을 것이며, 경제와 무역은 **무기**가 되고, 국제사회는 **미움과 증오**가 끊이지 않을 것입니다.

2. 한일관계가 경색된 가운데 일본에서 소녀상 퍼포먼스가 화제를 모았습니다. 일본 정부는 사건에 대한 책임을 늘 부정해 왔습니다. 하지만 오히려 **일본 예술인**들이 위안부 할머니들의 아픔을 공감하며 **예술행위**로써 **연대와 공감**을 표현했습니다. 진심어린 사과조차 없이 패권주의55)로 일관하는 일본 정부와 달리 일본 시민들을 통해 작지만 화해가 형성되고 있습니다. 또 시리아의 난민인 세 살배기 어린이 알란 쿠르디가 터키 해변에서 사망한 채로 발견된 사건은 전 세계에 커다란 파장을 일으켰고, 난민들에 대한 관심과 연민을 불러 일으켰습니다. 이에 따라 난민 센터에서 재능 기부를 통해 이웃사랑을 실천하는 이들도 나타

---

55) 강대한 군사력으로 세계를 지배하려는 제국주의 정치.

났습니다. 각국이 적절한 해법을 내놓지 못한 반면, 이런 시민들을 통해 **공감과 연대라는 가치**가 맺어지고 있습니다. 우리 역시 일본의 패권주의와 평화를 이루려는 선량한 일본인을 구분해야 하고, 평화를 이루려는 사람들과 더 많이 연대해야 합니다.

3. 최근 국내외에서 **혐오**라는 감정이 정치적으로 악용되는 것은 아닌지 우려됩니다. 그러나 국제·정치 공동체는 **평등**을 전제로 **사랑, 연민, 공감**을 통해 유지되고 혐오와 같은 부정적 감정들을 통해 와해됩니다. 혐오의 정치에서 **인류애의 정치**로 전환되어야 하며, 상대방의 권리를 존중하며 평화와 상생을 지향하는 **세계 시민적 도덕률**을 실천해야 합니다. 이는 **사랑에 대한 사회적 책임**을 강조하는 「간추린 사회교리」의 가르침과 **이웃을 내 몸처럼 사랑하라**는 예수님의 말씀에 뿌리를 둡니다. 이를 위해 우리들 모두가 **편견과 욕심**에서 벗어나야 합니다. 기존의 약육강식과 패권주의라는 틀을 버리고 사랑과 실천을 선택할 때 올바른 국제 공동체가 이룩됩니다.

"인간 마음에 새겨져 있는 보편적 도덕률은 미래 세계를 건설하기 위한 원리인 인류의 공통된 양심의 생생한 표현으로서 실질적이고 지울 수 없는 것으로 여겨야한다."(「간추린 사회교리」, 436항)

223. 교황청의 국제적인 활동은 국제 공동체의 필요성과 가치에 부합하나요?

1. 세상에서 가장 작은 나라인 **바티칸 시국**(Status Civitatis Vaticanæ)은 이탈리아의 수도인 로마 시내에 자리하고 있습니다. 바티칸 성벽으로 둘러싸인 영토로 이루어져 있으며, 독립된 도시국가 중의 하나입니다. 국제 관계에서의 정식 명칭은 바티칸 시국이란 표현보다 **교황청** 또는 **성좌**(聖座, Sancta Sedes)란 표현이 주로 사용됩니다. 바티칸 시국은 바티칸 언덕과 언덕 북쪽의 바티칸 평원을 포함합니다. 성 베드로 대성당과 함께 성 요한 라테라노, 성 바오로, 성모 마리아 대성당을 포함하는 0.44㎢의 면적에 약 800명 정도의 인구를 지닌 **세계에서 가장 작은 독립국**입니다.

2. 바티칸 시국은 1929년 라테란 조약을 통해 그 자치권이 성립되었습니다. 이곳

---

56) 이탈리아와 바티칸 시국 사이의 조약(1929년). '1929년의 라테란 협정'이라고도 함.

은 로마의 주교인 교황이 통치하는 신권 국가로서 가톨릭교회의 상징이자 중심지라고 말할 수 있습니다. 1947년 우리나라에 교황사절을 파견한 이후, 1948년 가장 먼저 대한민국 정부 수립을 인정하였습니다. 1963년 우리나라와 정식 외교관계를 수립한 이후 지금까지도 긴밀한 우호 관계를 이어오고 있습니다. 바티칸 시국이 가진 국가적 권위는 세속적 차원에서는 그리 크지 않은 것이 사실입니다. 하지만 신앙적인 차원에서 말한다면 바티칸 시국이 결코 작은 나라라고 말할 수 없습니다. 전 세계 수많은 나라에서는 바티칸 시국에 외교사절을 파견하여 바티칸 시국 주재 대사로 일하도록 하고 있습니다.

3. 교황청의 외교 활동이 **신앙의 자유**에 대한 수호뿐만 아니라, **인간 존엄의 수호와 증진**, 그리고 **정의, 진리, 자유, 사랑**의 가치에 토대를 둔 사회질서에 이바지하는 도구로 사용되고 있기 때문입니다(『간추린 사회교리』, 445항 참조). 그렇다면 어째서 가톨릭교회는 이처럼 교황청을 법적인 인격으로 유지하고 있는 것일까? 교황청은 국제 공동체 안에서 인정되는 **대외적 주권**을 모두 행사합니다. 이러한 교황청의 주권이 교회 내에서 행사되는 것을 반영하고, 국가로서의 일치와 독립성을 특징으로 하고 있습니다. 이는 가톨릭교회가 하느님 나라의 건설이라는 자신의 사명을 실현하는 데에 필요하거나 **유용한 모든 법적인 수단**을 이용하는 것이라고 이해할 수 있습니다.

4. 교황청의 국제적 활동은 국가 간의 외교 활동과 같은 다양한 측면에서 객관적으로 드러납니다. 즉 적극적·소극적 대표의 파견, 협약의 약정을 통한 협약법 이행, 국제연합이 후원하는 정부 간 기구에의 참여, 분쟁 상황을 중개하는 역할 등을 수행합니다. 이러한 바티칸 시국의 국제적인 활동은 바티칸 시국으로서 자국의 이익만을 추구하기 위한 것이 아닙니다. 전 인류 가족의 선익을 추구하고, 모든 이해관계를 초월하는 **도움**을 국제 공동체에 주는 것을 목표로 하고 있습니다. 따라서 교황청은 **인류 가족의 공동선**을 실현하기 위해서 자체의 외교 인력을 특별히 활용하고 있는 것이라고 말할 수 있습니다.(『간추린 사회교리』, 444항 참조)

5. 가톨릭교회는 1945년 국제연합 기구의 창설 이후 진정한 국제 공동체로 나아가는 여정의 **동반자 역할**을 수행해 왔습니다. 국제연합은 인간의 존엄성 존중과 더불어 민족들의 자유, 개발에 대한 요구를 증진합니다. 그럼으로써 평화 건설을 위한 문화적·제도적 토양을 마련하는데 현저하게 공헌해 왔습니다. 가톨릭교회 역시 이러한 국제연합의 정부 간 기구들, 특히 특수 영역에서 활동하는 기구들의 역할을 긍정적으로 바라보고 있습니다. 그러나 가톨릭교회는 이러한 기

구들이 만일 국제적인 문제를 윤리적으로 올바르지 않게 다룰 때에는 유보적인 태도를 취하기도 하였습니다.

6. 따라서 교회 교도권은 국제기구들의 평화적이고 질서 있는 공존을 위해, 특히 중요한 영역에서 **인간적인 요구**에 부응하기를 권고합니다(『간추린 사회교리』, 440항 참조). 인류 가족의 질서 있고 평화로운 공존에 대한 관심을 가톨릭교회는 가지고 있습니다. 모든 사람이 인정하고 있는 실질적인 권력으로 모든 사람의 안전과 정의 준수와 권리 존중을 보장하는 **세계 공권력의 확립**을 주장합니다(『간추린 사회교리』, 441항 참조). 교황청은 주권 국가로서 이 세상 안에 존재하면서 특히, **국제기구의 필요성과 중요성**을 강조하고 있는 것입니다.

224. 침략 전쟁과 정의로운 전쟁을 교회에서는 어떻게 정의하고 있나요?

1. 인간 생명을 일부러 파괴하는 것을 좋아하는 사람이 세상에 존재할까? 그러나 우리는 매일 뉴스를 통해 **무죄한 사람들의 죽음**을 접하고 있습니다. 세계 각지에서 일어나는 **분쟁과 테러**는 수많은 희생자를 낳고 있으며, 그 피해 정도는 가늠하기 쉽지 않습니다. 가톨릭교회는 모든 전쟁이 초래하는 불행과 불의 때문에, 선하신 하느님께서 오랜 전쟁의 굴레에서 인간을 해방시켜 주시도록, 모든 이가 함께 기도할 것을 간곡히 촉구해 왔습니다. 국가의 구성원인 국민과 위정자들은 **불의한 전쟁**을 피하고자 모든 수단과 방법을 사용할 의무가 있습니다.

2. 세계 곳곳에서 발생하는 여러 분쟁 중 가장 비도덕적인 전쟁은 타국에 대한 **침략 전쟁**입니다. 가톨릭교회는 침략 전쟁을 본질적으로 비도덕적인 것으로 평가합니다. 또한 이러한 침략 전쟁에 대한 정당한 대항으로서 **정당방위의 개념**을 인정합니다. 사실 침략 전쟁이 발생하는 경우, 침략을 받은 국가의 지도자들은 무력을 사용해서라도 자신의 국가를 방어할 권리와 의무가 있습니다. 흔히 이러한 자국 방어 수행으로 발생하는 전쟁을 **정의로운 전쟁**(Justice War)이라고 표현합니다. 모든 방어적 개념의 전쟁이 정의로운 전쟁으로 정당성을 부여받기란 쉽지 않기 때문에 몇 가지 엄격한 조건이 요구됩니다.

3. 가톨릭교회의 관점에서 볼 때 무력을 사용하는 정당방위는 도덕적인 정당성의 엄중한 조건을 따라야 합니다. ①공직자가 국가나 국제 공동체에 가한 피해가 계속적이고 심각하되 확실해야 하며, ②이를 제지할 다른 모든 방법이 실행 불

가능하거나 효력이 없다는 것이 드러나야 하고, ③성공의 조건들이 수립되어야 하며, ④제거되어야 할 악보다 더 큰 악과 폐해가 무력 사용으로 초래되지 않아야 합니다. 이러한 상황 판단에서 현대 무기의 파괴력을 신중하게 고려해야 합니다. 이런 네 가지 조건들이 모두 충족될 때, **어쩔 수 없이 발생하는 무력 사용**을 정의로운 전쟁이라고 부르는 것입니다.(「가톨릭교회 교리서」, 2309항 참조)

4. 두 차례의 걸친 세계대전의 비극은, 인류로 하여금 더는 미래 세대들에게 전쟁의 참화를 겪지 않게 하려는 의도에서 **국제연합**을 탄생하게 하였습니다. 국제연합 헌장에서는 국가 간의 분쟁 해결에 대하여 원칙적으로는 **무력에 의존하는 것**을 금합니다. 그러나 예외적으로 무력 사용을 허락하고 있습니다. 그것은 **정당방위의 경우와, 평화 유지에 대한 책임 범위 안에서** 안전보장이사회가 내리는 조치들의 경우에만 그러합니다(「국제연합헌장」, 6-7장 참조). 여기서 우리는 정당방위권을 행사할 때에 **필요와 균형**이라는 전통적인 한계를 존중하는 것이 필요함을 알 수 있습니다. 정의로운 전쟁으로 포장되어 타국을 침공하는 침략 전쟁이 사라지기 위해서는, 우선 그 전쟁의 **도덕적인 정당성**을 회복하는 것이 필요합니다. 도덕적으로 정당한 이유 없이 과도한 무력을 사용한다면, 그것은 정의로운 전쟁의 가면을 쓴 침략 전쟁에 불과한 것입니다.

225. 해외원조에 대한 가톨릭교회의 사회교리 가르침은 무엇인가요?

1. 가톨릭교회에서는 매년 **해외원조 주일**을 정해놓고 신자들에게 해외원조에 대해 강조하고 이를 실천하도록 가르칩니다. 교회는 좀 더 넓은 의미에서 해외원조를 이야기합니다. 가난한 이들을 돕는 건 단지 불쌍해서가 아니라, 그것이 올바른 길, 곧 **정의로운 길**이기 때문입니다. 제2차 바티칸 공의회 「사목헌장」에서는 국제 공동체 차원에서 경제분야 협력을 평화의 지평에서 말하고 있습니다. "평화의 건설을 위해서는 우선 불의의 뿌리부터 뽑아버림으로써, 전쟁의 온상인 불화의 원인을 제거해야 한다. 불화의 대부분은 과도한 경제적 불평등과 그 대책의 지연에서 온다."는 것입니다. 그런 의미에서 그리스도인들은 **형제애 차원**에서 해외원조에 동참해야 할 의무가 있습니다.

2. 제2차 바티칸 공의회(1962-1965년)가 끝나고 2년 후인 1967년에 이러한 문제들을 다룬 위대한 회칙 「**민족들의 발전**」이 바오로 6세 교황에 의해 반포되

었습니다. 1891년에 반포된 「**새로운 사태**」가 가톨릭 사회교리의 문을 열었다면, 이 문헌은 20세기 후반부터 오늘날까지 유효한 또 하나의 「새로운 사태」격이라 할 수 있습니다. 문헌이 발표되고 20주년을 기념해 성 요한 바오로 2세 교황의 회칙 「**사회적 관심**」이, 사십주년을 기념해 베네딕토 16세 교황의 회칙 「**진리 안의 사랑**」이 반포되었습니다. 그 내용은 발전이 **경제성장**만을 말하는 것이 아니라, **인류 전체**를 향해야 한다는 것으로, 우리는 「민족들의 발전」의 문헌에서 **해외원조의 윤리적 근거**를 찾을 수 있습니다.

3. "모든 국가들은 서로 형제라는 데서 우선 부유한 국가들에게 협동 실천의 의무가 부과되며, 그 근거로 세 가지를 지적할 수 있다. 첫째는 선진국들이 후진국들을 도와주어야 한다는 **상호연대성의 의무**, 둘째는 강대국과 약소국 사이의 거래상 불균형을 개선해야 한다는 **사회정의의 의무**, 셋째는 모든 국가들이 공동으로 더욱 인간다운 세계를 건설하여 한 국가의 발전이 다른 국가의 발전을 방해해서는 안 된다는 **보편적 사랑의 의무**인 것이다." 그러면서 교회는 이 발전이 **평화의 새로운 이름**이라고 이야기합니다. 따라서 "**평화는 정의의 실현**"이라고 한 「사목헌장」 78항의 가르침에 따르면 발전을 돕는 해외원조도 정의의 실현이라는 것입니다. 매년 해외원조 주일을 맞이하면서 그리스도인으로서의 임무를 어떻게 수행하고 있는지를 생각해야 합니다.

226. 세계 난민들을 바라보는 가톨릭교회의 사회교리 시각은 어떠한가요?

1. 2018년 유엔난민기구가 발표한 전 세계 난민 수는 약 2,850만 명입니다. 이들은 타국에서 난민신분이거나(2,150만 명), 국경에서 피난처를 찾는 이들입니다(700만 명). 여기에 자국에서 난민의 상황에 있는 이들(4,000만 명)을 합치면 6,850만 명에 이릅니다. 유엔은 정치, 인종, 종교, 신분과 민족 등의 이유로 위험을 겪는 이들을 난민으로 인정합니다. 하지만 최근에는 **내전과 인종청소, 극단주의와 폭력, 경제적 혼란과 사회문제** 등을 망라한 위기 속에서 무수한 난민들이 발생하고 있습니다. 충격적인 것은 매년 수천 명의 난민이 목숨을 잃고 있다는 것입니다. 2013년 이탈리아 람페두사에서 359명이 난파선에서 사망한 이래 최근 영국을 향하던 트럭에서 39명의 사망자가 발생했습니다.

2. 지난 해 지중해를 건너다 1,490명이 익사했습니다. 정확한 숫자조차 파악하

기 어려울 만큼 많은 이들이 바닷가에서 황망히 죽어가고 있습니다. **국경 없는 의사회**와 **SOS 메디테라네**라는 구호단체가 **오션바이킹**이라는 화물선으로 2019년 7월부터 지중해를 누비며 바다를 헤매는 수백 명의 난민을 구조했습니다. 바다에 빠져 죽는 것만이라도 막자는 취지로 시작한 일입니다. 그러나 이들을 받아줄 나라가 없습니다. 이탈리아와 몰타 정부는 오션바이킹의 입항 자체를 금지했습니다. 난민이 많이 발생하는 아프리카와 중동에 인접한 유럽은 처음엔 인도주의적 정책을 폈으나, 지금은 현실적 대책을 마련해야 한다는 목소리가 높습니다.

3. 2015년부터 유럽은 난민문제로 몸살을 앓고 있습니다. **안보문제**와 **경제적 부담**, **문화 차이로 인한 정체성 위기**와 **사회문제**가 심각하기 때문입니다. 독일에서는 난민으로 인한 강력범죄가 발생해 많은 이들에게 충격을 주었습니다. 자연스럽게 난민문제를 엄격하게 대하는 정당에 대한 지지도가 높아졌습니다. 난민사태에 대한 현실적 진단은 긍정만큼이나 부정의 논거도 매우 많습니다. 난민문제는 전 세계적인 추세이며 향후 지속될 것입니다. 한국에도 많은 외국인들이 함께 살고 있기에, 이 문제를 고민해야 합니다. 그러나 우리는 낯선 이를 환대하고 맞이하기란 쉽지 않음을 고백합니다.

4. 하지만 현실적인 어려움이 자칫 사람에 대한 **신뢰**마저 무너뜨리지 않도록 해야 됩니다. 또한 근거 없는 여론에 편승한 **난민혐오 정서**가 우리 사회와 정신을 지배하도록 해서는 안 됩니다. **그리스도의 사랑과 용서, 자비와 희망**이 우리 마음 안에 싹트길 희망합니다. 또한 신앙의 본질은 우리가 가진 것을 지키는 것이 아니고, 오히려 **내 것을 내어주는 것**임을 기억해야 합니다.

"참 행복의 영안에서 우리는 고통 가운데 있는 그들을 위로하고 자비를 베풀라고 부름 받았습니다. (…) 그들은 단순히 사회적 이슈나 난민 이슈가 아니라 사

---

57) 국경없는의사회는 국제 인도주의 의료 구호 단체이다. 의료 지원의 부족, 무력 분쟁, 전염병, 자연재해 등으로 인해 생존의 위협에 처한 사람들을 위해 긴급구호 활동을 펼치고 있다. 모든 의료 지원 활동은 인종, 종교, 성별, 정치적 성향에 따른 어떠한 차별도 없이 이루어진다.

58) 지중해에서 난민 구조 활동을 하는 프랑스 NGO.

59) 난민 수색 구조선.

람이며 오늘날 세계화된 사회에 의해 거부된 모든 이들의 상징입니다."(프란치스코 교황, 난민과 이민자를 위한 미사 강론, 2019년 7월 8일 로마 성 베드로 대성당)

227. 정의를 위한 경제제재 조치에 대한 사회교리의 가르침은 무엇인가요?

1. 「간추린 사회교리」를 보면, **평화를 위협하는 사람들**에 대한 **제재조치**를 다음과 같이 설명합니다. "오늘날의 국제 질서가 규정한 형태의 제재는 평화와 질서 위에 세워진 **국제 공존의 규칙**을 침해하거나, 자국민을 심각하게 억압하는 **국가 정부의 행위**를 바로잡아 주려는 것이다. 이러한 제재의 목적이 명확히 규정되어야 하며, 국제 공동체의 관할 기구들은 때때로 채택된 조치들의 효율성과 그 조치들이 민간인들에게 미치는 실질적인 영향을 객관적으로 평가하여야 한다. 그러한 조치들의 참된 목적은 협상과 대화의 길을 열어 주는 것이다. 제재가 결코 국민 전체에 대한 **직접적 처벌의 수단**으로 사용되어서는 안 된다. 국민 전체, 특히 가장 취약한 구성원들이 그러한 제재로 고통받게 되는 것은 정당한 일이 아니다. 특히 경제적 제재는 지극히 신중하게 사용되어야 하는 수단이며, **엄격한 합법적 윤리적 기준**을 따라야 한다. 경제 봉쇄는 기간이 한정적이어야 하며, 그에 따른 효과가 뚜렷하지 않을 때는 정당화될 수 없다."(「간추린 사회교리」, 507항)

2. 이처럼 경제제재 조치에 관한 교회의 가르침은, 그 **목적**과 **효율성**뿐만 아니라 제재를 수행하는 **방식**이나 제재가 이어지는 **기간**에 대해서도 언급합니다. 군사적인 행동처럼 직접 사람을 죽이는 것은 아니지만, 경제제재를 통해서도 어떤 경우에는 더 많은 사람이 죽을 수 있기 때문입니다. 더구나 이러한 경제제재는 처벌받아야 하는 독재자나 권력을 가진 사람들이 아닌, 반대로 불의한 정권에 의해 **억압받는 사람들**이 더 큰 피해를 보는 함정을 가지고 있습니다. **가난한 사람들과 어린이 등 힘없는 사람들**의 생존에 더 직접적인 위협이 된다는 것입니다. 따라서 가톨릭교회의 사회교리는 어떤 국가나 국제적인 단체가 이러한 강제력을 행사할 때 **신중한 판단**을 해야 한다고 분명하게 선언합니다. 현재 북한은 경제제재로 인해 심각한 어려움에 처해있습니다. 경제제재의 목적이 단순한 화풀이가 아니라 북한을 교정하기 위한 목적이라면, 그러한 변화가 누구를 위한 것인지도 고민할 수 있어야 합니다. 경제제재로 인해 북한사

회에서 **가장 취약한 구성원**에게 더 많은 피해가 돌아갈 수 있다는 사실을 기억해야 합니다.

3. 한반도를 둘러싼 위기와 북한의 핵문제 등은 **국제사회 전체**가 함께 고민해야 하는 난제입니다. 남과 북의 문제만이 아니라, 강대국의 이해관계까지 얽혀 있는 **복잡**하고 **다층적인 갈등**이기 때문입니다. 우리를 괴롭히는 분열과 적대의 악이 결코 만만한 상대가 아니라면, 이 갈등을 해결하기 위해서는 마음을 다하는 **진지한 성찰**이 필요합니다. 군사적 조치로는 너무 많은 사람이 죽으니까 경제제재를 선택할 수밖에 없다는 것인데, 지금까지 **나쁜 국가**들에 대한 **경제제재 효과**에 대해 평가가 필요하다는 주장도 있습니다. 또 북한에 대해서도 끊임없이 이어진 경제제재가 어떤 결과를 가져왔는지 따져볼 필요가 있는 것입니다. 그런 면에서 국제 질서에 도전하는 북한을 제재하는 것도, 북한을 변화시키는 문제도 쉬운 답으로는 풀어내기 어렵다는 것은 사실입니다. 정의를 위한 제재 조치들이 **불의를 강화**시키지 않았는지 반추하면서, 신앙을 가진 우리들이 이 땅의 진정한 평화를 위해 **간절하게 기도**해야 합니다.

228. 전쟁을 평화와 정의의 도구로 사용할 수 있을까요?

1. 인류 최초의 핵폭탄이 평화롭던 일본 히로시마를 덮쳐 공포의 흰 버섯구름이 1,200m 높이로 치솟은 때는 **1945년 8월 6일 8시 17분경**이었습니다. 이 날은 인류사 최초로 무고한 민간인에게 핵폭탄이 투하된 통곡의 날입니다. 당시 미국 대통령이었던 트루먼은 그것을 우리에게 보내주신 하느님께 감사드린다고 하면서, 핵폭탄을 하느님의 방법과 목적대로 사용할 수 있게 인도해 달라고 기도했습니다. 하지만 그것은 인류를 위협하는 **거대한 핵전쟁**을 시작하는 가해자의 기도였습니다.

2. 당시는 전쟁 막바지로 일본의 항복은 예견되었고, 1944년부터 일본은 패배선언만 남겨두고 있었습니다. 그럼 왜 미국은 막바지에, 이미 기울어진 전세에 핵폭탄을 사용하는 엄청난 민간인 학살을 결정했을까? 게다가 같은 해 8월 9일에는 나가사키에 추가 핵폭탄 투하라는 **극악한 범죄**를 다시 저지릅니다. 핵폭

탄 프로젝트인 **맨해튼 프로젝트**의 책임자 **오펜하이머**도 이에 대해 사실상 패배한 적을 향해 사용된 침략자의 무기라 말했습니다. 핵폭탄을 개발한 **아인슈타인**은 **내 생애의 실수**라 했으나, 핵전쟁의 서막을 막기엔 이미 **때늦은 후회**가 되었습니다. 수십 년이 지난 오늘날에도 이 핵폭탄 피해를 입은 민간인들의 고통을 우리는 그저 바라만 보고 있을 뿐입니다.

3. "전쟁의 광기가 진전되면 파괴로 이어집니다. 파괴적 성장을 원하는 것입니다. **탐욕, 편협, 권력을 향한 야망** 등은 전쟁을 일으키는 동인들입니다. 그리고 이런 것들은 종종 이데올로기에 의해 정당화됩니다."(2014. 9. 13. 프란치스코 교황, 제1차 세계대전 100주년 연설). 핵폭탄 투하를 결정한 트루먼은 전쟁의 고통을 빨리 끝내기 위해, 수천수만 명의 젊은 미군들의 목숨을 구하기 위해 그 폭탄을 사용했다며 정의로운 결정임을 항변했지만, **20만 민간인의 죽음**에 대해서는 입을 닫았습니다. 이에 대해 교회는 "원자핵 시대에 전쟁을 정의의 도구로 이용할 수 있다고 **상상**할 수 없고, 전쟁은 재앙이며 국가 간에 발생하는 문제를 해결하는 **적절한 길이 아니**"라는 사실을 분명히 하고 있습니다.(『간추린 사회교리』, 497항)

229. 모든 인류의 진정한 세계화를 위한 사회교리 가르침은 무엇인가요?

1. 바야흐로 **세계화(世界化, Globalisation) 시대**입니다. 집에서 파스타나 베트남 쌀국수를 배달시켜 먹기도 하고, 유튜브로 유럽 챔피언스리그 축구 경기를 관람하기도 합니다. 경제·무역 분야에서도 저임금 지역으로 **아웃소싱**이 활발하게 진행되면서 무역과 투자의 자유화는 온 세계를 **단일시장**으로 만들었습니다.

---

60) 제2차 세계대전 기간에 미국 정부가 수행한 원자폭탄 개발계획.

61) 19-20세기 독일 태생의 유대계 이론물리학자. 상대성이론을 발표해 과학계의 혁명을 이끌었고 국제적 명성을 얻었다. 1900년 봄, 취리히연방공과대학을 졸업하고 베른에 있는 스위스 특허 사무소 심사관으로 채용되었다. 1905년 「물리학 연보」에 4개의 중요한 논문을 발표했는데 인간의 우주에 대한 견해를 영구히 바꾸어버린 상대성이론이 포함되어 있었다. 한편 아인슈타인은 반유대주의 물결에 반대하고 시오니즘 운동을 지지했다. 아인슈타인은 히틀러가 독일을 집권한 후 미국 프린스턴으로 망명하여 죽을 때까지 살았다.

K-pop처럼 문화의 세계화도 활발하게 되어 이제 점차 국경은 사라져 가고 세계는 급속하게 연결되고 있습니다. 하지만 이런 현상에 그늘도 존재합니다. 거대자본과 강대국들 중심으로 세계질서가 **재편**되며, 전 세계가 **획일화**된다는 우려도 있습니다. 가장 걱정되는 것은 **경제분야**입니다.

2. 경제 후진국들은 보호장치 없이 글로벌 경쟁을 치러야 합니다. 투기화된 일부 **거대자본**은 전 세계를 황폐하게 합니다. 체급이 다른 선수들이 경기를 하는 격입니다. 자연스럽게 **세계적 불평등**이 악화되고, **가난한 지역과 약자들**이 소외됩니다. **무분별한 개발**과 **환경파괴**, **자원고갈**도 심각합니다. 소수가 부를 독점해 불균형을 가속화하고, 경제적 이익만을 위한 세계화라면 우려스럽습니다. 가톨릭교회의 사회교리는 세계화가 갖는 위험을 분명히 경고하며, **기술발전**을 통해 거리를 넘어 **서로 화합하고 연대함의 바람직함**과 **세계화의 유익함**을 명시합니다. 또한 가톨릭교회는 인류가족의 **보편적 일치**를 강조합니다.(『간추린 사회교리』, 361-367항;428항 참조)

3. 그러나 우리는 **세계화와 현대화, 물질만능주의**를 구별해야 합니다. 세계화가 불가피하다고는 하지만, 만일 그것이 경제적 이익만을 중시한다면 **약자**가 보호되지 못합니다. 환경과 자연·동식물이 착취되고 단절된다면, 그것은 **불의와 착취, 물신(物神)의 세계화**일 뿐입니다. 요컨대, 불평등을 완화하고 연대를 통한 세계화, 소외 없는 세계화를 이루는 것이 과제입니다(『간추린 사회교리』, 363항 참조). 세계화는 역사적 흐름입니다. 그것은 커다란 기회나, 재앙이 될 수도 있습니다. 따라서 우리가 지키고 보존해야 하는 가치에 대한 고민이 필요합니다. 바로 **인간 존엄**입니다. 또한 사람은 **사회와 공동체, 자연과 생명을 돌보는 존재**라는 진리를 복원해야 합니다. 가톨릭교회의 사회교리는 국제 공동체를 바라보는 시각을 위해 **인간의 존엄과 평등, 협력과 존중을 통한 일치와 공동선**을 강조합니다.(『간추린 사회교리』, 428항 참조)

4. 전 세계가 상업적인 세계화를 이루기보다 **연대와 사랑**의 세계화를 이룩해야 합니다. 그래서 사람의 **사람다움**을 실현하고 그것을 보호할 수 있는 **사회제도적 장치**, 이에 대한 **사회적 담론과 공감**을 마련해야 합니다. 세계화라는 거대한 파도 앞에서 우리는 선택을 해야 합니다. **편리함**과 **이기주의**, **무관심**과 **냉소** 속에 머무는 것을 선택할지, 아니면 어려운 이웃을 기억하고 자본과 이익이 아닌 **하느님 말씀**과 **인간존엄**을 선택할지를 말입니다.

> "인류의 단일성은 어느 시대에도 존재했는데, 인간은 타고난 존엄성에서 모두 평등하기 때문이다. 따라서 보편적 공동선, 곧 전 인류의 공동선이 충분히 실현되는 객관적 요청이 항상 존재한다."(「간추린 사회교리」, 432항)

230. 동북아시아 평화를 위한 가톨릭교회의 역할은 무엇인가요?

1. 동북아시아 평화의 중심축에 있는 **한일관계**가 역사상 최악의 상태에 이르러 **동북아시아의 평화**가 위태로운 오늘날입니다. 전쟁과 평화의 양극단을 오가는 남북관계 속에서 변덕스런 미국 정부와 노골적으로 야욕을 드러내는 일본 정부를 넘어 어떻게 동북아시아의 평화를 구축할 수 있을지 우리는 고민해야 합니다. 동북아시아의 **인간과 민족, 역사와 사회**에 대한 모든 문제의 해법은 차근차근 평화를 구축해 나가는 데 있습니다. 그러면서도 한국전쟁이나 베트남전쟁 시기에 겪었던 동북아시아의 위기보다 더 냉혹해진 오늘 이 현실에서 "우리 겨레는 동북아시아 근대에 펼쳐진 전쟁과 평화의 두 갈래 길 중 **평화의 길을 뚜벅뚜벅 걸어 왔다**"는 것을 기억해야 합니다. 또한 우리에게 '**평화란 모든 민족이 독립하고 평등한 것**'이라는 것을 새삼 깊이 새겨볼 일입니다. 우리는 평화를 얻기 위해서 여태까지 다 이루지 못한 **식민주의 청산**부터 제대로 이루어내야 합니다. 또 **국제적인 비전과 연대** 없이는 평화 정착이 잘 될 수 없다는 것도 알아야 합니다.

2. 이와 같은 상황에서 세계 곳곳에서 그리스도 정신을 바탕으로 평화와 화해의 실천을 모색해 온 신앙인들이, 한반도의 **정의로운 평화 건설 방안**을 찾고 있습니다. 특히 북한의 끊임없는 도발로 전쟁 위기가 고조되는 상황에서, 평화를 위한 실마리를 찾는 것에 집중했습니다. 더 나아가, 급변한 국제 정세로 새롭게 열린 지평에서 교회는 어떻게 **평화의 사도**로서 소명을 다할 수 있을지에 대한 **구체적 실천 방안**을 검토해 봅니다. **한국전쟁과 분단 후 갈등**은 우리 민족에게 씻기 어려운 상처를 남겼습니다. 교회는 그 누구보다도 먼저 이 **아픈 상처를 치유하는 역할**을 다해야 합니다. 더불어 용서 없이 평화의 여정에 참된 진전이 있을 수 없다는 것을 기억해야 합니다. 우리 마음 안에서 먼저 **종전과 평화협정**이 이뤄질 때 정치적 선언과 협정이 진정한 의미를 갖게 될 것입니다.

3. 한반도와 동북아시아의 정의로운 평화의 원칙과 실천 관행은, **전쟁**을 예방하고

분쟁을 조정하며 **지속 가능한 평화**를 건설하는 데 도움을 주고 있으며, 이를 적용해야 합니다. 이에 제시된 정의로운 평화는 세 가지 즉, **아이디어, 종교적 상상력, 초국가적 네트워크**입니다. ①올바른 의도와 정의로운 명분을 바탕에 둔 평화를 향한 아이디어와, ②소외된 자들의 참여와 부당한 착취를 바로잡는 올바른 관계를 기반으로 한 종교적 상상력이 정의로운 평화 원칙의 핵심이며, ③협력이 교착 상태에 처했을 때 이를 극복할 수 있는 종교단체들의 초국가적 네트워크입니다. 단편적이고 특정 인물에 대해 좌우되는 것이 아닌, 누가 정권을 잡더라도 일관된 평화의 문화를 조성하는 데 기여하는 것이, 종교기관들이 중심이 된 평화구축 네트워크입니다. 시간이 지나도 평화가 지속할 수 있도록, 올바른 관계 재건을 위한 정의로운 사회구조를 구축하는 데, **한국교회의 역할**이 있습니다.

4. **그리스도교적 신념**은 다자간 외교 과정에도 도움을 줄 수 있습니다. 특히 평화를 향한 **비전**, 폭력과 불의를 외면할 수 있게 하는 **겸손**, 합의를 이루고 정당성을 구축하는 깊은 **대화**는 새로운 연대의 시작점이 될 수 있을 것입니다. 이 같은 그리스도교적 신념을 바탕에 둔 다자간 외교 과정이 동북아시아에서 시작된다면 전쟁은 끝났다는 명확한 메시지를 줄 수 있습니다. 신뢰 구축과 협력을 위한 구체적이고 전향적인 **의제**(agenda)를 설정하게 될 것입니다. 또한 앞으로 한반도 평화 건설 과정에서 **경제적 신뢰 구축 조치**들은 중요한 역할을 하게 될 것입니다. 실질적이고, 점진적인 경제적 조치들은 앞으로 다가올 전환의 핵심에 있습니다. **재계 지도자들**은 경제적 협력과 장기적 평화를 위한 과정에서 중요한 역할을 하게 될 것입니다. 아울러 다가오는 시대에 발맞춘 장기적이고 진취적인 **국제적 대화기구**가 필요합니다. 기후변화, 이주, 무역, 군축에 대한 국제적 협상에서는 기존의 틀을 뛰어넘는 **새로운 프로세스**가 필요합니다.

231. 한반도 평화를 이루기 위한 가톨릭교회의 입장은 무엇인가요?

1. 6·25전쟁의 고통이 서려 있는 임진각에 평화를 간절히 바라는 희망의 목소리가 가득 울려 퍼졌습니다. 최근에 한국천주교주교회의 민족화해위원회(민화위)는 경기도 파주 임진각 평화누리 공원에서 **한반도 평화기원 미사**를 봉헌했습니다. 이날 미사는 8년 만에 전국 16개 교구 신자 2만여 명이 한자리에 모인 뜻깊은 순

간이었습니다. 특히 한반도 정세가 긴박하게 전개되고 있는 현 상황에서, 이날 미사에 참례한 신자들의 평화를 향한 열망은 내리쬐는 햇볕만큼이나 뜨거웠습니다. 민화위는 **"행복하여라, 평화를 이루는 사람들!"**(마태 5,9)을 주제로 봉헌한 미사 중에 **한반도 평화를 촉구하는 호소문**을 발표했습니다. 국민 모두가 갈등과 대립에서 벗어나 한반도 평화를 이루기 위해 적극 나서줄 것을 촉구했습니다.

2. 한반도 평화를 위해 한국 가톨릭교회는 ①남북 고위 당국자들이 개인의 자존심이나 정치적 명분보다 국가와 민족의 화해와 번영을 위한 **공동의 목표**에 주력해 줄 것을 호소하며, ②평화를 위해서라면 어떤 조건도 계산도 필요 없다며 서로에게 총칼을 겨누 이 **아픔의 역사**를 반성하고, ③한국전쟁 발발 70주년을 맞는 2020년이 **종전협정**과 **평화협정** 체결로 새로운 일치와 평화의 시대를 여는 **은총의 원년**이 되길 바라며, ④또 북한에 대한 인도적 지원을 계속할 것과 남북의 **실현 가능한 만남, 민간 교류 허용** 등도 정부에 요청했고, ⑤북한과 미국을 향해서도 북한 비핵화와 한반도 평화체제 구축을 둘러싸고 보이는 견해 차이를 극복하고 **조속히 협상을 타결해 줄 것**을 촉구했습니다.

232. 하나 된 세계와 하나 된 인류에 대한 사회교리의 가르침은 무엇인가요?

1. 1948년 정부 수립 당시 우리나라의 1인당 국민소득은 **23달러**에 그쳤습니다. 1953년 휴전 이후의 1인당 GDP가 67달러였으니 우리나라는 가난한 상태에서 출발한 셈입니다. 그랬던 우리가 이제는 경제 규모 세계 11위의 **경제대국**이 되었습니다. 그런데 **한강의 기적**이라고 일컫던 이 놀라운 경제성장의 배경에는 우리 **민족의 성실성**이나 **교육열** 또는 **탁월한 재주**만으로는 설명될 수 없는 부분이 있습니다. 만약 6·25전쟁 이후에 **해외원조**가 없었다면, 그리고 형제애를 영적, 물적으로 보여준 **세계 교회의 도움**이 없었다면 지금의 경제적 성공은 처음부터 불가능한 것이었습니다.

2. 1945년부터 1965년까지 한국은 약 130억 달러 상당의 경제 및 군사 원조를 받았는데, 그 대부분이 무상원조였습니다. 예컨대 **유엔한국재건단**(UNKRA)은 1950년에 설치되어 1953년부터 활동을 시작하였습니다. 구호물자의 조달과 함께 산업, 교통, 통신시설 및 주택, 의료, 교육시설의 재건을 위해 노력했습니다. 국립의료원을 세워 의사와 의료요원을 양성했습니다. 그 과정에서 여

러 가톨릭 단체들이 보여준 **형제애**와 **애덕의 실천**은, 우리나라의 교육, 양로, 고아, 의료등의 분야에서 괄목할 만한 것이었습니다. 특히 **오스트리아 가톨릭부인회**, **독일의 미세레올**, 평신도 선교 봉사단체인 **국제가톨릭형제회**, **그리스도왕시녀회** 등의 활약은 잊어서는 안 될 소중한 나눔입니다.

3. 이렇게 국제적인 도움을 통해 성장한 우리지만, 오늘날 우리나라가 세계 시민으로서 의무를 다하는 데는 아쉬운 면이 많습니다. 우리나라는 2009년에서야 대외 원조 선진국 클럽인 경제협력개발기구(OECD) 개발원조위원회에 가입했지만, 29개 원조국 중에 소득 대비 개발 원조 규모는 꼴찌 수준에 머물러 있습니다. 점점 세계화되는 사회에서 공동선과 이를 위한 노력은 인류 가족 전체, 곧 **민족들과 국가들의 공동체**라는 차원을 포함하지 않을 수 없다는 가르침을 상기해야 할 것입니다.(「진리 안의 사랑」, 7항 참조)

233. 사형제도에 대한 가톨릭교회의 가르침은 무엇인가요?(1)

1. **국제사면위원회**(국제엠네스티, Amnesty International)[66]는 10년 이상 사형

---

62) 오스트리아 가톨릭 부인회는 1958년부터 우리나라의 교육, 고아, 의료사업을 지원하고, 한국의 우수한 학생을 초청해 교육시키는 등 한국이 어려웠던 시절, 많은 원조를 아끼지 않은 단체다. 특히, 마리안느-마가렛 수녀가 오스트리아 가톨릭 부인회의 소록도봉사 지원자 모집 소식을 듣고 소록도로 봉사활동을 결심하는 결정적인 계기가 되기도 했다. 또한, 1970년대 후반 마리안느-마가렛의 요청으로 지원금을 보내와 소록도에 결핵병동, 목욕탕, 정신병동, 영아원 등을 건립하는데 많은 공헌을 했다.

63) 독일 천주교회에 미세레올(MISEREOR)이라는 주교회의 산하 기관이 있다. 제2차 세계대전과 유대인 학살에 대한 독일 국민의 속죄 의식이 가톨릭교회에도 확대된 한 단체인 미세레올은 개발도상국의 교육 활동과 빈민운동을 원조해 왔다.

64) 국제가톨릭형제회(AFI: Association Fraternelle Internationale)는 스위스 제네바에 본부를 두고 있는 평신도 국제단체다.

65) 그리스도왕시녀회는 청빈·정결·순명을 서약하고 가난하고 병든 사람을 위해 자신들의 삶을 헌신하고 봉사하는 곳이다.

66) 인권을 보호하고 양심수의 사면을 위해 활동하는 국제 인권단체. 주요 상징은 촛

을 집행하지 않는 나라를 **실질적 사형폐지 국가**로 분류하고 있습니다. 우리나라가 마지막으로 사형을 집행한 것은 1997년 12월 30일이며, 이날 23명의 사형을 집행한 후에 벌써 20년이 되었습니다. 국제사면위원회에서는 2007년 12월 한국을 실질적 사형폐지 국가로 분류하였습니다. 국제사면위원회에 따르면 전 세계적으로 실질적 사형 폐지국은 **140개국** 정도입니다. 2015년 12월 31일 기준으로 국제사면위원회가 조사한 나라들을 보면 모든 범죄에 대해 사형제를 완전 폐지한 나라가 102개국이고, 그 밖의 나라들은 일상적인 범죄에도 사형 집행을 허가하는 법을 유지하고 있습니다. 그리고 적어도 지난 10년간 사형을 집행하지 않은 실질적 사형폐지 국가가 32개국이며, 법이나 관행으로 사형제를 유지, 채택하고 있는 나라는 58개국입니다. 사형제가 폐지되거나 시행하지 않는 나라들은 대부분 **무기금고형**으로 바뀌어 가는 추세입니다.

2. 그만큼 **인간 생명에 대한 존중심**이 높아졌다는 것인데, 사실 사형제가 없어지기 시작한 것은 불과 얼마 되지 않습니다. 인권 개념이 가장 먼저 생겨나고, 그리스도교 가르침에 따른 인간 생명존중이 일반화된 유럽도 1980-1990년대에 와서야 사형제도가 폐지됩니다. 그만큼 사형제를 둘러싼 논란이 격렬했다는 뜻입니다. 세계 최초로 사형제도를 폐지한 **베네수엘라**는 1830년 독립 이래 사형 집행이 한 건도 없었으며, 1863년에 사형이 법률로도 완전 폐지되었습니다. 이 나라는 국민들 중 90% 이상이 그리스도교 신자이고, 80% 정도가 가톨릭 신자입니다. 지구상에는 수많은 나라와 정치체제들이 있다 보니 사형에 대한 견해나 제도가 참 다양합니다. 사형제도에 대한 시각은 그 나라의 **인권에 대한 척도**라고 볼 수도 있습니다. 인권이 신장되고 인간과 모든 생명에 대한 존중이 사회 전반에 깊이 스며있다면 사람들은 사형제를 폐지하고 다른 대안을 찾고자 할 것입니다.

불과 앰네스티 노란색이며, 철조망에 둘러싸인 촛불을 로고로 사용하여 억압 속에서도 희망을 밝힌다는 의미를 가지고 있다. 1961년 영국의 변호사에 의해 처음 설립되었고, 이후 세계 150여 개국에서 300만 명의 회원을 가진 국제적인 인권단체로 성장했다. 어떠한 이유로든 차별받은 사람들을 보호하는 것이 목적이며, 주요 활동으로는 각 나라의 정부기관과 국제기구를 대상으로 진행하는 인권활동과 캠페인 등이 있다. 한국에서는 1972년 지부가 설립되어 정치범의 석방과 고문반대 캠페인 등의 활동을 진행하고 있고, 한국 정부에 지속적인 사형제 폐지 등을 요구하고 있다.

3. 사형은 단순히 법에 의해서 사람 목숨을 끊는 것만이 아닙니다. 은밀한 **정치적 의도**가 거기에 숨겨져 있는 적도 있었고, 또 시대 발전에 따라서 그 형태가 변하기도 하였습니다. 오늘날에도 여전히 사형제에 대해서는 찬반양론이 있습니다. 찬성 쪽에서는 인권문제나 처참한 사형방법 등 부작용은 있지만 사형이 있어야 사람들이 겁을 먹고 **중범죄**를 저지르지 않을 것이라고 주장합니다. 그러나 사형제도가 중범죄를 줄여주는 효과보다 **인간생명**을 가볍게 보는 부작용이 더 크다는 반대 쪽 의견도 있습니다. 그리고 사람은 실수하기 마련이고, 현대 사법체계가 완전하다는 보장도 없기 때문에 **잘못된 판단으로 사형이 선고될 수도 있다는 점**을 지적하기도 합니다.

234. 사형제도에 대한 가톨릭교회의 가르침은 무엇인가요?(II)

1. 우리나라에서는 한국천주교주교회의 정의평화위원회 사형제도폐지소위원회와 천주교인권위원회가 중심이 되어 사형제도 완전폐지를 위한 활동을 하고 있습니다. 사형과 관련한 우리나라 과거의 슬픈 역사에서, **정권을 연장하기 위한 도구**로 사형제도를 이용한 사건이 있었습니다. **진보당 사건**과 **인혁당재건위 사건**은 증거 조작으로 벌인 **사법 살인사건**의 한 예라고 할 수 있습니다. 진보당 사건의 희생자인 **조봉암**은 1959년 7월 31일 교수형에 처해졌지만, 2011년 대법원 재심판결에서 조작으로 드러나 무죄 선고가 내려집니다. 또한 1975년 4월 8일에는 인혁당재건위 사건으로 8명에게 사형이 집행되었습니다. 그런데 이 사건 역시 법을 조작하고 악용한 명백한 **사법 살인**으로 30년이 지난 2007년에 사형 선고가 내려진 8명에 대해 증거 불충분에 의한 무죄 선고가 내려지게 됩니다. 이 사건들은 **우리나라 사법 역사상 가장 수치스러운 재판**으로 알려진 사건으로, 사형제도의 오용과 아주 깊은 연관성을 지니고 있습니다.

2. 우리가 살고 있는 지금 이 시대에도 경찰과 검찰, 재판부의 잘못된 판단으로 중대한 사건에 오심이 나오는 경우가 있습니다. 재판도 사람이 하는 일이기에 실수가 있을 수 있습니다. 그러나 사형선고와 집행은 그 실수를 돌이킬 수가 없다는 것입니다. 우리나라 국민 여론 중 많은 사람들이(69.9%) 사형제가 존속되어야 하고, 집행되어야 한다(57%)고 말합니다. 사형은 범죄를 저지르기 전에 다시 한번 생각해 볼 수 있을 만큼 **강력한 경고 효과**를 가졌다고도 합니다. 죽

을 죄를 지은 사람을 세금으로 먹여주고 입혀주는 것이 큰 낭비라고도 말합니다. 그런 주장에 대해 전적으로 부인하기 어려운 것도 사실이지만 사형집행을 통해서 얻을 수 있는 범죄와 벌에 대한 경고 효과가 얼마나 되는지는 정확하게 알 수 없습니다.

3. 또한 범죄를 예방하는 것은 형벌에 대한 두려움을 통해서 하기보다는 **교화나 교육**을 통해서 하는 것이 더 근본적입니다. 또 어떤 경우에는 우리 사회에서 발생하는 범죄가 한 사람의 잘못에서 비롯되기보다는 사회 전체가 **물질숭배주의**에 빠지고, **하느님 얼굴**을 잊어버린 풍조 때문에 발생할 수도 있습니다. 이런 전체적인 문제를 생각하지 않을 수가 없습니다. 특히 가톨릭 신자라면 하느님의 모상대로 만들어진 인간의 선함을 믿고, 인간 안에서 살아 계시는 **하느님의 사랑**을 볼 수 있어야 하므로 사형제도는 폐지되어야 합니다.

235. 일본군 위안부 문제에 대한 가톨릭교회의 역할은 무엇인가요?(1)

1. 진심어린 사죄를 하지 않는 일본 정부의 모습을 보면서 한국인들은 진정한 역사의식이 필요하다는 것을 깨닫게 되는데, 이는 그리스도인도 마찬가지입니다. "용서를 청하고 베푸는 것은 뿌리 깊은 폭력과 증오의 상황에서 벗어날 수 있는 유일한 길"이라는 것이 교회의 가르침입니다(성 요한 바오로 2세 교황 1997년 세계 평화의 날 담화 4항). **진정한 역사적 화해** 없이는 평화를 이룰 수 없다는 것을 우리는 잘 알고 있습니다. 한국 천주교회는 그동안 꾸준히 위안부 피해자 할머니들의 한을 달래며 **복음적으로 문제를 해결할 방안**을 고민해왔습니다. 과연 교회는 무엇을 해왔고, 또 앞으로 무엇을 해야 할지를 고민해야 합니다.

2. 서울 중학동에 있는 일본대사관 앞의 길을 사람들은 '**평화로**'라고 부릅니다. 이 자리에서 **1992년 1월부터 28년 동안 매주 수요일 일본군 위안부 문제해결**을 위해 피해자들과 활동가들이 **수요시위**를 열어왔습니다. 1,400차 수요시위가 열린 이곳에서는 제7차 세계 일본군 '위안부' 기림일 미사가 봉헌됐습니다. 이날 미사는 다시는 전쟁이 없는 평화로운 세상을 미래세대에 물려주고 싶다는 할머니들의 소원이 실현되기를 바라는 마음을 하느님께 봉헌하는 자리였습니다.

3. 이날 주례 사제의 강론에서 독일과 폴란드가 제2차 세계대전의 반인륜적 전쟁범죄의 현장을 보존하고, 역사교육의 장으로 승화시킨 점에 대해 강조했습니다.

독일의 지도자들이 얼마나 자주 인간성에 반한 전쟁범죄에 대해 잘못을 사죄하고, 희생자들 앞에서 무릎 꿇고 용서를 청했는지 우리는 잘 알고 있습니다. **일본군 위안부**의 역사적 부당성을 알리는 이런 외침들도 나비의 날갯짓처럼 이 세상 사람들의 마음에 공명을 일으킬 것이라는 것입니다.

4. 미사를 공동 집전한 한 사제는 지금의 한일관계가 일본에 대한 **증오**로 이어져선 안 된다고 경고했습니다. 일본군 위안부 문제에 대해 이야기하는 것은 **전쟁범죄에 대한 규탄이자 책임**을 이야기하는 것입니다. 행위가 아니라 대상을 놓고 증오하게 되면 또 다른 죄 속으로 **빠져듭니다**. 또 국가주의나 민족주의를 넘어 모든 이들을 똑같이 사랑하고 받아들이기 위해, 진심으로 화해하고 진리의 길로 함께 가기를 원하는 것이 **복음적 자세**라는 것입니다.

5. 최근에 다행스러운 것은 일본천주교주교회의 정의평화협의회는 2021년 1월 7일 홈페이지를 통해 2020년 12월 12일 발표한 '여성국제전범법정 20주년을 맞아 정부에 요청한다.'는 제목의 성명서를 공개했습니다. 이 성명서는 여성국제전범법정은 지난 2000년 12월 8일부터 12일까지 도쿄에서 열렸으며, 당시 법정에서는 피해자 64명을 포함해 매일 1,000여 명이 참가했습니다. 1년 뒤인 2001년 12월 네덜란드 헤이그에서 열린 최종판결에서는 '일본군 위안부 제도'는 인도적 범죄로 본질적으로 **국가가 인정한 강간과 노예화**였다면서 일왕과 일본군 관계자 9명에게 **유죄판결**이 내려졌었습니다.

6. 일본천주교주교회의 정의평화협의회 회장 가쓰야 다이지 주교는 성명에서 "일본 사회는 일본군 위안부 문제를 해결하기는커녕, 이 문제가 **한일관계를 악화시키는 요인**으로 생각하고 있다"면서 "일본군 위안부 제도는 국가적 범죄로, 일본 정부는 사실을 은폐하거나 끝난 일이라며 망각하기보다는 이 음지의 역사를 계승해야 한다."고 밝혔습니다. 이에 가쓰야 다이지 주교는 일본 정부에 "일본군 '위안부 제도'가 본질적으로 국가가 인정한 강간과 노예화였음을 인정하고, 피해자와 직접 만나 피해자가 원하는 형태로 **사죄**하고 피해자가 원하는 형태로 **배상**해야 한다."고 요청했습니다.

236. 일본군 위안부 문제에 대한 가톨릭교회의 역할은 무엇인가요?(II)

1. 한국정신대문제대책협의회는 교회가 **일본군 위안부 문제가 어떤 것인지**에 대

해 **본당 단위로 교육**을 펼쳐나가면 좋겠다고 제안했습니다. 이러한 교육이 미투, 여성인권, 성폭력과 국가폭력 등 **인권교육**으로 이어질 수 있다는 뜻에서입니다. 또한 주일학교와 청년들을 대상으로 교육을 이어나간다면, 모든 이들이 프란치스코 교황님의 언급처럼 평화의 단초를 마련할 수 있습니다. 또 피해자 할머니들의 문제의 근원에는 **전쟁**이 있습니다. 할머니들의 메시지는 어떤 전쟁도 있어서는 안 된다는 **평화의 의미**를 지니고 있습니다. 따라서 가톨릭교회는 인류평화를 위해서도 이 일본군 위안부 문제를 시작으로 전 세계에 **전쟁반대 평화운동**의 맥이 이어지길 바라며, 지금까지 해왔던 활동들을 꾸준히 이어가는 것은 물론이고, 수요시위와 기림일 및 3·1절에 봉헌되는 미사를 끝까지 이어가야 합니다. 특히 어느 특정 집단이 아니라 **주교와 사제, 평신도**들이 모두 함께 연대해 할머니들을 돌봐야 하며, **일본 내 젊은 청년들**이 올바른 역사인식을 갖도록 교류를 통해 해결책을 찾아 나가야 합니다.

2. 1991년 김학순 할머니의 증언 이후 한국 천주교회는 일본군 위안부 피해자들과 함께하고 **정의로운 문제 해결**을 위해 마음을 모았습니다. 교회가 이들을 돕는 활동은 일본군 위안부 피해자들의 피맺힌 아픈 삶은 바로 **민족의 십자가**라는 신학적 성찰에서 비롯되었습니다. 1992년 12월 27일, 피해자 할머니들을 위해서 처음으로 **서울 아현동성당**에서 미사가 봉헌됐습니다. 이날 미사의 주제는 **민족의 십자가, 우리의 어머니**였습니다. 이스라엘 민족이 이집트에서 노예살이할 때 그 고통에 함께하신 분이 하느님인 것처럼, 생명과도 같은 정조를 빼앗기고 여성성을 짓밟힌 소녀들의 고통스러운 삶에도, 하느님이 함께하셨다는 인식이 전제된 것입니다. 예수님과 함께 다시 십자가에 못 박히셨고, 성령께서 모욕을 당하셨습니다. 이와 같은 신학적 인식과 신앙의 깨달음 속에서, 피해자 할머니들을 민족의 아픔인 십자가를 껴안고 산 **우리 시대의 어머니**로 인식할 수 있습니다.

3. 교회의 활동 근거는 2016년 2월 17일 출범한 **한일 일본군 위안부 합의 무효와 정의로운 해결을 위한 천주교 전국행동 출범 성명서**에서도 명확하게 드러나고 있습니다. 이 성명서는 전쟁을 명분으로 여성을 도구로 삼아 그 폭력을 **위안**하려 한다면, 사람 대신에 **폭력**을 최상의 기준으로 삼음으로써 하느님의 절대 주권을 거부하는 **죄악**이라는 것을 말합니다. 이어 예수님의 십자가 죽음을 기억하는 그리스도인이기 때문에 더 끔찍한 수치스러움을 초래하지 않아야 합니다. 그리고 **깊은 상처**를 치유하기 위해서 더욱더 **피해자들의 목소리**에 귀를 기울여

야 합니다. 성명은 또 불의가 정의를 이길 수 없다는 신념을 확고히 하기 위해서 일본 정부로부터 일본군 위안부 문제에 대한 **공식사죄**와 **법적 배상**을 받아야만 한다고 말합니다. 그 생생한 기억을 토대로 다른 이들이 겪는 고통을 공감하고, 진정으로 그 고통의 공감 때문에 행동할 때, 비로소 사회적 약자가 부르짖는 소리를 들어야 할 의무를 다하는 것입니다(「복음의 기쁨」, 193항 참조). 한편, 최근에 위안부 피해자 할머니들의 지원 단체에서 **불투명한 회계운영**을 지적한 피해 당사자인 할머니가 기자회견을 하였습니다. 30여 년 동안 어떤 이유인지 모르고 지원 단체의 모금 행사에 동원되는 등 이용당했다고 주장하면서, 그 단체와 관련된 비리와 의혹들이 눈덩이처럼 커지고 있습니다. 이 부분은 사정기관을 통해 명백히 진실을 밝혀 앞으로 투명한 단체운영에 대한 **투철한 인식**을 갖는 계기로 삼아야 할 것입니다.

237. 동성애를 인류 역사 안에서 어떻게 설명할 수 있나요?

1. 사람 사이의 성적인 애정관계를 **성애**(性愛)라고 합니다. 흔히 볼 수 있는 성애가 **이성애**(異性愛)로 서로 다른 남·여끼리 애정관계를 가지는 것입니다. **양성애**(兩性愛)는 성을 구분하지 않고 어떤 성별이든 애정관계를 가지는 것입니다. **무성애**(無性愛)는 타인에게 성적인 끌림을 느끼지 않는 사람입니다. 이성(異性)이나 동성(同性)을 좋아하지 않는 것은 아닙니다. 단지 이성을 성욕 없이 좋아하거나, 동성을 성적 끌림이 없이 순수한 마음만의 끌림으로 좋아할 수 있습니다. **금욕주의자**나 아직 짝을 만나지 못하고 성에 눈 뜨지 못한 **이성애자**(異性愛者)와는 다릅니다. **동성애**(同性愛)는 말 그대로 같은 성별에게서 성적 끌림을 느끼는 것을 말합니다. 우리가 많이 접하는 **트랜스젠더**(Transgender)는 태어날 당시의 법적인 성별과 생물학적 성별이 일치하지 않는 사람을 말합니다. 사람이 태어나면 **성기의 모양이나 다른 요건**으로 이 사람은 남자다, 이 사람은 여자다라고 사회적으로 지정을 합니다. 그러면 대부분 사람들은 그런 줄 알고 그렇게 살아갑니다. 그런데 살면서 사회와 다른 사람이 지정해 준 성별이 나 자신이 스스로 생각하고 느끼는 것과 다르다는 것입니다. 이런 사람들이 **정신질환이 아닌 트랜스젠더**입니다.

2. **성소수자**(性少數者·sexual minority)[67]에 대해 안다는 것은 단순히 한 부류의 성적 취향을 안다는 것과는 다릅니다. 인권에 관한 문제이기도 하고, 사람의 본성에 관한 고뇌이기도 합니다. 성 소수자, 특히 동성애의 역사와 다른 나라의 모습에 대해서 살펴봅니다. 우리나라의 역사에서 보면 고려시대 때 목종이 동성애에 몰두했습니다. 또 공민왕도 동성애자였다고 전해지는데, 여러 해 전에는 이것을 주제로 영화가 제작되기도 하였습니다. 조선시대가 되면 유교의 영향으로 동성애는 배척당합니다. 서양의 역사로 가보면, 고대에는 동성애가 꽤 유행했던 것으로 보고 있습니다. 고대 그리스에서는 동성애를 권장할 뿐만 아니라 동성애자로 만든 부대까지 있었습니다. 연인이 곁에 있다면 더욱 용감해질 거라고 생각했기 때문인데, 실제로 **테베의 신성부대**[68]는 동성애부대였다고 합니다.

3. 유럽 중세시대에는 그리스도교 사상의 영향으로 동성애가 죄악시 되어 악마 숭배자와 동급으로 취급되었습니다. 이슬람 국가들은 과거에는 대체로 동성애에 대해 관대했지만 요즘은 사형까지도 가능한 죄로 여깁니다. 1791년 프랑스 혁명 이후 프랑스는 형법에서 피해자가 없음에도 불구하고, 범죄로 여겨지던 것들을 범죄가 아니라고 정의합니다. 예를 들면 이단이나 마법, 마녀, 동성애 등이 여기에 해당된다고 할 수 있습니다. 이런 것들을 이전에는 범죄로 여기고 처벌까지 했으나, 가만히 생각해보니 구체적이고 특정한 피해자가 없다는 것입니다. 피해자도 없는데 단지 나와 성적 취향이나 성향이 다르다고 해서, 내가 그것

---

67) 성적 지향이나 성정체성, 신체 등이 사회적 소수자에 해당하는 사람. 성적 지향에 따라 동성애, 양성애, 범성애, 무성애 등으로 구분되고, 성정체성에 따라 트랜스젠더, 시스젠더, 젠더퀴어 등으로 구분된다. 이 밖에 여성이나 남성 그 어디에도 해당하지 않는 인터섹스도 성소수자에 포함된다. 성소수자의 인권운동은 미국에서 1969년 일어난 스톤월 항쟁을 계기로 시작되었으며, 항쟁 1주기를 맞아 첫 번째 퀴어 퍼레이드가 뉴욕에서 개최되고 2015년에는 동성결혼이 합법화되었다. 한국에서는 1990년대부터 성소수자의 인권운동이 시작되어 2000년 민주노동당에 의해 성소수자 위원회가 구성되었으며, 서울과 대구 등에서 퀴어 문화축제가 열리고 있다.

68) 고대 그리스의 도시국가(폴리스) 테베에 존재했던 정예 보병부대, 병과는 호플리테스라고 불리는 전형적인 고대 그리스식 중장보병. 기록에 따르면 신성부대는 300명(150쌍)의 게이 커플로 구성된 부대였다.

을 싫어한다고 해서 범죄로 처벌해서는 안 된다는 것입니다. 이것은 매우 중요한 깨달음입니다. 범죄는 내가 싫고 좋고를 떠나서, 법에 의한 정확한 근거를 가지고 적용되어야 한다는 것입니다. 그 이후 유럽에서는 **피해자 없는 범죄**는 범죄가 아니라는 의식이 서서히 퍼져 나가게 되었습니다. 이와 더불어 동성애는 범죄가 아니라고 여겨지게 됩니다.

238. 동성애에 대해 구약성경에는 어떻게 표현되어 있나요?

1. 구약성경 말씀에 동성애에 대한 이야기는 창세기에서부터 나옵니다. 주님의 두 천사가 소돔에 그 죄악을 벌하려고 갔을 때, 아브라함의 조카 **롯**이 천사들을 대접합니다. "그들이 아직 잠자리에 들기 전이었다. 성읍의 사내들 곧 소돔의 사내들이 젊은이부터 늙은이까지 온통 사방에서 몰려와 그 집을 에워쌌다. 그러고서는 롯을 불러 말하였다. '오늘 밤 당신 집에 온 사람들 어디 있소? 우리한테로 데리고 나오시오. 우리가 그자들과 재미 좀 봐야겠소.' 롯이 문 밖으로 나가 등뒤로 문을 닫고 말하였다. '형제들, 제발 나쁜 짓 하지들 마시오. 자, 나에게 남자를 알지 못하는 딸이 둘 있소. 그 아이들을 당신들에게 내어 줄 터이니, 당신들 좋을 대로 하시오. 다만 내 지붕 밑으로 들어온 사람들이니, 이들에게는 아무 짓도 말아 주시오.' 그러나 그들은 '비켜라!' 하면서 '이자는 나그네살이하려고 이곳에 온 주제에 재판관 행세를 하려 하는구나. 이제 우리가 저자들보다 너를 더 고약하게 다루어야겠다.'하고는, 그 사람 롯에게 달려들어 밀치고 문을 부수려 하였다. 그때에 그 두 사람이 손을 내밀어 롯을 집 안으로 끌어들인 다음 문을 닫았다. 그리고 그 집문 앞에 있는 사내들을 아이부터 어른까지 모두 눈이 멀게 하여, 문을 찾지 못하게 만들었다."(창세 19,4-11). 소돔과 고모라는 가장 추악한 죄를 지은 도시의 대명사입니다. 결국 그 죄 때문에 멸망하고 맙니다. 소돔이 지은 대표적인 죄가 **동성에 의한 성폭행**으로 보여 집니다.

2. 소돔의 사내들이 사방에서 몰려와 요구하는 것은 두 남자들과 재미를 보겠다는 것입니다. 이것을 **계간**(鷄姦)이라고 합니다. 사내끼리 성교하듯이 하는 행위라고 사전은 설명합니다. 닭이 교미할 때의 모습과 비슷하다고 하여 만들어진 말입니다. 영어로는 sodomy라고 합니다. 이상에서 보는 것처럼 소돔에서부

터 벌써 **남성 동성행위**가 있었음을 알 수 있습니다. 롯이 처녀 딸을 내어준다고 해도 폭도들은 듣지 않습니다. 결국 천사들이 폭도들의 눈을 멀게 합니다. 죄악에 빠져 헤어 나오지 못하는 인간을 보여주는 상징과도 같습니다. 그런데 성경말씀을 찬찬히 새겨들을 필요가 있습니다. 동성애가 나쁜 것이라고 말씀하고 계시기는 하지만, 진짜 큰 죄는 남자든 여자든 강제로 성폭행을 시도한다는 것입니다.

3. 성경말씀은 변할 수 없는 하느님 말씀임에 틀림없습니다. 그러나 그 말씀을 알아 듣는 사람의 인식의 **넓이와 깊이**가 늘 똑같지는 않습니다. 진리의 말씀은 변하지 않지만 **사람의 깨달음**은 점점 넓어지고 깊어지고 있습니다. 레위기 20장 13절에서는 "어떤 남자가 여자와 동침하듯 남자와 동침하면, 그 둘은 역겨운 짓을 하였으므로 사형을 받아야 한다. 그들은 자기들의 죗값으로 죽는 것이다."라고 말합니다. 그런데 앞 뒤 구절들을 포함한 전체 말씀을 보면 꼭 동성애만이 아니라 전반적인 부정한 성행위에 대해서 이야기하고 그 벌을 말씀하고 있습니다. 그런데 지금 기준으로 보면 너무 심하다고 할 만한 내용도 있습니다.

4. 예를 들면, 레위기 20장 9절에 "누구든지 자기 아버지나 어머니를 욕하면, 그는 사형을 받아야 한다. 자기 아버지나 어머니를 욕하였으니, 그는 자기의 죗값으로 죽는 것이다."라고 말하고 있습니다. 또 특이한 것은 남성 동성애는 사형에 해당하는 죄인데, 여성 동성애에 대해서는 언급이 없습니다. 여자는 사람으로서 온전한 권리나 대접을 받지 못하였기에 언급하지 않았을 수도 있습니다. 이것은 **자위행위**에 관한 성경말씀에서도 나타납니다. 자위행위의 어원이 **오나니**입니다. 이 오나니는 유다의 아들 **오난**의 이름에서 온 말입니다. 성경말씀을 보면 "유다가 오난에게 말하였다. '네 형수와 한자리에 들어라. 시동생의 책임을 다하여 네 형에게 자손을 일으켜 주어라.' 그러나 오난은 그 자손이 자기 자손이 되지 않을 것을 알고 있었기 때문에, 형수와 한자리에 들 때마다, 형에게 자손을 만들어 주지 않으려고 그것을 바닥에 쏟아 버리곤 하였다. 그가 이렇게 한 것이 주님께서 보시기에 악하였으므로, 그도 죽게 하셨다."(창세 38,8-10)고 합니다. 이스라엘 민족은 형이 자식 없이 죽으면 그 동생이 형수와 잠자리를 하여 형의 대를 이어주어야 했습니다. 그런데 동생 오난은 형수의 아이가 자기 아이가 되지 않을 것을 알고 정액을 바닥에 쏟아 버립니다. 여기서 오나니라는 말이 나왔고, 하느님께서는 남자가 고의로 그것을 쏟아 버리는 행위를 악하게 여기고 죽여 버리십니다.

5. 여기서 유추하면 여자는 바닥에 쏟아 버릴 그것이 없기 때문에 여성의 오나니는 죄가 되지 않는다고 하겠습니다. 구약성경 말씀 중에서 약간 특이한 **성소수자**에 대한 언급이 있습니다. "여자가 남자 복장을 해서도 안 되고, 남자가 여자 옷을 입어서도 안 된다. 그런 짓을 하는 자는 누구든지, 주 너희 하느님께서 역겨워하신다."(신명 22,5)는 말씀이 있습니다. 이렇게 자기 자신과 다른 성의 복장을 즐기는 것을 **이성복장 도착증**이라고 합니다. 당사자가 질병이라고 받아들이고, 성적인 동기가 있으며, 이것 때문에 **정신적, 사회적으로 문제가 되는 경우**에는 **질병**으로 여깁니다.

6. 흔히 **성전환자들**이 자신의 성을 바꾸고 싶어 하는 것과는 다릅니다. 이들은 단지 이성의 복장, 말투, 행동을 광적으로 추구, 선호하는 행위를 하면서 일종의 **성적흥분**이나 **쾌락**을 느낀다고 합니다. 또 구약성경에 이스라엘의 딸은 신전 창녀가 되어서는 안 되고, 이스라엘의 아들은 신전 남창이 되어서는 안 된다."는 말씀이 있습니다.(신명 23,18). 즉, 창녀와 남창은 허용하되 이스라엘의 아들, 딸은 안 된다는 것입니다. 이런 것을 보더라도 우리는 편협된 시각을 버리고 인식을 넓혀, 진리의 말씀을 제대로 받아들이고자 **교회의 권위 있는 가르침**을 잘 배우고 묵상해야 합니다.

239. 동성애에 대해 신약성경에는 어떻게 표현되어 있나요?

1. **신약성경 로마서 1장**에 "불의로 진리를 억누르는 사람들의 모든 불경과 불의에 대한 하느님의 진노가 하늘에서부터 나타나고 있습니다. (…) 이런 까닭에 하느님께서는 그들을 수치스러운 정욕에 넘기셨습니다. 그리하여 그들의 여자들은 자연스러운 육체관계를 자연을 거스르는 관계로 바꾸어 버렸습니다. (…) 남자들도 마찬가지로 여자와 맺는 자연스러운 육체관계를 그만두고 저희끼리 색욕을 불태웠습니다. 남자들이 남자들과 파렴치한 짓을 저지르다가, 그 탈선에 합당한 대가를 직접 받았습니다. (…) 이와 같은 짓을 저지르는 자들은 죽어 마땅하다는 하느님의 법규를 알면서도, 그들은 그런 짓을 할 뿐만 아니라 그 같은 짓을 저지르는 자들을 두둔하기까지 합니다."라는 말씀처럼(로마 1,18-32) 신약성경은 분명하게 동성애를 **하느님에 대한 불경한 짓**이라고 말합니다.

2. 또 **코린토 신자들에게 보낸 첫째 서간**에서도 "불의한 자들은 하느님의 나라를

차지하지 못하리라는 것을 모릅니까? 착각하지 마십시오. 불륜을 저지르는 자도 우상 숭배자도 간음하는 자도 남창도 비역하는 자도, 도둑도 탐욕을 부리는 자도 주정꾼도 중상꾼도 강도도 하느님의 나라를 차지하지 못합니다."(1코린 6,9-10)라고 분명히 말합니다. 여기서 비역이라는 말은 남성 간에 성적 관계를 맺는 행위를 말합니다. **티모테오에게 보낸 첫째 서간**에서도 그릇된 가르침에 대한 경고를 합니다. "불륜을 저지르는 자, 비역하는 자, 인신매매를 하는 자, 거짓말하는 자, 거짓 증언을 하는 자, 그리고 그 밖에 무엇이든 건전한 가르침에 어긋나는 짓을 하는 자 때문에 있다는 것입니다."(1 티모 1,10)

3. 그리고 **유다 서간**에서는 구약성경에서 보았던 소돔과 고모라의 죄를 거론합니다. "그들과 같은 식으로 불륜을 저지르고 변태적인 육욕에 빠진 소돔과 고모라와 그 주변 고을들도, 영원한 불의 형벌을 받아 본보기가 되었습니다."(유다 1,7). 이렇게 신약성경인 바오로 사도나 제자 유다 타대오의 서간에서 동성애에 관련된 내용들이 언급되어 있습니다. 다만 예수님께서 직접적으로 동성애 문제나 성 소수자에 대해 하신 말씀은 찾기가 어렵습니다. 그러나 성경의 정신이 달라지는 건 아니며, 해석의 여지는 있어 보이나 성 소수자, 특히 동성애를 하느님께 대한 불경으로 가르치고 있습니다.

4. 구약성경과 마찬가지로 신약성경에서도 동성애에 대하여 단죄하고 있습니다. 하지만 몇몇 신학자들은 동성애에 대한 성경 구절이 잘못 번역되었다고 말합니다. 현대와 달리 성 소수자에 대한 이해가 부족한 당시 시대상을 감안해야 한다고 주장하기도 합니다. 또 후대 번역자들이나 필사자의 주관적인 편견이 작용되었을 수 있다고도 합니다. 이런 주장은 물론 가톨릭교회의 교리와는 다른 이야기지만 그냥 무시하기는 어렵습니다.

5. 한 가지 예를 들면, 티모테오에게 보낸 첫째 서간 중 6장의 **종들에 관한 지침**을 보면 "종살이의 멍에를 메고 있는 이들은 누구나 자기 주인을 크게 존경해야 할 사람으로 여겨야 합니다. 그래야 하느님의 이름과 우리의 가르침이 모욕을 당하지 않을 것입니다. 신자를 주인으로 둔 종들은 그 주인이 형제라고 해서 소홀히 대해서는 안 됩니다. 오히려 주인을 더욱 잘 섬겨야 합니다. 자기들의 선행으로 덕을 보는 사람들이 사랑받는 신자들이기 때문입니다. 그대는 이러한 것들을 가르치고 권고하십시오."(1티모 6,1-2)라는 말이 있습니다. 미국 남북전쟁 당시 노예제도 존속을 주장하는 사람들이 주로 인용했던 구절인데, 이것이 그들의 믿음이었습니다. 그런데 지금도 이 구절을 미국이든 그 어디서든 노

예제도의 당위성의 근거로 말한다면 당장에 **인종차별주의자**로 취급받을 것입니다. 바오로 사도가 살던 시대에는 노예제도가 자연스러웠을 것입니다. 그 영향으로 성경도 노예제도를 인정하고 있습니다. 하지만 인권에 대한 의식이 넓어진 이 시대에 노예제도를 인정하는 사람은 없습니다. 마찬가지로 성적지향에 대한 그리스도교의 입장이 **절대 불변**이라고 하기는 어렵습니다.

240. 동성애에 대한 가톨릭교회의 입장은 무엇인가요?

1. 지난 2020년 6월 29일 국회에 **포괄적 차별금지법(안)**이 발의되었습니다. 이 법안은 신앙적으로도 법적으로도 **엄청난 문제점**을 안고 있습니다. 제2차 바티칸 공의회 문헌 「사목헌장」 29항에 "인간 기본권에서 모든 형태의 차별, 사회적이든 문화적이든, 또는 성별, 인종, 피부색, 사회적 신분, 언어, 종교에 기인하는 차별은 하느님의 뜻에 어긋나는 것이므로 극복되고 제거되어야 한다."고 되어 있습니다. 그러나 국회에 발의된 차별금지법(안)은 「사목헌장」의 정신에 어긋납니다. 남성성과 여성성을 거스르면서 "인간의 중요한 기본권 사상과 양심과 종교에 대한 권리와 조화를 위배하는(교황청 가톨릭교육성 38항)" 법안이기 때문입니다.

2. 현재 대한민국 법에는 장애인, 성별, 연령, 고용형태 등에 따른 차별을 금지하는 개별법들이 이미 다 마련되어 있습니다. 하지만 이번에 발의된 법안은 포괄적인 차별을 금지해야 한다는 취지로 성별의 정의를 **남성, 여성만이 아닌 제3의 성(남성, 여성) 그 외 분류할 수 없는 성**뿐만 아니라 성적 지향(취향)과 성적 정체성 등 모든 면을 인권법 안에 넣음으로써 무분별하고 비윤리적인 내용까지도 무차별적으로 포함하고 있습니다. 특히 이 법안은 세상의 근원이 되는 **가정의 붕괴**와 **성 윤리의 파탄**을 담고 있다는 것이 가장 핵심적인 문제점입니다. 즉, **개인의 성적 지향(취향)**과 **성적 성제성**은 그것이 어떤 것이든 어떤 행위이든, 누구의 판단도 받지 않아야 한다고 주장하고 있습니다. 이것을 그대로 적용하면 기존에 변태적이라고 생각했던 **성적 문란**이 **인권**으로 탈바꿈되고 맙니다. 결국 성경의 가르침은 설자리를 잃게 됩니다. 차별금지법이 제정되면 하느님의 가르침을 따르는 사람들은 오히려 **역차별**을 받게 됩니다.

3. 이에 대한 가톨릭교회의 가르침은 분명합니다. 교황청 가톨릭교육성의 발표에 따르면 젠더 이데올로기는 "남성과 여성의 본질적 차이와 상호성을 부정한다.

그리고 성에 따른 차이가 없는 사회를 꿈꾸며 가정의 인간학적 기초를 없애는 것이다. 이러한 젠더 이데올로기는 남녀의 생물학적 차이를 근본적으로 무시하는 차원의 인간 정체성과 정서적 친밀을 조장하는 교육 계획과 입법을 야기한다. 그 결과로 인간의 정체성은 개인의 선택이 되고, 또한 시간이 흐르면 바꿀 수 있는 것이 되어버린다."는 것입니다. 따라서 **동성애자를 도와주는 것**과 **법으로 인정한다는 것**은 전혀 다릅니다.

4. 가톨릭교회는 동성애 행위를 **죄**로 여기며, 하느님께 대한 **불경**으로 봅니다. 그렇지만 성 소수자라는 이유로 **부당한 차별**이나 **박해**를 하는 것은 분명히 금지하고 있습니다. 이것은 하느님 사랑이 모든 사람에게 전해져야 하고, 그들도 하느님 자녀로서 **사목 대상**이라는 것입니다. 그리고 중요한 변화 중 한 가지라고 말할 수 있는데, 2004년 로마에서 하신 동성애, 이혼 등에 대한 교황님의 말씀은 매우 의미심장하였습니다. "하느님은 새로운 것을 두려워하지 않으며, 그래서 전혀 예상하지 못한 방식으로 우리를 인도하고 가슴을 열게 해준다. 따라서 그리스도인들은 용기를 갖고 많은 **새로운 도전**에 대응해야 한다."

5. 새로운 도전이란 많은 의미를 가지겠지만, 이날 말씀은 '우리는 지체하지 말고 항상 새롭게 하라는, 교회를 인도하는 성령의 힘을 느끼고 있다. 아무런 희망이 없는 많은 사람의 상처를 보살피면서 새로운 희망을 갖도록 해야 한다'는 말씀으로 요약할 수 있습니다. 다양한 사람과 다양한 사상과 종교가 공존하는 세상에서도 같은 하느님을 믿는 그리스도교 종파들 중 먼저 동방정교회를 보면 지역마다 차이를 보이고 있습니다.[69] 주류인 동유럽 정교회들은 매우 보수적인 입장입니다. 반면 서유럽의 정교회는 우리와 비슷한 입장을 보입니다. 동성애 자체는 반대하지만 동성애자들 또한 **하느님의 자녀이며 사목 대상**으로 대해야 한다는 입장입니다.

6. 이런 점은 매우 의미 있는 현상입니다. 교리보다는 **지역사회 분위기**가 동성애에

---

69) 사도교회를 계승했으며, 독특한 전례, 지역 교회들의 독자성 등을 특색으로 하는 그리스도교의 주요 3분파들 가운데 하나. 동방정교회는 서방(로마 가톨릭)교회의 상대적 의미로 사용되기 시작했다. 동방정교회가 로마 가톨릭으로부터 갈라진 것은 예부터 이어져온 로마 동·서방의 언어·문화·정치적 차이에서 비롯되었다. 동방정교회는 지역의 '독립'적인 교회들의 협의체로, 콘스탄티노폴리스 세계 총대주교는 상징적인 칭호와 명예에 그친다.

대한 생각을 달리한다는 것을 알 수가 있습니다. 그리고 우리가 잘 아는 성공회를 보면 차이가 더 많다는 것을 알 수 있습니다. 성공회의 원조인 영국 성공회에서는 동성애자에 대해서 관대한 입장입니다. 미국 성공회의 입장은 아주 놀라울 정도입니다. 미국 성공회 내 최초의 커밍아웃 양성애자 신부가 2003년 주교 서품을 받았다는 것입니다. 우리나라 성공회도 사회참여 문제나 성 소수자 문제 등에 있어서 매우 개방적입니다. 우리나라는 아직 다양성에 대해서 두려워하고 금기시하는 경향이 많은 편입니다. 물질적으로는 풍요로워졌지만 정신적으로는 무엇인가에 쫓기는 것처럼 조급하고 성급해졌습니다. 나와 조금이라도 다르면 받아들일 수 없고, 내가 받아들이지 못하면 없어져야 하거나 지워버려야 할 대상으로 여기고 있습니다.

7. 이것이 어쩌면 사람들 한 명 한 명의 문제이거나 잘못이라기보다는, 먹고 살기 위해서 너무 빨리 달려왔고, 또 달려오면서 내 생각보다는 **집단의식**에 나를 너무 맡겨버린 결과입니다. 또한 누군가 방향을 정해주거나 목표를 정해 주면, 그 방향으로 가서 목표만 채우면 된다는 식이었습니다. 스스로 삶의 목적을 설정하고 알아서 길을 찾아가야 한다는 것은 참 힘든 일이기도 합니다. 그러다 보니 대다수 사람들이 하는 대로 따라 하고, 다수가 옳다고 하면 다수의 생각에 맡겨 버리고 싶어 합니다. 그러나 **새로운 세상**은 그냥 만들어지지 않는다는 것을 새삼 깨닫게 됩니다. 옳고 그름이라는 것도 하느님 사랑 안에 있어야 합니다. 하느님 사랑이 없는 정의는 자칫 폭력으로 변할 수도 있습니다.

8. 물론 정의가 없는 사랑은, 무기력하거나 편향적이 되기 십상입니다. 우리는 누구든 하느님의 사랑과 은총을 받지 않으면 구원될 수 없고, 제대로 살아갈 수 없는 죄인들임을 고백해야 합니다. 결코 인간의 능력으로 구원될 수는 없습니다. 그렇다면 하느님 앞에서 동등한 사람으로 서서, 서로 다른 점들은 극복하려고 노력해야 합니다. 서로 약점이 있다면 감싸주면서 기도하고 함께 하느님 나라로 들어가야 합니다. 성적 취향이 다르다고 해서 아예 구원에서 제외시켜서는 안 됩니다. 교회가 성 소수자들을 단죄하는 잘못을 바로 잡으려고 노력하는 **만큼, 사목자와 신앙인들**은 그들을 위해서 기도하고 포용하는 **너그러움**을 보여주어야 합니다. 왜냐하면 구원의 문제는 우리 인간의 능력 밖의 일로 하느님만이, 하느님의 사랑 안에서만이 가능하기 때문입니다.

9. 2020년 현재 국회에 발의된 차별금지법(안)을 가톨릭교회에서 반대하는 이유는 **인권의 이름으로 부부간의 성이 아닌 그 이외의 성과 제3의 성의 일탈이 법**

적인 보호를 받는 세상이 된다면 인간은 하느님을 부정하게 될 것입니다. 자기가 삶의 기준이 될 것이기 때문이고, 하느님을 거부한 인간은 결국 **자기 자신을 파괴하는 문화**를 만들 것입니다. 성경의 가르침은 학교에서 **비인권적이고 비윤리로 부정당할 것**이 자명합니다. 교회는 **비인권적인 조직**이 되고, 인간은 **더욱 깊은 절망감과 자기 소외의 나락**으로 빠져 헤어 나오지 못하게 될 것입니다. "사탄아 물러가라! 너는 하느님의 일은 생각하지 않고 사람의 일만 생각하는구나!"(마르 8,33)

241. 자연환경에 대해 사회교리에서는 어떻게 이해하고 있나요?(I)

1. 가톨릭교회의 사회교리는 자연환경의 중요성에 대해 말하면서 그 근거를 **성경**에서부터 시작합니다. 사실 성경에 나타난 이스라엘 백성은 이 **세상**을 적대적인 환경이나 해방되어야 할 악한 것으로 인식하지 않고, 하느님께서 주신 선물로 이해했습니다. 또한 그들은 이 **자연환경**을 하느님께서 인간의 책임 있는 관리와 활동을 하도록 맡기신 장소이자 계획으로 인식했습니다. 창조주이신 하느님께서는 이 세상을 창조하셨고, 당신이 만드신 피조물 하나하나를 바라보며 **"보시니 좋았다"**(창세 1,4.10.12.18.21.25)라고 말씀하셨습니다. 또 마지막으로 그 창조의 정점에 인간을 창조하시고는 **"보시니 참 좋았다"**(창세 1,31)라고 말씀하신 것입니다.

2. 다시 말해 하느님께서는 인간을 **당신의 모습**대로 창조하셨고(창세 1,27 참조), 모든 피조물을 **인간의 책임** 아래 맡기셨습니다. 이처럼 하느님께서는 특별한 관계성 안에서 인간을 창조하셨고, 모든 피조물에 대한 책임 있는 존재로서 인간에게 자연을 **돌볼 임무**를 부여하셨습니다(「간추린 사회교리」, 451항 참조). 무분별한 개발로 신음하는 자연이 점점 늘어나고 있는 것이 오늘날 우리나라의 현실입니다. 환경 보호를 무시한 무분별한 개발 앞에서 우리는 인간에게 맡기신 세상과 자연을 올바르게 돌보아야 한다는 하느님께 받은 **소명**을 다시 기억해야 합니다.

242. 자연환경에 대해 사회교리에서는 어떻게 이해하고 있나요?(II)

1. **"땅은 너 때문에 저주를 받으리라"**(창세 3,17). 창조주 하느님과 그분이 보시기

에 좋았던 온갖 피조물, 그리고 하느님 모습을 닮은 사람이 함께 지냈던 에덴동산은 **낙원**이었습니다. 하지만 하느님의 자리를 차지하려는 사람의 죄로 말미암아 에덴동산은 **실낙원**이 되었습니다. **사람의 탐욕**은 사람만이 아니라, 아름다웠던 피조세계마저 황폐화시켰습니다(창세 2-3장 참조). 이에 더하여 노아시대에 사람의 죄악과 탐욕은 극에 이르러, 하느님께서는 "내가 사람들을 만든 것이 후회스럽구나!"라고 탄식하시며, 대홍수를 통해 세상을 벌하셨습니다. 다만 선한 노아 덕분에 세상의 완전한 파멸은 막을 수 있었고, **하느님과 사람, 모든 생명체**가 새로운 관계를 맺게 되었습니다(창세 6-9장 참조). 예언서도 사람의 행위에 의한 환경의 재앙을 말하고 있습니다. 인간의 죄악이 난무하는 곳에 땅은 통곡하고 들짐승과 새와 물고기마저 죽어갑니다(호세 4,1-3 참조). 이처럼 성경은 사람의 죄악이 사람에게만 머물지 않고 온 피조세계를 죽음으로 몰고 감을 증언하고 있습니다.

2. "우리는 모든 피조물이 지금까지 다 함께 탄식하며 진통을 겪고 있음을 알고 있습니다."(로마 8,22). "자연환경은 우리가 마음대로 이용할 수 있는 원료 이상으로 소중한 창조주의 놀라운 작품"으로서 "하느님께서 모든 이에게 주신 선물"입니다(「진리안의 사랑」, 48항). 「간추린 사회교리」에서는 "만물을 만드신 분은 하느님이시고, 만드신 실체 하나하나를 '하느님께서 보시니 좋았다.' '참 좋았던' 이 피조물의 정점에 하느님께서는 인간을 세우셨다. 모든 피조물 가운데 오직 인간만이 '하느님의 모습으로' 지어졌다. 주님께서는 모든 피조물을 인간의 책임에 맡기시고, 인간에게 그것들을 조화롭게 발전시키며 돌볼 임무를 맡기셨다."고 말하고 있습니다.(「간추린 사회교리」, 451항)

3. 하지만 사람들은 자연을 무분별하게 착취하고 파괴시켰습니다. "인간은 세계에서 하느님의 협조자로서의 역할을 수행합니다. 대신 부당하게 하느님의 자리에 자신을 올려놓으며, 이렇게 인간은 자연의 반항을 자극하고, 자연을 다스리기보다는 학대합니다."(「백주년」, 37항). 그리하여 "지구상의 여러 나라와 지역의 수많은 사람들이 환경을 책임 있게 관리할 의무를 무시하거나 거부하는 다른 많은 사람들 때문에 점점 더 많은 시련을 겪고 있습니다. (…) 환경 파괴는 흔히 장기적인 정책들의 결여나 근시안적인 경제 이익 추구에서 기인하고, 결국 이는 피조물에 비극적이고 심각한 위협이 됩니다."(제43차 「평화의 날 담화문」, 7항)

4. "**하늘의 너희 아버지께서는 그것들을 먹여 주신다.**"(마태 6,26). 예수님의 말씀처럼 하느님께서 당신의 모든 피조물을 곱게 가꾸십니다. 그러기에 하느님을 닮

은 피조물로서 창조주와 다른 피조물들 사이의 중재자로서 역할을 부여받은 사람은 이기적인 탐욕을 채우려는 마음을 버려야 합니다. 하느님의 나라와 그분의 의로움을 찾아야 합니다. 따라서 이제 모든 사람들은, 특히 창조질서 보전이라는 임무를 자각하는 그리스도인들은 "발전의 모델로 삼아왔던 **경제성과 효율성과 투자 이윤 중심의 구조들**을 반성해야 합니다. 그리고 **함께 살아가야 할 길을 모색**"하며, "더 편하게 살고, 더 많이 누리려는 탐욕을 넘어서야 합니다. 자발적인 불편을 선택하여 건강하고 행복한 공동체"를 만들기 위해 헌신해야 합니다.(한국천주교주교회의 정의평화위원회, 2015년 환경의 날 담화문)

243. 사회교리에서는 환경 문제의 근본적 원인이 무엇이라고 말하나요?

1. 수십 년간 많은 이들의 간식으로 사랑을 받아 온 국민과자 새우깡이 이제는 **국산 새우**를 사용하지 않는다고 합니다. 이유는 우리가 버린 **플라스틱**을 새우가 섭취해 식품안전 우려가 발생하기 때문입니다. 실제로 미세 플라스틱으로 인한 해양오염 문제가 심각합니다. 5mm 이하의 미세 플라스틱이 바다로 흘러들어 작은 생물들이 그것을 먹고, 그것을 또 다른 생물들이 먹고 결국 먹이사슬을 거쳐 우리에게 되돌아옵니다. 이런 비극이 발생하는 이유가 무엇입니까? 바로 **편리함**만 추구하는 우리의 **이기적 욕심** 때문입니다. 대중 음식점에서 필요 이상의 음식을 시키고 결국 많은 잔반을 남깁니다. 수많은 플라스틱을 아무 생각 없이 사용하고 무책임하게 버리고 분리 수거가 귀찮아 폐기물도 함부로 버립니다. 어떤 파렴치한 기업들은 산업 폐기물을 몰래 버리는 등 환경오염을 버젓이 저지릅니다. 결국 그 모든 뿌리는 우리의 **욕심** 때문이고, 이는 **생태계의 죽음**으로 연결됩니다.

2. 문제는 그러한 욕심이 결국 누군가의 **아픔**과 **상처**, **폭력**과 **죽음**을 불러온다는 것입니다. 왜냐하면 우리가 사는 세상과 자연은 생태계의 먹이사슬로서 모두 하나로 연결돼 있기 때문입니다. 사도 바오로가 이야기한 몸의 비유와 상통합니다 (1코린 12,14 참조). 모든 지체가 연결돼 있고, 한 지체가 아프면 다른 지체도 아프듯이 세상도 그러합니다. 그런데 **개인의 탐욕**이 **세상**과 **교회**, **자연**을 병들게 합니다. 우리 욕심은 폭력의 다른 표현입니다. **생태적 회심**이 절실한 시대입니다. 우리도 자연의 일부임을 자각해야 합니다. 사랑하며 살라는 교회 가르침을 어떻

게 실천할지 구체적 결심이 필요합니다. 환경 보호에 동참하는 것은 다른 이웃과 생태계의 작은 생명들까지도 돌봄으로써, 건강한 세상을 만드는 **하느님 사랑을 실천하는 것**입니다. 편리함만이 아닌 **사랑**을, 욕심이 아닌 **양보**를 선택함으로써 **생명의 문화**를 만들어 가는 교회 공동체가 돼야합니다.

"환경 문제들은 새로운 생활양식을 채택하도록 이끄는 사고방식의 실질적인 변화를 요구한다."(「간추린 사회교리」, 486항)

244. 기후변화의 재앙에 대해서 사회교리에서는 어떻게 말하고 있나요?

1. 전 세계가 이미 쓰레기, 폐기물, 플라스틱 등으로 고통받고 있습니다. 이 밖에도 빙하가 녹아 북극곰이 남하해 도시에서 먹을 것을 찾아 헤맨다는 이야기도 들려옵니다. 해양생물들이 플라스틱으로 고통받고 있다거나 지구의 평균기온이 100년 전보다 1도 가량 상승했다는 등 환경문제에 심각한 상황은 참으로 많습니다. 얼마 전 이탈리아 시칠리아에서는 고온현상으로 수십 대의 자동차가 자연발화 되어서 전소되는 일이 있었습니다. 작년 미국 캘리포니아에서 발생한 대형 화재의 원인도 기후변화에 의한 고온현상이라 설명합니다. 점차 본격화될 기후재앙은 **국경도, 경계도 없으며, 이제 곧 우리에게 닥칠 현실**입니다.

2. 산업이 발전하면서 **화석연료의 사용**과 **이산화탄소의 배출**이 급증했고, **대량생산**과 **지구온난화**도 심각합니다. 때문에 심각한 오염과 파괴가 뒤따랐고, 그 모든 것이 **지구의 자정작용 범위**를 초과했습니다. 우리 공동의 집인 지구는 지금 심각하게 파괴됐습니다. 가톨릭교회는 인간과 환경의 문제를 특별한 관점에서 설명합니다. 「간추린 사회교리」 10장 전체는 환경보호에 관한 내용입니다. 환경과 세상 모든 것은 **하느님**이 지으셨으며, 인간에게 주신 **하느님의 선물**이라고 합니다(「간추린 사회교리」, 451항 참조). 또한 인간은 그 모든 것을 돌볼 책임이 있는 **특별한 존재**이며, 그 모든 것은 하느님이 지으신 것이므로 **찬미의 대상**이라고 말하고 있습니다.(「간추린 사회교리」, 452항 참조)

3. 하지만 안타깝게도 하느님의 선물이자 상생·돌봄과 찬미의 대상인 **자연과 세상**이 파괴되고 있습니다. 바로 **인간의 무분별한 욕심과 탐욕** 때문입니다. 창세기는 원역사의 아담과 하와, 카인과 아벨의 이야기를 통해 죄의 원형을 이야기하는데, 그것은 바로 **교만과 폭력**입니다. 또 교만과 폭력의 근본적인 뿌리는 **욕심**

과 **탐욕**입니다. 한편, 더는 미룰 수 없는 기후문제 해결에 앞으로 중추적 역할을 수행할 한국 가톨릭교회 내 조직인 **한국가톨릭기후행동**(GCCM KOREA)이 정식 출범하였습니다.[70]

4. 출범과 함께 정부에는 기후위기에 대한 지금까지의 정책실패를 인정하면서 기후위기 비상상황을 선포할 것을 요구했습니다. 국회에는 기후위기에 대처할 특별 기구설치와 관련 법안 제정을 요구하였고, 교회에 대해서는 **기도생활, 생태교육, 생활방식, 투자철회, 정치행동**의 5가지 항목을 요구하였습니다. 토마스 베리 신부[71]는 인간이 자연과 화해해야 함을 강조하면서, 화해하기 위한 네 가지 지혜가 필요한데 그것은, ①**자연친화적 지혜**, ②**모든 것을 받아들이고 유기적으로 생각하는 지혜**, ③**영적 지혜**, ④**모든 것을 돌보는 인간의 책임 있는 지혜**라고 말합니다. 자연과 생태계, 온갖 동식물을 바라보는 우리에게 특별한 책임과 지혜가 필요합니다. 그리고 그리스도인은 더 특별한 역할을 수행해야 합니다.

5. 인간처럼 **환경과 다른 피조물**도 존중받고 **하느님의 창조질서**가 수호될 수 있도록 관심과 노력을 기울여야 합니다. **지속 가능한 경제**와 함께 **회복 가능한 경제**가 이뤄져야 합니다. 또한 경제와 발전이라는 물질적인 담론이 아니라, **생태적이고 영적인 감각을 위한 문화를 회복**해야 합니다. 이제는 우리가 행동하고 실천해야 합니다. 더 늦기 전에 우리의 집을 보호하기 위해 **과감히 실천하고 집중**해야 합니다.

"세상은 적대적인 환경이거나 해방되어야 할 악으로 인식되는 것이 아니라 하느님께서 주신 선물로, 또 하느님께서 인간의 책임 있는 관리와 활동에 맡기신 장소이자 계획으로 인식되고 있다."(「간추린 사회교리」, 451항)

---

70) 세계가톨릭기후행동(GCCM, The Global Catholic Climate Movement)을 모태로 하고 있다. 공동의 집 지구를 보호하고 기후문제를 해결하기 위해 2015년 1월 조직된 전 세계 가톨릭 단체들의 연대체다. 미국 보스턴에 사무국을 두고 있으며, 협력단체들과의 국제 네트워크를 통해 활동을 전 세계적으로 확산시키고 있다. 현재 전 세계 900개 이상의 가톨릭 단체와 100만 명에 이르는 천주교 신자 및 국제 환경 단체들이 활동하고 있다.

71) 문명사학자이자 생태신학자인 토마스 베리 신부(미국, 예수고난회)는 행동하는 지성으로 알려진 20세기 생태 영성과 우주론에 새로운 지평을 열었다. 또 생태계 위기를 예언하며 인간을 비롯한 모든 생명 공동체의 치유와 진보를 위해 앞장섰다.

245. 지구 환경을 위한 우선적 선택에 대한 사회교리의 가르침은 무엇인가요?

1. 회칙 「찬미받으소서」를 통해 드러난 프란치스코 교황님의 **인류 공동의 집**에 대한 깊은 관심과 연민의 영향으로, 2016년 한국천주교주교회의 춘계 정기총회에서 생태환경위원회를 신설하였습니다. 보편교회 목자의 깊은 성찰을 자신들의 것으로 삼고, 지역의 문제를 돌보는 한국 주교단의 결정이 있었습니다. 프란치스코 교황님의 깊은 **생태적 성찰**은 여러모로 우리 시대에 큰 울림이 될 뿐만 아니라, 사회교리의 역사에서 커다란 이정표가 됩니다. 아일랜드의 신학자 도널 도어에 의하면 사회교리의 역사 전체를 관통하는 핵심 주제는 **가난한 이들을 위한 우선적 선택**입니다. 이것은 그리스도교적인 사랑의 실천에서 그 편을 먼저 선택하는 특별한 형태의 우선을 말하는 것입니다.

2. 교회 전체가 이에 관한 증거를 갖고 있습니다.(「사회적 관심」, 42항 참조). 이런 면에서 가톨릭교회의 사회교리는 가난한 이들의 울부짖음에 대한 **교회의 사랑 어린 응답**이라고 볼 수 있습니다. 프란치스코 교황님은 한걸음 더 나아가 가난한 이들의 울부짖음을 **지구의 울부짖음**으로 연결시켰습니다. 이러한 통찰은 첫째로, **지구의 오염**과 **기후 변화**, 그리고 **물의 부족**과 **생물 다양성의 감소** 등 지구가 겪는 아픔은 고스란히 가난한 사람들에게 돌아간다는 반성에서 나온 것입니다. 예를 들어 물이 부족하면 깨끗한 물을 사서 먹을 수 있는 부유한 사람들 보다는 물을 살 수 없는 가난한 사람들에게 더 큰 피해가 돌아갑니다. 또 핵 방사능을 비롯한 지구오염에 더 많이 노출된 사람은 가난한 사람들과 약한 사람들일 수밖에 없는 것입니다.

3. 둘째로, 가난한 이들을 울부짖게 하는 **근본적인 원인**은 똑같이 지구를 울부짖게 하는 근본 원인과 다르지 않다는 반성입니다. 즉, "기술 관료적 패러다임은 또한 경제와 정치를 지배하고자 합니다. 경제는 이윤을 목적으로 모든 기술 발전을 받아들이며, 인간에게 미치는 잠재적 악영향에 관심을 기울이지 않습니다. (…) 많은 집단은 현대경제와 기술이 모든 환경문제를 해결할 것이고, 또한 비전문적인 언어를 동원하여, 전 세계 기아와 빈곤이 단순히 시장의 성장만으로 해결될 것이라고 주장합니다. (…) 그러나 시장 자체가 온전한 인간발전과 사회통합을 보장할 수 없습니다."(「찬미받으소서」, 109항)

4. 마지막으로, 인류가 우주만물을 자신에게 이롭게 사용할 수 있다는 사고방식에서, 이제 인류가 우주만물의 일부이고 우주만물을 벗어나서 살 수 없음에 대

한 **깊은 성찰**입니다. 지구는 우리에게 자연자원을 가져다주는 원천이 아닙니다. 우리가 함께 살고 함께 가꾸며 가야 할 **우리 공동의 집**인 것입니다. 이렇게 우리 공동의 집인 지구의 울부짖음은 고스란히 우리의 울부짖음입니다. 특별히 **가난한 이들의 울부짖음**이 아닐 수 없습니다. 프란치스코 교황님은 이제 가난한 이들을 위한 우선적 선택에 더해서, **지구를 위한 우선적 선택**을 요청하고 있습니다.

246. 약자에게 더 가혹한 기후변화에 대해 사회교리는 어떻게 말하고 있나요?

1. 지난 100년 간 지구 기온은 **1도 정도** 상승했습니다. 2018년 195여 개 국가가 인천에서 열린 제48차 기후변화에 관한 정부간 협의체(IPCC) 총회에서 **파리기후협약**[72] 내용을 확인하고, 기온상승을 1.5도 이하로 낮출 것을 결의했습니다. 그러나 온난화가 진행되면서 북극과 남극, 에베레스트와 킬리만자로 등 높은 산들의 **만년설**이 녹고 있습니다. 알프스 산맥의 몽블랑 산에는 눈이 녹아 호수가 만들어졌습니다. **화석원료 사용**과 **탄소배출량의 급증** 등이 원인입니다. 1994년 357ppm 수준의 전 지구 이산화탄소 농도가 2017년 관측기준 405ppm로 급증했습니다. 그 결과 **태풍과 기근, 홍수와 가뭄, 폭염, 한파** 등의 현상이 세계 곳곳에서 발생하고 있습니다. 그래서 전 세계적으로 기후변화에 대처하고자 노력하고 있으며, 온실가스 배출을 줄이기 위해 **환경세 부과**와 **각종 에너지 규제**들이 법제화되고 있습니다. 그러나 심각한 **기후위기** 또는 **기후 비상사태**는 이미 진행 중입니다.

2. 기후변화로 인한 **경제적 손실**은 막대합니다. 무엇보다 그 재앙은 예측 불가능하며, 발생 시 대처도 불가능할 정도로 그 파급력이 큽니다. 그리고 **가난하고 약한 사람들**이 가장 먼저 피해를 입습니다. 아프리카는 지난 20년간 평균 기온이 0.5도 상승했고 그 상승폭이 더 커지고 가속화될 것이라 합니다. 기온상승으로 가뭄과 기근이 빈번해졌고 목초지가 황폐해졌습니다. 자연스럽게 식량난이 발생하고, 뒤이어 교육, 복지, 건강과 의료 분야에서 문제가 발생합니다. 당

---

72) 지구온난화를 막기 위한 국제사회 협약이다. 지구 평균 기온이 산업화 이전보다 1.5도 이상 상승하지 않도록 국제사회가 합의한 것이다.

연히 수많은 사람들이 기아와 가난, 식수부족, 보건과 질병문제로 고통을 받습니다. 한국도 마찬가지입니다. 폭염에 대처할 수 없는 약자들이 너무나 많습니다. 냉방시설의 혜택을 받지 못하는 **빈민들**과 더위에 적응하기 어려운 **노인들**이 있습니다. 폭염에도 실외에서 일해야 하는 수많은 **노동자들**을 비롯해서 **가난하고 힘없는 사람들**이 기후변화의 희생양이 되고 있습니다. 문제는 **저소득층, 사회적 취약계층, 열악한 지역**에 이런 문제들이 집중된다는 것입니다.

3. 항공기 탑승객 1명이 1km를 이동할 때 배출되는 이산화탄소의 양은 **285g**으로, 104g인 자동차보다 2배, 14g인 기차보다 20배나 많다고 합니다. 2015년 한해 인류가 배출한 이산화탄소는 **360억 톤**인데 그 중 항공기 운항으로 7억 8,100만 톤이 배출됐습니다. 그래서 항공기의 온실가스 배출을 줄이기 위한 연구도 진행 중입니다. 그러나 무엇보다도 우리 모두가 소비와 유착된 **삶의 방식**을 바꿔야 합니다. 기후문제로 고통받는 **우리 이웃**을 기억하며, **불필요한 소비**를 줄여야 합니다. **대중교통**을 이용하고, **해외여행**을 자제하고 **음식물 쓰레기와 폐기물, 탄소배출**을 줄이는 생태적 삶은 **참된 이웃사랑의 실천**입니다. 이러한 실천은 **기도하는 삶, 영적인 가치를 추구하는 삶, 신앙인의 삶**이 될 것입니다.

"기후는 보호하여야 할 선익이며, 소비자와 산업 활동에 종사하는 사람들에게 자신들의 행위에 대하여 더욱 큰 책임 의식을 기르도록 일깨워 준다."(「간추린 사회교리」, 470항)

247. 무분별한 개발로 인한 지구 환경위기에 대한 교회의 가르침은 무엇인가요?

1. 제한된 공간에서 사는 인간은 더 나은 생활공간을 마련한다는 이유로 새로운 용지를 마련합니다. 구도심의 토지 비용이 너무 비싸기에 갯벌을 메우고 신도시를 건설하기도 합니다. 새로운 부지에 공장을 세우고, 새 아파트를 건설하고, 도로를 포장합니다. 개발자들은 소비자를 유혹하며 끊임없이 자신의 경제적 이익을 창출해 왔습니다. 재물에 대한 인간의 이러한 무한한 욕심은, 자신을 둘러싸고 있는 모든 자원을 무분별하게 이용할 수 있다는 그릇된 **공리주의**적 시각에[73]

---

73) ① 자신의 이익과 공명만을 추구하는 경향. ② 쾌락·행복이나 이익 따위를 가치의 기준, 도덕의 기초 또는 인생의 지상 목표로 삼는 학설. 공리설. 실리주의.

서 비롯되었습니다.

2. 자신의 이익을 위해 인간은 자신에게 맡겨진 **자연환경**을 보존하거나 자연과 더불어 **창조의 삶**을 살아야 한다는 생각에서 점점 더 멀어지고 있습니다. 개발이라는 이름으로 자연환경을 파괴하고, 무분별하게 개발하면서 **환경오염**이라는 새로운 문제를 초래했습니다. 시멘트와 아스팔트로 단장된 신도시를 바라보면서 미관상으로는 깨끗해졌다고 말합니다. 하지만 막상 그 안에서 살아가는 사람들은 이전에 겪어 보지 못했던 **새로운 질병**으로 신음하고 있습니다. 이런 질병들이 이러한 인공적인 개발과 무관하다고 말할 수 없습니다.

3. 한때 정부에서 강을 살리고 홍수를 막겠다며 인공적으로 토목 공사를 강행했던 적이 있었습니다. 하지만 강을 살리기는커녕 오히려 그 안에서 살아가는 **수많은 생명체들**을 죽음으로 내몰았습니다. 지나친 화석연료의 사용은 **도심 스모그 현상**과 **지구온난화 현상**을 초래했으며, 깨끗하고 안전한 에너지로 홍보되던 원자력 에너지가 결코 깨끗하고 **안전한 에너지**가 아니라는 사실을 대부분 국민이 알게 되었습니다. 그러나 이러한 무분별한 개발의 부정적인 결과에 대해 누구도 책임을 지지 않습니다.

4. 가톨릭교회에서는 환경위기에 대해 무엇이라고 말하고 있는가? 「간추린 사회교리」에서는 인간과 환경의 관계에서 발견되는 여러 가지 문제점들을 올바르게 평가하기 위해서는, **성경의 메시지**와 **교회 교도권의 가르침**을 기준으로 삼아야 함을 강조하고 있습니다. 교도권의 가르침 안에서 환경문제의 근본 원인은, 인간의 고유한 특징이 되는 **윤리적**이고 **도덕적인 고찰**을 무시하는 데 있습니다. 사물에 대한 조건 없는 지배를 주장하려는 **인간의 오만함**에서 비롯된다고 보고 있습니다. 다시 말해 창조 자원에 대한 정밀한 조사 없는 **무분별한 개발 행위**는 이미 인간의 역사 안에서, 역사적 문화적 과정의 부정적인 결과로 경험되고 있음을 경고하고 있습니다.(「간추린 사회교리」, 461항 참조)

5. 가톨릭교회의 교도권은 모든 사람을 위하여 건전하고 건강한 환경을 보존할 **인간의 책임**을 강조합니다. 만일 인류가 새로운 과학기술의 발전을 강력한 윤리적 차원과 결합할 수 있다면, 이러한 과학기술의 발전은 우리 인간이 지니고 있는 이 소중한 환경을 **인류의 공동 서식지이자 자원**으로 증진시킬 수 있다는 것입니다(「간추린 사회교리」, 465항 참조). 따라서 환경보호는 온 인류의 과제로서 인류 공동의 **보편적인 의무**가 됩니다. 더군다나 미래세대를 위해서라도 윤리적인 차원을

무시한 무분별한 개발은 하지 말아야 합니다.

248. 전 세계적 쓰레기 사태에 대하여 사회교리에서는 어떻게 말하고 있나요?

1. 전 세계적으로 **쓰레기 반환사태**가 일어나고 있습니다. 2018년 1월 중국을 포함한 동남아 국가들이 재활용 쓰레기 수입을 전면 금지했기 때문입니다. 그 이유는 수입한 물품들이 재활용품이 아니라 오물과 생활폐기물, 음식물 쓰레기 등 재활용이 불가능한 쓰레기들이었기 때문인데, 이 때문에 다시 반환하라는 현지의 비난여론이 높습니다. 불법 쓰레기를 자국으로 수입한다는 것을 좋아할 나라는 없습니다. 한국은 매년 수천 톤에 가까운 폐기물을 중국과 동남아에 수출하다가 이제는 되돌아온 폐기물을 전국에 쌓아두고 있습니다. 문제는 여기서 그치지 않습니다. 세계 거의 모든 나라들이 쓰레기 수용 범위를 초과했습니다. 전 세계의 쓰레기가 갈 곳이 없습니다.

2. 땅에는 쓰레기 산이 만들어지고, 바다에는 쓰레기 섬이 세계 곳곳에서 만들어지고 있습니다. 쓰레기가 재활용, 매립, 소각돼야 하는데 쓰레기 배출량이 활용과 폐기의 범위를 크게 초월했기 때문입니다. 한국도 처리되지 못한 120만 톤의 쓰레기가 전국 235곳에 산처럼 쌓여 있습니다. 한국의 1인당 1일 배출 쓰레기는 약 1kg입니다. 심각한 것은 **플라스틱**인데, 1인당 연간 플라스틱 사용량은 세계 최고 수준인 약 133kg이라고 합니다. 어디를 봐도 일회용 컵과 플라스틱들이 넘쳐납니다. 그런데 재활용되는 쓰레기는 35%에 불과합니다. 왜냐하면 플라스틱 종류들이 달라서 재활용이 매우 어려운 데다 그마저도 분리수거가 잘 안되기 때문입니다. 매립이나 소각 비용이 비싸고 시설도 부족하고, 무엇보다 환경오염을 초래하기에 반발과 부작용이 매우 심각합니다. **고형연료**로 사용하는 방법도 환경오염 때문에 아직은 상용화가 어려운 실정입니다. 우리가 버린 쓰레기가 우리 주변에 쌓여 우리에게 **재앙**으로 되돌아오고 있습니다.

3. 왜 쓰레기가 많은지 그 이유는 분명합니다. 우리가 편하게 쓰는 것만 생각할 뿐, 잘 버리고 재활용하는 것에 대해서는 전혀 생각하지 않기 때문입니다. **자원 활용 기술**과 **재생에너지 연구 촉진**, **생산자 책임 재활용 제도**, **일회용 컵에 대한 보증금제도** 마련이 필요합니다. 그리고 기업들이 재활용 가능한 제품의 생산을 의무화하고 이에 대한 법적 책임을 지게 하는 등 **제도적 대책의 강화**도 필

요합니다. 그러나 근본적인 방법은 **쓰레기 배출을 줄이는 것**입니다. 또한 쓰레기 배출 시 **분리수거**를 철저히 해야 합니다. 과대포장을 피하고, 일회용품이나 플라스틱의 사용을 줄여야 하며 무분별한 소비를 줄여 **환경 친화적인 삶**을 실천해야 합니다. 어느 누구도 하느님께서 만드신 세상을 파괴할 권리는 없습니다. 우리가 사는 환경과 아이들을 위해, 미래를 위해, 이제 쓰레기 문제는 더 이상 미룰 수 없습니다. 우리 모두의 **회심**과 **실천**이 필요하고, **일회용 제품**만이라도 **덜 쓰는 즐거운 불편**을 실천해야 합니다.

"가톨릭교회는 모든 사람을 위하여 건전하고 건강한 환경을 보존할 인간의 책임임을 강조한다."(「간추린 사회교리」, 465항)

249. 아시시의 프란치스코 성인이 우리에게 알려주는 소중한 가치란 무엇인가요?

1. 생태계의 수호자이며 가난한 이들의 수호자이신 아시시의 성 프란치스코의 기도로 알려진 '**태양의 찬가**'는 "오 감미로워라. 가난한 내 맘에, 한없이 샘솟는 정결한 사랑"이란 가사로 시작됩니다. 이 노래는 모든 **자연 생태계**를 의인화하여, 태양을 형님으로, 달을 누님으로 의인화한 아름다운 가사와 멜로디를 가지고 있습니다. 프란치스코 성인은 이탈리아 중부 움브리아 주의 작은 도시 아시시에서 태어나 유복하게 자라면서 당시 모든 젊은이가 꿈꾸던 기사가 되고 싶어 했습니다. 그러나 동네 친구와 몰려다니며 어린 시절을 방탕하게 보낸 그는, 이웃 **도시 페루지아와의 전쟁**에 기사로 참전하게 되지만, 그가 꿈꾸었던 기사의 생활은 전혀 다른 모습으로 나타납니다.

2. 그는 전쟁 포로가 되어서 차디찬 페루지아의 지하 감옥에서 1년여간의 수감 생활을 하게 됩니다. 끔찍한 감옥생활로 겪은 것은 자신이 기사로서 전쟁에서 승리하여 사람들의 영웅이 되는 것이 아니라, **전쟁의 참화와 고통, 인간의 잔인성과 폭력성**이었습니다. 그는 전쟁을 통해 인간이 겪을 수 있는 최대한의 밑바닥 생활을 모두 경험했습니다. 얼마 후 부유한 그의 부모 덕분에 보석금을 주고 포로에서 풀려났지만, 프란치스코는 이전과는 완전히 다른 사람으로 변했습니다. 전쟁 후 집으로 돌아온 프란치스코는 전쟁 후유증으로 인해 심한 병을 앓으며 죽을 고비를 넘기면서, 새로운 삶으로 변화하는 **특별한 체험**을 하게 됩니다.

3. 전쟁의 참화 속에서 고통받고, 병으로 죽을 고비를 넘긴 젊은 청년은 이제 과거

의 삶에서 완전히 죽고, **하느님을 체험**하게 되는 중요한 순간을 맞이하게 된 것입니다. 프란치스코는 전쟁의 고통 속에서 쓰러져 가는 **인간의 허상**을 보았습니다. 그 허상 위에 **진정한 인간성**을 다시 일으켜 세우며 가난한 사람들의 성자로 거듭나게 되었습니다. 한동안 헛된 꿈을 좇아갔던 평범한 한 청년이 **예수 그리스도와의 만남을 통해 완전히 새롭게 변화된 것**입니다. 그는 모든 걸 버리고 주님을 따라갔고, 더 이상 아버지의 재산도, 인간적인 성공도 그의 삶에 중심이 되지 못했습니다. 그의 삶은 **예수 그리스도**를 중심으로 변화됐고, **가장 가난하고 보잘것없는 사람들**을 위하여 다시 태어나는 변화된 삶을 살게 된 것입니다. 우리는 과연 지금 무엇을 희망하며 살아가고 있을까? 헛된 꿈과 망상을 좇아 살아가는 이 세상의 수많은 사람들에게 우리 신앙인들은 어떤 존재가 되어야 할까? 우리는 그들에게 **참된 희망이 무엇인지 보여주는 존재**가 되어야 합니다. 그러한 삶이 바로 아시시의 프란치스코 성인이 우리에게 알려주신 **소중한 가치**인 것입니다.

250. 체세포 복제배아 연구에 대한 가톨릭교회의 입장은 무엇인가요?(1)

1. 인간의 세포는 인간의 몸 대부분을 구성하는 **체세포**와 난자나 정자와 같은 **생식세포**로 구별됩니다. 체세포의 핵에는 인간의 기본적인 유전정보가 담겨있는 **46개의 염색체**가 들어있지만, 생식세포에는 **23개의 염색체**가 들어있습니다. 난자와 정자의 각각 23개의 염색체가 만나 수정이 이루어지는 순간 **46개의 새로운 염색체**를 지닌 **수정란**이 형성되며, **인간 배아**로 자라게 되는 것입니다. 그런데 체세포 복제배아는 난자와 정자가 만나서 이루어지는 배아가 아닙니다. 성인의 체세포에서 떼어낸 핵을 난자의 핵과 바꿔치기한 뒤 전기 자극을 통해 그 난자가 수정란과 같이 발생을 시작함으로써 형성되는 배아입니다. 이 배아는 체세포의 핵을 제공한 사람과 유전적으로 동일하기 때문에 **복제배아**라고 부르는 것입니다. 1997년 영국 로슬린 연구소에서 만들어진 복제양 돌리는 바로 이런 방법으로 **복제**가 된 뒤 어떤 암컷의 자궁에 착상되어 탄생하였습니다. 동물의 복제기술을 인간에게 적용시키려는 이유는 이론적으로 복제된 배아에서 추출된 줄기세포를, 체세포를 제공한 사람에게 이식했을 때 면역거부반응이 없이 손상된 장기를 대치할 수 있다는 기대를 주기 때문입니다. 배아의 줄기세포는 어떤 조직이나 장기로도 분화될 수 있는 능력을 가지고 있는 **만능세**

포입니다.

2. 교회는 체세포 복제배아 연구를 반대하는데, 그 이유를 다음과 같이 들고 있습니다. ①우선 면역거부반응이 없는 치료제를 만들기 위한 배아줄기세포를 추출하는 것인데, 이는 인간 생명인 배아를 도구로 이용한 뒤 파괴시키는 비윤리적 행위입니다. 누군가의 병을 치료하려고 다른 인간 생명을 희생시키는 것은 **부도덕하며 인간의 존엄성을 거스르는 행위**입니다. ②배아를 복제하는 또 다른 이유는 동물복제처럼 이 배아를 자궁에 착상시켜 **복제인간**으로 탄생시키는 것입니다. 이렇게 되면 친자관계 등 **인간의 기본관계**가 파괴될 것입니다. 또 복제된 사람은 미리 정해진 유전적 정체성에 따라 자신의 가치가 결정되고 기대와 주목을 받게 됨으로써 그의 **정체성, 주체성, 고유성, 개별성**이 훼손될 수 있습니다. 또한 이 복제인간을 탄생시킨 사람들에 의해 그의 삶이 지배될 수 있습니다. 하느님의 섭리와 부부의 사랑으로 자유롭고 고유한 존재로 태어나야 할 인간이, 이처럼 복제된 인간으로 태어나 인권을 유린당하는 것은, 인간 존엄성을 심각하게 침해하는 것입니다.

3. ③인간 배아를 만들려면 수많은 난자가 필요한데, 난자 기증 자체가 이미 **윤리적인 문제점**을 지니고 있습니다. 난자 매매 역시 장기 매매처럼 **비윤리적 행위**입니다. 가난한 여성들이 경제적인 이유로 자신의 건강을 해치면서 난자 제공자로 나서게 될 것이라는 것은 불을 보듯 뻔한 일입니다. 또한 복제인간을 탄생시키기 위해서는 다른 여성의 자궁까지 빌려야 합니다. 결국 많은 여성들이 배아 복제와 복제인간의 탄생을 위한 **생물학적 도구**로 전락해 버릴 것입니다. ④체세포 복제배아 연구는 다른 배아연구와 체외수정과 마찬가지로 인간 생명인 배아를 실험도구로 사용함으로써 **인간의 품위**를 실험실의 재료 수준으로 격하시킵니다. 특히 **인간의 성적 결합과 사랑**과는 무관하게 과학자나 기술자의 손에 의해 새로운 인간 생명을 제품처럼 만들어낸다는 점에서 **인간의 존엄성**을 심각하게 훼손합니다.

251. 체세포 복제배아 연구에 대한 가톨릭교회의 입장은 무엇인가요?(II)

1. **줄기세포**란 우리 몸을 구성하는 혈액, 장기, 피부 등 수많은 세포를 만들어내는 **기초 세포이자 만능세포**입니다. 앞서 말한 배아뿐만 아니라 이미 출생한 인

간의 골수, 탯줄, 피부, 지방 등에서 쉽게 줄기세포를 얻을 수 있습니다. 이를 **성체줄기세포**라고 합니다. 성체줄기세포 연구의 대표적인 것이 골수나 탯줄(제대혈)에서 추출한 **조혈모세포**(피를 만드는 엄마세포)인데 백혈병 치료에 사용합니다. 성체줄기세포는 배아줄기세포와 비교해서 윤리적인 문제가 없지만 **분화능력**이 떨어진다고 여겼습니다. 그러나 점차 연구가 거듭되면서 성체줄기세포도 다양한 장기와 조직 등으로 분화될 수 있다는 것이 밝혀졌습니다. 배아줄기세포는 원하는 조직 대신 암세포가 되는 등 튀는 공처럼 불안정한 반면, 성체줄기세포는 **안정적**으로 분화되는 장점이 있습니다. 이미 성체줄기세포를 이용한 난치병 치료제가 개발된 것이 수십 건, 임상 시험 중인 것이 수백 건에 이르고 있습니다.

2. 체세포 복제배아 연구로 인해 난치병으로 고통받는 환자들은 자신의 병이 치유되리라는 기대가 컸습니다. 이들의 입장에서는 이를 반대하는 가톨릭교회를 이해할 수 없다고 생각합니다. 교회는 늘 가난하고 힘없고 고통받는 사람들을 먼저 생각한다고 하는데, 오히려 자신들의 고통을 **외면하는 처사**라고 생각합니다. 이들은 배아줄기세포 연구나 체세포 복제배아를 통해서 금방이라도 난치병이 치료될 수 있을 거라는 **환상**을 갖고 있기 때문입니다. 그러나 줄기세포를 만드는 기술이 개발되었다고 해도 다시 원하는 장기나 조직을 만들기까지 얼마나 **오랜 시간**이 걸릴지 아무도 모릅니다. 또 환자가 난자를 기증받아서 자신의 체세포를 복제한 배아를 만들고, 그 생명을 희생하며 만든 치료제의 가격이 과연 얼마나 될까요? 현실적으로 그 혜택을 받을 수 있는 사람은 **극소수의 일부 부유층**에 불과할 겁니다.

3. 현재까지 배아줄기세포를 통해 개발된 치료제는 단 한 건도 없습니다. 일부 언론에서는 줄기세포를 이용한 임상시험의 성공을 보도할 때마다 막연히 줄기세포라는 표현을 쓰면서 배아줄기세포 연구를 지원해야 한다고 억지를 쓰는 경우가 있습니다. 하지만 실제로는 **성체줄기세포를 이용한 성과**인 것입니다. 정부나 일부 과학자들은 실질적인 결과도 기대하기 어렵고, 윤리적인 문제가 많은 배아줄기세포 연구를 굳이 고집합니다. 이는 아직 미지의 분야에서 원천기술의 발견을 통한 특허 등 **경제적인 이익** 때문이라는 지적입니다. 만일 정부에서 막대한 연구비를 지원한다면 학자들은 그 결과가 불투명하다 하더라도 연구를 마다하지 않을 것입니다. 가톨릭교회의 주장은 우리 정부가 비윤리적이고 효과도 기대하기 어려운 **체세포 복제배아 연구**에 지원하기보다는 윤리적

인 문제가 없고, 이미 성과를 내고 있는 **성체줄기세포 연구**에 더욱 투자를 해야 한다는 것입니다.

252. 인간복제의 위험성에 관한 가톨릭교회의 입장은 무엇인가요?(1)

1. 미국 현지시간으로 2002년 12월 26일 오전 11시 55분에 태어난 것으로 알려진 인류 최초의 체세포 복제 인간인 **이브(Eve)**라는 이름의 여자 아이가 전 세계에 준 충격은 말할 수 없이 컸습니다. 물론 여전히 이 아이가 정말로 인간의 체세포 복제의 방법을 통해 탄생했는지에 대한 **객관적 증거 자료**는 없는 상태입니다. 하지만 많은 생물학자와 의사들의 견해에 따르면 복제인간을 만드는 것이 불가능한 일은 아니라고 합니다. 다만 여러 가지 기술적인 문제로 인해 성공률이 매우 희박한 것은 사실입니다. 더구나 이 인간복제를 주도한 단체가 **라엘리안(Raelian)**이라고 하는 유사 종교집단이어서 신뢰성에 의심을 가지는 사람들이 많은 것이 사실입니다.

2. 그러나 인간복제의 가능성은 이미 오래전부터 예견되어 온 일입니다. 여러 단체와 사람들이 인간복제의 방법을 통해 임신된 아이의 탄생을 예고하고 있는 상황은 **심각한 우려**를 불러일으키고 있습니다. 이미 인간 배아복제의 문제로 세계는 인류의 미래에 대한 **두려움**에 빠진 상황입니다. 비록 많은 사람들이 인간복제를 비난하고 있지만, 지금은 결국 올 것이 오고야 말았다는 **체념의 분위기**입니다. 이 새로운 기술을 이용하여 상업적 이윤 추구의 방안을 고안하는 사람들도 생겨나고 있는 것이 현실입니다. 가톨릭교회는 이미 오래전부터 인간복제의 위험성에 대한 경고를 꾸준히 그리고 진지하게 해 왔습니다. 그럼에도 불구하고 결국 일부 사람들이 이러한 혼란을 야기시키는 일을 행하는 것에 대해 심각한 우려를 표하지 않을 수 없습니다. 더욱 문제가 되는 것은 인간복제의 근본적 문제에 대한 이해가 제대로 이루어지지 않은 대중을 상대로 **그릇된 신념**이 전파되고 있다는 점에서 교회는 이에 대한 입장을 분명히 하는 것입니다.

3. 가장 큰 문제는 인간복제라는 매우 심각한 문제에 대한 **사회적인 문제의식이 제대로 형성되어 있지 않다는 사실**입니다. 문제 해결에 대한 방안 마련의 시작부터 매우 어렵게 된 것입니다. 인간복제를 시도하는 사람들의 논거는 명료하며, 인간복제를 통해서 인류에게 **영원한 생명**을 줄 수 있다고 주장합니다. 또

한 어려움에 처한 사람들, 즉 불임부부나 동성애자들에게 아기를 제공해 줄 수 있다고 주장합니다. 그러나 목적이 선하다고 해서 방법이 악해도 좋다는 논리는 성립할 수 없습니다. 인간복제에 대한 명확한 **사회적 합의**가 없음에도 불구하고 이러한 행위를 지속하는 것은 **오만**입니다. 이런 오만은 사회적 편견과 혼란을 조성할 수밖에 없습니다. 그리고 이러한 오만과 편견은 현대 후기 산업사회가 추구해야 할 **공동선에 정면으로 위배되는 것**입니다.

253. 인간복제의 위험성에 관한 가톨릭교회의 입장은 무엇인가요?(II)

1. 인간복제를 옹호하는 사람들은 그것을 통해 **불행한 사람들**에게 기여할 수 있다고 주장합니다. 즉 무정자증의 남편을 가진 아내가 자신만의 아이를 원할 경우 체세포 복제를 통해 그 소원을 들어 줄 수 있다고 합니다. 또 선천적인 유전자적 결함에 의해 고통을 받고 있는 환자의 치유를 위해 복제인간을 이용할 수 있다고 주장합니다. 그러나 이러한 주장들은 모두 **반윤리적인 것**으로써, 인간은 어떤 경우에도 **도구나 수단**이 될 수 없습니다. 더구나 현재 인류의 기술 수준으로 실패율이 매우 높은 인간복제를 시도한다는 것은 인간의 생명을 실험 대상으로 삼고 있다는 뜻이 됩니다. 그래서 인간 배아복제의 경우와 마찬가지로 분명한 생명인 **잔여 배아의 처리 과정**에서 **살인과 다름없는 죄**를 저지르게 되는 것입니다. 설령 획기적으로 기술이 발달하여 실패율이 현저하게 줄어든다 해도 잔여 배아는 여전히 존재할 것이기 때문에, 인간복제는 필연적으로 살인죄와 연관을 맺을 수밖에 없는 것입니다.

2. 인간복제는 가치질서의 붕괴를 야기할 뿐만 아니라 인간의 현실적인 사회적 관계 중에서 **가장 기초적인 가족관계도 파괴**시킵니다. 즉 성인의 체세포를 복제하여 아이가 태어날 경우 그 아이는 생물학적인 아버지가 없습니다. 예를 들어 그 아이의 유전 정보가 원래 임신한 여자의 친정어머니의 것이었다면 딸이 어머니를 낳은 결과가 나옵니다. 더구나 이브(Eve)의 경우처럼 자기 자신의 체세포를 복제하여 스스로 아이를 낳은 사람은 자기가 자기를 낳는 웃지 못할 상황에 처하게 됩니다. 그래서 이 아기가 기존의 가족질서에 편입되는데 있어서 커다란 혼란에 직면하게 됩니다. 이는 단순한 법적 차원에서의 문제 이상으로 심각한 혼란과 어려움을 사회에 가져다주게 됩니다. 한 사회는 정의로

울 때에만 비로소 그 구성원들의 행복이 보장될 수 있습니다. 정의는 각자에게 알맞은 사회적 의무와 권리가 보장될 때에 이루어 질 수 있는 것입니다. 그러나 동일한 인간이 동일한 시간과 공간에 여럿 등장할 가능성이 있는 경우, **정체성의 혼란과 더불어 사회질서의 근본적 파괴**를 야기시킬 수밖에 없는 것입니다.

3. 인간복제의 **경제 정의적 차원**에서의 문제점도 지적하지 않을 수 없습니다. 기술적 어려움으로 인해 인간복제뿐만 아니라, 그 이전의 단계라고 할 수 있는 인공 수정의 경우도 성공률이 매우 낮습니다. 이것이 성공하는 데에는 많은 시간과 노력이 필요하고, 그만큼 많은 돈이 들어갑니다. 그렇다면 결국 인간복제가 기술적으로 가능한 일이라 하더라도, 그 기회를 활용할 수 있는 사람들은 **경제적 구매력을 확보한 소수**에 머물게 된다는 결론이 나옵니다. 이는 현재 전 인류가 지향해 나아가는 방향에 **정면으로 거스르는 결과**를 야기하게 됩니다. 모든 인간이 각자 가지고 있는 것으로 행복을 추구하며, 더 나은 삶의 질을 위해 경제적 활동을 할 수 있도록 하는 것을 목표로 사회가 나아가야 합니다. 그런데 인간복제는 부유한 소수의 행복만이 보장되는 방향으로 사회를 이끌게 되는 것입니다.

4. 인간복제의 방법을 통해 태어난 인간이 성인이 되고 난 후에 벌어질 일을 예견해보면 **문제의 심각성**은 더욱 커지게 됩니다. 인간복제는 동일한 DNA를 가진 인간의 존속을 주 목표로 하여 무성생식을 통해 이루어지는 것이라고 이해할 수 있습니다. 그렇게 볼 때 이러한 사람들과 유성생식을 통해 탄생한 **보통 사람들** 사이의 **사회적 갈등**은 치유가 거의 불가능한 **사회적 분열**을 야기 시킬 것이 자명합니다. 여기에서 한 걸음 더 나아가 브리지트 보아셀리 박사가 계획한 대로 생물학적 특성뿐만 아니라 기억력과 성격까지도 복제가 가능하게 된다면 인류가 맞이하게 될 사회는 **예측 및 통제가 불가능한 혼란** 속에 있게 될 것입니다. 이러한 사회는 궁극적으로 **인류를 파멸**로 이끌게 됩니다.

254. 무의미한 연명치료 중단에 대한 가톨릭교회의 입장은 무엇인가요?

1. **고령 인구**와 **만성질환**이 증가하면서 병원에서의 사망이 크게 늘어나는 현실입니다. 그런데 병원에서는 의학적으로 이미 사망했거나, 치료가 불가능한 환자에 대해서도 무의미하지만 **적극적인 치료**를 할 가능성이 있습니다. 이것은 **환자 자**

신이나 **가족**은 물론 **국가 사회적**으로도 큰 문제가 되고 있는 것도 사실입니다. 이에 대해 한국 가톨릭교회도 깊은 관심을 가지고, 문제 해결에 함께 노력해야 한다는 것을 잘 알고 있습니다. 그러나 의료현장에서 연명치료를 중단하는 문제는, 그 대상이 인간생명과 관련한 문제여서 **매우 신중한 접근**이 필요합니다. 왜냐하면 하느님의 주권 아래 놓여 있는 인간생명은, 우리 인간 측에서 어떻게 할 수 있는 대상이 아니라 **오직 보호하고 관리해야 할 대상**이기 때문입니다.

2. 환자 가족이 환자가 자연스런 죽음을 맞을 수 있도록 **연명치료**를 중단해 달라고 병원 측에 요구했다가 병원 측이 거부하자 소송을 낸 적이 있었습니다. 이에 대해 2009년 5월 대법원은 연명치료 중단을 승인하는 최종판결을 내렸습니다. 한편, 환자 가족이 헌법재판소에 우리 법에 품위 있게 죽을 **자기선택권**과 **행복추구권**이 없다며 헌법소원을 낸 적도 있습니다. 헌법재판소는 이를 각하하면서, "연명치료 중단에 관한 자기 결정권이 죽음에 임박한 환자에게 헌법상 보장된 기본권이기는 하나 국가가 이를 보호하기 위해 **연명치료 중단 등에 관한 법률의 입법의무**까지 있다고 볼 수 없다"고 판시했습니다.

3. 연명치료 중단과 관련하여 가톨릭교회 입장에서 우려하는 것이 몇 가지가 있습니다. ①자칫 **안락사**를 의도하는 것으로 오해되기 쉽다는 것입니다. 물론 가톨릭교회는 삶의 마지막 시기를 맞이한 환자가 어떠한 치료법을 동원해도 회생이 불가능하고 죽음이 임박했을 때, 환자 자신이 불확실하고 고통스러운 **생명 연장 수단으로서의 기계적 처치**를 거부할 수 있습니다(교황청 보건사목평의회, 「안락사에 관한 선언」 참조). 그러나 이러한 거부가 죽음을 의도해서는 안 됩니다. 이 경우 무의미한 연명치료 중단은 죽음을 의도하는 행위로서의 존엄사 시행이 아니라, 이제 더 이상 피할 수 없는 죽음이 임박한 말기환자의 **의사(意思)가 반영된 연명치료의 중단**입니다. 그러나 연명치료를 더 이상 받지 않는 환자라 하더라도 정상적인 간호는 중단되지 말아야 합니다. **영양 공급**이나 **수분 공급** 역시 당연히 베풀어져야만 하는 **가장 기본적인 처치행위**입니다.

4. ②삶의 마지막 시기를 보내고 있는 환자에게 있어 **참된 의미의 존엄한 죽음**이란, 자기 자신에게 다가온 피할 수 없는 죽음을 자연스럽게 맞아들이면서, 편안히 눈을 감는 것입니다. 죽음의 과정이 **자연적**이어야 하는 것은, **인간의 존엄성 존중**을 위해 결코 양보할 수 없는 원칙입니다. 죽음을 의도하는 치료의 중단은 당연히 **말기 환자의 자연적 죽음**을 방해합니다. 따라서 인간의 존엄을 송두리째 빼앗아 가는 것이므로, 이를 국가가 제도화하거나 법제화하는 것은 결국 우

리 사회를 **죽음의 문화** 속으로 밀어 넣는 것입니다. 한국 가톨릭교회는, 삶의 마지막 시기를 보내고 있는 환자들이 존엄하게 죽음을 맞이할 수 있도록 그들의 육체적, 정신적 고통 완화를 위해 **적절한 완화치료**와 **호스피스 활동**을 더욱 강화해야 한다는 점을 강조합니다.

255. 아픈 환자들을 위해 가톨릭교회는 어떤 사목을 하나요?

1. 매년 가톨릭교회에서는 **세계 병자의 날(2월 11일)**을 보냅니다. 교회는 고통과 곤경에 처한 병자들과 그 가족을 위로하고, 병자들을 돌보는 이들이 그 소임을 충실히 수행할 수 있도록 기도합니다. 루르드의 성모님께서 가난하고 병든 산골 소녀에게 발현하시어 **치유의 샘물**을 주신 것을 되새기기 위한 의미도 함께 합니다. 프란치스코 교황님은 세계 병자의 날을 맞아 발표한 담화문을 통해 병자와 그 가족들을 위해 치료와 간호는 물론 적극적인 배려와 관심을 베풀어 줄 것을 요청하며, 모든 이가 **적절한 치료**를 받을 수 있도록 **연대와 보조성의 원칙**으로 협력해야 한다고 역설했습니다.

2. 이러한 측면에서 가톨릭계 병원들이 **병자뿐만 아니라, 그 가족들을 위해 상담 프로그램을 운영하고 있다는 것**은 큰 의미를 가집니다. 병자의 고통은 그 가족들에게도 고스란히 **정신적인 충격**으로 남으며, 현실에서는 **경제적 어려움**에 처하기도 합니다. 가톨릭관련 병원이 전인치료, 즉 **상담과 치유 프로그램**으로 이 같은 문제 해결에 나서고 있고, **원목활동**도 활발하게 벌여 **영적 돌봄**을 실천하고 있습니다. 각 병원 사회 사업팀은 의료 사회복지사를 두고 **심리·사회적 문제, 사회 복귀 및 재활, 경제적 문제** 등을 상담합니다. 환자 가족들이 상담소의 문을 두드리는 가장 큰 이유는 **경제적 문제**입니다. 의료비용 마련에 어려움을 호소하는 경우 상담자가 후원 단체를 연결해주거나 사회복지 정보를 제공합니다. 이외에도 환자 간병에 관련된 문제로 고민을 털어놓기도 합니다.

3. 호스피스병동 상담실을 찾는 환자가족의 고민은 더욱 무거운데, 임종 이후에 필요한 준비, 환자를 어떻게 보내야 할지 고민하는 것도 가족들의 몫입니다. 병원비 문제로 상담실을 찾은 환자 가족들과 이야기를 하다 보면 **환자와의 관계에 대한 복합적인 문제들**을 호소하는 분들이 많습니다. 환자뿐만 아니라 환자 가족들도 정신적, 신체적으로 고통을 받고 있습니다. 그렇기 때문에 환자 가족을

대상으로 하는 **상담 시스템이나 치유 프로그램**을 적지 않은 교회 병원의 호스피스팀이 운영하고 있습니다. 병원의 원목활동도 환자 가족들에게 큰 위로가 되며, 원목실에서는 **전례와 성사, 임종기도, 영적 상담** 등을 통해 환자와 환자 가족들의 **영적 돌봄**을 수행하고 있습니다.

256. 전염병으로 인한 미사 중단사태에 대한 가톨릭교회의 입장은 어떠한가요?

1. 2020년에 접어들어 교회 전례력으로는 예수 그리스도의 죽음과 부활을 묵상하는 사순 시기에 전 세계를 뒤흔든 코로나19의 영향으로 미사 없는 주일이 2개월가량 이어졌습니다. 이와 같은 사태가 오늘날 우리가 살아가고 있는 **지구의 생태계 환경파괴**가 불러온 것은 아닌지 살펴봅니다. 코로나19의 최초 발생 원인과 전파 경로가 정확히 밝혀진 것은 아니지만, **중국의 우한 화난 수산물 도매시장**에서 유통되던 **야생동물**에서 감염원이 발생한 것으로 추정하고 있습니다. 일반적인 식재료로 사용되지 않는 **박쥐, 천산갑** 등의 야생동물과 접촉하면서, 바이러스가 인간에게 전파됐다는 것입니다. 숲이나 동굴에서 서식하는 박쥐가 인간과 접촉이 가능했던 것에는 무분별한 포획이나 서식지 파괴 등 **생태계 질서를 무너뜨린 인간에게도 책임**이 있습니다. 또한 과밀한 동물 사육 형태, 인구밀도 증가, 도시화 등의 원인으로 동물과 사람이 맞닿는 일이 많아지면서 감염병의 형태가 대규모로 확산되는 요인이 됐습니다. 이와 같은 현상이 되풀이되지 않기 위해 전문가들은 "자연은 항상 우리를 존중해 왔습니다. 이제 우리가 그들의 생태를 존중해야 할 때입니다. 우리가 그들을 존중하고 공존할 때 이런 사태를 겪지 않을 수 있을 것입니다."라고 조언합니다.

2. 아울러 프란치스코 교황님은 회칙 「찬미받으소서」를 통해 **환경보호의 중요성**을 이렇게 강조하고 있습니다. "모든 피조물은 서로 관련되어 있기에 사랑과 존경으로 다루어야 합니다. 살아있는 피조물인 우리는 모두 서로 의존하고 있습니다." 코로나19의 확산으로 전 세계에 비상이 걸린 가운데, 가톨릭교회는 코로나19 전염 예방에 앞장서고, 이로 인해 **고통받는 이들을 위해 기도와 후원으로 연대**하고 있습니다. 전국의 교구들은 발 빠르게 코로나19 예방을 위한 대책을 수립해 조치를 취하였고, 특히 한 공간에 많은 신자가 모이는 주일 미사에서 전염병이 확산되지 않도록 주의를 기울이고 있습니다. 교구들은 코로나19의 증세가

있는 신자들은 확진 유무에 관계없이, 주일 미사에 참례하지 않고 묵주기도나 성경 봉독, 선행 등으로 주일 의무를 대신할 것을 강조했습니다.

3. 한국 가톨릭교회는 "미사나 공소 예절에도 참례할 수 없는 부득이한 경우에는 그 대신에 묵주기도, 성경 봉독, 선행 등으로 그 의무를 대신할 수 있다"고 규정하고 있습니다(「한국 천주교사목지침서」, 제74조 4항). 코로나19의 증상은 발열이나 기침, 인후통, 폐렴 등의 호흡기 증상입니다. 아울러 교구들은 성당마다 손 세정제나 소독기를 비치하고, 성수 사용을 중지했으며, 또 미사 중에도 마스크를 착용할 수 있도록 알리며, 평화의 인사 등의 시간에 악수 등의 직접 접촉을 자제하도록 하였습니다. 코로나19의 직접적인 피해를 입지 않은 전국 교구들도 교구 내 각 기관·단체에 많은 신자들이 모이는 행사를 연기하거나 취소하도록 권고하고, 정부가 제시하는 코로나19 예방법을 교구 내 모든 본당과 단체에 공유했습니다.

4. 전 세계를 휩쓸고 있는 코로나19의 확산은 이러한 가톨릭교회의 의무를 더욱 명확하게 하고 있습니다. 이미 각 교구마다 코로나19로 인해 고통받는 이들에게 의료 혜택이 골고루 돌아갈 수 있도록 **긴급구호 특별헌금과 백신나눔운동**을 실시하고 있습니다. 국내외에서 발생하고 있는 코로나19 피해자들을 위한 **기도운동** 역시 신앙인이라면 적극 공유하고 참여해야 할 의무입니다. 한편, 한국 천주교 여자수도회장상연합회는 홈페이지(nuns.or.kr)에 **코로나19 사태로부터 보호를 청하는 기도**(Oratio Imperata)를 공유하고 함께 기도해 주길 독려하였습니다. 이 기도문은 코로나19로부터 우리를 보호해주길 청하면서, 연구자, 의료진, 정부와 담당자 등 신종 코로나 피해를 막기 위해 노력하는 모든 이들을 위해서도 도움을 청하고 있습니다. 또 질병으로 고통 중에 있는 사람들의 쾌유를 도울 수 있는 은총을 내려주시길 간구하고 있습니다.

5. **"주님께서 여러분과 함께", "또한 사제의 영과 함께"** 미사 중 사제와 교우들이 나누는 이 대화에는 **그리스도 현존에 대한 믿음**이 담겨 있습니다. 그리스도인들이 서로에게 건네는 축복의 말이기도 합니다. 코로나19 확산으로 인해 주일 미사가 중단되는 초유의 사태가 일어나면서, 우리는 주님의 식탁 앞에 모여 주님의 몸과 피를 나누며 주님과 함께하는 기쁨을 누리는 공동체 전례를 하지 못하고 온라인 미사에만 참여했습니다. 이처럼 우리는 신앙의 가장 큰 선물인 미사의 공동체적 거행이 중단되는 것을 처음 경험하게 되었습니다. 신앙의 첫 번째 중요한 의무로 알고 있었던 주일 미사마저 공동체 거행이 중단되면서 신앙생활의 위기감을 느끼는 분들도 적지 않을 것입니다. 이제 우리의 고민의 핵심은

시련과 침묵의 시기를 보내면서 미사 없이, 곧 미사를 통해 주어지는 **성사적 은총 없이 어떻게 신앙생활을 유지할 수 있을 것인가**에 있습니다.

6. 한국 천주교회 역사에서 네 번에 걸친 혹독한 박해시대 때에 미사에 참례하고 싶어도 참례할 수 없었던 신자들은 어떻게 신앙을 굳건히 지켜낼 수 있었을까요? 그들은 "**내가 세상 끝 날까지 언제나 너희와 함께 있겠다.**"고 하신(마태 28,20) **그리스도의 약속**을 굳게 믿었습니다. 희망과 사랑 안에서 끊임없이 **기도함**으로써 시련의 시기를 이겨냈습니다. 지금 우리가 겪는 이 고통과 시련의 시간도 결국 지나갈 것입니다. 그때 우리 가운데 남아 있게 될 것이 무엇일까요? 상처와 아픔, 미움과 원망, 혐오와 비난, 분열과 다툼 등 온갖 **부정적인 감정과 행위**가 지배할 지도 모릅니다. 우리 마음 안에 믿음과 희망과 사랑이 머물 자리가 있을까요? 우리가 지금 이 순간에 그 자리를 마련하지 못한다면 우리도 그 절망의 대열 어딘가에 서 있게 될 것입니다. 그런 의미에서, 신자들과 함께 봉헌하는 공동체 미사가 한때나마 중단되었던 상황이 어떤 신앙적인 박해로 인한 것은 아니지만, **모든 신앙인들에게 도전인 것은 사실입니다.** 세상 속에서 그리스도인은 주님께서 보여주신 사랑을 모든 실천의 기준으로 삼아야 합니다. 예수님께서 주신 새 계명의 핵심은 "**내가 너희를 사랑한 것처럼 너희도 서로 사랑하여라.**"(요한 15,12)라는 말씀에 있습니다.

7. 이제 코로나19 사태가 진정 국면에 들어서게 되면 우리는 한마음으로 코로나19로 인해 발생한 많은 과제들을 수습해야 합니다. **망가진 일상과 서민경제, 고용 충격**을 회복하기 위해 총력을 다 해야 합니다. 특별히 **취약한 이웃들**을 먼저 배려해야 합니다. 또한 삶을 근본적으로 성찰하는 것이 필요합니다. 창세기에서 하느님은 세상을 창조하시며 피조물을 다스리고 지배할 권한을 인간에게 주셨습니다. 하지만 이는 **착취**와 욕심의 야만적 **군림**이 아니라 **섬김과 봉사**라는 **사랑의 책임**을 뜻합니다. 실제로 금번 세계적 위기는 **연대, 배려, 돌봄의 중요성**을 일깨워 줬고, 우리 삶이 얼마나 **하느님**으로부터 밀어졌는지를 반성하게 했습니다. 그러므로 우리는 **소비와 욕심, 재물**에 안주했던 과거를 반성하고 **자연과 생태**를 보호하며 **약한 이들**을 먼저 돌보고 진정으로 **하느님 말씀**을 실천해야 합니다. 가톨릭교회의 사회교리는 그리스도인들이 세상 속에서 하느님 말씀을 어떻게 실천할 수 있는지에 대한 **지침**이자 **도덕적·사목적 식별의 도구입니다**(간추린 사회교리, 10항 참조). 누구나 사랑의 중요성을 압니다. 그러나 그 사랑은 책 속에 적힌 추상적 문자가 아닙니다. 그것은 **몸소 실천해야** 하고 이웃과 세상에 이바

지할 수 있는 구체적인 것이어야 합니다.(「간추린 사회교리」, 5항 참조)

8. 코로나19는 보이지 않는 바이러스 앞에서 우리 **인류의 문화와 문명**이 얼마나 취약한지를 확인해 주었습니다. 이 전대미문의 감염병은 **경제와 사회, 문화, 예술** 등 거의 모든 분야에 걸쳐 우리의 활동을 멈춰 세웠습니다. 교구에서도 정부의 방역 지침을 준수하며 미사를 재개했지만, 여전히 교회활동은 제한돼 있습니다. 문제는 이번 코로나19 사태가 언제 끝날지 모를뿐더러 전문가들은 제2, 제3의 대유행이 반복될 것이라고도 예상한다는 것입니다. 코로나19가 불러온 '**뉴 노멀**' 시대를 살아가야 할 교회는 어떤 모습이어야 할까요? 코로나19로 인해 생긴 사회적 변화와 종교에 미친 영향은 우리의 **신앙생활**과 **사목활동**에서도 드러날 것이기 때문에 우리는 그에 따른 **대안**과 **대책**을 수립해야만 합니다. 특히 교회는 코로나19로 **고통받는 사람들을 어루만지며 내적 쇄신을 이룰 필요**가 있습니다. 이것이 **위로가 필요한 시대**에 교회가 감당해야 할 몫입니다. 코로나19로 인한 사회의 아픔은 **교회가 다시금 제 역할을 찾을 기회**가 될 수 있습니다.

257. 코로나19 전염병으로 인한 혐오의 시대를 어떻게 극복해야 하나요?

1. 코로나19의 등장과 함께 인류는 큰 어려움을 겪고 있습니다. 그 와중에 **인종차별**이라는 **혐오의 악령**이 그 민낯을 함께 드러냈습니다. 혐오라는 악령은 인류 역사 안에서 지속적으로 함께 해왔고, 이를 극복하려는 **선한 사람들의 노력** 역시 반복되었습니다. 특히 인류는 제2차 세계대전 중 나치의 **유대인 학살**이라는 비극을 겪었습니다. 전쟁이 끝난 뒤, 인류는 **1948년 세계인권선언**을 통해 **모든 인간은 존엄함**을 천명했습니다.

2. 그럼에도 불구하고 혐오는 인류에게 기생하며, 특히 **약자**와 **소수자**를 공격해 왔습니다. 코로나19를 계기로 수면 아래에 있던 혐오의 마음들도 함께 떠올랐습니다. 전 세계에 걸친 인종차별의 심각한 현상은 **오늘날의 현실적인 문제입니다**. 우리 사회 안에서도 **특정 국가**와 **특정 지역**에 대한 혐오가 넘쳐났습니다. 코로나19로 인해 겪는 어려움과 공포는 **마음속에서 분노**로 변했고, 이 분노는 **혐오가 되어 사방을 찌르는 칼날**이 되었습니다.

3. 프란치스코 교황님의 작년 세계 이민의 날 담화의 제목은 이렇습니다. "단

지 이민만의 문제가 아닙니다." 교황님께서는 이민문제를 통해 전 세계로 번지는 **혐오의 본질**을 꿰뚫어 보셨습니다. 이민의 문제는 우선 타인에 대한 두려움의 문제입니다. 의심과 두려움은 사람을 **폐쇄적**으로 만들어 버립니다. 이 폐쇄성이 인종차별로 이어집니다. 이민의 문제는 사랑의 문제입니다. 사랑의 실천으로 혐오를 극복하면 우리들의 믿음도 증명되는 것입니다. 또한, 이민의 문제는 그 누구도 배척하지 않음으로써 해소됩니다. 문제가 생겼을 때, 더 큰 대가를 치르는 사람들은 매번 **작은 이들, 가난한 이들, 가장 힘없는 이들**입니다. 세상은 이들을 배척하지만, 하느님을 믿는 사람들은 그럴 수 없습니다.

4. 역사를 통해 인류가 배운 바는, 혐오를 통해 해결되는 문제는 없다는 것입니다. 혐오는 또 다른 혐오와 폭력을 불러올 뿐입니다. 그러니 신앙인들은 혐오에 맞서 하느님의 마음으로 **기도**하며 타인을 **사랑**해야 합니다. 또한, 선한 의지를 가진 모든 사람들과 함께 **연대**해야 합니다. 그래야 혐오의 문화가 극복됩니다. **사랑과 연대가** 하느님의 모상인 **인간의 존엄성**을 지켜냅니다.

"당신께서는 존재하는 모든 것을 사랑하시며 당신께서 만드신 것을 하나도 혐오하지 않으십니다. 당신께서 지어 내신 것을 싫어하실 리가 없기 때문입니다. 생명을 사랑하시는 주님, 모든 것이 당신의 것이기에 당신께서는 모두 소중히 여기십니다."(지혜 11,24.26)

제7장 • 교회 공동체생활과 사회교리

258. 하느님 나라를 선포하는 그리스도인은 과연 누구인가요?

1. 그리스도인은 "하느님의 나라를 선포"하라는 사명을 받고 예수님께로부터 세상 속으로 파견된 사람, 곧 **주님의 사도입니다**(루카 9,2 참조). 그리스도인에게 **하느님 나라**는 저 멀리 하늘에 있는 것이 아닙니다. 그리스도인은 하느님 나라가 우리의 숨결이 묻어나는 이 땅 가까이 있음을 함께 사는 이들에게 선포하라는 사명 때문에, **세상 속 깊이 온 삶을 던지는 사도입니다**. 하느님 나라를 선포한다는 것은 ①재물과 권력과 온갖 잡신이 아니라 **생명·사랑·정의·평화**의 하느님만이 참 하느님이심을 장엄하게 드러내는 것이고, ②존재하지 않는 환상을 심어주는 것이 아니라, **감추어진 소중한 실체를 드러내는 것입니다**. ③또한, 이기심이라는 두꺼운 벽에 둘러싸여 있던 하느님의 모습을 닮은 사람의 선한 본성, 곧 **사랑과 정의를 다시금 깨우는 것**이며, ④치열한 경쟁 끝에 획득한 승리의 환희가 아니라, 내 것 네 것 가르지 않는 **소박한 나눔이 주는 잃어버린 참 기쁨을 되찾아 주는 것입니다**.

2. ⑤때로는 거짓과 불의마저 양식으로 삼아 더 높은 곳에 오르려는 소유와 권력의 노예로서의 껍데기를 벗어던지고, **섬김과 헌신의 참사람이 되라고 일깨우는 것**이며, ⑥한 사람 한 사람이 새 사람이 되고, 새 사람들이 모이고 모여 감춰져 있는 듯 희미한 **하느님 나라를 빛처럼 환히 드러내자고 초대하는 것입니다**. 그리스도인은 예수님께로부터 하느님 나라 선포의 사명을 받은 **거룩하고 소중한 존재입니다**. 그러기에 미리 맛본 하느님 나라를 마음에 담고 함께할 사람들과의 벅찬 만남을 희망하며 세상 속으로 힘차게 나아가야 합니다. 하느님 나라를 선포하는 가슴 벅차면서도 때로는 힘겨운 여정에서 가톨릭교회의 사회교리는 **든든한 길잡이**가 됩니다. 사회교리는 **"사람들의 행동에 지표가 되는 데 목적을 둔 교리"**이기 때문입니다.(「사회적 관심」, 41항)

3. 하지만 여전히 적지 않은 그리스도인들에게 사회교리는 때로는 낯설고 때로는 부차적이고 때로는 거북한 그 무엇으로 여겨집니다. 더 나아가 "신앙과 교회를 사적이고 개인적인 영역으로 축소하려는 경향"을 지닌 그리스도인들은 사회교리에 대하여 **뿌리 깊은 반감**을 드러내기도 합니다(「복음의 기쁨」, 64항 참조). 바로 이

러한 사람들에게 교회는 다음과 같이 분명히 밝히고 있습니다.

"교회는 사회에서 결정되고 이루어지고 겪는 일들에 **무관심**하지 않다. 교회는 사회생활의 도덕적 특징, 곧 진정으로 인간적이고 **교회적인 측면**에 관심을 기울인다. 사회 그리고 이와 함께 정치, 경제, 노동, 법률, 문화는 세속적인 지상의 실재에 불과한 것이 아니고, 따라서 **구원 메시지와 구원 경륜**과 무관하지 않다. 사실, 사회와 그 안에서 이루어지는 모든 것은 **인간과 관계**가 있다. 사회는 교회가 따라 걸어야 하는 일차적이고 근본적인 길인 **인간**으로 구성되기 때문이다."(「간추린 사회교리」, 62항)

259. 진정한 그리스도인의 자유에 대한 사회교리의 가르침은 무엇인가요?(1)

1. 우리는 나라와 신앙을 지키기 위해 목숨까지 바치면서까지 참된 자유의 의미와 그 가치를 깨닫게 해 준 **순국선열과 신앙선조들의 역사**를 간직하고 있습니다. 지금 내가 누리는 자유로운 삶과 자유로운 신앙생활 안에서 **진정한 의미의 자유**가 무엇인지를, 또한 가톨릭 신앙 안에서는 **자유를 어떻게 이해하고 있는지**를 살펴봅니다. 흔히 자유는 내적으로나 외적으로 어떠한 강박을 받고 있지 않은 상태를 뜻합니다. 또한 인간이 자신의 행동을 스스로 결정하는 것을 의미합니다. 그러나 그리스도인인 우리 신앙인들이 말하는 자유의 의미는 조금 다릅니다. 가톨릭 신앙에 따르면 인간은 **자유 안에서만 선을 지향**할 수 있습니다. 이 자유는 하느님께서 당신의 모습을 보여 주는 **탁월한 표징의 하나로서 인간에게 선사된 것**으로 명시하고 있습니다.(「가톨릭교회 교리서」, 1705항 참조)

2. 그리스도인의 자유는 **해방과 구원을 선사하는 자유**입니다. 그리스도인은 예수 그리스도를 주님으로 믿고 고백함으로써 **죄와 율법, 죽음으로부터 해방된 자유로운 존재**가 됩니다. 그리스도인은 하느님의 자녀가 됨으로써 얻게 된 이 자유로 말미암아 끝나는 것이 아닙니다. **하느님의 자녀답게 살아야 할 책임을 지는 자유로운 존재**라고 말할 수 있습니다. 이는 하느님의 뜻을 실천하려고 노력하는 적극적인 의미의 자유를 뜻합니다. 하느님을 섬기는 가운데, 진리를 따라 살아가는 가운데 누리게 되는 이 자유는 **성령 안에서 이루어지는 자유**입니다. 더 완성된 의미의 자유라고 말할 수 있습니다. 하느님께서는 인간에게 **자유 의지를 선물**하셨습니다. 인간이 스스로 창조주를 찾아 따르며 자유로이 완전하고 행복

한 완성에 이르기를 원하셨습니다. 따라서 그리스도인은 **하느님 안에서** 완전히 자유롭게 될 수 있는 것입니다.(「간추린 사회교리」, 135항 참조)

260. 진정한 그리스도인의 자유에 대한 사회교리의 가르침은 무엇인가요?(II)

1. 가톨릭교회 안에 있는 신자들의 **생각**이나 **의식** 그리고 **행동방식**은 사실 세상 사람들의 것과 비교할 때 **큰 차이**가 없다고 할 수 있습니다. 모든 신자가 그런 것은 아니지만 대부분의 신자들이 가정이나 사회문제에 대해서 세상 사람들과 별반 다르지 않은 생각을 갖고 살아갑니다. 사실 신앙인들도 세상 속에 살아가고 있으니, 어쩌면 세상의 흐름대로 생각하고 행동하는 것은 자연스러운 일입니다. 사실 우리가 세상이라고 부르는 것은 여러 측면에서 사람들의 생각과 행동 방식에 강하게 영향을 주고 있습니다. 심하게 말하면 사회라는 울타리는 사람들의 생각과 행동을 가두어 놓고 있는데, 이를 **사회구조**라고도 말합니다.

2. **제도와 법률**이라는 사회구조는 가장 직접적으로 영향을 주고 있습니다. 우리가 어릴 적부터 이러저러하게 생각하고 행동해야 한다고 받아온 **교육**도 그렇습니다. 더욱 근원적으로는 사람의 행동 방식을 결정하게 하는 **마음과 정신의 구조**가 있습니다. 이러한 구조들은 오랜 시간 동안 사람들의 **경험과 체험**을 통해 형성된 것입니다. 또한 이해관계를 달리 하는 **사회적 세력** 사이에서 **힘센 세력의 이해관계를 반영하는 것**이기도 합니다. 사회구조는 한편으로는 인간의 **생각과 행위**로 이루어진 것입니다. 하지만 다른 한편으로는 인간의 생각과 행위를 가두어 두는 **강제력**이기도 합니다. 그래서 우리는 살아가면서, 옳지 않다고 생각하면서도 이러한 구조를 넘어서지 못하고 그냥 익숙한 대로 살기도 합니다. 또한 현실과 구조에 자신의 생각과 행위를 맞추어 가며 살기도 합니다. 그러나 그 구조를 바꾸고 변형시키는 것도 결국은 우리 **인간의 몫**입니다.

3. 이런 의미에서 그리스도인은 **세상의 흐름, 사회구조, 세상 현실** 등에 물음을 던질 수 있어야 합니다. 그리스도인에게 지금 현재의 세상과 현실은 당연한 것도 절대적인 것도 아닙니다. 그리스도인은 세상 안에 살지만, **하느님 나라**를 꿈꾸며 사는 사람들이기 때문입니다. 그리스도인에게 삶과 윤리의 기준은 **지금 현실과 세상**이 아니라 **하느님 나라**이기 때문에 하느님 나라에 비추어 지금 현실과 세상을 바꾸어가야 하는 것이 세상에 대한 **그리스도인의 책임**이기도 합

니다. 이를 위해서 그리스도인은 **깨어있어야** 합니다. 주님께서도 "유혹에 빠지지 않도록 깨어 기도하여라."라고 말씀하셨습니다(마르 14,38). 주님 말씀처럼 깨어있기 위해서는 **늘 기도해야 하며**, 제대로 기도하는 사람은 **이웃의 아픔과 세상의 아픔**에 민감하고 깨어있습니다.

4. 성경의 예언자는 사회에 불만을 가진 **외부세력이 아니라**, **하느님의 말씀과 세상의 아픔에 민감하고 깨어있는 사람**입니다. 참다운 예언자는 참다운 신비가일 수밖에 없으며, 깨어있다는 것은 또한 **양심의 문제**입니다. 양심은 **인간의 마음에 심어진 하느님의 말씀**이라고 볼 수 있습니다. 신앙인이든 아니든 모든 사람은 **양심**을 지니고 삽니다. 그러나 양심을 마음 깊숙이 숨겨놓은 채 세상의 흐름에 익숙해지면, **양심을 통해 울리는 하느님의 음성을 듣지 못합니다**. **양심의 성찰도 필요하고 민감한 양심을 형성하기 위한 노력도 필요한 것입니다. 깨어있다는 것**은 **민감한 양심**을 가지고 있다는 말이기도 합니다. 이런 의미에서 가톨릭교회의 사회교리는 **신앙인들이 깨어있고, 민감한 양심을 형성**할 수 있도록 도와줍니다.

5. 깨어있고 민감한 양심을 가진 신앙인들이야말로 **자유로운 사람들**입니다. **세상 흐름과 사회구조**를 넘어서 바라보고 그것들에 얽매이지 않을 수 있으니, 그것이 그리스도인의 **참다운 자유**입니다. 그리스도인은 세상에 따라서가 아니라 **새로운 가치**로 세상을 살아갑니다. 우리가 자유롭게 살 수 있도록 하기 위해서 예수님께서 십자가를 지셨고, 세상을 넘어서는 자유가 승리한다는 것을 **예수님의 부활**이 보여줍니다.

"그리스도께서는 우리를 자유롭게 하시려고 해방시켜 주셨습니다."(갈라 5,1)

261. 가장 우선시하는 사랑의 가치에 대해 사회교리는 무엇이라고 하나요?

1. 최근 **펭수**[74]라는 친구가 특히 젊은 사람들에게 인기입니다. 2019년의 인물로도 뽑힌 펭수는 EBS에서 제작한 펭귄 캐릭터인데 남극에서 왔습니다. 펭수

---

74) 펭수[남극 '펭'+빼어날 '수'(秀), Pengsoo]는 EBS의 텔레비전 프로그램 《자이언트 펭TV》에 등장하는 펭귄 캐릭터이다.

는 바쁩니다. 장관을 만나고, 유튜브와 방송 출연, 팬사인회 등 분주한 일상을 살아갑니다. 그렇게 바쁜 중에도 펭수는 우리에게 위로의 메시지를 전합니다. "사랑해!" "힘내!" "괜찮아요!" "속상해하지 마세요!" "당신에게 웃음이 되어 드리고 싶어요!"라고 합니다. 인공적으로 제작된 이 캐릭터에 열광하는 이유는 현실에서 얻을 수 없는 **꿈과 희망, 위로와 사랑**을 얻기 때문입니다. 펭수가 사랑 받는 이유는 답답하고 꽉 막힌 현실에서 일시적이나마 그런 **우리의 속앓이를 시원하게 뚫어주기 때문**입니다.

2. 오래된 질서와 가치들이 무조건 낡고 잘못된 것은 아닙니다. 온고지신(溫故知新)이라는 말도 있듯이 옛것은 새것의 **바탕이고 근본**입니다. 분명 옛것은 지켜야 할 귀한 가치들입니다. 문제는 옛것이 자꾸만 구태스럽다는 것입니다. **형식과 규율**만 강조하고, 그 안에 보듬고 보살피는 **따스함**이 없다면 그것은 '바리사이들의 누룩'에 불과합니다. 지금 우리 사회를 지배하는 가치는 **사랑하고 공감하는 문화**여야 합니다. 이를 위해 질서와 가치만큼 중요한 것은 **보듬어주는 사랑**입니다. 함께 해주고 지지해주며, 받아주고 공감하는 그런 사랑의 행동 말입니다. 일본에서 인기를 끌었던 **헬로 키티**[75]부터 **카카오 라이언**[76]과 펭수에 이르기까지 이 캐릭터들이 우리에게 주는 것은 **위로와 공감**입니다. 위선과 강압, 싸늘한 비판이 아니라, **믿고 기다려주고, 함께 있어줌을 통한 위로**입니다. 이 캐릭터들의 인기에 공감하지 못할 수 있습니다. 또한 이런 캐릭터들은 자칫 우상이 될 수도 있지만, 이들은 **시대를 식별하고 성찰하라는 표징**입니다. 지금이 도무지 사랑과 위로를 찾을 수 없는 상황이라면, 그 식별은 더욱 절실히 요청됩니다.

3. 프란치스코 교황님은 "오늘처럼 하느님이 필요한 날은 없었다."고 하십니다. **위로와 사랑이 부재한 시대**에 대한 진단입니다. 냉혹한 현실 앞에서 우리는 세상이 **약육강식의 세계**임을 인정해야 할지도 모릅니다. 그러나 이 세상이 **축복과 사랑이 넘치는 세상이길 희망**하며 살아야 합니다. 인간이 인간에게 축복임을 확신해야 합니다. 그것이 바로 신앙을 품은 **인간의 위대함**이자 **하느님의 은**

---

75) 헬로키티(Hello Kitty, ハローキティ, 하로키티)는 일본의 캐릭터 전문 기업인 산리오에서 캐릭터 상품용으로 만들어낸 캐릭터군(群), 혹은 주인공인 키티를 가리킨다.

76) 라이언(RYAN)은 카카오프렌즈에서 창작한 동물 캐릭터이다. 겉보기에는 얼핏 곰처럼 보이지만 사실은 사자이며 수컷이다.

총이기 때문입니다. 수많은 사회적 약자들, 위로와 공감이 필요한 이들에게 펭수는 **그리스도의 사랑**을 느끼게 합니다. 펭수를 필요로 하는 이들에게 우리가 펭수가 돼 주길 바라시는 것이 **하느님의 마음**입니다.

"더욱 인간답고 더욱 인간에게 걸맞은 사회를 만들기 위해서는 사회생활, 정치, 경제, 문화에서 사랑에 새로운 가치를 부여하여야 하며, 사랑이 지속적으로 모든 활동의 **최고 규범**이 되어야 한다." (『간추린 사회교리』, 582항)

262. 나눔과 공존의 길에 대해 사회교리는 무엇이라고 말하나요?

1. 우리가 사는 이 세상이 삭막하다고 말합니다. 살아남기 위한 **죽음 같은 경쟁**이 이미 삶의 일부가 되었고, "**왜 사는가?**" "**삶이란 무엇인가?**" "**무엇이 참된 삶인가?**"라는 물음은 의미가 없어졌습니다. 그저 숨 쉬고 있기 때문에 살아 있는 것이고, 숨이 멎으면 그뿐인 듯합니다. 내일은 없고 오늘만 있는 것처럼 살아가면서, 오늘을 잘 살아낸 것만으로도 대견하다고 할 정도입니다. 그만큼 오늘을 살아가는 것이 힘들기 때문으로 왜 오늘이 힘든지조차 묻지 않습니다.

2. 우리가 살아가는 인생길을 크게 둘로 나눌 수 있습니다. **착한 사마리아인의 길**(루카 10,29-37 참조)과 **카인의 길**(창세 4,1-16 참조)로 나눌 수 있습니다. 착한 사마리아인은 **억울하게 죽어가는 사람**을 살리기 위해 자신이 가던 길을 멈추고 그 불쌍한 사람과 함께 합니다. 카인은 자기가 원하는 삶을 살고자 **착하고 온유한 동생 아벨**을 가차 없이 죽여 버립니다. 두 길이 보여주는 것은 단순하지만 극명한 대조를 보입니다. **함께와 홀로, 공감과 멸시, 공존과 경쟁, 나눔과 독점, 섬김과 억압, 살림과 죽임**들로 표현됩니다.

3. 이와 같이 우리에게는 착한 사마리아인의 길과 카인의 길이 열려 있습니다. 하느님께서 심어주신 **선한 양심**으로 말미암아 우리는 어느 길을 걸어야 하는지 너무나도 잘 알고 있습니다. 하지만 **길을 아는 것**과 **길을 걷는 것**은 분명 다릅니다. 우리는 지금 어느 길을 걷고 있는지를 살펴보아야 합니다. 우리 신앙인은 카인의 길을 강요하는 살맛 나지 않는 세상 속에서도 여전히 **기쁨과 희망** 가득 머금고 착한 사마리아인의 길을 걸어가야 하는 존재입니다. 우리가 카인의 길을 걸으면서 애써 착한 사마리아인의 길을 걷고 있다고 스스로를 속여서는 안 됩니다. 이제 잠시 우리가 걸어온 길을 되돌아보고, **걸어가야만 할 길**로 힘차게 나가야 합니다. **나눔과 공존의 길**은 항상 열려 있습니다.

263. 그리스도교 완덕에 이르는 길을 사회교리는 무엇이라고 말하나요?(I)

1. 예수님께서 **완덕**(完德) 혹은 **완전성**(完全性)에 관해 말씀하시는 내용은 마태오 복음 5장과 19장에 나옵니다. 마태오 복음 5장 48절에서 예수님께서는 "하늘에 계신 아버지께서 완전하신 것 같이 너희도 완전한 사람이 되어라."라고 말씀하십니다. 그리고 마태오 복음 19장 21절의 내용은 영원한 생명을 얻기 위한 조건을 묻는 것으로 시작된 부자 청년과의 대화중에 하신 말씀입니다. "네가 완전한 사람이 되려거든, 가서 너의 재산을 팔아 가난한 이들에게 주어라. 그러면 네가 하늘에서 보물을 차지하게 될 것이다. 그리고 와서 나를 따라라." 이것은 **영원한 생명**을 얻기 위하여 요청되는 계명을 다 지키고 있다는 젊은이에게 하신 **그리스도의 말씀**입니다. 부자 청년에게 완덕의 한 조건을 제시하신 예수님의 말씀을 수도생활에 적용하면서 영성사 안에서 오랫동안 **완덕의 길**[성인(聖人)이 되는 길을 제시했습니다. 완덕의 길은 오로지 가정과 세상을 떠나 철저히 **복음적 권고덕**을 실천하는 생활만으로 가능하다고 **제한적**으로 이해되었습니다. 이렇게 제한하여 이해한 완덕의 길은 유감스럽게도 세상에서 **가정생활**을 하며 **재물**을 관리하는 **일반 평신도 신자들**에게는 어려운 것이었습니다. 그들은 **가정과 세상**을 떠나 살 수 없기 때문입니다.

2. 부자 청년과 예수님의 대화 내용은 한 부자 청년이 예수님께 달려와 영원한 생명을 얻기 위해 무엇을 해야 하는지 묻는 것으로 시작됩니다. 예수님은 그에게 대답하십니다. "'살인하지 마라.' '간음하지 마라.' '도둑질하지 마라.' '거짓증언하지 마라.' '남을 속이지 마라.' '부모를 공경하여라.'고 한 계명을 너는 알고 있을 것이다." 그는 그 계명들을 모두 어려서부터 잘 지켜왔다고 말합니다. 예수님께서는 그렇게 대답한 부자 청년을 유심히 바라보시고 대견해 하시며 이렇게 말씀하십니다. "너에게 부족한 것이 하나 있다. 가서 가진 것을 팔아 가난한 이들에게 주어라. (…) 그리고 와서 나를 따라라"(마르 10,21)

264. 그리스도교 완덕에 이르는 길을 사회교리는 무엇이라고 말하나요?(II)

1. 교회 역사 안에서 학자들은 그리스도인 생활에 두 단계의 길이 있다고 이해해 왔습니다. 첫 단계는 **계명의 길**이고, 다음 단계는 **완덕의 길**이라는 것입니다. 마

태오 복음에 보면, 부자 청년이 영원한 생명을 얻기 위하여 무엇을 해야 하는지 물었을 때 예수님은 "계명을 지켜라"(마태 19,17)라고 말씀하시면서 지켜야 할 계명들을 나열하십니다(마태 19,18 참조). 이것이 바로 계명의 단계인데, 이어서 말씀하시는 내용이 완덕의 단계라는 것입니다. 그 청년이 윤리적 계명을 다 지키고 있는데 무엇을 해야 하는지 묻자 예수님은 이렇게 대답하십니다. "네가 완전한 사람이 되려거든, 가서 너의 재산을 팔아 가난한 이들에게 주어라."(마태 19,21)

2. 그렇다면 결혼하여 가정을 가진 사람은 완덕에 나아갈 수 없단 말인가? 그렇지 않습니다. 제2차 바티칸 공의회는 수도자들뿐만 아니라 모든 신자들이 각자 고유한 생활 상태와 모든 조건 속에서 **완전한 성인의 길**(聖性)에 나아갈 수 있음을 천명하였습니다. 완덕 또는 성인됨에 필요한 조건은 모든 이에게 **동일한 것**이 아닙니다. 어느 사람에게 최선인 것이 언제나 다른 이에게도 최선일 수는 없는 것입니다. 수도생활이 완덕에 나아가는데 최선이라는 것은 모든 사람이 그것을 선택해야 한다는 뜻이 아닙니다. 예수님께서 우리 인간에게 의도(요구)하시는 것은 무엇일까? 완전한 사람이 되려면, 10계명 중 **이웃 사랑**에 연관되는 7계명뿐만 아니라, **하느님 사랑**에 관계되는 3계명을 지키라는 가르침으로 이해하는 것입니다.

3. 예수님이 청년이 지키고 있는지 물으신 계명은 이웃사랑에 관한 계명이었습니다. 그것을 실천하고 있는 그에게 그것으로 부족하니 완전해지기 위해서 하느님 사랑의 계명까지 잘 지켜야 한다는 가르침이라는 것입니다. **하느님 사랑의 세 계명의 요약은 무엇보다 하느님을 높이 사랑하므로, 하느님 사랑을 위해, 재물을 포기할 수 있는 것**입니다. 다른 하나는 구약의 자세에서 계명을 지켜온 그 청년이 이제 주님의 제자가 되기 위해선 그 자세를 넘어서 **예수님의 참신한 가르침을 받아들여야 한다는 것**입니다. 완전한 사람이 되기 위해서는 **하느님께 모든 것을 바쳐야 하는 자세**를 요구하시는 것입니다. 부자 청년의 경우는 그가 가장 소중히 여기는 재산까지 포기해야 한다는 것입니다.

4. 가진 것을 팔아 가난한 이들에게 나누어주라고 부자 청년에게 요구하신 완덕의 조건은 모든 이에게 적용되는 것이 아닙니다. 과연 주님이 말씀하실 때 **"완전한 자 되려면 누구든지"**라고 모든 사람에게 보편적으로 적용시키지 않으셨습니다. 그 청년에게 제한적으로 **"네가 완전한 사람이 되려거든"**이라고 하셨습니다. 그 부자 청년에게는 당시 모든 것을 버리고 예수님을 따르던 사도들과 같은 조건의 삶을 살도록 요구되었던 것입니다. 실로 어느 사람에게 요구되는 완덕의 조건이

반드시 다른 사람의 완덕을 위해서 필요한 것은 아닙니다. 모든 이가 성인되고 완성에 나가도록 원하시는 하느님은 모두가 **가정**과 **세상 재물관리**를 포기하고 자신이 있던 자리를 떠나 수도자가 되는 것을 원치 않으시기 때문입니다.

5. **수도자의 삶**은 세상을 떠나 **복음권고 덕**을 사는 이들입니다. **평신도**는 세상 안에서 **세상**을 복음화하면서 하느님께 나아가는 삶, **가정** 안에서 가정을 성화하면서 하느님께 나아가는 삶을 사는 이들입니다. 평신도들은 세상의 것을 포기하는 사람들이 아니라 열심히 일하여 세상을 발전시키고 돈을 벌고 재물을 모아 유익하게 잘 활용하며, 필요한 이웃과 나누어야 하는 사람들입니다. 제2차 바티칸 공의회는 수도자들뿐만 아니라 모든 신자들이 각자 고유한 생활 상태와 모든 조건 속에서 **완전한 성인의 길**(完成的 聖性)에 나아갈 수 있음을 천명하였습니다. 완덕의 길로 나아간다는 것은 **모든 것 위에 하느님을 흠숭하며, 전적으로 위탁하고 그분의 뜻**을 따르는 것입니다. 이렇게 할 때 **재물**은 물론이고 가장 소중한 **목숨**까지 바칠 수 있는 것입니다.(성 토마스 모어의 부와 세상 권세 속에서 참조)

6. 우리가 완덕에 이르는 길에 함께 할 수 없는 것들과 함께 해야만 하는 것들이 있습니다. 즉, **가짐과 나눔, 홀로와 더불어, 자신의 길과 예수님 따르는 길, 빛과 어둠, 사랑과 미움, 희망과 절망, 섬김과 군림, 포용과 배척, 진실과 거짓, 정의와 불의, 하느님과 우상** 속에서 현실을 살아가면서 우리는 둘 중의 하나를 선택할 수밖에 없습니다. 두 가지 모두를 선택하겠다고 하는 **탐욕**이나 함께 할 수 없는 것들을 두고 적당히 **타협**하며 교묘히 줄타기하는 **위선**이 있을 수도 있습니다. 그러나 우리는 신앙인으로서 완덕에 이르는 길에 **방해가 되는 것**을 뛰어넘어 또 다시 **하느님만을 따르는 발걸음**을 시작해야 합니다.

265. 우리 신앙인의 윤리적인 잣대에 대한 사회교리의 가르침은 무엇인가요?

1. 우리는 흔히 **윤리**와 **도덕**을 구분하지 않고 사용하나, 자세히 살펴보면 이 둘은 약간 다릅니다. 윤리가 사람과 사람이 공동체를 이루어 살아가는 **사회에서 지켜야 할 도리와 규범**이라는 성격이 강한 반면, 도덕은 이를 구체적인 상황에서 **개인의 양심에 따라 실천해 나가는 것**입니다. 학문에 비유하자면 윤리는 **원론**이고 도덕은 **각론**이며, 마차에 비유하자면 윤리는 **마차의 바퀴**이고 도덕은 그 바퀴를 굴려 **목표점을 향해 나아간 자국**이라 하겠습니다. 도덕적 실천을 위해 올

바른 목표와 그에 도달할 수단을 제공하는 윤리가 필요합니다. 하지만 도덕이 되지 못한 윤리는 탁상공론에 불과합니다.

2. 윤리원칙 중에 절대로 포기할 수 없는 가치라고 평가하는 부분이 바로 **법**입니다. 법의 토대에는 직접적으로든 간접적으로든 공동체가 지향하는 목표인 **윤리**가 자리하며, 그에 도달하기 위한 **수단**이 명시되어 있습니다. 가령 **헌법**과 같은 법은 직접적으로 인간의 존엄성과 그에 따른 인권과 같은 가치를 지향하고 보호합니다. **도로교통법**과 같은 실천적인 규정들도 직접적으로 윤리적 가치를 지향하지는 않지만, **인간 생명의 보호라는 가치**를 간접적으로 지향합니다. 이처럼 법은 절대로 포기할 수 없는 **윤리적 가치**를 강제하기 위한 도구입니다.

3. 얼마 전 헌법재판소는 사회구조 및 결혼과 성에 관한 국민의 의식이 변화되고, 성적 자기결정권을 보다 중요시하는 인식이 확산됐다고 보았습니다. 그렇기 때문에 **간통행위**에 대해 이를 국가가 형벌로 다스리는 것이 적정한지에 대해서 국민의 인식이 일치한다고 보기 어렵다고 밝혔습니다. 그러나 간통죄가 형법의 적용을 받지 않는다 하여, 민사재판에서까지 무죄라는 것은 아닙니다. 여기서 우리가 생각할 것은 **사회가 법에 담고자 하는 윤리적 가치의 마지노선과 우리 신앙인**이 살아가야 할 윤리적 가치의 마지노선이 분명 다르다는 것입니다. 가정에서나 학교에서나 회사에서나 성당에서나 지역사회에서, 우리는 법을 어기지 않았다는 이유만으로 올바른 그리스도인이라고 이야기할 수는 없습니다. 또 그리스도인에게 윤리규범은 단순히 **국민의 의식변화**나 **인식의 확산**에 따라 변하는 것이 아닙니다.

4. 가톨릭교회의 사회교리에서도 **가정**에 대한 교회의 기존 입장을 분명히 합니다. 바로 **성관계**는 오로지 남자와 여자의 결합으로 이루어진 혼인관계 안에서만 이루어져야 한다는 것입니다. 그 이유는 **성과 생명이 분리될 수 없는 것**이기 때문입니다. 가정 안에서 부모와 함께 자랄 새 생명의 권리 또한 보장해주어야 하기 때문입니다. 우리 사회는 어떤 윤리적 가치를 담기 위해 법을 제정하기도 하고 또는 폐지하기도 합니다. 그 가치가 신앙인인 나에게도 타당한지, 나는 신앙인으로서 **내가 살아가는 사회 안에서 윤리적인 가치를 실천**하는지를 살펴봐야 합니다. 또한 도덕적인 사람이 되려고 노력하는지 아니면 윤리원칙이 바뀌기를 바라거나 내 입맛에 맞게 고치면서 살고 있는 것은 아닌지도 스스로 물어봐야 합니다. 더불어 자신이 **도덕적이라고 합리화**하고 있는 건 아닌지 사회교리를 공부하는 우리가 스스로 생각해 봐야 할 점입니다.

266. 초대 교회 때부터 그리스도교 신앙인의 삶은 어떤 모습이었나요?

1. 그리스도교 신앙인은 ①**사랑과 용서**, ②**화해와 일치**, ③**나눔과 섬김**, ④**희생과 봉사의 정신**을 바탕으로 예수 그리스도를 따르며 삶으로 살아내는 사람들입니다. 그리스도인은 세상에 살지만 세상에 속하지 않고, 세상의 흐름 안에 있지만 **물살을 거슬러 올라가는 연어**처럼, **세상을 거슬러 살아가는 존재**입니다. 그리스도교의 역사를 보면, 세상을 거스르는 존재로서의 **집단적 정체성**을 어떻게 형성해왔는지 보여줍니다. 특히 2-3세기의 교부시대는 유대교와 유대 지역을 떠나 교회가 더 넓은 세상 속으로 들어가던 때였습니다. 이즈음에 **교회가 믿는 것**이 무엇인지 학문적으로 설명되기 시작했습니다. **미사전례** 형식이 서서히 고정되기 시작했고, **평일과 주일, 축일과 대축일**이 구분되기 시작했으며, **성사가 집행**되기 시작했습니다. 또한, **교리와 전례**를 통해 교회 안에서 분명한 정체성을 가지게 되었습니다. 교회 바깥을 향해서는 세상과는 다른 **윤리와 이웃사랑의 실천**을 통해 **외적 정체성** 역시 뚜렷해지는 시기이기도 했습니다.

2. 세상과는 다른 뚜렷한 윤리와 실천의 기초인 **대조사회**를 구성하는 시기였습니다. 대조사회란 **마태오 복음의 산상설교**를 근본으로 삼아 이 세상과는 완전히 다르고 대조되는 새로운 세상을 뜻합니다. 산상설교의 가르침을 삶의 태도로 삼고, 그 가르침이 사회 속에 확산되었습니다. 그리스도교 공동체로 형성되도록 실천하는 대조사회의 삶에 **모든 신앙인이 초대받은 것**입니다. 이런 이유로 교회는 세상을 거스르고 세상과 싸움으로서 자신의 정체성을 지켜내고자 했습니다. 이미 초대 교회 때부터 그리스도인들에게 세상은 하느님 나라를 향해 변화되어야 했습니다. 그러했기에 그리스도인은 세상 속에 살지만 세상을 거슬러 세상과 싸워야만 했습니다. 고된 일을 **감수**하는 것뿐만 아니라 삶의 **안락함과 명예** 그리고 심지어는 **목숨**까지도 내어놓아야 하는 일이었습니다. 그것이야말로 그리스도인이 **그리스도인으로 살아가는 방식**이었습니다. 부활하신 예수님께서는 **세상을 거슬러 세상을 이기는 삶**으로 우리를 이렇게 초대하십니다.

267. 십계명의 윤리적 보편성에 대해 사회교리는 어떻게 말하나요?

1. 인간이 세상을 살아가는 데에는 여러 기준들이 있습니다. 인간은 공동체를 형

성하고, 그 안에서 통용되는 **윤리규범**을 만들며, 이를 실천함으로써 함께 살아가는 **사람들의 공동선**을 추구합니다. 우리는 항상 올바른 규정과 규범을 지키는 사람들을 일컬어 '법이 없이도 살 사람'이라고 말합니다. 사회가 발전하고 경제적으로 풍요로워지면서 법이 없이도 살 사람들이 줄어들고 있습니다. 모든 분쟁을 법으로만 해결하려는 생각이 사람들 사이에 팽배해져 **서로 이해하고, 용서하고, 넘어가는 것**이 점점 더 어려운 시대가 되었습니다.

2. 모든 사람은 자신이 자라고 교육받은 환경에 따라 조금씩 다른 **윤리관과 가치관**을 갖고 삽니다. 따라서 인간이 살아가는 사회는 모든 이에게 보편적으로 인정되는 **윤리규범**이 필요합니다. 윤리규범의 보편성은 이미 구약성경에서 이스라엘 백성이 선택된 민족으로서 하느님과 맺은 계약에서 나타납니다. 그들은 이집트 탈출 후 모세를 통해 하느님과 계약을 맺는데, 그것이 바로 시나이 산의 **십계명 사건**입니다. 인간으로서 하느님과 지켜야 할 기본적 계명을 계약으로 맺은 것입니다. 십계명의 내용을 꼼꼼히 살펴보면, 어느 조항 하나도 인류의 윤리규범과 충돌되거나 배치되지 않습니다. 이는 십계명이 윤리규범으로서의 보편성을 지니고 있음을 말해줍니다.

3. 가톨릭교회의 사회적 가르침인 「간추린 사회교리」는 **십계명의 윤리적 보편성**에 대해 다음과 같이 언급하고 있습니다. "십계명은 삶의 훌륭한 지침이며 죄의 예속에서 벗어나 자유롭게 살아가기 위한 가장 확실한 방법을 알려주는 것으로서 자연법을 탁월하게 표현하고 있다. (…) 십계명은 보편적인 인간 윤리를 설명한다."(「간추린 사회교리」, 22항). 또한 이 십계명은 **인간 사회의 상호관계성**에 주목하면서 **가난한 이들의 권리**에 대해 강조하고 있습니다. "한 분이신 참 하느님께 충실하고 또 계약의 백성들이 서로 사회관계에 충실해야 할 의무는 십계명에서 나온다. 이러한 관계는 특히 이른바 가난한 이들의 권리로써 규정된다."(「간추린 사회교리」, 23항)

4. 십계명과 더불어 7년마다 거행되는 **안식년 규정**과 50년마다 거행되는 **희년 규정**은 하느님의 무상 은총과 정의로운 나눔의 방식을 구체적으로 나타낸 것입니다. 하느님께서 베풀어주신 구원사건이 **정의와 사회적 연대의 원리**에 어떻게 영향을 미치는지 잘 보여줍니다. 우리는 인간의 하느님께 대한 사랑과 하느님의 인류에 대한 사랑 안에서 발견되는 **사랑의 계명**을 생활화하려는 노력을 기울여야 합니다. 하느님의 법을 지키는 이들은 세상 안에서 **진정한 자유**를 누릴 수 있기 때문입니다.

268. 한국 천주교회의 장하신 순교자들을 통해 우리가 배울 교훈은 무엇인가요?

1. 한국 천주교회는 선교사 없이 평신도가 스스로 복음의 씨앗을 싹틔운 전 세계 유래가 없는 교회로서, 그 계기는 **국가와 사회**에 대한 걱정이었습니다. 당시 혼란스러운 조선사회를 어떻게 바꿀 수 있을까 고민하던 **조선의 지식인들**은 **서학**[77] 이라고 불리는 **천주학, 천주교 교리**에서 그 답을 찾았습니다. **신앙과 복음**에서 무엇이 국가와 사회가 나아가야 할 길인지를 찾은 것입니다. 우리 신앙선조들은 초대 교회 신자들과 마찬가지로, 가진 것을 서로 나누었습니다. 기회가 허락하는 대로 함께 모여 성경을 읽으면서, 사제를 만나 고해성사와 미사에 참례하기를 애타게 바랐습니다. 양반과 평민, 천민의 구분 없이 참 형제요 참 자매로 지냈습니다.

2. 이러한 우리 신앙선조들은 200년 전 하느님을 믿는다는 이유 하나만으로 아무런 죄도 없이 수차례 모진 박해를 받으며 목숨까지 내어놓아야 했습니다. 세상 불의와 싸우며 신앙을 고백했고, 마침내 형장의 이슬로 사라졌습니다. 103위 한국 순교성인들과 한국 가톨릭교회의 초기 순교자 윤지충 바오로와 동료 순교자 123위의 시복시성은 **한국 가톨릭교회의 큰 기쁨**입니다. 오늘날에는 신앙의 자유가 당연시되고 있지만, 순교자들은 **자신의 전 존재**를 걸고 **신앙 자유**를 위해 싸웠습니다. 무엇 때문에 목숨까지 걸며 신앙을 지켰을까? 형장의 이슬로 사라져가면서도 웃음을 잃지 않았던 용기는 어디서 비롯한 것일까?

3. 초기 순교자들의 삶은 시련의 연속이었으나 천주교에 입교한 이후부터 그들의 삶은 모든 것이 달라졌습니다. 자신의 모든 것을 포기했지만, 하느님을 알게 됨으로써 얻게 된 **기쁨**은 무엇과도 바꿀 수가 없었습니다. 재산도, 가족도, 권력도, 신분도 초월한 신앙 안에서 하느님을 만나서 얻게 된 **진정한 기쁨**을 대체하지 못했던 것입니다. 한편, 한국 천주교회는 이 땅에 들어올 때부터 **조상제사**라는 사회의 가장 중요한 이념과 부딪혔고, 사회의 근간을 이루는 제도였던 **신분제도**와 충돌했습니다. 왕족에서부터 양반, 평민, 천민에 이르기까지 남녀노소를 불문하고, 교우들은 하느님 나라를 이 땅에 건설하기 위해 노력했습니다.

4. 사제들은 신자들을 위해 목숨을 아끼지 않았고, 신자들 중엔 사제를 대신해 잡

---

77) 조선후기 중국에서 도입된 한역 서양 학술서적과 서양 과학기술문물과 이를 토대로 연구하던 학문.

혀갔던 이도 있었습니다. 한 마음 한 몸이 되어 **성령**께서 이루시는 일치 안에서, 한 분 아버지 **하느님**이 계시고, 한 분 스승 **예수 그리스도**가 계심을 삶으로 살아낸 신앙선조들이었습니다. 오늘날 이 시대를 살아가고 있는 우리 신앙인의 모습은 어떠합니까? 같은 신앙 안에서도 **정치적인 이념과 사상**이 다르다는 이유 하나만으로 **사제들과 신자들** 중에는 아직도 하느님의 나라와 이 세상의 나라를 분리시키려 하고 있습니다. 즉, **이 세상의 가치와 이념과 나라를 하느님의 나라와 복음 위에 두고자 하는 사람들**이 있습니다. 경제적인 신분의 차이가 신자들 서로를 참 형제 자매로 부르지 못하게 만들고 있습니다.

5. 오늘날 신자들은 교회 안에서도 천국을 미리 맛보지 못하고 있는 안타까운 현실입니다. 초대 교회 신자들과 이 땅의 순교자들은 신앙이 저 세상만의 이야기가 아니라, 바로 우리 사회, 우리나라의 부조리를 **복음으로 밝히는 일**임을 보여 주었습니다. 더 나아가 우리가 진정으로 신앙인으로서 가톨릭교회의 사회교리를 배우고 실천하고자 한다면, 우리 안에 있는 **성령께서 주시는 일치와 하나**가 되어야 합니다. "하느님께서는 사람을 차별하지 않으신다."(사도 10,34;로마 2,11;갈라 2,6; 에페 6,9)는 성경 가르침은 시대를 넘어 **모든 인간의 존엄성**을 드러냅니다. 모든 사람은 하느님과 닮은 모습으로 창조된 피조물이기에 **동등한 존엄성**을 지닙니다. 따라서 하느님 앞에 모든 사람이 지닌 존엄성은 인간이 다른 사람 앞에서 갖게 되는 존엄성의 기초가 됩니다.

6. 또한 인간 존엄성은 인종, 국가, 성별, 출신, 문화, 계급과 상관없이 모든 사람 사이의 근본적인 평등과 우애의 궁극적인 바탕이 되는 것입니다(『간추린 사회교리』, 144항 참조). 돈, 신분, 학벌, 직업 때문에 차별을 받는 오늘날 우리가 사는 이 세상에서 **초기 신앙선조들의 사상**은 다시 한 번 우리를 일깨워 주고 있습니다. 우리가 이 세상에 하느님 나라 건설을 위해 노력하는 사람이라면 우리를 둘러싸고 있는 **모든 욕심과 거짓**을 던져 버려야 할 것입니다.

7. "신앙은 순교자들이 당대의 엄격한 사회구조에 맞서는 **형제적 삶**을 이루도록 하였습니다. 그들은 **하느님을 사랑하고 이웃을 사랑하라**는 이중 계명을 분리하기를 거부했습니다. 그리하여 그들은 형제들의 필요에 큰 관심을 기울이게 되었던 것입니다. 막대한 풍요 곁에서 매우 비참한 가난이 소리 없이 자라나고 있습니다. **가난한 사람들의 울부짖음**이 좀처럼 주목받지 못하는 사회 속에서 살고 있는 우리에게, **순교자들의 모범**은 많은 것을 일깨워 줍니다. 이러한 속에서, 그리스도께서는 우리가 어려움에 처한 형제자매들에게 뻗치는 **도움의 손길**로써

당신을 사랑하고 섬기라고 요구하시며, 그렇게 계속 우리를 부르고 계십니다."(프란치스코 교황, 2014년 8월 16일 시복미사 강론)

269. 미사 중의 사제 강론에 대한 사회교리의 가르침은 무엇인가요?(1)

1. 사제가 하는 강론에 대해 신자들이 보이는 반응은 **천차만별**입니다. 좋다고 하는 신자들이 있는 반면에 실망했다고 하는 신자도 있고, 무슨 말을 하는 것인지 이해를 못하겠다고 하는 신자도 있습니다. 강론 시간에 종교와 관련된 강론은 하지 않고 정치적인 발언을 해서 싫다는 반응을 보이기도 합니다. 그렇다면 왜 강론에 대한 신자들의 반응이 이토록 천차만별일까? 이는 **강론이 갖는 성격** 때문입니다. 가톨릭교회 교리서에는 사제 강론을 **말씀 선포의 연장**으로 보고 있습니다(『가톨릭교회 교리서』, 1154항 참조). 제2차 바티칸 공의회 「전례헌장」은 전례주년의 흐름을 통하여, 거룩한 기록에 따라 **신앙의 신비들**과 **그리스도인 생활의 규범들**을 해설하는 것으로 성격을 밝히고 있습니다.(「전례헌장」, 52항 참조)

2. 또한 제2차 바티칸 공의회 「사제의 직무와 생활에 관한 교령」을 살펴보면, **강론과 관련된 소임**을 가장 먼저 다룸으로써 그 중요성을 강조하고 있습니다. 또한 강론이 갖는 어려움의 배경을 **현대 세계의 상황**에서 찾기도 합니다. 이 교령은 "사제들은 주님께 받은 **복음의 진리**를 모든 사람에게 전달하여야 할 의무가 있다. 그리스도교의 가르침을 전수하고 교리를 설명하거나, 당대의 문제들을 **그리스도의 빛**으로 해결하려고 노력해야 한다. 언제나 자신의 지혜가 아닌 **하느님의 말씀**을 가르치고 모든 사람을 끊임없이 **회개와 성덕**으로 부르는 것이 사제들의 소임이다."라고 밝히고 있습니다(「사제의 직무와 생활에 관한 교령」). 사제의 강론은 **말씀 선포의 연장**이며, 미사는 **사적 신심 행위**가 아니라 그리스도께서 인류를 하느님께 봉헌하는 **공적이고 거룩한 제사**입니다. 이 공적 제사를 위해 그리스도께서 세우신 교회는 해 뜨는 데서부터 해지는 데까지, **그리스도께서 다시 오실 때까지, 그리스도께서 하셨던 일을 계속할** 뿐입니다.

3. 사제는 **그리스도 이름**으로, **교회 이름**으로 이 제사를 거행합니다. 하느님 백성은 자신의 삶을 하느님께 제물로 봉헌함으로써 **세상과 이웃, 하느님과의 일치**에 참여합니다. 사제는 강론이 사제 개인의 발언이 아닌 말씀 선포의 연장으로 믿어야 합니다. 사제는 무엇과도 비교할 수 없는 막중한 소임을 수행하는 만큼 마

땅히 **열성을 다해** 준비하고 **기도**해야 합니다. 마치 구약의 예언자들이 하느님 말씀을 전하는 소임 앞에서 가졌던 그 **두려움**으로 준비해야 합니다. 동시에 신자들도 강론이 마음에 들던 그렇지 않던 간에 그 강론에 **마음과 귀를 열고**, 마치 구약의 예언자들 말씀에 이스라엘 백성이 그러했던 것처럼 **하느님 말씀**으로 받아들여야 합니다.

270. 미사 중의 사제 강론에 대한 사회교리의 가르침은 무엇인가요?(II)

1. 가끔 미사 중에 사제 강론에 대해 신자들이 불편한 속내를 드러내는 경우가 간혹 있습니다. 이는 **강론의 소재 및 주제 선정**이 문제가 되는 경우입니다. 평소 강론 주제는 사제 자신이 갖고 있는 **가치관과 세계관**, 그리고 **인간관**을 펼치거나 혹은 그에 맞춰 **평가**하는 것이 아닙니다. 성경말씀에 입각하여 **신앙의 신비**와 **그리스도인의 생활규범**을 해설해야 합니다. 강론 내용이 신앙의 신비를 해설하는 데에서는 논란이 적습니다. 그것은 신앙의 신비를 완전하게 해설하고 온전하게 이해해서라기보다는 신앙의 신비 그 자체의 성격 때문입니다. 그러나 사제의 강론에는 신앙의 신비만 있는 것은 아닙니다. 그리스도인의 생활규범과 함께 **우리 사회의 다양한 문제**를 **복음적 시각**으로 **해석**하고 **해설**하는 것까지 포함하고 있습니다.

2. 논란은 대부분 강론 내용이 그리스도인 생활규범에 대한 해설일 때 벌어집니다. 생활규범에 대한 이해가 **시대와 환경**에 따라, 그리고 **사람들 각자**에 따라 저마다 다르기 때문입니다. 게다가 신앙과 생활규범을 지나치게 좁은 의미로 이해하면 그리스도인 생활규범은 단순한 종교적 의무를 이행하는 정도에 머뭅니다. 그렇지만 그것을 넓은 의미로 접근하면 **정치·경제·사회·문화·환경·제도·세계질서와 평화** 같은 구체적이면서 현실적 영역까지 확대됩니다. 우리는 그리스도인의 생활규범을 지나치게 좁은 의미로 해석하는 경향이 있습니다. 미사 참례와 기도 및 고해성사 등 본당 테두리 안에서의 **신심활동 및 봉사활동** 정도로 생각하고 있습니다. 몇 가지 규칙과 규범을 성실히 수행하면 신앙생활을 충실히 하는 것이고, 그렇지 못하면 제대로 하지 못하거나 이른바 냉담 중이라고 생각합니다. 이 같은 분위기에서 **신앙과 생활규범**을 정치·경제·사회 등의 영역으로 확장해 해석, 해설하는 것을 신자들은 **낯설고 불편**해하기까지 합니다.

3. 예를 들어 십계명 중 5계명인 '살인하지 말라'는 계명의 경우 「가톨릭교회 교리서」와 제2차 바티칸 공의회, 가톨릭교회의 사회교리는 이 대목에서 **전쟁과 평화**에 대해 설명합니다. 전쟁문제에서는 군 복무에 관한 것도 다루는데, 그 가운데 이른바 **대체복무제**에 대해서도 말합니다. 교회는 양심에 따라 무력사용을 거부하는 행위를 **적극적 평화 수호 및 평화 증진 행위**로 인정한다고 말합니다. 또 국가는 이런 사람들을 위해 대체복무 등으로 공동체에 봉사할 기회를 줘야 할 의무가 있다고 가르칩니다. 교회와 하느님 백성이 처한 사회문제 중에 오늘날 사람들을 힘겹게 하는 가장 큰 문제는 **경제문제**일 것입니다. 거의 모든 사람들이 경제적 문제로 힘들어하고 있고, 그리스도인들도 세상 한가운데 살기에 이 문제를 초월할 수 없습니다. 따라서 경제문제는 그리스도인이 직면한 문제이기도 합니다.

4. 사제가 이와 관련해서 네 이웃을 사랑하라는 복음말씀을 놓고 강론을 합니다. 보편타당한 가르침에 대해 한국사회 정서에 걸 맞는 **지혜로운 재해석**을 통해 강론을 하면 아무런 문제가 될 것이 없습니다. 그러나 **지나친 정치이념**이나 **편향된 개인주의 가치관**에 따라 **자본주의의 구조적 모순**을 이야기하기도 합니다. 또 자본이 축적되면 될수록 노동의 소외 혹은 노동의 피폐를 가져온다는 것을 말하며, 어떠한 경우에도 자본이 노동을 예속시켜서는 안 된다고 가르치기도 합니다. 이는 공의회의 「사목헌장」과 「가톨릭교회 교리서」, 「간추린 사회교리」에 담긴 일관된 가르침입니다. 하지만 위와 같은 내용으로 강론을 하면 이는 **말씀 선포의 연장**인가, 아니면 **사제 개인의 발언인가에 대한 논란**이 있을 수 있습니다. 따라서 교회의 **올바른 가르침**도 또 **당대의 문제**를 해결하려는 의도의 강론도 **그 나라가 처한 상황과 그 시대의 흐름과 정서**에 맞게 해야 합니다. 어느 정치이념에 치우치지 않는 현명한 **사목적 배려**가 더 필요한 경우가 있습니다.

271. 성체모독과 성체훼손 사건에 대한 가톨릭교회의 입장은 무엇인가요?

1. 성체는 **그리스도교 생활 전체의 원천이며 정점**입니다. 그렇기 때문에 가톨릭교회는 성체와 관련해 지나치게 엄격하다고 할 정도로 세부적인 규정을 두어 **중요성**을 강조하고 있습니다. 특히 성체에 대한 **신성 모독행위**는 가톨릭 신앙의 가장 성스러운 것에 대한 도전 행위로 보고 있습니다. 가톨릭교회는 성체를 의

도적으로 모독하는 이들에게 교회법 제1367조에서 이렇게 경고합니다. "성체를 내던지거나 독성의 목적으로 뺏어가거나 보관하는 자는 사도좌에 유보된 자동 처벌의 파문 제재를 받는다. 성직자는 그 외에도 처벌될 수 있고, 성직자 신분에서의 제명 처분도 제외되지 않는다." **성체를 내던지는 것**(라틴어로 abicere)은 단지 던지는 물리적인 행위뿐만 아니라 성체를 경멸하거나 모욕하거나 훼손하는 등 넓은 의미로 이해합니다. 또 불순하고 미신적인 목적으로 성체를 소지하거나, 성체를 직접 만지지 않더라도 고의적인 모독 행위의 대상으로 삼았을 경우 중대한 죄로 간주되어 **사도좌에 유보된 자동 처벌의 파문 제재**를 받는다고 지적하고 있습니다.

2. 교회법에는 자동 파문에 처해지는 여섯 가지 중대한 범죄행위를 명시하고 있는데, **①낙태, ②교황의 생명에 대한 침해, ③성청 권위 없이 불법적으로 주교를 서품하는 행위, ④성체의 모독, ⑤사제의 고백 비밀 서약 파기, ⑥사제 자신이 공범으로 가담돼 있는 죄를 사면하는 경우** 등이 그것입니다. 이 여섯 가지 범죄 행위에 성체에 대한 모독이 포함돼 있다는 것은 그만큼 교회가 성체를 둘러싼 문제를 심각하게 받아들인다는 의미입니다. 성체 보존에 관한 교회 문헌인 교황청 경신성사성 훈령은 "신성모독의 목적으로, 축성된 성체와 성혈을 치우거나 보유하는 행위, 또는 그것을 버리는 행위도 사도좌에 사면이 유보된 **중대한 범죄**임을 명심해야 한다."고 강조하고 있습니다(「구원의 성사」, 132항). 이러한 교회의 해석에 따르면, 성체를 경멸하거나 모욕하거나 훼손하는 행위는 성체성혈에 대한 **심각한 모독죄**이자 가톨릭 신앙의 가장 성스러운 것에 대한 **도전 행위**에 해당됩니다. 그러므로 예수 그리스도가 성체 안에 현존하고 계심을 믿는 그리스도인들은 가능한 최선의 방법으로 성체에 대한 **사랑과 공경**을 표해야 합니다. 아울러 우리는 예수 그리스도의 **현존 의미가 약해지거나 손상당하는 현실**을 바로잡아야 하는 의무를 부여받습니다.

272. 가톨릭교회의 길거리 미사와 성체성사가 가지는 특별한 의미는 무엇인가요?

1. 오늘날 이 땅에서는 거룩한 장소가 아닌 **길거리 곳곳**에서 미사를 봉헌하기도 합니다. 그러나 사람들은 예수님의 벗을 기억하며 봉헌하는 **길거리 미사를 신기한 듯 바라보거나** 혹은 **차가운 시선**을 보내기도 합니다. 대부분의 그리스도인

들은 왜 미사를 길거리에서 하느냐며 마땅찮아 합니다. 그렇지만, "교회는 가난하고 고통받는 사람들 가운데에서 자기 창립자의 가난하고 고통받는 모습을 알아보고, 그들의 궁핍을 덜어 주도록 노력하며, 그들 안에서 그리스도를 섬기고자 한다."는 「교회헌장」을 묵묵히 실천하고 있는 것입니다.(「교회헌장」, 8항)

2. 우리에게는 **거룩함**이라는 단어가 익숙합니다. 성부 성자 성령의 삼위일체이신 하느님께도 거룩함을 수식하고, 성경·성당·성가처럼 책과 장소와 음악에도 거룩함을 수식합니다. 또한 성품·성직자·성인처럼 사람과 직분에도 거룩함을 수식합니다. 그러나 **사람들 발에 밟힌 곳, 자동차 소음과 수많은 행인의 분주함으로 어지러운 곳, 무심히 흐르는 강 주변에 잡초가 제멋대로 자란 곳, 기계소리로 어수선한 곳, 그곳을 우리는 거룩한 곳**, 곧 **성당**이라 부를 수 있어야 합니다. 그곳에서 부르는 노래를 **성가**라 할 수 있어야 하고, 그곳에서 읽는 하느님 말씀을 **성경**이라 부를 수 있어야 합니다. 또한 그곳에 모인 이 사람 저 사람을 모두 **성도**라고 부를 수 있어야 합니다. 그곳에서 이뤄지는 행위를 **성찬례**라 할 수 있어야 하고, 그곳에서 나누는 빵과 포도주를 **성체와 성혈**이라 할 수 있어야 **진정한 거룩함**이 함께 하는 것입니다.

3. 희생이란 말의 라틴어(Sacrificium)의 어원은 거룩함을 행한다는 뜻입니다. 그렇게 성(聖)과 속(俗)은 같은 내용의 두 이름인 셈입니다. 거룩함은 **희생을 구성하고 행동은 거룩함과 짝**을 이루는데, 우리는 그 전형을 **성찬례**에서 찾을 수 있습니다. 예수님의 몸과 피는 예수님의 몸과 피로서 거룩하기도 하겠지만, 그분 **희생** 때문에 거룩합니다. 이웃을, 그것도 보잘것없는 이를, 배고프고 목마르며, 헐벗고 떠돌아다니며, 병들고 감옥에 갇힌 이를 살리기 위해 자신의 살과 피를 스스로 내어놓는 그 희생 때문에 거룩한 것입니다. 세상이 내버린 이들, 세상이 무능하다고 낙인찍은 이들, 거추장스럽다며 사라져줬으면 바라는 이들, 그 보잘것 없는 이들 가운데 하나를 살리기 위해 자신의 몸을 십자가에 내맡기고 피 한 방울 남김없이 흘렸기에 거룩합니다. 희생이 없는 거룩함은 단순한 상징이며 표지에 불과하고, 상징과 표지는 실재가 아닙니다. 전통적 교리로 따지자면 성사가 될 수 없다는 뜻입니다. 예수님의 그 희생(거룩한 행위)을 **기억**하며 그 희생에 **동참**하고 **동행하지 않는 성찬례**는 성찬례(성사)가 아니며, 우리들의 상징적 요식행위에 불과합니다.

4. 성찬례 중에 "이는 너희를 위하여 내어 줄 내 몸이다. (…) 이는 새롭고 영원한 계약을 맺는 내 피의 잔이니 죄를 사하여 주려고 너희와 많은 이를 위하여 흘릴

피다. 너희는 나를 기억하여 이를 행하여라."라고 하는데, 우리가 기억할 예수님은 누구일까? 우리를 위해 당신 몸을 내어주신 예수님, 우리와 많은 이를 위해 피 흘린 예수님, 그 예수님이 우리가 기억할 예수님이 아니겠습니까? 그 예수님은 "배고프고 목마르며, 헐벗고 떠돌아다니며, 병들어 누워있고 감옥에 갇힌 이", 그러니까 **사회적 약자**와 당신을 동일시하셨습니다. 예수님을 기억한다는 것은 곧 **이 세상 사회적 약자**를 기억한다는 것입니다. 그 예수님께서 우리에게 행하라고 당부하신 **최후의 유언**을 떠올려야 합니다. 사회적 약자를 위해 당신 몸을 내어주고, 피를 흘리신 그것을 우리보고 계속해달라고 당부하신 것을 잊어서는 안 됩니다. 우리는 겉모습으로만 성과 속을 구별하는 데 익숙합니다. 전국 방방곡곡 성당에서 성음악과 함께 성스러운 미사가 매일 봉헌됩니다. 그런데 방방곡곡에서 예수님의 벗들은 배고프고 목마르며, 헐벗고 떠돌며, 아파하고 감옥에 갇히고 있습니다.

5. 율법 교사가 예수님께 묻습니다. "누가 저의 이웃입니까?"(루카 10,29). 그러자 예수님께서 착한 사마리아 사람의 비유를 말씀하신 후에 율법 교사에서 되물으십니다. **"누가 강도를 만난 사람에게 이웃이 되어 주었다고 생각하느냐?"**(루카 10,36) '강도를 만난 사람의 이웃은 누구였느냐' 하고 묻지 않으시고, '이웃은 네 물음의 대상이 아니란다. 그러니 먼저 너를 간절히 원하는 누군가에게 다가가 이웃이 되어 주어라.'라고 말씀하시는 것입니다. 누군가에게 이웃이 되어줄 때 비로소 이웃이 누구인지 알게 됩니다. 따라서 그 이웃이 누구인지를 **아는 것**이 우선이 아니라, 누군가에게 **다가섬**으로써 이웃이 되어주는 것이 우선이라는 것입니다.

273. 이웃 종교에 대한 가톨릭교회의 가르침은 무엇인가요?

1. 인류가 살고 있는 지구상에는 무척이나 **다양한 종교들**이 있습니다. 한 보고서에 따르면 2015년 대략 73억 명의 세계 인구 가운데 어떤 종교든 신앙을 가진 이들은 **84%**나 된다고 합니다. 반면에 초자연적 존재를 믿지 않거나 무신론을 따르는 이들은 16%라고 합니다. 수많은 종교 가운데 하느님을 창조주로 고백하며 아브라함을 믿음의 조상으로 삼는 **유다교**(0.2%)와 **그리스도교**(32%)와 **이슬람교**(24%)가 특히 많은 비중을 차지하고 있습니다. 인도를 중심으로 발생한 **힌**

두교(15%)와 **불교**(7%), 그리고 동아시아에서 유불선의 영향을 받은 **민간 신앙** (6%)의 비중 또한 적지 않습니다. 가톨릭교회는 **이웃 종교**에서 발견되는 옳고 거룩한 것은 아무것도 배척하지 않습니다. 오히려 그들의 **생활 양식과 행동 방식, 계율과 교리**도 진심으로 존중합니다. 왜냐하면 **성령**께서는 인간의 실존적 종교적 물음의 **근원**에 계시며, 인류를 이롭게 하는 **모든 고귀한 생각과 활동의 원천**이시기 때문입니다.

2. 가톨릭교회는 각 사람들과 세계 여러 민족의 **의례와 문화**에서 찾아볼 수 있는 모든 **선한 것과 참된 것**을 하느님께서 그들 안에 심어놓으신 **말씀의 씨앗**으로 여깁니다. 특히 다른 여러 종교 안에는 헤아릴 수 없이 많은 말씀의 씨앗이 심어져 있습니다. 이 말씀의 씨앗은 이미 **악에 대항하고 생명과 선한 모든 것에 봉사**하고 있습니다. 가톨릭교회는 이웃 종교 안에 있는 말씀의 씨앗을 존중하는 마음으로 찾아내어 **그리스도와의 온전한 만남**이 이루어지도록 힘쓰고 있습니다. 복음을 받아들일 수 있는 **말씀의 씨앗**과 **그리스도의 만남**이 이루어져 풍성한 결실이 맺어지도록 가톨릭교회와 이웃 종교 사이의 대화를 이끄시는 분은 **성령** 이십니다.(「교회의 선교사명」, 56항 참조)

274. 신흥(유사) 영성운동의 현황과 이에 대한 교회의 가르침은 무엇인가요?

1. 오늘날 종교계에서 일어나는 변화 가운데 주목해야 하는 것 중의 하나는 이른바 보이지 않는 **종교의 확산**입니다. 신자 공동체나 교계제도, 집단적 예배의식, 물리적 시설 등을 갖추지 않은 **기공이나 단전, 초월명상**(TM), **염력, 마인드 컨트롤**(Mind Control), **선**(禪), **초감각적 지각**(ESP) 등이 그것입니다. 이 같은 운동은 **초월적이고 신비적이며 영적인 것**을 추구합니다. 또 인간의 종교적 욕구에 부응하기에 종교학자들은 '**대체종교**' 성격을 지닌 것으로 분석하기도 합니다. 신흥(유사) 영성운동의 확산은 19세기 후반부터 문화의 여러 영역에서 나타나는 **탈현대성**과 연관이 있는 것으로 해석됩니다. 탈현대성이란 산업사회라는 성격에 대응해 등장한 새로운 문화적 흐름을 지칭합니다. 이를 종교적 측면에서 보자면 **물질적이고 과학적이며 합리적인 것이 지배하는 사회상황**에 대한 반발로 **비합리적이고 신비적이며 영적인 것에 대한 욕구와 갈증**이 증대된 것이라고 말할 수 있습니다. 주목해야 할 것은 예전과 달리 많은 사람들이 **자신의**

종교적, 영적 욕구를 제도종교를 통해 충족하려고 하지 않는다는 점입니다. 그러기에 죽음이나 장례, 윤회, 귀신, 영계, 초월, 초능력 등과 같은 것들이 제도종교 영역에 국한되지 않고, 일상생활이나 대중문화 예술의 주요 주제가 되고 있습니다.

2. 신흥(유사) 영성운동이 급속히 확산되는 이유는 오늘날 많은 이들이 **영적 갈증을 느끼고 있음에도 그것을 기성종교들이 채워주지 못하기 때문**입니다. 아울러 신흥(유사) 영성운동가들의 **전략이 치밀하고도 체계적으로 전개된다는 점**, 그리고 **거대 자본가들의 이윤 추구**도 크게 작용합니다. 영성의 상품화는 지식정보화 사회의 중요한 특성 가운데 하나인 **문화산업과 네트워크 형성, 마케팅을 위한 단계적 전략** 등에서 구체화하고 있습니다. 신흥(유사) 영성운동은 확연하게 눈에 띄지는 않지만 **초월적 세계**에 관심을 갖고 있습니다. **영성**을 추구한다는 점에서 분명 종교성을 지니고 있고, **신 종교운동**에 속합니다. 하지만 이 운동은 지금까지의 신흥(유사) 종교운동과는 여러 측면에서 성격을 달리합니다. 지금까지의 신 종교운동은 급속한 사회변동에 적응하지 못해 **소외되거나 억눌리거나 상처받거나 고통받는 사람들**의 민중 종교운동으로 나타났습니다. 반면 신흥(유사) 영성운동은 비교적 높은 **교육수준과 안정된 직업을 갖고 있는 중산층**이 중심입니다. 소비문화가 발달한 **대도시 지역**을 중심으로 확산돼 신흥(유사) 종교운동이라고 불리고 있습니다.

3. 신흥(유사) 영성운동의 사상적 특징은 ①의식의 변용을 궁극적 실재에 이르는 매우 중요한 지표로 보고 있고, ②초월적 하느님이나 신보다는 자연과 인간 안에 내재하는 신성이나 영성에 주목하며, ③현대는 인류의 영적 진화에 중요한 대전환점이고 개개인의 영적 각성은 이러한 영적 진화과정의 일부인 것으로 간주한다는 데 있습니다. ④또한 인간 밖에 존재하는 하느님이나 초자연적 힘에 의지하는 종교보다는 자율적 개인의 각성에 의한 영성 계발을 강조하며, ⑤과학과 종교를 서로 대립하는 것이 아니라 합치돼야 할 것으로 간수한나는 점도 특징입니다. 신흥(유사) 영성운동이 지니는 이러한 특성은 필연적으로 **그리스도 신앙과 충돌하며 건전한 신앙생활을 저해**합니다. 신흥(유사) 영성운동은 우선 **그리스도교의 신론**을 부정하고 모든 것을 하나로 보는 '**단일론**'을 내세우기에 그리스도의 신성과 그리스도 예수를 통한 **구원론**도 부정합니다.

4. 신흥(유사) 영성운동은 또한 **혼합주의적 신앙**을 유발하고 **그리스도교 윤리**와도 상충됩니다. 신흥(유사) 영성운동에서 강조하는 **비술**이나 **영술**에 지나치게 몰입

하는 것도 **건전한 신앙생활**을 해칠 가능성을 높이게 됩니다. 신흥(유사) 영성운동은 따라서 **그리스도교 진리의 절대성과 교회 정체성을 위협할 가능성**이 매우 높습니다. 신흥(유사) 영성운동의 발생과 확산은 탈현대사회에 접어들면서 나타나는 종교 문화적 변화이자, 탈현대사회를 살아가는 사람들의 의식세계의 표현입니다. 천주교는 전통사회로부터 근대사회로 넘어오는 시기에 많은 어려움을 맞았지만 가톨릭교회의 **사회교리 체계화**나 **사회사목 활성화**를 통해 극복한 경험이 있습니다. 이제 탈현대라는 새로운 물결 속에 접어들었습니다. 이 물결은 **기존 신앙**과 **제도교회**를 위협하기도 합니다. 이러한 시대 징표를 정확하게 읽고 그에 대처하려는 적극적 태도를 보일 때에만 교회는 자신에게 부과된 **복음화 사명**을 충실히 수행할 수 있을 것입니다.

275. 신흥(유사) 종교와 그 폐해는 무엇인가요?(1)

1. 신흥(유사) 종교란 말 그대로 새롭게(新) 일어나는(興) 종교입니다. 신흥(유사) 종교는 기성 종교와 구별되는 종교로서, 기성 종교보다 상대적으로 **역사가 짧은 종교**입니다. 새로운 종교를 지칭하는 신흥(유사) 종교가 일반적인 용어이지만, **유사 종교, 사이비 종교, 사교, 이단** 등으로 부르기도 합니다. 이러한 부정적인 용어들은 기성 종교가 신흥(유사) 종교를 폄하해서 부르는 말입니다. 한국의 신흥(유사) 종교 현황을 살펴보면, 그 특성상 **정확한 숫자**를 알기는 어렵습니다. 교단의 조직과 교리체계가 잡힌 경우에는 비교적 파악이 쉽습니다. 하지만 많은 경우에 깊은 산속이나 대도시 영세민 거주지역에 은거해서 활동하는 **소규모 단위의 단체들**이 많기 때문에 파악이 쉽지 않습니다. 1980년대 군사정권 시절에 계룡산에 산재해 있던 불법 시설물들을 정리한 적이 있었습니다. 대부분이 신흥(유사) 종교와 관련된 시설들이었는데 그 수가 무려 300개가 넘었다고 했습니다.

2. 지금도 전라북도 모악산, 경상북도의 소백산과 일월산, 강원도 태백산 등은 신흥(유사) 종교들로부터 인기가 많은 명산들입니다. 또 한 가지 파악이 어려운 이유는 그 단체의 명칭이 ○○학회, ○○연구회, ○○협회 등과 같은 이름을 가지고 있거나, 아예 교단 이름이 없는 경우도 많기 때문입니다. 신흥(유사) 종교를 신봉하는 사람들의 숫자를 파악하는 것도 불가능해 보입니다. 각 종단이나 단

체에서 발표하는 신도 수는 대부분 과장하여 발표되기 때문입니다. 신흥(유사) 종교에 빠져드는 사람도 시대에 따라 변하는데, 예전에는 대개 소외되거나 억눌린 사람들이 많았지만, 근래는 경제적 형편이 나아지면서 **중산층 여성**들이 신흥(유사) 종교에 많이 빠져들고 있습니다. 또 신흥(유사) 종교의 **인간존중 사상과 민중사상**에 매료된 젊은이들도 신흥(유사) 종교에 많은 관심을 가지게 되는 형편입니다. 예나 지금이나 공통적인 점 한 가지는 **불치병이나 난치병 환자들** 또는 **그 가족들**이 지푸라기라도 잡고 싶은 심정으로 신흥(유사) 종교에 많이 현혹된다는 것입니다. 많은 경우에 신흥(유사) 종교 관계자들은 이들의 약점을 적절히 이용하기도 합니다.

3. 신흥(유사) 종교는 대개 다음과 같은 교리적 특징을 갖고 있습니다. ①**기성 종교 비난**: 대부분의 신흥(유사) 종교들은 기성 종교를 비난하며, 기성 교회들은 타락하여 더 이상 구원의 도구가 될 수 없고, 자기 교단에 들어온 자들만이 구원을 받는다고 주장합니다. ②**시한부 종말론 주장**: 시한부 종말론은 신흥(유사) 종교들의 단골메뉴입니다. ③**선민사상과 독선주의**: 대부분의 신흥(유사) 종교들은 '자기들만'의 구원을 주장합니다. ④**다수 종교 혼합주의**: 최제우는 유교와 불교, 도교를 통합하여 동학을 창시하였고, 강대성 역시 유·불·선을 통합하여 일심교를 창시했습니다. 증산교를 세운 강일순의 주장에는 불교, 동학, 도교, 민간신앙이 뒤섞여 있고, 천주실의를 지은 예수회 선교사제 마테오리치의 이름도 등장합니다. 사이비성이 강한 신흥(유사) 종교의 교주일수록 샤먼적 강신체험의 소유자들이 많으며, 기복신앙을 가진 추종자들에겐 맞춤형 교주가 아닐 수 없습니다. ⑤**교주숭배**: 신흥(유사) 종교에서는 당연히 교주숭배로 이어집니다.

276. 신흥(유사) 종교와 그 폐해는 무엇인가요?(II)

1. 신흥(유사) 종교의 폐해를 살펴보려고 하면 신흥(유사) 종교들이 일으키는 **일탈 행위들**이 정확히 노출되지 않는 경우가 대부분입니다. 많은 신흥(유사) 종교들은 사회에서 격리된 **기도원이나 신앙촌**에서 집단을 이루어 거주합니다. 신도들은 교주에 대해 절대 복종관계에 있기 때문에 신흥(유사) 종교 내부에서 어떤 일이 벌어지는지는 잘 알 수 없습니다. 겉으로 드러난 문제만도 심각한 경우가 많지만, 사건이 터진 후 뒤늦게 알려지는 경우 사회에 끼치는 파장은 더욱 커집

니다.

2. 신흥(유사) 종교의 부정적 폐단들을 열거해보면 다음과 같은 것들이 있습니다. **①사회질서 혼란 야기:** 신흥(유사) 종교 추종자들은 자신이 신봉하는 종교이념과 종교활동에는 투철하면서도 국가나 사회구성원으로서의 책임은 회피하는 경우가 많습니다. 신흥(유사) 종교에서는 종종 가정이나 직장, 학교 등을 포기하기를 종용합니다. 특히 시한부 종말론을 주장하는 집단일수록 그런 경향이 심합니다. 가까운 미래에 지상낙원이 도래할 것이기 때문에 가정도 직장도 공부도 다 필요 없다는 것입니다. 또 신흥(유사) 종교들이 시한부 종말론을 주장하는 자체가 이미 사회에 혼란을 가져옵니다. 당사자들에게는 긴박감과 공포감을 심어주고 가정에는 불화를 일으키며 사회에는 혼란을 불러옵니다. **②재물수탈:** 신도들의 재산을 헌납하게 하여 교주나 측근들의 배를 불리는 경우입니다. 특히 시한부 종말론과 현세 기복적인 성향이 높은 신흥(유사) 종교일수록 이런 행위는 매우 빈번하게 발생합니다. 말세의 심판을 면하고 지상천국에 참여할 수 있는 조건으로 헌금 액수를 정하기도 합니다. 어차피 지상천국이 도래하면 이 세상의 재물은 소용이 없으니 교단에 헌납하여 포교에 힘을 실으라는 식으로 재물을 수탈합니다.

3. **③성적(性的) 일탈행위:** 신흥(유사) 종교에서의 성적 일탈행위들은 보도매체들을 통하여 드러나거나, 재판을 통하여 유죄판결을 받기 전까지는 그 실상이 제대로 파악되지 않습니다. 대부분의 경우에 신흥(유사) 종교에서 교주는 신격화됩니다. 따라서 그의 권위는 절대적이므로, 성적 일탈행위도 대부분 교주나 그 측근들에 의해 일어납니다. 성적인 일탈행위들은 교주들의 절대적인 권위에 의해서 일어나기도 하지만, 허무맹랑한 교리에 의해서 일어나기도 합니다. **④폭행과 과실치사:** 신흥(유사) 종교들은 폭력과 과실치사의 문제들을 일으켜 사회적인 말썽을 빚기도 합니다. 현세 기복적인 신흥(유사) 종교에서는 그들만의 치유행위가 빈번히 행해집니다. 질병치유에 집착하는 신흥(유사) 종교에서 불치병환자들에게 마귀를 떼기 위해 심하게 구타하다가 사망하는 경우, 금식에 집착하다가 사망하는 경우, 신흥(유사) 종교를 이탈하려는 사람들을 구타하다가 사망시키는 경우 등입니다. **⑤집단 히스테리:** 신흥(유사) 종교의 특징인 열광성은 종종 집단 히스테리를 일으키는 요인이 됩니다.

277. 요즘 젊은이들이 신흥(유사) 종교에 빠져드는 이유는 무엇인가요?

1. 요즘 젊은이들이 교회를 떠난다고 하지만 젊은이들에게 종교적인 **심성과 영적 갈증**이 없다고 말할 수는 없습니다. 신흥(유사) 종교는 젊은이들의 이런 내면 상태를 잘 파악하여, 그들에게 **왜곡된 성경해석과 잘못된 교리**를 통해 영적 갈증을 채워주며 이를 세뇌시키고 있습니다. 신흥(유사) 종교들은 "인생이 무엇인가? 우리는 어디에서 와서 어디로 가는가? 어떻게 사는 것이 진정한 삶인가?"라는 철학적이고, 인문학적인 질문에서부터 시작합니다. "신은 있는가? 천국과 구원은 무엇인가?" 등등 종교적인 문제에 대해서도 젊은이들 트렌드에 맞게, 육하원칙에 따라서 이성적이고 합리적인 논리로 풀어주기 때문에 젊은이들이 쉽게 빠져들게 됩니다.

2. 신흥(유사) 종교들은 하나같이 **세상의 전쟁, 자연재해, 신기한 일들**을 모아서 보여주며 마치 세상 종말이 곧 올 것처럼 속이고, **종말의 두려움과 무서움을 유발**시킵니다. 그리고 예외 없이 자신들만의 교회에서, 자신들의 교주가 가르치는 **내용을 믿고 따르고 실천해야 구원**받는다고 가르칩니다. 또 신흥(유사) 종교들은 기성 종교의 부패하고 타락한 모습을 부각시킵니다. 참신하고 깨끗하고 정당한 모습으로 포장된 자신의 교회만이 **올바른 종교**라고 세뇌시킵니다. 힘겹게 살아가는 젊은이들이 자신의 자리에서 현실을 외면하게 만들고, 자신의 삶을 충실히 살아가지 못하게 만듭니다. 마치 신기루처럼 영생을 꿈꾸고, 인생의 해답이 **자신들의 종교안에서 전부 다 풀어지는 것**처럼 속입니다.

3. 신흥(유사) 종교단체는 그 종교단체에서 벗어나게 되면 **극심한 소외와 불안**을 느끼게 되어 인생의 모든 것이 끝나는 것처럼 여기도록 만듭니다. 그 집단 안에서는 또래 젊은이들끼리 **강한 소속감, 연대감**을 가지게 만들어 주고 그곳에서 행복하다고 느끼게 합니다. 현재 많은 젊은이들이 신흥(유사) 종교에서 **자신의 청춘과 인생**이 사기당하고 있습니다. 영혼이 좀먹고, 파괴되고 있음을 알아차리지 못하고 생활하고 있습니다. 젊은이들에게 우리 가톨릭교회가 더 관심을 갖고, 그들의 마음을 헤아리며 그들의 눈높이와 트렌드에 맞게 다가가는 **새로운 패러다임**이 절실히 필요한 때입니다. 지금의 **제도와 접근 방식**은 이미 젊은이들에게 매력을 잃어버렸습니다. 젊은이들 안에서 **새로운 복음화**를 이루기 위한 **새로운 열정, 새로운 표현, 새로운 방법**이 절실히 요구됩니다. **사목자는** 물론 수도자, 평신도들 모두 함께 힘과 지혜를 모아야 합니다.

278. 우리 사회에서 건전한 신앙생활을 해치는 운동과 흐름은 무엇이 있나요?

1. 한국천주교주교회의 신앙교리위원회는 **신흥(유사) 종교운동, 시한부 종말론, 사적 계시, 뉴 에이지 운동, 건강과 치병을 관련된 비술과 영술 운동, 각종 예언술, 풍수지리, 전생, 환생 신드롬, 종교 다원주의, 복제 인간** 등 한국사회에서 드러나는 전반적인 문제점들을 지적하고 주의를 환기시켰습니다. 1990년대 초에 휴거와 같은 세상 종말에 관한 헛된 소문으로 사회에 불안 풍조가 만연하였습니다. 세기말 현상으로서의 지구 종말에 관한 두려움이 **노스트라다무스**[78] 예언과 맞물려 사회에 큰 파장을 불러일으켰습니다. 또한, 2003년 신앙교리위원회는 두 번째로 신흥(유사) 영성운동에 대하여 집중적으로 주의를 환기시켰습니다.

2. 현재 한국사회는 **인류의 보편적 가치**나 **공동선**과 같은 윤리 덕목보다 **개인의 건강**이나 **안녕**에 더 큰 관심을 두며, 그것을 충족시켜 주는 **여러 운동들**이 널리 확산되고 있습니다. 이러한 운동들에서 제시하고 있는 **방법이나 기술**은 일상생활의 **긴장 해소, 육체적 건강, 마음의 정화** 그리고 **정신력 강화**에 다소 도움이 될 수 있습니다. 또한 **생명의 존엄성**을 고취하고, **자연 환경과 생태계의 중요성**을 일깨우며, 전통문화의 가치를 재발견하고 재해석하는 데 기여하는 긍정적인 측면도 있습니다. 그러나 이러한 것들 중에는 **신흥(유사) 종교운동**이나 **신흥(유사) 영성운동** 또는 **여러 가지 주의나 주장들**로 확산되는 것들도 있습니다. 그리하여 **그리스도 신앙을 훼손**하거나 **그리스도교의 가르침에 도전하는 형태**로 나타나 교회의 **건전한 신앙생활**을 위협하고 있는 것입니다.(「건전한 신앙생활을 해치는 운동과 흐름」, 4쪽 참조)

3. 신흥(유사) 종교운동에는 공통적으로 **교주의 신격화, 시한부 종말론, 기존 사회 질서 거부, 직장이나 학업 그리고 재산과 가정생활의 포기, 집단 히스테리와 성 문란 행위 그리고 폭력 행위나 노동력 착취** 등 심각한 사회적 종교적 문제가 발생합니다(「건전한 신앙생활을 해치는 운동과 흐름」, 4쪽 참조). 신흥(유사) 영성운동은 대단히 광범위하게 확산되어 있으며, **뉴 에이지 운동**이나 **정신세계 운동** 그리고 **기수련 운동** 등의 유형이 여기에 포함되고 있습니다. ①**뉴 에이지 운동**은 종교적 혼합

---

78) 프랑스의 의사·철학자·점성가(1503-1566년). 프랑스 각지를 다니면서 질병의 치료에 종사하였으며, 1558년에는 예언서 「제세기(諸世紀)」를 썼는데 그중에 많은 예언이 적중하여 주목을 끌었다.

주의나 윤리적 무차별주의의 성향을 나타냅니다. 무엇보다 하느님을 피조물의 세계와 동일한 본질을 갖춘 존재로 보는 데에 문제가 있습니다. 이들은 "하느님은 유일한 창조주, 해방자, 인격신이 아니다. 단지 우주의 신적 에너지일 뿐이다. 예수도 하느님의 아들, 구세주, 유일한 메시아가 아니다. 단지 많은 우주적 에너지의 화신 가운데 하나일 뿐이며 당시대의 메시아였을 뿐이다."(「건전한 신앙생활을 해치는 운동과 흐름」, 12쪽)라고 주장합니다. ②**정신세계 운동**은 1970년대 후반에 일본에서 등장한 운동으로 인류의 보편적 가치나 윤리 덕목, 또는 국가나 소속 집단에 대한 충성을 강조하는 일본식 가치보다는 명상, 요가, 신비주의, 오컬티즘(occultism:신비 체험을 추구하는 비밀 종교 집단) 등에 관심을 가지며, 초능력이나 신비체험을 강조합니다.

4. ③**기수련 운동**은 1970년대에 기수련 단체들이 설립되고 개인의 안녕과 평화에 대한 관심이 증가하면서 확대되기 시작하였습니다. 정신적·육체적 건강과 평화를 약속하는 기수련 단체들을 통해 영적 세계와 교감을 추구하거나 인간이 지닌 영을 키우는 것을 목표로 삼기도 합니다. 무속적 유형(각종 예언술, 풍수지리, 전생, 환생 신드롬)의 사례들에서는 "윤리 도덕적인 의무나 양심, 책임감 등을 찾아볼 수 없다. 이들은 하느님을 비인격적 존재인 우주의 기(氣), 또는 영으로 여기고 있으며, 세상에서 건강하고 유복하게 사는 것만을 인생의 목적으로 삼는다."고 말할 수 있습니다(「건전한 신앙생활을 해치는 운동과 흐름」, 12쪽). 또한 현재 한국 교회 내에서는 이러한 유형의 **가계 치유**가 확산되고 있어 심각한 문제가 되고 있습니다(「올바른 성령 이해」, 59-62쪽 참조). 종교 다원주의에서의 주장 또한 **그리스도교의 정체성과 고유성을 해치고 있다는 점**에서 심각한 우려의 대상이 되고 있습니다. **사적 계시** 역시 개인의 종교적 체험을 바탕으로 신자들에게 그릇된 신앙관을 조장하며 교회 내에 깊이 침투되어 있습니다.

5. 이러한 흐름들은 **성령 운동이나 성모신심 운동에 기생하거나 이에 편승**하여 정형화 내지 조직화되어 가는 경향을 보이며, 신자들의 건전한 신앙생활에 커다란 걸림돌이 되고 있습니다(「건전한 신앙생활을 해치는 운동과 흐름」, 8쪽 참조). 건전한 신앙생활을 해치는 운동이나 흐름들은 **예수 그리스도를 통한 구원**이나 **그리스도교 진리의 절대성**을 손상시키며, **가톨릭교회의 정체성**을 위협하고 있습니다. 이러한 운동과 흐름들이 대부분 사회와 기성 종교에서 소외된 사람들을 중심으로 확산되고 있다는 점에서 **교회가 진지하게 반성하고 책임 의식**을 가져야 합니다. 가톨릭교회가 신자들의 신앙생활을 도우려면 무엇보다도 자신이 믿고 있는 바

를 분명하게 깨닫고 **자신의 정체성**을 확고히 해야 합니다. 그에 따라 그리스도인의 정체성을 결정하고 있는 신앙 내용을 **신경**을 중심으로 확고히 하고, **성경과 성전**을 공부하고 **영적 독서**와 **인격 수양**을 통하여 신앙을 심화하며, **계명 준수** 그리고 **기도**와 **성사생활** 안에서 신앙을 실천하는 길을 걸어가야 합니다.(『건전한 신앙생활을 해치는 운동과 흐름』, 13-47쪽 참조)

"신앙은 우리를 구원하고자 하시는 하느님의 부르심에 대한 응답에서 출발한다. 그것을 건강한 신앙으로 키워 풍성한 열매를 맺게 하는 것은 **우리 각자의 노력과 교회 공동체의 노력** 여하에 달린 것이다."(『건전한 신앙생활을 해치는 운동과 흐름』, 6쪽)

279. 성경에 나오는 안식일·안식년·희년의 정신을 어떻게 이해해야 하나요?

1. 몇 해 전에 남미를 방문하신 프란치스코 교황님은 **고삐 풀린 자본주의**를 비판하고, **인간의 얼굴을 가진 경제 모델**을 촉구했습니다. 적지 않은 이들, 특히 미국의 일부 보수주의자들이나 우리나라의 일부 보수인사들은 교황이 공산주의자가 아니냐는 식으로 비난합니다. 교황님은 거침없이 자본주의의 폐해를 비판하고 가난한 이들의 권리를 옹호하고 있습니다. 교황님의 행보는 이제까지 볼 수 없었던 새로운 모습이 아닙니다. 교회의 전통 안에서 볼 때도 전혀 새로운 것도 아닙니다. 교회의 역사 안에서 신앙인들의 실천은 이를 증명하는데, 무엇보다도 사도행전에서 볼 수 있는 **초대 교회 공동체의 삶**이 그러합니다. 이미 시작부터 그리스도교 공동체는 **평등한 공동체**를 지향했습니다. **가난한 이들을 편드는 삶의 방식**을 가지고 있었습니다. 이러한 삶의 방식은 구약성경 안에서 드러나는 신앙인들의 삶의 방식이기도 합니다. 그 중심에는 **안식일과 희년**이라는 **종교적**이면서도 **사회적인 제도**가 자리 잡고 있었습니다.

2. 복음서의 여러 구절에서 예수님께서 안식일 율법에 맞서는 것을 볼 수 있습니다. 그것은 안식일 율법을 없애시려는 것이 아니라, 바리사이 사람들의 **형식주의를 배격하신 것**이었습니다. 안식일 규정을 부자와 권력자들만 지킬 수 있게끔 풀이함으로써 가난한 사람들을 억압하는 것으로 뒤집어 놓은 사람들에 대한 비판이었습니다. 그래서 오히려 안식일이 **사람을 위해 있는 것**이라는 올바른 해석을 내려주시는 것입니다(마르코 2,27 참조). 실제로 안식일 정신의 근간은 **휴식과 하느님을 예배**하는 것입니다. 노예와 여성이 노동을 담당하고 있던 사회에서

7일 중의 하루를 일을 중단하고 쉬어야 한다는 것은 **인권선언**과도 같은 것입니다. 7년 중에 1년을 쉬는 안식년은 **안식일의 확장**입니다. 안식년에는 사람과 가축만 쉬는 것이 아니라 땅도 쉬어야 합니다. 6년 동안 농사지은 땅에는 농사를 짓지 않고 놀리는 것입니다. 이처럼 **사람**만 쉬는 것이 아니라 **우주만물**이 쉬어야 하고, 이때는 생태계가 **창조의 시간으로 되돌아가야 하는 시간**인 것입니다.

3. 더 나아가서 안식년을 일곱 번 보내고 난 다음 해, 그러니까 50년마다 이스라엘 민족은 희년을 지냈습니다. 이 희년에는 **노예**들을 풀어주어야 하며, **빚**을 탕감해주어야 했습니다. 50년 동안 **토지와 재산의 불균형**을 다시 원상회복시켜야만 했습니다. 여호수아가 약속의 땅 가나안으로 들어와서 12지파에게 공평하게 나누어준 그 상태의 재산으로 되돌아가는 해가 바로 희년이었습니다. 희년은 **가난과 불평등이 한 세대를 뛰어넘지 못하게 한 규정**이었습니다. 루카 복음에 의하면 예수님께서는 당신의 공생활을 **주님의 희년을 선포하는 것**으로 시작하고, 바로 그것 때문에 기득권을 가진 사람들의 미움을 사기 시작했습니다. (루카 4,16 참조)

4. 안식일·안식년·희년의 정신은 하느님이 빚으신 **참다운 인간과 우주를 회복하는 것**입니다. **불평등**을 없애고 **정의로운 사회**를 위한 것입니다. 그것의 선포를 예수님은 당신 사명으로 받아들이셨고, 오늘의 교황 역시 이를 선포하는 것입니다. **가난과 불평등**은 경제 자체에서 나오기보다는 부자들이 만들어 놓은 **제도와 법**에서 나오므로, 안식일의 법은 그것을 뒤집는 것입니다. 안식일과 희년의 규정은 하느님께서 거저 베풀어주신 구원 사건이 **정의와 사회적 연대의 원리**에 어떻게 영향을 미치는지를 보여주는 것입니다. 그런 의미에서 안식일과 안식년, 희년의 규정은 **축소된 사회교리**라고 말합니다. (「간추린 사회교리」, 25항 참조)

280. 그리스도인의 휴식과 여가에 대해 사회교리에서는 어떻게 말하고 있나요?

1. 선진국만이 아니라 세계 어느 나라보다도 노동시간이 긴 우리나라에서 **휴가**는 특별한 의미를 가집니다. 입시준비로 방학을 빼앗겨버린 청소년에게도, 학자금 마련으로 방학을 내놓아야 하는 이 땅의 청년에게도 방학은 고마운 것입니다. 그러나 언제부터인지 휴가는 쉬는 날이 아니라 무언가를 또 해야 하는 날이 되어버렸습니다. 어디론가 가야하고, 또 그곳에서 무언가를 하면서 시간을 보내야 하는 것이 되었습니다. 휴식과 여가의 시간이 이제 **시간과 공간**

과 상품을 소비해야 하는 시간으로 바뀐 지 이미 오래되었습니다. 한편으로는 당분간 벗어나기 어려운 불황이 지속되는 상황이라서 이렇게라도 소비가 진작되는 것이 다행스러운 일인지도 모릅니다. 이처럼 오늘날의 휴가는 소비사회의 또 다른 한 모습이고, 쉬는 시간이 아니라 또 다른 일을 해야 하는 시간으로 바뀐 것입니다.

2. 그러나 그리스도인은 휴식과 여가를 달리 보아야 하고, 또 달리 보낼 수 있어야 합니다. 성경은 무엇보다 먼저 휴식을 **해방**으로 보도록 인도합니다. 쉰다는 것은 종살이에서 해방된 민족에게 가능한 일입니다(신명 15,15 참조). 해방된 민족에게 휴식은 자신만을 위한 **배타적 권리**가 아닙니다. 다른 노동자와 가축들과 함께 나누어야 하는 **사회적인 것입니다**(탈출 23,12 참조). 땅을 비롯한 우주만물이 하느님께서 이루신 창조의 상태로 되돌아가는 **생태적인 회복**입니다. 우리의 휴가가 **이웃**과 **사회**에, 그리고 **생태계 전체**에 어떤 영향을 끼치는지 생각해 볼 일입니다. 뿐만 아니라 휴식은 **하느님의 거룩함에 참여하는 것**입니다. 주일과 안식일이 거룩한 것은 하느님이 이 날을 거룩하게 한 데에 있습니다. 휴식과 여가는 자기 자신 안에 하느님의 거룩함이 드러나도록 해야 하는 시간입니다. 이마에 땀 흘려 일할 때도 그러하지만, 사람이 제대로 쉴 수 있을 때 더욱더 인간다워지고 더욱더 하느님다워집니다.

3. 이런 의미에서 볼 때, 휴식과 여가는 **자기 자신에게 되돌아가고 자기 자신을 회복하는 시간**입니다. 자신을 돌아볼 수 있어야 하고, 자신에게 부족한 것을 채울 수 있는 여유를 가져야 합니다. 적어도 이때만이라도 세상의 속도에서 후퇴할 수 있어야합니다. 더불어 **이웃과 사회**를 돌아보고, **우주만물과 전체 생태계**를 바라보는 시선을 길러야 합니다. 참다운 인간 존재의 의미는 그리고 인간의 행복은 **소비하고 생산**하는데 있지 않습니다. 상품을 소비하는 것을 통해 자기 존재를 확인하고 자신의 행복을 찾으려 하는 경향을 **경계**해야 합니다. 우리의 존재와 행복은 **하느님 창조의 질서 안에서 회복되고 충만**해집니다.

4. 전 세계 베네딕토 수도원의 수석 아빠스[79]는 「그러니, 십계명은 자유의 계명이[80]

---

79) 성 베네딕토(480-547년경)의 수도회칙을 따르는 수사들과 평신도 형제들의 모임.

80) 아빠스(라틴어: Abbas)는 라틴어로 아버지를 뜻하며, 전통적으로 로마 가톨릭교회의 베네딕도 규칙서를 따르는 수도회들과 일부 특정 기독교 수도회들에서 속

다」라는 책에서 **주일의 의미와 휴식과 거룩한 날**의 의미를 우리에게 이렇게 전해줍니다.

"나는 너의 주 하느님이다. 나는 너에게 일상을 멈추고 거룩한 날을 지키라 명한다. 네 생애가 얼마나 소중한지 깨닫고, 네 삶에 리듬을 찾기 위함이다. 나는 너에게 거룩한 날을 지키라 명한다. 너의 삶이 일과 돈으로만 이루어지지 않도록 하기 위함이고, 눈앞의 이득과 무관한 시간을 사랑하는 사람들과 보내도록 하기 위함이다. 또한 나는 너에게 거룩한 날을 지키라 명한다. 그리하여 네가 **하느님을 위한 시간**과 **믿음의 공동체를 위한 시간**을 보내도록 하기 위함이며, 미사 중에 하느님과의 만남 중에 **너 자신에게 다가가도록 하기 위함**이다."

281. 영성 소비주의에 빠진 신앙인들에 대한 교회의 가르침은 무엇인가요?

1. 교회의 **장상들**뿐만 아니라 **교회에 신뢰를 두는 많은 이들**의 고민이 깊어가는 현 시기는 어떤 면에서 교회의 위기이기도 합니다. 1980년대 후반 갑작스러운 신자 증가도 독특한 현상이었지만, 오늘날의 신자 증가 비율의 하락도 해석하기 힘든 부분이기도 합니다. 신자 증가 비율이 하락하다 보니 자연스럽게 실제로 주일 미사에 참례하는 신자들의 숫자 역시 눈에 띄게 늘지 않고 있습니다. 10년 전의 주일 미사 참례자 수나 지금이나 별반 다르지 않습니다. 그러다 보니 이른바 성장의 시대에 맞추어진 교회의 조직이나 기관들을 어떻게 관리해야 할지, 성소자의 감소로 어려움을 겪는 수녀원이나 신학교의 고민도 비슷비슷합니다. 활력 넘치던 청년이었던 한국 천주교회가 **빠른 속도로 유럽의 노년 교회**로 변해가고 있는 중입니다.

2. 교회의 안을 자세히 들여다보면 주일 미사에는 열심히 참여하는 듯하지만, 실제로 교회의 **계명과 실천**을 적극적으로 따르는 사람은 보기 힘듭니다. 부활과 성탄 전 판공성사(고해성사)에 참여하는 신자들의 수도 줄어들었습니다. **환자와 가난한 이**를 방문하거나 **극기와 절제의 생활**을 하는 신자들도 줄어들었습니다. 어렵고 힘든 일이야 누구나 피하고 싶은 것이 인지상정이지만, **신앙과 사**

한 자립 수도원(교구급 자치수도원장과는 별개임)의 원장을 일컫는 명칭이다. 아빠스는 "아버지"라는 의미와 "원로"라는 의미를 지니고 있다.

랑의 힘으로 어렵고 힘든 일을 자신의 것으로 삼아 살아가는 신자들은 찾기 어려워졌습니다. 물론 보이지 않는 곳에서 **어려운 일들을 묵묵히 하고 계시는 적지 않은 의인들** 덕에 아직 교회가 생생하게 살아 있음도 사실입니다.

3. 또한 많은 이들이 기도하는 모임에 참여하고 있고, 영성을 추구하고 있지만 이 또한 개인주의에서 크게 벗어나지 못하고 있습니다. 이에 프란치스코 교황님은 이런 신앙인들의 태도를 영성 소비주의라고 비판하고 있습니다(「복음의 기쁨」, 89항 참조).

"많은 사람들이 다른 이들에게서 벗어나 자기 사생활의 안락함 속으로 또는 가까운 친구들의 좁은 울타리 속으로 달아납니다. 복음의 현실적인 사회적 측면을 포기하고자 합니다. (…) 그런데 복음은 과감히 다른 이들의 얼굴을 마주 보고 만나라고, 곧 그들의 육체적 현존과 만나라고 끊임없이 초대합니다. 이는 그들의 고통과 호소를 또 잘 번져 나가는 그들의 기쁨을 직접 대면하여 만나는 것입니다."(「복음의 기쁨」, 88항)

4. **복음의 요청**과 초대에 응하기 보다는 자기 사생활의 **안락함**이나 가까운 사람들과의 **울타리** 속으로 들어가기 위해 **기도와 영성**을 방편으로 삼는 것이 바로 **영성 소비주의**인 것입니다. 특히나 신앙과 영성 생활을 **자신의 웰빙**을 위한 것으로 삼는 사람도 있습니다. 이런 태도는 결국 '하는 일마다 잘되리라'는 **번영의 신학**으로 귀결될 뿐입니다(「복음의 기쁨」, 90항 참조). 이런 현상들은 얼핏 보기에는 **교회의 활력**으로 보일지 모르지만, 사실은 **교회를 내부에서부터 부패**하게 만드는 것이기도 합니다. 다른 어떤 것보다 이것이야말로 **가장 큰 위험**입니다.

5. 그리스도인과 교회는 **세상 속의 소금**이며, 소금은 부패를 막습니다. 그리스도인은 소금으로서 자기 자신의 **욕망과 환상**이 부패하지 않도록 해야 합니다. 세상의 욕망과 환상이 정화되도록 노력해야만 합니다. **복음의 기쁨**과 복음이 주는 **위안**은 이 세상의 성공을 위한 것이 아니라, 하느님 나라를 향해 서있는 이들이 가지는 **기쁨**이요 **위안**입니다. 교회의 역사 안에서 적지 않았던 **개혁**과 **쇄신**의 방향은 분명했으며, 그것은 **복음의 요청과 초대에 응하는 것**이고, 세상의 소금이 되는 길입니다.

282. 참다운 기도와 자선과 금식에 대한 사회교리의 가르침은 무엇인가요?

1. 우리는 근본적으로는 **복음과 신앙의 빛**에 비추어 삶을 살면서, 동시에 **사회교리**의 도움을 받으며 살아갑니다. 이 도움으로 정치와 경제의 질서, 사회와 공동체의 질서, 제도와 법률 등의 질서와 구조가 **복음**에 부합하는지를 규명하고 **윤리적 판단**을 합니다. 그러나 현실의 질서에 따라서 살아갈지 또는 그 질서를 복음의 빛에 비추어 쇄신하며 살아갈지는 전적으로 **인간**에게 맡겨져 있습니다. 더 정확히는 **우리 모두의 근본적인 회심**에 맡겨져 있습니다. 오늘날 인간생활의 모든 면이 현실 질서와 구조에 갇혀있기는 하지만, 인간이 가진 **자유의 능력**은 그 구조를 넘어서 살 수 있어야 합니다. 더욱이 이러한 모든 질서는 인간이 역사 안에서 그리고 역사를 통해서 만들어진 것입니다. 그렇다면 이런 질서를 더욱 인간적이고 복음적인 질서로 변형시키는 것 역시 **인간의 책임**이라고 할 수 있습니다. 우리는 구조 속에 살지만 그것에 갇혀 사는 것이 아니라 **구조를 쇄신시키며 사는 것**입니다. 이것이 바로 **그리스도인의 자유와 소명이며 사회적 책임**입니다.

2. 성경과 그리스도교 전통은 모든 그리스도인들에게 자기 자신을 위해서나 이웃을 위해서, 그리고 그리스도인의 자유와 소명과 책임을 위해서도 **기도**하고 **자선**하며 **금식**하라고 가르쳐왔습니다. ①무엇보다도 기도의 본질은 "먼저 하느님의 나라와 그분의 의로움"을 청하는 것입니다(마태 6,33). 우리의 기도는 예수님께서 가르쳐주시듯 "아버지의 나라가 오시며 아버지의 뜻이 하늘에서와 같이 땅에서도 이루어지게" 청해야 합니다(마태 6,10). 인간에 의해 만들어졌다고 하더라도 죄와 악의 구조는 **하느님의 도우시는 은총** 없이는 극복하기 힘들기 때문입니다(「사회적 관심」, 36항 참조). ②그리스도교의 자선은 단순히 **자신의 남는 것**을 가난한 사람들에게 나누어 주는 것이 아닙니다. 그리스도인들은 **자신에게도 부족한 것일지라도** 기꺼이 가난한 사람을 위해서 내어놓을 수 있어야 합니다. 그런 의미에서 오늘날 참다운 자선은 **자신의 재화를 나누는 것**뿐만 아니라, **자신의 능력과 시간을 포함해서 모든 것을 나누는 것**입니다. 바로 이런 의미에서 자선은 사회적이고, 또한 정치적입니다.

    "정치는 흔히 폄하되기는 하지만, 공동선을 추구하는 것이므로 매우 숭고한 소명이고, 사랑의 가장 고결한 형태"인 것입니다(「복음의 기쁨」, 205항).

3. ③오늘날 소비사회라고 일컬어지는 풍요로운 후기 산업사회는, 광고와 마케

팅기술을 이용하여 끊임없이 **인간의 욕망과 환상**을 부추깁니다. 우리는 하느님이 주신 자기 자신의 모습으로 살기보다는 **자신의 소비와 소유**를 통해서 자신 자신을 생각하고 평가하게 되었습니다. 이러한 비인간적인 물질문명 속에서 금식한다는 것은 단순히 끼니를 굶는 것만을 뜻하지 않습니다. 참다운 금식은 "현세에 동화되지 말고 정신을 새롭게 하여 자신이 변화"되는 것입니다(로마서 12,2). 그러므로 금식은 하느님이 주신 **자기 자신**을 되찾고 그 모습을 지키기 위해, 세상이 주는 **즐거움**과 **허상**을 경계하고 **울타리**를 치라는 뜻입니다. 이런 울타리 없이는 우리의 **투신**과 **헌신**도 쉽사리 **권력**과 **향락** 아래 무너지거나 그것들로 **변질**될 가능성이 있기 때문입니다.

4. 가톨릭교회는 관계를 새로 정립하는 시기인 사순 시기를 위해 해마다 재의 수요일에 전통적인 신앙 실천행위인 기도, 자선, 금식에 관한 예수님의 가르침을 들려줍니다. **기도는 나와 하느님과의 관계를 새롭게 정립하는 것이고, 자선은 나와 이웃과의 관계를 새롭게 정립하는 것이며, 금식은 나와 나 자신과의 관계를 쇄신하는 것입니다.** 이 세 가지를 통하여 나와 하느님, 나와 이웃, 나와 나 자신의 관계를 **하느님의 뜻**에 맞게 재조정하려면 필요한 것이 있습니다. 그것은 바로 다른 이에게 드러내려고 기도, 자선, 금식을 하는 것이 아니라 진심으로 **마음을 다하고 온 정성을 모아 이 세 가지를 실천하는 것**입니다.

283. 가톨릭교회는 다른 형제가 죄를 지을 때 어떻게 하도록 가르치나요?

1. "죄란 한 인간이 개인으로서 자유로이 저지르는 행동이기 때문에 엄밀한 의미에서는 한 집단이나 공동체의 행위가 아니고 언제나 **개인적 행위**입니다." 따라서 "개인의 죄에 대한 책임을 구조라든지 조직 또는 다른 사람 등 자기 외부의 어떤 대상에게 전가"시켜서는 안 됩니다(요한 바오로 2세의 권고, 「화해와 참회」, 16항 참조). 그러나 사람은 사회적 존재이기에 모든 죄는 **개인적 차원**에 머물지 않고 **사회적 차원**을 지니게 됩니다. 특히 소극적이든 적극적이든 다른 사람들의 죄에 협력할 때, 죄는 사회적 성격을 강하게 띠게 됩니다.

2. 가톨릭교회는 "그 죄에 직접, 고의적으로 관여함", "그 죄를 명령하거나 권하거나 칭찬하거나 승인함", "그것을 알릴 의무가 있을 때 알리지 않거나, 막을 의무가 있을 때 막지 않음", "악을 행하는 사람들을 보호함"을 죄에 협력하는 것이라

고 규정합니다(『가톨릭교회 교리서』, 1868항 참조). 예수님께서는 형제가 죄를 지으면 **깨우쳐 주라고 말씀**하십니다. 그 형제의 인격을 존중해서 처음에는 혼자 가서 깨우쳐주고, 말을 듣지 않으면 몇 사람을 더 데리고 가서 깨우쳐주라 하십니다. 그래도 안 되면 교회에 알리고, 이마저도 안 되면 더 이상 상종하지 말라고 하십니다. 형제의 죄에 **가담**하는 것은 물론이거니와 **묵인**하거나 침묵으로 **방조**하는 것조차도 안 된다는 **엄중한 가르침**입니다.(마태 18,15-18 참조)

284. 예수님이 탄생하신 소박한 구유가 우리에게 주는 의미는 무엇인가요?

1. "너희는 포대기에 싸여 구유에 누워 있는 아기를 보게 될 터인데, 그것이 너희를 위한 표징이다."(루카 2,12). 구유는 가축들의 밥그릇으로 아기 예수님을 모셨다 해도, 구유는 포근한 요람이 아니라 구유일 뿐입니다. 아기 예수님께서 구유에 누우신 까닭은 구유를 요람으로 만들기 위함이 아닙니다. 사람이 되어 오신 하느님, 사람 사는 세상의 가장 낮고 천한 자리를 찾아오신 아기 예수님을 모실 곳이 **구유밖에 없었기 때문**입니다.

2. 피곤에 지친 몸을 잔뜩 웅크리고 캄캄한 밤을 지새우는 **가난한 목자들**에게 주님의 천사들이 주님 탄생의 기쁜 소식을 전합니다. 주님께서 안락하고 따스한 요람이 아니라, 거칠고 마른 지푸라기 더미로 채워진 투박한 구유에 누워 계신다는 슬픈 소식과 함께 전합니다. 하지만 가난하고 소외되고 억압받는 이들에게 이 역시 **기쁜 소식**이었습니다. 간절히 고대하던 메시아, 뭇시선을 끌지 못하는 가난한 메시아에게서 바로 자신을 보았기 때문입니다. "나이든 노숙자가 길에서 얼어 죽은 것은 기사화되지 않으면서, 주가 지수가 조금만 내려가도 기사화되는 것이 말이나 되는 일입니까?"(『복음의 기쁨』, 53항)

3. 오늘 아기 예수님은 어디에 계실까요? 하루에도 수십억 원씩 서래되는 **주식시장의 거래 현황판**도, 돈과 권력, 학벌과 지위가 아귀다툼하는 **죽음 같은 경쟁**의 자리도 아닙니다. 거리를 뒤덮은 세일 광고나, 연말연시 분위기를 한껏 고조시키는 **백화점 진열장의 값비싼 물건들이 쌓인 곳**도 아닙니다. 예수님께서 왜 그리고 어떤 모습으로 오셨는지를 아는지 모르는지 울긋불긋 시내 곳곳을 수놓은 요란한 **크리스마스 장식**이나 **공허한 캐럴소리** 안에도 아기 예수님은 계시지 않습니다. 가난하고 약한 이웃들의 **고통스런 울부짖음**을 외면하고 **나눔**

과 **베풂의 정신**을 상실한 채, **자신만의 안락과 구원**을 추구하는 **교회 공동체**에도 아기 예수님은 계시지 않습니다.

4. 치열한 경쟁에 내몰려 숨조차 편히 쉬기 어려운 아이들의 **상처받은 마음**에, 잘못도 없이 일자리를 빼앗긴 이들의 **축 처진 어깨**에 예수님이 탄생하십니다. 온갖 **차별**과 **착취**로 인간다운 삶을 박탈당한 이들의 **피토하는 울부짖음**에, 인간의 **탐욕**으로 짓뭉개진 **우리의 공동의 집인 지구**에, **생명 정의 평화**를 보듬으려는 선한 이들의 **작지만 결연한 몸짓**에 아기 예수님은 태어나십니다. 가난한 사람들과 함께하는 연대는 **복음의 중심**에 있고, 이것을 그리스도인 생활의 **필수 요소**로 여겨야 합니다. 아기 예수님을 모시기 위해서, 우리는 사치스런 요람이 아니라 **소박한 구유**를 준비해야 합니다. 2,000년 전 아기 예수님을 소중히 받아 모셨던 **거친 구유**는 **오늘도 여전히 구유**여야만 합니다.

285. 가톨릭교회의 성직자란 누구를 말하나요?

1. 가톨릭교회의 성직자로는 **교황·추기경·대주교·주교·몬시뇰·사제·부제**가 있습니다. 성직 품계를 크게 나누면 **주교·사제·부제**로 구분됩니다. 교황, 추기경, 대주교, 주교는 모두 주교에 속합니다. 대주교와 주교는 교구의 규모에 따른 분류일 뿐 서열에 따른 분류는 아닙니다. 몬시뇰은 주교품을 받지 않은 원로 사제의 공로를 인정해 교황청이 내리는 명예직입니다. 사제는 우리가 잘 아는 일반적인 신부들이며, 부제는 사제직의 준비 단계로 사제를 보좌하는 역할을 합니다. 따라서 성직자를 구분하면 **교황, 주교, 사제, 부제**로 나뉩니다.

2. 먼저 가톨릭교회의 조직는 기본적으로 **세계 교회(보편 교회)**와 **개별 교회(교구)**, 그리고 **본당**으로 이뤄집니다. 세계 교회의 최고 목자가 **교황**, 개별 교회 최고 목자는 **주교**, 본당 책임자는 **주임사제**입니다. 교황은 예수님께서 열두 사도 중에서도 베드로를 뽑아 교회를 맡기셨듯이, 교황은 **베드로 사도의 후계자**로 전 세계 보편 교회의 **최고 지도자 역할**을 합니다. 주교는 예수님께서 제자들 가운데서 특별히 뽑은 **열두 사도들의 후계자**로, 일정한 지역인 개별교회(교구)를 맡아 **최고 목자**로서 통상적 사명을 수행합니다. 사제는 주교의 협력자로서 주교의 명을 받아, 일정한 구역인 본당을 맡아 신자들을 **사목하거나 특수한 직분**을 수행합니다.

3. 교회는 사도단의 후계자인 **주교단**에 의해 사목되고, 모든 신자는 **응분의 권리와 의무**를 지는 서열로 조직돼 있습니다. 이러한 교회 조직을 **교계제도**라고 합니다. 오늘날 교계제도는 성직자 전체를 가리키는 말이면서, 넓게는 **평신도까지 모두 포함하는 교회조직 전체**를 의미하기도 합니다. 교황부터 평신도까지 교계제도를 이루는 이 관계는 **군대와 같은 상하조직**은 아닙니다. 교황을 중심으로 큰 원을 그리는 **공동체 조직**으로 이해하면 됩니다.

286. 한국사회에서 한국 천주교회 성직자의 위상은 어떠한가요?

1. 얼마 전에 한국천주교주교회의 의장이 수원교구 사제의 성폭행 시도 사건에 대해 공식 사과를 했습니다. **미투운동**(Me Too Movement)의 **확산**으로 종교계도 그러한 흐름에서 **자유롭지 못하다는 것**이 드러났습니다. 이에 대한 잘못을 빈 것으로써, 사제들의 **성적 일탈과 위선**으로 피해를 입은 모든 교우와 국민에게 용서를 청한 것입니다. 우리 신자들을 포함한 모두는 이러한 모습들이 어떤 의미를 지니는지 깊이 성찰해봐야 합니다. 이런 모습을 보면서 당연히 많은 신자들은 **분노**하고 교회에 대한 **믿음**이 흔들립니다.

2. 「역사에서 무엇을 배울 것인가」라는 책을 통해 일본천주교주교회의 주교님들은 청일전쟁부터 일본의 패전까지 일본 천주교회가 **저지른 잘못**에 대해서 낱낱이 기록하고 알렸습니다. **일본 신자**뿐만 아니라 **국민 전체**에게 용서를 비는 모습을 보였습니다. 신사 참배 권고, 전투기 구매에 앞장서면서 당시 군사체제에 어떻게 협력을 해 왔는지를 온 천하에 드러냈는데, 이는 **진정한 용기** 없이는 불가능한 일입니다. 한국 천주교회도 이번 기회를 통해서 과거의 잘못을 고백하고 이를 청산하기 위해서 노력해야 합니다. **힘든 삶에서도 신앙을 지키기 위해서 애쓰는 신자들**을 위해서라도 교회는 **자신의 잘못**을 고치고 전체적으로 **쇄신**해야 합니다.

3. 사제는 **권위**를 앞세우기보다는, 참으로 **낮은 자세로 봉사하는 자**가 되어야 합니다. 한국 천주교회의 특성상 본당 사목이 주를 이루는 현실에서, 본당 사제는 **보좌신부나 수도자, 평신도와 함께 하는 사목**이 필요합니다. 하느님이 보시기에는 나약한 인간이라는 점에서 사제나 수도자, 평신도 모두 똑같습니다. 다만 사제라 하여도 **성장과정**이 다르고 **인성**도 저마다 다릅니다. 하지만 하느님으로부

터 사제직으로 부르심을 받은 만큼 해내야 할 **신성한 의무**도 엄연히 함께 존재합니다. 그러므로 사제는 **자기 중심적인 사고**가 아닌 **다른 사람의 관점이나 입장을 고려**하면서 사목을 해야 합니다. 본당에서 자기를 중심으로 모든 것이 돌아간다고 생각하기에 '**성(性)도, 교회 권력도, 금전도 내 마음대로 할 수 있다.**'라고 생각합니다. 교회에 만연해 있는 **일탈**과 **위선**을 되짚어 보아야 할 때입니다. 우리 모두의 **신앙 공동체**를 위해서, 그리고 **하느님**을 위해서 우리 모두 **자신**을 되짚어 보아야 합니다.

287. 한국 천주교회 성직자의 권리와 의무는 무엇인가요?

1. 교회법에는 사제의 권리와 의무에 대한 다양한 조항들이 나오는데, 흥미로운 점은 **권리는 적고 의무는 많다는 점**입니다. 사제의 권리는 사제 직분을 성취하는 데 필요한 합당한 보수를 받을 권리(「교회법」, 281조 2항 참조), 휴가 권리(「교회법」, 283조 2항; 533조 2항 참조) 등입니다. 하지만 의무는 무려 40여 가지에 이릅니다. 사제는 우선 교황과 성직자 각자의 직권자에게 존경과 순명을 표시할 특별한 의무를 지고 있고(「교회법」, 273조 참조), 또 독신 생활을 해야 하며(「교회법」, 277조 1항 참조), 사람들과 교제할 때 정절을 지킬 의무를 위험하게 하거나 신자들의 추문에 오르내리지 않도록 합당하게 처신해야 합니다.(「교회법」, 277조 2항 참조)

2. 또 주교회의의 규범들과 지역 관습에 따라 적절한 교회 복장을 하여야 하며(「교회법」, 284조 참조), 신분에 부적합한 모든 것을 전적으로 삼가야 합니다(「교회법」, 285조 1항 참조). 또 교회법은 성직자가 본인이나 타인의 이익을 위하여 영업이나 상행위를 하지 못하도록 규정하고 있으며(「교회법」, 286조 참조), 교회의 관할권자의 판단에 따라 교회의 권리와 공동선의 보호를 위해 요구되어 허가되지 않는 한, 정당이나 노동조합 지도층에서 능동적 역할을 맡지 말아야 한다고 밝히고 있습니다(「교회법」, 286조, 287조 2항 참조). 또한, 사제는 하느님 복음을 선포할 의무를 지니며(「교회법」, 757조 참조), 설교의 임무를 중요하게 여겨야 합니다(「교회법」, 762조 참조). 무엇보다도 사제들은 말씀의 교역을 통하여 그리스도교 신앙을 고무시키고 가르치는 일에 열성을 보여야 하며(「교회법」, 836조 참조), 이를 위해 **사제단 안에서 일치**되어야 합니다.(「교회법」, 275조 1항 참조)

3. 아울러 사제는 영적인 완성을 추구해야 하며(「교회법」, 276조 1항 참조), 매일 일과 전

례 기도를 수행해야 하고(「교회법」, 276조 2항3 참조), 정기적으로 영성 피정을 해야 합니다(「교회법」, 276조 2항4 참조). 더 나아가 사제는 검소한 생활을 함양해야 하고 허영을 풍기는 것은 일절 삼가야 하며(「교회법」, 282조 1항 참조), 자신에게 제공되는 재물에서 적절한 생활비와 자기 고유한 신분의 모든 의무를 수행할 비용을 조달하고 남은 여분은 교회의 선익과 애덕 사업에 선용하기를 원해야 합니다(「교회법」, 282조 2항 참조). 「한국 천주교 사목지침서」도 다양한 의무를 규정하고 있습니다. 사제는 영성생활에 충실하고(「한국 천주교 사목지침서」, 10조 참조), 직무 수행을 위해 상주 의무를 지키며(「한국 천주교 사목지침서」, 11조 참조), 연례 피정을 할 것을 권고하고 있습니다.(「한국 천주교 사목지침서」, 12조 참조)

4. 그리고 교구장의 허가 없이는 공직을 맡을 수 없고 정치활동을 하지 말아야 하며, 상행위와 다른 이의 재산 관리인 및 재산 보증을 하지 말아야 합니다(「한국 천주교 사목지침서」, 14조 참조). 검소한 생활을 하고 언어와 품행이 단정해야 하며(「한국 천주교 사목지침서」, 16조 참조), 불건전한 취미나 운동, 오락을 삼가야 합니다(「한국 천주교 사목지침서」, 17조 참조). 이처럼 성직자들은 해야 할 일도 많고 지켜야 할 의무도 많습니다. 그만큼 사제는 재물을 **하늘**에 쌓습니다. 그런데 사제는 혼자서 하늘에 재물을 쌓는 것이 아닙니다. 사제의 하늘 재물 쌓기를 나 몰라라 할 **평신도**는 없습니다.

288. 한국 천주교회 사제직의 본분을 사회교리에서는 무엇이라고 말하나요?

1. 한국 천주교회는 일 년 중 하루를 **사제 성화의 날**로 지정했습니다. 사제들은 대개 신자들로부터 많은 **존경과 지지**를 받는데, 신자들이 이처럼 사제들에게 존경과 지지를 보내는 것은 교회와 그 구성원들이 사제직에 대해 걸고 있는 변함없는 **기대와 사랑** 때문입니다. 물론 사제들의 또 다른 모습에 일부 신사들은 사제뿐만 아니라 주교까지 종북, 정치 사제라며 손가락질하는 경우도 있습니다. 또 다른 신자들은 사제와 주교들이 사회 참여에 대한 의무를 저버렸다고 하면서 존경과 지지를 철회하고 냉담할 것을 주장하기도 합니다. 사제직의 본질적인 사명에 대해서 이야기하기보다는 강론 때 **정치 이야기**를 해도 되는지, **길거리에서 미사**를 하는 것이 합당한지와 같은 현상적인 문제에 대해 더 많은 이야기를 하는 것을 보게 됩니다. 또 그와 관련하여 자신의 주장을 굽히지 않으면서 남의

견해에 대해서는 무조건 비판하는 안타까운 일도 생깁니다.

2. 사제직의 본질은 무엇보다 하느님의 백성인 **교회를 위해**, 나아가 **세상을 위해 봉사**하는 데에 있습니다(「현대의 사제양성」, 16항 참조). 신앙은, 특히 그리스도교 신앙은 **개인 신심**이나 **교회 안의 예식 차원**에만 국한될 수 없습니다. 하느님께서 원하시는 인간의 구원은, **교회와 가정, 학교, 일터**에서 살아가는 **인간 전체의 구원**이기 때문입니다. 교회가 국가의 정치문제에 간섭하기 위해서가 아니라, 하느님으로부터 받은 권리로 **인간 구원의 문제**와 관련하여 사회문제에 대해 이야기하는 것은 정당한 것입니다.(「간추린 사회교리」, 38-40항 참조)

3. 사회 안에서 복음을 실천하고, 그 복음의 빛으로 사회를 복음화하는 노력은, 누구보다 먼저 교회의 다수를 차지하고 세상에서 살아가는 **평신도의 몫입니다**(「복음의 기쁨」, 102항 참조). 사제는 평신도들이 이러한 역할을 하는 신앙인으로 자라도록 그들을 **교육해야 할 의무**가 있습니다. 사회 분야에서의 사목활동의 본질과 방식, 연결 발전을 결정짓는 필수적인 근거인 **사회교리를 잘 알아야 할 필요**가 있습니다. 하지만 이 모든 것은 **사제직의 본질**에서부터 솟아나야 합니다. 바로 온 교회와 세상의 구원을 위해 **봉사하기 위한 마음**, 예수님의 성심을 **닮은 마음**에서부터 솟아나야 합니다. 아무리 현실적인 필요가 급박하다 하더라도, 눈앞의 고통이 크다 하더라도 이러한 사제직의 본질에서부터 시작하지 않으면 또 다른 의미의 **세속주의**가 사제직 안에서 자라날 수 있습니다.

4. 공공연하게 신앙과 세상에 대한 참여를 분리시키면서, 신앙을 **세상의 기호품**처럼 만들어버리는 세속주의도 큰 문제입니다. 하지만 자신도 모르게 가장 본질적인 것을 잊어버리고, **자신만의 정의와 논리**에 우리에게 전해진 신앙을 종속시키는 **세속주의도 경계해야** 합니다. 나아가 이 때문에 우리 사이에서 **다툼**이 일어나는 것은 더더욱 안 됩니다(「복음의 기쁨」, 98항 참조). 매년 사제 성화의 날을 맞는 모든 사제들이 자신에게 주어진 본질적인 사명을 다시 깨달아야 합니다. **교회와 세상을 향한 봉사에 충실할 수 있도록, 사회교리를 배우고 마음에 새겨서 신자 공동체와 함께 앞장서서 세상에 복음을 전하는 참된 선교사**가 되어야 합니다.

"오소서 성령이여, 하느님의 백성을 돌보는 사제들에게 넓은 마음을 주소서. 어떠한 희생이 요구되더라도 끝까지 항구하며, 그리스도의 심장과 고동을 같이 하고, 겸손과 충실과 용기로 하느님의 뜻을 실천하며, 거기서 유일한 행복을 찾는 넓고 강한 마음을 주소서. 아멘."(복자 바오로 6세 교황)

289. 프란치스코 교황님이 말씀하시는 가톨릭교회의 사제란 누구인가요?

1. 프란치스코 현 교황님은 하느님과 하느님 백성을 섬기는 사제생활 50년을 뒤돌아보면서, 오늘날 온 세상에서 하느님의 구원사업에 일생을 바치며 함께하고 있는 사제들에 대해 각별한 **애정과 사랑**을 표현하셨습니다. 또한 일반 신자들에게도 **부탁의 말씀**을 잊지 않으셨습니다. 교황님에 따르면 사제란 예수님의 **자비로운 마음을 가지며 세상 사람들 가운데서 사는 한 사람**이라는 것입니다. 프란치스코 교황님은 사제의 길과 관련하여 다음과 같이 말씀하셨습니다. ①**자비의 때**: 그의 전 사제생활의 특징은 바로 하느님의 자비였습니다. 교황님은 사제들이란 다른 이들에게 자신의 삶을 내어주는 삶을 사는 사람이라고 하셨습니다.

2. ②**사제는 성찬례의 사람, 그 중심에는 예수님이 계십니다.**: 프란치스코 교황님은 사제가 자기 중심적인 사람이 아니라고 강조했습니다. 왜냐하면 사제의 삶 중심에는 자기 자신이 아니라 그리스도가 있기 때문입니다. 이러한 이유로 교황님은 매일 성찬례를 거행하는 사제들에게 감사함을 표현하셨습니다. ③**고해소 안에서의 사제의 삶**: 하느님과 하느님 백성을 섬기는 데 있어 사제는 흘러넘치는 하느님의 자비를 나눠주는 곳인 고해소 안에서 사명의 중요한 부분을 수행합니다. 따라서 교황님은 사제들이 너무 엄격하거나 느슨해지지 말라고 격려했습니다.

3. ④**기도, 마리아, 악마와의 싸움**: 프란치스코 교황님은 사제란 무엇보다도 기도의 사람이라고 강조했습니다. 사제는 참된 사랑이 솟아나는 예수님 가까이에 있는 사람이며, 수많은 악의 유혹을 이기게 하시는 하느님과의 일치 안에 있는 사람입니다. 교황님은 종종 악마가 실재한다고 말했습니다. 악마의 존재는 신화가 아니며, 교활하고 거짓말쟁이이고, 속이는 이라고 자주 언급했습니다. 교황님은 성모님을 바라보고, 매일 묵주기도를 바치라고 권고했습니다. 묵주기도는 교황님의 마음의 기도이며, 특히 최근 분열을 원하는 악마의 공격에서 교회를 보호하기 위해 바치는 기도입니다.

4. ⑤**가난한 이들과 최후심판**: 프란치스코 교황님은 사제의 영성이 매일의 현실 안에서 구현된다며, 가난한 이와 힘없는 이를 짓밟는 압제 앞에서 예언자적 목소리를 내는 것이라고 설명했습니다. ⑥**성 학대 스캔들과 목숨을 바치는 사제들**: 프란치스코 교황님은 사제들에 의해 자행된 성 학대의 '극악무도함'에 대해 침묵하지 않았고, 항상 희생자들과의 친밀함을 표했습니다. 교황님은 또한 자신

들이 저지르지 않은 죄의 무게를 함께 지고 사는 많은 착한 사제들도 생각했습니다. ⑦**시련 안에서 예수님과의 첫 만남을 기억하십시오.**: 프란치스코 교황님은 사제들이 주님을 섬기는 데 있어 모든 생명을 바치라는 주님의 부르심을 경험했던 빛나는 순간, 곧 예수님과의 첫 만남으로 돌아가라고 권고하면서, 사제들이 처할 수 있는 어려움의 순간들을 설명했습니다.

5. ⑧**사제들의 선한 고단함**: 프란치스코 교황님은 "제가 여러분 모두의 피곤함에 대해 몇 번이나 생각하는지 아십니까?"라고 질문하면서 다음과 같이 고백했습니다. "저는 그것에 대해 많이 생각하고 자주 기도합니다. 특히 제가 피곤할 때 더 그렇습니다. 저는 여러분에게 맡겨진 하느님의 충실한 백성들 가운데에서, 매우 위험하고 버려진 장소에서 일하는 여러분을 위해 기도합니다. 사랑하는 사제 여러분, 우리의 피곤은 소리 없이 하느님 나라로 올라가는 분향과 같습니다. 우리의 피곤은 하느님 아버지의 마음으로 곧장 올라갑니다." ⑨**마음을 타오르게 하는 짧은 강론**: 프란치스코 교황님은 강론의 중요성을 수차례 강조했습니다. 하느님 말씀을 공부하고 기도하며 묵상하는데 오랜 시간을 투자함으로써, 강론을 잘 준비하라고 사제들에게 강력하게 권고했습니다.

6. 강론은 짧게 해야 하며, 쇼나 컨퍼런스, 혹은 순전히 도덕적이거나 교리적인 것이 되어서는 안 된다고 지적했습니다. 긍정적인 언어 그리고 "마음을 타오르게 하는 언어"로 말할 수 있어야 합니다. 하지 말아야 할 것을 지적하기보다는 더 잘 할 수 있는 것을 제시하면서 말해야 합니다. ⑩**사제들의 유머**: 프란치스코 교황님은 성 필립보 네리와 성 토마스 모어의 좋은 유머 기도를 인용하면서 "성인은 기쁨과 유머 감각으로 살 수 있다"고 말했습니다. 이는 예수님과의 일치와 형제애에서 나오는 기쁨입니다. 유머 감각은 성령에게서 나오는 위대한 영적 성숙의 표시입니다.

7. ⑪**교황, 신자들에게 호소 "사제들을 지지해주십시오"**: "사제들을 지지해 주십시오."라는 교황님의 이 말씀은 아마도 이런 내용으로 정리해 볼 수 있습니다. 그리스도의 대리자로서 하느님의 자비와 은총을 베풀어 하느님의 백성인 신자들을 구원의 길로 인도해주는 사제들을 위해 늘 기도해주고 지지해주어야 합니다. 양 냄새 나는 목자로서의 직분에 충실하도록 깨어 기도해주어야 합니다. 그러나 사제도 부족한 인간이기에 여느 일반 사람들과 마찬가지로 개인생활이 있고 또 타고난 성품이 각자 다릅니다. 그렇기 때문에 인간관계나 영성 등이 다 다를 수밖에 없습니다. 만약 본당에서 사제들을 대할 때 이처럼 인간적인 면을 무

시하고 마치 신을 대하듯, 아니면 특별한 사람을 대하듯 한다면 실망하거나 의심이 들 수가 있습니다. 사제들의 현실생활을 너무 신비롭게 생각하지 말아야 합니다. 그리스도의 대리자로서 성직을 이행하며 성실히 살아가려고 노력하는 한 인간이라는 점을 염두에 두어야 합니다. 그래서 본당 신자들은 본당 사제들의 **영육간의 건강**을 위해서 또 사제로서의 삶이 **행복한 신앙여정, 인생여정이 길 바라는 마음**에서 늘 함께 기도해야 합니다.

8. 성소주일을 맞이하면서 프란치스코 교황님께서 하신 하느님의 성소에 관한 표현들을 살펴봅니다. 교황님은 하느님의 부르심을 받아 그리스도의 대리자로서의 역할을 일생동안 하는 사제들에게 **감사의 마음**을 전하셨습니다. 또한 그들 직무에 보내는 지지를 **감사, 용기, 고통(고단함), 찬미**로 표현하셨습니다. 또한 하느님 백성 전체에게 보내는 말씀도 함께 하셨습니다. 교회가 우리 신자들의 마음을 움직여 자신의 삶에서 하느님의 부르심을 **감사**하는 마음으로 발견할 수 있기를 바라셨습니다. 하느님께 예라고 대답할 **용기**를 찾기를 바라셨으며, 또한 그리스도에 대한 **믿음**으로 온갖 **고통(고단함)**을 이겨 내기를 바라셨습니다. 그리고 우리의 삶이 마침내 하느님과 형제자매들과 온 세상을 향한 **찬미의 노래**가 되기를 바라셨습니다. "용기를 내어라. 나다. 두려워하지 마라"(마태 14,27). 이 말씀이 **사제들의 삶**과 **성소여정**에 언제나 함께하도록 해야 합니다.

290. 교회안의 성차별에 대해 가톨릭교회는 무엇이라고 말하나요?

1. 교회는 예수님 시대에 예수님을 따르던 제자들이 **모두 남성**이었다는 근거를 토대로 운영되고 있습니다. 오랫동안 이어져 온 관행으로 인하여 미사 복사라든가 세족례 참여 인원, 사제를 돕는 사목회장이나 성체 분배자들의 성별을 보면 대부분 **남성 위주**로 구성되어 있습니다. 사실 성역할에 대한 **고정관념**은 교회 안에 깊숙이 뿌리박혀 있습니다. 본당 사목정책을 논하고 결정하는 것에는 여성이 남성보다 열등하다는 **무의식**에 남아있거나, **가부장적인 과거 지향적 사고방식**이 지배적입니다.

2. 그러나 교회 안에서도 성차별에 대해 많이 **개선**되고 있는 점은 다행한 일입니다. 교회 안의 성차별이 이미 오래 전부터 **고질적인 문제**로 이어져 왔던 이유는 **성차별주의**에 대해 민감하지 못했기 때문입니다. 급변하는 사회에 제대로 **적응**

하지 못하거나, 아예 **귀**를 막아버렸기 때문입니다. 더군다나 요즘은 미투 운동이 사회에 확산되고 있고, 여성혐오 범죄가 만연하고 있어서, 이와 같은 사회의 변화를 감지하지 못한다면, 교회는 사회로부터 **소외되고 쇠퇴한 집단**이 되고 말 것입니다. 교회가 세상을 복음화하려면 먼저 **자기 복음화**가 이루어져야 하며, 자기 복음화는 **자기 쇄신**이자 **자기 변화**를 의미합니다. 그런 점에서 한국 천주교회가 사제들을 대상으로 남녀 간의 **상호 존중과 양성평등 문화교육**을 실시하고, **교구차원의 대책위원회**를 설치 운영하는 것은 여러모로 다행스럽다고 하겠습니다.

291. 오늘날 한국 천주교회의 가부장적 권위주의 문화로 인한 폐해는 무엇인가요?

1. 한국천주교주교회의 의장이 사제의 여성 신자 성폭행 시도 사건과 관련하여 **참담한 심정으로 공개 사과**하였습니다. 한 교구장은 교구 내 성추문 사건에 대해 교구를 이끄는 교구장으로서 진심으로 **참회하는 마음**으로 교우들께 용서를 청하였습니다. 한량없는 지지와 기도를 보내준 교회 공동체 교우들이 겪었을 **황망함과 배신감에 무한한 책임감을 통감**한다고 말했습니다. 교구 내 일련의 사태는 일시적이며 일회적인 문제로만 볼 수 없고, **수직적인 교회구조와 영성교육 및 관리체계**에 근본적인 원인이 있다는 것입니다. 교구는 철저하고 근본적인 **반성과 쇄신**의 계기로 삼아 **교회의 근본 소명**을 철저히 하는 교구로 새로 나도록 최선의 노력을 다하겠다고 밝혔습니다. **사제성소**를 더욱 철저히 식별하고, 부르심에 온당하게 응답할 수 있도록 **교육과 상담과 관리를 강화**하겠다고 강조했습니다.

2. 교회 내 성폭력 사건은 **교회 내 권력구조**와 무관하지 않습니다. 하느님 백성인 교회에 **가부장적 권위주의 문화**가 서로를 위아래로 나누고, **수직적 관계**를 더 공고히 하고 있습니다. 오늘날 미투운동과 관련한 일련의 교회 내 성폭력 사건들은 어느 날 갑자기 하늘에서 떨어진 게 아닙니다. **가부장적 권위주의와 사목적 권위의 남용**이 우리 교회를 서서히 병들게 만들었습니다. 그동안 우리는 병든 교회의 고통에 **직면**하지 안 했습니다. 분란의 소지가 될까봐 애써 **외면**하고 **회피**했을 뿐입니다. 우리 모두는 그리스도의 몸이고 한 사람, 한 사람이 그리스도의 지체입니다. 교회는 단순한 조직이 아니라 그리스도의 몸으로서 존재

하는 살아 있는 유기체인 것입니다.

3. 한편, 한국 천주교회의 가부장적 권위주의 문화는 **사제와 신자 간의 문제**뿐만 아니라, **주교, 사제, 수도자, 평신도** 모두의 문제입니다. 교회 안에 이 문화가 깊게 뿌리 박혀 있고, 이것을 방조한 **교회 공동체**도 책임이 있습니다. 신자들은 여성이 주류인데 사제들의 **여성 이해**가 너무 **낙후**되어 있습니다. 매우 많은 여성이 교회에서 봉사하고 있지만 여성을 단순히 **사목의 대상**으로만 알고 있습니다. 하지만 여성 평신도는 사목의 대상이면서, 동시에 **중요한 사목 협력자**임을 깨달아야 합니다. 성직자의 사제직이 중요한 것처럼 평신도의 사도직이나 수도자의 사도직도 중요합니다. 따라서 교회는 타원형 관계, 즉 가운데에 하느님이 있고, 주교, 사제, 수도자, 평신도 각자가 맡은 직무, 직분이 있는 것입니다. 모든 것이 지나치게 **성직자 중심주의**이기에 가부장적 권위주의와 사목적 권위의 남용이 지금껏 뿌리 깊이 박혀 있어 교회 내 성폭력과 같은 일이 생기는 한 원인이 됩니다.

4. 우리 몸은 **2조개 이상의 세포**로 이뤄져 있습니다. 이 모든 세포를 한 몸으로 아우르는 **유기체적 조절 장치**가 있습니다. 신체 어느 부위에 이상이 생기면 온몸이 함께 문제를 해결하려는 놀라운 **공조기능**이 나타납니다. 손가락 끝에 염증이라도 생기면 문제를 해결하기 위해 **전신의 백혈구들**이 상처 부위로 몰려 **세균**들과 한판 사투를 벌이게 됩니다. 그러나 우리 교회는 그런 공조기능을 발휘하는 대신 **마약성 진통제**로 연명했습니다. 이제는 **내성**이 생겨 더 이상 마약성 진통제도 듣지 않는다는 것을 여실히 드러낸 것이 **교회 내 성폭력 사건**입니다.

5. 성직자의 **돈 문제**든 **여자 문제**든 쉬쉬하며 덮어 왔습니다. 대외적으로 드러내지 않더라도 내부에서 문제를 공론화하고, 사목 현장에서 생기는 여러 윤리적 문제에 교회가 잘 대처해 왔다면, 이렇게 문제가 크게 터지지는 않았을 것입니다. 결국 우리의 잘못된 대처가 우리를 여기까지 오게 한 것입니다. 교회의 여성에 대한 **인식**이 매우 낙후돼 있고, 여성을 **인격적**으로 대하지 못했기 때문인 것입니다. 이와 관련하여 분명히 우리 모두가 반성해야 하고, 이 문제에 대해 교회가 깊이 있는 **고민과 성찰**을 할 때가 됐습니다. 교회 내 성폭력의 범위를 더 넓혀 가부장적인 권위주의 문화, 수직적 관계 등의 문제를 교회가 어떻게 바라보고 대안을 마련할지 폭넓게 고민해야 합니다. 성폭력 문제의 본질은 우리 교회가 가장 중요하게 보는 하느님의 모상으로 창조된 **인간의 존엄성과 인권의 문제**입니다. 우리 교회도 초대 교회의 원래 모습으로 되돌아갈 때가 되었습니다.

6. 프란치스코 교황님은 여성에 대한 성폭력은 **신성(神性)을 더럽히는 것**과 같다고 하셨습니다. 자본주의가 발달한 현대사회에서 **여성의 신체**는 광고와 돈, 포르노와 같은 불경한 제단 위에 너무나도 많이 희생되고 있습니다. 여성에 대한 성범죄가 성행할 수 있는 것도, 결국 우리 사회에서 여성을 동등한 인격체로 보지 않고, 단지 쾌락의 도구로 삼으려는 **남성 중심의 왜곡된 성문화**가 만연하기 때문입니다. 이 같은 사회 현상과 관련하여, 또 여성에 대하여 가톨릭교회의 가르침은 분명합니다. 여성에 대한 오랜 **억압, 무시, 불평등의 역사**를 극복하기 위해서는 교회 내에서도 교회 구성원, 즉 **성직자, 수도자, 평신도 모두가 함께 협력**해야만 합니다.

292. 가톨릭교회내의 수도자들의 위상과 역할은 무엇인가요?(1)

1. 가톨릭교회는 매년 예수님께서 탄생한 날로부터 40일이 되는 날에 축성의 삶을 사는 수도자들을 기억합니다. 수도자들은 **복음적 권고**를 서약한 사람들입니다. 자신의 모든 것을 하느님께 온전히 바치며 **청빈, 정결, 순명**을 지키며 사는 삶입니다. 청빈은 나의 것을 봉헌하여 모든 것을 그리스도의 것으로 여기는 것입니다. 정결은 나의 사람을 봉헌하여 모든 이를 그리스도의 사람으로 여기는 것이며, 순명은 나의 뜻을 봉헌함으로써 모든 것이 그리스도의 뜻대로 이루어지도록 살아가는 태도입니다. 우리는 교회의 **심장**이요 영성의 **원천**인 **축성생활의 의미와 가치, 중요성**을 되새기고 삶으로 구현하기를 다짐하면서, 축성생활이 오늘날 어떤 의미인지를 살펴봅니다.

2. 몇 해 전에 교황청은 **축성생활의 해**를 발표하면서 제2차 바티칸 공의회, 특히 수도생활의 쇄신에 관한 교령 「완전한 사랑」 반포 50주년을 기념하기 위한 것으로, 다음과 같이 세 가지 취지를 덧붙였습니다. 첫째, 공의회 이후 50년에 대해 **감사하는 마음으로 기억**하고, 둘째, 과거를 긍정적으로 평가하고 **희망으로 미래를 끌어안는 것**, 셋째, 이러한 희망을 품고 **현재를 열정적으로 살자는 것**입니다. 유럽의 교회와 수도회들은 고령화됐고, 이전과 비교해 활동력도 떨어졌습니다. 전반적으로 수도생활이 침체돼 있습니다. 이러한 분위기를 개선하기 위해 현 교황님께서는 축성생활자들을 비롯해 교회 구성원의 **마음가짐과 생활 전체**를 바꿀 계기를 마련하신 것입니다. 오늘날 세상은 **신자유주의와 자본주의로**

인해 **복음삼덕**(청빈, 정결, 순명)과는 반대되는 방향으로 흘러가고 있습니다. **개인주의**와 **물질만능주의** 안에서 기쁨을 찾으려는 세상입니다.

3. 현대인들은 세상의 흐름과는 다른 교회의 가르침을 따르는 삶을 **불안**해합니다. 하지만 수도자이신 교황님께서는 복음삼덕을 살아가는 **기쁨**을 알고 계십니다. 이것이 이 시대의 **비전**이 될 수 있다는 사실도 확실히 **인지**하고 계십니다. 그러나 현대 수도회가 당면한 **어려움과 위기**를 파악했을 것입니다. 이러한 시점에 축성생활이 희망적이며 영적으로 풍요로운 삶이라는 것을 수도자는 물론 일반 신자들에게도 알려야 한다는 생각을 갖고 있습니다. **교회의 심장**이라 불리는 수도회를 통해 **교회 쇄신**을 이끌어 내려는 뜻입니다. 프란치스코 교황님께서는 원천으로 돌아가서 **기본에 충실**해야 세상으로부터 **신뢰받는 교회**가 된다고 강조합니다. 수도자들에게 요구하는 바도 바로 **원래 정신**으로 돌아가야 한다는 것입니다. 성인들의 삶이 성경의 주석으로 여겨지듯이 **축성생활자들의 삶**은 가장 생생하고 효과적인 **복음화의 도구**라는 것입니다.

293. 가톨릭교회내의 수도자들의 위상과 역할은 무엇인가요?(II)

1. 주님 봉헌 축일인 2월 2일은 성 요한 바오로 2세 교황이 1996년에 제정한 **축성생활의 날**이기도 합니다. **성전에 봉헌된 예수님**을 기념하는 **주님 봉헌 축일**을 축성생활의 날로 함께 지내는 것은 그 의미가 자못 큽니다. 성부에 의해 축성되고, 성부의 뜻을 드러내기 위해 자신을 온전히 봉헌한 **예수님의 신비**를 되새겨 보는 기회가 되기 때문입니다. 모든 그리스도인은 축성생활의 날을 맞아 수도자들을 위해, 또 수도성소의 활황을 위해 기도해야 합니다. **청빈과 정결, 순명**이라는 복음적 권고의 삶을 충실히 지켜나갈 때 **교회의 내적 생명력**은 강화될 수 있습니다. 끊임없이 세속의 도전을 받고 있는 교회를 충실히 시켜낼 무기가 바로 이 세 가지 권고이기 때문입니다. 이러한 복음적 권고는 수도자들한테만 국한된 것은 아니며, 주님을 따르는 사람은 누구나 늘 염두에 두어야 할 **덕목**이며 실천해야 할 또 다른 주님의 **계율**입니다.

2. "주님께 대한 **신뢰**와 개인 소명과 사명의 **흔들림**에서 오는 축성생활의 실제적인 **붕괴**를 막는데 그리스도인들은 **최선**을 다해야 합니다."(「축성생활」, 63항). 이와 함께 "축성생활은 친교와 사랑의 바탕 위에 교회와 세상을 위해 **봉사할 사명**을

부여하셨음을 **고백하는 행위**"라는 것입니다. 교회에 영적인 풍요로움을 선사하는 축성생활은 "주님 말씀을 철저하게 실천하는 한 방안"입니다(「축성생활」 18항). 교회와 함께, 교회 안에서 살아가라는 부르심에 귀 기울이며, "모든 것을 버리고 주님을 따르는"(루카 18,28) 수도자들에게 **축성생활의 은총**이 가득하길 기원합니다. 그 은총이 **교회**와 **세상**을 깨끗하게 하는데 큰 몫을 할 것입니다.

3. 축성생활이라는 용어는 이 삶이 단지 깊은 영적 체험을 갈망하는 신자들이 스스로의 봉헌을 통하여 이러한 생활을 시작하는 것이 아닙니다. "하느님께서 이 생활로 불러주시고 신앙 공동체를 이루게 합니다. 참된 형제애·자매애를 드러내고, 이러한 친교와 사랑의 바탕 위에 교회와 세상을 위해 봉사할 사명을 부여하셨음을 고백하는 것"입니다. 또한 "교회 안에 있는 은사의 다양성은 **성령**께서 내려주시는 선물"입니다. "축성생활의 다양한 삶의 모습들은 이 세상을 구원하시는 **하느님의 손길**을 드러내고 있습니다." 성 요한 바오로 2세 교황의 권고 「축성생활」(Vita Consecrata)에서는 "성소자와 사도직의 감소에서 오는 여러 가지 어려움들이 결코 축성생활의 **복음적 생명력**에 대한 신뢰의 상실로 이어져서는 안 된다"고 말하고 있습니다. 한편, 한국천주교주교회의 상임위원회는 2019년 12월 2일 열린 회의에서 기존에 봉헌생활로 번역하던 Vita Consecrata를 **축성생활**로 바꾸고, 봉헌생활의 날 역시 **축성생활의 날**로 변경하기로 결정했습니다.

4. 수도회는 각 교구와 원활하게 연대합니다. 하지만 정작 수도회 안에서는 **친교**가 부족하거나, 수도회 간에 **나눔**이 제대로 이루어지지 않는 경우도 있습니다. 가족 수도회임에도 불구하고 같은 범주 안에서 사도직을 행하며 서로 **경쟁**을 하기도 합니다. 함께 있을 때는 좋은 의견을 나누다가도 막상 실행하려면 할 수가 없습니다. 이것이 바로 **이기주의**에 물든 수도회의 현실입니다. 이런 상태에서 수도회 외부에 무엇인가를 **요구**한다는 것은 무리가 있습니다. 먼저 수도자들의 모습을 **자성**하고 난 후 교구든 사회든 **연대**해야 합니다.

5. 오늘날 수도회들이 쇠퇴하고 있는 것은 사실이지만, **재속회**와 같은 다양한 모습의 축성생활은 오히려 활발하게 이뤄집니다. 축성생활의 일부분만 쇄신의 대상으로 생각하고 50년 동안 다양한 형태로 꽃피고 있는 **성령의 활동**을 생각하지 못하고 넘어갈 수 있습니다. 이런 부분들을 일반 신자들에게 잘 소개할 수 있다면 **축성생활의 풍요로움**을 널리 전할 수 있을 것입니다. 본당에서 지역의 수도회를 **초대**해 함께 기도하고 생활하며, 축성생활이 무엇인지 알릴 수 있는 **기회**를 주면 좋겠습니다. 또한 수도회 소속 평신도 단체와도 **연대**해서 수도회의 정

신을 알려야 합니다. 다시 말하자면 평신도 단체를 대부분 **후원회 성격**이 아닌 **축성생활로 초대**해야 하며, 지역교회와 수도회가 활발히 **친교와 소통**을 이루어야 합니다.

294. 한국 천주교회사에서 차지하는 평신도의 위상과 영성은 무엇인가요?

1. 한국 천주교회의 **전래와 특징**을 살펴봅니다. 지금부터 236년 전에 **서학**을 연구하던 **학자들**을 중심으로 **예수 그리스도**를 믿는 **자생적 모임**이 생겨났습니다. 평신도인 **이승훈(28세)**이 1784년 북경에서 프랑스 그라몽 신부에게 **베드로**라는 세례명으로 세례를 받고 돌아오면서 **신자들의 공동체**가 본격적으로 형성되었습니다. 현재 명동성당 부근의 **명례방**에서 정기적인 **신앙집회**가 이루어졌습니다. 외국 선교사가 아닌 평신도를 통해 우리 민족 스스로 천주교 신앙을 받아들였습니다. 우리는 이처럼 **세계 교회사**에서 유래를 찾아 볼 수 없는 한국 천주교회만의 유일하고 **찬란한 역사**를 가지고 있습니다.

2. 당시 **지배층**은 천주교를 기존 사회질서를 어지럽히는 **위험 세력**으로 판단하였습니다. 천주교 신자들은 부모도 나라님도 모르는 **대역무도의 무리** 또는 **사학죄인**으로 몰려 **네 번에 걸쳐 큰 박해**를 받았는데, 이때 수많은 순교자가 생겨났습니다(1801년 신유박해, 1839년 기해박해, 1846년 병오박해, 1866년 병인박해). 1845년에는 **김대건 안드레아 신부님**이 중국 상하이 금가항 성당에서 페레올 주교로부터 사제품을 받음으로써 **최초의 조선인 사제**로 탄생하였습니다. 그때의 신앙선조들은 신앙을 지키기 위해서 네 번에 걸친 혹독한 박해를 견디고 죽음조차 두려워하지 않았습니다. 평신도가 대부분인 순교자들 가운데 **103위**가 1984년에 시성되었고, 2014년에는 **124위**가 시복되었으며, 현재 하느님의 종 **133위, 81위, 38위**에 대한 시복 절차가 진행 중에 있습니다.

3. 예수 그리스도께서는 하느님의 백성을 돌보고 세상에 복음을 전파하시려고, 교회 안에 다양한 직무를 마련하셨고, 당신의 몸을 이루는 각 지체에게 고유한 직무를 수행하게 하셨습니다. ①**성직자**에게는 예수 그리스도께서 당신의 이름과 권한으로 가르치고 거룩하게 하며 다스리는 임무를 맡기셨고, ②**수도자**는 하느님께 봉헌되어 교회의 구원 사명에 이바지하도록 하셨으며, ③**평신도**에게는 교회와 세상에서 하느님 백성 전체의 사명을 수행하도록 하셨습니다. 초기

한국 천주교회가 **평신도**에 의해 시작되었으며, 성립하고 발전하는데 있어서 평신도의 역할이 컸습니다. 그러나 함께 기억해야 할 점은 초기 한국 천주교회에서는 평신도와 성직자의 **유대 관계가 돈독했다는 점**입니다. 초기 한국 천주교회 평신도들은 자신들을 위해 복음을 선포하고, 성사를 집전할 **성직자의 영입과 신변보호를 위해 목숨의 위협**조차 마다하지 않았습니다. 또한 성직자들은 숨어 있는 **평신도들을 헌신적으로 찾아다니며** 사목하다가 이들을 위해 목숨까지도 바쳤습니다.

4. 하지만 이러한 유대 관계는 박해시대가 끝나면서 조금씩 깨지는 양상을 보이기 시작합니다. 평신도의 **능동적 활동**은 점차 줄어들고, 성직자가 명령하고 평신도가 하달 받는 **성직자 중심의 교회구조**가 자리 잡게 되었습니다. 가톨릭교회의 일곱성사 중 하나에 속하는 성품성사는 1274년 **제2차 리옹 공의회**에서 공식적으로 정의되었으나 이처럼 오랜 교회 역사 안에서 평신도와 관련해서는 별다른 **신학적 논의**가 없었던 것이 사실입니다. 하지만 **제2차 바티칸 공의회**는 이렇게 선언합니다. "**하느님 백성에 관하여 말한 모든 것은 평신도 수도자 성직자들에게 똑같이 해당된다. (…) 우리는 모두 사랑 가운데에서 진리대로 살면서 여러 면에서 자라나, 머리이신 그리스도와 한 몸이 되어야 한다. 우리의 몸은 각 부분이 자기 구실을 다함으로써 각 마디로 서로 연결되고 얽혀서 영양분

---

81) 제2차 리옹 공의회는 13세기에 열린 로마 가톨릭 교회의 세계 공의회. 1245년 교황 인노첸시오 4세는 포위된 로마 시를 탈출하여 리옹으로 와서 전체 공의회를 소집했다. 비록 150명의 주교만 참석했으나 이 공의회는 교회가 신성 로마 제국 황제 프리드리히 2세를 파문하고, 위증·평화방해·신성모독·이단혐의 등 4가지 죄목으로 그를 폐위했음을 공포했다. 공의회에서 교회는 제7차 십자군을 준비하고 있던 프랑스 왕 루이 9세를 지원할 것을 촉구했다. 제2차 리옹 공의회는 비잔티움 황제 미하일 8세가 정교회는 로마 가톨릭 교회와 재일치할 준비가 되어 있다고 확약한 뒤인 1274년에 교황 그레고리오 10세가 소집했다. 미카일 황제는 교황의 우위권을 인정한 대가로 당시 벌이고 있던 정복전쟁에 필요한 재정 지원을 원했다. 이에 따라 정교회 대표들과 200여명의 서방교회 고위성직자들은 연옥, 성사, 교황 수위권을 포함한 신앙고백을 받아들이고 정교회와 로마 가톨릭 교회의 재 일치를 공식적으로 승인했다. 그러나 그리스 성직자들은 재 일치를 곧 취소했다. 또한 이 공의회에서는 장차 신속한 교황 선출을 위해 엄격한 규약들을 작성·승인했고, 특정 수도회들에 대해서는 제한을 두었다.

을 받아 자라난다. 교회도 이와 같이 하여 사랑으로 지체를 완성해 나가야 한다." (「교회헌장」, 30항)

5. 이렇게 하느님 백성 구성원 모두는 세례성사를 통해서 그리스도와 한 몸이 됨으로써 공통된 품위를 지니고 평등하게 활동하게 됩니다. 즉, 성직자만이 아니라 **평신도들**도 그리스도의 **사제직과 예언자직과 왕직에 참여**할 수 있게 됐습니다. **세례받은 신자들 모두**는 자신의 삶을 영적 제물로 하느님께 바치는 거룩한 사제단인 것입니다(1베드 2,5 참조). 이렇게 제2차 바티칸 공의회는 성소에 따른 영성의 **다양성의 원리**를 설명하면서 하느님의 거룩하심에 참여하는 표현의 다양성, 즉 **완성에의 길의 다양성**을 천명하였습니다(「교회헌장」, 5장 참조). 평신도도 그의 성소 안에서 당연히 **완덕**에 불림을 받았습니다. 그에 나아가는 삶은 세상에 대한 부정적 관념이나 모호한 자세를 버리고 그것에 대한 개방적 자세를 취하며, 도적적인 전망 중에 **그리스도의 사명을 수행하는 것**입니다. 따라서 평신도는 가정과 직업 그리고 사회생활 안에서 하느님의 뜻에 따라 **현세 사물**을 관리하고 발전시키면서 **성화되어야 하는 것**입니다. 또한 평신도 신자들은 세례성사를 통해 **보편사제직**을 받는다고 밝혔습니다. 동시에 제2차 바티칸 공의회는 다음과 같이 말합니다.

"신자들 가운데서 성품에 오르는 이들은 하느님의 말씀과 은총으로 교회를 사목하도록 그리스도의 이름으로 세워진다."(「교회헌장」, 11항). "이렇게 평신도 중에서 성품성사를 통해 목자의 직무를 맡은 이들은 보편사제직과는 구분되는 새로운 사제직, 즉 직무 사제직을 부여받습니다."(「사제의 직무와 생활지침」, 6항 참조)

295. 사회교리의 목적과 사회복음화를 위한 평신도의 역할은 무엇인가요?(1)

1. 교회의 모든 활동의 목적은 **복음 선포**입니다. 교회는 **예비신자들**을 모으고 교리를 가르침으로써, 사람들에게 직접 복음을 선포하고 있습니다. 그리고 **자선사업·복지사업·교육사업**을 통해서 간접적으로도 복음을 선포하고 있습니다. 또한 가톨릭교회는 **사회교리**를 통해 정치·경제·사회·문화에 복음정신이 스며들게 하며, 인간사회가 더욱 **하느님의 뜻에 합당하도록 이끄는 것**을 목적으로 합니다. 한편 교회는 개인과 사회의 발전을 도모하고, 각종 억압으로부터 인간을 해방시키고자 합니다. 그래서 사회교리는 **사회의 복음화를 위한 수단**이

며, **새로운 복음화의 본질적인 요소**입니다.

2. 세상의 **새로운 복음화**는 교회를 구성하는 모든 사람들의 의무요 권리입니다. 현실 세계 안에서 복음화의 첫 번째 책임은 **평신도에게 있는 것**입니다. "신자들의 복음 선교활동의 무대는 바로 정치, 경제, 사회, 문화, 예술, 국제활동, 홍보 등 광범위한 한마디로 **복잡한 현실 세계**가 되는 것입니다."(「현대의 복음선교」, 70항). 인간과 사회에 봉사하면서 복음을 실천하고 선포해야 할 의무는, 평신도들의 **세속적 특성** 때문에 평신도들에게 속합니다.

3. "현실 세계 질서에 그리스도교적 활기를 불어 넣는 것은 평신도들의 고유하고 대체할 수 없는 의무에 속하는 것"이라고 명시하고 있습니다(「평신도 그리스도인」, 17항 참조). 평신도들은 특히 사회교리를 배우고 익혀서 세상을 복음화하려고 노력해야 합니다. 결국 **사회교리의 본질적인 목적**은 신자들이 자신들이 살아가는 사회 안에서, 세상에 활기와 생기를 주려는 의도입니다. 이와 더불어 다른 사람들과 함께 이러한 정신에 따라 세상의 구조를 형성하기 위해, 효과적으로 활동하도록 하는 **새로운 올바른 행동규범**을 설정하는 것입니다.

296. 사회교리의 목적과 사회복음화를 위한 평신도의 역할은 무엇인가요?(II)

1. 사회생활에서 평신도의 존재는 그리스도의 사랑을 구체적으로 드러내는 **표지**인 동시에, **사회생활에 대한 봉사**를 특징적으로 보여주고 있습니다. 평신도의 봉사는 가정과 문화, 일이나 특수한 측면의 정치적, 경제적 영역에서 드러납니다. 가톨릭교회의 사회교리는 다양한 사회문제 해결을 위해 구체적으로 실천될 때 온전하게 현실화됩니다. 이때 가장 중요한 역할을 하는 존재가 바로 **평신도 그리스도인들**입니다. 사실 사회교리의 신뢰성은 사회교리가 지니고 있는 내적인 일관성이나 논리성에서 비롯되기보다는, **행위의 증거**에서 직접 기인한다고 말할 수 있습니다.(「간추린 사회교리」, 551항 참조)

2. 사회교리에서는 평신도의 다양한 영역에 대한 봉사활동을 크게 네 가지로 나누어 접근합니다. ①**인간에 대한 봉사**, ②**문화에 대한 봉사**, ③**경제에 대한 봉사**, ④**정치에 대한 봉사**가 있습니다. 평신도의 사회 참여 영역 중 가장 먼저 두드러지는 ①첫 번째 영역은 인간에 대한 봉사입니다. 모든 인간의 존엄을 증진하는 일은, 교회와 그 안에 살아가는 평신도들이 인류 가족을 섬기도록 불림 받은 봉

사의 근본 임무입니다. **핵심적이고도 통합적인 임무**라고 말할 수 있습니다. 인간에 대한 봉사임무가 수행되는 첫 번째 형태는 **내적인 자기 쇄신**을 통한 노력입니다.

3. 이는 사람에 대한 관심, 곧 그들을 형제자매처럼 **사랑하는 마음**의 회개에서 비롯됩니다. 이러한 인간 존엄의 증진은 인간이 수태 순간부터 자연사에 이르기까지 침해할 수 없는 **생명에 대한 권리**를 확인하는 것입니다. 또한 인간 존엄에 대한 존중은 **인간의 종교적 차원**을 인정해 줄 것을 요구하고 있습니다. 양심의 자유와 종교의 자유에 대한 권리를 인정하는 것은 **최상의 선** 가운데 하나입니다. 개인과 사회의 선을 진정으로 **보장**하고자 하는 것은 모든 사람의 중대한 의무라고 할 수 있습니다.(「간추린 사회교리」, 552-553항 참조)

4. ②둘째 영역은 문화에 대한 봉사입니다. 문화는 교회와 개별 그리스도인의 현존과 참여를 위한 **특별한 영역**이 돼야 합니다. 신앙생활과 일상생활은 따로 분리될 수 없습니다. 인간은 다른 사람들과 끊임없이 소통하고 관계를 맺음으로써 삶 전체에 걸친 중요한 문제에 대한 해답을 얻으려고 노력하게 됩니다. 특히, 복음에서 영감을 받은 사회, 정치, 문화를 육성하는 일은 평신도에게 중요한 영역입니다. 인간의 **전인적 완성**과 **사회 전체의 선**은 문화의 근본 목표가 됩니다. 또한 문화의 윤리적 차원은 평신도의 사회 활동에서 **가장 우선적**인 것이 됩니다.

5. 다시 말해 인종, 성별, 국적, 종교나 사회적 신분의 차별 없이 인간의 존엄에 부합하는 시민 문화에 모든 사람의 권리를 보장하는 것이 곧 문화에 대한 봉사라고 말할 수 있습니다. 한편 평신도는 바르고 참된 문화를 증진하기 위해 **대중매체의 중요성**을 깨달아야 합니다. 이러한 대중매체는 인간 상호 간의 연대에 강력한 도구로 사용돼야 합니다. 대중매체를 운영하는 **전문가들**만이 윤리적 의무를 지니고 있는 것이 아닙니다. 대중매체를 이용하는 **모든 이용자**가 윤리적 의무를 함께 지닙니다.(「간추린 사회교리」, 554-562항 참조)

6. ③셋째 영역은 경제 분야에 대한 봉사입니다. 오늘날과 같이 복잡한 경제 상황에서 평신도들은 사회교리의 원칙에 따라 행동할 필요가 있습니다. 평신도들은 가톨릭교회가 강조하는 사회교리 원칙들을 사회에 알리고, 그것들이 경제활동 분야에서 받아들여지도록 할 필요가 있습니다. 경제학자들과 경제 분야에 종사하는 모든 사람, 그리고 정책을 입안하는 정치 지도자들로 하여금 현대 세계의 **경제 구조의 심각성**을 일깨워야 합니다. 경제 문제에 대한 다양한 방식을 통해 올바른 경제 질서를 세울 수 있는 **전문가들을 육성하는 것** 역시 필요합니다.(「간

『간추린 사회교리』, 563-564항 참조

7. ④마지막 넷째 영역은 바로 정치 분야에 대한 봉사입니다. 평신도의 정치 참여는 다른 사람들에 대한 그리스도인의 봉사로서 평신도의 의무 중의 하나입니다. 평신도 그리스도인의 정치 참여는 **매우 가치 있으면서도 어려운 일**로 평가됩니다. 따라서 가톨릭교회는 이러한 정치 참여의 기준으로 공동선 추구, 빈곤과 고통 상황 안에서의 정의의 추구, 자율성의 존중, 보조성의 원칙 준수, 연대를 통한 **대화와 평화 증진** 등을 요구하고 있습니다.(『간추린 사회교리』, 565-574항 참조)

8. 평신도의 전반적인 사회생활 영역에 대한 봉사는 평신도의 **복음적인 삶**을 통해 구체적으로 드러난다고 말할 수 있습니다. 결국 인간을 둘러싸고 있는 모든 영역에서 진정한 인간 발전을 위해 노력하는 가톨릭교회는 이러한 **봉사 정신**과 긴밀하게 연결되어 있습니다. 교회의 구성원으로서 개별 평신도들은 예수 그리스도의 복음적 삶을 현실 세계 안에 구체화하는 **표징적인 삶**을 살고 있습니다. 따라서 세상을 변화시키기 위한 구체적인 노력은, 단순히 **교회의 교계제도**를 통해서나 **일부 성직자 중심의 노력**을 통해서만이 아닙니다. 이러한 노력을 포함한 **개별 평신도의 노력**을 통해 가능하다고 말할 수 있습니다.

9. 가톨릭교회의 사회교리는 평신도 그리스도인이 **사회의 다양한 방면에서 봉사하면서, 진정한 인간 발전을 위해 노력하고 있다는 사실**을 강조합니다. 평신도의 역할과 그 중요성을 다시 한 번 우리에게 일깨워 주고 있습니다. 그리스도인으로 살아가며, 사회교리를 배우고, 일상생활 속에서 구체적으로 실천하는 것은 대단히 힘든 일입니다. 그러나 이러한 사회교리를 통한 사회 복음화에 대한 노력은 교회 공동체 전체를 들어 **가장 필요한 일**입니다. 또한 세상을 변화시켜 나아가는 **기초적인 작업**이 될 수 있습니다. 가톨릭교회의 사회교리는 혼돈과 절망 속에 빠져 있는 오늘날의 평신도들에게 다시 한 번 하느님께로 나아갈 수 있게 하는 **나침반과 같은 역할**을 하고 있습니다.

297. 성직자의 직무 사제직과 평신도의 보편 사제직은 어떤 관계인가요?

1. 복음화를 위해 평신도와 성직자의 다름을 **차별**이 아니라 **존중**으로 받아들이고 함께 어우러져 **조화와 균형**을 이뤄야 합니다. 남성과 여성은 다르지만 그 다름이 **차별**을 뜻하는 것은 아닙니다. 그렇다면 평신도와 성직자는 무엇이 다르

고, 그 다름을 어떻게 조화시켜 나가야 할까요? 우선 다름의 관점에서 보자면, 사제직이 다릅니다. 성직자는 **직무 사제직**을 수행하고, 평신도는 **보편 사제직**을 행사합니다. 직무 사제직은 화해의 직무와 하느님의 양 떼를 돌보는 직무와 가르치는 직무를 가집니다(사도 20,28;1베드 5,2 참조). 성직자는 "예수 그리스도의 말씀을 권위 있게 선포합니다. 특별히 **세례성사와 고해성사 및 성체성사**를 거행함으로써, 그리스도께서 보여주셨던 **용서의 행위와 구원을 위한 봉헌의 행위들**을 되풀이합니다. 또한, 사랑을 통해 양 떼를 한데 모아 일치를 이루게 하고, 성령 안에서 그리스도를 통하여 성부께로 인도해 줍니다."(「현대의 사제양성」, 15항). 그러므로 직무 사제직을 맡은 성직자는 "오로지 모든 이가 나름대로 공동 활동에 한마음으로 협력하도록 신자들을 **사목**하고 그들의 **봉사직무**와 **은사**를 인정하는 것이 자신들의 빛나는 임무"입니다(「교회헌장」, 30항 참조). 물론 이때의 직무 사제직은 평신도의 보편 사제직보다 "성덕에 있어 **더 높은 자리**를 차지하는 것은 아닙니다."(「현대의 사제양성」, 17항). 또한 두 사제직은 **서로 경쟁 관계**에 있는 것도 아닙니다.(「사제의 직무와 생활지침」, 6항 참조)

2. 본당 사제는 또한 주교의 이름으로 하느님의 가족을 한 형제애로 모으고, 그리스도를 통하여 성령 안에서 하느님 아버지께 인도합니다. 사제는 그리스도를 대리하는 목자로서 자신들에게 맡겨진 공동체의 신자들 각자가 **성숙한 그리스도인**이 되도록 이끌어야 합니다. 직무 사제직을 수행하는 성직자는 더 나아가 평신도와 관련해서 두 가지를 요구받고 있습니다. 그 하나는 **가부장적이고 권위적인 방식**으로 직무를 수행하는 것을 피하고, 제2차 바티칸 공의회가 요구한 바대로 봉사의 정신 안에서 평신도들과 **긴밀한 협력 관계** 속에 일하는 것입니다. 평신도들의 보편 사제직은 **사제들의 직무 사제직을 충실하고도 완전하게 수행할 수 있도록 도와주는 역할**입니다. 그렇다고 해서 성직자의 직무 사제직이 결코 평신도의 호감이나 사는 방향으로 수행돼야 한다는 것은 결코 아닙니다.

3. 성직자는 평신도의 신앙생활과 관련해 **훈계**하거나 **경고**할 임무도 가지고 있습니다. 성직자는 평신도가 그리스도인 생활과 교리가 요구하는 대로 행동할 수 있도록 가르치고, 때로는 사랑스러운 자녀에게 그렇게 하듯이 훈계하여야 합니다. 성직자에게는 **거짓 은사**와 **잘못 사용되는 은사**로 인해서, 평신도들이 잘못된 길로 들어서는 것을 **방지할 의무**가 있기 때문입니다. 은사의 순수성과 올바른 사용에 대한 판단은 무엇보다도 **목자들**이 할 일입니다. 이와 관련해서 평신도들은 성직자들이 교회 안에서 결정하는 것들을 **그리스도인의 순종**으

로 받아들여야 합니다. 결론적으로, 성직자의 직무 사제직과 평신도의 보편 사제직은 **더 큰 하나를 지향**합니다. 그 하나의 이름은 **복음화**입니다. 더 큰 복음화를 위해 성직자와 평신도의 다름을 **차별**이 아니라 **존중**으로 받아들이고, 함께 어우러져 **조화와 균형**을 이뤄야 합니다. 1+1=2이지만, 물 한 방울 더하기 한 방울은 **더 큰 한 방울**입니다.

298. 교회 내에서 평신도들과의 사목협력이 반드시 필요한 이유는 무엇일까요?

1. 우리 신앙의 선조들은 **선교사나 사목자의 도움** 없이 스스로 교회 공동체를 형성하면서 공동 전례를 거행하였습니다. **선교와 복음 증거의 삶**을 살았습니다. 뿐만 아니라 교리서, 호교론 등을 쓰고 교리 및 영성의 토착화에 놀라운 모범을 보임으로써 평신도들의 **능력과 굉장한 가능성**을 실증하였습니다. 그러나 그토록 활발했던 평신도 사도직이 교계제도가 확립되고 안정되면서 점점 **약화**되고 **소극적**으로 되었다는 사실을 우리는 주의 깊게 반성하며 그 대책을 강구해야 합니다.[82]

2. 오늘날 한국 천주교회는 평신도들 안에 나타나는 **성령의 표지**를 읽어야 합니다. 그들의 **영적 요구**뿐만 아니라 여러 방면에서 **카리스마**(신으로부터 특별히 부여받은 재능)와 **창의력**을 존중하고 **적극적 협력**을 받아야 합니다. 성경 강좌, 교리 강좌의 가르침이나 기도 모임의 주관의 권리와 의무가 사제나 수도자들 뿐만 아니라 모든 신자들의 것이라는 **재인식과 실천이 요구**됩니다. 그러기 위하여 그들 중에 **교리, 성경, 신학, 영성의 전문 지식을 지닌 신학자들**이 많이 나올 수 있도록 여건과 제도를 과감히 마련해야 합니다. 일선 사목에서 평신도들의 협력이 필요한 것이 **사제의 수가 부족하고 갑자기 업무가 늘어나 이를 해결하고자 하는데 그 이유가 있는 것**이 아닙니다.

3. 그것은 평신도들의 신원의 본질에서 연유하는 **사명이며 과제**이기 때문입니다. 따라서 사목자들은 평신도들의 **고유한 사명 및 과제**를 새삼 깨우쳐 주고 되돌

---

82) 특히 철종(1849-1863년 재위) 이후 비교적 천주교에 대한 온건 정책으로 교회가 어느 정도 자유를 누리게 되면서 다수의 성직자들이 입국했다. 그 후 평신도들의 적극성과 창의성이 거의 나타나지 않는다.

려주면서 **협력**을 **촉구**하며, **사목의 동반자**로 받아들여야만 합니다. 가톨릭교회의 평신도 단체 활동이 **공의회 문헌**과 **가톨릭교회의 사회교리** 등 **수많은 교회 가르침들**을 함께 공부하고 수용하지 않으면 **올바른 방향**으로 나아가기 어렵습니다. 1988년 반포된 「평신도 그리스도인」에서 "평신도 단체들은 교회의 사회교리에 따라 인간의 전인적 존엄성에 봉사하도록 투신하는 효과적 통로가 되어야 한다."고 가르친 것처럼 교회의 모든 평신도 단체들이 이를 적극 수용하고 지표로 삼아야 합니다. 이를 위해서는 **성령의 시대적 표지를 읽으며 사목제도를 혁신할 사제**가 많아져야 합니다.

299. 한국 교회 안에서 공동합의성의 의의와 가치는 무엇인가요?(1)

1. 2018년 교황청 국제신학위원회에서 나온 문헌 「교회의 삶과 사명 안에서 공동합의성」은 하느님 나라를 향해 함께 나아가는 **교회 본연의 모습**을 새롭게 자각하도록 **초대**하고 또 교회가 **복음화 사명**을 수행하고자 마땅히 걸어야 할 길을 **제시**하고 있습니다. 프란치스코 교황님께서는 하느님 백성 모두가 '교회 전체와 교회 안의 모든 이가 주체로서 참여적이고 공동 책임을 갖는 교회', '공동합의와 공동식별로 나아가는 교회'의 모습으로 나아가기를 바라고 계십니다. 이 공동합의성 정신은 하느님 백성 모두가 **공동합의적 소명을 실현해야 한다는 확고한 신념**에서 출발합니다.

2. "함께 걸어가는 것은 교회의 **본질적인 길입니다**. 우리가 하느님의 눈과 마음으로 실재를 해석하게 해 주는 **암호**입니다. 주님이신 예수님을 따르고 이 상처 입은 시대에 **생명의 봉사자가 되려는 조건**입니다. 공동합의적인 호흡과 발걸음은 우리가 누구인지를 보여주고, 우리의 결정들을 고무시키는 **친교의 역동성**을 드러냅니다. 이러한 지평 안에서만 우리는 참으로 우리의 사목을 **혁신**하여, 그것을 오늘의 세계 안에서 교회의 사명에 **적합**하게 할 수 있습니다. 오직 그렇게 함으로써만, 우리는 지금까지 해 온 과정에 대하여 **감사드리고 담대함**(parrhesia)을 지니고서 단호하게 그것을 계속하며, 이 시대의 복잡함에 **대응**할 수 있습니다."(「교회의 삶과 사명 안에서 공동합의성」, 120항)

3. 가톨릭교회가 평신도의 역할에 주목하기 시작한 것은 제2차 바티칸 공의회부터입니다. 공의회 전까지만 해도 평신도는 **가르침의 대상**이었습니다. **역할**

과 **지위**도 분명하지 않았습니다. 하지만 제2차 바티칸 공의회는 '**하느님 백성**'이라는 개념을 통해 평신도와 성직자가 **동등하게 존엄하다는 점**을 강조했습니다. 즉, 세례 받은 모든 신자는 같은 성령을 모시는 하느님의 자녀로서 똑같은 **존엄과 품위**를 지닌다는 뜻입니다. '하느님 백성'에 대한 연구와 실천은 지금도 계속되고 있고, 오늘날 우리는 '**공동합의성**' 실현을 고민하고 있습니다.

4. 공동합의성은 하느님 백성 전체가 공동으로 경청하고 식별해서 **합의를 도출하는 것**을 말합니다. 여기에는 성령 안에서 함께 걸으며 삶과 활동을 함께하는 '**친교**'의 뜻도 담겨 있습니다. 코로나19 위기상황에서 평신도 역할이 두드러지며 '함께'(syn) '길'(hodos)을 간다는 그리스어의 어원적 의미를 담고 있는 공동합의성(synodalitas) 정신이 다시 대두되고 있습니다. 신학적, 사목적, 교회법적으로 매우 폭넓은 의미를 지니고 있기에 '공동합의성'이라는 번역으로 불충분하며, 그 의미를 풀어서 이해해야 합니다. 공동합의성에 대한 새로운 자각과 전망을 제시하는 이 문헌은 교회 모든 구성원의 **주체적 공동체적 참여**를 통하여 하느님 나라를 향해 함께 걸어가는 **교회의 본질에 대한 충실성**을 일깨워 준다는 점에서 그 의의가 크다 할 수 있습니다.

5. 공동합의성은 교회가 마땅히 걸어야 할 길로써 이 문헌의 제목에서 분명하게 드러나듯이 공동합의성은 교회의 **삶과 사명** 그 자체이며, 친교인 교회의 **구체적 실현이자 소명**입니다 "무엇보다 먼저, 공동합의성은 교회의 삶과 사명을 특징짓는 고유한 방식이다. 섬김으로 서로 사랑하라고 명하신 교회 창립자의 계명을 받드는 일이기 때문이다. 따라서 공동합의성은 교회의 일상적인 **생활 방식과 작용 방식** 안에서 드러나고 관철되어야 한다. 즉, 생활 방식에서는 공동체적으로 말씀을 경청하고 성찬을 거행하는 전례 생활과 친교의 형제애를 이루는 **공동체 생활**이 이루어져야 한다. 그리고 작용 방식에서는 하느님 백성 전체가 다양한 차원에서 **다양한 직무와 역할**을 구별하며 교회의 **삶과 사명**에 참여하고 **공동 책임을 이행**하는 활동이 이루어져야 한다."(「교회의 삶과 사명 안에서 공동합의성」, 70항)는 것입니다.

6. 이처럼 "공동합의성은 단순한 활동 절차를 일컫는 것이 아니라, 교회가 살아가고 활동하는 고유한 형태를 가리킨다."(「교회의 삶과 사명 안에서 공동합의성」, 42항)는 것으로 무엇보다도 '교회의 여정과 특정 문제들을 **식별**'하고, '교회의 복음화 사명을 완수하려는 **결정과 지침들**'을 얻는데 그 목적이 있습니다. 이 문헌은 공동합의성을 교회의 본질적 차원으로 강조하여 교회를 **교회답게** 하는 길이자 교

회 구성원 전체가 **마땅히 걸어가야 할 길**을 제시한다는 점에서 **핵심적인 의의**가 있습니다.

8. 공동합의성은 **성직자 중심주의**에서 하느님 백성의 친교로 전환하는 길입니다. 공동합의성의 증진은 한국 가톨릭교회의 맥락에서, 고질적인 **성직자 중심주의 문화**에서 하느님 백성의 **신앙 감각**을 존중하고 **복음적 합리성**과 **의사 결정의 투명성**을 증진하며 평신도들의 주체적 **공동체적 참여 의식**을 고취시키는 문화로 변화할 수 있는 길이 될 것입니다.(「교회의 삶과 사명 안에서 공동합의성」, 57.64.65.73.100항; 「복음의 기쁨」, 102항 참조)

9. 성직자 중심주의 극복은 성직자와 평신도의 대립을 표명하는 것이 아니라 궁극적으로 **일방적 권위로부터 해방, 성령께 열린 자유**를 의미합니다. "그리스도의 제자들은 '하느님 말씀의 관상자이며 또한 하느님 백성의 관상자'이어야만 한다."(「교회의 삶과 사명 안에서 공동합의성」, 114항)는 것입니다. 이 같은 말의 구체적 실현은 성직자 중심주의로부터 해방이 선사하는 선물이 될 것이고, '**공동합의적인 교회**'(「교회의 삶과 사명 안에서 공동합의성」, 57항)의 진정한 실현이 될 것으로 이 문헌은 이를 '**역삼각형**' 교회로 표현하고 있습니다.

300. 한국 교회 안에서 공동합의성의 의의와 가치는 무엇인가요?(II)

1. 2018년 교황청 국제신학위원회에서 제시한 **친교의 전망과 공동합의성 실현**이라는 전망 안에서 사목행위의 지침으로 **몇 가지 기본노선**을 제시하였습니다. ①개별 교회로부터 출발하여 모든 차원에서 '한 사람'과 '몇몇 사람' 그리고 '모든 사람'의 역동적 순환성에 따라 목자들의 직무, 평신도의 참여와 공동책임성, 카리스마적 선물로부터 오는 자극들 사이의 순환성을 활성화시킬 것이며, ②목자들의 단체성 행사와 하느님의 백성 전체가 살아가는 공동합의성을 전 세계 교회 안에서 개별 교회들 사이에 이루어지는 친교의 표현으로서 통합해 낼 것이며, ③로마 주교로서 행사하는 베드로의 직무, 곧 일치의 직무와 전 세계 교회를 이끄는 직무가 모든 개별 교회와의 친교 그리고 주교들의 합의체적 직무와 하느님 백성의 공동합의적 여정과의 상승적 협력(synergy) 속에서 수행되게 할 것이며, ④각각의 전통들이 화해를 이루는 다양성 안에서 충만한 일치를 향하여 걸어가려는 불가역적인 노력 안에서 가톨릭교회가 다른 교회들과 교회

적 공동체들을 향한 개방성을 지닐 것이며, ⑤다른 종교적 신앙과 신념을 지닌 남녀들과 함께 사회적 봉사와 건설적 대화를 함으로써 만남의 문화를 실현할 것을 제시하고 있습니다.

2. 이와 같은 공동합의성의 정신에 따라 한국 교회와 아시아 교회의 맥락에서 공동합의성의 실천을 살펴봅니다. 다른 무엇보다도 한국 교회의 공동합의성의 실천은 '**한국 천주교 200주년 사목회의 의안**'이 그 훌륭한 사례로 언급될 수 있습니다. 한국사회의 동시적 변화와 사목 환경의 전국적인 유사성을 고려할 때, 모든 사목현안을 다룰 수는 없어도 특정한 공통 사목현안은 전 교구 차원에서 다루면 좋을 것입니다. 예를 들면 오늘날 한국사회와 삶의 현실에 대한 총체적 통합적인 분석을 통하여 한국 교회가 나아갈 근본 방향을 찾는 것은 **다양한 분야의 통합적인 식견과 폭넓은 신학적 해석**이 필요한 만큼 전 교구 차원에서 함께 길을 찾는 것도 효율적이고 바람직할 것입니다. 또한 아시아 교회의 맥락에서 공동합의성의 실천도 소홀히 하거나 부차적인 것으로 여기지 않아야 합니다. 특히 아시아의 가난하고 고통받는 민중들과 연대하고, 아시아 교회의 풍요로운 교회적, 사목적, 영성적 전망을 공유하는 한국 교회의 모습을 구체적으로 실현시킬 필요가 있습니다. 이는 교구와 본당 차원에서 다양하게 교류하고 협력하며 연대하는 한국 교회를 그려볼 수 있을 것입니다.(「교회의 삶과 사명 안에서 공동합의성」,113항)

3. 또한 **교구 내 공동합의성의 실천사항**을 살펴보면, 교구 내 **참여 구조를 반영하는 기구들(사제 평의회, 재무 평의회, 참사회, 교구청, 사목 평의회 등)**이 다양하게 구성되어 운영되고 있으나 **실질적인 기능과 역할**에 대해서는 보완할 것이 적지 않습니다. 교구마다 환경이 다르겠지만 이러한 논의 기구들을 실질적이고 적극적으로 활성화시켜서 공동합의성을 더욱 고양시킬 필요가 있습니다. 특히 **교구 사목 평의회**는 평신도와 수도자들이 교구 전체의 사목 현안과 과제들에 대해서 직접적으로 논의하고 의견을 표명할 수 있는 거의 유일한 통로이기에 이 기구의 적극적 전문적 창의적인 운영은 매우 중요합니다. 교구 시노드와 관련해서 다양한 분야를 다룰 필요가 있다면 교구의 형편에 따라서 실행하면 되겠지만 중요한 현안 하나를 집중적으로 다루는 방법이 더 효율적일 수 있습니다.

4. **본당 내 공동합의성의 실천**은 한국 교회의 현재를 **가늠**하고 미래를 **담보**하는 관건이 됩니다. 본당은 무엇보다도 다양한 신자들로 이루어져 있을 뿐만 아니라 그만큼 다양한 삶의 현장에서 살아가는 그리스도인들의 공동체입니다.

따라서 본당 공동체 구성원들이 본당의 제반 과제와 현안, 운영에서 공동합의성을 발휘하는 것은 구성원들의 참여의식 고취와 더불어 본당의 존재 이유인 "신앙과 전례 및 사랑의 공동체로서 그리스도교의 신비를 구체적으로 생활하는 곳"(「한국 천주교 사목지침서」, 159조 1항)으로의 실현을 위한 것이기도 합니다. 이런 의미에서 이 문헌의 지향이 적극적으로 반영된다면 본당은 그야말로 창의적인 신앙 감각이 가장 구체적으로 표명되는 장이 될 것이며, 하느님 나라를 향해 함께 걸어가는 가장 직접적인 안내서가 될 것입니다. 이 문헌이 제시하는 바대로 교구 사목 평의회와 본당 사목 평의회의 연결은 교구 내 사목 일치를 위해서 더욱 적극적으로 고려해서 보완할 수 있는 길을 찾을 필요가 있습니다.(「교회의 삶과 사명 안에서 공동합의성」, 84항)

5. 이 문헌이 공동합의성을 교회 내적인 차원만이 아니라 **세상과의 관계 속에서도** 언급하고 있다는 점을 주목할 필요가 있습니다(「교회의 삶과 사명 안에서 공동합의성」, 103,118항). 교회가 세상을 위한 보편적 구원의 성사라고 이해된다면 "하느님 백성의 공동합의적 삶과 회심, 만남, 연대성, 존경, 대화, 포용, 통합, 감사와 무상성 등의 문화"(「교회의 삶과 사명 안에서 공동합의성」, 118항)는 **더 나은 세상**을 위한 거울이 될 수 있습니다. 이와 같은 공동합의성을 구체화하기 위한 중요한 전제는 **조직과 회의 운영의 획기적인 변화와 쇄신**입니다. 이 점은 교회의 권위를 수행하는 교회 내 모든 형태의 **직무자들**(주교, 사제, 수도자, 평신도)이 반드시 고려해야 합니다. **자유롭고 창의적이고 비판적인 문화**가 합리적인 소통 구조와 결정 구조를 위한 **조직과 회의 운영**을 위해서는 불가피하게 요청되기 때문입니다. 자유로운 소통이 보장되지 않은 조직과 회의는 교회의 것으로 기능할 수 없습니다. 또한 그리스도교 신앙은 본질적으로 **비판적**이며 그래야 **창의적인 의견**이 보장됩니다. 세상의 논리가 아니라 하느님 나라의 복음의 합리성에 비춰 보아야 하기 때문입니다.

6. "어떤 이들은 그리스도의 뜻에 따라 남을 위하여 교사나 신비 관리자니 목자로 세워졌지만, 모든 신자가 그리스도의 몸을 이루는 공통된 품위와 활동에서는 참으로 모두 평등하다."(「교회헌장」, 32항)는 것입니다. 공동합의성은 제2차 바티칸 공의회 정신에 기인하며 제2차 바티칸 공의회가 강조한 단어인 **동등한 품위**(dignity)를 인식해야 공동합의성을 이해할 수 있으며, 하느님 안에서 우리 모두는 **존엄한 존재이고 위치에 따라 역할이 다를 뿐**입니다. 따라서 평신도의 품위를 올릴 때 성직자와 수도자의 품위도 올라가며, 교회는 어느 한 쪽이 올라

가면 다른 쪽이 내려가는 시소게임이 아니라 유기적으로 모든 곳이 연결돼 있는 몸과 같은 것입니다. 즉, 교회 쇄신을 위해서는 모든 구성원들이 각자의 품위를 알고 **서로 경청하는 태도**가 바탕이 돼야 하며, 그 중심에 **평신도**가 있습니다. 교회 개혁을 위해서는 누구보다 **평신도들**이 **능동적**이고 **주체적**으로 움직여야 하며 그리스도를 따라 자신이 할 수 있는 작은 일부터 실천하는 것이 중요합니다. 변화는 하루아침에 이뤄지지 않는 것으로써 **시스템적인 보완**과 함께 서로를 섬기는 **낮은 종의 모습**으로 **기도**와 **자기 쇄신 노력**이 어우러진다면 모두가 위기를 느끼고 있는 이 시기가 변화를 위한 **좋은 기회**가 될 수 있을 것입니다.

301. 사랑의 문화를 건설하기 위한 새로운 복음화활동의 과제는 무엇인가요?(1)

1. 복음화란 사람들에게 **세례를 베푸는 것** 자체만을 의미하는 것이 아닙니다. 그 세례를 통해 사람들이 예수님의 가르침을 배워 실제 생활 안에서 그 **예수님의 가르침대로 살게 하는 모든 일**을 포함합니다. 성경에서도 "너희는 가서 이 세상 모든 사람들을 내 제자로 삼아 아버지와 아들과 성령의 이름으로 그들에게 세례를 베풀고, 내가 너희에게 명한 모든 것을 지키도록 가르쳐라"(마태 28,19-20)라고 말씀하셨습니다. 그러면서 세례를 통한 '**신자화**'와 더불어 그들이 합당하게 주님의 가르침을 지키도록 하는 '**생활화**'가 포함되어야 함을 보여주고 있습니다. 그런 의미에서 주님의 자녀가 된다는 것은 '**믿는 것**'과 더불어 '**따르는 것**'이 포함되어 있는 것입니다.

2. 사실 '믿는 것'과 '따르는 것'은 같은 것이라 할 수 있으며 서로 구별될 수 없는 것입니다. 진실로 믿고 있다면 진실로 생활화되어 따를 수밖에 없습니다. 어쩌면 '믿는 것' 안에 '따르는 것'이 포함되어 있다고 말할 수 있지만, 우리들의 삶을 보면 안타깝게도 '믿는 것'과 '따르는 것'이 **다르게 사용되는 것**을 볼 수 있습니다. 그래서 완전한 의미의 '복음화'도 '믿는 것'과 '따르는 것'을 함께 지적해야만 합니다. 그래서 예전 표현대로 하면, 우리들에게 '**믿을 계명**'이 있고, 또 '**지킬 계명**'이 있는 것입니다. 많은 사람들이 '믿을 계명'만을 강조하고, '지킬 계명'은 제대로 지키고 있지 않는 것이 오늘날의 우리들의 모습이 아닐까 염려되는 현실입니다.

3. 그런데 그 '지킬 계명' 역시 과거 단순한 농경문화 사회에서는 생활양식이 복잡

하지 않았기 때문에 비교적 간단명료할 수 있었습니다. 그러나 **산업화 이후 현대의 복잡한 생활양식** 속에서는 '지킬 계명' 또한 그리 단순하지 않다고 할 수 있습니다. 그러면 각자의 삶 안에서 구체적으로 어떻게 하는 것이 복음 말씀대로 사는 것일까? 오늘날 사회에서 '지킬 계명'을 단순하게 적용하기란 쉽지 않습니다. 그래서 흔히 '지킬 계명'은 지극히 교회생활 안에서만, 즉 **전례와 미사 참례와 성사생활**로만 **축소 적용되는 것**처럼 보였습니다. 따라서 많은 사람들이 교회 안에서의 생활과 교회 밖에서의 생활이 사실상 일치하기 어려운 모습으로 그 양상이 변화되기에 이르렀습니다. 결국 예수님의 가르침을 생활화하는 것이 **'신앙 따로' '생활 따로'**의 양상으로 변하게 된 것입니다. 더욱이 하느님을 전혀 알지 못하는 다양한 문화와 세계관 속에서 살아 온 사람들에게 교회의 '지킬 계명'이 매우 실제적인 가르침으로 **구체화되고 현실화**되지 않는다면 생활화가 어렵다는 과제를 안게 되었습니다.

4. 그 구체적인 교회의 응답이 바로 **제2차 바티칸 공의회**와 그 공의회 이후의 수많은 **시노드**들입니다. 그리고 교회는 '**공의회 문헌**'을 통해, '**교황문헌**'을 통해, '**주교님들의 가르침과 지침들**'을 통해 그 구체적 생활의 가르침들을 제안하고 세상을 향해 역설(力說)해 왔습니다. 그래서 사람들로 하여금 그리스도의 가르침대로 살기 위해 이 복잡한 현대사회와 다양한 문화 속에서 복음 말씀대로 사는 삶이 어떠해야 하는지에 대해 방향을 제시하고자 했습니다. 세상이 변화되고 다양화하는 것과 발맞추어 교회도 그에 따라 꾸준히 기도하고 연구하면서 지속적으로 세상 변화에 따른 우리들의 **복음적 삶의 구체적 생활화**를 위해 많은 **가르침들**을 쏟아냈습니다.

302. 사랑의 문화를 건설하기 위한 새로운 복음회활동의 과제는 무엇인가요?(II)

1. '**새로운 복음화**'란 용어는 교황 요한 바오로 2세가 라틴 아메리카 주교회의 (1983.3.9) 연설에서 처음으로 표현하신 말씀입니다. 동시에 '새로운 복음화'는 구체적으로 '**새로운 열정**'과 '**새로운 방법**'과 '**새로운 표현**'의 의미라고 덧붙였습니다. 그 이후 1988년 반포된 교서 「평신도 그리스도인」에서는, "2천 년대의 '새로운 복음화'의 때가 왔다"고 가르치고 있습니다. 이어 1990년 '선교 대헌장'이라고도 평가되는 회칙 「교회의 선교사명」에서는, "현 시점이 바로 새로운 복음

화에 투신할 적기"라고까지 강조하고 있습니다. 이어 1994년 반포된 「제삼천년기」에서는, 제2차 바티칸 공의회 이래 교회 안에서 개최되는 일련의 시노드들의 기본 주제가 바로 '새로운 복음화'였고, 그 '새로운 복음화'의 의미에 대해 규정하고 있습니다.

2. 그리고 교황 베네딕토 16세는 '새로운 복음화'를 '다시 제안한다(repropose)'는 단어로 해석했습니다(2010년 성 베드로 성 바오로 사도대축일 강론 참조). 즉 '새로운 복음화'란 '복음'이 새로운 것이 아니라, '복음화'를 **새롭게 다시 충실히 해보자는 제안**인 것입니다. 더 나아가서 **제2차 바티칸 공의회의 정신**을 다시금 현실화하고 생활화하자는 제안인 것입니다. 그런 의미에서 1975년 선포된 「현대의 복음선교」 안에 그 '새로운 복음화'의 뜻이 담겨있습니다. 교회가 복음화 한다는 말은, 교회가 자신이 선포하는 메시지의 거룩한 힘을 통하여 모든 개인과 집단의 양심, 그들의 활동, 그들의 삶과 구체적인 환경을 변화시키고자 노력하는 것입니다. 그것은 단순히 지리적으로 더욱 넓은 지역이나 더욱 많은 사람에게 복음을 선포하는 것만이 아닙니다.

3. 하느님의 말씀과 구원 계획에 상반되는 **인간의 판단기준, 가치관, 관심사항, 사고방식, 영감의 원천, 생활양식** 등에 복음의 힘으로 영향을 미쳐 그것들을 변화시키고 바로잡는 것을 말합니다. 즉, 인간의 문화들을 넓은 의미에서 복음화하는 것입니다(「현대의 복음선교」, 8항-20항 참조). 한국 천주교회에서는 지난 1990년대 초부터 **'소공동체 운동'**을 전개해 왔습니다. 또 '소공동체 운동'은 이미 전국적으로 퍼졌습니다. 당시 고(故) 김수환 추기경은 '소공동체 운동'을 '새로운 복음화'의 구체적 방법으로 제시했습니다(1994년 교구 사목교서). 비록 많은 교회단체들의 첫 반응은 소극적이고 부정적이었으나, 지금은 많이 달라졌습니다. 물론 '소공동체 운동'이 '새로운 복음화'의 전부라고 말할 수는 없습니다. 하지만 '새로운 복음화'를 위한 교회의 노력을 이해하지 못하면 자칫 시대 현실에 부응하기 어려울 수 있습니다.

303. 사랑의 문화를 건설하기 위한 새로운 복음화활동의 과제는 무엇인가요?(III)

1. 매우 불투명한 전망을 안고 시작한 새 천년에 선교도 다른 것과 마찬가지로 여러 가지 복잡한 문제에 직면하게 될 것입니다. 급속한 산업화 과정을 밟으면서

초월적이고 정신적 가치를 숭상하던 전통사회 질서가 붕괴되고, 후기 모더니즘적인 **정신세계 운동 및 신흥(유사) 영성운동**이 확산되고 있습니다. 신자유주의와 현세 위주의 물질, 배금주의적 가치관을 숭상하는 **실천적 세속주의**가 만연합니다. 지역 간 계층 간의 빈부격차의 심화와 고질화된 부패와 불의, 분열과 대립, 윤리도덕의 공동화가 확산되는 **병리현상**이 일고 있습니다.

2. 한국의 선교는 짧은 역사에도 불구하고, 해방 후 50여 년간 선교에 있어서 큰 성공을 거두어서 세계 교회의 이목을 끌고 있습니다. 반면에 교회의 급속한 성장과 중산층화는 대사회적 자신감과 대내적 자족감이 교차하는 가운데 여러 가지 문제점들을 노출하고 있습니다. 곧 도시본당의 대형화와 농촌교회의 피폐, 내적인 삶의 미성숙과 그로 인한 **냉담자와 행불자의 양산**이 드러나고 있습니다. 또한 **성직자와 수도자의 가부장적 권위주의, 교회의 세속화 현상, 가난한 이들의 소외, 교구 간 지역 간 교류의 미흡과 격차의 심화, 토착화의 미비** 등의 문제점들이 있습니다.

3. 한국 천주교회는 1984년 선교 300년대를 지향하는 사목회의를 개최했습니다. 각 교구 시노드를 개최하는 등 민족의 복음화와 교회의 쇄신, 민족과 인류 구원에 기여해야 하는 새로운 천 년대를 위한 새로운 복음화의 과업을 수행하고 있습니다. 그 대안으로 **소공동체, 공동사목, 선교본당 설립, 양 찾기 운동, 거리선교** 등 여러 대안들이 제시되고 있습니다. 특히 그 중에서도 소공동체 운동은 성사 위주와 성직자 위주의 삶에서, 말씀과 생활로 자신이 복음화 되면서 세상을 복음화하는, 새롭게 교회가 되고 교회를 사는 방법이라 할 수 있습니다.

304. 사랑의 문화를 건설하기 위한 새로운 복음화활동의 과제는 무엇인가요?(Ⅳ)

1. 새로운 복음화를 위한 구체적인 활동방안을 살펴봅니다. **①말씀 봉독의 생활화**: 사도 바오로는 로마서 10장 14절에서 이렇게 고백합니다. "자기가 들은 적이 없는 분을 어떻게 믿을 수 있겠습니까?" 바오로의 이 고백은 들음과 신앙이 연관됨을 보여줍니다. 곧 들음에서 신앙이 나오고 신앙함으로써 또 듣게 됩니다. 그런데 들음의 주체는 말씀이며, 말씀이 없으면 들음은 불가능합니다. 그러기에 말씀은 신앙과 떨어질 수 없습니다. 말씀과 신앙의 이런 유관(有關)에 따라 새로운 복음화를 위한 우선직 방안은 **일상 안에서 말씀을 봉독하는 삶**입니다.

생활 속에서 갖는 개인적 성경 봉독과 전례 때 듣는 말씀은 무엇보다 우리 안에 신앙을 불러일으킵니다. 그 신앙이 우리를 기쁘고 고맙게 하기에 **말씀 봉독은 신앙인에게 영약(靈藥)**과 같습니다. 따라서 말씀을 대할 때는 입으로 소리 내어 귀가 선명히 들을 수 있게 봉독해야 합니다. 그래야 말씀이 우리를 움직이고 동화시켜 그 말씀 안에 살아 계신 **주님의 현존**을 체험케 합니다. 그 체험으로 살아 있는 복음의 구현을 이룰 수 있는 것입니다. 또한 전례 때는 하느님께서 봉독자의 입을 통해 **인격체**로 말씀하시기에 다른 때보다 더 감화되는 은총의 시간입니다. 그러므로 말씀 봉독자는 자신이 하느님으로서 말하는 순간임을 새겨 전례에 참석한 모든 이가 선명하게 말씀을 들을 수 있게 봉독해야 합니다. 그리고 회중은 봉독되는 말씀을 귀로 경청함으로써 인간의 말이 아니라 **살아 계신 하느님의 말씀**으로 생생한 만남을 이루도록 해야 합니다.(1테살 2,13 참조)

2. ②**성체신심의 함양**: 제2차 바티칸 공의회 문헌은 그리스도의 인격이 **말씀, 성체, 기도, 각종 성사** 그리고 **사제의 인격** 안에(「전례헌장」, 7항 참조) 숨어 계신다고 소개합니다. **성체성사** 안에 그리스도의 인격이 그대로 담겨있다고 가르칩니다. 이 가르침은 우리가 살아 계신 그리스도를 실재로 만나고, 그 만남을 통해 신앙생활에 필요한 영적 힘을 **영성체**와 **성체신심**을 통해 얻게 됨을 시사합니다. 그런데 성체신심을 통한 주님과의 만남은 무엇보다 우리들의 시선을 주님께 고정시킴으로써 이루어집니다. 우리의 고뇌와 갈등과 아픔을 아시고 그것을 통해 당신과 우리가 격의 없이 만나기를 원하십니다. 기다리는 성체 안의 주님께 나아가 그분을 바라봄은 "우리 믿음의 영도자시며 완성자이신 예수 그리스도"께서 우리를 위해 돌아가시고 부활하신 그 힘을 다시 입어 새롭게 변화되기를 바라는 교회의 원의입니다. 2,000년 동안 성체신심을 통해 실재로 부활하신 주님의 힘을 입은 신앙의 증거자들의 삶을 우리도 지금 여기서 살고자 하는 영적 갈망입니다(「신앙의 문」, 13항 참조). 이런 갈망을 성체 안에 주님은 분명 채워주실 분이기에 성체성사의 주님을 자주 바라봄으로써, 살아 계시며 다스리시는 주님을 뵙고 그분과의 **영적인 통교**를 이루어야 합니다.

3. ③**기도생활의 심화**: 「가톨릭교회 교리서」는 기도를 "하느님과 인간 사이의 친교"(「가톨릭교회 교리서」, 2564항-2565항)라고 가르칩니다. 그 친교의 출발이 하느님께서 먼저 주도하심을 강조합니다. 그러면서 기도는 또한 인간 편의 응답이라고 가르치는데 이렇듯 하느님 편의 주도와 인간 편의 응답이 잘 부합될 수 있는 방식이 **내적 담화 형태의 기도**입니다. 그리스도인은 이 기도형태를 통해 하느님과 인격

적 교류를 이루게 됩니다. 이로써 '홀로 된, 고립된, 일방적인' 신앙에서 **소통되고, 열리고, 친교하는** ' 신앙으로 변화하게 됩니다. 하느님은 아들 예수 그리스도를 통해 당신이 인간과 소통하고 대화하기를 원하는 분이심을 드러내셨습니다. 이렇게 하느님과 인간의 통교는 그리스도 강생의 신비(요한 1,14 참조)에서부터 오늘에 이르기까지 변함없이 이어져 왔습니다. 그러기에 「사목헌장」 19항은 "인간은 날 때부터 하느님과 더불어 대화하도록 초대되었다."고 밝히고 있습니다. 그만큼 하느님은 인간과 친밀하고, 열리고, 인격적인 관계를 이루셨으며, 오늘도 당신과 인간이 **기도** 안에서 그 관계성을 이어가기를 원하십니다. 그러므로 하느님과 더한 친교와 친밀함을 이루기 위해 우리는 기도생활을 **담화**로 심화시킬 필요가 있습니다. 이 기도방식은 어떤 형식을 고수하기보다 **아빌라의 성녀 데레사**의[83] 말대로 주님과 내가 아주 **친밀한 관계자**로 격의 없이 담화를 나누는 기도방식입니다(「천주 자비의 글」, 13,22항 참조). 이 담화기도를 통해 우리는 하느님께서 얼마나 가까이 계시며, 우리와 통하는 분이신지를 실제로 체험할 것입니다. 그리고 이로써 우리들의 신앙이 생동감을 얻게 됨은 물론 교회의 희망인 **새로운 복음화**를 기꺼이 구현하게 될 것입니다.

305. 사랑의 문화를 건설하기 위한 사회교리의 역할은 무엇인가요?

1. 가톨릭교회의 사회교리는 이 세상에 사랑의 문화를 건설하는 **기본원리**입니다. 세상이 점점 더 하느님으로부터 멀어져 가고, **절대적인 진리와 가치**에 대해 의문을 품는 사회가 되고 있습니다. 하지만 우리 자신은 그것을 제대로 알아차리

---

[83] 성녀 테레사(Teresia, 또는 데레사)는 에스파냐 카스티야(Castilla)의 아빌라에서 신심 깊은 아버지 알론소 산체스 데 세페다(Alonso Sanchez de Cepeda)와 어머니 베아트리스 데 아우마다 이 쿠에바스(Beatriz de Ahumada y Cuevas)의 딸로 태어났다. 그녀는 어려서부터 고향에 있는 아우구스티누스회 수녀원이 운영하는 학교에서 교육을 받았고, 19세 때에 아빌라의 강생 카르멜 수도원에 입회하였다. 오랫동안 수도생활을 갈망해오던 그녀는 1537년 11월에 수도서원을 했으나 지병으로 잠시 수녀원을 떠났다가 돌아오기도 했다. 20년 가까이 수도생활에 정진한 그녀는 극심한 고행으로 인해 몸이 쇠약해져 죽음의 문턱에까지 가기도 했으나, 40세에 이르러 내적 회심의 체험을 하게 되었다.

지 못하고 살아가고 있습니다. 모든 것을 자신의 기준에 맞추어 판단하는 **개인주의적인 사고방식**은 사람들로 하여금 **상대주의적 무관심**에 익숙하게 만들어 버렸습니다. 현대의 사람들은 자신의 삶과 직접적인 영향이 없다고 판단될 때, 다른 사람들이 고통을 받거나 죽어 나가도 상관없다는 식으로 타인의 삶에 무관심하게 됐습니다.

2. 이러한 **무관심**은 현대사회를 좀먹게 하는 가장 큰 병폐 중의 하나입니다. 수많은 사건 사고들 속에서 이웃의 고통을 가슴 아파하긴 하지만 쉽게 남의 일로 치부해 버립니다. 자기와는 별로 상관이 없다는 식으로 판단해 버리는 무관심이 세상을 점점 더 비인간적인 곳으로 만들어 가고 있습니다. 이러한 무관심은 교회 공동체 안에도 침투된 위험요소 중 하나입니다. '나'라는 개인이 중심이 되어 모든 것을 판단하면 할수록 **소외되고 버림받는 존재**들이 더 많아질 수 있습니다.

3. 우리는 주변에서 쉽게 가톨릭 사제들이나 가톨릭 신자들을 만날 수 있습니다. 그러나 오늘날의 **개별 본당 중심적 사고방식**은 **교구 공동체 전체**를 생각하거나 **보편 교회 전체**를 생각하던 과거의 교회 모습과는 많이 달라졌습니다. **공동체성과 소속감**이 이전보다 많이 떨어졌습니다. 타인이나 다른 공동체에 도움을 주는 일도 점점 줄어들고 있습니다. 만일 누군가가 예수 그리스도의 복음을 받아들이고 그리스도인이 된다면 그것이 단순히 자신의 영적인 체험을 통한 **개인 구원**에 그쳐서는 안 됩니다. 그리스도인은 하나의 믿음으로 공동체를 형성하고 그 공동체 안에서 함께 살아가면서 **모든 이들의 구원을 추구하며 살아가는 사람들**입니다.

4. 따라서 사회교리가 직접적으로 추구하는 것은 이 세상 안에 **인간다운 사회를 유지할 수 있는 원칙과 가치들을 제공하는 것**입니다. 이러한 원칙은 그리스도의 제자 됨을 식별하게 하는 구체적인 **상징**이 되며, 탁월한 사랑으로 인해 **그 빛**을 밝혀줍니다. 인간의 완성과 인간 세계의 개혁은 바로 예수 그리스도께서 가르치신 **사랑의 새 계명**을 통해서만이 가능합니다. 개인의 행동은 사랑으로부터 기인할 때 온전히 인간적인 행동이 되며, 사랑을 드러내고 사랑의 지시를 따를 수 있게 됩니다. 또한 이러한 개인의 행동은 개인적인 영역에 그치는 것이 아니라, 사회 영역에도 그대로 적용됩니다. 따라서 그리스도인들은 깊은 확신을 갖고 **사랑을 증언**해야 합니다. 자신의 구체적인 삶을 통해 사랑이 어떻게 사회를 선으로 나아가게 하는지, 또한 인간사회를 완전한 사회로 이끌 수 있는 유일한 힘인지를 보여주어야 하는 것입니다.「간추린 사회교리」, 580항 참조)

5. 이러한 사랑은 모든 **사회관계 안에 현존**하면서 그 관계 안에 스며들어야 합니다(「간추린 사회교리」, 581항 참조). **세속적인 교만과 이기심**을 없애는 가장 효과적인 치료약은 바로 **사랑**입니다. 이러한 사회적 사랑은 이기주의나 개인주의 넘어서 **보편적인 인류애**를 완성할 수 있습니다. 더욱 인간답고 더욱 인간에게 알맞은 사회를 만들어 나가기 위해서는 사회생활 안에서 사랑에 대한 새로운 가치를 부여해야 합니다. 따라서 사랑이야말로 모든 사회생활과 활동에 있어서 **최고의 규범**이 되어야만 하는 것입니다. 그리고 사랑은 이웃 안에서 또 다른 자신을 보게 해 줍니다.(「간추린 사회교리」, 581-582항 참조)

6. 새로운 사회 복음화를 위해 가장 필요한 가치가 바로 '**사랑**'입니다. 진정한 인간 발전을 이루기 위해서는 단순히 **경제적인 발전과 성장**만으로는 온전한 인간 발전을 이룰 수 없습니다. 경제적인 발전과 더불어 **인간성의 발전**이 동반되지 않는다면 그러한 사회는 오히려 물질만을 숭상하는 **비인간화된 사회**를 만들어 낼 것입니다. 사랑만이 인간을 온전히 변화시킬 수 있으며, 사랑은 가장 큰 사회적 계명을 나타내고, 타인과 타인의 권리를 존중합니다. 사랑은 정의의 실천을 요구하고, 또 사랑만이 우리로 하여금 정의를 실천할 수 있게 합니다. 사랑은 또한 세속적 차원의 인간관계와 사회관계 안에서는 온전히 자신의 모습을 드러낼 수 없습니다. 왜냐하면 하느님과 맺는 관계 안에서만 온전한 효력을 드러내기 때문입니다.(「간추린 사회교리」, 583항 참조)

7. 사회교리의 직접적인 목적은 인간다운 사회를 유지할 수 있는 원칙과 과제들을 제시하는데 있으며, 그 핵심의 주제는 **사랑**임을 강조합니다. 사실 세상 안에서 그리스도인으로 살아가며, 사회교리를 배우고, 일상생활 속에서 구체적으로 실천한다는 것은 대단히 힘든 일입니다. 그러나 이러한 사회교리를 통한 **새로운 사회 복음화에 대한 노력**은 교회 공동체 전체를 통틀어 **가장 필요한 일**이며, 세상을 변화시켜 나아가는 **기초적인 작업**이 될 수 있습니다. 사회교리는 혼돈과 절망 속에 빠진 오늘날의 그리스도인들이 다시 한 번 하느님께로 나아갈 수 있게 하는 **나침반과 같은 역할**을 하고 있습니다.

예수 그리스도의 부활

이 이콘 성화는 부활하신 예수 그리스도께서 외경의 묘사에 따라 죽은 이들의 세계인 고성소로 내려가시어 복음을 듣지 못한 구약의 선지자들과 의인들에게 복음을 전하며 구원하시는 모습입니다. 굳게 잠겨 있던 지옥의 문을 부순 예수 그리스도는 오른손에는 아담을 무덤으로부터 끌어내시고 왼손에는 하와를 잡고 계시면서, 부활이란 우리 스스로는 이룰 수 없고 오직 예수 그리스도를 통해서만이 가능함을 보여 주고 있습니다. (이미경 외, 2018, 대전교구 원신흥동 성당 소장)

부록

한국 천주교와 이웃 종교
(2019년, 한국천주교중앙협의회)

이 내용은 한국천주교주교회의 교회일치와 종교간대화위원회가 편찬하고 한국천주교중앙협의회가 발행한 내용을 일부 인용하여 요약 정리한 것입니다.

Q1. 인류가 살고 있는 지구상에는 어떤 종교가 있나요?

A 세계에는 다양한 종교가 있는데 한 보고서에 따르면 2015년 대략 73억 명의 세계 인구 가운데 어떤 종교든 신앙을 가진 이들은 84%이고, 초자연적 존재를 믿지 않거나 무신론을 따르는 이들은 16%라고 합니다. 종교 가운데 하느님을 창조주로 고백하며 아브라함을 믿음의 조상으로 삼는 유다교(0.2%)와 그리스도교(31.2%)와 이슬람교(24.1%)가 큰 비중을 차지하고 있고, 인도를 중심으로 발생한 힌두교(15.1%)와 불교(6.9%)를 믿고 있으며 동아시아에서 유불선의 영향을 받은 민간 신앙(5.7%)의 비중 또한 적지 않습니다.

Q2. 우리나라에는 어떤 종교가 있나요?

A 2015년 인구 총 조사에서 우리나라 4천 9백만 명 가운데 43.9%는 종교가 있다고 응답하고, 56.1%는 종교가 없다고 응답하였으며, 종교가 있다고 응답한 사람들은 그리스도교(가톨릭과 개신교), 불교, 유교, 원불교, 천도교, 대종교 등을 자신의 종교로 밝혔습니다. 종교가 없다고 응답한 이들을 무종교자로 분류할 수 없는 이유는 예로부터 우리나라 전통 종교로 자리한 무속과 유교, 불교, 도교의 정신과 가치가 사람들의 마음에 큰 영향을 주고 있기 때문이며, 최근 국제적 인구 이동과 맞물려 이슬람교도 우리 사회에 점차 알려지고 있습니다.

Q3. 다양한 종교로 살고 있는 인류 안에서 하느님의 구원 계획은 무엇인가요?

A 세계와 우리나라에는 여러 종교가 공존하고 있지만, 가톨릭교회에서는 모든 사람은 하느님의 모습으로 창조되고 사람이 되신 하느님의 외아들 예수 그리스도께서는 모든 사람과 일치하셨으며, 성령께서는 예수 그리스도를 믿지 않는 다른 이들의 종교 생활 안에서도 활동하신다고 가르칩니다. 하느님께서는 모든 사람이 구원받기를 원하시며 그분의 선하심과 섭리에서 제외되는 이들은 없습니다. 하느님께서는 온 인류의 유일한 기원이시고 인류가 지향하는 목표이십니다. 인류 안에 다양한 종교가 있지만, 인류는 하나이고 그를 위한 하느님의 구원 계획도 하나입니다. (「비그리스도교 선언」, 1항 참조)

Q.4. 가톨릭교회에서 이웃 종교는 어떤 의미가 있나요?

A 1. 가톨릭교회는 이웃 종교에서 발견되는 옳고 거룩한 것은 아무것도 배척하지 않으며, 오히려 그들의 생활양식과 행동 방식, 계율과 교리도 진심으로 존중합니다. 왜

냐하면 성령께서는 인간의 실존적 종교적 물음의 근원에 계시며 인류를 이롭게 하는 모든 고귀한 생각과 활동의 원천이시기 때문입니다.

2. 가톨릭교회는 각 사람들과 세계 여러 민족의 의례와 문화에서 찾아볼 수 있는 모든 선한 것과 참된 것을 하느님께서 그들 안에 심어 놓으신 말씀의 씨앗으로 여기며, 특히 다른 여러 종교 안에서 헤아릴 수 없이 많은 말씀의 씨앗이 심어져 있습니다. 이 말씀의 씨앗은 이미 악에 대항하고 생명과 선한 모든 것에 봉사하고 있습니다.

3. 가톨릭교회는 이웃 종교 안에 있는 말씀의 씨앗을 존중하는 마음으로 찾아내어 그리스도와의 온전한 만남이 이루어지도록 힘쓰고 있습니다. 복음을 받아들일 수 있는 말씀의 씨앗과 그리스도의 만남이 이루어져 풍성한 결실이 맺어지도록 가톨릭교회와 이웃 종교 사이의 대화를 이끄시는 분은 성령이십니다.(「교회의 선교 사명」, 56항 참조)

Q5. 예수 그리스도를 믿지 않는 이웃 종교인들도 영원한 생명을 얻을 수 있나요?

A 하느님께서는 예수 그리스도를 당신께서 보내 주신 유일한 구세주로 고백하고, 세례를 통하여 당신의 자녀가 되어 성령의 인도하심에 따라 교회 공동체 안에서 신앙생활을 함으로써, 영원한 생명을 얻도록 사람들을 초대하십니다. 그러나 세상에는 예수 그리스도께서 가르쳐 주신 하느님을 아는 이들보다 자기 탓 없이 하느님을 모르는 이들이 더 많습니다. 이들 가운데 진실한 마음으로 하느님을 찾으며 양심의 명령을 통하여 알게 된 하느님의 뜻을 실천하려고 노력하는 선의의 사람들은 자신이 모르는 사이에 이미 하느님의 은총 아래 살고 있으며, 이들에게도 영원한 생명이 주어질 수 있습니다. 그러므로 다른 종교를 믿는 이들에게도 구원의 길이 있으며 하느님께서는 당신만이 아시는 방법으로 이들에게 구원의 가능성을 주십니다. 그리스도인들을 포함해서 모든 사람은 구원의 부르심을 받았으며 이에 응답해야 합니다.(「교회 헌장」, 16항 참조)

Q6. 그리스도인들은 자신의 신앙을 다른 이들에게 어떻게 권유해야 하나요?

A 1. 하느님께서는 그리스도를 통하여 당신을 섬김으로써 인간이 구원을 얻을 수 있다고 직접 가르쳐 주셨습니다. 그러나 이 가르침을 받아들이려면 양심에 따른 인간의 자발적인 동의, 즉 자유 의지가 필요합니다. 종교 문제에서 인간은 자기 의지를 거슬러 행동하도록 강요받아서는 안 됩니다. 종교는 절대자 초월적 가치를 향한 마음에서 우러나오는 행위이기에 이에 강제되지 않을 때 신앙의 의무를 다할 수

있습니다. 종교 자유의 권리는 모든 사람이 지니는 인간 존엄성에 바탕을 두고 있습니다.

2. 그러므로 그리스도인들은 자신의 신앙을 다른 이들에게 권유할 때 떳떳하지 않거나 강제적인 행동을 삼가야 합니다. 권유의 대상이 사회적 약자일 경우 이 사실에 더욱 유의해야 합니다. 왜냐하면 다른 이에게 신앙을 강제하는 행위는, 인간을 당신과의 관계에 자유로이 초대하시는 하느님의 모습을 왜곡하고 다른 이의 기본권을 침해하는 것이기 때문입니다.(「종교의 자유 선언」, 4항 참조)

Q7. 우리 그리스도인들은 하느님을 믿지 않는 이들을 어떻게 대해야 하나요?

A 예수 그리스도께서는 "누구든지 나 때문에 또 복음 때문에 집이나 형제나 자매, 어머니나 아버지, 자녀나 토지를 버린 사람은…… 집과 형제와 자매와 어머니와 자녀와 토지를 백 배나 받을 것이다."(마르 10,29-30 참조)라고 말씀하셨습니다. 참으로 그리스도인들은 하느님의 자녀로 신앙 공동체 안에서 혈육을 넘어서는 새로운 가족을 이룹니다. 또한 하느님의 자녀인 그리스도인들은 모든 이에게 자비를 베푸시는 하느님 아버지를 따라 그리스도를 믿지 않는 모든 이를 형제자매로 대해야 합니다. 우리가 하느님의 모습으로 창조된 사람들 가운데서 한 사람이라도 형제자매로 대하기를 거부한다면 하느님께서 모든 이의 아버지라는 우리의 고백은 거짓될 것입니다. 그러므로 종교가 다르다는 이유에서 이루어지는 차별과 박해는 그리스도교 신앙에 어긋납니다. 그리스도인들은 힘닿는 대로 모든 사람과 평화로이 지냄으로써 참된 하느님의 자녀가 되도록 노력해야 합니다.

Q8. 가족 중에 이웃 종교를 믿는 가족과는 어떻게 지내야 하나요?

A 1. 종교는 인간의 가장 깊은 내면과 관련되고 개인의 근본적인 결정에 영향을 미치기 때문에 가족 사이에 종교가 다를 경우 적지 않은 어려움이 있습니다. 그러한 이유에서 많은 이들이 되도록 한 집안에서 한 종교를 믿는 것이 바람직하다고 생각하기에, 심지어 집안의 평화를 위해서 자신의 신앙을 포기하기도 합니다.

2. 그렇지만 하느님에 대한 신앙과 가정의 화목은 동등한 가치가 아닙니다. 예수님께서는 "아버지나 어머니를 나보다 더 사랑하는 사람은 나에게 합당하지 않다. 아들이나 딸을 나보다 더 사랑하는 사람도 나에게 합당하지 않다."(마태 10,37 참조)라고 말씀하십니다. 또한 다른 종교를 믿는 가족을 억지로 그리스도교 신앙에 이끌 수도 없습니다. 가톨릭 신자는 다른 믿음을 가진 가족을 언제나 깊은 애정을 가지고 대하며 그가 하느님을 받아들일 것을 희망하면서 꾸준히 기도해야하고 좋은 기회가 있을 때

말과 모범으로 그에게 자신의 신앙을 증언해야 합니다.

Q 9. 가톨릭 신자가 아닌 이웃 종교를 가진 사람과 결혼할 수 있나요?

A
1. 하느님께서는 한 남자와 한 여자가 평생 공동체를 이루는 혼인을 제정하시고 이들의 결합이 완전해지도록 혼인성사를 통하여 이들을 축복하십니다. 가정은 사회의 기초이며 가장 작은 신앙 공동체입니다. 가톨릭교회는 신앙을 위해서 가톨릭 신자가 가톨릭 신자와 혼인하도록 가르칩니다. 배우자가 될 사람이 가톨릭 신자가 아닐 경우, 가톨릭 신자인 배우자는 교회의 허락을 받아 가톨릭 신자가 아닌 배우자와 혼인을 하여 하느님의 축복 속에서 부부 생활과 신앙생활을 이어갈 수 있습니다.
2. 혼인 준비 과정에서 가톨릭 신자는 신앙을 배반할 위험이 없음을 선언해야하며, 앞으로 주어질 자녀의 세례와 신앙 교육을 교회에 약속해야 하고, 이러한 자신의 의무를 배우자에게 알려야 합니다.(교회법 제1125항 1 참조) 이러한 허락 없이 이웃 종교의 신자와 혼인 생활을 하고 있는 가톨릭 신자는 이 사실을 본당 사제에게 알리고 온전한 신앙생활을 할 수 있도록 도움을 받아야 합니다.(교회법 제1156-1165항 참조)

Q 10. 부부간에 종교가 서로 다를 경우에 자녀의 신앙 교육은 어떻게 해야 하나요?

A
1. 가정은 기초 신앙 공동체이며 최초의 학교이므로 부모는 하느님을 알아 섬기며 이웃을 사랑하도록 자녀들을 양육하고 그들의 신앙 교육을 위하여 최선을 다해야 합니다. 부모는 자녀에게 생명을 주었으므로 자녀를 교육해야 하며, 자녀의 첫째가는 주요 교육자입니다.
2. 부부간의 종교가 서로 다를 경우 자녀의 신앙 교육은 부부의 신뢰와 합의를 전제로 합니다. 혼인에 앞서 가톨릭 신자 배우자는 앞으로 주어질 자녀들이 세례를 받도록 배려 하고, 그들에게 신앙 교육을 해야 할 의무를 가톨릭 신자가 아닌 배우자에게 알려야 합니다.
3. 상대방 역시 자신의 종교적 신념에 따라 자녀를 교육하려고 할 경우, 가톨릭 신자 배우자는 자신의 의무를 다하려고 노력하면서 상대방의 종교적 신념을 존중하는 지혜로운 태도를 지녀야 합니다. 그러나 가톨릭 신자는 무엇보다도 신앙의 모범을 통해서 자녀들에게 신앙의 가치를 전달해야 합니다.

Q 11. 가톨릭 가정의 자녀를 이웃 종교에서 운영하는 교육 시설에 보내도 되나요?

A
1. 교육은 양도할 수 없는 인간의 기본권이므로 자라나는 모든 이는 도덕 가치를 존

중하고 하느님을 더 깊이 알고 사랑하도록 교육받을 권리를 가집니다. 부모는 자녀들의 이러한 권리를 잘 알고 양심에 따라 자녀가 다닐 학교를 참으로 자유롭게 선택할 수 있습니다. 학생 교육은 현대사회의 다원성을 고려하고 정당한 종교 자유를 보호하며 도덕적 종교적 원리에 따라 이루어져야 합니다.

2. 이를 보장하기 위해서 누구보다 부모가 노력해야 하고 사회는 이들을 도와야 합니다. 이러한 전제 아래 부모는 이웃 종교에서 운영하는 교육 시설에 자녀를 보낼 수 있습니다. 이 경우 부모는 자신의 자녀가 가톨릭 신자의 정체성을 지키는지, 그 교육 시설에서 이루어지는 종교 교육이 자녀의 종교 자유를 보장하는지를 각별히 살펴야 합니다.(「그리스도인 교육 선언」, 6항 참조)

Q 12. 이웃 종교 예식에 참석하는 가톨릭 신자는 어떻게 행동해야 하나요?

A 1. 혼례식이나 장례식 등 이웃 종교 예식에 가게 될 경우, 가톨릭 신자들은 그곳에 모인 사람들을 사랑하고 존중하는 마음에서 예식에 참여할 수 있습니다. 그러나 이러한 참석은 이웃 종교를 믿는 마음으로 받아들이며 따르는 적극적인 참여나 참례와는 다릅니다. 이웃 종교와 자신이 가진 신앙의 차이를 분별하고 예식에 참석하는 것은 그리스도교의 가르침에 따른 이웃 사랑의 행위입니다.

2. 이 경우 이웃 종교의 예식과 관련된 적극적인 행동을 피하고 존경을 표하는 합장, 인사, 분향 등의 범위에서 자신의 행동을 제한하는 것이 바람직합니다. 이러한 동작은 특정 종교의 예식이라기보다는 어느 종교에나 있는 공통된 의식이기 때문에 그리스도교 신앙에 지장을 주지 않습니다. 이웃 종교의 예식에 참석하는 가톨릭 신자는 예식 당사자를 위하여 하느님께 조용히 기도를 드릴 수 있습니다.(「선교 교령」, 11항 참조)

Q 13. 가톨릭 신자가 아닌 가족의 장례는 어떻게 지내는 것이 바람직한가요?

A 1. 자기 탓 없이 그리스도와 그분의 교회는 모르지만 진실한 마음으로 하느님을 찾으며 은총에 힘입어 양심의 명령을 통하여 알게 된 하느님의 뜻을 실천하려고 노력하는 선의의 사람들은 예수 그리스도의 십자가 공덕으로 하느님의 자비를 얻을 수 있습니다. 그러므로 가족 가운데 가톨릭 신자가 아닌 분이 돌아가셨을 때, 고인을 생명의 주인이신 하느님께 맡겨 드리며 고인을 위하여 기도하는 것은 가톨릭 신자 유가족의 도리입니다. 또한 죽을 위험에 있는 가족에게 그리스도교 신앙과 세례를 권면하는 것 역시 효와 사랑의 적극적 실천입니다.

2. 이러한 교회의 가르침 아래 가족 가운데 가톨릭 신자가 아닌 분의 장례를 고인의

유지를 존중하여 고인이 믿던 이웃 종교의 예식에 따라 치르는 것이 가능합니다. 그 경우에 가톨릭 신자 가족은 "주님! 아무 아무에게 영원한 안식을 주소서!" 하고 마음으로 기도합니다. 가족과 친지 가운데 이웃 종교를 믿는 이들의 사정을 배려하는 것은 그리스도교 애덕의 실천입니다. 이웃 종교 예식으로 고인의 장례를 치렀다고 할지라도 고인을 위해서 위령 미사를 봉헌하며 기도하는 것 또한 가톨릭 신자의 본분입니다. 가족 가운데 자신만이 홀로 신자일 경우, 사전에 대부모나 주변의 교우들이나 소속 본당 사제와 상의를 하고, 장례 예식과 관련해서 가족에게 자신의 뜻을 분명히 밝히는 것이 바람직합니다.

Q 14. 돌아가신 가톨릭 신자가 아닌 조상이나 가족을 위해서 기도할 수 있나요?

A 돌아가신 조상과 가족의 종교를 막론하고 그분들을 위해서 기도하는 것은 산 이와 죽은 이를 심판하러 오실 예수 그리스도에 대한 신앙에 부합하는 것입니다. 그러므로 고인을 위해서 언제든지 하느님께 기도할 수 있습니다. 특별히 기일이나 위령의 날에 고인을 기억하며 그를 위하여 위령 미사를 봉헌하는 것은 매우 의미 있는 일입니다. 고인의 뜻을 존중하여 고인이 믿던 이웃 종교 예식을 주선하고 이를 거행한 이웃 종교인에게 감사를 표시하는 것과 지역의 풍습대로 고인이 좋아하던 음식을 정성껏 차려 제사를 지내고 성묘하는 것도 고인과의 각별한 유대를 드러냅니다.(「가톨릭교회 교리서」, 1032항 참조)

Q 15. 민간 신앙은 우리 가톨릭 신자에게 어떤 의미가 있나요?

A 1. 인간에게는 타고난 종교심이 있습니다. 인간은 삶에서 자연스럽게 종교적 질문을 제기합니다. 이에 다양한 종교적 신념과 관습이 형성됩니다. '민간 신앙'은 뭇사람들이 하느님과 신앙을 찾는 특별한 표현이며, 가톨릭교회는 이를 대중 신앙 또는 대중 신심이라고 일컫습니다. 우리나라의 민간 신앙은 샤머니즘에 속하는 무속(巫俗)과 깊이 연관됩니다.
2. 쉽게 그리스도교 신앙이 왜곡될 수 있고 심지어 미신적 요소 때문에 민간 신앙은 오랫동안 순수하지 못한 것으로 여겨지고 때로 무시를 당하였습니다. 그러나 민간 신앙이 순박하고 가난한 사람들만이 알아볼 수 있는 하느님에 대한 목마름을 드러내기 때문에 오늘날 새로이 연구되고 그 가치가 재발견되고 있습니다. 복음의 조명을 받아 잘 인도 될 경우, 민간 신앙 가운데 일부는 그리스도의 신비와 그분의 가르침에 관한 지식을 향상시키는 데 보탬이 될 수 있습니다.(「현대의 복음 선교」, 48항 참조)

Q 16. 가톨릭 신자가 작명소에 가서 이름을 지어도 되나요?

A 이름은 한 사람을 드러내는 중요한 표지입니다. 한 사람의 인생에 큰 영향을 끼칠 아이의 이름을 부모나 가족이 신중하게 짓는 것은 당연한 일입니다. 그러나 사주팔자를 맹신하는 운명론에 빠져 작명소에서 이름을 짓는 행위는 그리스도교 신앙에 위배됩니다. '아브라함'이나 '이스라엘'의 이름을 지어 주신 하느님께서는 이름 자체가 아니라, 그 이름을 지닌 사람을 축복하십니다. 이름에 담긴 의미에 연연하는 것보다 자신의 이름을 불러주고 기억해 주는 사람들과 함께 살아가는 일이 더 중요합니다.(『가톨릭교회 교리서』, 2158항 참조)

Q 17. 가톨릭 신자가 이사나 혼인을 할 경우에 길일(吉日)을 받아도 되나요?

A 역학(易學)에서 천체의 운이 좋은 날을 길일(吉日)이라고 합니다. 사람들은 길일에 행사를 하면 복을 얻을 수 있다고 생각하기에 그날에 집착합니다. 그러나 인간의 길흉화복을 점성술이나 사주팔자에 의지하는 것은 그리스도교 신앙에 어긋납니다. 이사나 혼인 등 가정의 중요한 일정을 정할 때 길일에 연연하기보다 가족과 친지의 사정이나 주변의 상황을 검토하여 모두에게 유익한 날짜를 잡는 것이 바람직합니다. 그리스도인에게는 모든 날이 하느님의 사랑과 자비에 맡겨진 날입니다. 날마다 하느님 아버지께 감사하며 살아가는 것이 그리스도인들에게 중요합니다.

Q 18. 가톨릭 신자는 사주팔자(四柱八字)를 어떻게 대해야 하나요?

A 1. 우리 조상들은 날(日)을 세는 데서 비롯한 십간(十干)과 달(月)을 세는 데서 비롯한 십이지(十二支)를 이용하여 연월일을 표시하였습니다. 사주는 한 사람이 태어난 연(年), 월(月), 일(日), 시(時)를, 팔자는 사주의 간지가 되는 여덟 글자를 가리킵니다. 본디 사주팔자는 한 사람의 생년월일을 나타내는데, 나중에 음행오행설과 만나면서 한 사람의 타고난 운명이나 인간관계 그리고 길흉화복을 알아보는 수단으로 발전하였습니다. 여기에는 한 사람의 일생이 태어난 시간에 따라 이미 정해져 있다는 운명론에 빠질 위험이 있습니다.
2. 사람의 인생이 천체의 운행에 따라 이미 결정되어 있다는 입장은 그리스도교 신앙에 부합하지 않습니다. 만물을 창조하신 하느님께서는 마치 친구를 대하시듯이 인간에게 말씀하시고, 그와 사귀시며 그를 부르시고 받아들이십니다. 하느님께서는 언제나 인간을 돌보시고 이끌어 주십니다. 인간은 자신의 운명에 예속된 것이 아니라 하느님 안에서 참된 자유와 행복을 누리며 자신의 삶을 펼치고 실현하도

록 부름을 받았습니다. 온갖 장애를 이겨 내고 하느님의 부르심에 적극적으로 응답하는 삶이 그리스도인의 소명입니다.

Q 19. 가톨릭 신자가 시험이나 큰일을 앞두고 점(占)을 보아도 되나요?

A 1. 우리나라 무속 전통의 점(占) 또는 점복(占卜)은 신령의 뜻이나 미래의 일을 무당의 주술이나 의식을 통하여 파악함으로써 일상의 문제를 해결하려는 종교 행위입니다. 오늘날에는 전통 점술 이외에 '타로' 점과 같은 서양 점술이 성행하고 있습니다. 현대인들은 미래에 대한 불안과 공포에서 벗어나 심리적 위안을 얻고 '편안 삶'을 유지하고자 점술을 이용합니다. 그렇지만 점은 미신 행위로 우리가 참 하느님께 드려야 할 예배에서 벗어납니다.

2. 시험이나 큰일을 앞두고 불안한 마음에 점에 마음이 솔깃할 수 있지만, 그리스도인은 모든 것이 하느님의 섭리에 따라 이루어진다고 믿습니다. 중요한 일을 앞두고 하느님께 기도하는 그리스도인은, 그 일이 자신의 뜻대로가 아니라 하느님께서 바라시는 방향으로 이루어지기를 청합니다. 일이 자신의 뜻대로 이루어지지 않았다고 하여 하느님을 원망하거나 더 이상 기도하지 않는 것은 잘못된 태도입니다. 최선을 다하여 노력하고 그 결과를 하느님께 맡기는 이는, 설령 그 결과가 자신이 원하는 바와 다르다고 할지라도 하느님께서 자신이 미처 깨닫지 못한 방식으로 이끌어 주시리라 신뢰합니다.

Q 20. 사람이 죽으면 귀신(鬼神)이 되나요?

A 1. 민간 신앙과 무속에 따르면 인간이 죽으면 그 넋은 이승을 떠나 저승으로 갑니다. 그런데 이승에서 억울한 죽음을 당한 이들이나 원한을 가지고 죽은 이들의 넋은 저승으로 가지 못하고 이승에 남아 사람들이 자신의 한(恨)을 풀어 주기를 바라며 떠돌아다닌다고 합니다. 이러한 존재를 통상 귀신이라고 부릅니다. 귀신이 한을 품고 있다고 생각하기 때문에 사람들은 귀신을 험악하고 무서운 존재로 생각합니다.

2. 그러나 귀신은 그리스도교가 말하는 사탄이나 악마와는 다릅니다. 사탄이나 악마는 하느님의 뜻을 거스르고 인간을 악으로 이끄는 영적 존재이고, 귀신은 원한 때문에 저승으로 가지 못하고 떠도는 죽은 이의 넋입니다. 그렇지만 그리스도인은 귀신을 믿지 않습니다. 죽은 사람은 누구나 하느님 앞에 서게 될 것이며 그분과 함께 부활하리라는 것이 그리스도인의 희망입니다. (바오로 6세, 자의 교서 「하느님 백성의 신앙 고백」, 1968년 6월 30일)

Q 21. 사람이 죽으면 다른 사람으로 태어나는 환생(還生)이란 정말 있나요?

A
1. 영화와 소설에 등장하는 환생과 관련된 이야기는 죽음을 생물학적 단절을 넘어 새로운 생명으로, 새로운 사람으로 태어나는 과정으로 죽기 전의 모습, 능력, 성격은 원칙적으로 모두 바뀌는 것으로 이해하려는 뉴에이지(New Age)운동의 영향을 받은 것입니다. 뉴에이지 운동은 인간의 유한성을 인정하지 않고 사람 안에 신적인 것이 내재한다는 입장이나 만물 안에 신성이 내재해 있다는 범신론의 경향을 띠는데, 그리스도교는 예로부터 이러한 가르침을 단호히 거부해 왔습니다. 그뿐만 아니라 현대의 환생론은 불교의 윤회 사상을 자의적으로 해석합니다. 불교의 윤회는 인간이 깨달음을 얻어 고통의 수레바퀴와 같은 삶과 죽음의 순환을 벗어나야 한다고 가르치지만, 현대의 환생론은 오히려 끝없는 삶의 순환을 고집합니다.
2. 그리스도인은 사람이 죽어 다른 사람으로 환생한다는 것을 믿지 않습니다. 인간은 하나뿐인 생명을 하느님에게서 선사받아 세상에 태어나고 죽음으로 지상에서의 생을 마치고 영원한 생명이신 하느님께 도달하는 여정을 걸어갑니다. 예수 그리스도께서 당신의 죽음으로 우리를 죄와 죽음에서 구원하여 주시고 당신의 부활로 우리에게 새 생명을 얻게 해 주신 은총으로 우리는 죽어서도 다시 영원한 생명을 누릴 수 있다는 희망을 갖고 살아갑니다. 불행하게 인생을 마감한 이들을 위하여 '패자 부활전'이 필요하지 않느냐는 논리로 환생을 정당화하려는 이들도 있습니다. 그러나 인간은 결코 자신의 힘만으로 악과 모순에서 해방될 수 없습니다. 인간의 진정한 구원은 공의로우신 하느님께서 베푸시는 용서와 위로 그리고 영원한 생명을 통해서만 주어집니다.

Q 22. 조상을 잘못 모시면 벌을 받거나 어려움을 겪을 수 있나요?

A
1. 돌아가신 조상을 잘 섬기면 자손들이 큰 복을 얻고, 잘못 섬기면 화를 입는다는 생각이 대중 사이에 널리 퍼져 있습니다. "돌아가신 분을 섬기는 것을 살아 있는 사람을 섬기는 것처럼 하라."(事死如事生)는 유교의 효가 보은 사상과 연결되어 우리 민간 신앙에 큰 영향을 끼쳤습니다.
2. 최근에는 그릇된 '가계 치유' 신심이 퍼지고 있습니다. 집안에 큰 죄를 짓거나 한을 품고 죽은 조상이 있으면 자손들의 안녕이 보장되지 않으므로 이들을 위하여 많은 예물과 기도를 봉헌해야 한다는 가계 치유 신심은 조상에 대한 효와 공경 사상을 그리스도교적 틀로 왜곡한 결과물입니다. 그리스도교는 가계 치유 신심을

금합니다. 그리스도인들은 죽은 모든 이가 하느님의 품 안에 있으며 하느님의 자비를 바랄 수 있다고 믿습니다. 또한 '모든 성인의 통공'을 믿는 그리스도인은 죽은 이의 영혼이 가족이라는 울타리를 넘어 모든 성인의 전구와 그리스도교 전체 공동체의 기도를 통하여 필요한 도움을 얻는다고 믿습니다.(「강생의 신비」, 10항 참조)

Q 23. 이웃이 가져다준 고사떡을 가톨릭 신자인 우리가 먹어도 되나요?

A
1. 민간 신앙에 따라 지내는 고사(告祀)는 집안의 안녕을 위하여 집안의 여러 신령에게 올리는 의례입니다. 한 분이신 하느님을 믿는 그리스도교와 달리 민간 신앙은 인간의 길흉화복을 다스리고자 삶의 구체적인 영역을 관장하는 여러 신령에게 정성을 표시합니다.

2. 고사(告祀)는 일반적으로 집안 단위로 지내며, 중요한 신령인 지신(地神, 터줏대감), 성주신(城主神, 성주대감), 제석신(帝釋神, 복록신), 조왕신(竈王神, 부엌신)에게 배려와 축원을 하고, 칠성신(七星神), 측신(廁神, 뒷간 신), 마당신, 문신(門神, 수문장대감) 등에는 제물만 놓아둡니다.

3. 고사떡은 해당 신령에게 바쳐진 제물이므로 그 떡을 나누어 먹는 행위가 종교적 성격을 지니는 것처럼 비칠 수 있습니다. 가톨릭 신자가 이웃과 친교를 위하여 고사떡을 받는 것은 상관없지만, 그것이 자신이나 주변 사람들의 믿음에 걸림돌이 될 경우 받지 않는 것이 바람직합니다. 바오로 사도는 "음식이 우리를 하느님께 가까이 데려다 주지 않습니다. 그것을 먹지 않는다고 우리의 형편이 나빠지는 것도 아니고, 그것을 먹는다고 형편이 나아지는 것도 아닙니다."(1코린 8,8 참조)라고 가르칩니다.(「비그리스도교 선언」, 2항 참조)

Q 24. 무속인 (巫俗人·巫堂)은 어떤 사람이고, 무엇을 섬기나요?

A
1. 무속인 또는 무당은 무(巫)의 제사장입니다. 무(巫)는 일반적으로 무속(巫俗)으로 알려져 있고, 이를 무교(巫敎)로 일컫는 학자도 있습니다. 무(巫)는 '하늘(一)과 땅(_)을 잇는 기둥(｜) 사이에 춤을 추는 두 사람(人人)'을 가리킵니다. 굿판을 통하여 신령의 뜻을 사람들에게 전달하고 인간의 한(恨)을 신령에게 알려 그것을 풀며 공동체 안에서 화해와 화합을 이루는 것이 무속인의 본디 역할입니다. 우리나라에는 '신병'(神病)을 겪은 뒤, 내림굿을 통하여 무당이 되는 강신무(降神巫)와 대대로 병을 고치고 점을 치며 무업(巫業)을 이어가는 세습무(世襲巫) 두 종류의 무속인이 있습니다.

2. 무는 고대에서 국가 차원의 제례를 담당하기도 하였고, 오랫동안 마을과 서민들

의 길흉화복을 맡고 있다고 여겨져 왔습니다. 무는 우리나라의 오랜 종교 문화의 흔적을 간직하고 있지만, 현세적 이익에 대한 바람을 달래 주는 수단으로 전락하면서 미신이나 우상 숭배의 요소도 가지고 있습니다.

3. 돈벌이만을 목적으로 하는 사이비 무당 때문에 발생하는 폐해도 많지만, 많은 무속인들이 '대한경신연합회'에 가입하여 활동하고 있으며, 정부는 이들을 종교인으로 분류하고 있습니다. 정통 무속인은 민간 신앙의 '제사장' 또는 인간문화재와 같이 '민속 문화의 계승자'로 존중될 수 있습니다.(「현대의 복음 선교」, 53항 참조)

4. 무속인들은 일상에서 겪는 어려움을 극복하는 데에 도움을 준다는 여러 신령들을 섬깁니다. 이들은 자연의 힘을 의인화한 신령에서부터 인간의 생로병사의 중요한 영역을 담당하는 신령에 이르기까지 넓은 영역에 존재합니다. 무속은 전통 사회 안에서 고유한 역할을 담당하였고, 비록 미신이나 우상 숭배의 요소를 내포한다 할지라도 종교적 요소를 지니고 있으므로, 가톨릭 신자들은 하느님께서 모든 것을 다스리신다는 자신의 신앙을 견지하지만 그렇다고 무속인을 비하해서는 안 됩니다.(「대화와 선포」, 31항 참조)

Q 25. 가톨릭 신자가 이웃집이나 마을에서 열리는 굿에 참석해도 되나요?

A
1. 굿은 무속의 제례 행위입니다. 무당은 굿판을 통하여 신령의 뜻을 사람들에게 알리고, 신령과 인간 사이의 화해는 물론 사람들 사이의 한(恨)을 풀어 줌으로써, 굿판에 함께 한 사람들 사이의 흐트러진 관계를 회복시키며, 공동체가 함께 복을 나누도록 인도한다고 합니다. 고조선과 삼국 시대부터 우리나라 사람들은 농사와 관련하여 하늘에 제사를 지내고 가무를 즐겼는데, 이러한 제천 의식은 국가 차원의 굿이었습니다. 재앙과 액운으로부터 마을 공동체를 지켜 주고 풍농과 풍어를 비는 마을굿, 집안의 안녕과 길복을 기원하는 재수굿, 죽은 넋을 위로하는 사령굿 등 굿은 우리 민족의 다양한 삶의 맥락 안에서 사회와 함께하였습니다.

2. 굿은 민속 문화와 이웃 종교의 의식 두 가지 차원에서 이해될 수 있습니다. 가톨릭 신자는 민속 문화에 대한 관심에서 또 이웃과 마을 사람들을 존중하는 마음에서 굿판을 참관할 수 있습니다. 그렇지만 가톨릭 신자가 무속의 의식을 믿는 마음으로 받아들이고 따르며, 이에 적극적으로 참여해서는 안 됩니다. 직접 굿당을 찾아가 굿을 주문하거나 점을 치는 것 또한 한 분이신 하느님을 섬기는 그리스도교 신앙에 어긋나는 행위입니다.(「대화와 선포」, 32항 참조)

Q 26. 가톨릭 신자가 부적(符籍)을 몸에 지니거나 집이나 사무실에 붙여 놓아도 되나요?

A   1. 종이에 글씨, 그림, 기호 등을 그린 부적(符籍)은 악귀를 쫓거나 복을 가져다준다고 여겨지는 주술 도구입니다. 일반적으로 부적은 광명을 상징하고 악귀들이 싫어한다는 황색 종이에 생명과 정화의 힘을 상징하고 악귀를 내쫓는 붉은색 글씨로 만들어집니다. 수명의 연장, 부의 성취, 자손의 번성, 출세, 가족의 안녕, 액운의 제거, 악귀의 퇴치 등 그 목적에 따라 여러 종류의 부적이 있습니다.

2. 무속에서는 부적이 현세적인 행복을 추구하는 인간에게 도움을 준다고 여깁니다. 그러나 하느님의 활동은 인간이 만든 주술적 도구에 종속될 수 없으며, 하느님께서는 당신이 원하시는 사람에게 원하시는 때에 자유로이 은총을 베푸십니다. 그러므로 그리스도인들은 부적을 만들어 이를 몸에 지니거나 집이나 사무실에 붙여서는 안 됩니다.

3. 그러나 무속을 따르는 이들에게 부적은 종교적 상징입니다. 부적을 미신 행위로 여겨 가족의 일원이나 동료가 집이나 사무실 벽에 붙여 놓은 부적을 떼어 버리는 것은 상대방에 대한 존중에 어긋나는 행위이므로 삼가야 합니다. 또한 가톨릭 신자들도 묵주나 십자가, 상본과 기적의 패 등을 액운을 막아 주는 부적처럼 여기고 있지는 않은지 성찰해야 합니다. 그러한 것들은 기도의 도구이지, 그 자체로 효과를 발휘하는 물건이 아닙니다. (「대화와 선포」, 31항 참조)

Q 27. 민간 신앙에서 금기(禁忌)로 여기는 것을 가톨릭 신자들도 조심해야 하나요?

A   1. 금기는 민간 신앙에서 특정 행위를 엄격하게 금지하는 것이며, 터부(taboo)는 위험한 것을 금지하는 강하고 확실한 표시를 뜻하는 폴리네시아어입니다. 무속의 전통은 깨끗함과 더러움이라는 이원론의 시각에서 더러움, 곧 부정을 타지 않는 것이 제의의 성공과 결부된다고 여겼습니다. 출산을 하는 여성, 사람의 죽음, 낯선 사람 등은 부정한 것으로 여겨, 집단적 제의에서 배제하였습니다. 기중(忌中)이라는 표시를 초상집 앞에 써 붙이는 것이나, 죽은 사람의 물건을 태우는 것이나, 상갓집에 다녀온 사람이 집안에 들어오기 전에 그에게 소금을 뿌리는 행위 등은 이러한 금기와 관련된 풍속입니다.

2. 낯설거나 혐오감을 일으키는 물건이나 동물을 보면 재수가 없다는 생각이나 오늘은 며칠이니 어느 방향으로는 가지 않는다는 생각과 같이 때와 방위를 가리는 금기는 일상생활에 확산되었습니다. 한 사람의 부정이 마을굿을 송두리째 못 쓰게 만들 수 있다고 생각하였고, 이를 탈이 났다고 하거나 빌미라고 일컬었습니다. 이와 같이 금기는 공동체 전체에 신중한 몸가짐을 요구하고 집단의 결속력을 강화하였습니다.

3. 그리스도인은 민간 신앙의 금기나 터부에 괘념하지 않습니다. 구약 성경은 금기시 되는 음식 규정과 제의 규정을 엄격하게 적용하였지만, 예수 그리스도께서 단 한 번의 예물로 사람들을 영구히 완전하게 해 주신(히브 10,14 참조) 뒤로 그러한 규정은 효력을 상실하였습니다. 그리스도인은 금기나 터부에 마음을 쓰기보다, 하느님과 이웃 사랑의 계명에 따른 사랑과 자비의 실천을 더 중요시합니다.

Q 28. 불교(佛敎)는 어떤 종교인가요?

A
1. 불교는 기원전 6세기 무렵 석가 가문의 성자, 곧 석가모니 부처인 고타마 싯다르타를 창시자로 인도에서 생겨난 종교입니다. 석가모니 부처는 고통에서 벗어나는 진리를 깨우쳐 해탈한 다음, 가르침을 통하여 사람들을 해탈의 길로 이끌었습니다.
2. 기원 전후 무렵에는 석가모니불의 지혜에 기초한 자비로써, 모든 살아 있는 것이 구제받을 수 있다는 대승 불교 신앙이 인도에서 생겨났습니다. 이 대승 불교가 중국을 거쳐 한반도에 전해졌고, 현재 한국불교종단협의회에는 조계종, 태고종, 천태종, 진각종, 관음종, 법화종 등 29개 종단이 소속되어 있습니다.(「비그리스도교 선언」, 2항 참조)

Q 29. 석가모니 부처란 이름이 가지는 의미는 무엇인가요?

A
1. 부처는 불교의 창시자인 석가모니 부처를 일컫기도 하지만, 본디 일반적으로 수행을 통하여 '깨달음을 얻은 사람'을 가리킵니다. 불교에서 부처(佛, 붓다)는 기원전 6세기 무렵 불교를 창시한 석가모니불과 과거, 현재, 미래라는 삼세(三世)와 세상 모든 곳에 존재하는 영원하면서 초월적인 힘을 지닌 부처를 가리켜 이르면서도, 석가모니불 이외에 신앙의 대상으로 사찰에 모셔진 아미타불, 비로자나불, 미륵불을 가리키기도 합니다. 또한 석가모니불의 가르침에 따라 수행하여 깨달음을 얻은 모든 사람을 가리킵니다.
2. 그러므로 부처는 한 분이 아니라 여러 분입니다. 부처들의 공통점은 스스로 깨닫고 해탈한 다음, 타인을 깨달음의 길로 이끌기 위하여 가르침을 주는 스승이란 점입니다. 따라서 부처는 초월적인 신이 아니라, 선각자로서 제자들이 깨달음을 얻을 수 있도록 도와주는 협조자와 같은 존재입니다.(교황청 종교간 대화평의회, 1995년 부처님 오신 날에 불자들에게 보내는 경축 메시지 참조)

Q 30. 불교의 극락(極樂)과 그리스도교의 천국(天國)은 어떻게 다른가요?

A   1. 극락(極樂)은 불교 신자들이 죽은 다음에 가는 세계 가운데 하나로 해탈의 전 단계입니다. 부처의 나라 (佛國土) 중에서 서쪽에 있는 극락은, 아주 훌륭한 스승들이 가르침을 주고 누구든지 그 이름을 열 번만 불러도 극락에 태어나게 할 수 있는 능력을 갖춘 아미타불이 다스리는 곳이며, 깨달음을 얻기에 최적의 조건을 갖춘 곳입니다. 그러나 깨달음을 얻어 해탈에 이르는 것, 곧 스스로 부처가 되는 것이 불교의 궁극 목적이므로 극락이 최종 단계는 아닙니다. 극락에 갔다고 해도 윤회에서 완전히 벗어난 것이 아니고, 조건에 따라 인간 세상으로 다시 돌아올 수 있기에 극락을 영원한 것이라고 할 수도 없습니다.

     2. 한편 천국(天國)은 예수 그리스도께서 선포하신 하느님 나라, 곧 하느님의 다스림이 온전히 이루어지는 곳을 가리킵니다. 예수 그리스도와 함께 하느님 나라가 시작되었으며, 그리스도인들은 하느님의 뜻을 실천하면서 이 세상에 그분의 나라를 선포합니다. 지상 생활을 마친 그리스도인이 하느님을 마주 뵈며 그분과 온전히 결합할 때, 그는 온전히 하느님 나라 천국에 들게 됩니다.(교황청 종교간 대화평의회,1999년 부처님 오신 날에 불자들에게 보내는 경축 메시지 참조)

Q 31. 나무 아미타불 관세음보살(南舞 阿彌陀佛 觀世音菩薩)은 무슨 뜻인가요?

A   1. 아미타불(阿彌陀佛)과 관세음보살(觀世音菩薩)은 극락에서 불교 신자들을 보살펴 주는 부처와 보살입니다. 아미타불은 끝이 없는 생명 또는 가리는 것이 없는 무한빛을 지닌 부처이고, 관세음보살은 자비로 중생을 구원하고 교화를 돕는 보살입니다. 따라서 부처와 보살이란 칭호는 신(神)에 가까운 존재를 가리킵니다. 한편 나무(南舞)는 엎드려 경배하며 귀의(歸依)한다는 것을 의미합니다.

     2. 이처럼 나무 아미타불 관세음보살(南舞 阿彌陀佛 觀世音菩薩)은 단순히 어떤 이의 이름을 부르는 것이 아니라, 부처와 보살에 대한 신앙을 고백하고 구원을 청하는 기도를 포함합니다. 친숙한 종교 용어라고 할지라도 그 안에 고유한 전통에 기초한 특별한 의미가 포함되어 있습니다. 따라서 여러 종교의 요소를 무분별하게 치하는 혼합주의의 위험에 빠지지 않도록 주의하고, 불교 행사에 참석할 때도 염불 또는 독경을 따라 하는 것은 피해야 합니다.(「교회의 선교사명」, 56항 참조)

Q 32. 불교의 염주(念珠)와 가톨릭교회의 묵주(默珠)는 무엇이 다른가요?

A   1. 구슬을 실에 꿰어 만든 기도 도구는 가톨릭교회와 불교 이외에 동방 정교회와 이슬람교에도 존재합니다. 불교의 염주는 화환, 화관, 목걸이를 뜻하는 산스크리트어 '말라'에서 파생된 것으로 보입니다. 염주는 불교 신자들이 108배를 하거나 기

도할 때 사용하는 기도 도구입니다. 염주(念珠)는 근심이 많아서 마음을 모아 부처의 가르침을 따라 수행을 할 수 없는 사람들에게 부처가 권한 기도 도구입니다. 구슬의 수에 따라 108주, 54주, 27주, 14주의 염주가 있습니다. 108개의 번뇌를 하나씩 없애고, 그만큼의 깨우침을 하나씩 얻는다는 뜻이 담긴 108주가 가장 많이 사용됩니다. 54주는 부처가 되기 바로 직전 단계인 보살(菩薩)의 수행을, 27주는 소승 불교의 위대한 수행자 27명을, 14주는 관세음보살이 14가지의 두려움을 없애 준다는 것을 상징합니다.

2. 한편 우리 가톨릭 신자는 예수 그리스도의 강생과 공생활의 주요부분, 수난과 부활 즉, 예수 그리스도의 전 생애를 성모님과 함께 환희, 빛, 고통, 영광의 신비를 차례로 묵상하면서 바치는 기도를 하느님께 전달해 달라고 성모님께 청할 때 사용되는 묵주(黙珠)는 '장미 화관', '장미 꽃다발' 이란 뜻을 지닌 라틴어 '로사리움'에서 유래하였습니다. 형태와 용어의 유사성 때문에 묵주가 염주에서 유래되었다는 주장이 있지만, 다양한 연구 결과에 따르면 각각 독자적 기도 전통에서 발생하였습니다.(교황청 종교간 대화평의회, 2003년 부처님 오신 날에 불자들에게 보내는 경축 메시지 참조)

Q33. 불교 사찰을 방문하여 불상 앞에서 예(禮)를 표하거나, 공양(供養)을 해도 되나요?

A 1. 고요한 분위기에서 명상을 하거나 영적인 장소에서 머물려고 고찰에 배어 있는 우리나라 역사 전통을 체험하거나 이웃 종교인들을 만나려고 사찰을 방문할 수 있습니다. 가톨릭 신자가 불교 사찰을 방문할 때, 불교 신자들에 대한 애정과 법당과 불상에 대한 존중을 표현하고자 합장이나 예를 표하는 것은 가능합니다. 그러나 가톨릭 신자가 그곳에 모셔진 불상을 신앙의 대상으로 예배하거나 그 앞에서 복을 기원하는 행위는 해서는 안됩니다.

2. 전통적으로 사찰의 무료 공양은 가난하고 굶주린 사람들을 원조하는 역할을 하였습니다. 곧 사찰은 부처께 봉헌한 것을 그 안에서 모두 사용하지 않고, 이를 어려움을 겪는 사람들과 함께 나누며 부처의 자비를 실천합니다. 특히 공공복지의 성격을 지니는 사찰의 점심 공양은 부처의 자비 실천의 일환이므로 가톨릭 신자는 불교문화 체험의 차원에서 점심 공양을 할 수 있습니다. 그렇지만 이때 큰 소리나 단체로 식사 전·후 기도를 하는 것과 같이 자신의 종교를 과시하는 행위는 예의에 어긋나므로 삼가는 것이 좋습니다. 또한 불자들의 자비에 대한 보답으로 식사 이후 다음 공양 짓거나 그 밖의 다른 공공복지를 위하여 자율적으로 사례하는 것이 바람직합니다.(교황청 종교간 대화평의회, 2013년 부처님 오신 날에 불자들에게 보내는 경축 메시지 참조)

Q 34. 가톨릭 신자로서 템플스테이(Temple Stay: 산사 체험)나 불교의 좌선(坐禪)을 체험해도 되나요?

A   1. 수려한 자연환경과 불교문화가 어우러진 사찰에서 수행자의 일상을 체험하며 마음의 휴식과 전통문화를 체험하는 템플스테이(Temple Stay: 산사 체험)에 가톨릭 신자가 참석하는 것은 종교 경험을 나누는 대화에 참여하는 것으로, 이는 종교 간 대화를 촉구하는 제2차 바티칸 공의회(1962-1965년)의 가르침에 부합합니다. 그러나 가톨릭 신자가 상대방을 존중하는 마음에서 비롯되는 참석의 차원을 넘어 염불이나 예불과 같은 불교 예식에 적극적으로 참례하거나, 존중을 표하는 자세를 넘어 신앙의 대상으로 부처를 참배하는 것은 삼가야 합니다. 한편 영혼의 갈증을 채우고자 하는 가톨릭 신자는 영혼의 위로와 마음의 격려가 필요한 이들에게 생명과 사랑의 그리스도교 문화를 체험하도록 수도원과 피정의 집에서 제공하는 소울 스테이(Soul Stay)를 이용하는 것이 바람직합니다.

    2. 본디 좌선(坐禪)은 불교의 깨달음에 이르고자 하는 종교적 행위로서, 가톨릭 신자가 일상생활에서 심리적 정신적 활력을 주려는 보조 수단으로 그리고 불교 전통에 감추어진 말씀의 씨앗을 발견하고 그것을 소중히 여기는 영성 교류 차원에서 좌선을 활용하는 것은 가능합니다. 이 경우에도 현대의 뉴에이지 사상이나 종교 혼합주의에 떨어지지 않도록 주위 깊게 식별할 필요가 있습니다. 가톨릭교회의 묵상과 관상 기도를 통하여 그리스도교 영성의 확고한 기초를 갖추는 것이 무엇보다도 중요합니다.(교황청 종교간 대화평의회, 1998년 부처님 오신 날에 불자들에게 보내는 경축 메시지 참조)

Q 35. 죽은 가톨릭 신자를 위해서 사십구재(四十九齋)를 거행해도 되나요?

A   1. 불교의 가르침에 따르면 죽은 사람의 영혼은 대개 새로운 몸을 받아 환생하기 전까지 저승에서 49일 동안을 머무릅니다. 그때 그는 7일마다 저승의 왕들에게서 자신의 선행과 악행에 대한 심판을 받습니다. 그 심판을 통과하면 그는 조건에 맞는 곳으로 환생할 수 있습니다. 심판을 통과하지 못한 영혼은 다음 7일째 되는 날 다시 심판을 받게 됩니다. 그러다가 최종 심판을 받고 누구나가 환생하게 되는 날이 49일째입니다.

    2. 이러한 배경에서 불자들은 죽은 사람이 저승에서 짧게 머물고 더 좋은 조건에서 탄생하기를 바라는 마음으로 7일에 한 번씩 재(齋)를 지냅니다. 그러나 오늘날에는 일반적으로 48일째 되는 날 사십구재를 한 번만 지냅니다. 49일째 되는 날이면 이미 죽은 사람은 다음 생으로 환생하여 직접적인 인연이 끊긴 상태가 되기 때

문입니다. 이처럼 사십구재는 불교의 윤회 사상을 바탕으로 한 장례 예식이므로, 그리스도교 신자가 이러한 사십구재를 거행하거나 49일 째에 위령 미사를 봉헌하는 것은 옳지 않습니다.(「제삼천년기」, 9항 참조)

Q36. 가톨릭 신자가 불교식 예식(婚禮 또는 葬禮)에 참석하였을 때 어떻게 해야 하나요?

A
1. 다종교 사회에 살고 있는 가톨릭 신자로서 불교식 혼례(婚禮) 또는 장례 예식(葬禮式)에 참석할 때가 있습니다. 가톨릭교회에서 혼인 또는 장례 예식이 있을 경우에 이웃 종교인들도 마음을 모아 참석합니다. 이와 같이 이웃 종교의 예식에 참석하는 가톨릭 신자가 예의 있게 행동하고 예식의 당사자를 위하여 마음을 다하여 기도하는 것은 그리스도교의 애덕 행위입니다.
2. 예식에 참석하였을 때 사찰, 불상, 스님, 불교 신자에 대하여 존중하는 마음을 지니고 합장, 인사, 분향, 헌화 등을 함께 할 수 있습니다. 그 경우에도 예를 들어 '주님! 이 신혼부부에게 은총을 베푸소서!' 또는 '주님! ○○○에게 영원한 안식을 주소서!' 라고 마음으로 기도할 수 있습니다.

Q37. 유교(儒敎)에서 믿고 섬기는 대상은 무엇이며, 종교 의례는 어떤 것이 있나요?

A
1. 서양의 종교 개념에 부합하지는 않는다 하더라도 유교는 절대적 신념을 가지고 종교 행위를 실천해 왔습니다. 유교에서 최고의 절대자는 천(天)입니다. 본디 천(天)은 사람의 모습을 나타내는 상형문자인 대(大)자 위에 선 하나를 그은 글자로 인간위에서 인간을 굽어보고 있는 하늘, 곧 지고무상(至高無上)하며 유일한 존재를 의미합니다. 이 천(天)을 인격적으로 표현하는 호칭이 상제(上帝)입니다. 천(天)과 상제(上帝)는 유교 경전이나 전통에서 가장 일반적으로 사용되는 절대자의 명칭이며, 만물의 근원이고, 공경과 제사와 기도의 대상이며, 의지와 감정을 지닌 영명(靈明)한 존재이고, 상선벌악의 주재자이며, 인간에게 천명(天命)을 내리고 거두는 최고신입니다. 인간은 천(天)과 상제(上帝)를 우러러 공경하고(敬天), 두려워하며(畏天), 받들고(奉天), 섬기며(事天) 그에게 제사를 드립니다.
2. 유교의 종교 의례는 크게 제천(祭天), 제지(祭地), 제선(祭先)으로 구분됩니다. 그 가운데 가장 성대하고 장엄한 것은 하늘에 드리는 제천(祭天) 의식으로 이는 오직 천자(天子)인 황제만이 거행할 수 있습니다. 제지(祭地)는 산천에 드리는 제사로 제후(王)들의 몫이며, 일반 백성은 조상에 대한 제사인 제선(祭先) 의식만 거행합니다. 유교에서 공자는 예수 그리스도처럼 신성을 지닌 존재나 신앙의 대상이 아니라, 한 분의 성인(聖人) 또는 선현(先賢)으로 여겨지며 윤리적 스승으로 존경

을 받습니다.(요한 바오로2세, 아시아 백성을 위한 담화, 1981년 2월21일)

Q 38. 하느님을 천주님으로 부르는 이유는 무엇인가요?

A
1. 천주교를 동양에 전하는 과정에서 예수회는 중요한 역할을 하였습니다. 예수회의 창립회원인 프란치스코 하비에르(1506-1552년)는 인도를 거쳐 1549년 일본 선교를 시작하였으나, 중국 선교는 하지 못하고 선종하였습니다. 1583년 중국에 도착한 마태오 리치(1552-1610년)는 예수회 회원으로서 프란치스코 하비에르의 꿈을 실현하여 중국 문화를 이용, 그리스도교 선교 활동을 활발히 펼치면서 『천주실의』(天主實義)를 저술하였습니다. 조선에 전래된 이 책은 사대부 계층이 읽었고, 한국 천주교를 태동시키는 데 큰 역할을 하였습니다.

2. 본디 유교에서 천(天)은 상제(上帝)로 불리며 인격적 절대자로 흠숭되었으나, 16세기 말 중국에서는 신유학(新儒學)으로 불리는 성리학(性理學)이 주류를 이루고 있었습니다. 성리학은 춘추 전국 시대 이전(기원 전 8세기 이전)의 고전 유학과 달리 도교와 불교의 영향을 받아 무신론적 경향으로 당시 사람들은 천(天)을 비인격적 자연법칙으로 이해하였습니다.

3. 마태오 리치는 그리스도교의 인격적 하느님을 중국인들에게 소개하려고, 그들이 경외하는 천(天)에 그 주인 또는 지배자(主)로 설정하면서 천지 만물의 주관자를 뜻하는 천주(天主)라는 용어를 만들었습니다. 그는 또한 유교의 경전에 나타나는 천(天)과 상제(上帝)가 그리스도교의 하느님인 천주(天主)와 같은 존재임을 역설하였습니다. 하느님을 천주님으로 표기하는 것은 조선에 전해져 지금까지 이어져 내려오고 있으며 이러한 관점에서 천주님이라는 표현은 유교와 관련이 있습니다.(『교회의 선교 사명』, 53항 참조)

Q 39. 조선의 정치 사회적 이념이었던 유교가 왜 천주교를 박해하였나요?

A
1. 조선의 천주교 박해는 당시 신구 문화가 빚은 갈등과 사회 변혁, 정치적 상황 등 복합적인 인인에서 비롯되었습니다. 그러나 그 구체적인 계기는 1791년 윤지충 바오로와 권상연 야고보 복자가 조상에 대한 제사를 지내지 않고 그 위패를 불태운 진산(珍山) 사건입니다. 유교의 종교 예식인 제사는 조상을 공경하는 행위로 효(孝) 정신의 발로로 이해되었습니다. 그러므로 조상의 위패를 불사르는 것은 유교의 근본적 가르침에 위배되는 행위일 뿐만 아니라 유교를 국가 이념으로 삼던 조선의 사회 체제를 부정하는 행동으로 보였습니다.

2. 그렇지만 신앙의 선조들이 조상 제사를 거부한 배경에는 중국에서 선교 정책을

놓고 여러 수도회가 백 년간 벌인 의례 논쟁이 있습니다. 이 논쟁은 베네딕토 14세 교황이 1742년에 조상 제사 금지령을 반포하면서 일단락되었지만, 이 금지령은 1935년에서 1939년 사이에 다시 철회되었습니다.

3. 그러므로 천주교의 박해가 유교의 일부 가치에 대한 부정에서 비롯된 것은 맞지만, 제사를 고유한 미풍양속으로 받아들이는 현대 가톨릭교회의 입장과는 달리, 각 민족의 고유한 역사와 문화를 이해하지 못한 당시 신학과 교황청의 결정도 그에 한 원인을 제공하였다는 점에서 천주교 박해의 원인을 당시 국가 이념이었던 유교에 한정시킬 수는 없습니다.(비오 12세, 회칙 summi pontificatus, 1939년 10월 20일)

Q 40. 가톨릭 신자는 유교의 관혼상제(冠婚喪祭)를 어떻게 받아들여야 하나요?

A
1. 관혼상제란 정해진 나이가 되면 어른이 되었다는 의미로 머리에 관을 씌워 주는 예식인 관(冠), 남녀의 혼인 예식인 혼(婚), 사람이 죽었을 때 장사를 지내는 예식인 상(喪), 돌아가신 분을 기억하여 올리는 예식인 제(祭) 등 네 가지 예식을 말합니다.

2. 오늘날에는 관례보다 성인식이라 하여 그에 맞갖은 선물을 주는 경우가 더 많습니다. 혼례(婚禮)와 상례(喪禮) 그리고 제례(祭禮)와 관련하여 사회생활과 윤리 생활에 관련된 유교의 가르침 안에서 가톨릭 신자는 하느님께서 뿌려 놓으신 복음의 씨앗을 많이 발견할 수 있습니다. 이를 존중하면서 그리스도교의 관점에서 이를 고양시키는 것이 가톨릭 신자가 갖추어야 할 바람직한 태도입니다.(「선교 교령」, 9항 참조)

Q 41. 가톨릭교회에서 거행하는 삼우(三虞)미사는 어떤 의미가 있나요?

A
1. 유교의 예식에는 초우(初虞), 재우(再虞), 삼우(三虞) 등 우제(虞祭)의 전통이 있습니다. 초우(初虞)는 장사 당일, 재우(再虞)는 다음 날, 삼우(三虞)는 그 다음 날 지냅니다. 유교의 경전 가운데 예절서에 해당하는 「의례(儀禮)」는 고대부터 이어져 온 삼우제(三虞祭)를 언급하고 있습니다. 한나라의 유명한 주석가인 정현(鄭玄, 127-200년)은 삼우를 다음과 같이 풀이합니다. "우(虞)는 상제(上帝)의 명칭이다. 우(虞)는 안정(安定)시키는 것이다. 뼈와 살이 땅으로 돌아가니 정기(精氣)가 갈 곳이 없게 되어 효자는 그것이 방황할까 염려한다. 이에 세 번 제사를 드려 안정시키는 것이다."

2. 일반적으로 가톨릭 신자들이 장례를 치르고 이틀 뒤 봉헌하는 삼우(三虞) 미사는 유교의 예절에서 가져온 것입니다. 한국천주교주교회의 「상장 예식」에서는 삼우(三虞)를 고인이 아니라 유가족을 안정시키는 시간으로 해석합니다. "세상

을 떠난 이보다도 살아 있는 사람들이 더 안정을 찾지 못하고 방황한다..... 그러므로 이 기간은 세상을 떠난 이를 생각하여 기도하고 그리스도의 부활과 성인들의 통공을 믿으며 사별의 아픔을 달래고 희망을 북돋우는 때이다."(『가톨릭교회 교리서』,1689항 참조)

Q 42. 도교(道敎)는 어떤 종교인가요?

A 1. 도교(道敎)는 신선 사상(神仙思想)을 바탕으로 도가 사상(道家思想)과 민간 신앙(民間信仰)을 흡수하여 중국에서 발생한 종교입니다. 수련을 통하여 불로장생의 신선이 되고자 하는 것이 도교 신앙의 핵심입니다. 중국 고대의 전설적 인물인 황제(黃帝)와 노자(老子, 기원 전 604년-?)를 교조(敎祖)로 모시지만, 실제 창시자는 장도릉(張道陵, 34-156년)입니다. 도교는 중국 남북조 시대(420-589년)에 불교의 영향으로 경전과 조직 등 체계를 갖춘 종교가 되었고, 이후 불교와 대립하거나 교류하면서 불교와 더불어 중국의 양대 종교로 자리를 잡았습니다.

2. 도교는 삼국 시대에 우리나라에 전래되어 왕실과 민간에 널리 퍼졌으며 이후 의례, 의학, 문학, 예술, 풍수지리, 미래를 예언하는 도참설(圖讖說), 불로장생의 양생법(養生法, 건강 증진법), 언어와 생활 풍속 등 광범위한 분야에 파급되면서 불교와 유교와 더불어 한민족의 정신세계에 깊은 영향을 주었습니다. 오늘날 우리나라에서 도교가 제도와 교리를 갖춘 종교로 큰 역할을 하지는 않지만, 여러 민간풍습이나 신흥 종교 운동 등에 여전히 큰 영향을 미치고 있습니다.(요한 바오로2세, 아시아 백성을 위한 담화, 1981년 2월 21일)

Q 43. 이슬람교의 믿음의 대상은 누구이며, 그 가르침은 무엇인가요?

A 1. 동양에서는 회교(回敎)로 알려진 이슬람교는 하느님께 순종하는 사람이라는 의미에서 무슬림(모슬렘)이라고 부릅니다. 이슬람교는 유다교와 그리스도와 같이 유일신인 하느님을 신앙의 대상으로 하는 종교로 다신교적 우상 숭배를 철저히 거부합니다. 흔히 이슬람교에서는 '알라'를 믿는다고 하는데, 알라는 '유일신 하느님'을 뜻하는 아랍어입니다. 따라서 무슬림은 유다인과 그리스도인과 같이 한 분이신 하느님을 믿습니다. 또한 아브라함은 유다인과 그리스도인과 무슬림 모두에게 신앙의 선조로 여깁니다.

2. 이슬람교에서 무함마드(마호메트)는 사람들에게 하느님의 계시를 전달한 예언자입니다. 무슬림은 무함마드가 하느님의 말씀을 완벽히 전달한 마지막 예언자라고 믿습니다. 따라서 무함마드는 그리스도교의 예수 그리스도처럼 믿음의 대상

은 아니지만, 무슬림은 그가 하느님의 말씀을 가장 잘 이해하고 실천하였다고 믿기 때문에, 그들에게 무함마드는 신앙의 모범이자 존경과 사랑의 대상입니다. 무슬림에서의 예수 그리스도는 하느님의 아들이 아니라 동정녀인 마리아의 아들이며, 하느님으로부터 파견된 분, 하느님의 말씀으로 치유의 기적을 행한 위대한 예언자 중의 한 분으로 알고 있으나, 그리스도인들에게 예수 그리스도는 하느님과 같으신 분이시고, 인류의 구원자이시며, 사람이 되신 하느님의 아드님이십니다.

3. 쿠란(코란 또는 쿠르안)은 예언자 무함마드가 하느님께 받아 사람들에게 전달한 계시를 기록한 책으로 이슬람교의 경전입니다. 쿠란은 우상 숭배 금지와 유일신 하느님에 대한 신앙, 불신자들에 대한 경고, 최후의 심판과 육신의 부활에 대한 메시지, 하느님께서 보낸 예언자들의 이야기는 물론 이슬람 공동체가 지켜야 할 규범 등을 담고 있습니다.

4. 이슬람교에는 실천해야하는 다섯 가지 핵심 규정이 있는데 이를 이슬람교의 다섯 가지 기둥이라고 합니다. 그것은 ① 하느님(알라) 이외에 신이 없으며 무함마드는 하느님의 예언자라는 신앙 고백과, ② 하루에 다섯 번 드리는 예배, ③ 일생에 적어도 한 번은 해야 하는 메카(Mecca) 성지 순례, ④ 라마단 기간 동안 지키는 단식, ⑤ 희사(喜捨)입니다.(요한 바오로 2세, 무슬림 지도자들에게 행한 연설, 2항 1982년 2월 14일 참조)

Q44. 종교 간 대화란 무엇이고, 대화의 상대는 누구이며, 대화가 왜 필요한가요?

A
1. 제2차 바티칸 공의회(1962-1965년)는 교회 역사상 처음으로 종교 간 대화를 가톨릭교회의 공식 입장으로 표명하였습니다. 가톨릭교회는 여러 이웃 종교를 통하여 인간 삶의 근본적인 문제에 대한 답을 찾고 있는 사람들에게 긍정적인 태도를 가지기 시작하였으며, 이들을 존중해야 할 필요성을 인식하였습니다. 그러나 실제로 이웃 종교를 들여다보는 그리스도인은 그리스도교와는 다른 행동 방식과 생활양식 그리고 계율과 가르침을 만나게 됩니다. 그 안에도 하느님의 진리의 빛을 반영하는 '거룩하고 옳은 내용'이 적지 않으며 성령께서는 이웃 종교인들 안에서 우리가 알지 못하는 방법으로 활동하고 계십니다. 사실 서로간의 공통점 때문이 아니라, 차이점 때문에 대화가 가능합니다.(「비그리스도교 선언」, 2항 참조)

2. 종교 간 대화의 상대는 그리스도인이 아닌 모든 종교인, 곧 유다교, 이슬람교, 불교, 원불교, 유교, 천도교, 민족 종교, 도교, 힌두교 등의 가르침을 따르는 사람들이 종교 간 대화의 상대입니다. 이들이 믿는 종교를 가톨릭교회에서는 '비그리스도교'라고 부르지 않고 '다른 종교'로 표현되다가 1998년부터는 '이웃 종교'라는 용어를 사용하고 있습니다. 가톨릭 신자들은 이웃으로 한 사회 안에 살고 있는

다른 종교를 믿는 이들을 진정한 대화의 상대로 받아들일 필요가 있습니다.

3. 오늘날 운송 수단과 정보 통신의 발달과 교육과 생계를 위한 이주 때문에 전 세계 사람들이 마치 한 마을을 이루듯 함께 살아가는 지구촌 시대가 되었습니다. 이로써 여러 민족과 종교가 서로 만나고 교류하는 다문화 다종교 시대가 열렸습니다. 종교 간의 대화는 이러한 피할 수 없는 만남에 대한 적극적이고 긍정적인 대답입니다. 우리나라에서는 여러 종교가 서로 협력하여 비교적 평화롭게 지내고 있지만, 세계 각지에서는 종교가 다르다는 이유만으로 미움과 폭력이 창궐하고 심지어 전쟁까지 벌어지고 있습니다. 안타깝게도 종교가 세상을 염려하기보다 세상이 종교를 염려하는 슬픈 상황이 나타납니다. 가톨릭교회는 여러 종교가 서로를 잘 알지 못하기 때문에 서로에게 편견과 오해가 있으며, 그로부터 분쟁이 시작된다는 사실을 깨달았습니다. 바로 이러한 점을 개선하고자 가톨릭교회는 가톨릭 신자들에게 이웃 종교인과의 만남과 대화를 권고하고 있습니다.(「새천년기」, 55항 참조)

참고문헌·참고서적

- 한국천주교중앙협의회, 「성경」, 2005
- 한국천주교중앙협의회, 「교회법전」, 2011
- 한국천주교중앙협의회, 「간추린 사회교리」, 2006
- 한국천주교중앙협의회, 「제2차 바티칸공의회 문헌」, 2007
- 한국천주교중앙협의회, 「돈과 권력」, 2019
- 한국천주교중앙협의회, 「더 나은 세상을 위하여」, 2019
- 한국천주교중앙협의회, 「한국 천주교 사목지침서」, 2012
- 한국천주교중앙협의회, 「가톨릭교회 교리서」, 2011
- 한국천주교중앙협의회, 「한국 천주교와 이웃 종교」, 2019
- 한국천주교중앙협의회, 「건전한 신앙생활을 해치는 운동과 흐름 Ⅰ」, 1997
- 오스트리아 주교회의, 「유캣(YOUCAT)」, 가톨릭출판사, 2012
- YOU CAT 재단, 「두캣(DOCAT)」, 가톨릭출판사, 2016
- 한국교회사연구소, 「한국가톨릭대사전」, 2006
- 케네스 R.하임스, 「가톨릭 사회교리 101문 101답」, 바오로딸, 2017
- 한상봉, 「내가 그 사람이다」, 가톨릭일꾼, 2018
- 박재만 신부, 「질그릇에 담긴 보물」, 월간토마토, 2016
- 홍근표, 정일 신부, 「월간 레지오 마리애」, 2011년 3월호
- 김기곤 신부, 「전주주보 숲정이」, 2013
- 게르하르트 로핑크, 「오늘날 무신론은 무엇을 주장하는가?」, 가톨릭대출판부, 2012
- 서울대교구 가톨릭굿뉴스 자료실, 「역대 교황 사회교리문헌 해설」, 2020
- 서울대교구 가톨릭굿뉴스 자료실, 「이주형신부 외 다수 사회교리 기고문」, 2020
- 서울대교구, 「가톨릭굿뉴스 자료실」, 2008-2020
- 가톨릭신문, 「가톨릭신문 자료실」, 2008-2020
- 가톨릭평화신문, 「가톨릭평화신문 자료실」, 2008-2020
- 가톨릭뉴스 지금 여기, 「가톨릭뉴스 지금 여기 자료실」, 2019
- 한기온 외 6인, 「성당 건축이야기」, 대전교구 원신흥동 성당, 2018

엮은이

김 성 열 마태오

· 1955년 출생(충남 서산)
· 1974년 홍성고등학교 졸업
· 1974년 홍성세무서 근무
· 1995년 한국 세무사시험 합격(32회)
· 1995년 서울지방국세청 퇴직(국세청 21년 근무)
· 2001년 한밭대학교 경영학과 졸업(경영학사)
· 2003년 고려대학교 행정대학원 졸업(경제학석사)
· 2007년 한남대학교 일반대학원 졸업(경영학박사)
· 2007년 한국 경영지도사시험 합격(22회)
· 2004-2008년 한밭대학교 경상학부 겸임교수 역임(4년)
· 1983년 세례(천주교 대전교구 홍성성당)
· 1987년 천주교 대전교구 꾸르실료 남성 제54차 수료
· 1995년 천주교 서울대교구 제555차 ME교육 수료
· 2005-2007년 천주교 대전교구 월평동성당 사목회장 역임(2년)
· 2006-2008년 천주교 대전교구 재무평의회 위원 역임(2년)
· 2012년 대전 가톨릭대학교 교리신학원 졸업(2년)
· 2014 2016년 천주교 대전교구 반석동성당 사목회장 역임(2년)
· 2017년 대전 가톨릭대학교 교리신학원심화과정 수료(1년)
· 2018년-현재 천주교 대전교구 반석동성당 예비신자 교리교사 활동
· 2019년-현재 천주교 대전교구 반석동성당 비정규 성체분배자 활동
· 편저: ·「가톨릭 교리문답」
　　　 ·「103위 한국 순교성인 문답」
　　　 ·「가톨릭교회의 미사와 전례 문답」
· 세무법인 큐택스 둔산법원점(대표 세무사 김성열)

가톨릭교회 평신도를 위한 신앙생활 길잡이 ④

가톨릭교회의 사회교리란 무엇인가요?
가톨릭교회 사회교리 문답

교 회 인 가 : 2022년 6월 27일 (천주교 대전교구장 김종수 아우구스티노 주교)
초 판 발 행 : 2022년 8월 10일 (성 라우렌시오 부제 순교자 축일)
초 판 인 쇄 : 2022년 8월 15일 (성모 승천 대축일)

엮 은 이 : **김성열 마태오 (010 - 5457 - 9390)**

엮은이 저작권, 판매권 소유   엮은이 인지 생략

발행 및 인쇄처 : **도서출판 프린트샵**
등 록 2018년 3월 26일
이메일 wj2359@naver.com
대전광역시 유성구 테크노중앙로 155 테크노피아

도서 구입 문의

사 업 자 상 호 : 마태오서적
사업자등록번호 : 359 - 99 - 00508
직 통 번 호 : **070 - 7605 - 6391**
휴 대 전 화 : **010 - 5457 - 9390**
이   메   일 : **semu8272@hanmail.net**
입금 계좌 번호 : 740901 - 01 - 594252 (국민은행, 마태오서적 김성열)

값 : 20,000 원

해외에서 송금할 때 SWIFT CODE : CZNBKRSE

은행명 : KOOKMIN BANK
지점명 : DUNSAN CLOVER BR
주   소 : 55 MUNYE-RO SEO-GU DAEJEON, KOREA
계좌번호 : 740901-01-594252 (국민은행, 마태오서적 김성열)
성   명 : Kim Seong Yul

Tel : 042-483-5353 / +82-42-483-5353
Fax : 042-483-5355 / +82-42-483-5355
H.P : 010-5457-9390 / +82-10-5457-9390
E-mail : semu8272@hanmail.net
Add : 103-602, 219, Bugyuseong-daero,
       Yuseong-gu, Daejeon, 34077,
       Republic of Korea

ISBN 979-11-963630-7-9

* 잘못된 책은 바꿔드립니다.